Literatura Hispanoamericana

Enrique Anderson Imbert

HARVARD UNIVERSITY

Eugenio Florit

BARNARD COLLEGE, COLUMBIA UNIVERSITY

Holt, Rinehart and Winston, Inc.
Fort Worth   Chicago   San Francisco   Philadelphia
Montreal   Toronto   London   Sydney   Tokyo

Literatura Hispanoamericana

Antología e introducción histórica

EDICIÓN REVISADA

Tomo **1**

Prefacio

Esta antología ha sido preparada especialmente para los estudiantes de literatura hispanoamericana en los Estados Unidos. Sin embargo, creemos que también ha de ser útil en los países de lengua española. No es un mero texto escolar, sino un repertorio de literatura. Claro está que al elegir sus materiales hemos tenido en cuenta las necesidades pedagógicas; pero en ningún momento hemos rebajado nuestro criterio de selección. Al contrario, nos hemos esforzado en mantener la más alta calidad literaria posible.

Creemos ofrecer un cuadro bastante completo: desde Colón, el primer europeo que describió en castellano sus impresiones del Nuevo Mundo, hasta escritores que nacieron de 1900 a 1930. Cuadro de cuatro siglos y medio de literatura al que hemos puesto una introducción sobre las civilizaciones prehispánicas.

La organización de los textos escogidos sigue un orden rigurosamente histórico; y, en efecto, nuestra antología lleva una mínima historia dentro. Cada capítulo, un período. Cada período, caracterizado según los estilos de sus escritores más notables. Cada escritor, presentado con una semblanza crítica.

Figuran todos los países, todas las tendencias, todos los períodos, pero no todos los géneros, ni siquiera todos los autores importantes. No hemos escatimado espacio a la poesía, al cuento, al ensayo, a la crónica, pero en cambio la novela y el teatro han quedado fuera. Por su extensión, no cabrían en forma completa; y publicar sólo un episodio novelesco o una escena dramática apenas ayudaría al lector a comprender el sentido de la obra original. Para obviar de algún modo esta limitación damos al final una lista complementaria de las más notables novelas y piezas teatrales. Creemos que los profesores, en cuyas manos ponemos esta colección, estimarán las muchas posibilidades que aquí se les ofrece de combinar, de acuerdo con sus propios programas de estudio, la asignación de lecturas suplementarias a los estudiantes.

En los pocos casos en que un escritor desarrolla su tema complaciéndose en largas digresiones nos hemos visto obligados a practicar algunos cortes en el texto. No es una mutilación, sin embargo, pues hemos salvado la unidad profunda de su pensamiento. Unos puntos suspensivos entre corchetes [. . .] indicarán siempre tales cortes.

Lo que sigue al nombre de cada escritor es el título original de su obra. A veces, sobre todo al reproducir páginas de cronistas de Indias, hemos agregado por nuestra cuenta otro titulillo—compuesto en un tipo especial de letra— que acentúa el contenido de un núcleo de acción. En esos textos de los siglos XVI y XVII hemos modernizado la ortografía y modificado levemente la puntuación y el uso de algunas partículas gramaticales, como la copulativa «y», de manera que el lector no tropiece con dificultades innecesarias.

Nos ha parecido superfluo preparar un vocabulario: quien desconozca una palabra puede recurrir a los diccionarios corrientes. En cambio hemos anotado palabras y giros poco comunes y también nombres relacionados con la geografía y la historia de la cultura.

Agradecemos a los editores y escritores que nos han permitido usar sus libros y al señor Frédéric Ernst que con tanta paciencia como discreción ha colaborado en la realización de esta empresa.

Extendemos también nuestra gratitud al Fondo de Cultura Económica de México. Los textos conteniendo juicios o referencias a las obras y los autores que figuran en esta antología han sido extraídos de la *Historia de la literatura hispanoamericana* del Profesor Anderson Imbert, que fue publicada por el Fondo de Cultura Económica (quinta edición, en dos volúmenes, 1966), y se hace con especial autorización de esta Editorial mexicana.

A petición de numerosos profesores y estudiantes, hemos revisado esta antología. Para facilitar su empleo, la hemos dividido en dos volúmenes. Algunas selecciones han sido reemplazadas por otras más recientes y la lista de lecturas complementarias se ha puesto al día.

E. A. I.

E. F.

Contenido

LAS LITERATURAS INDÍGENAS. **1**

    Popol Vuh: *La muerte de los muñecos de palo* (4); *Historia de Ixquic* (5)

    Poesía nahuatl: *Los grandes reyes* (8); *Canto de los pájaros de Totoquihuatzin* (8); *Canto de Netzahualcoyotl* (9)

    Poesía quechus: *Himno de Manco Capac* (9); *Canción de ausencia* (10)

PARTE PRIMERA (1492–1556). **11**

    Cristóbal Colón: *Diario de viaje* (12)

    Fray Bartolomé de Las Casas: *Historia de las Indias* (15)

    Gonzalo Fernández de Oviedo: *Historia general y natural de las Indias* (22)

    Hernán Cortés: *Carta de relación* (29)

    Bernal Díaz del Castillo: *Historia verdadera de la conquista de la Nueva España* (35)

    Fray Toribio de Benavente (Motolinía): *Primeras representaciones dramáticas entre los indios* (45)

    Alvar Núñez Cabeza de Vaca: *Naufragios* (48)

    Pedro Cieza de León: *La crónica del Perú* (52)

    Fray Gaspar de Carvajal: *Descubrimiento del río Grande de las Amazonas* (56)

    Juan de Castellanos: *Elegías de varones ilustres de Indias* (59)

    Francisco de Terrazas: *Soneto* (63)

PARTE SEGUNDA (1556–1598). **65**

    Padre José de Acosta: *Historia natural y moral de las Indias* (67)

    Juan Suárez de Peralta: *Tratado del descubrimiento y conquista* (71)

    Inca Garcilaso de la Vega: *Comentarios reales de los Incas* (77)

    Ruy Díaz de Guzmán: *La Argentina* (96)

    Alonso de Ercilla y Zúñiga: *La Araucana* (98)

    Antonio de Saavedra Guzmán: *Tirano amor* (113)

PARTE TERCERA (1598–1701). **115**

Juan Rodríguez Freile: *El Carnero* (116)

Francisco Núñez de Pineda y Bascuñán: *Cautiverio feliz* (122)

Bernardo de Balbuena: *La grandeza mexicana* (127); *El Siglo de Oro* (130)

Diego de Hojeda: *La Christiada* (133)

Pedro de Oña: *El Arauco domado* (138)

Jacinto de Evia: *Flores amorosas* (143)

Hernando Domínguez Camargo: *A un salto . . .* (144)

Juan del Valle Caviedes: *Soneto* (145); *Romances amorosos* (146);
Décimas (146)

Carlos de Sigüenza y Góngora: *Infortunios de Alonso Ramírez* (149)

Sor Juana Inés de la Cruz: *Romance* (163); *Redondillas* (164); *Sonetos* (167);
Liras (168); *Primero sueño* (169); *Villancicos* (172); *Respuesta de la poetisa
a . . . Sor Filotea* (174)

La Madre Castillo: *Afectos espirituales* (186); *Su Vida* (190)

PARTE CUARTA (1701–1808). **194**

Juan Bautista de Aguirre: *A unos ojos hermosos* (195)

Francisco Eugenio de Santa Cruz y Espejo: *Arte popular y educación
superior* (197)

Concolorcorvo: *Lazarillo de ciegos caminantes* (199)

Fray Servando Teresa de Mier: *Viajes* (219)

Manuel de Zequeira y Arango: *A la piña* (224)

Fray Manuel de Navarrete: *La Divina Providencia* (226)

Rafael García Goyena: *Fábula VI* (228); *Fábula XXVII* (229); *Fábula XXX*
(230)

Esteban de Terralla y Landa: *Lima por dentro y fuera* (231)

PARTE QUINTA (1808–1824). **235**

José Joaquín Fernández de Lizardi: *Los paseos de la experiencia* (237)

José Joaquín de Olmedo: *La victoria de Junín: Canto a Bolívar* (242)

Andrés Bello: *La agricultura de la Zona Tórrida* (251); *La oración por todos*
(255); *Nuestro ideal: La creación de la cultura americana* (258); *Autonomía
cultural de América* (259); *El castellano en América* (260)

PARTE SEXTA (1825–1860) **263**

José María Heredia: *En el Teocalli de Cholula* (266); *En una tempestad* (267); *Niágara* (268); *A Emilia* (270); *A mi esposa* (272)

Esteban Echeverría: *La cautiva* (274); *Clasicismo y Romanticismo* (279); *El matadero* (282)

Domingo Faustino Sarmiento: *Facundo* (294); *Viajes* (302); *Recuerdos de provincia* (306)

José Mármol: *Cantos del Peregrino* (311)

Gertrudis Gómez de Avellaneda: *Al partir* (314); *A él* . . . (314); *Contemplación* (315); *La noche de insomnio y el alba* (317); *Romance* (319); *Los reales sitios* (320); *Una carta de amor* (321)

José Antonio Maitín: *Canto fúnebre* (322)

José Eusebio Caro: *En alta mar* (325); *Estar contigo* (326)

Gregorio Gutiérrez González: *De la Memoria sobre el cultivo del maíz en Antioquia* (328)

PARTE SÉPTIMA (1860–1880) **332**

Estanislao del Campo: *Fausto* (334)

José Hernández: *Martín Fierro* (355)

Manuel Acuña: *Ante un cadáver* (392)

Juan Montalvo: *La belleza de la adolescencia* (395); *El Genio* (396); *Napoleón y Bolívar* (397); *Washington y Bolívar* (400)

Ricardo Palma: *Amor de madre* (403); *El alacrán de Fray Gómez* (406); *De cómo desbanqué a un rival* (409)

Eugenio María de Hostos: *El propósito de la Normal* (413)

Manuel González Prada: *La salud de las letras* (421); *La educación del indio* (423); *Triolet* (426); *Rondel* (426); *Triolet* (426); *Episodio* (426); *Vivir y morir* (426)

Justo Sierra: *La fiebre amarilla* (427)

José López Portillo y Rojas: *La horma de su zapato* (432)

Enrique José Varona: *Con el eslabón* (441)

GLOSARIO **445**

ÍNDICE ALFABÉTICO **453**

Literatura Hispanoamericana

Introducción

LAS LITERATURAS INDÍGENAS

Una gran variedad de pueblos indígenas existían desparramados por lo que hoy llamamos América. Algunos, de altas culturas; otros, de culturas muy rudimentarias. De las culturas más avanzadas surgieron, ya en nuestra era, por lo menos tres grandes focos de civilización: civilización maya, en lo que va hoy de Honduras y Guatemala al Yucatán; civilización incásica en los Andes, donde hoy se encuentran el Perú, Bolivia y Ecuador; y civilización azteca, en el territorio central y meridional de México. Aunque, en el orden técnico, las civilizaciones maya, incásica y azteca desconocían la rueda y el arco arquitectónico y apenas domesticaban los animales para aliviar el trabajo del hombre, en el orden artístico nos han dejado admirables monumentos: pirámides, templos, palacios, cerámica, esculturas y pinturas entre las que hay verdaderas obras maestras, comparables a las del viejo mundo. Se dedicaron a bellas industrias, como las del tejido, el arte plumario, la orfebrería con metales y piedras preciosas, el decorado policromo y las tallas de madera. Fabricaron papel y lo estamparon con símbolos magníficamente dibujados y coloreados. Organizaron escuelas de estudios superiores. Tuvieron deporte, teatro ritual, música, danza, canciones . . . Es lógico suponer, por lo tanto, que en tales civilizaciones había quienes hablaban con refinamiento. En el uso artístico de la palabra debió de haber géneros de gran prestigio, pero se han perdido porque eran orales. Los indios no representaban los sonidos del habla con signos convencionales. Sólo los mayas intentaron el tránsito de los ideogramas a los símbolos de tipo fonético. Sus caracteres abstractos no han sido descifrados, y el arqueólogo suele verse en aprietos cuando quiere deslindar la escritura de la mera decoración. Lo que suele llamarse «literaturas indígenas» en realidad son transcripciones indirectas que, ya en tiempo de la conquista y la colonización, quedaron fijadas gracias a las letras del alfabeto latino. Esas literaturas recogían tanto vivas tradiciones orales como interpretaciones de viejas escrituras ideográficas, y aunque valorarlas no es asunto de una antología como la presente, sí podemos ofrecer una sucinta noticia de ellas.

1

De los centenares de idiomas que se hablaban los más cultos fueron el quechua del Perú incásico, el maya-quiché y el nahuatl de los aztecas. Poco sabemos de la elaboración artística de esas lenguas, sin embargo.

En la civilización incásica la palabra era capaz de dignas funciones expresivas, pero no había escritura. Los archivos de «quipus» — cordeles de colores, anudados — hacían las veces de libros mnemotécnicos pero no podían sustituir la sutileza del lenguaje gráfico. Las primeras versiones escritas del culto artístico de la palabra son las que, con alfabeto latino, propusieron los españoles o los mestizos de la colonia. Tanto el Inca Garcilaso de la Vega como el indio Felipe Guamán Poma de Ayala fueron de los primeros en transcribir algunas de las poesías del Incario.

La cultura maya tuvo libros con figuras jeroglíficas, pero casi todos fueron destruídos por el celo religioso de los españoles o por las inclemencias del tiempo. Sólo tres códices se han salvado, y su tema parece limitarse al calendario, los números y los ritos. Las tradiciones más próximas a lo que entendemos por literatura se trasmitieron oralmente. Del viejo tronco de esa cultura maya procedían las tribus quiché, cakchiquel y otras que habitaban Guatemala cuando llegaron los españoles. Probablemente entre 1554 y 1558 un indio, educado por españoles, se puso a escribir, en su lengua quiché pero con ayuda de nuestro alfabeto, una recopilación de las creencias cosmogónicas y recuerdos históricos y legendarios de su pueblo. Como su propósito fue suplir la pérdida del Libro del Consejo o Popol Vuh — libro que algunos estudiosos suponen que era de jeroglíficos y, otros, de pinturas que una larga tradición oral interpretaba — a esa transcripción se la llama *Popol Vuh*. Se ha perdido el manuscrito original: sólo conservamos la copia y traducción al castellano hechas por el Padre Francisco Ximénez (España-Guatemala; 1666–1729). Hay otras narraciones más o menos literarias escritas por indios quichés, todas igualmente indirectas, como la *Historia Quiché* (1580) de Juan de Torres, la traducción al castellano del *Título de los Señores Totonicapan* (1554), etc. El pueblo cakchiquel, por su parte, atesoraba sus propias memorias, y a principios del siglo XVII varios indios acometieron la tarea de recopilarlas, sirviéndose de la escritura latina, en manuscritos que hoy se conocen con el nombre de *Memorial de Sololá*. Los *Libros de Chilam Balam* — repartidos en varios pueblos de Yucatán — también fueron escritos después de la conquista adaptando al alfabeto latino la fonología de la lengua maya. Provienen de libros pictográficos o de tradiciones orales; pero las copias que hoy se conservan no son las originales del siglo XVI, sino copias de copias. El contenido es muy variado: religión, historia, medicina, astronomía, miscelánea.

Veamos ahora lo que hay en el área de la civilización del valle de México. Los «libros de papel» que vio Bernal Díaz del Castillo en México representaban con figuras y pinturas las tradiciones artísticas indígenas, pero no eran libros literarios. Algo parecido a lo que hoy llamamos, con palabras europeas, «poesía», «narración», «oratoria», «cantos épicos», «anécdotas», «historia heroica», «mitos», etc., sin duda debió de existir en el habla nahuatl; pero nunca fue fijado por escrito y, por lo tanto, se ha perdido. Los misioneros españoles fueron los primeros en recoger esa actividad lingüística de valor artístico. La oían a los indios y luego la transcribían con letras del alfabeto latino. Sólo conservamos, pues, y en esa forma, algunos aspectos de las lenguas indígenas de México recogidos por Fray Pedro de Gante, Motolinía, Olmos, Sahagún y otros como Fernando de Alva Ixtlilxochitl, que tantos y tan preciosos datos reunió en sus obras históricas. Al pasar al castellano el nahuatl quedó adulterado, sin contar la deformación ideal que impuso la actitud antológica de los misioneros y aun la interpolación de nociones cristianas. Las tradiciones recogidas por los españoles no eran muy antiguas: se remontaban a la última parte del siglo XV. La lengua nahuatl fue la más importante de todas las que se hablaron en aquella región: sus centros eran Tenochtitlán, Tezcoco, Cuautitlán y otros. Y este imperio lingüístico se había incorporado formas de los huastecos y de los otomíes.

Hasta aquí los vestigios de las civilizaciones americanas anteriores a la conquista. Lo que, después de la conquista, se escribe en lenguas indígenas escapa a los límites de esta obra. Es tema de etnografía o, si se quiere, de una historia de la literatura separada lingüísticamente de la nuestra. Lo cual no significa que no reconozcamos la influencia que los modos aborígenes de vivir y de sentir la vida han tenido en nuestra cultura hispanoamericana. Después de todo la población india y mestiza es tan numerosa — en algunos países en mayoría a la de blancos — que forzosamente ha intervenido en el proceso de la expresión hispánica. Son siluetas e imágenes indígenas que se proyectan en la pantalla de la lengua española dándole un carácter peculiar.

Aunque el propósito de esta historia y antología es ofrecer al estudiante un panorama de la literatura hispanoamericana desde 1492 — descubrimiento y conquista — hasta el presente, a sus compiladores les ha parecido oportuno completar dicho panorama ofreciendo algunos textos que, a su manera, puedan representar ciertas manifestaciones de los pueblos primitivos de nuestra América.

Cierto es que, careciendo dichos pueblos de palabra escrita, tales manifestaciones — según llevamos dicho — no entraron en la corriente «literaria» sino cuando fueron trasladadas a nuestro idioma por ciertos escribas más o menos anónimos del siglo XVI o — como en el caso de Fernando de Alva — por un escritor que supo rastrear en su folklore y tradiciones e incorporar mucho de ello en historias y crónicas. De todos modos, creemos que la presentación de algunos textos primitivos servirá de introducción a esta obra. Muchos de sus temas, nombres y leyendas forman parte de la literatura de algunos de los pueblos hispanoamericanos que, como el Perú, Bolivia, Ecuador, México y casi toda Centroamérica, cuentan con un rico tesoro de tradición indígena.

En primer lugar, el *Popol Vuh*, obra de gran interés. De ella hemos escogido dos fragmentos: el primero, relacionado con los intentos de los dioses de formar hombres que pudiesen honrarlos y darles alabanzas, y el segundo, que trata de la concepción de los gemelos Hunahpú e Ixbalanqué en el seno de la virgen Ixquic.

Además de ello, incluímos el texto de algunos poemas de la altiplanicie mexicana, como el «Canto de los Grandes Reyes», o el de los Pájaros, y un fragmento de los cantos elegíacos de Netzahualcoyotl, el rey-poeta del siglo XV y, por último dos ejemplos de poesía quechua: un himno sagrado y una canción amorosa. Estas selecciones darán al lector una muestra, aunque muy ligera, de lo que fue la expresión poética de los pueblos de nuestro continente antes de la conquista.

POPOL VUH

LA MUERTE DE LOS MUÑECOS DE PALO

En seguida fueron aniquilados, destruídos y deshechos los muñecos de palo, y recibieron la muerte.

Una inundación fué producida por el Corazón del Cielo; un gran diluvio se formó, que cayó sobre las cabezas de los muñecos de palo.

De tzite[1] se hizo la carne del hombre, pero cuando la mujer fué labrada por el Creador y el Formador, se hizo de espadaña[2] la carne de la mujer. Estos materiales quisieron el Creador y el Formador que entraran en su composición.

Pero no pensaban, no hablaban con su Creador, su Formador, que los habían hecho, que los habían creado. Y por esta razón fueron muertos, fueron anegados. Una resina abundante vino del cielo. El llamado *Xecotcovach* llegó y les vació los ojos; *Camalotz* vino a cortarles la cabeza; y vino *Cotzbalam* y les devoró las carnes. El *Tucumbalam*[3] llegó también y les quebró y magulló los huesos y los nervios, les molió y desmoronó los huesos.

Y esto fué para castigarlos porque no habían pensado en su madre, ni en su padre, el Corazón del Cielo, llamado Huracán. Y por este motivo se obscureció la faz de la tierra y comenzó una lluvia negra, una lluvia de día, una lluvia de noche.

Llegaron entonces los animales pequeños, los animales grandes, y los palos y las piedras les golpearon las caras. Y se pusieron todos a hablar; sus tinajas, sus comales,[4] sus platos, sus ollas, sus perros, sus piedras de moler, todos se levantaron y les golpearon las caras.

[Las notas que siguen están tomadas, aunque algo simplificadas, de la edición hecha por Adrián Recinos, que es la de la Biblioteca Americana].

[1] Planta cuyas semillas usan los indios en sus hechicerías.
[2] El nombre quiché *zibaque* se usa corrientemente en Guatemala para designar esta planta, muy usada en la fabricación de esteras.
[3] Es difícil interpretar los nombres de estos enemigos del hombre. Ximénez dice que *Xecotcovach* era un pájaro, probablemente un águila (*cot*) o gavilán. El *Camalotz* era evidentemente el gran vampiro. *Camatotz*, murciélago de muerte, que decapita al joven héroe Hunahpú en la segunda parte de la obra. *Cotzbalam* puede interpretarse como el tigre echado que acecha a su presa. *Tucumbalam* es el nombre de la danta o tapir.
[4] *Comatli* en lengua mexicana, *xot* en quiché, plato grande, semejante a un disco de barro, que se usa para cocer las tortillas de maíz.

— Mucho mal nos hacíais; nos comíais, y nosotros ahora os morderemos —, les dijeron sus perros y aves de corral.[5]

Y las piedras de moler:

5 — Éramos atormentadas por vosotros; cada día, cada día, de noche, al amanecer, todo el tiempo hacían *holi, holi, huqui, huqui*[6] nuestras caras, a causa de vosotros. Este era el tributo que os pagábamos. Pero ahora que habéis 10 dejado de ser hombres probaréis nuestras fuerzas. Moleremos y reduciremos a polvo vuestras carnes —, les dijeron sus piedras de moler.

Y he aquí que sus perros hablaron y les 15 dijeron:

— ¿Por qué no nos dabais nuestra comida? Nosotros sólo estábamos mirando y vosotros nos perseguíais y nos echábais fuera. Siempre teníais listo un palo para pegarnos mientras 20 comíais. Así era como nos tratabais. Nosotros no podíamos hablar. Quizás no os diéramos muerte ahora; pero ¿por qué no reflexionábais, por qué no pensábais en vosotros mismos? Ahora nosotros os destruiremos, ahora proba-25 réis vosotros los dientes que hay en nuestra boca: os devoraremos —, dijeron los perros, y luego les destrozaron las caras.

Y sus comales, sus ollas les hablaron así:

— Dolor y sufrimiento nos causábais. 30 Nuestra boca y nuestras caras estaban tiznadas, siempre estábamos puestos sobre el fuego y nos quemábais como si no sintiéramos dolor. Ahora probaréis vosotros, os quemaremos —, dijeron sus ollas, y todas les destrozaron las 35 caras. Las piedras del hogar, que estaban amontonadas, se arrojaron directamente desde el fuego contra sus cabezas para hacerlos sufrir.[7]

A toda prisa corrían, desesperados (los 40 hombres de palo); querían subirse sobre las casas y las casas se caían y los arrojaban al suelo; querían subirse sobre los árboles y los árboles los lanzaban a lo lejos; querían entrar a las cavernas y las cavernas los rechazaban.

Así fué la ruina de los hombres que habían sido creados y formados, de los hombres hechos para ser destruídos y aniquilados: a todos les fueron destrozadas las bocas y las caras.

Y dicen que la descendencia de aquéllos son los monos que existen ahora en los bosques; éstos son la muestra de aquéllos, porque de palo fué hecha su carne por el Creador y Formador.[8]

Y por esta razón el mono se parece al hombre, es la muestra de una generación de hombres creados, de hombres formados que eran solamente muñecos y hechos solamente de madera.

(Primera parte, capítulo III).

HISTORIA DE IXQUIC

[En los capítulos anteriores se narra cómo los hermanos Hunahpú que habitaban sobre la tierra fueron invitados por los hermanos Camé, Señores de Xibalbá, a bajar a jugar con ellos a la pelota. En Xibalbá, que para los quichés era la región subterránea habitada por los enemigos del hombre, los hermanos Hunahpú fueron vencidos por sus rivales, y sacrificados. Antes de enterrarlos cortaron la cabeza a Hun-Hunahpú y la colgaron de un árbol, que pronto se cubrió de frutos milagrosos. Esta es la historia que Ixquic oyó, según se cuenta en el capítulo cuyo texto reproducimos.]

Esta es la historia de una doncella, hija de un Señor llamado Cuchumaquic.

Llegaron [estas noticias] a oídos de una doncella, hija de un Señor. El nombre del padre era *Cuchumaquic* y el de la doncella *Ixquic*.[9] Cuando ésta oyó la historia de los

---

[5] Estos perros no eran los que hoy existen en América, sino una variedad que los cronistas españoles llaman perros mudos, porque no ladraban. Sus aves de corral eran el pavo, el faisán y la gallina de monte.

[6] Estas palabras son una imitación del ruido que hace la piedra durante la molienda del maíz.

[7] La idea de un diluvio antiguo y la creencia de otro que sería el fin del mundo, semejante al que se describe aquí, existía todavía entre los indios de Guatemala en los años subsiguientes a la conquista

española, según dice el Padre Las Casas en su *Apologética Historia*, capítulo CCXXXV, en donde se hace referencia a la venganza de las cosas que sirven al hombre.

[8] Según los *Anales de Cuauhtitlán*, en la cuarta edad de la tierra «se ahogaron muchas personas y arrojaron a los montes a otras y se convirtieron en monos.»

[9] *Cuchumaquic*, sangre reunida: *Ixquic*, sangre pequeña o de mujer.

frutos del árbol, que fué contada por su padre, se quedó admirada de oírla.

— ¿Por qué no he de ir a ver ese árbol que cuentan? — exclamó la joven —. Ciertamente deben ser sabrosos los frutos de que oigo hablar.

A continuación se puso en camino ella sola y llegó al pie del árbol que estaba sembrado en Pucbal-Chah.

— ¡Ah! — exclamó — ¿qué frutos son los que produce este árbol? ¿No es admirable ver cómo se ha cubierto de frutos? ¿Me he de morir, me perderé si corto uno de estos frutos? — dijo la doncella.

Habló entonces la calavera que estaba entre las ramas del árbol y dijo:

— ¿Qué es lo que quieres? Estos objetos redondos que cubren las ramas del árbol no son más que calaveras.

Así dijo la cabeza de Hun-Hunahpú dirigiéndose a la joven.

— ¿Por ventura los deseas? — agregó.

— Sí los deseo — contestó la doncella.

— Muy bien — dijo la calavera —. Extiende hacia acá tu mano derecha.

— Bien — replicó la joven y, levantando su mano derecha, la extendió en dirección a la calavera.

En este instante la calavera lanzó un chisguete de saliva que fué a caer directamente en la palma de la mano de la doncella. Miróse ésta rápidamente y con atención la palma de la mano, pero la saliva de la calavera ya no estaba en su mano.

— En mi saliva y mi baba te he dado mi descendencia — dijo la voz en el árbol —. Ahora mi cabeza ya no tiene nada encima, no es más que una calavera despojada de la carne. Así es la cabeza de los grandes príncipes, la carne es lo único que les da una hermosa apariencia. Y cuando mueren, espántanse los hombres a causa de los huesos. Así es también la naturaleza de los hijos, que son como la saliva y la baba, ya sean hijos de un Señor, de un hombre sabio o de un orador. Su condición no se pierde cuando se van, sino se hereda; no se extingue ni desaparece la imagen del Señor, del hombre sabio o del orador, sino que la

dejan a sus hijas y a los hijos que engendran. Esto mismo he hecho yo contigo. Sube, pues, a la superficie de la tierra, que no morirás. Confía en mi palabra que así será — dijo la cabeza de Hun-Hunahpú y de Vucub-Hunahpú.[10]

Y todo lo que tan acertadamente hicieron fué por mandado de Huracán, Chipi-Caculhá y Raxa-Caculhá.

Volvióse en seguida a su casa la doncella después que le fueron hechas todas estas advertencias, habiendo concebido inmediatamente los hijos en su vientre por la sola virtud de la saliva. Y así fueron engendrados Hunahpú e Ixbalanqué.

Llegó, pues, la joven a su casa y después de haberse cumplido seis meses fué advertido su estado por su padre, el llamado Cuchumaquic. Al instante fué descubierto el secreto de la joven por el padre, al observar que estaba embarazada.

Reuniéronse entonces en consejo todos los Señores Hun-Camé y Vucub-Camé con Cuchumaquic.

— Mi hija está preñada, Señores; ha sido deshonrada — exclamó el Cuchumaquic cuando compareció ante los Señores.

— Está bien — dijeron éstos —. Oblígala a declarar la verdad, y si se niega a hablar, castígala; que la lleven a sacrificar lejos de aquí.

— Muy bien, respetables señores — contestó. A continuación interrogó a su hija:

— ¿De quién es el hijo que tienes en el vientre, hija mía?

Y ella contestó:

— No tengo hijo, señor padre, aún no he conocido varón.

— Está bien — replicó —. Positivamente eres una ramera. Llevadla a sacrificar, señores Ahpop Achih; traedme el corazón dentro de una jícara y volved hoy mismo ante los Señores — les dijo a los buhos.

Los cuatro mensajeros tomaron la jícara y se marcharon llevando en sus brazos a la joven y llevando también el cuchillo de pedernal para sacrificarla.

Y ella les dijo:

— No es posible que me matéis, ¡oh mensa-

---

[10] Era solamente la cabeza de Hun-Hunahpú. Este pasaje recuerda el mito mexicano del nacimiento de

Huitzilopochtli, según lo refiere Sahagún (libro III, capítulo I de su Historia).

jeros!, porque no es una deshonra lo que llevo en el vientre, sino que se engendró solo cuando fuí a admirar la cabeza de Hun-Hunahpú que estaba en Pucbal-Chah. Así, pues, no debéis
5 sacrificarme, ¡oh mensajeros! — dijo la joven dirigiéndose a ellos.

— ¿Y qué pondremos en lugar de tu corazón? Se nos ha dicho por tu padre: «Traedme el corazón, volved ante los Señores, cumplid
10 vuestro deber y atended juntos a la obra, traedlo pronto en la jícara, poned el corazón en el fondo de la jícara.» ¿Acaso no se nos habló así? ¿Qué le daremos entre la jícara? Nosotros bien quisiéramos que no murieras —
15 dijeron los mensajeros.

— Muy bien, pero este corazón no les pertenece a ellos. Tampoco debe ser aquí vuestra morada, ni debéis tolerar que os obliguen a matar a los hombres. Después serán
20 ciertamente vuestros los verdaderos criminales y míos serán en seguida Hun-Camé y Vucub-Camé. Así, pues, la sangre y sólo la sangre será de ellos y estará en su presencia. Tampoco puede ser que este corazón sea quemado ante
25 ellos.[11] Recoged el producto de este árbol — dijo la doncella.

El jugo rojo brotó del árbol, cayó en la jícara y en seguida se hizo una bola resplandeciente que tomó la forma de un corazón
30 hecho con la savia que corría de aquel árbol encarnado. Semejante a la sangre brotaba la savia del árbol, imitando la verdadera sangre. Luego se coaguló allí dentro la sangre, o sea la savia del árbol rojo, y se cubrió de una capa
35 muy encendida como de sangre al coagularse dentro de la jícara, mientras que el árbol resplandecía por obra de la doncella. Llamá-

base *Arbol rojo de grana*,[12] pero (desde entonces) tomó el nombre de la Sangre porque a su savia se le llama la Sangre.[13]

— Allá en la tierra seréis amados y tendréis vuestro sustento — dijo la joven a los buhos.

— Está bien, niña. Nosotros nos iremos allá, subiremos a servirte; tú, sigue tu camino mientras nosotros vamos a presentar la savia en lugar de tu corazón ante los Señores — dijeron los mensajeros.

Cuando llegaron a presencia de los Señores, estaban todos aguardando.

— ¿Se ha terminado eso? — preguntó Hun-Camé.

— Todo está concluído, Señores. Aquí está el corazón en el fondo de la jícara.

— Muy bien. Veamos — exclamó Hun-Camé. Y cogiéndolo con los dedos lo levantó, se rompió la corteza y comenzó a derramarse la sangre de vivo color rojo.

— Atizad bien el fuego y ponedlo sobre las brasas — dijo Hun-Camé.

En seguida lo arrojaron al fuego y comenzaron a sentir el olor los de Xibalbá, y levantándose todos se acercaron y ciertamente sentían muy dulce la fragancia de la sangre.

Y mientras ellos se quedaban pensativos, se marcharon los buhos, los servidores de la doncella, remontaron el vuelo en bandada desde el abismo hacia la tierra y los cuatro se convirtieron en sus servidores.

Así fueron vencidos los Señores de Xibalbá. Por la doncella fueron engañados todos.

(Segunda parte, Capítulo III, de *Popol Vuh. Las antiguas historias del Quiché*, 1953).

---

[11] Aunque no se había mencionado antes, Ixquic sabía muy bien que los Señores deseaban su corazón para quemarlo. Esta era una antigua costumbre de los mayas.

[12] *Chuh Cakché* es el árbol que los mexicanos llamaban *ezquahuitl*, árbol de sangre, y los europeos conocen también con el nombre de sangre, Sangre de Dragón, una planta tropical cuya savia tiene el color y la densidad de la sangre.

[13] Se repiten aquí las palabras examinadas en la nota anterior, pero en sentido ligeramente diferente. *Quic* es sangre, savia y resina de árbol, especialmente la del caucho o goma elástica que los antiguos mayas y chiqués usaban a veces como incienso. La pelota con que jugaban se llamaba también *quic*. El nombre de la heroína de este episodio era asimismo *Ixquic*, la de la sangre femenina, o la de la goma elástica.

POESÍA NAHUATL

LOS GRANDES REYES[1]

Moteuczomatzin, Nezahualcoyotzin, Totoquihuatzin:
vosotros entretejisteis, vosotros enlazasteis los órdenes de nobleza,
por un breve instante venid a visitar la ciudad en que reinasteis.

Perduran los Águilas, perduran los Tigres:
de igual modo perduran y están aposentados en la ciudad de México.   5

Entre alaridos fueron terribles, fueron terribles:
bellas y variadas flores conquistaron, fueron poderosos:
ya se fueron, ya no están aquí.

Los Águilas nacen, los Tigres rugen en México,
donde tú mismo reinas, oh Moteuczoma.   10

Aquí se enlazan en baile, aquí se entretejen los Águilas,
aquí muestran su rostro los Tigres.

Con sartales floridos de Águilas estuvo bien firme la ciudad:
en los jardines de los Tigres se fueron formando los príncipes
Moteuczomatzin y Cahualtzin, Totoquihuatzin y aquel Yoyontzin: 15
¡con nuestras flechas y con nuestros escudos
se yergue y perdura la ciudad!

CANTO DE LOS PÁJAROS, DE TOTOQUIHUATZIN[2]

Estoy tañendo el tamboril: gozaos amigos míos.
Decid: Totototo tiquiti tiquiti.

Las flores benignas digan en casa de Totoquihuatzin: 20
Toti quiti toti totototo tiquiti tiquiti.

---

[1] Del Manuscrito de la Biblioteca Nacional de México, f. 20. Figura entre los cantos recogidos en Tenochtitlán, Tezcoco y Tacuba y conmemora a los reyes más famosos. El Moteuczoma mencionado es el primero de ese nombre.

8

Gócese alegre la tierra: totiquiti toti.
Toti quiti toti totototo tiquiti tiquiti.

Es de piedras finas mi corazón: totototo,
son de oro las flores con que me aderezo:
5   variadas flores son mis flores que algún día daré en homenaje:
Totiquiti toti, etc. Oh qué canto: Tiquiti tiquiti.

Ea, en tu corazón entona el canto: Tototototo.
Aquí ofrezco vergeles de rosas y libros pintados:
Totiquiti toti — que algún día daré en homenaje.
10   Totiquiti totiquiti tiquiti tiquiti.

(De *Poesía indígena*, México, Biblioteca del estudiante universitario, 1940).

CANTO DE NETZAHUALCOYOTL

Quien vió la casa y corte del anciano Tezozómoc y lo florido y poderoso que estaba su tiránico imperio, y ahora lo ve tan marchito y seco, sin duda creería que siempre se mantendría en su ser y esplendor, siendo burla y engaño lo que el mundo ofrece, pues todo se ha de acabar y consumir.

Lastimosa cosa es considerar la prosperidad que hubo durante el gobierno de aquel caduco monarca, que semejante al árbol, anunciado de codicia y ambición se levantó y señoreó sobre los débiles y humildes: prados y flores le ofreció en sus campos la primavera por mucho tiempo que gozó de ellos; mas, al fin, carcomido y seco, vino el huracán de la muerte, y arrancándolo de cuajo, lo rindió, y hecho pedazos cayó al suelo.

Ni fué menos lo que sucedió a aquel antiguo rey Cozaztli, pues ni quedó memoria de su casa y linaje.

¿Quién, pues, habrá, por duro que sea, que notando esto no se deshaga en lágrimas, puesto que la abundancia de las ricas y variadas recreaciones viene a ser como ramilletes de flores, que pasan de mano en mano, y al fin, todas se marchitan y deshojan en la presente vida?

(De *Episodios de la Vida de Netzahualcoyotl.* por J. Ignacio Dávila Garibi. Biblioteca Enciclopédica Popular. México, 1947).

POESÍA QUECHUA

HIMNO DE MANCO CAPAC

Viracocha,
poderoso cimiento del mundo,
Tú dispones:
«Sea éste varón,
30   sea ésta mujer.»
Señor de la fuente sagrada,

Tú gobiernas
hasta al granizo.
¿Dónde estás
— como si no fuera
yo hijo tuyo —
arriba,

---

[2] El texto agrega «rey de Tlacopan.» Más que hecho por ese rey, hay que pensarlo hecho para él. Es un juego de palabras en que se repiten éstas para llenar el verso con las voces con que se expresaba el ritmo: titi toto, etc., que pueden asimilarse al nombre de nuestras notas musicales: do, re, mi, etc.

abajo,
en el intermedio
o en tu asiento de supremo juez?
Óyeme,
Tú que permaneces
en el océano del cielo
y que también vives
en los mares de la tierra,
gobierno del mundo,
creador del hombre.
Los señores y los príncipes
con sus torpes ojos
quieren verte.
Mas cuando yo pueda ver,
y conocer, y alejarme,

y comprender,
Tú me verás
y sabrás de mí.
El Sol y la Luna,   5
el día y la noche,
el tiempo de la abundancia
y del frío, están regidos
y al sitio dispuesto
y medido
llegarán   10
Tú, que me mandaste
el cetro real,
óyeme
antes de que caiga
rendido o muerto.   15

(Primer himno transcrito en *Relación de
antigüedades deste Reyno del Perú*, por Juan de
Santacruz Pachakuti Yanki Salkamaywa, en
La poesía quechua, Jesús Lara, México, 1947).

CANCIÓN DE AUSENCIA

¿La desventura, reina,
nos separa?
¿La adversidad, infanta,
nos aleja?[1]
Si fueras flor de chincherkoma,
hermosa mía,
en mi sien y en el vaso de mi corazón
te llevaría.
Pero eres un engaño, igual
que el espejo del agua.
Igual que el espejo del agua, ante mis ojos
te desvaneces.
¿Te vas, amada, sin que nuestro amor
haya durado un día?
He aquí que nos separa
tu madre desleal
para siempre.
He aquí que la enemistad de tu padre
nos sume en la desgracia.

Mas, mi reina, tal vez nos encontraremos
                                    [pronto
si dios, gran amo, lo permite.
Acaso el mismo dios tenga que unirnos
después.
Cómo el recuerdo   20
de tus ojos reidores
me embelesa.
Cómo el recuerdo
de tus ojos traviesos
me enferma de nostalgia.   25
Basta ya, mi rey, basta ya.
¿Permitirás
que mis lágrimas lleguen a colmar
tu corazón?
Derramando la lluvia de mis lágrimas   30
sobre las kantutas[2]
y en cada quebrada,
te espero, hermosa mía.

(De *Primera Nueva Crónica y Buen Gobierno* de
Felipe Guamán Poma de Ayala, en *La poesía
quechua*, Jesús Lara, México, 1947).

---

[1] Género de plantas trepadoras.

[2] Especie de clavellina.

I

1492-1556

<small>MARCO HISTÓRICO</small>: *Descubrimiento, exploración, conquista y colonización bajo los Reyes Católicos y Carlos V.*

<small>TENDENCIAS CULTURALES</small>: *El primer Renacimiento. De los géneros arcaizantes, de apariencia medieval (crónicas, teatro misionero), a la importación de ideas (erasmismo) y formas (poesía italianizante).*

CRISTÓBAL COLÓN
FRAY BARTOLOMÉ DE LAS CASAS
GONZALO FERNÁNDEZ DE OVIEDO
HERNÁN CORTÉS
BERNAL DÍAZ DEL CASTILLO

FRAY TORIBIO DE BENAVENTE
ALVAR NÚÑEZ CABEZA DE VACA
PEDRO CIEZA DE LEÓN
FRAY GASPAR DE CARVAJAL
JUAN DE CASTELLANOS

FRANCISCO DE TERRAZAS

A la literatura española de estos años suele considerársela como un primer Renacimiento. Se la caracteriza por sus importaciones de formas e ideas, especialmente desde Italia. Conquistadores y misioneros trajeron esa literatura al nuevo mundo. Al ponerse a escribir en América, pues, los españoles siguieron las líneas culturales dominantes en España. Hubo casos aislados de erasmistas. Pero, en general, lo que se produjo en esta primera etapa de la colonización ofrece, a primera vista, un aspecto medieval. Los libros que circulaban y se imprimían eran en su mayoría eclesiásticos y educacionales. Apartando lo que se hizo en lengua indígena y en latín — aquí sólo nos concierne la literatura de lengua española —, dos géneros, de apariencia medieval, son los que, al contacto con la nueva realidad americana, adquieren fuerza creadora: la crónica y el teatro.

Las crónicas. Repetimos: los hombres que llegaron al nuevo mundo estaban impulsados por las fuerzas espirituales del Renacimiento, pero sus cabezas tenían todavía marco medieval. Venían de España, donde el Renacimiento no abandonó el legado medieval; venían del pueblo, lento en sus cambios; y aunque vinieran de las clases cultas, no eran contemplativos y creadores de belleza, sino hombres de acción. Sus crónicas no tienen la composición, la

11

unidad, la congruencia, el orgullo artístico e intelectual de las creaciones del Renacimiento. Mas a pesar de su aparente medievalismo, los cronistas dieron a sus páginas una nueva clase de vitalidad, de emoción anticonvencional, sea porque espontáneamente y casi sin educación escribían lo que habían vivido o porque, por cultos que fueran, dejaron que las maravillas del nuevo mundo los penetraran y exaltaran.

◆

El primer cronista fue, naturalmente, CRISTÓBAL COLÓN (1451-1506). No describía por afán de describir, según harán algunos de los conquistadores que vengan. Inventariaba: inventario de riquezas (más futuras que presentes). Pero Colón observaba pormenores; y aun hoy, al leerlo, sentimos a veces el placer estético que siempre nos comunican los testigos de algo remoto y asombroso. Colaboramos imaginativamente con él y acaban por parecernos rasgos de estilo esas escuetas notas sobre la bella desnudez de los indios, la mansedumbre de sus gestos y de su risa, el aire tibio de las islas verdes y la vida minúscula del grillo o de la yerba. Sus impresiones de la apariencia y costumbres de los indios son más numerosas, atentas y agudas que las del escenario natural.

Cristóbal Colón

DIARIO DE VIAJE

PRIMERA VISIÓN DEL NUEVO MUNDO

Viernes 12 de octubre. — Yo, porque nos tuviesen mucha amistad — porque conocí que era gente que mejor se libraría y convertiría a nuestra santa fe con amor que por fuerza —, les dí a algunos de ellos unos bonetes colorados[1] y unas cuentas de vidrios, que se ponían al pescuezo, y otras cosas muchas de poco valor, con que hubieron mucho placer; y quedaron tanto nuestros que era maravilla. Los cuales después venían a las barcas de los navíos, adonde nosotros estábamos, nadando, y nos traían papagayos e hilo de algodón en ovillos, y azagayas,[2] y otras cosas muchas, y nos las trocaban por otras cosas que nosotros les dábamos, como cuentecillas de vidrio y cascabeles. En fin, todo lo tomaban, y daban de aquello que tenían, de buena voluntad. Mas me pareció que era gente muy pobre de todo. Ellos andaban todos desnudos como su madre los parió, y también las mujeres, aunque no ví más de una, harto moza. Y todos los que yo ví eran mancebos, que ninguno ví que pasase de edad de treinta años, muy bien hechos, de muy hermosos y lindos cuerpos y muy buenas caras; los cabellos, gruesos casi como cerdas de cola de caballos, y cortos; los cabellos traen por encima de la cejas, salvo unos pocos detrás, que traen largos, que jamás cortan.

---

[1] El bonete colorado fué durante siglos, y por el mar Mediterráneo, el cubrecabezas clásico del marinero.

[2] Saetas, armas arrojadizas.

[. . .] Ellos no traen armas ni las conocen, porque les mostré espadas y las tomaban por el filo, y se cortaban, con ignorancia. No tienen algún hierro. Sus azagayas son unas varas sin hierro, y algunas de ellas tienen al cabo un diente de pez, y otras de otras cosas. Ellos todos a una mano son de buena estatura de grandeza, y buenos gestos, bien hechos. Ellos deben ser buenos servidores y de buen ingenio, que veo que muy presto dicen todo lo que les decía, y creo que ligeramente se harían cristianos [. . .]

Sábado 13 de octubre. — Todos de buena estatura, gente muy hermosa; los cabellos no crespos, salvo correntíos y gruesos, y todos de la frente y cabeza muy ancha, y los ojos muy hermosos y no pequeños, y, ninguno negro, salvo de la color de los canarios. [. . .] Esta isla[3] es bien grande, y muy llana, y de árboles muy verdes, y muchas aguas, y una laguna en medio muy grande, sin ninguna montaña, y toda ella verde que es placer de mirarla; y esta gente, harto mansa.

Domingo 14 de octubre. — Ví luego dos o tres [poblaciones] y la gente, que venían todos a la playa llamándonos y dando gracias a Dios. Los unos nos traían agua; otros, otras cosas de comer; otros, cuando veían que yo no curaba de ir a tierra, se echaban a la mar nadando y venían. Y entendíamos que nos preguntaban si éramos venidos del cielo. Y vino uno viejo en el batel[4] dentro. Y otros, a voces grandes, llamaban a todos, hombres y mujeres: «¡Venid a ver los hombres que vinieron del cielo; traedles de comer y de beber!» Vinieron muchos y muchas mujeres, cada uno con algo, dando gracias a Dios, echándose al suelo, y levantaban las manos al cielo, y después a voces nos llamaban que fuésemos a tierra. [. . .] Y después, junto con la dicha isleta, están huertas de árboles, las más hermosas que yo ví, y tan verdes con sus hojas como las de Castilla en el mes de abril y de mayo, y mucha agua.

Lunes 15 de octubre. —Son estas islas muy verdes y fértiles, y de aires muy dulces. Y puede haber muchas cosas que yo no sé, porque no me quiero detener por calar y andar muchas islas para hallar oro.

Domingo 28 de octubre. —[Colón] acercóse a la isla de Cuba y tomó la tierra más cercana. Aquí dice el Almirante que nunca cosa tan hermosa vió; todo el río cercado de árboles verdes y graciosísimos, diversos de los nuestros, cubiertos de flores y otros de frutos, aves muchas y pajaritos que cantaban con gran dulzura, la hierba grande como en el Andalucía por abril y mayo . . . Saltó el Almirante en su barca y salió a tierra; hallaron dos casas que creyó ser de pescadores; hallólas vacías de gente [. . .]

Lunes 24 de diciembre. —Crean Vuestras Altezas que en el mundo todo no puede haber mejor gente ni más mansa. [. . .] Todos de muy singularísimo trato, amorosos y habla dulce . . .

(Fragmentos del Diario de Viaje de Cristóbal Colón, que transcribió el Padre Las Casas en su *Historia de las Indias*)

———◆———

La controversia sobre el indio. Si, como el mismo Colón dice, los indios creyeron que esos hombres blancos habían llegado del cielo, muy pronto debieron de desengañarse. Los españoles se volcaron con tanta violencia y franqueza que en seguida la conquista adquirió una calidad humana, demasiado humana. Empezó el trasplante de la cultura europea, la

---

[3] Esta primera isla americana descubierta por Colón — la de Guanahani — pertenece al archipiélago de las Bahamas. Colón la llamó San Salvador.
[4] Embarcación que llevaban los navíos.

servidumbre del indio, el mestizaje y la plasmación de una sociedad original. La conquista fué una empresa militar y al mismo tiempo un asombroso esfuerzo para hacer prevalecer los preceptos cristianos. Teólogos y juristas habían asesorado a los Reyes Católicos para que declararan la libertad de los nativos; pero también para que autorizaran los repartimientos de indios, en que se les hacía trabajar por la fuerza. Los frailes dominicos que habían llegado en 1510 a la Isla Española (hoy República Dominicana y Haití) protestaron contra tales repartimientos. Así, a los pocos años, en la primera colonia fundada en América, surgió una de las lecciones morales más profundas en la historia: hombres de la nación conquistadora discutieron los derechos de la propia conquista.

Esos religiosos defendieron al indio de la rapacidad militar y ganaron a la cruzada al más indómito cronista de América: Bartolomé de las Casas (1474–1566). En su larga y agitada vida este andaluz desaforado defendió el principio de que sólo era legítimo evangelizar pacíficamente a los indios. Quienes los habían despojado y sometido debían devolverles sus bienes si querían salvar sus propias almas. Mientras tanto, Las Casas fue escribiendo una galería de escenas y retratos que figuran entre los más curiosos de la época. No era escritor: era un paladín que escribía. Y aunque su prosa corría como un ancho, lento e interminable río, abierto en mil digresiones y fatigoso por tanta piedra, de vez en cuando el lector ve deslizarse por su superficie la gracia de una frase evocadora. El ardor de la cólera cuando cuenta las iniquidades de los conquistadores, la finura intelectual de su ironía cuando quita a la codicia su hipócrita máscara cristiana, la acometida polémica contra otros cronistas u otros doctrinarios y la sagacidad con que asocia lo físico y lo psicológico en sus retratos revelan un Las Casas escritor. La indignación le dictaba sermones: no es lo mejor que escribió. Pero le dictaba también episodios de novela de aventuras en los que los españoles cumplían papel de villanos y los indios el de «gentes de la Edad Dorada, que tanto por los poetas e historiadores fue alabada»; y aquí sí que podemos disfrutar su literatura. Su *Historia de las Indias* comenzó a escribirse en 1527 y duró hasta poco antes de su muerte. Su *Brevísima relación de la destrucción de las Indias* se publicó en 1552. Tienen más rigor histórico de lo que sus impugnadores han dicho. Pero Las Casas vale no porque fuera el primero en enunciar las ideas que lo apasionaban (procedían de un cristianismo tradicional), sino porque las encendió de amor y las defendió con valentía, planteando los problemas en una realidad nueva y vasta.

Aunque Las Casas se movía de un lado a otro, Santo Domingo fué su centro, porque era también el centro cultural del nuevo mundo. Allí se habían establecido los primeros conventos y escuelas, allí se escribieron los primeros libros didácticos y allí se inició la expansión colonizadora.

Fray Bartolomé de Las Casas

HISTORIA DE LAS INDIAS

LA REBELIÓN DE ENRIQUILLO

Por este tiempo [fines de 1518] cosas acaecieron notables en esta isla Española, y una fué que, como los indios de ella se iban acabando y no cesasen por eso de los trabajar
5 y angustiar los españoles que los tenían, uno de ellos, llamado Valenzuela [. . .], mozo harto liviano que sucedió en la inicua y tiránica posesión de ellos a su padre, tenía un repartimiento cuyo cacique y señor se llamaba
10 Enriquillo.

[Enriquillo] había sido criado, siendo niño, en el monasterio de San Francisco, que hubo en una villa de españoles llamada la Vera Paz, y la provincia, según la lengua de los indios,
15 Xaraguá [. . .], donde tuvo su reino el rey Behechio [. . .] que fué uno de los cinco reyes de esta isla y el principal, de que mucho en el primer libro y segundo hemos hablado.

[A Enriquillo] los frailes habían enseñado a
20 leer y escribir y en costumbres asaz bien doctrinado, y él de su inclinación no perdía nada, y supo bien hablar nuestra lengua, por lo cual siempre mostró por sus obras haber con los religiosos aprovechado. [. . .] Este cacique y
25 señor de aquella provincia del Baoruco, salido de la doctrina de los religiosos y hecho hombre, casóse con una señora india, mujer de buen linaje y noble, llamada doña Lucía, como cristianos, en haz[1] de la Santa Madre
30 Iglesia. Era Enrique alto y gentil hombre de cuerpo bien proporcionado y dispuesto; la cara no tenía ni hermosa ni fea, pero teníala de hombre grave y severo. Servía con sus indios al dicho mancebo Valenzuela como si
35 se lo debiera, como dicen, de fuero, sufriendo su injusta servidumbre y agravios que cada día recibía con paciencia. Entre los pocos y

pobres bienes que tenía poseía una yegua; ésta la tomó contra su voluntad el mozo tirano a quien servía; después de esto, no contento con aquel robo y fuerza, procuró de violar el matrimonio del cacique y forzarle la mujer, y como el cacique lo sintiese, porque se quejó a él mismo diciéndole que por qué le hacía aquel agravio y afrenta, dicen que le dió de palos para que se cumpliese el proverbio: agraviado y aporreado. Fuése a quejar de sus agravios al teniente de gobernador que en aquella villa residía, llamado Pedro de Vadillo; halló en él el abrigo que siempre hallaron en las justicias de estas Indias y ministros del rey los indios; éste fué que lo amenazó que le haría y acontecería si más venía a él con quejas de Valenzuela, y aún dijeron que lo echó en la cárcel o en el cepo. El triste, no hallando remedio en aquel ministro de justicia, después que le soltaron, acordó de venir a esta ciudad de Santo Domingo a quejarse a la Audiencia de las injurias y denuestos recibidos, con harta pobreza, cansancio y hambre, por no tener dinero ni de qué haberlo. El Audiencia le dió su carta de favor, pero remitiéndolo al dicho teniente Vadillo sin otro remedio; y éste fué también el consuelo que las Audiencias y aun también el Consejo del rey, que reside en Castilla, daban a los agraviados y míseros: remitirlos, conviene a saber, a los agraviantes y sus propios enemigos. Tornado a la villa, que estaba a 30 leguas, presentó sus papeles, y la justicia que halló en Vadillo fué, según se dijo, tratándolo de palabra y con amenazas, peor que de primero; pues sabido por su amo Valenzuela, no fueron menores los malos tratamientos y asombramientos: que

---

[1] En el seno de.

15

lo había de azotar y matar y hacer y acontecer, y aun, según yo no dudo, por la costumbre muy envejecida y el menosprecio en que los indios fueron siempre tenidos, señores y súbditos, y la libertad y duro señorío que los españoles sobre ellos tuvieron para los afligir, sin temor de Dios y de la justicia, que le daría de palos o bofetadas antes que darle de cenar, para consuelo y descanso de su camino. Sufrió las nuevas injurias y baldones el cacique Enriquillo (llamábanlo así los que lo conocieron niño, cuando estaba con los padres de San Francisco, y de allí nació nombrarlo comúnmente por este nombre diminutivo), sufriólas, digo, y disimuló; y habida licencia de su amo, que con más justa razón pudiera ser señor suyo el indio, porque acabado el tiempo que eran ciertos meses del año que se remudaban las cuadrillas para venir a servir, y el cacique era el que iba y venía y los traía y el que si faltaba un indio que no viniese, lo había él de llorar y padecer, con cárcel e injurias y aun palos y bofetadas y otras angustias y denuestos vuelto a su tiempo, confiado en su justicia y en su tierra, que era áspera, donde no podían subir caballos, y en sus fuerzas y de sus pocos indios que tenía, determinó de no ir a servir más a su enemigo, ni enviarle indio suyo, y por consiguiente, en su tierra se defender; y esto llamaron los españoles, y llaman hoy, «alzarse y ser rebelde Enrique, y rebeldes y alzados los indios», que con verdad hablando, no es otra cosa que huir de sus crueles enemigos, que los matan y consumen, como huye la vaca o buey de la carnicería; el cual, como no fuese ni llevase indios para el servicio de Valenzuela en el tiempo establecido, estimando el Valenzuela que por los agravios recibidos estaría enojado y alborotado, y como ellos decían, alzado, fué con once hombres a traerlo por fuerza y sobre ello maltratarlo. Llegado allá, hallólo a él y a su gente no descuidado, sino con armas, que fueron lanzas, por hierros clavos y huesos de pescados, y arcos y flechas y piedras y lo demás de que pudieron armarse; saliéronle al encuentro, y el cacique Enriquillo delante, y dijo a Valenzuela que se tornase, porque no había de ir con él, ni de sus indios nadie, y

como el mozo Valenzuela lo tuviese como esclavo y en mayor menosprecio que si fuera estiércol de la plaza, como todos los españoles han tenido siempre y tienen a estas gentes por más que menospreciadas, comenzó a decirle de 5 perro y con todas las injuriosas palabras que se le ofrecieron denostarle, y arremete a él y a los indios que estaban con él, los cuales dan en ellos y con tanta prisa, que le mataron uno o dos de sus españoles y descalabraron a todos 10 los más y los otros volvieron las espaldas. No quiso Enrique que los siguiesen, sino que los dejasen ir, y dijo a Valenzuela: —Agradeced, Valenzuela, que no os mato; andad, id y no volváis más acá; guardáos. 15

Tornóse Valenzuela con los suyos a San Juan de la Maguana, más que de paso, y su soberbia lastimada, puesto que no curada. Suénase luego por toda la isla que Enriquillo es alzado; provéese por el Audiencia que vaya 20 gente a subyugarlo; juntáronse 70 ó 80 españoles y vanlo a buscar, los cuales, después de muy cansados y hambrientos de muchos días, halláronlo en cierto monte; salió a ellos, mató ciertos e hirió a otros, y todos desbara- 25 tados y humillados acordaron con harta tristeza y afrenta suya de tornarse. Cunde toda la isla la fama y victorias de Enriquillo; húyense muchos indios del servicio y opresión de los españoles y vanse al refugio y bandera 30 de Enriquillo, como a castillo roquero inexpugnable, a salvarse, de la manera que acudieron a David, que andaba huyendo de la tiranía de Saúl, todos los que estaban en angustias y los opresos de deudas y en amargura de sus 35 ánimos, como parece en el primer libro de los Reyes, cap. 22 [...]; bien así, por esta semejanza se allegaron a Enriquillo de toda la isla cerca de 300 hombres, sometiéndose a su capitanía, no teniendo él, a lo que sentí yo, 40 ni aun ciento. Enseñábalos él cómo habían de pelear contra los españoles, si ellos viniesen, para defenderse; nunca permitió que algunos de los que a él se venían saliese a hacer saltos[2] ni matar español alguno, sino solamente 45 pretendió defender a sí y a los suyos de los españoles, que muchas veces vinieron a subyugarlo y ofenderlo. Cuán justa guerra contra los españoles él y ellos tuviesen y se le

---

[2] Asaltar.

sometiesen y lo eligiesen por señor y rey los indios que a él venían y los demás de toda la isla lo pudieran justamente hacer, claro lo muestra la historia de los Macabeos en la
5 Escritura divina y las de España que narran los hechos del infante D. Pelayo, que no sólo tuvieron justa guerra de natural defensión, pero pudieron proceder a hacer venganza y castigo de las injurias y daños y muertes y
10 disminución de sus gentes y usurpación de sus tierras recibidas, de la misma manera y con el mismo derecho. Cuanto a lo que toca al derecho natural y de las gentes (dejado aparte lo que concierne a nuestra santa fe, que es otro
15 título añadido a la defensión natural en los cristianos), tuvieron justo y justísimo título Enrique y los indios pocos que en esta isla habían quedado de las crueles manos y horribles tiranías de los españoles, para los perse-
20 guir, destruir y punir y asolar como a capitales hostes[3] y enemigos, destruidores de todas sus tan grandes repúblicas, como en esta isla había, lo cual hacían y podían hacer con autoridad del derecho natural y de las gentes,
25 y la guerra propiamente se suele decir no guerra, sino defensión natural. [. . .]
(Libro III Capítulo CXXVI).

[. . .] En muchas veces que se hicieron en la isla armadas para ir contra él, que por él
30 fueron desbaratadas, cobraron muchas armas y siempre los indios que se alzaban a él trabajaban de hurtar a sus amos armas todas las que podían; y por dondequiera que andaban fué extraña la vigilancia y diligencia y
35 solicitud que tuvo en guardarse a sí y a los que con él estaban; como si toda su vida fuera capitán en Italia. Tenía sus guardas y espías en los puertos y lugares por donde sabía que podían los españoles venir a buscarle. Sabido
40 por los espías y guardas que tenía en el campo que había españoles en la tierra, tomaba todas las mujeres y niños y viejos y enfermos, si los había, y todos los que no eran para pelear, con 50 hombres de guerra que siempre tenía
45 consigo, y llevábalos 10 ó 12 leguas de allí, en lugares que tenía secretos en aquellas sierras, donde había hechas labranzas y tenía de comer, dejando un capitán, sobrino suyo,

tamaño como un codo, pero muy esforzado, con toda la gente de guerra para esperar a los españoles; los cuales llegados, peleaban contra ellos los indios como leones; venía luego de refresco Enrique con sus 50 hombres y daba en ellos la parte que le parecía, por manera que los lastimaba, hería y mataba, y ninguna, de muchas veces que fueron muchos españoles contra él, hubo que no los desbaratase, llevando siempre la victoria. Acaeció una vez desbaratar muchos de ellos y meterse 71 ó 72 en unas cuevas de piedra o peñas, escondiéndose de los indios que iban en el alcance, y entendiendo que estaban allí, quieren los indios allegar leña para poner fuego y quemarlos. Mandó Enrique: «No quiero que se quemen, sino tomadles las armas y dejadlos; váyanse», y así lo hicieron, donde se proveyó bien de espadas y lanzas y ballestas, puesto que de éstas no sabían usar. De estos 70 españoles se metió fraile uno en el monasterio de Santo Domingo, de la ciudad de Santo Domingo, por voto que había hecho, viéndose en aquella angustia, no creyendo de se escapar, y de él hube lo que de este caso yo aquí escribo. [. . .] Extendióse cada día más la fama de las victorias y diligencia, esfuerzo y ardides de guerra de Enrique y de su gente por toda esta isla, porque, como se dijo, vez ninguna vinieron contra él los españoles que no volviesen descalabrados; por manera que toda la isla estaba admirada y turbada, y cuando se hacía armada contra él no todos iban de buena gana, y no fueran, si por el Audiencia con penas no fueran forzados. En esto pasaron trece y catorce años, en lo cual se gastaron de la Caja del rey más de 80 ó 100.000 castellanos.[4] Ofrecióse un religioso de la orden de San Francisco, siervo de Dios, extranjero, [. . .] llamado fray Remigio, y creo que fué uno de los que a Enrique criaron, a ir a hablarlo y asegurarlo, viendo que por fuerza no era posible ganarlo. Lleváronlo en un navío y echáronlo en tierra en lugar donde poco más o menos podían creer que Enrique o su gente estaba; y porque en viendo venir navío por la mar luego creía que venía gente española a buscarlo, para lo cual ponía suma vigilancia en saber dónde desembarcaban y enviaba cuadri-

---

³ Enemigos.

⁴ Moneda castellana de oro de la Edad Media.

llas de gente suya para indagarlo, llegó cierta cuadrilla de ellos donde aquel padre fray Remigio había desembarcado. Desde que lo vieron, dijéronle si venía por mandado de los españoles a espiarlos. Respondió que no, sino que venía a hablar a Enrique para decirle que fuese amigo de los españoles y que no recibiría daño y que no anduviese huyendo y trabajado como andaba, y porque los quería bien se había movido a venir a ellos y ponerse a aquellos trabajos. Dijéronle que debía de mentir, porque los españoles eran malos y siempre les habían mentido y ninguna fe ni verdad les habían guardado, y que él los debía de querer engañar, como los demás, y que estaban por matarlo. Vióse el santo fraile harto atribulado, pero como Enrique les había prohibido de que no matasen ningún español, sino en el conflicto cuando peleasen, no lo hicieron, pero desnudáronle todos sus hábitos, hasta quedar en sus paños menores, y dejáronlo y repartieron los hábitos entre sí a pedazos. Rogábales mucho que hiciesen saber a Enrique cómo era venido uno de los padres de San Francisco, y que él holgaría de verlo; que lo llevasen adonde él estaba. Dejáronlo allí y fuéronlo a decir a Enrique, el cual, así como lo supo, vino luego a él y mostró por meneos[5] y por palabras haberle mucho pesado de lo que aquellos indios habían hecho, y díjole que lo perdonase, aunque había sido contra su voluntad y que no estuviese enojado; manera que tienen los indios común de consolar los que ven que están con alguna pena fatigados. El padre le rogó y encareció que fuese amigo de los españoles y sería bien tratado desde en adelante. Respondió Enrique que no deseaba más otra cosa, pero que ya sabía quién eran los españoles y cómo habían muerto a su padre y abuelo y a todos los señores y gentes de aquel reino de Xaraguá, y toda la isla despoblado. Y, refiriendo los daños y agravios que de Valenzuela había recibido, dijo que por no ser por él o por ellos muerto, como sus padres, se había huído a su tierra, donde estaba, y que ni él ni los suyos hacían mal a nadie, sino defenderse contra los

que venían a cautivarlos y matarlos, y que para vivir la vida que hasta entonces habían vivido en servidumbre, donde sabía que habían todos de perecer como sus pasados, no había de ver más español para conversarlo. Pidióle el padre que le mandase dar sus hábitos. Díjole que los habían roto los indios y repartido entre sí a pedazos, de lo cual le pesaba en el ánima, y porque el navío que lo había traído andaba por allí a vista barloventeando,[6] hiciéronle señales, y acercándose a tierra con su barca, Enrique besó la mano al padre y despidióse de él casi llorando, y los marineros recibieron al padre y cubriéronlo con sus capas y volviéronlo a esta ciudad y a su casa donde no le faltaron hábitos aunque no de seda sino de los que tenían según su pobreza.

(Libro III, Capítulo CXXVI).

Cobraron ánimo algunos de los indios pocos que en la isla había, viendo que Enrique prevalecía[7] y levantóse un indio que llamaban el Ciguayo y debía ser del linaje de los ciguayos, generación señalada que vivía y poblaba las sierras que hacían la Vega Real, aguas vertientes a la mar del Norte, la costa más arriba de esta isla, de quien mucho tratamos arriba, en el primer libro. Ciguayo era hombre valiente, aunque en cueros como los otros. Alcanzó una lanza con su hierro de Castilla; y creo que una espada (no supe a qué español servía). Dejó al que lo oprimía; llegó a sí obra de 10 ó 12 indios, y con ellos comienza a hacer saltos en españoles, en las minas y en las estancias o haciendas del campo, donde andaban dos y cuatro y así pocos juntos, y mataba a todos los que hallaba, de tal manera que puso pavor y espanto y extraño miedo en toda la isla. Ninguno pensaba estar seguro ni aún en los pueblos de tierra dentro, sino con temor del Ciguayo todos vivían. Finalmente, juntáronse cierta cuadrilla de españoles y siguiéronlo muchos días; y hallado, dan en él; él da en ellos como un rabioso perro, de la manera que si estuviera armado de hierro desde los pies a la cabeza; y peleando todos reciamente, retrájose el Ciguayo en una quebrada, y allí

---

[5] Ademanes.
[6] Avanzando contra el viento.
[7] Adquiría autoridad.

peleando, un español lo atravesó con una media lanza y atravesado peleaba como un Héctor; finalmente, desangrándose y perdiendo las fuerzas, llegaron todos los españoles y allí lo fenecieron; huyeron todos sus compañeros en tanto que con él lo habían, que tuvieron poco que hacer con él.

Muerto el Ciguayo, levantóse otro indiazo, valiente de cuerpo y de fuerzas, llamado Tamayo, y comienza, con otra cuadrilla que juntó, a proseguir las obras del Ciguayo, salteando a los que estaban fuera de los pueblos. Este hizo mucho daño y causó grande miedo y escándalo en esta isla; mató muchos y algunas mujeres españolas y cuantos hallaba solos en las estancias, que no dejaba persona a vida, y toda su codicia era tomar o robar armas, lanzas y espadas y también la ropa que podía. [. . .] Entendiendo Enrique las obras que el Ciguayo hizo y Tamayo hacía, estimando prudentemente lo que en la verdad era, conviene a saber, que los españoles creerían que por su mandado todo era hecho, pesábale mucho de ello; y esto yo lo sé muy de cierto, según que abajo en el siguiente libro, si place a Dios, más largo lo diré. Y acaeció tener Enrique consigo, entre los otros, un indio llamado Romero, sobrino del dicho Tamayo, el cual acordó enviarlo a buscar al Tamayo que andaba hacia los pueblos del Puerto Real y Lares de Guahaba, cerca de cien leguas de allí, y que le rogase que se viniese para él porque estuviese más seguro, porque un día que otro no le acaeciese lo que al Ciguayo acaeció, que los españoles hasta tomarlo lo siguiesen; y que él lo trataría bien y haría capitán de parte de su gente y todos juntos estando serían más fuertes para se defender. El cual, finalmente, persuadido por el sobrino que era harto cuerdo, se vino con muchas lanzas y espadas y ropa, que había robado, para Enrique. Recibiólo Enrique con muy grande alegría, y así estorbó Enrique grandes daños que Tamayo hiciera por esta isla, de donde se manifiesta bien la bondad de Enrique y no menos la discreción y prudencia que tuvo y de que usó, para impedir un hombre a los es-

pañoles tan nocivo que no les hiciese mal, trayéndolo a su compañía por aquella vía. Casi cada año se hacía armada y junta de españoles para ir contra Enrique, donde se gastaron del rey y de los vecinos muchos millares de castellanos; entre otras se hizo una de 150 españoles, y quizá más, cuyo capitán fué un vecino de la villa que llamaban el Bonao, llamado Hernando de San Miguel, de los muy antiguos de esta isla y del tiempo del primer Almirante. Este había venido a esta muy muchacho, y como se había criado en grandes trabajos, en las crudas guerras e injustas que en ella contra estas gentes se hicieron, así andaba por las sierras y sobre las peñas descalzo como calzado; fuera de esto, era hombre de bien e hidalgo, natural de Ledesma o Salamanca. Este anduvo muchos días tras Enrique, pero nunca lo pudo hallar descuidado, y según estimo, si no me he olvidado, tampoco se allegaron a reñir en batalla. Un día halláronse los unos de los otros tan cercanos que, ninguno pudiendo dañar al otro, se hablaron y oyeron las palabras los unos de los otros; esto se pudo así hacer porque los unos estaban en un pico de una sierra y los otros en el pico de otra, muy altas y muy juntas, salvo que las dividía una quebrada o arroyo muy profundo que parecía tener de hondo sobre 500 estados.[8] Sintiéndose tan cercanos los unos de los otros, pidiéronse treguas y seguro para hablarse. Concedidas de ambas partes, para que ninguno tirase al otro con que le dañase, dijo el capitán de los españoles que pareciese allí Enrique para le hablar. Pareció Enrique, y díjole el capitán que la vida que tenía y la que hacía tener a los españoles de la isla era trabajosa y no buena; que sería mejor estar y vivir en paz y sosiego. Respondió Enrique que así le parecía a él y que era cosa que él mucho deseaba muchos días había y que no quedaba por él, sino por ellos. Replicó el capitán que él traía mandamiento y poder de la Real Audiencia, que mandaba en la ciudad de Santo Domingo por el rey, para tratar y asentar las paces con él y con su gente, que los dejaría vivir en su libertad en

---

[8] Medida, tomada de la estatura regular del hombre para apreciar alturas y profundidades, equivalente a unos siete pies.

una parte de la isla, donde quisiese y escogiese, sin tener los españoles que hacer con ellos, con tanto que ni él ni ellos dañasen a ninguno ni hiciesen cosas que no debiesen y que les diese el oro todo que habían tomado a los españoles que viniendo de tierra firme mataron. Mostróle, aunque así apartado, la provisión que de la Audiencia llevaba. Dijo Enrique que le placía hacer las paces y tener amistad con todos los españoles y de no hacer mal a nadie y de darles todo el oro que tenía, con que lo que se le promete se le guarde. Tratando del cómo y cuándo se verían, concertaron allí que tal día el capitán fuese con solos ocho hombres y Enrique con otros ocho, no más, a la costa de la mar, señalando cierta parte; y así, con este concierto, se apartaron. Enrique provee luego de cumplir su palabra y envía gente que haga en el dicho lugar una gran ramada de árboles y ramas y en ella un aparador, donde pusieron todas las piezas de oro, que parecía casa real. El capitán dispone también de hacer lo mismo, y para celebrar las paces con mayor alegría y regocijo, aunque indiscretamente, mandó al navío que por allí cerca andaba, viniese a ponerse frontero y junto a tierra del dicho lugar concertado y él viniese por la costa de la mar con un tamborino[9] y gente con él, muy alegres y regocijados. Enrique, que ya estaba con sus ocho hombres y mucha comida en la ramada esperando, viendo que el navío se acercaba y que venía el capitán con más gente, y que con tamborino, tañendo y haciendo estruendo venían los españoles, pareciéndole que había excedido de lo asentado y temiendo no le hubiesen urdido alguna celada, acordó de negarse y así escondióse en el monte con su gente, que

debía tener para su guarda, y mandó a los ocho indios que, cuando llegasen los españoles, les dijesen que no pudo venir a verse con ellos porque se había sentido un poco malo y que les diesen la comida que les tenía aparejada y todo el oro y les sirviesen muy bien y en todo los agradasen. Llegados el capitán y los suyos, preguntó por Enrique. Respondiéronle los ocho lo que Enrique les había mandado. Quedó harto pesante de su indiscreción el capitán (o si no la conoció, quizá), por no haber hallado a Enrique, porque tenía por cierto, y no se engañaba, que allí la pendencia y escándalo y miedo de la isla se acababa, puesto que, aunque no se acabó del todo, al menos suspendióse hasta que después, como placiendo a Dios en el libro siguiente se dirá, por cierta ocasión del todo fué acabada. Así que los ocho les dieron de comer y les sirvieron con mucha solicitud, como los indios suelen, y entregándoles todo el oro sin faltar un cornado.[10] El capitán les dío las gracias y díjoles que dijesen a Enrique cómo le había pesado de no haberle visto y abrazado, y que le pesaba de su mal puesto que bien conoció que de industria se había quedado, y que fuesen amigos y que no hiciese daño y que tampoco lo recibiría desde adelante. Los españoles se embarcaron y se vinieron a la ciudad, y los indios se fueron donde estaba su amo. Desde aquel día no hubo más cuidado en la isla de seguir a Enrique, ni de ninguna de las partes se recreció algún daño hasta que del todo se asentaron las paces, que duró este intervalo cuatro o cinco años.

(Libro III, Capítulo CXXVII).

(Fray Bartolomé de las Casas, *Historia de las Indias,* México, Biblioteca Americana, 1951).

Sin duda eran de extraordinario temple viril aquellos muchachos salidos del montón que se abrieron paso por montañas, ríos, selvas, desiertos y mares desconocidos y en todas partes levantaron los pilares para que se apoyara el Imperio de España. Exploraron las Antillas, descubrieron el Océano Pacífico y el Río de la Plata, se apoderaron de México y del Perú, marcharon de

---

[9] Tamboril, tambor pequeño.
[10] Coronado, moneda castellana de los siglos XIII al XVI, de poco valor.

Florida al Mississippi, pelearon con los araucanos de Chile, fundaron ciudades en Nueva Granada, colonizaron la Argentina y el Paraguay, navegaron el Amazonas ... De esas expediciones surgieron los cronistas: soldados y misioneros, conscientes de la importancia de sus hazañas, escribían lo que veían y el placer de contar solía mejorarles la prosa inculta. GONZALO FERNÁNDEZ DE OVIEDO, FRANCISCO DE JEREZ, FRAY TORIBIO DE BENAVENTE, llamado MOTOLINÍA, FRAY BERNARDINO DE SAHAGÚN, JIMÉNEZ DE QUESADA, AGUSTÍN DE ZÁRATE, PEDRO GUTIÉRREZ DE SANTACLARA y veinte más han dejado no sólo los documentos para el conocimiento histórico del siglo XVI, sino las confidencias para el conocimiento literario de sus almas.

GONZALO FERNÁNDEZ DE OVIEDO (1478–1557) vivió en las Indias más como funcionario del rey que como conquistador, desde 1514 hasta 1556, si bien interrumpiendo su residencia americana con seis viajes a España y estancias en la Corte. Su campo de observación fue reducido (el Caribe, principalmente las islas Haití o la Española, Cuba; y, de la Tierra Firme, de Darién a Nicaragua), pero en esos años ése era el centro de la acción. Desde su llegada se puso a trasladar lo que veía y oía en papeles que se fueron acumulando hasta resultar en la *Historia general y natural de las Indias*, desde 1492 hasta 1549, que es la última fecha que registra. En 1526, estando en España, publicó el *Sumario de la natural historia de las Indias* que acababa de presentar a Carlos V para mostrarle cómo era la naturaleza de sus posesiones ultra-marinas. El hecho de que lo escribiera de memoria, lejos de sus papeles, le dio, a pesar de su carácter misceláneo, una encantadora unidad. Al pintar las maravillas naturales de las Antillas, Oviedo se sentía a sus anchas. En el *Sumario* se reconoce que el primer anhelo de Oviedo fue alabar la naturaleza que se abría a sus sentidos. Renacentista, pero del Renacimiento español, católico y conservador de las tradiciones medievales, Oviedo nos da una visión tranquila del orden universal: Dios, Naturaleza, Hombre son partes de un sistema inteligible. Conocemos a Dios estudiando la naturaleza; la naturaleza nos invita, pues, a una vida espiritual superior, para la que Dios nos ha dotado suficientemente. Y como la naturaleza del nuevo mundo era desconocida, contemplarla es completar nuestro conocimiento de Dios. El *Sumario* se amplía en la *Historia* con una interpretación que, partiendo de la naturaleza americana, llega a la justificación de la política imperial de Carlos V. Dios ha elegido a los españoles para implantar una monarquía universal católica. Oviedo ve la rapacidad de los conquistadores, pero le parece acci-dental. En cambio, los defectos que ve en los indios le parecen esenciales. Así como puede ser imperialista y al mismo tiempo condenar los abusos españoles, también puede ser anti-indigenista y al mismo tiempo fundar la etnografía americana.

Gonzalo Fernández de Oviedo

HISTORIA GENERAL Y NATURAL
DE LAS INDIAS

LA ESMERALDA

Restriñe los movimientos deleitables de los lujuriosos, y restituye la memoria perdida, y vale contra los fantasmas y las ilusiones del demonio; apacigua las tempestades y estanca la sangre, y vale a los adivinos, como se dice en el «Lapidario».[1] Con cualquiera cosa de las que es dicho que este autor, o, mejor dicho, la experiencia, me haga verdad de la esmeralda, me parece que no hay dinero que se le iguale. No hay aspecto de alguna color más jocundo, y como miramos de voluntad las hojas verdes y las hierbas, tanto más de grado vemos las esmeraldas, porque ninguna cosa verde es más verde que ellas, en su comparación. Y son, entre las gemas o piedras preciosas, las que hinchen los ojos y no los cansan; antes, cuando con cansados por haber mirado otra cosa, los recrean. Ni tienen los ojos más agradable restauración para aquellos que entallan las gemas; porque con aquella verde lenitud o halago, mitigan el cansancio y asimismo hacen ver por más luengo espacio, dando, por reflexión, su color al aire circundante. Nerón miraba las batallas de los gladiadores en una esmeralda.

(Libro VI, capítulo XXVII)

LA PIÑA

Hay en esta isla Española unos cardos, que cada uno de ellos lleva una piña (o, mejor diciendo, alcachofa), puesto que, porque parece piña, las llaman los cristianos piñas, sin lo ser. Esta es una de las mas hermosas frutas que yo he visto en todo lo que del mundo he andado. ... Ninguna de éstas, ni otras muchas que yo he visto, no tuvieron tal fruta como estas piñas o alcachofas, ni pienso que en el mundo la hay que se le iguale en estas cosas juntas que ahora diré. Las cuales son: hermosura de vista, suavidad de olor, gusto de excelente sabor. Así que, de cinco sentidos corporales, los tres que se pueden aplicar a las frutas, y aun el cuarto, que es el palpar, en excelencia participa de estas cuatro cosas o sentidos sobre todos las frutas y manjares del mundo, en que la diligencia de los hombres se ocupe en el ejercicio de la agricultura. Y tiene otra excelencia muy grande, y es que, sin algún enojo del agricultor, se cría y sostiene. El quinto sentido, que es el oir, la fruta no puede oir ni escuchar; pero podrá el lector, en su lugar, atender con atención lo que de esta fruta yo escribo, y tenga por cierto que no me engaño, ni me alargo en lo que dijere de ella. Porque, puesto que la fruta no puede tener los otros cuatro sentidos que le quise atribuir o significar de suso,[2] hase de entender en el ejercicio y persona del que la come, y no de la fruta (que no tiene ánima, sino la vegetativa y sensitiva, y le falta la racional, que está en el hombre con las demás). La vegetativa es aquella con que crecen las plantas, y todas las criaturas semejantes; la sensitiva es aquel sentimiento del beneficio o daño que recibe; así como regando o limpiando o excavando los árboles

[1] Libro de Alfonso el Sabio (1252–1284) que describe las piedras preciosas y sus supuestas cualidades misteriosas y curativas.

[2] Más arriba, anteriormente.

y plantas, sienten el favor y regalo, y medran y crecen, y olvidándolos, o chamuscando, o cortando, se secan y pierden. Dejemos esta materia a los expertos, y tornemos a lo que quise decir.

Mirando el hombre la hermosura de ésta, goza de ver la composición y adornamiento con que la Natura la pintó e hizo tan agradable a la vista para recreación de tal sentido. Oliéndola, goza el otro sentido de un olor mixto con membrillos y duraznos o melocotones, y muy finos melones, y demás excelencias que todas esas frutas juntas y separadas, sin alguna pesadumbre; y no solamente la mesa en que se pone, mas, mucha parte de la casa en que está, siendo madura y de perfecta sazón, huele muy bien y conforta este sentido del oler maravillosa y aventajademente sobre todas las otras frutas. Gustarla es una cosa tan apetitosa y suave, que faltan palabras, en este caso, para dar al propio su loor en esto; porque ninguna de las otras frutas que he nombrado, no se pueden con muchos quilates, comparar a ésta. Palparla, no es, a la verdad, tan blanda ni doméstica, porque ella misma parece que quiere ser tomada con acatamiento de alguna toalla o pañizuelo; pero puesta en la mano, ninguna otra da tal contentamiento. Y medidas todas estas cosas y particularidades, no hay ningún mediano juicio que deje de dar a estas piñas o alcachofas el principado de todas las frutas. No pueden la pintura de mi pluma y palabras dar tan particular razón ni tan al propio el blasón de esta fruta, que satisfagan tan total y bastantemente que se pueda particularizar el caso sin el pincel o dibujo, y aun con esto, serían menester los colores, para que más conforme (si no en todo, en parte), se diese mejor a entender que yo lo hago y digo, porque en alguna manera la vista del lector pudiese más participar de esta verdad. No obstante lo cual, pondréla, como supiere hacerlo, tan mal dibujada como platicada;[3] pero, para los que esta fruta hubieren visto, bastará aquesto, y ellos dirán lo demás. Y para los que nunca la vieron sino aquí, no les

puede desagradar la pintura, escuchando la lectura; con tal aditamiento y protestación, que les certifico que si algún tiempo la vieren, me habrán por disculpado si no supe ni pude justamente loar esta fruta. Verdad que ha de tener respecto y advertir, el que quisiere culparme, en que aquesta fruta es de diversos géneros o bondad (una más que otra), en el gusto y aun en las otras particularidades. Y el que ha de ser juez, ha de considerar lo que está dicho, y lo que más aquí diré en el proceso o discante[4] de las diferencias de estas piñas. Y si, por falta de colores y del dibujo, yo no bastare a dar a entender lo que querría saber decir, dese la culpa a mi juicio, en el cual, a mis ojos, es la más hermosa fruta de todas las frutas que he visto, y la que mejor huele y mejor sabor tiene; y en su grandeza y color, que es verde, alumbrado o matizado de un color amarillo muy subido, y cuanto más se va madurando, más participa del jalde y va perdiendo de lo verde, y así se va aumentando el olor de más que perfectos melocotones, que participan asaz del membrillo; que éste es el olor con que mas similitud tiene esta fruta; y el gusto es mejor que los melocotones, y más zumoso.

Móndase alrededor, y hácenla tajadas redondas, o chullas,[5] o como quiere el trinchante, porque en cada parte, al luengo o al través, tiene pelo y gentil corte, En estas islas todas, es fruta cual tengo dicho, y muy común, porque en todas ellas y en la Tierra Firme, las hay; y como los indios tienen muchas y diversas lenguas, así por diversos nombres las nombran. A lo menos en la Tierra Firme, en veinte o treinta leguas, acaece haber cuatro o cinco lenguas; y aun eso es una de las causas principales porque los pocos cristianos en aquellas partes se sostienen entre estas gentes bárbaras. [. . .]

Por cierto, así como entre las aves se esmeró Natura en las plumas con que viste a los pavos de nuestra Europa, así tuvo el mismo cuidado, en la composición y hermosura de esta fruta, más que en todas las que yo he visto, sin comparación, y no sospecho

---

[3] Dibujada . . . platicada: Oviedo ilustró su libro con algunos dibujos hechos por él mismo; *platicada*: explicada, escrita.

[4] Hablar mucho sobre una cosa; glosa.

[5] Lonja de carne.

que en el mundo hay otra de tan graciosa o linda vista. Tienen una carnosidad buena, apetitosa y muy satisfactoria al gusto y son tamañas como melones medianos, y algunas mayores, y otras mucho menores, y esto causa que no todas las piñas (aunque se parecen), son de un género o sabor. Algunas son agrias, o por ser campesinas o mal cultivadas, como por ser el terreno desconveniente, o porque en todas las frutas acaece ser mejor un melón que otro, y una pera que otra, y así de todas las demás, y por el consiguiente, una piña hace gran ventaja a otra piña. Pero la buena, no tiene comparación con ella otra fruta en las que yo he visto, habido respecto a todas las cosas que he dicho, que consisten en ella.

Bien creo que habrá otros hombres que no se conformen conmigo; porque en España y otras partes del mundo, unos porfían que los higos son mejores que las peras, y otros que el membrillo es mejor que el durazno y las peras e higos; y otros que las uvas mejor que los melones y las otras que he dicho. Y así, a este propósito, cada cual es más inclinado a su gusto, y piensa que el que otra cosa dice, no lo siente tan bien como debería. Pero dejadas sus sectas o aficionados paladares (que aun éstos pienso yo que son tan diferentes como los rostros humanos de los hombres unos de otros), si sin pasión esto se juzga, yo pensaría que la mayor parte de los jueces serían de mi opinión con esta fruta, aunque como menos de ella que otro. Torno a decir que es única en estas cosas juntas: en hermosura de vista, en sabor, en olor; porque todas estas partes en un sujeto o fruta, no lo he visto así en otra fruta alguna.

(Libro VII, Capítulo XIV)

LA SELVA

Digo que, en general, los árboles que en estas partes hay, es cosa para no se poder explicar, por su multitud; y la tierra está tan cubierta de ellos en muchas partes, y con tantas diferencias y desemejanzas los unos de los otros, así en la grandeza como en el tronco y las ramas y cortezas, y en la hoja y aspecto, y en la fruta y en la flor, que ni los indios naturales los conocen, ni saben dar nombres a la mayor parte de ellos, ni los cristianos mucho menos, por serles cosa tan nueva y no conocida ni vista por ellos antes. Y en muchas partes no se puede ver el cielo desde debajo de estas arboledas (por ser tan altas y tan espesas y llenas de rama), y en muchas partes no se puede andar entre ellas; porque, demás de la espesura, hay otras plantas y verduras tan tejidas y revueltas y de tantos espinos y bejucos y otras ramas mezcladas, que con mucho trabajo y a fuerza de puñales y hachas es menester abrir camino. Y lo que en estos se podría decir es un *mare magno* y oculto; porque, aunque se ve, lo más de ello se ignora, porque no se saben, como he dicho, los nombres a tales árboles, ni sus propiedades. Hay algunos de ellos de muy buen olor y lindeza en sus flores, y olorosa la madera o cortezas; otros, de innumerables y diversas formas de frutas salvajes, que solamente los gatillos monos las entienden y saben las que son a su propósito. Otros árboles hay tan espinosos y armados, que no se dejan tocar con mano desnuda; otros, de mala vista y salvajes; otros, cargados de yedras y bejucos y cosas semejantes; otros, llenos de arriba abajo de cierta manera de hilos, que parece que están cubiertos de lana hilada, sin serlo. Los unos tienen fruta y otros están en flor, y otros comienzan a brotar. Y así como son de diversos géneros, así gozan del tiempo en diferente manera, y se ve todo junto en una sazón y en cualquier parte del año.

(Libro IX, Proemio).

PESCA DE PERLAS

En esta isla de Cubagua,[6] de quien aquí principalmente se trata, es donde en estas partes e Indias más se ejercita la pesquería de las perlas, y hácese de aquesta manera. Los cristianos que en esta granjería entienden,

---

[6] Isla de Venezuela entre la costa y la isla de Margarita.

tienen esclavos indios, grandes nadadores, y
envíalos su señor con una canoa, y en cada
canoa de éstas van seis o siete o más menos
nadadores donde les parece o saben ya que
5 es la cantidad de las perlas; y allí se paran en
el agua, y échanse para abajo, o nado, los
pescadores, hasta que llegan al suelo, y queda
en la barca o canoa uno que la tiene queda
todo lo que él puede, atendiendo que salgan
10 los que han entrado debajo del agua. Y
después que grande espacio ha estado el
indio así debajo, sale fuera encima del agua, y
nadando se recoge a la canoa, y presenta y
pone en ella las ostias (*ostras*) que saca (porque
15 en ostias o veneras o conchas así llamadas, se
hallan las perlas, [...] Las cuales ostias trae
en una bolsa de red, hecha para aquello, que
el nadador lleva atada a la cinta o al cuello.
Y así entrando en la canoa, descansa un poco
20 y come algún bocado, si quiere, y torna a
entrar en el agua, y está allá lo que puede, y
torna a salir con más ostias que ha tornado a
hallar, y hace lo que primero se dijo, y de
esta manera todos los otros indios nadadores
25 puestos a este ejercicio hacen lo mismo. Y
cuando viene la noche o los parece que es
tiempo de descansar, recógense a la isla a sus
casas, y entregan las ostias de todo su jornal
al señor, cuyos son estos pescadores, y aquél
30 háceles dar de cenar, y pone en cobro las
ostias. Y cuando tiene copia o cantidad asaz,
hace que las abran, y en cada una halla las
perlas o aljófar; un grano o perla, en algunas
conchas, sola, y en otras, dos y tres y cuatro y
35 cinco y seis y diez, y más y menos granos,
según Natura allí los puso, y guárdanse las
perlas y aljófar que en las ostias se han hallado,
y cómense el pescado de ellas, si quieren, ó
échanlo al mar; porque hay tantas, que
40 aborrece tal manjar, y todo lo que sobra de
semejantes pescados, enoja. Cuanto más que,
como tengo dicho, son muy duras de digestión
y no de tan buen sabor como las ostias de
nuestra España.
45 Algunas veces que la mar anda más alta de
lo que los pescadores y ministros de esta
granjería querrían, y también porque naturalmente cuando un hombre está en mucha
hondura debajo de agua, los pies se

levantan para arriba y con dificultad pueden
estar en tierra debajo del agua luengo espacio,
en esto proveen los indios de esta manera.
Echanse sobre los lomos dos piedras, una al
un costado y otra al otro, asidas de una
cuerda, de forma que de la una a la otra
queda un palmo, o lo que les parece, de intervalo, y el indio queda en medio, y déjase ir
para abajo; y como las piedras son pesadas,
hácele estar en el suelo quedo, pero cuando le
parece y quiere subirse, fácilmente puede
desechar las piedras y salirse. Y tienen tanta
habilidad algunos de los indios que andan en
este oficio, en su nadar, que se están debajo
del agua un cuarto de hora de reloj, y algunos
hay que más tiempo y menos, según que cada
uno es apto y suficiente en el arte que traen en
esta hacienda.

(Libro XIX, capítulo X).

EL VOLCÁN

[...] Y pues he pintado o puesto la figura de
aqueste monte de Masaya, que quiere decir
monte que arde, en la lengua de los chorotegas,
en cuyo señorío y tierra está, o en la lengua de
Nicaragua le llaman Popogatepe, que quiere
decir sierra que hierve, dígase lo que vi.
Yo partí un día veinte y cinco de julio del
año de mil y quinientos y veinte a las nueve
de la plaza o pueblo de Managua, y fui a
dormir a Lenderi[7] [...]
Digo que en la hondura y última parte que
yo vi de este pozo, había un fuego líquido
como agua, o la materia que ello es, estaba
más que vivas brasas encendida su color, y si
se puede decir, muy más fogosa materia parecía que fuego alguno puede ser; la cual todo
el suelo y parte inferior del pozo ocupaba y
estaba hirviendo, no en todo, pero en partes,
mudándose el hervor de un lugar a otro, y
resurgía un bullir o borbollar, sin cesar, de
un cabo a otro. Y en aquellas partes donde
aquel hervor no había (o cesaba), luego se
cubría de una tela o tez o napa encima, como
horrura o resquebrajada, y mostraba por

---

[7] Una de las comarcas cercanas.

aquellas quebraduras de aquella tela o napa ser todo fuego líquido como agua lo de debajo; y así por todo el circuito del pozo. Y de cuando en cuando, toda aquella materia se levantaba para suso con gran ímpetu, y lanzaba muchas gotas para arriba, las cuales se tornaban a caer en la misma materia o fuego, que a la estimación de mi vista más de un estado[8] subían. Y algunas veces acaecía caer a la orilla del pozo, allá abajo, fuera de aquel fuego, y estaba más espacio de lo que se tardaría en decir seis veces el Credo sin acabarse de morir, poco a poco, como lo hace una escoria de una fragua de un herrero.

No creo yo que hay hombre cristiano que, acordándose que hay infierno, aquello vea que no tema y se arrepienta de sus culpas, en especial trayendo a comparación en este venero de azufre (que tal pienso que es) la infinita grandeza del otro fuego o ardor infernal que esperan los ingratos a Dios.

Encima de aquel pozo que es dicho, cuasi en el mismo espacio que hay desde lo más alto de esta montaña, y hasta la boca de él o plaza ya dicha, volaban muchos papagayos de los de las colas luengas, que llaman *xaxabes*, a los cuales nunca pude ver los pechos, sino las espaldas, porque yo estaba muy más alto que ellos; y éstos criaban y se entraban en la peña debajo de donde yo miraba. Y los que allí van, miran así aquel pozo y lo que es dicho.

Digo más, que yo arrojé algunas piedras, y también las hice tirar al negro, porque era mancebo y recio, y nunca jamás pude ver adónde paraban o daban, sino que, salidas de la mano hacia el pozo, parecía que se iban enarcando y se metían debajo de donde (el) hombre estaba mirando; en fin, que ninguna se vio adónde paró, lo que notoriamente mostraba la mucha altura que hay hasta la plaza. [...]

Después que estuve más de dos horas, y aun cuasi hasta las diez del día de Santa Ana gloriosa, mirando lo que he dicho y dibujando la forma de este monte con papel, como aquí lo he puesto, seguí mi camino para la ciudad de Granada, alias Salteba, que es tres leguas de Masaya; y así en aquella ciudad como en más de otras dos adelante, resplandece Masaya de noche, como lo suele hacer la luna muy clara, pero cuasi como luce pocos días antes de ser llena.

Oí decir a aquel cacique de Lenderi que había él entrado algunas veces en aquella plaza, donde está el pozo de Masaya, con otros caciques, y que de aquel pozo salía una mujer muy vieja, desnuda, con la cual ellos hacían su *monexico* (que quiere decir consejo secreto), y consultaban si harían guerra o la excusarían, o si otorgarían treguas a sus enemigos; y que ninguna cosa de importancia hacían ni obraban sin su parecer y mandado; y que ella les decía si habían de vencer o ser vencidos, y si había de llover y cogerse mucho maíz, y qué tales habían de ser los temporales y sucesos del tiempo que estaba por venir, y que así acaecía como la vieja lo pronosticaba. Y que antes o después un día o dos que aquesto se hiciese, echaban allí en sacrificio un hombre o dos, o más, y algunas mujeres y muchachos y muchachas; y aquellos que así sacrificaban, iban de grado a tal suplicio. Y que después que los cristianos habían ido a aquella tierra, no quería salir la vieja a dar audiencia a los indios sino de tarde en tarde o cuasi nunca, y que les decía que los cristianos eran malos, y que hasta que se fuesen y los echasen de la tierra, no quería verse con los indios, como solía.

Yo le pregunté que cómo bajaban a la plaza, y dijo que primero había por dónde bajar por la peña; pero que después se había hecho mayor la plaza, y había caído de todas partes la tierra, y se había quitado aquel descendedero y oportunidad de bajar. Yo le pregunté que, después que habían habido su concejo con la vieja o monexico, qué se hacía ella, y qué edad tenía o qué disposición; y dijo que bien vieja era y arrugada, y las tetas hasta el ombligo, y el cabello poco y alzado hasta arriba, y los dientes luengos y agudos, como perro, y la color más oscura y negra que los indios, y los ojos hundidos y encendidos; y en fin él la

---

[8] Medida de longitud equivalente a la altura regular de un hombre.

pintaba en sus palabras como debe ser el diablo. Y ése mismo debía ella ser, y si éste decía verdad, no se puede negar su comunicación de los indios y el diablo. Y después de sus consultaciones, esa vieja infernal se entraba en aquel pozo, y no la veían más hasta otra consulta.

De estas vanidades y otras copiosamente hablan los indios, y según en sus pinturas usan pintar al diablo, que es tan feo y tan lleno de colas y cuernos y bocas y otros visajes, como nuestros pintores lo suelen pintar a los pies del Arcángel San Miguel o del Apóstol San Bartolomé, sospecho que le deben haber visto, y que él se les debe mostrar en semejante manera; y así le ponen en sus oratorios y casas y templos de sus idolatrías y diabólicos sacrificios.

A par de la boca de esta sima de Masaya, estaba un gran montón de ollas y platos y escudillas y cántaros quebrados y otras vasijas, y algunos sanos y de muy buen vidriado o loza de tierra, que solían llevar los indios, cuando allí iban, llenos de manjares y diversos potajes, y los dejaban allí, diciendo que eran para que la vieja comiese, y por la complacer y aplacar, cuando algún terremoto o temblor de tierra u otro recio temporal se seguía, porque pensaban que todo su bien o su mal procedía de su voluntad de ella.

(Libro XLII, capítulo V).

NÁUFRAGOS HAMBRIENTOS Y AVES ENAMORADAS

[...] En el tiempo que tardaba de llegar a la Nueva España aquella barqueta que el licenciado Zuazo y los que con él estaban aislados enviaron a pedir socorro, y se lo llevaba la carabela que por su aviso fue por ellos a las islas de los Alacranes,[9] se sostuvo aquella desconsolada compañía con las cinco tortugas que les quedaron, comiendo muy regaladamente, como personas que estaban cercadas de tantas tribulaciones y de tan

desviado socorro como es el de los hombres, sin tener de dónde proveerse. Y aunque la ración o parte que a cada uno se dió de las tortugas, era muy poca, se acabó aquel bastimento quince días antes que el navío llegase a ellos; pero luego que se acabaron las tortugas, vinieron a la isla do esta gente estaba en penitencia, muy gran número de aves, algunas de ellas que se parecían a las que se dijo hallaron en la otra isleta[10] y otras de otras raleas. Pero éstas no hicieron nidos, salvo que a las tardes se juntaban y se ponían a la parte que esta isleta tiene al Occidente; y allí con grande amor se allegaban los machos a las hembras de esta manera: los machos volvían en alta mar y quedaban las hembras en tierra, y desde un rato, venían los machos con unos pececicos en los picos, como si trajeran cebo para los pollos chiquitos que aún no tenían; y con aquel cebo se sentaban en el arena a par de las hembras, y las hembras, luego que se sentaban, corrían para ellos por les tomar el cebo que cada cual traía en el pico, y el macho se excusaba un poco de darle lugar que lo tomase la hembra; y con estos requiebros andaban hasta tanto que las hembras los tomaban del pico aquel cebo, y así se juntaban las unas con las otras con gran grajido, que era cosa de ver y contemplar. Y habido su ayuntamiento, comenzaron a poner huevos en mucha abundancia, lo cual fué notorio socorro de Dios, para la necesidad que aquellos hombres tenían; y en tal ejercicio estuvieron las aves que he dicho, diez días en aquella isla, sustentando a aquella gente.

No dejo yo de creer que a aquellas aves les habría acontecido, para su procreación y aumentación, aquello mismo otras veces y en aquella misma isla, donde ellas debían ser naturales; pero no por eso deja de ser misterioso venir a tales ayuntamientos y desovar en sazón que aquellos cristianos fuesen socorridos y sustentados por ellas. Y si no es aquesto así, y no eran acostumbradas a hacer lo mismo en aquella isleta otros años, muy mayor es el milagro.

(Libro L, capítulo X).

---

[9] Grupo de tres islas cerca de Yucatán, en el golfo de México.

[10] Referencia a un suceso anterior a este fragmento.

No todos los cronistas tuvieron algo propio que decir. Desde el punto de vista de una historia literaria sólo unos pocos testimonios nos asombran. Ante todo, el de dos hombres de veras originales, asociados en la misma empresa: Hernán Cortés y Bernal Díaz del Castillo.

HERNÁN CORTÉS (1485-1547) relata con frialdad, y se le adivina la súbita animación del rostro cuando habla, no tanto de lo que él hace, sino de lo que él ve en sus paseos por la ciudad y el mercado. Fue el primer soldado que descubrió la grandeza de una civilización indígena. Era militar, y su fin era la conquista; pero mientras iba dominando por la persuasión, la intriga, la habilidad política, la mentira y la brutalidad, supo apreciar el valor de la organización social de los aztecas. Cortés vio las formas ideales de una cultura indígena. Sólo que, después de contemplarlas, las destruyó. Tenía — como todos sus compañeros — un alma ordenada por las nociones jerárquicas de la Iglesia y del Imperio. La obediencia a la Iglesia y al Imperio dio a su alma una dureza de espada, y con su filo cortó los lazos que antes su admiración había anudado. A la primera señal de desacato hubo un «nosotros los españoles» contra «ellos los indios» que disminuyó el resplandor moral de sus cartas, aunque no la luz de su prosa evocadora. Cortés avanza impávido, amable con quien se le somete; tremendo con el rebelde. Y al contar no entorpece la visión de los indios con el bulto de su propia persona. Al contrario. Si simpatizamos con los indios a lo largo de la crónica es en parte porque Cortés nos los muestra con simpatía. Los vemos asustados, sin saber qué hacer, recurriendo a la diplomacia o a la conspiración, a veces escandalizados, a veces despectivos, decididos de todos modos a librarse de esos españoles que, con su caballo, su pólvora y su coraza, no retroceden ante nada. La sobriedad de sus *Cartas* no fue un rasgo de su temperamento, sino de su habilidad. Fue un caudillo irascible al que se le hinchaban las venas de la sien — nos dice Bernal — en sus frecuentes discusiones. Pero, como los caudillos, sabía dominarse y dominar con frías palabras. Y en sus *Cartas* se nos muestra así, frío, con la frialdad de quien compone la propia figura para causar impresión. Era un César, más parecido a César Borgia que a Julio César. «Era algo poeta», conocía bien el latín y platicaba con muy buena retórica, dice de él Bernal.

Hernán Cortés

CARTA DE RELACIÓN

EL ESPAÑOL EN TENOCHTITLÁN

[...] Pasada esta puente, nos salió a recibir aquel señor Moctezuma con hasta doscientos señores, todos descalzos y vestidos de otra librea o manera de ropa, asimismo bien rica a su uso, y más que la de los otros. Venían en dos procesiones, muy arrimados a las paredes de la calle, que es muy ancha y muy hermosa y derecha, que de un cabo se parece el otro, y tiene dos tercios de legua, y de la una parte y de la otra muy buenas y grandes casas, así de aposentamientos como de mezquitas.[1] Moctezuma venía por medio de la calle con dos señores, el uno a la mano derecha y el otro a la izquierda; de los cuales el uno era aquel señor grande que dije que me había salido a hablar en las andas,[2] y el otro era el hermano del dicho Moctezuma, señor de aquella ciudad de Iztapalapa, de donde yo aquel día había partido[3]; todos tres vestidos de una manera, excepto el Moctezuma, que iba calzado, y los otros dos señores descalzos. Cada uno le llevaba de su brazo; y como nos juntamos, yo me apeé, y le fuí a abrazar solo: y aquellos dos señores que con él iban me detuvieron con las manos para que no le tocase; y ellos y él hicieron asimismo ceremonia de besar la tierra. Hecha, mandó aquel su hermano que venía con él que se quedase conmigo y me llevase por el brazo, y él con el otro se iba adelante de mí poquito trecho. Después de me haber él hablado, vinieron asimismo a me hablar todos los otros señores que iban en dos procesiones, en orden uno en pos de otro,

y luego se tornaban a su procesión. Al tiempo que yo llegué a hablar al dicho Moctezuma, quitéme un collar que llevaba de margaritas[4] y diamantes de vidrio, y se lo eché al cuello; y despúes de haber andado la calle adelante, vino un servidor suyo con dos collares de camarones, envueltos en un paño, que eran hechos de huesos de caracoles colorados, que ellos tienen en mucho; y de cada collar colgaban ocho camarones de oro, de mucha perfección, tan largos casi como un geme.[5] Como se los trajeron, se volvió a mí y me los echó al cuello, y tornó a seguir por la calle en la forma ya dicha, hasta llegar a una muy grande y hermosa casa, que él tenía para nos aposentar, bien aderezada. Allí me tomó por la mano y me llevó a una gran sala, que estaba frontera de un patio por donde entramos. Allí me hizo sentar en un estrado muy rico que para él lo tenía mandado hacer, y me dijo que le esperase allí, y él se fué. Dende a poco rato, ya que toda la gente de mi compañía estaba aposentada, volvió con muchas y diversas joyas de oro y plata, y plumajes, y con hasta cinco o seis mil piezas de ropa de algodón, muy ricas y de diversas maneras tejidas y labradas. Después de me la haber dado, se sentó en otro estrado, que luego le hicieron allí junto con el otro donde yo estaba; y sentado, propuso en esta manera:

—Muchos días hace que por nuestras escrituras tenemos de nuestros antepasados noticia que ni yo ni todos los que en esta tierra habita-

---

[1] Cortés, como Pizarro y otros escritores de la época, llaman mezquitas a los templos indígenas.
[2] Según ha referido con anterioridad.
[3] Eran Cacamatzin y Cuitlahuac.
[4] Perlas.
[5] Medida que indica el reverso de la pulgada.

mos no somos naturales de ella, sino extranjeros y venidos a ella de partes muy extrañas[6]; y tenemos asimismo que a estas partes trajo nuestra generación un señor, cuyos vasallos todos eran, el cual se volvió a su naturaleza.[7] Despúes tornó a venir dende en mucho tiempo, y tanto, que ya estaban casados los que habían quedado con las mujeres naturales de la tierra, y tenían mucha generación y hechos pueblos donde vivían; y queriéndolos llevar consigo, no quisieron ir, ni menos recibirle por señor; y así, se volvió. Y siempre hemos tenido que de los que de él descendiesen habían de venir a sojuzgar esta tierra y a nosotros, como a sus vasallos. Según de la parte que vos decis que venís, que es a donde sale el sol, y las cosas que decís de este gran señor o rey que acá os envió, creemos y tenemos por cierto él ser nuestro señor natural; en especial que nos decís que él hace muchos días que tiene noticia de nosotros. Por tanto vos sed cierto que os obedeceremos y tendremos por señor en lugar de ese gran señor que decís, y que en ello no habrá falta ni engaño alguno; y bien podéis en toda la tierra, digo que en la que yo en mi señorío poseo, mandar a vuestra voluntad, porque scrá obedecido y hecho, y todo lo que nosotros tenemos es para lo que vos de ello quisierais disponer. Y pues estáis en vuestra naturaleza y en vuestra casa, holgad y descansad del trabajo del camino y guerras que habéis tenido; que muy bien sé todos los que se os han ofrecido de Puntunchán[8] acá, y bien sé que los de Cempoal y de Tlascaltecal os han dicho muchos males de mí. No creáis más de lo que por vuestros ojos veáis, en especial de aquellos que son mis enemigos, y algunos de ellos eran mis vasallos, y hánseme rebelado con vuestra venida, y por se favorecer con vos lo dicen. Los cuales sé que también os han dicho que yo tenía las casas con las paredes de oro, y que las esteras de mis estrados y otras cosas de mi servicio eran asimismo de oro, y que yo era y me hacía dios, y otras muchas

cosas. Las casas ya las veis que son de piedra y cal y tierra.

Entonces alzó las vestiduras y me mostró el cuerpo, diciendo a mí:

—Véisme aquí que soy de carne y hueso como vos y como cada uno, y que soy mortal y palpable.

Y asiéndose él con sus manos de los brazos y del cuerpo:

—Ved cómo os han mentido. Verdad es que yo tengo algunas cosas de oro que me han quedado de mis abuelos: todo lo que yo tuviere tenéis cada vez que vos lo quisiérais. Yo me voy a otras casas, donde vivo; aquí seréis proveído de todas las cosas necesarias para vos y vuestra gente; y no recibáis pena alguna, pues estáis en vuestra casa y naturaleza.

Yo le repondí a todo lo que me dijo, satisfaciendo a aquello que me pareció que convenía, en especial en hacerle creer que vuestra majestad era a quien ellos esperaban, y con eso se despidió. E ido, fuimos muy bien proveídos de muchas gallinas y pan y frutas y otras cosas necesarias, especialmente para el servicio del aposento. De esta manera estuve seis días, muy bien proveído de todo lo necesario, y visitado de muchos de aquellos señores. [...]

[...] Esta gran ciudad de Temixtitan[9] está fundada en esta laguna salada, y desde la Tierra-Firme hasta el cuerpo de la dicha ciudad, por cualquiera parte que quisieren entrar a ella, hay dos leguas. Tiene cuatro entradas, todas de calzada hecha a mano, tan ancha como dos lanzas jinetas.[10] Es tan grande la ciudad como Sevilla y Córdoba. Son las calles de ella, digo las principales, muy anchas y muy derechas, y algunas de éstas y todas las demás son la mitad de tierra, y por la otra mitad es agua, por la cual andan en sus canoas. Todas las calles de trecho a trecho están abiertas por donde atraviesa el agua de las unas a las otras, y en todas estas aberturas, que algunas son muy anchas, hay sus puentes

---

[6] Los aztecas habían bajado del norte como invasores y conquistado a los toltecas y otros pueblos de la altiplanicie.

[7] Referencia al mito de Quetzalcoatl.

[8] Pontinchán, Pontonchán, en Tabasco. Hoy se llama este pueblo Victoria.

[9] Tenochtitlán.

[10] Lanza corta que era insignia de los capitanes de infanteria.

de muy anchas y muy grandes vigas juntas y recias y bien labradas; y tales, que por muchas de ellas pueden pasar diez de caballo juntos a la par. Viendo que si los naturales de esta ciudad quisiesen hacer alguna traición, tenían para ello mucho aparejo,[11] por ser la dicha ciudad edificada de la manera que digo, y que quitadas las puentes de las entradas y salidas, nos podrían dejar morir de hambre sin que pudiésemos salir a la tierra, luego que entré en la dicha ciudad dí mucha prisa a hacer cuatro bergantines, y los hice en muy breve tiempo, tales que podían echar trescientos hombres en la tierra y llevar los caballos cada vez que quisiésemos. Tiene esta ciudad muchas plazas, donde hay continuos mercados y trato de comprar y vender. Tiene otra plaza tan grande como dos veces la de la ciudad de Salamanca, toda cercada de portales alrededor, donde hay cotidianamente arriba de sesenta mil ánimas comprando y vendiendo; donde hay todos los géneros de mercaderías que en todas las tierras se hallan, así de mantenimientos como de vituallas, joyas de oro y de plata, de plomo, de latón, de cobre, de estaño, de piedras, de huesos, de conchas, de caracoles y de plumas. Véndese tal piedra labrada y por labrar, adobes, ladrillos, madera labrada y por labrar de diversas maneras. Hay calles de caza donde venden todo linaje de aves que hay en la tierra, así como gallinas, perdices, codornices, lavancos, dorales, zarcetas, tórtolas, palomas, pajarillos en cañuela, papagayos, búharos, águilas, halcones, gavilanes y cernícalos, y de algunas aves de éstas de rapiña venden los cueros con su pluma y cabezas y pico y uñas. Venden conejos, liebres, venados y perros pequeños, que crían para comer. Hay calles de herbolarios, donde hay todas las raíces y yerbas medicinales que en la tierra se hallan. Hay casas como de boticarios donde se venden las medicinas hechas, así potables como ungüentos y emplastos. Hay casas como de barberos, donde lavan y rapan las cabezas. Hay casas donde dan de comer y beber por precio. Hay hombres como los que llaman en Castilla ganapanes, para traer cargas. Hay mucha leña, carbón, braseros de barro y

esteras de muchas maneras para camas, y otras más delgadas para asiento y para esterar salas y cámaras. [...] Finalmente, que en los dichos mercados se venden todas cuantas cosas se hallan en la tierra, que demás de las que he dicho, son tantas y de tantas calidades, que por la prolijidad y por no me ocurrir tantas a la memoria, y aun por no saber poner los nombres, no las expreso. Cada género de mercadería se vende en su calle, sin que entremetan otra mercadería ninguna, y en esto tienen mucho orden. Todo lo venden por cuenta y medida, excepto que hasta ahora no se ha visto vender cosa alguna por peso. Hay en esta gran plaza una muy buena casa[12] como de audiencia, donde están siempre sentados diez o doce personas, que son jueces y libran todos los casos y cosas que en el dicho mercado acaecen, y mandan castigar los delincuentes. Hay en la dicha plaza otras personas que andan continuo entre la gente mirando lo que se vende y las medidas con que miden los que venden, y se ha visto quebrar alguna que estaba falsa. [...]

En lo del servicio de Moctezuma y de las cosas de admiración que tenía por grandeza y estado, hay tanto que escribir, que certifico a vuestra alteza que yo no sé por dónde pueda acabar de decir alguna parte de ellas. Porque, como ya he dicho, ¿qué más grandeza puede ser que un señor bárbaro como éste tuviese contrahechas de oro y plata y piedras y plumas todas las cosas que debajo del cielo hay en su señorío, tan al natural lo de oro y plata, que no hay platero en el mundo que mejor lo hiciese; y lo de las piedras, que no baste juicio comprender con qué instrumentos se hiciese tan perfecto; y lo de pluma, que ni de cera ni en ningún broslado[13] se podría hacer tan maravillosamente? El señorío de tierras que este Moctezuma tenía, no se ha podido alcanzar cuánto era, porque a ninguna parte, doscientas leguas de un cabo a otro de aquella su gran ciudad, enviaba sus mensajeros, que no fuese cumplido su mandato, aunque había algunas provincias en medio de estas tierras, con quien él tenía guerra. Pero lo que se alcanzó, y yo de él pude comprender,

---

[11] Preparación.
[12] La llamaban Tecpancalli.

[13] Bordado.

era su señorío casi tanto como España... Tenía, así fuera de la ciudad como dentro, muchas casas de placer, y cada una de su manera de pasatiempo, tan bien labradas cuanto se podría decir, y cuales requerían ser para un gran príncipe y señor. Tenía dentro de la ciudad sus casas de aposentamiento, tales y tan maravillosas que me parecería casi imposible poder decir la bondad y grandeza de ellas. Y por tanto no me pondré en expresar cosa de ellas, mas de que en España no hay su semejable. Tenía una casa poco menos buena que ésta, donde tenía un muy hermoso jardín con ciertos miradores que salían sobre él, y los mármoles y losas de ellos eran de jaspe, muy bien obradas. Había en esta casa aposentamientos para se aposentar dos muy grandes príncipes con todo su servicio. En esta casa tenía diez estanques de agua, donde tenía todos los linajes de aves de agua que en estas partes de hallan, que son muchos y diversos, todas domésticas; y para las aves que se crían en la mar eran los estanques de agua salada, y para las de ríos, lagunas de agua dulce; la cual agua vaciaban de cierto a cierto tiempo por la limpieza, y la tornaban a henchir por sus caños. A cada género de aves se daba aquel mantenimiento que era propio a su natural y con que ellas en el campo se mantenían. De forma que a las que comían pescado se lo daban, y las que gusanos, gusanos, y las que maíz, maíz, y las que otras semillas más menudas, por consiguiente se las daban. Certifico a vuestra alteza que a las aves que solamente comían pescado se les daba cada día diez arrobas de él, que se toma en la laguna salada. Había para tener cargo de estas aves trescientos hombres, que en ninguna otra cosa entendían. Había otros hombres que solamente entendían en curar las aves que adolecían[14]. Sobre cada alberca y estanque de estas aves había sus corredores y miradores muy gentilmente labrados, donde el dicho Moctezuma se venía a recrear y a las ver. Tenía en esta casa un cuarto en que tenía hombres, mujeres y niños, blancos de su nacimiento en el rostro y cuerpo y cabellos y cejas y pestañas. Tenía otra casa muy hermosa, donde tenía un gran patio losado de muy gentiles losas, todo él hecho a manera de un juego de ajedrez. Unas casas eran hondas cuanto estado y medio, y tan grandes como seis pies en cuadra; y la mitad de cada una de estas casas era cubierta el soterrado de losas, y la mitad que quedaba por cubrir tenía encima una red de palo muy bien hecha. En cada una de estas casas había un ave de rapiña, comenzando de cernícalo hasta a águila, todas cuantas se hallan en España, y muchas más raleas que allá no se han visto. Y de cada una de estas raleas había mucha cantidad. En lo cubierto de cada una de estas casas había un palo, como alcándara,[15] y otro fuera debajo de la red, que en el uno estaban de noche y cuando llovía, y en el otro se podían salir al sol y al aire a curarse. A todas estas aves daban todos los días de comer gallinas, y no otro mantenimiento. Había en esta casa ciertas salas grandes, bajas, todas llenas de jaulas grandes, de muy gruesos maderos, muy bien labrados y encajados, y en todas o en las más había leones, tigres, lobos, zorras y gatos de diversas maneras, y de todos en cantidad; a los cuales daban de comer gallinas cuantas les bastaban. Para estos animales y aves había otros trescientos hombres, que tenían cargo de ellos. Tenía otra casa donde tenía muchos hombres y mujeres monstruos, en que había enanos, corcovados y contrahechos, y otros con otras deformidades, y cada manera de monstruos en su cuarto por sí; y también había para éstos personas dedicadas a tener cargo de ellos. Las otras casas de placer que tenía en su ciudad dejo de decir, por ser muchas y de muchas calidades.

La manera de su servicio era que todos los días luego en amaneciendo eran en su casa de seiscientos señores y personas principales, los cuales se sentaban, y otros andaban por unas salas y corredores que había en la dicha casa, y allí estaban hablando y pasando tiempo, sin entrar donde su persona estaba. Y los servidores de éstos y personas de quien se acompañaban henchían dos o tres grandes patios y la calle, que era muy grande. Estos estaban sin salir de allí todo el día hasta la noche. Al

---

[14] Enfermaban.

[15] Percha donde se ponían las aves de cetrería.

tiempo que traían de comer a Moctezuma, asimismo lo traían a todos aquellos señores tan cumplidamente cuanto a su persona, y también a los servidores y gentes de éstos les daban sus raciones. Había cotidianamente la dispensa y botillería abierta para todos aquellos que quisiesen comer y beber. La manera de como les daban de comer es que venían trescientos o cuatrocientos mancebos con el manjar, que era sin cuento, porque todas las veces que comía y cenaba le traían de todas las maneras de manjares, así de carnes como de pescados y frutas y yerbas que en toda la tierra se podían haber. Y porque la tierra es fría, traían debajo de cada plato y escudilla de manjar un braserico con brasa, porque no se enfriase. Poníanle todos los manjares juntos en una gran sala en que él comía, que casi toda se henchía; la cual estaba toda muy bien esterada y muy limpia, y él estaba asentado en una almohada de cuero pequeña muy bien hecha. Al tiempo que comían estaban allí desviados de él cinco o seis señores ancianos, a los cuales él daba de lo que comía. Estaba en pie uno de aquellos servidores que le ponía y alzaba los manjares, y pedía a los otros que estaban más afuera lo que era necesario para el servicio. Al principio y al fin de la comida y cena siempre le daban agua a manos, y con la toalla que una vez se limpiaba nunca se limpiaba más, ni tampoco los platos y escudillas en que le traían una vez el manjar se los tornaban a traer, sino siempre nuevos, y así hacían de los braseros. Vestíase todos los días cuatro maneras de vestiduras, todas nuevas, y nunca

más se las vestía otra vez. Todos los señores que entraban en su casa no entraban calzados, y cuando iban delante de él algunos que él enviaba a llamar, llevaban la cabeza y ojos inclinados y el cuerpo muy humillado, y hablando con él no le miraban a la cara; lo cual hacían por mucho acatamiento y reverencia. Y sé que lo hacían por respeto, porque ciertos señores reprendían a los españoles, diciendo que cuando hablaban conmigo estaban exentos,[16] mirándome la cara, que parecía desacatamiento y poca vergüenza. Cuando salía fuera el dicho Moctezuma, que era pocas veces, todos los que iban con él y los que topaba por las calles le volvían el rostro, y en ninguna manera le miraban, y todos los demás se postraban hasta que él pasaba. Llevaba siempre delante de sí un señor de aquellos con tres varas delgadas altas, que creo se hacía porque se supiese que iba allí su persona. Cuando lo descendía de las andas, tomaba la una en la mano y llevábala hasta donde iba. Eran tantas y tan diversas las maneras y ceremonias que este señor tenía en su servicio, que era necesario más espacio del que yo al presente tengo para las relatar, y aún mejor memoria para las retener, porque ninguno de los soldanes[17] ni otro ningún señor infiel de los que hasta ahora se tiene noticia, no creo que tantas ni tales ceremonias en su servicio tengan. [. . .]

(De la «Segunda carta de relación» en *Historiadores primitivos de Indias*, Madrid, Biblioteca de Autores Españoles, tomo 22, 1946).

---

[16] Libres, desembarazados.   [17] Sultanes.

———◆———

BERNAL DÍAZ DEL CASTILLO (1492?–1584), que fue uno de sus soldados, reconoció el valor, la eficacia y la dignidad de Cortés, pero agregó a la noción de héroe la noción de masa. No disminuye a Cortés: lo rodea de su gente, lo humaniza, lo hace mover y hablar con los gestos del común, y así surge otra historia de la conquista de Nueva España, no la verdadera, pero la más colorida. La *Verdadera historia de la conquista de la Nueva España* es una de las crónicas más apasionantes que se hayan escrito en español, y acaso la más apasionadamente discutida. El lector se sorprende ante el contraste entre el mérito extraordinario de la narración y la sencillez de materiales con que está hecha. Bernal no estaba educado para escribir, y tampoco fué soldado con hazañas heroicas que contar. Era hombre oscuro, que nunca se distinguió en nada, pero tan ambicioso que gracias a esos dos defectos — no ser escritor, no ser héroe — logró una obra genial. Bernal, hombre del vulgo, democratiza la historiografía y durante su larga vejez escribe sobre lo que nadie mejor que él puede saber. «Y digo otra vez que yo, yo y yo, dígolo tantas veces, que yo soy el más antiguo [conquistador], y lo he servido como muy buen soldado a Su Majestad.» Y la fuerza con que ese «yo» golpea a lo largo de la *Verdadera historia* produce un sonido nuevo al que debemos acostumbrar el oído para saber gustarlo; porque no es el yo heroico, sino el yo descontentadizo, resentido, codicioso, vano y maldiciente de un plebeyo inteligente que lo dice todo en una catarata de recuerdos menudos. Escribe con el aliento de todo un grupo, y por ser cronista de muchedumbres el «yo» se le hace «nosotros.» Bernal no selecciona, no adorna, no organiza, no disimula. Y porque le faltaba el sentido de la forma literaria nos dió la más informe y completa de las crónicas de México. La forma literaria que sí maneja, y bien, es la del relato: revive el pasado minuto por minuto, y lo describe confundiendo lo esencial con lo accidental, como en una vivaz conversación. De un tirón nos arranca de la silla y nos mete en el siglo XVI: y vemos qué fue el pueblo español en sus primeras jornadas de América. Las Casas es el cronista que defiende al indio de la rapacidad del español: y Bernal es el cronista de la propia rapacidad. Y justamente por eso se ve cuán exagerado fue Las Casas en sus acusaciones y cuán injustos los que, aprovechándose de su *Brevísima relación de la destrucción de las Indias*, fundaron la leyenda negra de España; porque en Bernal no todo es codicia: había también impulsos ideales de gloria, cristianismo, lealtad al rey, teoría del Imperio . . . Lo caballeresco, en fin. Y, en efecto, es el único cronista que se atreve a citar novelas de caballería, que, como se sabe, constituían la lectura favorita a fines del siglo XV y principios del XVI.

Bernal Díaz del Castillo

HISTORIA VERDADERA DE LA CONQUISTA
DE LA NUEVA ESPAÑA

*Cómo Cortés supo de dos españoles que
estaban en poder de indios en la punta
de Catoche[1] y de lo que sobre ello se
hizo*

Como Cortés en todo ponía gran diligencia,
me mandó llamar a mí y a un vizcaíno que se
decía Martín Ramos, y nos preguntó qué
sentíamos de aquellas palabras que nos
5 hubieron dicho los indios de Campeche cuando
vinimos con Francisco Hernández de Córdoba,
que decían: *Castilan, castilan*, según lo he
dicho en el capítulo [III] que de ello trata; y
nosotros se lo tornamos a contar según y de la
10 manera que lo habíamos visto y oído. Y dijo
que ha pensado muchas veces en ello, y que
por ventura estarían algunos españoles en
aquella tierra, y dijo: «Paréceme que será bien
preguntar a estos caciques de Cozumel si saben
15 alguna nueva de ello.» Con Melchorejo, el de
la punta de Catoche, que entendía ya poca cosa
de la lengua de Castilla y sabía muy bien la
de Cozumel, se lo preguntó a todos los principales. Todos a una dijeron que habían cono-
20 cido ciertos españoles, y daban señas de ellos:
que en la tierra adentro, andadura de dos
soles,[2] estaban y los tenían por esclavos unos
caciques, y que allí en Cozumel había indios
mercaderes que les hablaron pocos días había.
25 De lo cual todos nos alegramos con aquellas

nuevas. Díjoles Cortés que luego los fuesen a
llamar con cartas, que en su lengua llaman
amales; y dió a los caciques y a los indios que
fueron con las cartas, camisas, y los halagó, y
les dijo que cuando volviesen les daría más
cuentas. El cacique dijo a Cortés que enviase
rescate para los amos con quien estaban, que
los tenían por esclavos, por que los dejasen
venir. Así se hizo, que se les dió a los mensajeros de todo género de cuentas. Luego
mandó apercibir dos navíos, los de menos
porte, que el uno era poco mayor que bergan-
tín, con veinte ballesteros y escopeteros, y
por capitán de ellos a Diego de Ordaz, y
mandó que estuviese en la costa de la punta de
Catoche aguardando ocho días con el navío
mayor, y entre tanto que iban y venían con la
respuesta de las cartas, con el navío pequeño
volviesen a dar la respuesta a Cortés de lo que
hacían, porque está aquella tierra de la punta
de Catoche obra de cuatro leguas, y se parece
la una tierra desde la otra. Escrita la carta,
decía en ella: «Señores y hermanos: Aquí, en
Cozumel, he sabido que estáis en poder de un
cacique detenidos, y os pido por merced que
luego os vengáis aquí, a Cozumel, que para
ello envío un navío con soldados, si los
hubiéseis menester, y rescate para dar a esos
indios con quienes estáis; y lleva el navío de
plazo ocho días para os aguardar; veníos con
toda brevedad; de mí seréis bien mirado
y aprovechados. Yo quedo en esta isla con

---

[1] El cabo Catoche, en el extremo NE. de la península
de Yucatán.

[2] Andadura de dos soles: dos jornadas.

quinientos soldados y once navíos; en ellos voy, mediante Dios, la vía de un pueblo que se dice Tabasco o Potonchan.»

Luego se embarcaron en los navíos con las cartas y los dos indios mercaderes de Cozumel que las llevaban, y en tres horas atravesaron el golfete y echaron en tierra los mensajeros con las cartas y rescates; y en dos días las dieron a un español que se decía Jerónimo de Aguilar, que entonces supimos que así se llamaba, y de aquí en adelante así le nombraré. Después que las hubo leído, y recibido el rescate de las cuentas que le enviamos, él se holgó con ello, y lo llevó a su amo el cacique para que le diese licencia, la cual luego se la dió [para] que se fuese a donde quisiese. Caminó Aguilar a donde estaba su compañero, que se decía Gonzalo Guerrero, en otro pueblo, cinco leguas de allí, y como le leyó las cartas, Gonzalo Guerrero le respondió:

— Hermano Aguilar: Yo soy casado y tengo tres hijos, y tiénenme por cacique y capitán cuando hay guerras; ídos con Dios, que yo tengo labrada la cara y horadadas las orejas. ¡Qué dirán de mí desde que me vean esos españoles ir de esta manera! Y ya veis estos mis hijitos cuán bonicos son. Por vida vuestra que me déis de esas cuentas verdes que traéis para ellos, y diré que mis hermanos me las envían de mi tierra.

Asimismo la india mujer del Gonzalo habló a Aguilar en su lengua, muy enojada, y le dijo:

— Mira con qué viene este esclavo a llamar a mi marido; ídos vos y no curéis de más pláticas.

Aguilar tornó a hablar a Gonzalo que mirase que era cristiano, que por una india no se perdiese el ánima, y si por mujer e hijos lo hacía, que la llevase consigo si no los quería dejar. Por más que le dijo y amonestó, no quiso venir. Parece ser [que] aquel Gonzalo Guerrero era hombre de mar, natural de Palos. Desde que Jerónimo de Aguilar vió que no quería venir, se vino luego con los dos indios mensajeros adonde había estado el navío aguardándole. [Cuando] llegó no le halló, que ya era ido, porque ya se habían pasado los ocho días y aun uno más, que llevó de plazo el Ordaz para que aguardase; porque desde que Aguilar no venía, se volvió a Cozumel sin llevar recado a lo que había venido. Y [como]

Aguilar vió que no estaba allí el navío, quedó muy triste y se volvió a su amo, al pueblo donde antes solía vivir. Y dejaré esto y diré que cuando Cortés vió volver a Ordaz sin recado ni nueva de los españoles ni de los indios mensajeros, estaba tan enojado y dijo con palabras soberbias a Ordaz que había creído que otro mejor recado trajera que no venirse así, sin los españoles ni nuevas de ellos, porque ciertamente estaban en aquella tierra. [. . .]

(Capítulo XXVII).

Cómo el español que estaba en poder de indios [que] se llamaba Jerónimo de Aguilar, supo cómo habíamos arribado a Cozumel, y se vino a nosotros, y lo que más pasó

Cuando tuvo noticia cierta el español que estaba en poder de indios, que habíamos vuelto a Cozumel con los navíos, se alegró en gran manera y dió gracias a Dios, y mucha prisa en venirse él y los dos indios que le llevaron las cartas y rescate, a embarcarse en una canoa. Como la pagó bien, en cuentas verdes del rescate que le enviamos, luego la halló alquilada con seis indios remeros con ella; y dan tal prisa en remar, que en espacio de poco tiempo pasaron el golfete que hay de una tierra a la otra, que serían cuatro leguas, sin tener contraste de la mar. Llegados a la costa de Cozumel, ya que estaban desembarcando, dijeron a Cortés unos soldados que iban a cazar — porque había en aquella isla puercos de la tierra —que había venido una canoa grande, allí, junto del pueblo, y que venía de la punta de Catoche. Mandó Cortés a Andrés de Tapia y a otros dos soldados que fuesen a ver qué cosa nueva era venir allí junto a nosotros indios sin temor ninguno, con canoas grandes. Y luego fueron. Desde que los indios que venían en la canoa que traían a Aguilar vieron los españoles, tuvieron temor y queríanse tornar a embarcar y hacer a lo largo con la canoa. Aguilar les dijo en su lengua que no tuviesen miedo, que eran sus hermanos. Andrés de Tapia, como los vió que eran indios

— porque Aguilar ni más ni menos era que indio —, luego mandó a decir a Cortés con un español que siete indios de Cozumel son los que allí llegaron en la canoa. Después que hubieron saltado en tierra, en español, mal mascado y peor pronunciado, dijo: «Dios y Santa María y Sevilla.» Y luego le fué a abrazar a Tapia; y otro soldado, de los que habían ido con Tapia a ver qué cosa era, fué a mucha prisa a demandar albricias a Cortés, cómo era español el que venía en la canoa, de que todos nos alegramos. Luego se vino Tapia con el español adonde estaba Cortés. Antes que llegasen ciertos soldados preguntaban a Tapia: «¿Qué es del español?», aunque iba junto con él, porque le tenían por indio propio, porque de suyo era moreno y tresquilado a manera de indio esclavo, y traía un remo al hombro, una cotara³ vieja calzada y la otra atada en la cintura, y una manta vieja muy ruin, y un braguero peor, con que cubría sus vergüenzas, y traía atada en la manta un bulto que eran Horas⁴ muy viejas. Pues desde que Cortés los vió de aquella manera también picó, como los demás soldados, que preguntó a Tapia que qué era del español. El español, como le entendió, se puso en cuclillas, como hacen los indios, y dijo: «Yo soy.» Luego le mandó dar de vestir, camisa y jubón y zaragüellas,⁵ y caperuza y alpargatas, que otros vestidos no había, y le preguntó de su vida, y cómo se llamaba, y cuándo vino a aquella tierra. El dijo, aunque no bien pronunciado, que se decía Jerónimo de Aguilar, y que era natural de Ecija, y que tenía órdenes de Evangelio⁶; que hacía ocho años que se había perdido él y otros quince hombres y dos mujeres que iban desde el Darien a la isla de Santo Domingo, cuando hubo unas diferencias y pleitos de un Enciso y Valdivia. Dijo que llevaban diez mil pesos de oro y los procesos de los unos contra los otros, y que el navío en que iban dió en los Alacranes,⁷ que no pudo navegar; y que en el batel del mismo navío se metieron él y sus compañeros y dos mujeres, creyendo tomar la isla de Cuba o Jamaica, y que las corrientes eran muy grandes, que les echó en aquella tierra; y que los calachiones⁸ de aquella comarca los repartieron entre sí, y que habían sacrificado a los ídolos muchos de sus compañeros, y de ellos se habían muerto de dolencia, y las mujeres, que poco tiempo pasado había, que de trabajo también se murieron, porque las hacían moler. Y que a él tenían para sacrificar, y una noche se huyó y se fué a aquel cacique con quien estaba. Ya no se me acuerda el nombre, que allí le nombró. Y que no habían quedado de todos sino él y un Gonzalo Guerrero. Y dijo que le fué a llamar y no quiso venir, y dió muchas gracias a Dios por todo.

Le dijo Cortés que de él sería bien mirado y gratificado, y le preguntó por la tierra y pueblos. Aguilar dijo que, como lo tenían por esclavo, no sabía sino servir de traer leña y agua y en cavar los maizales, que no había salido sino hasta cuatro leguas, que le llevaron con una carga, y que no la pudo llevar y cayó malo de ello; y que ha entendido que hay muchos pueblos. Luego le preguntó por Gonzalo Guerrero, y dijo que estaba casado y tenía tres hijos, y que tenía labrada la cara y horadadas las orejas y el bezo⁹ de abajo, y que era hombre de la mar, de Palos, y que los indios le tienen por esforzado; y que hacía poco más de un año cuando vinieron a la punta de Catoche un capitán con tres navíos (parece ser que fueron cuando vinimos los de Francisco Hernández de Córdoba), que él fué inventor que nos diesen la guerra que nos dieron, y que vino él allí juntamente con un cacique de un gran pueblo. [. . .] Después que Cortés lo oyó, dijo: «En verdad que le querría haber a las manos, porque jamás será bueno.» Y dejarlo he. Diré cómo los caciques de Cozumel, desde que vieron a Aguilar que hablaba su lengua, le daban muy bien de comer, y Aguilar les aconsejaba que siempre

---

³ Cutara, chancleta, zapato basto y sin tacón.
⁴ Libro de Horas, libro que contiene el Oficio de Nuestra Señora y otras devociones.
⁵ Calzones anchos, largos y mal hechos.
⁶ Órdenes de Evangelio: la segunda de las cuatro órdenes menores (ostiario, lector, exorcista y acólito).

⁷ Grupo de islotes al norte de la bahia de Campeche, cerca de la costa de Yucatán.
⁸ Una de las tribus que habitaban esa región.
⁹ Labio grueso.

tuviesen acato y reverencia a la santa imagen de Nuestra Señora y a la cruz, y que conocerían que por ello les venía mucho bien. Los caciques, por consejo de Aguilar, demandaron una carta de favor a Cortés para que si viniesen a aquel puerto otros españoles, que fuesen bien tratados y no les hiciesen agravios; la cual carta luego se la dió. Y después de despedidos, con muchos halagos y ofrecimientos, nos hicimos a la vela para el río de Grijalva. De esta manera que he dicho se hubo Aguilar, y no de otra, como lo escribe el cronista Gómara; y no me maravillo, pues lo que dice es por nuevas. Y volvamos a nuestra relación.

(Capítulo XXIX).

Cómo doña Marina era cacica,
e hija de grandes señores,
y señora de pueblos y vasallos,
y de la manera que fué traída a Tabasco

Antes que más meta la mano en lo del gran Moctezuma y su gran México y mexicanos, quiero decir lo de doña Marina, cómo desde su niñez fué gran señora y cacica de pueblos y vasallos. Es de esta manera: Que su padre y madre eran señores y caciques de un pueblo que se dice Painala,[10] y tenía otros pueblos sujetos a él, obra de ocho leguas de la villa de Guazacualco.[11] Murió el padre, quedando muy niña, y la madre se casó con otro cacique mancebo, y hubieron un hijo, y, según pareció, queríanlo bien al hijo que habían habido. Acordaron entre el padre y la madre de darle el cacicazgo después de sus días. Porque en ello no hubiese estorbo, dieron de noche a la niña Marina a unos indios de Xicalango,[12] porque no fuese vista, y echaron fama de que había muerto. En aquella sazón murió una hija de una india esclava suya y publicaron que era la heredera; por manera que los de Xicalango la dieron a los de Tabasco,[13] y los

de Tabasco a Cortés. Conocí a su madre y a su hermano de madre, hijo de la vieja, que era ya hombre y mandaba juntamente con la madre a su pueblo, porque el marido postrero de la vieja ya era fallecido. Después de vueltos cristianos se llamó la vieja Marta y el hijo Lázaro. Esto lo sé muy bien, porque en el año de mil quinientos veinte y tres, después de conquistado México y otras provincias — y de que se había alzado Cristóbal de Olid en las Hibueras[14] — fué Cortés allí y pasó por Guazacualco. Fuimos con él aquel viaje toda la mayor parte de los vecinos de aquella villa, como diré en su tiempo y lugar; y como doña Marina, en todas las guerras de la Nueva España y Tlaxcala y México, fué tan excelente mujer y buena lengua,[15] como adelante diré, a esta causa la traía siempre Cortés consigo. En aquella sazón y viaje se casó con ella un hidalgo que se decía Juan Jaramillo, en un pueblo que se decía Orizaba, delante de ciertos testigos, que uno de ellos se decía Aranda, vecino que fué de Tabasco. Aquel contaba el casamiento, y no como lo dice el cronista Gómara. La doña Marina tenía mucho ser[16] y mandaba absolutamente entre los indios en toda la Nueva España.

Estando Cortés en la villa de Guazacualco, envió a llamar a todos los caciques de aquella provincia para hacerles un parlamento acerca de la santa doctrina, y sobre su buen tratamiento. Entonces vino la madre de doña Marina y su hermano de madre, Lázaro, con otros caciques. Días había que me había dicho la doña Marina que era de aquella provincia y señora de vasallos, y bien lo sabía el capitán Cortés y Aguilar, la lengua. Por manera que vino la madre y su hijo, el hermano, y se conocieron, que claramente era su hija, porque se le parecía mucho. Tuvieron miedo de ella, que creyeron que los enviaba (a) hallar para matarlos, y lloraban. Como así los vió llorar, la doña Marina les consoló y dijo que no

---

[10] Pueblo que desapareció. Figura en el mapa incluído en el tomo I de la *Historia antigua de México y de su conquista*, del P. Francisco J. Clavijero, México, 1844.

[11] Ciudad a la orilla del río del mismo nombre, entre Yucatán y Veracruz.

[12] En la orilla sur de la laguna de Términos, cerca de Yucatán.

[13] Provincia entre la laguna de Términos y el istmo de Tehuantepec.

[14] Región de México, que se extendía hasta cerca de Guatemala, en la que se insurreccionó Cristóbal de Olid.

[15] Intérprete.

[16] Influencia, importancia.

hubiesen miedo: que cuando la traspusieron con los de Xicalango que no supieron lo que hacían, y se los perdonaba, — les dió muchas joyas de oro y ropa —; y que se volviesen a su
5 pueblo; y que Dios la había hecho mucha merced en quitarla de adorar ídolos ahora y ser cristiana, y tener un hijo de su amo y señor Cortés, y ser casada con un caballero como era su marido Juan Jaramillo; que aunque la
10 hicieran cacica de todas cuantas provincias había en la Nueva España, no lo sería; que en más tenía servir a su marido y a Cortés que cuanto en el mundo hay. Y todo esto que digo lo sé yo muy certificadamente. Esto me parece
15 que quiere remedar lo que le acaeció con sus hermanos en Egipto a Josef, que vinieron en su poder cuando lo del trigo. Esto es lo que pasó, y no la relación que dieron a Gómara (también dice otras cosas que dejo por alto).
20 Volviendo a nuestra materia, doña Marina sabía la lengua de Guazacualco, que es la propia de México, y sabía la de Tabasco, como Jerónimo Aguilar sabía la de Yucatán y Tabasco, que es toda una. Entendíanse bien, y
25 Aguilar lo declaraba en castellano a Cortés. Fué gran principio para nuestra conquista, y así se nos hacían todas las cosas, loado sea Dios, muy prósperamente. He querido declarar esto porque sin ir doña Marina no podíamos
30 entender la lengua de la Nueva España y México. [. . .]

(Capítulo XXXVII).

Cómo acordamos de ir a México,
y antes que partiésemos dar todos
los navíos al través, y lo que más pasó,
y esto de dar con los navíos al través fué
por consejo y acuerdo de todos nosotros
los que éramos amigos de Cortés

Estando en Cempoal[17] como dicho tengo, platicando con Cortés en las cosas de la
35 guerra y camino que teníamos por delante, de plática en plática le aconsejamos los que éramos sus amigos — y otros hubo contrarios — que no dejase navío ninguno en el puerto, sino que luego diese al través[18] con todos y

no quedasen embarazos, por que entretanto que estábamos en la tierra adentro no se alzasen otras personas, como los pasados; y demás de esto, que tendríamos mucha ayuda de los maestres y pilotos y marineros, que serían al pie de cien personas, y que mejor nos ayudarían a velar y a guerrear que no estar en el puerto. Según entendí, esta plática de dar con los navíos al través, que allí le propusimos, el mismo Cortés lo tenía ya concertado, sino quiso que saliese de nosotros, porque si algo le demandasen que pagase los navíos, que era por nuestro consejo y todos fuésemos en el pagar. Luego mandó a un Juan de Escalante — que era alguacil mayor y persona de mucho valor y gran amigo de Cortés y enemigo de Diego Velázquez, porque en la isla de Cuba no le dió buenos indios — que fuese a la villa y que de todos los navíos se sacasen todas las anclas y cables y velas y lo que dentro tenían de que se pudiesen aprovechar; y que diese con todos ellos al través, que no quedasen más de los bateles; y que los pilotos y maestres viejos y marineros que no eran para ir a la guerra, que se quedasen en la villa, y con dos chinchorros[19] que tuviesen cargo de pescar, que en aquel puerto siempre había pescado, aunque no mucho. Juan de Escalante lo hizo según y de la manera que le fué mandado, y luego se vino a Cempoal con una capitanía de hombres de la mar, que fueron los que sacó de los navíos, y salieron algunos de ellos muy buenos soldados.

Pues hecho esto, mandó Cortés llamar a todos los caciques de la serranía, de los pueblos nuestros confederados y rebelados al gran Moctezuma, y les dijo cómo habían de servir a los que quedaban en la Villa Rica y acabar de hacer la iglesia y fortalezas y casas. Allí, delante de ellos, tomó Cortés por la mano a Juan de Escalante, y les dijo: «Este es mi hermano.» Y lo que les mandase que lo hiciesen; y que si hubiesen menester favor y ayuda contra algunos indios mexicanos, que a él ocurriesen; que él iría en persona a ayudarles. Y todos los caciques se ofrecieron de buena voluntad de hacer lo que les mandase. Acuérdome que luego le sahumaron a Juan de

[17] Zempoalla (hoy Zempoala), donde Cortés se hizo de sus primeros aliados.

[18] Barrenar, destruir los navios.
[19] Especie de red para pescar.

Escalante con sus inciensos, aunque no quiso. Ya he dicho era persona muy bastante para cualquier cargo, y amigo de Cortés; y con aquella confianza le puso en aquella villa y puerto por capitán para, si algo enviase Diego Velázquez, que hubiere resistencia. [. . .]

Aquí es donde dice el cronista Gómara que, cuando Cortés mandó barrenar los navíos, no osaba publicar a los soldados que quería ir a México en busca del gran Moctezuma. No pasó como dice, pues ¿de qué condición somos los españoles para no ir adelante y estarnos en partes que no tengamos provecho y guerras? También dice el mismo Gómara que Pedro de Ircio quedó por capitán en la Vera Cruz. No le informaron bien. Juan de Escalante fué el que quedó por capitán y alguacil mayor de la Nueva España, que aún a Pedro de Ircio no le habían dado cargo ninguno, ni aun de cuadrillero.[20]   (Capítulo LVIII).

Cómo nos dieron guerra en México, y los combates que nos daban, y otras cosas que pasamos

[. . .] Cortés vió que en Tezcoco no nos habían hecho ningún recibimiento ni aun dado de comer, sino mal y por mal cabo, y que no hallamos principales con quien hablar, y lo vió todo remontado y de mal arte[21]; y venido a México lo mismo; y vió que no hacían tiánguez,[22] sino todo levantado; y oyó a Pedro de Alvarado de la manera y desconcierto con que les fué a dar guerra. Parece ser había dicho Cortés en el camino a los capitanes de Narváez, alabándose de sí mismo, el gran acato y mando que tenía, y que por los caminos le saldrían a recibir y hacer fiestas, y que darían oro, y que en México mandaba tan absolutamente así al gran Moctezuma como a todos sus capitanes, y que le darían muchos presentes de oro como solían. Viendo que todo estaba muy al contrario de sus pensamientos, que aun de comer no nos daban, estaba muy airado y soberbio con la mucha gente de españoles que traía, y muy triste y mohíno. En este instante envió el gran Moctezuma dos de sus principales a rogar a nuestro Cortés que le fuese a ver, que le quería hablar: y la respuesta que les dió dijo: «Vaya para perro, que aun tiánguez no quiere hacer, ni de comer no nos manda dar.» Entonces como aquello le oyeron a Cortés nuestros capitanes, que fueron Juan Velázquez de León y Cristóbal de Olid y Alonso de Ávila y Francisco de Lugo, dijeron: «Señor, temple su ira, y mire cuánto bien y honra nos ha hecho este rey de estas tierras, que es tan bueno que si por él no fuese ya fuéramos muertos y nos habrían comido, y mire que hasta las hijas le ha dado.»

Como esto oyó Cortés, se indignó más de las palabras que le dijeron, como parecían represión, y dijo: «¿Qué complimiento he yo de tener con un perro que se hacía con Narváez secretamente, y ahora veis que aun de comer no nos dan?» Y dijeron nuestros capitanes: «Esto nos parece que debe hacer, y es buen consejo.» Como Cortés tenía allí en México tantos españoles, así de los nuestros como de los de Narváez, no se le daba nada por cosa ninguna, y hablaba tan airado y descomedido. Por manera que tornó a hablar a los principales que dijesen a su señor Moctezuma que luego mande hacer tiánguez y mercados; si no, que hará y acontecerá. Los principales bien entendieron las palabras injuriosas que Cortés dijo de su señor y aun también la represión que nuestros capitanes dieron a Cortés sobre ello; porque bien los conocían que habían sido los que solían tener en guarda a su señor, y sabían que eran grandes servidores de su Moctezuma. Según y de la manera que lo entendieron se lo dijeron a Moctezuma, y de enojo, o porque ya estaba concertado que nos diesen guerra, no tardó un cuarto de hora que vino un soldado a gran prisa, muy mal herido. Venía de un pueblo que está junto a México que se dice Tacuba, y traía unas indias que eran de Cortés, y la una hija de Moctezuma, que parece ser las dejó a guardar allí al señor de Tacuba, que eran sus parientes del mismo señor, cuando fuimos a lo de Narváez. Dijo aquel soldado que estaba toda la ciudad y camino por donde venía lleno de gente de guerra, con todo género de armas,

---

[20] Cabo de una «cuadrilla», o grupo armado.
[21] Ahuyentado y cauteloso.
[22] Mercado.

y que le quitaron las indias que traía y le dieron dos heridas, y que si no les soltara, que le tenían ya asido para meterle en una canoa y llevarle a sacrificar, y habían deshecho un puente.

Desde que aquello oyó Cortés y algunos de nosotros, ciertamente nos pesó mucho, porque bien entendido teníamos, los que solíamos batallar con indios, la mucha multitud que de ellos se suele juntar, y que por bien que peleásemos, y aunque más soldados trajésemos ahora, que habíamos de pasar gran riesgo de nuestras vidas, y hambres y trabajos, especialmente estando en tan fuerte ciudad. Pasemos adelante y digamos que luego Cortés mandó a un capitán que se decía Diego de Ordaz que fuese con cuatrocientos soldados — entre ellos los más ballesteros y escopeteros, y algunos de caballo — y que mirase qué era aquello que decía el soldado que había venido herido y trajo las nuevas; y que si viese que sin guerra y ruido se pudiese apaciguar, lo pacificase. Como fué Diego de Ordaz de la manera que le fué mandado con sus cuatrocientos soldados, aún no hubo bien llegado a media calle, por donde iba, cuando le salen tantos escuadrones mexicanos de guerra, y otros muchos que estaban en las azoteas, y le dieron tan grandes combates, que le mataron a las primeras arremetidas diez y ocho soldados, y a todos los más hirieron, y al mismo Diego de Ordaz le dieron heridas. Por manera que no pudo pasar un paso adelante, sino volverse poco a poco al aposento. Al retraer le mataron a otro buen soldado que se decía Lezcano, que con un montante[23] había hecho cosas de muy esforzado varón. En aquel instante, si muchos escuadrones salieron a Diego de Ordaz, muchos más vinieron a nuestros aposentos, y tiran tanta vara y piedras con ondas y flechas, que nos hirieron de aquella vez sobre cuarenta y seis de los nuestros, y doce murieron de las heridas.

Estaban tantos guerreros sobre nosotros, que Diego de Ordaz, que se venía retrayendo, no podía llegar a los aposentos por la mucha guerra que le daban, unos por detrás y otros por delante y otros desde las azoteas. Pues quizá no aprovechaba mucho nuestros tiros,

ni escopetas, ni ballestas, ni lanzas, ni estocadas que les dábamos, ni nuestro buen pelear, que aunque les matábamos y heríamos muchos de ellos, por las puntas de las espadas y lanzas se nos metían; con todo esto cerraban sus escuadrones, y no perdían punto de su buen pelear, ni les podíamos apartar de nosotros. En fin, con los tiros y escopetas y ballestas y el mal que les hacíamos de estocadas, tuvo tiempo de entrar Ordaz en el aposento, que hasta entonces, y aunque quería, no podía pasar y con sus soldados bien heridos y catorce menos. Todavía no cesaban muchos escuadrones de darnos guerra y decirnos que éramos como mujeres; y nos llamaban de bellacos, y otros vituperios. Aun no ha sido nada todo el daño que nos han hecho hasta ahora a lo que después hicieron. Y es que tuvieron tanto atrevimiento, que unos dándonos guerra por unas partes y otros por otra, entraron a ponernos fuego en nuestros aposentos, que no nos podíamos valer con el humo y fuego, hasta que se puso remedio con derrocar sobre él mucha tierra y atajar otras salas por donde venía el fuego, que verdaderamente allí dentro creyeron de quemarnos vivos.

Duraron estos combates todo el día; y aun la noche estaban sobre nosotros tantos escuadrones de ellos, y tiraban varas y piedras y flechas a bulto y piedra perdida, que de lo del día y lo de entonces estaban todos aquellos patios y suelos hechos parvas[24] de ellos. Pues nosotros aquella noche en curar heridos, y en poner remedio en los portillos que habían hecho, y en apercibirnos para otro día, en esto pasó. Pues desde que amaneció acordó nuestro capitán que con todos los nuestros y los de Narváez saliésemos a pelear con ellos, y que llevásemos tiros y escopetas y ballestas, y procurásemos de vencerlos; al menos que sintiesen más nuestras fuerzas y esfuerzo mejor que el del día pasado. Y digo que si nosotros teníamos hecho aquel concierto, que los mexicanos tenían concertado lo mismo. Peleábamos muy bien; mas ellos estaban tan fuertes y tenían tantos escuadrones — que se remudaban de rato en rato — que aunque estuvieran allí diez mil Héctores troyanos y tantos Roldanes, no les pudieran entrar;

---

[23] Espadón que se esgrime con ambas manos.

[24] Montones, cantidad grande.

porque saberlo ahora yo aquí decir cómo pasó y vimos el tesón en el pelear, digo que no lo sé escribir; porque ni aprovechaban tiros, ni escopetas, ni ballestas, ni apechugar con ellos, ni matarles treinta ni cuarenta de cada vez que arremetíamos, que tan enteros y con más vigor peleaban que al principio. Si algunas veces les íbamos ganando alguna poca de tierra, o parte de calle, hacían que se retraían: [mas] era para que les siguiésemos por apartarnos de nuestra fuerza y aposento, para dar más a su salvo en nosotros, creyendo que no volveríamos con las vidas a los aposentos, porque al retraer nos hacían mucho mal. Pues para pasar a quemarles las casas, ya he dicho en el capítulo que de ello habla que de casa a casa tenían una puente de madera levadiza; alzábanla y no podíamos pasar sino por agua muy honda. Pues desde las azoteas, los cantos y piedras y varas no lo podíamos sufrir. Por manera que nos maltrataban y herían muchos de los nuestros.

No sé yo para qué lo escribo así tan tibiamente, porque unos tres o cuatro soldados que se habían hallado en Italia, que allí estaban con nosotros, juraron muchas veces a Dios que guerras tan bravosas jamás habían visto en algunas que se habían hallado entre cristianos y contra la artillería del rey de Francia, ni del gran turco; ni gente como aquellos indios, con tanto ánimo cerrar los escuadrones vieron. [. . .]. Diré cómo con harto trabajo nos retrajimos a nuestros aposentos, y todavía muchos escuadrones de guerreros sobre nosotros, con grandes gritos y silbos y trompetillas y atambores, llamándonos de bellacos y para poco, que no osábamos atenderles todo el día en batalla, sino volvernos retrayendo. [. . .]

Desde que amaneció, después de encomendarnos a Dios, salimos de nuestros aposentos con nuestras torres — que me parece a mí que en otras partes donde me he hallado en guerras, en cosas que han sido menester, las llaman burros y mantas — y con los tiros y escopetas y ballestas delante, y los de caballo haciendo algunas arremetidas. Como he dicho, aunque les matábamos muchos de ellos no aprove-chaba cosa para hacerles volver las espaldas, sino que si muy bravamente habían peleado los dos días pasados, muy más fuertes y con mayores fuerzas y escuadrones estaban este día. Y todavía determinamos, aunque a todos costase la vida, de ir con nuestras torres e ingenios[25] hasta el gran cu de Huichilobos.[26] [. . .]

Por manera que fuimos hasta el gran *cu* de sus ídolos, y luego, de repente, suben en él más de cuatro mil mexicanos, sin otras capitanías que en ellos estaban, con grandes lanzas y piedra y vara, y se ponen en defensa y nos resistieron la subida un buen rato, que no bastaban las torres ni los tiros ni ballestas ni escopetas, ni los de caballo, porque aunque querían arremeter los caballos había unas losas muy grandes empedrando todo el patio, que se iban los caballos pies y manos, y eran tan lisas, que caían. Como desde las gradas del alto *cu* nos defendían el paso, y a un lado y a otro teníamos tantos contrarios, aunque nuestros tiros llevaban diez o quince de ellos, y a estocadas y arremetidas matábamos otros muchos, cargaba tanta gente, que no les podíamos subir al alto *cu*. Con gran concierto tornamos a porfiar, sin llevar las torres, porque ya estaban desbaratadas, y les subimos arriba. Aquí se mostró Cortés muy varón, como siempre lo fué. ¡Oh, qué pelear y fuerte batalla que aquí tuvimos! Era cosa de notar vernos a todos corriendo sangre y llenos de heridas, y otros muertos. Quiso Nuestro Señor que llegamos adonde solíamos tener la imagen de Nuestra Señora, y no la hallamos, que pareció, según supimos, que el gran Moctezuma tenía devoción en ella, y la mandó guardar. Pusimos fuego a sus ídolos, y se quemó un buen pedazo de la sala con los ídolos Uichilobos y Tezcatepuca.[27] Entonces nos ayudaron muy bien los tlaxcaltecas. Pues ya hecho esto, estando que estábamos unos peleando y otros poniendo el fuego, como dicho tengo, ver los *papas*[28] que estaban en este gran *cu*, y sobre tres o cuatro mil indios, todos principales, ya que bajábamos, cuál nos hacían venir rodando seis gradas y aun diez abajo, y hay tanto que decir de otros

---

[25] Torres e ingenios: máquinas y artificios de guerra.
[26] El gran templo de Huitzilopochtli.
[27] Tezcatlipoca.
[28] Sacerdotes.

escuadrones que estaban en los pretiles y concavidades del gran *cu*, tirándonos tanta vara y flecha, que así a unos escuadrones como a los otros no podíamos hacer cara. Acordamos con mucho trabajo y riesgo de nuestras personas de volvernos a nuestros aposentos, los castillos deshechos, y todos heridos, y diez y seis muertos, y los indios siempre aprestándonos, y otros escuadrones por las espaldas, que quien no nos vió, aunque aquí más claro lo diga, yo no lo sé significar. [...]

Dejemos su gran tesón y porfía, que siempre a la contina tenían de estar sobre nuestros aposentos, como he dicho, y digamos que aquella noche se nos fué en curar heridos y enterrar los muertos y en aderezar para salir otro día a pelear y en poner fuerzas y mamparos a las paredes que habían derrocado y a otros portillos que habían hecho, y tomar consejo cómo y de qué manera podríamos pelear sin que recibiésemos tantos daños ni muertes; y en todo lo que platicamos no hallábamos remedio ninguno. Pues también quiero decir las maldiciones que los de Narváez echaban a Cortés, y las palabras que decían, que renegaban de él y de la tierra, y aun de Diego Velázquez que acá les envió, que bien pacíficos estaban en sus casas en la isla de Cuba, y estaban embelesados y sin sentido.

Volvamos a nuestra plática; que fué acordado de demandarles paces para salir de México. Desde que amaneció vienen muchos más escuadrones de guerreros. Vienen muy de hecho y nos cercan por todas partes los aposentos, y si mucha piedra y flecha tiraban de antes, muchas más espesas y con mayores alaridos y silbos vinieron este día; y otros escuadrones por otras partes procuraban de entrarnos, que no aprovechaban tiros ni escopetas, aunque les hacían harto mal. Viendo todo esto acordó Cortés que el gran Moctezuma les hablase desde una azotea, y les dijese que cesasen las guerras, y que nos queríamos ir de su ciudad. Cuando al gran Moctezuma se lo fueron a decir de parte de Cortés, dicen que dijo con gran dolor: «¿Qué quiere ya de mí Malinche[29] que yo no deseo

vivir ni oírle, pues en tal estado por su causa mi ventura me ha traído?» Y no quiso venir. Aun dicen que dijo que ya no le quería ver ni oír a él ni a sus falsas palabras ni promesas y mentiras. Fué el padre de la Merced y Cristóbal de Olid, y le hablaron con mucho acato y palabras muy amorosas. Y dijo: «Yo tengo creído que no aprovecharé cosa ninguna para que cese la guerra, porque ya tienen alzado otro señor y han propuesto de no os dejar salir de aquí con la vida; y así creo que todos vosotros habréis de morir.»

Volvamos a los grandes combates que nos daban. Que Moctezuma se puso a pretil de una azotea con muchos de nuestros soldados que le guardaban, y les comenzó a hablar con palabras muy amorosas que dejasen la guerra y que nos iríamos de México. Muchos principales y capitanes mexicanos bien le conocieron, y luego mandaron que callasen sus gentes y no tirasen varas ni piedras ni flechas. Cuatro de ellos se llegaron en parte que Moctezuma les podía hablar, y ellos a él, y llorando le dijeron: «¡Oh señor y nuestro gran señor, y cómo nos pesa de todo vuestro mal y daño y de vuestros hijos y parientes! Os hacemos saber que ya hemos levantado a un vuestro pariente por señor.» Y allí le nombró cómo se llamaba, que se decía Coadlavaca, señor de Iztapalapa, que no fué Guatemuz[30] el que luego fué señor. Y más dijeron: que la guerra la habían de acabar, y que tenían prometido a sus ídolos de no dejarla hasta que todos nosotros muriésemos, y que rogaban cada día a su Uichilobos y a Tezcatepuca que le guardase libre y sano de nuestro poder; y como saliese como deseaban, que no le dejarían de tener muy mejor que de antes por señor, y que les perdonase. No hubieron bien acabado el razonamiento, cuando en aquella sazón tiran tanta piedra y vara, que los nuestros que le arrodeaban, desde que vieron que entre tanto que hablaba con ellos no daban guerra, se descuidaron un momento de rodelarle de presto; y le dieron tres pedradas, una en la cabeza, otra en un brazo y otra en una pierna; y puesto que le rogaban se curase y comiese y le decían sobre

---

[29] Nombre con el que los indios conocían a Cortés, derivado del nombre de doña Marina, Malintzin, compañera e intérprete de aquél.

[30] El cronista escribe unas veces Guatemuz, otras Guatimuz. Es el emperador Guauhtémoc.

ello buenas palabras, no quiso, antes cuando no nos catamos vinieron a decir que era muerto. Cortés lloró por él, y todos nuestros capitanes y soldados, y hombres hubo entre nosotros, de los que le conocíamos y tratábamos, de que fué tan llorado como si fuera nuestro padre, y no nos hemos de maravillar de ello viendo que tan bueno era. Decían que hacía diez y siete años que reinaba, y que fué el mejor rey que en México había habido, y que por su persona había vencido tres desafíos que tuvo sobre las tierras que sojuzgó. Y pasemos adelante. (Capítulo CXXVI).

De las cosas que aquí van declaradas
cerca de los méritos que tenemos
los verdaderos conquistadores,
las cuales serán apacibles de oírlas

Ya he recontado los soldados que pasamos con Cortés y donde murieron. Si bien se quiere tener noticia de nuestras personas, éramos todos los demás hijosdalgo (aunque algunos no pueden ser de tan claros linajes, porque vista cosa es que en este mundo no nacen todos los hombres iguales, así en generosidad como en virtudes). Dejando esta plática aparte, además de nuestras antiguas noblezas, con heroicos hechos y grandes hazañas que en las guerras hicimos; peleando de día y de noche; sirviendo a nuestro rey y señor; descubriendo estas tierras hasta ganar esta Nueva España y gran ciudad de México y otras muchas provincias a nuestra costa — estando tan apartados de Castilla, ni tener otro socorro ninguno, salvo el de Nuestro Señor Jesucristo, que es el socorro y ayuda verdadera — nos ilustramos mucho más que antes. Si miramos las escrituras antiguas que de ello hablan, si son así como dicen, en los tiempos pasados fueron ensalzados y puestos en grande estado muchos caballeros, así en España como en otras partes, sirviendo como en aquella sazón sirvieron en las guerras y por otros servicios que eran aceptos a los reyes que en aquella sazón reinaban. También he notado que algunos de aquellos caballeros que en-

tonces subieron a tener títulos de estados y de ilustres no iban a las tales guerras, ni entraban en las batallas sin que primero les pagasen sueldos y salarios; y no embargante que se los pagaban, les dieron villas y castillos y grandes tierras perpetuos y privilegios con franquezas[31] las cuales tienen sus descendientes. Además de esto, cuando el rey don Jaime de Aragón conquistó y ganó de los moros mucha parte de sus reinos, los repartió a los caballeros y soldados que se hallaron en ganarlo, y desde aquellos tiempos tienen sus blasones y son valerosos. También cuando se ganó Granada, y del tiempo del Gran Capitán a Nápoles, y también el príncipe de Orange en lo de Nápoles, dieron tierras y señoríos a los que les ayudaron en las guerras y batallas.

He traído esto aquí a la memoria para que se vean nuestros muchos y buenos y notables servicios que hicimos al rey nuestro señor y a toda la cristiandad, y se pongan en una balanza y medida cada cosa en su cantidad, y hallarán que somos dignos y merecedores de ser puestos y remunerados como [los] caballeros por mí atrás dichos. Aunque entre los valerosos soldados que en estas hojas pasadas he puesto por memoria hubo otros muchos esforzados y valerosos compañeros, todos me tenían a mí en reputación de buen soldado. Volviendo a mi materia, miren los curiosos lectores con atención ésta mi relación y verán en cuántas batallas y reencuentros de guerra muy peligrosos me he hallado desde que vine a descubrir [*Tachado en el original*: y cuán lleno de heridas he estado]. Dos veces estuve asido y engarrafado[32] de muchos indios mexicanos, con quienes en aquella sazón estaba peleando, para llevarme a sacrificar, como en aquel instante llevaron otros muchos compañeros míos; sin [contar] otros grandes peligros y trabajos y hambre y sed e infinitas fatigas que suelen recrecer[33] a los que semejantes descubrimientos van a hacer en tierras nuevas, lo cual hallarán escrito parte por parte en esta mi relación. [. . .] (Capítulo CCVII).

(De la *Historia verdadera de la conquista de la Nueva España,* México, editorial P. Robredo, 1933).

---

[31] Franquicias.
[32] Agarrado fuertemente.

[33] Ocurrir, suceder.

La conquista y colonización de América es demasiado compleja para juzgarla: ni leyenda negra de monstruos ni leyenda blanca de santos. Fue un violento choque de civilizaciones; y si el español no pudo respetar la de los indios, por lo menos hizo un esfuerzo para comprenderla. Ningún otro pueblo lo hizo. España, sobre todo por obra de sus frailes, mostró un género nuevo de curiosidad intelectual. Los frailes querían cristianizar a los indios; es decir, querían que dejaran de ser indios. Pero para conseguir este cambio profundo tenían que entrar en la personalidad de los pueblos del nuevo mundo. Por eso, antes de cristianizar, los frailes se indianizan a sí mismos. Comenzaron por aprender los idiomas indígenas para catequizar mejor. Formaron gramáticas y vocabularios; escribieron en lengua nativa.

El pasado indígena — costumbres, tradiciones — apareció a la vista de Europa gracias a que estos frailes habían viajado no tanto al nuevo mundo sino a las almas de los pobladores del nuevo mundo. Baste recordar aquí nuevamente a FRAY BERNARDINO DE SAHAGÚN y a FRAY TORIBIO DE BENAVENTE (m. 1569), quien adoptó, de la lengua mexicana, el nombre «Motolinía», o sea, «el pobre». Lo explicó así: «Este es el primer vocablo que sé de esta lengua y, porque no se me olvide, éste será de aquí en adelante mi nombre». Motolinía observó de cerca las costumbres indígenas y se interesó en averiguar sus tradiciones. Como obtuvo toda su información en los primeros años de la conquista, su *Historia de los indios de Nueva España* (terminada alrededor de 1541) tiene notable importancia etnográfica. Allí nos dejó una descripción del auto «La caída de nuestros primeros padres», representado por los indios en su propia lengua, en Tlaxcala, el año 1538. (Sobre el teatro misionero léase la «noticia complementaria» al final de este capítulo.)

Motolinía

PRIMERAS REPRESENTACIONES DRAMÁTICAS ENTRE LOS INDIOS

Lo más principal fué dejado para la postre, que fué la fiesta que los cofrades de Nuestra Señora de la Encarnación celebraron; y porque no la pudieron celebrar en la cuaresma, 5 guardáronla para el miércoles de las octavas. Lo primero que hicieron fué aparejar muy buena limosna para los indios pobres, que no contentos con los que tienen en el hospital, fueron por las casas de una legua a la redonda 10 a repartirles setenta y cinco camisas de hombre, y cincuenta de mujer, y muchas mantas y zaragüelles: repartieron también por los dichos pobres necesitados diez carneros y un puerco, y veinte perrillos de los de la tierra, para comer con chile, como es costumbre. Repartieron muchas cargas de maíz y muchos tamales en lugar de roscas, y los diputados y mayordomos que lo fueron a repartir no quisieron tomar ninguna cosa por su trabajo, diciendo que antes habían ellos de dar de su hacienda al hospicio, que no tomársela.

Teniendo su cera hecha, para cada cofrade un rollo, y sin estos, que eran muchos, tenían sus velas y doce hachas, y sacaron de nuevo cuatro ciriales de oro y pluma, muy bien hechos, más vistosos que ricos. Tenían cerca de la puerta del hospital para representar aparejado un auto, que fué la caída de nuestros primeros padres, y al parecer de todos los que lo vieron fué una de las cosas notables que se han hecho en Nueva España. Estaba tan adornada la morada de Adan y Eva, que bien parecía paraíso de la tierra, con diversos árboles con frutas y flores, de ellas naturales y de ellas contrahechas, de pluma y oro; en los árboles mucha diversidad de aves, desde buho y otras aves de rapiña, hasta pajaritos pequeños; y sobre todo tenían muy muchos papagayos, y eran tanto el parlar y gritar que tenían, que a veces estorbaban la representación: yo conté en un solo árbol catorce papagayos, entre pequeños y grandes. Había también aves contrahechas de oro y pluma, que era cosa muy de mirar. Los conejos y liebres eran tantos, que todo estaba lleno de ellos, y otros muchos animalejos, que yo nunca hasta allí los había visto. Estaban dos ocelotles atados, que son bravísimos que ni son bien gatos y ni bien onza; y una vez descuidóse Eva, y fué a dar en el uno de ellos, y él de bien criado, desvióse: esto era antes del pecado, que si fuera después, tan en hora buena ella no se hubiera llegado. Había otros animales bien contrahechos, metidos dentro unos muchachos; estos andaban domésticos, y jugaban y burlaban con ellos Adan y Eva. Había cuatro ríos o fuentes que salían del paraíso, con sus rétulos que decían Phison, Gheon, Tigris, Euphrates[1]; y el árbol de la vida en medio del paraíso, y cerca de él el árbol de la ciencia del bien y del mal, con muchas y muy hermosas frutas contrahechas de oro y pluma.

Estaban en el redondo del paraíso tres peñoles grandes y una sierra grande: todo esto lleno de cuanto se puede hallar en una sierra muy fuerte y fresca montaña, y todas las particularidades que en Abril y Mayo se pue-

den hallar, porque en contrahacer una cosa al natural, estos indios tienen gracia singular. Pues aves no faltaban chicas ni grandes, en especial de los papayagos grandes, que son tan grandes como gallos de España: de estos había muchos, y dos gallos y una gallina de las monteses, que ciertos son las más hermosas aves que yo he visto en parte ninguna: tendrá un gallo de aquellos tanta carne como dos pavos de Castilla . . .

Había en estos peñoles animales naturales y contrahechos. En uno de los contrahechos estaba un muchacho vestido como león, y estaba desgarrando y comiendo un venado que tenía muerto: el venado y era verdadero, y estaba en un risco que se hacía entre unas peñas, y fué cosa muy notada. Llegada la procesión, comenzóse luego el auto; tardóse él gran rato, porque antes que Eva comiese, ni Adán consintiese, fué y vino Eva, de la serpiente a su marido, y de su marido a la serpiente, tres o cuatro veces, siempre Adán resistiendo, y como indignado, alanzaba de sí a Eva: ella rogándole y molestándole decía, que bien parecía el poco amor que le tenía, y que más le amaba ella a él, que no él a ella; y echándole en su regazo, tanto le importunó que fué con ella al árbol vedado, y Eva en presencia de Adán comió, y dióle á él también que comiese; y en comiendo, luego conocieron el mal que habían hecho; y aunque ellos se escondían cuanto podían, no pudieron hacer tanto, que Dios no los viese; y vino con gran majestad, acompañado de muchos ángeles; y después que hubo llamado a Adán, él se excusó con su mujer, y ella echó la culpa a la serpiente maldiciéndolos Dios y dando a cada uno su penitencia. Trajeron los ángeles dos vestiduras bien contrahechas, como de pieles de animales, y vistieron a Adán y Eva. Lo que más fué de notar fué el verlos salir desterrados y llorando: llevaban a Adán tres ángeles, y a Eva otros tres, e iban cantando en canto de órgano Circumdederunt me.[2] Esto fué tan bien representado, que nadie le vió que no llorase muy recio: quedó un querubín guardando la puerta del paraíso, con su espada en la mano. Luego allí estaba el mundo, otra tierra cierto

---

[1] Pisón, Guijón, Tigris y Eufrates, los cuatro ríos que según el Genesis (2. 11–14) regaban el Paraíso Terrenal.

[2] Frase del versículo 3 del Salmo 116: «Prendido me habían los lazos de la muerte», etc.

bien diferente de la que dejaban, porque estaba llena de cardos y de espinas, y muchas culebras; también había conejos y liebres. Llegados allí los recién moradores del mundo, los ángeles mostraron a Adán cómo había de labrar y cultivar la tierra, y a Eva diéronle husos para hilar y hacer ropa para su marido e hijos; consolando a los que quedaban muy desconsolados, se fueron cantando por desechas en canto de órgano, un villancico que decía:

"Para qué comió
la primer casada,
para qué comió
la Fruta vedada.
La primer casada,
ella y su marido
a Dios han traído
en pobre posada,
por haber comido
la fruta vedada."

(De la *Historia de los indios de la Nueva España*, 1541).

———————◆———————

Del contacto de europeos con indios sólo conservamos las impresiones de los europeos; sin embargo, los indios descubrían al blanco al mismo tiempo que eran descubiertos por él. ¿Cómo lo veían? No lo sabemos. Generalmente el blanco se les aparecía desfigurado por un complicado aparato de civilización. Pero en el caso de ALVAR NÚÑEZ CABEZA DE VACA (1490?–1559?) vemos, por primera vez, al hombre de Europa y al hombre de América frente a frente, desnudos. Y podemos imaginarnos cómo los indios veían, de igual a igual, a ese prójimo español, exhausto y desamparado. Los *Naufragios* apenas tienen interés para el historiador, aunque mucho para el etnógrafo, por sus curiosas noticias que dan sobre las costumbres de los indios; y aquí está su mérito. Su amenidad no depende — como en otras crónicas — ni de las hazañas heroicas, ni de las conquistas referidas, ni del fondo de opulentas civilizaciones indígenas, sino pura y exclusivamente de su calidad narrativa. Cabeza de Vaca salió de España en 1527. Naufragó una y otra vez hasta que las barcas se dispersaron con un «sálvese quien pueda.» Llegó a tierra, con un puñado de españoles. Hambre, luchas con indios, penurias, enfermedades ... Poco a poco se van muriendo. Al final quedan cuatro: él, Dorantes, Castillo y el negro Estebanico. Cautivo de los indios, maltratado por unos, idolatrado por otros, Cabeza de Vaca recorrió a pie una tremenda masa continental (desde el golfo de México hasta el golfo de California). Nueve años de cautiverio lo convirtieron — de aspecto al menos — en otro indio. Ya no conserva sino un orgullo: ser hombre. Anda desnudo como nació, comiendo lo que los indios comen, viviendo y hablando como ellos; y diferente sólo en su fe cristiana. Cuando en 1536 tropezó con unos españoles a caballo cuenta que «recibieron gran alteración de verme tan extrañamente vestido y en compañía de indios. Estuviéronme mirando mucho espacio de tiempo, tan atónitos que ni me hablaban ni acertaban a preguntarme nada.» Cabeza de Vaca sabe contar. Centra su relato en el «yo», y sin perder de vista al lector (es uno de los cronistas que escriben para el lector) va evocando sus aventuras en un estilo rápido, rico en detalles reveladores, emocionante, flúido como una conversación y, sin embargo, de dignidad literaria.

Alvar Núñez Cabeza de Vaca

NAUFRAGIOS

Cómo los indios
nos trajeron de comer

Otro día,[1] saliendo el sol, que era la hora que los indios nos habían dicho, vinieron a nosotros — como lo habían prometido — y nos trajeron mucho pescado y de unas raíces que ellos comen, y son como nueces, algunas mayores o menores. La mayor parte de ellas se sacan de bajo del agua y con mucho trabajo. A la tarde volvieron, y nos trajeron más pescado y de las mismas raíces. Hicieron venir sus mujeres e hijos para que nos viesen; y así se volvieron ricos de cascabeles y cuentas que les dimos. Otros días nos tornaron a visitar con lo mismo que esas otras veces. Como nosotros veíamos que estábamos proveídos de pescado y de raíces y de agua y de las otras cosas que pedimos, acordamos de tornarnos a embarcar y seguir nuestro camino. Desenterramos la barca de la arena en que estaba metida. Fué menester que nos desnudásemos todos y pasásemos gran trabajo para echarla al agua (porque nosotros estábamos tales, que otras cosas muy más livianas bastaban para ponernos en él). Así embarcados, a dos tiros de ballesta dentro en la mar nos dió tal golpe de agua, que nos mojó a todos. Como ibamos desnudos, y el frío que hacía era muy grande, soltamos los remos de las manos, y a otro golpe que la mar nos dió, trastornó la barca. El veedor y otros dos se asieron de ella para escaparse; mas sucedió muy al revés, que la barca los tomó debajo y se ahogaron. Como la costa es muy brava, el mar de un tumbo echó a todos los otros, envueltos en las olas y medio ahogados, en la costa de la misma isla, sin que faltasen más de los tres que la barca había tomado debajo. Los que quedamos escapados, desnudos como nacimos, y perdido todo lo que traíamos; aunque todo valía poco, pero entonces valía mucho. Y como entonces era por noviembre, y el frío muy grande, y nosotros tales, que con poca dificultad se nos podía contar los huesos, estábamos hechos propia figura de la muerte. De mí sé decir que desde el mes de mayo pasado yo no había comido otra cosa sino maíz tostado, y algunas veces me ví en necesidad de comerlo crudo; porque, aunque se mataron los caballos entre tanto que las barcas se hacían, yo nunca pude comer de ellos, y no fueron diez veces las que comí pescado. Esto digo por excusar razones, porque pueda cada uno ver qué tales estaríamos. Sobre todo lo dicho, había sobrevenido viento norte, de suerte que más estábamos cerca de la muerte que de la vida. Plugo a nuestro Señor que buscando los tizones del fuego que allí habíamos hecho, hallamos lumbre, con que hicimos grandes fuegos; y así estuvimos pidiendo a nuestro Señor misericordia y perdón de nuestros pecados, derramando muchas lágrimas, habiendo cada uno lástima, no sólo de sí, mas de todos los otros, que en el mismo estado veían. A hora de puesto el sol, los indios, creyendo que no nos habíamos ido, nos volvieron a buscar y a traernos de comer; mas, cuando ellos nos vieron así en tan diferente hábito del primero, y en manera tan extraña, espantáronse tanto, que se volvieron atrás. Yo salí a ellos y llamélos, y vinieron muy espantados. Híceles entender por señas cómo se nos había hundido una barca, y se habían ahogado tres de nosotros; y allí, en su presencia, ellos mismos vieron dos muertos; y los que quedábamos íbamos aquel camino. Los indios, de ver el desastre que nos había

---

[1] Al otro día, al día siguiente.

48

venido y el desastre en que estábamos, con tanta desventura y miseria, se sentaron entre nosotros, y con gran dolor y lástima que hubieron de vernos en tanta fortuna comenzaron todos a llorar recio, y tan de verdad, que lejos de allí se podía oír. Esto les duró más de media hora; y, cierto, ver que estos hombres tan sin razón y tan crudos, a manera de brutos, se dolían tanto de nosotros, hizo que en mí y en otros de la compañía creciese más la pasión y la consideración de nuestra desdicha. Sosegado ya este llanto, yo pregunté a los cristianos, y dije que, si a ellos parecía, rogaría a aquellos indios que nos llevasen a sus casas. Algunos de ellos que habían estado en la Nueva España respondieron que no se debía hablar en ello, porque si a sus casas nos llevaban, nos sacrificarían a sus ídolos. Mas, visto que otro remedio no había, y que por cualquier otro camino estaba más cerca y más cierta la muerte, no curé de lo que decían, antes rogué a los indios que nos llevasen a sus casas. Ellos mostraron que habían gran placer de ello, y que esperásemos un poco, que ellos harían lo que queríamos. Luego treinta de ellos se cargaron de leña, y se fueron a sus casas, que estaban lejos de allí, y quedamos con los otros hasta cerca de la noche, que nos tomaron, y llevándonos asidos y con mucha prisa, fuimos a sus casas. Por el gran frío que hacía, y temiendo que en el camino alguno no muriese o desmayase, proveyeron que hubiese cuatro o cinco fuegos muy grandes puestos a trechos, y en cada uno de ellos nos calentaban. Desde que veían que habíamos tomado alguna fuerza y calor, nos llevaban hasta el otro tan aprisa, que casi los pies no nos dejaban poner en el suelo. De esta manera fuimos hasta sus casas, donde hallamos que tenían hecha una casa para nosotros y muchos fuegos en ella. Desde a una hora que habíamos llegado, comenzaron a bailar y hacer grande fiesta (que duró toda la noche), aunque para nosotros no había placer, fiesta ni sueño, esperando cuándo nos habían de sacrificar. A la mañana nos tornaron a dar pescado y raíces, y hacer tan buen tratamiento, que nos aseguramos algo, y perdimos algo el miedo del sacrificio. (Capítulo XII).

De cómo nos huimos

Después de habernos mudado, desde a dos días nos encomendamos a Dios nuestro Señor y nos fuimos huyendo, confiando que, aunque era ya tarde y las tunas se acababan, con los frutos que quedarían en el campo podríamos andar buena parte de tierra. Yendo aquel día nuestro camino con harto temor que los indios nos habían de seguir, vimos unos humos, y yendo a ellos, después de vísperas llegamos allá donde vimos un indio que, como vió que íbamos a él, huyó sin querernos aguardar. Nosotros enviamos al negro tras de él y como vió que iba solo, aguardólo. El negro le dijo que íbamos a buscar aquella gente que hacía aquellos humos. Él respondió que cerca de allí estaban las casas, y que nos guiaría allá; y así, lo fuimos siguiendo; y él corrió a dar aviso de cómo íbamos. A puesta del sol vimos las casas, y dos tiros de ballesta antes que llegásemos a ellas hallamos cuatro indios que nos esperaban, y nos recibieron bien. Dijímosles en lengua de mariames[2] que íbamos a buscarlos. Ellos mostraron que se holgaban con nuestra compañía; y así, nos llevaron a sus casas, y a Dorantes y al negro aposentaron en casa de un físico, y a mí y a Castillo en casa de otro. Estos tienen otra lengua y llámanse avavares,[3] y son aquellos que solían llevar los arcos a los nuestros e iban a contratar con ellos. Aunque son de otra nación y lengua, entienden la lengua de aquellos con quienes antes estábamos, y aquel mismo día habían llegado allí con sus casas. Luego el pueblo nos ofreció muchas tunas, porque ellos tenían noticia de nosotros y cómo curábamos, y de las maravillas que nuestro Señor con nosotros obraba, que, aunque no hubiera otras, harto grandes eran abrirnos caminos por tierra tan despoblada, y darnos gente por donde muchos tiempos no la había, y librarnos de tantos peligros, y no permitir que nos matasen, y sustentarnos con tanta hambre, y poner aquellas gentes en corazón que nos tratasen bien, como adelante diremos.

(Capítulo XX).

---

[2] Nombre de una tribu de indios de la región.   [3] Idem.

De cómo curamos aquí unos dolientes

Aquella misma noche que llegamos vinieron unos indios a Castillo, y dijéronle que estaban muy malos de la cabeza, rogándole que los curase. Después que los hubo santiguado y encomendado a Dios, en aquel punto los indios dijeron que todo el mal se les había quitado; y fueron a sus casas y trajeron muchas tunas y un pedazo de carne de venado; cosa que no sabíamos qué cosa era. Como esto entre ellos se publicó, vinieron otros muchos enfermos en aquella noche a que los sanase. Cada uno traía un pedazo de venado; y tantos eran, que no sabíamos a dónde poner la carne. Dimos muchas gracias a Dios porque cada día iba creciendo su misericordia y mercedes. Después que se acabaron las curas comenzaron a bailar y hacer sus areitos[4] y fiestas, hasta otro día que el sol salió. Duró la fiesta tres días por haber nosotros venido, y al cabo de ellos les preguntamos por la tierra de adelante, y por la gente que en ella hallaríamos, y los mantenimientos que en ella había. Respondiéronnos que por toda aquella tierra había muchas tunas, mas que ya eran acabadas, y que ninguna gente había, porque todos eran idos a sus casas, con haber ya cogido las tunas; y que la tierra era muy fría y en ella había muy pocos cueros. Nosotros viendo esto, que ya el invierno y tiempo frío entraba, acordamos de pasarlo con estos. A cabo de cinco días que allí habíamos llegado, se partieron a buscar otras tunas adonde había otra gente de otras naciones y lenguas. Andadas cinco jornadas con muy grande hambre, porque en el camino no había tunas ni otra fruta ninguna, allegamos a un río, donde asentamos nuestras casas. Después de asentadas, fuimos a buscar una fruta de unos árboles, que es como hieros.[5] Como por toda esta tierra no hay caminos, yo me detuve más en buscarla; la gente se volvió, y yo quedé solo, y viniendo a buscarlos aquella noche me perdí, y plugo a Dios que hallé un árbol ardiendo, y al fuego de él pasé aquel frío aquella noche. A la mañana yo me cargué de leña y tomé dos tizones, y volví a buscarlos, y anduve de esta manera cinco días, siempre con mi lumbre y carga de leña, porque si el fuego se me matase en parte donde no tuviese leña, como en muchas partes no la había, tuviese de hacer otros tizones y no me quedase sin lumbre, porque para el frío yo no tenía otro remedio, por andar desnudo como nací; y para las noches yo tenía este remedio, que me iba a las matas del monte, que estaba cerca de los ríos, y paraba en ellas antes que el sol se pusiese, y en la tierra hacía un hoyo y en él achaba mucha leña, que se cría en muchos árboles, de que por allí hay muy gran cantidad, y juntaba mucha leña de la que estaba caída y seca de los árboles, y al derredor de aquel hoyo hacía cuatro fuegos en cruz, y yo tenía cargo y cuidado de rehacer el fuego de rato en rato, y hacía unas gavillas de paja larga que por allí hay, con que me cubría en aquel hoyo, y de esta manera me amparaba del frío de las noches. Una de ellas el fuego cayó en la paja con que yo estaba cubierto, y estando yo durmiendo en el hoyo comenzó a arder muy recio, y por mucha prisa que yo me dí a salir, todavía saqué señal en los cabellos del peligro en que había estado. En todo este tiempo no comí bocado ni hallé cosa que pudiese comer; y como traía los pies descalzos, corrióme de ellos mucha sangre. Dios usó conmigo de misericordia, que en todo este tiempo no ventó el norte, porque de otra manera ningún remedio había de yo vivir. A cabo de cinco días llegué a una ribera de un río, donde yo hallé a mis indios, que ellos y los cristianos me contaban ya por muerto, y siempre creían que alguna víbora me había mordido. Todos hubieron gran placer de verme, principalmente los cristianos, y me dijeron que hasta entonces habían caminado con mucha hambre, que esta era la causa que no me habían buscado. Aquella noche me dieron las tunas que tenían, y otro día partimos de allí, y fuimos donde hallamos muchas tunas, con que todos satisficieron su gran hambre, y nosotros dimos muchas gracias a nuestro Señor porque nunca nos faltaba su remedio.

(Capítulo XXI).

---

4 Cantos y danzas de los antiguos indios de las Antillas y de la América Central, que Cabeza de Vaca atribuye a estos indios.

5 Yeros, fruto de una yerba de ese nombre.

Cómo otro día nos trajeron otras enfermos

Otro día de mañana vinieron allí muchos indios y traían cinco enfermos que estaban tullidos y muy malos, y venían en busca de Castillo que los curase. Cada uno de los en-
5 fermos ofreció sus arcos y flechas, y él los recibió, y a puesta del sol los santiguó y encomendó a Dios nuestro Señor, y todos le suplicamos con la mejor manera que podíamos les enviase salud, pues él veía que no había
10 otro remedio para que aquella gente nos ayudase, y saliésemos de tan miserable vida [. . .] Y como por toda la tierra no se hablase sino de los misterios que Dios nuestro Señor con nosotros obraba, venían de muchas partes
15 a buscarnos para que los curásemos. A cabo de dos días que allí llegaron, vinieron a noso-tros unos indios de los susolas[6] y rogaron a Castillo que fuese a curar un herido y otros enfermos. Dijeron que entre ellos quedaba uno
20 que estaba muy al cabo. Castillo era médico muy temeroso, principalmente cuando las curas eran muy temerosas y peligrosas, y creía que sus pecados habían de estorbar que no todas veces sucediese bien el curar. Los indios
25 me dijeron que yo fuese a curarlos, porque ellos me querían bien [. . .] y así hube de irme con ellos, y fueron conmigo Dorantes y Este-banico. Cuando llegué cerca de los ranchos que ellos tenían, yo ví el enfermo que íbamos a
30 curar que estaba muerto, porque estaba

mucha gente al derredor de él llorando y su casa deshecha, que es señal que el dueño estaba muerto. Así, cuando yo llegué hallé el indio los ojos vueltos y sin ningún pulso, y con todas señales de muerto, según a mí me pare-ció, y lo mismo dijo Dorantes. Yo le quité una estera que tenía encima, con que estaba cubierto, y lo mejor que pude supliqué a nuestro Señor fuese servido de dar salud a aquel y a todos los otros que de ella tenían necesidad. Después de santiguado y soplado muchas veces, me trajeron su arco y me lo dieron, y una sera de tunas molidas, y llevá-ronme a curar otros muchos que estaban malos de modorra, y me dieron otras dos seras de tunas, las cuales dí a nuestros indios, que con nosotros habían venido. Hecho esto nos volvimos a nuestro aposento, y nuestros indios, a quienes dí las tunas, se quedaron allá; y a la noche se volvieron a sus casas, y dijeron que aquel que estaba muerto y yo había curado en presencia de ellos, se había levantado bueno y se había paseado, y comido y hablado con ellos, y que todos cuantos había curado quedaban sanos y muy alegres. Esto causó gran admiración y espanto, y en toda la tierra no se hablaba en otra cosa. [. . .]

(Capítulo XXII).

(De «Naufragios de Álvar Núñez Cabeza de Vaca, y relación de la jornada que hizo a la Florida con el adelantado Pánfilo de Narváez», en *Historiadores primitivos de Indias*, Madrid, Biblioteca de Autores Españoles, tomo 22, 1946).

La conquista del imperio azteca y de los territorios vecinos ya se había cumplido; y los conquistadores buscaron otro México. El Paraíso, el Dorado, la Ciudad de los Césares, el reino de las Amazonas, todo, en fin, lo que no encontraron en las campañas del norte, ahora, febrilmente, se buscaba al sur. Exploraciones marítimas habían tocado ya sus bordes (Vespucci, Magallanes, Solís, Caboto); pero fue después de 1530 cuando exploraciones terrestres abrieron el interior misterioso de la América del Sur a la visión geográfica de la época. Francisco Pizarro descubrió en el Perú — como Cortés en México — una estupenda civilización: la de los Incas. Y aparecieron nuevas riquezas de la tierra conquistada y nuevas crónicas de los conquistadores. Es posible que España no hubiera comprendido hasta entonces el valor de su

---

[6] Véase nota núm. 2.

propia empresa imperial. Pero las grandes riquezas que produjo la conquista del Perú y las crónicas que iban informando sobre la creciente extensión de las posesiones territoriales debieron de abrir los ojos de Carlos V: quizá empezara a sospechar que América era algo más que un obstáculo al viaje hacia Oriente. Los cronistas que más contribuyeron a formar una imagen de la historia del Incario fueron CIEZA DE LEÓN, AGUSTÍN DE ZÁRATE Y SARMIENTO DE GAMBOA. PEDRO CIEZA DE LEÓN (1520?–1560), con su genio improvisador, describió en su *Crónica del Perú* las peleas intestinas de los españoles y en *Señorío de los Incas* se refirió al Imperio. Nos da el escenario de la civilización incásica y relata la historia y las costumbres de su pueblo.

Pedro Cieza de León

LA CRÓNICA DEL PERÚ

De la ciudad de Panamá y de su fundación, y por qué se trata de ella primero que de otra alguna

Antes de comenzar a tratar las cosas de este reino del Perú, quisiera dar noticia de lo que tengo entendido del origen y principio que tuvieron las gentes de estas Indias o Nuevo Mundo, especialmente los naturales del Perú, según ellos dicen que lo oyeron a sus antiguos, aunque ello es un secreto que sólo Dios puede saber lo cierto de ello. Mas, como mi intención principal es, en esta primera parte, figurar la tierra del Perú y contar las fundaciones de las ciudades que en él hay, los ritos y ceremonias de los indios de este reino, dejaré su origen y principio (digo lo que ellos cuentan y podemos presumir) para la segunda parte, donde lo trataré copiosamente. Y pues, como digo, en esta parte he de tratar de la fundación de muchas ciudades, considero yo que si, en los tiempos antiguos, por haber Elisa Dido fundado a Cartago y dádole nombre y república, y Rómulo a Roma, y Alejandro a Alejandría, los cuales por razón de estas fundaciones hay de ellos perpetua memoria y fama, cuánto mas y con más razón se perpetuará en

los siglos por venir la gloria y fama de Su Majestad. Pues en su real nombre se han fundado en este gran reino del Perú tantas ciudades y tan ricas, donde Su Majestad a las repúblicas ha dado leyes con que quieta y 5 pacíficamente vivan. Y porque, antes de las ciudades que se poblaron y fundaron en el Perú, se fundó y pobló la ciudad de Panamá en la provincia de Tierra-Firme, llamada Castilla del Oro, comienzo por ella, aunque 10 hay otras en este reino de más calidad. Pero hágolo porque al tiempo que él se comenzó a conquistar salieron de ella los capitanes que fueron a descubrir al Perú, y los primeros 15 caballos y lenguas y otras cosas pertenecientes para las conquistas. Por esto hago principio en esta ciudad, y después entraré por el puerto de Uraba[1] que cae en la provincia de Cartagena, no muy lejos del gran río del Darién, donde 20 daré razón de los pueblos de indios, y las ciudades de españoles que hay desde allí hasta la villa de Plata y asiento de Potosí, que son los fines del Perú por la parte del sur, donde a mi ver hay más de mil y doscientas leguas de 25 camino; lo cual yo anduve todo por tierra, y traté, ví y supe las cosas que en esta historia trato; las cuales he mirado con grande estudio

---

[1] Golfo en el fondo del de Darién.

y diligencia, para escribir con aquella verdad que debo, sin mezcla de cosa siniestra. Digo pues que la ciudad de Panamá es fundada junto a la mar del Sur y diez y ocho leguas del
5 Nombre de Dios,[2] que está poblado junto a la mar del Norte. Tiene poco circuito donde está situada, por causa de una palude o laguna que por la una parte la ciñe; la cual, por los malos vapores que de esta laguna salen, se tiene por
10 enferma.[3] Está trazada y edificada de levante a poniente, en tal manera, que saliendo el sol no hay quien pueda andar por ninguna calle de ella, porque no hace sombra ninguna. Y esto siéntese tanto porque hace grandísimo
15 calor, y porque el sol es tan enfermo, que si un hombre acostumbra andar por él, aunque no sea sino pocas horas, le dará tales enfermedades que muera; que así ha acontecido a muchos. Media legua de la mar había buenos
20 sitios y sanos, y adonde pudieran al principio poblar esta ciudad. Mas, como las casas tienen gran precio, porque cuestan mucho a hacerse, aunque ven el notorio daño que todos reciben en vivir en tan mal sitio, no se ha mudado; y
25 principalmente porque los antiguos conquistadores son ya todos muertos, y los vecinos que ahora hay son contratantes, y no piensan estar en ella más tiempo de cuanto puedan hacerse ricos; y así, idos unos, vienen otros; y pocos o
30 ninguno miran por el bien público. Cerca de esta ciudad corre un río que nace de unas sierras. Tiene asimismo muchos términos y corren otros muchos ríos, donde en algunos de ellos tienen los españoles sus estancias y
35 granjerías,[4] y han plantado muchas cosas de España, como son naranjos, cidras, higueras. Sin esto[5] hay otras frutas de la tierra, que son piñas olorosas y plátanos, muchos y buenos guayabas, caimitos, aguacates y otras frutas
40 de las que suele haber de la misma tierra. Por los campos hay grandes hatos de vacas, porque la tierra es dispuesta para que se críen en ella. Los ríos llevan mucho oro; y así, luego que se fundó esta ciudad se sacó mucha
45 cantidad. Es bien proveída de mantenimiento, por tener refresco de entrambas mares; digo

de entrambas mares, entiéndase la del Norte, por donde vienen las naos de España a Nombre de Dios; y la mar del Sur, por donde se navega de Panamá a todos los puertos de Perú. En el término de esta ciudad no se da trigo ni cebada. Los señores de las estancias cogen mucho maíz, y del Perú y de España traen siempre harina. En todos los ríos hay pescado, y en la mar lo pescan bueno, aunque diferente de lo que se cría en la mar de España; por la costa, junto a las casas de la ciudad, hallan entre la arena unas almejas muy menudas que llaman chucha, de la cual hay gran cantidad; y creo yo que al principio de la población de esta ciudad, por causa de estas almejas se quedó la ciudad en aquesta parte poblada, porque con ellas estaban seguros de no pasar hambre los españoles. En los ríos hay gran cantidad de lagartos, que son tan grandes y fieros, que es admiración verlos; en el río del Cenu he yo visto muchos y muy grandes, y comido hartos huevos de los que ponen en las playas; un lagarto de estos hallamos en seco en el río que dicen de San Jorge, yendo a descubrir con el capitán Alonso de Cáceres las provincias de Urute,[6] tan grande y disforme, que tenía más de veinte y cinco pies en largo, y allí le matamos con las lanzas, y era cosa grande la braveza que tenía; y después de muerto lo comimos, con el hambre que llevábamos; es mala carne y de un olor muy enhastioso[7]; estos lagartos o caimanes han comido a muchos españoles y caballos e indios, pasando de una parte a otra, atravesando estos ríos. En el término de esta ciudad hay poca gente de los naturales, porque todos se han consumido por malos tratamientos que recibieron de los españoles, y con enfermedades que tuvieron. Toda la más de esta ciudad está poblada, como ya dije, de muchos y muy honrados mercaderes de todas partes; tratan en ella y en el Nombre de Dios; porque el trato es tan grande, que casi se puede comparar con la ciudad de Venecia; porque muchas veces acaece venir navíos por la mar del Sur a desembarcar a esta ciudad, cargados

---

2 Corregimiento de Panamá, en la actual provincia de Colón.
3 Enfermiza, capaz de ocasionar enfermedades: malsana.
4 Granjas.

5 Además de esto.
6 Uruto es un lugar del Perú, en el departamento de Huancavelica.
7 Enfadoso.

de oro y plata; y por la mar del Norte es muy grande el número de las flotas que allegan al Nombre de Dios, de las cuales gran parte de las mercaderías vienen a este reino por el río que llaman de Chagre,[8] en barcos, y del que está cinco leguas de Panamá los traen en grandes y muchas recuas que los mercaderes tienen para este efecto. Junto a la ciudad hace la mar un ancón[9] grande, donde cerca de él surgen las naos, y con la marea entran en el puerto, que es muy bueno para pequeños navíos. Esta ciudad de Panamá fundó y pobló Pedrarias de Ávila, gobernador que fué de Tierra-Firme en nombre del invictísimo césar don Cárlos Augusto, rey de España, nuestro señor, año del Señor de 1520; y está en casi ocho grados de la Equinoccial a la parte del norte; tiene un buen puerto, donde entran las naos con la menguante hasta quedar en seco. El flujo y reflujo de esta mar es grande, y mengua tanto, que queda la playa más de media legua descubierta del agua, y con la creciente se torna a henchir; y quedar tanto creo yo que lo causa tener poco fondo, pues quedan las naos de baja mar en tres brazas, y cuando la mar es crecida están en siete. Y pues en este capítulo he tratado de la ciudad de Panamá y de su asiento, en el siguiente diré los puertos y ríos que hay por la costa hasta llegar a Chile; porque será gran claridad para esta obra. (Capítulo II).

De cómo, queriéndose volver cristiano un cacique comarcano de la villa de Ancerma, veía visiblemente a los demonios, que con espantos le querían quitar de su buen propósito

En el capítulo pasado escribí la manera cómo se volvió cristiano un indio en el pueblo de Lampaz; aquí diré otro extraño caso, para que los fieles glorifiquen al nombre de Dios, que tantas mercedes nos hace, y los malos e incrédulos teman y reconozcan las obras del Señor. Y es, que siendo gobernador de la provincia de Popayán el adelantado Belalcázar,[10] en la villa de Ancerma, donde era su teniente un Gómez Hernández, sucedió que a casi cuatro leguas de esta villa está un pueblo llamado Pirsa, y el señor natural de él, teniendo un hermano mancebo de buen parecer que se llama Tamaracunga, e inspirando Dios en él, deseaba volverse cristiano y quería venir al pueblo de los cristianos a recibir bautismo. Y los demonios, que no les debía agradar el tal deseo, pesándoles de perder lo que tenían por tan ganado, espantaban a este Tamaracunga de tal manera, que lo asombraban, y permitiéndolo Dios, los demonios, en figura de unas aves hediondas llamadas auras,[11] se ponían donde el Cacique sólo las podía ver; el cual, como se sintió tan perseguido del demonio, envió a toda prisa a llamar a un cristiano que estaba cerca de allí; el cual fué luego donde estaba el Cacique, y sabida su intención, lo signó con la señal de la cruz, y los demonios lo espantaban más que primero, viéndolos solamente el indio en figuras horribles. El cristiano veía que caían piedras por el aire y silbaban; y viniendo del pueblo de los cristianos un hermano de un Juan Pacheco [...] se juntó con el otro, y veían que el Tamaracunga estaba muy desmayado y maltratado de los demonios; tanto, que en presencia de los cristianos lo traían por el aire de una parte a otra, y él quejándose, y los demonios silbaban y daban alaridos. Y algunas veces estando el Cacique sentado y teniendo delante un vaso para beber veían los dos cristianos cómo se alzaba el vaso con el vino en el aire y desde a un poco aparecía sin el vino, y al cabo de un rato veían caer el vino en el vaso, y el Cacique tapábase con mantas el rostro y todo el cuerpo por no ver las malas visiones que tenía delante; y estando así, sin tirarse [la] ropa ni destapar la cara, le ponían barro en la boca, como que lo querían ahogar.

En fin, los dos cristianos, que nunca dejaban de rezar, acordaron de volverse a la villa y llevar al Cacique para que luego se bautizase, y vinieron con ellos y con el Cacique pasados

---

[8] Río de Panamá que desagua en el mar Caribe.
[9] Ensenada.
[10] Sebastián de Benalcázar (1495–1551), conquistador español. Estuvo con Pizarro en el Perú, y fundó la ciudad de Quito. Tomó parte, con Jiménez de Quesada y Nicolás Federmann, en la conquista del Nuevo Reino de Granada. Fundó también la ciudad de Guayaquil.
[11] Aves de rapiña, que se alimentan de carnes muertas.

de doscientos indios [. . .]. Yendo con los cristianos, llegaron a unos malos pasos donde los demonios tomaron al indio por el aire para despeñarlo, y él daba voces diciendo: «Váleme, cristianos, váleme»; los cuales luego fueron a él y le tomaron en medio, y los indios ninguno osaba hablar, cuanto más ayudar a éste [. . .]. Como los dos cristianos viesen que no era Dios servido de que los demonios dejasen a aquel indio, y que por los riscos lo querían despeñar, tomáronlo en medio, y atando una cuerda a los cintos, rezando y pidiendo a Dios los oyese, caminaron con el indio en medio, de la manera ya dicha, llevando tres cruces en las manos, pero todavía los derribaron algunas veces, y con trabajo grande llegaron a una subida, donde se vieron en mayor aprieto. Y como estuviesen cerca de la villa, enviaron a Juan Pacheco un indio para que viniese a socorrerlos, el cual fué luego allá, y como se juntó con ellos, los demonios arrojaban piedras por los aires, y de esta suerte llegaron a la villa, y se fueron derechos con el Cacique a las casas de este Juan Pacheco, donde se juntaron todos los más de los cristianos que estaban en el pueblo, y todos veían caer piedras pequeñas de lo alto de la casa y oían silbos. Y como los indios cuando van a la guerra dicen: «Hu, hu, hu», así oían que lo decían los demonios muy deprisa y recio.

Todos comenzaron a suplicar a nuestro Señor que, para gloria suya y salud del ánima de aquel infiel, no permitiese que los demonios tuviesen poder de matarlo; porque ellos por lo que andaban, según las palabras que el Cacique les oía, era porque no se volviese cristiano. Como tirasen muchas piedras, salieron para ir a la iglesia; en la cual, por ser de paja, no había Sacramento, y algunos cristianos dicen que oyeron pasos por la misma iglesia antes [de] que se abriese, y como la abrieron y entraron dentro, el indio Tamaracunga dicen que decía que veía los demonios con fieras cataduras, las cabezas abajo y los pies arriba. Y entrado un fraile llamado fray Juan de Santa María, de la orden de Nuestra Señora de la Merced, a bautizarle, los demonios en su presencia y de todos los cristianos, sin verlos más que sólo el indio, lo tomaron y lo tuvieron por el aire, poniéndolo como ellos estaban, la cabeza abajo y los pies arriba. Y los cristianos diciendo a grandes voces: «Jesucristo, Jesucristo sea con nosotros», y signándose con la cruz, arremetieron al indio y lo tomaron, poniéndole luego una estola,[12] y le echaron agua bendita; pero todavía se oían aullidos y silbidos dentro en la iglesia, y Tamaracunga los veía visiblemente, y fueron a él y le dieron tantos bofetones, que le arrojaron lejos de allí un sombrero que tenía puesto en los ojos por no verlos, y en el rostro le echaban saliva podrida y hedionda.

Todo esto pasó de noche, y venido el día, el fraile se vistió para decir misa, y en el punto que se comenzó, en aquel no se oyó cosa ninguna, ni los demonios osaron pasar ni el cacique recibió más daño. [Cuando] la misa santísima se acabó, el Tamaracunga pidió por su boca agua del bautismo, y luego hizo lo mismo su mujer e hijo, y despues de ya bautizado dijo que, pues ya era cristiano, que lo dejasen andar solo para ver si los demonios tenían poder sobre él. Los cristianos lo dejaron ir, quedando todos rogando a nuestro Señor y suplicándole que para ensalzamiento de su sante fe, y para que los indios infieles se convirtiesen, no permitiese que el demonio tuviese más poder sobre aquel que ya era cristiano. Y en esto salió Tamaracunga con gran alegría diciendo: «Cristiano soy»; y alabando en su lengua a Dios, dió dos o tres vueltas por la iglesia, y no vió ni sintió más los demonios; antes fué a su casa alegre y contento, obrando el poder de Dios; y fué este caso tan notado en los indios, que muchos se volvieron cristianos y se volverán cada día. Esto pasó en el año de 1549.

(Capítulo CXVIII).

(De la *Crónica del Perú*, en *Historiadores primitivos de Indias*, Madrid, Biblioteca de Autores españoles, tomo 26, 1947).

---

[12] Ornamento sagrado que se usa en los ritos cristianos. Es una banda estrecha de seda que se cuelga del cuello del sacerdote.

La inquietud descubridora era tal que de pronto, en el valle donde hoy se levanta Bogotá, tropezaron tres expediciones salidas de puntos opuestos: las de Jiménez de Quesada, Benalcázar y Federmann. A esta región colombiana la leyenda de El Dorado atribuía fantásticas riquezas: un cacique — se decía — acostumbraba bañarse con el cuerpo desnudo cubierto con polvos de oro; le rodeaban tesoros mayores a los de México y del Perú. Había muchas otras leyendas: la fuente de la juventud eterna, la sierra de plata, la del país de la canela . . . Esta última atrajo a Orellana en su exploración del Amazonas. Cuando se desilusionaron de la canela, se ilusionaron con la leyenda de ciertas mujeres que vivían apartadas de los hombres: las amazonas. El cronista del viaje de Orellana fue FRAY GASPAR DE CARVAJAL (1504–1584). Su *Relación del nuevo descubrimiento del famoso río Grande de las Amazonas* cuenta sin adornos, sin énfasis, sus impresiones de 1541–1542. Esos escritos valen por la experiencia vivida, real, directa, fiel, no por su estilo. Y, como observó Gonzalo Fernández de Oviedo, el fraile Carvajal «debe ser creído en virtud de aquellos dos flechazos, de los cuales el uno le quitó o quebró el ojo.» Títulos honoríficos de esa literatura, pues, son el hecho de que los ojos estén allí, mirando la realidad que se describe, flechados por esa misma realidad. Carvajal es un observador realista. Pero el mito de las amazonas era tan obsesionante que Carvajal cree que son amazonas esas mujeres que pelean junto con sus hombres y las describe como capitanes de «la buena tierra y señorío de las Amazonas.» Nos dejó observaciones sobre el carácter de los indios, en la paz y en la guerra, con sus instrumentos musicales y bailes y también con sus armas y piraguas.

Fray Gaspar de Carvajal

DESCUBRIMIENTO DEL RÍO GRANDE DE LAS AMAZONAS

«*La buena tierra
y señorío de las Amazonas*»

De esta manera íbamos caminando, buscando algún apacible asiento para festejar y regocijar la fiesta del glorioso y bienaventurado San Juan Bautista,[1] y quiso Dios que en doblando una punta que el río hacía, vimos la costa adelante muchos y muy grandes ⁵ pueblos que estaban blanqueando. Aquí dimos de golpe en la buena tierra y señorío de las

---

[1] San Juan Bautista: el 24 de junio.

amazonas. Estos pueblos estaban avisados y sabían de nuestra ida, de cuya causa nos salieron a recibir al camino por el agua no con buena intención. Y como llegaron cerca, el capitán quisiera traerlos de paz y así los comenzó a llamar y hablar, pero ellos se reían y hacían burla de nosotros y se nos acercaban y nos decían que anduviésemos, que allí abajo nos aguardaban y que allí nos habían de tomar a todos y llevarnos a las amazonas. Y con esto se fueron a dar la nueva de lo que habían visto. Nosotros no dejamos de caminar y acercar a los pueblos y antes que llegásemos, como a media legua, había por la lengua del agua a trechos muchos escuadrones de indios, y como nosotros íbamos andando, ellos se iban acercando y juntando a sus poblaciones. Estaba en medio de este pueblo muy gran copia de gente hecho un escuadrón. El capitán mandó que fuesen los bergantines a cabordar[2] donde estaba aquella gente para buscar comida y así fué que, comenzándonos a llegar a tierra, los indios comienzan a defender su pueblo y a flecharnos, y como la gente era mucha, parecía que llovía flechas, pero, aunque con algunos tiros de los arcabuces y ballestas se les hacía algún daño, andaban unos peleando y otros bailando. Aquí estuvimos en poco de perdernos todos, porque como había tantas flechas, nuestros compañeros tenían harto que hacer en ampararse de ellas sin poder remar, a causa de lo cual nos hicieron daño, que antes que saltásemos en tierra nos hirieron a cinco, de los cuales yo fuí uno, que me dieron un flechazo por una ijada que me llegó a lo hueco, y si no fuera por los hábitos, allí quedara. [. . .] Quiero que sepan cuál fué la causa por donde estos indios se defendían de tal manera. Han de saber que ellos son sujetos y tributarios a las amazonas y, sabida nuestra venida, les van a pedir socorro y vinieron hasta diez o doce, que éstas vimos nosotros, que andaban peleando delante de todos los indios, como por capitanes, y peleaban ellas tan animosamente que los indios no osaban volver las espaldas, y al que las volvía, delante de nosotros le mataban a palos, y ésta es la causa por donde los indios se defendían tanto. Estas mujeres son muy altas y blancas y tienen el cabello muy largo y entrenzado y revuelto a la cabeza: son muy membrudas, andaban desnudas en cueros y tapadas sus vergüenzas, con sus arcos y flechas en las manos, haciendo tanta guerra como diez indios, y en verdad que hubo muchas de éstas que metieron un palmo de flecha por uno de los bergantines y otras menos, que parecían nuestros bergantines puerco espín [. . .]

En este asiento ya dicho, el capitán tomó al indio que se había tomado arriba, porque ya lo entendía por un vocabulario que había hecho, y le preguntó de dónde era natural, y el indio dijo que de aquel pueblo donde le habían tomado. [. . .] El capitán le tornó a preguntar qué mujeres eran aquellas que nos habían salido a dar guerra, y el indio dijo que eran unas mujeres que residían la tierra adentro cuatro o cinco jornadas de la costa del río. [. . .] El capitán le tornó a preguntar que si estas mujeres eran casadas y tenían marido; el indio dijo que no. El capitán le tornó a preguntar que de qué manera vivían; el indio dijo que, como dicho había, estaban la tierra adentro y que él había estado allá muchas veces y había visto su trato y vivienda, que, como su vasallo, iba a llevar el tributo cuando el señor lo enviaba. El capitán preguntó que si estas mujeres eran muchas; el indio dijo que sí y que él sabía por nombre setenta pueblos y que en algunos había estado, y contólos delante de los que allí estábamos. El capitán le dijo que si estos pueblos eran de paja; el indio dijo que no, sino de piedra y con sus puertas, y que de un pueblo a otro iban caminos cercados de una parte y de otra y a trechos por ellos puertas donde estaban guardas para cobrar derechos de los que entran. El capitán le preguntó que si estos pueblos eran muy grandes; el indio dijo que sí. Y el capitán le preguntó que si estas mujeres parían; él dijo que sí, y el capitán dijo que cómo, no siendo casadas ni residiendo hombres entre ellas, se preñaban; el indio respondió que estas mujeres participaban con hombres a ciertos tiempos y que cuando les viene aquella gana, de una cierta provincia que confina junto a ellas, de un muy gran señor, que son blancos, excepto que no tienen barbas, vienen a tener

---

[2] Abordar, atracar a la orilla.

parte con ellas, y el capitán no pudo entender si venían de su voluntad o por guerra, y que están con ellas cierto tiempo y después se van. Las que quedan preñadas, si paren hijo dicen que lo matan o lo envían a sus padres, y si hembra que la crían con muy gran regocijo, y dicen que todas estas mujeres tienen una por señora principal a quien obedecen, que se llama Corini.

(De *Relación del nuevo descubrimiento del Río Grande de las Amazonas*. México, Biblioteca Americana, 1955).

Literatura renacentista. Si en las crónicas y en el teatro misionero hemos notado rasgos medievales, hubo otras actividades que acentuaron lo renacentista. Actividades no siempre literarias, pero inspiradas en libros, como la Utopía que intenta Vasco de Quiroga (1470–1565) en México, reflejo de la *Utopía* de Thomas More. Utópico fue, en cierta medida, el erasmismo, que tocó unas pocas cabezas en el Nuevo Mundo. Pero también hubo actividades puramente literarias. Las pocas letras que se tuvieran ya bastaban para escribir. Era casi un impulso colectivo. Conservamos nombres de escritores, si bien se ha perdido casi todo lo que escribieron. Lázaro Bejarano debió de ser de los primeros en traer a América, en 1535, los versos al itálico modo. Antes se componían versos octosílabos, hexasílabos y de arte mayor.

JUAN DE CASTELLANOS (1522–1607) llegó a América todavía adolescente, y en América se hizo humanista y escritor. Estaba ya compenetrado con el espíritu del Renacimiento, y en sus discusiones con Jiménez de Quesada sobre la versificación castellana tomó partido por los nuevos metros de la escuela itálica. Sus nada elegíacas *Elegías de varones ilustres de Indias* (1589) constituyen uno de los poemas más largos que se hayan escrito en el mundo; y, desde luego, el mayor en la lengua castellana. Arrancó desde el Descubrimiento (así, fueron los suyos los primeros versos dedicados a Colón). Castellanos escribió en la ancianidad, y con segura memoria, acerca de todo lo vivido desde Puerto Rico hasta Colombia en los diferentes tonos vitales de monaguillo, pescador de perlas, soldado, aventurero, gozador de indias y párroco. Si el lector es capaz de oír esos versos como quien oye llover, puede ocurrirle que, desatendida toda la armazón retórica, se le aparezca, animada y hasta colorida, una masa narrativa de innumerables episodios. Y en lo que Castellanos cuenta quizá advierta un amor a la tierra americana, una actitud criolla y realista que merecen nuestra simpatía.

Juan de Castellanos

ELEGÍAS DE VARONES ILUSTRES
DE INDIAS

EL MORTAL ESPAÑOL

[. . .] Sufriendo pues aquestos naturales
no pocas sinrazones insufribles,
callaban por hallarse desiguales
5 en armas aceradas y terribles;
piensan que son los nuestros inmortales,
y que también serían invencibles;
deseaban saber lo cierto de esto
debajo de dañado presupuesto.

10 Quería ya pasar onceno año
con el millar y medio que se saca [1511],
cuando por remediar su grave daño
hicieron indios junta muy bellaca,[1]
do tomó cargo de este desengaño
15 Urayoán, cacique de Yaguaca,
jurando no cesar con pies ni manos
hasta saber si mueren los cristianos.

Estando con intento tan acedo[2]
a sus promesas esperando lance,
20 pasó por allí Diego de Salcedo
sin gente que le fuesen a su alcance;
Urayoán se le mostraba ledo,
sin muestra ni señal del duro trance,
haciéndole cumplida cortesía,
25 y dióle para ir gran compañía.

Partióse con los indios advertidos
el que sin advertencia sale fuera;
mostráronsele todos comedidos
al tiempo de pasar una ribera;
30 el cual por no mojarse los vestidos

sobre sus hombros va, que no debiera,
porque por ellos fué precipitado
en lo más peligroso de este vado.

Viéndolo vacilar en ese punto,
de más de dos o tres que esto hicieron,
el golpe de los indios vino junto,
y una hora sumergido lo tuvieron,
hasta que conocieron ser difunto
y por hombre mortal lo conocieron,
aunque no lo tenían por tan cierto
que creyesen estar del todo muerto.

Y aun esperáronlo tercero día
por esperar al fin cuerpo ahogado,
hablábanle con grande cortesía
pidiéndole perdón de lo pasado,
hasta tanto que el cuerpo mal olía;
y cada cual quedó certificado
que no podía ser caso fingido
disimular un cuerpo corrompido.

Hecha de esta manera larga prueba
de que los españoles son mortales,
al vil Urayoán llegó la nueva
de parte de los indios desleales;
al mal Agueibaná también se lleva
y a los demás caciques principales;
convócanse los grandes de la tierra,
para hacer de veras esta guerra. [. . .]

(Fragmento del *Canto segundo de la Elejía VI*,
«donde se trata la gran rebelión de los indios
borinquenes, y cosas que pasaron durante la
guerra»).

---

[1] En el sentido de sagaz, astuta.

[2] Agrio, áspero, desapacible.

59

LA FUENTE DE ETERNA JUVENTUD

[. . .] Entre los más antiguos desta gente
había muchos indios que decían
de la Bimini,[3] isla prepotente,
donde varias naciones acudían,
por las virtudes grandes de su fuente,
do viejos en mancebos se volvían,
y donde las mujeres más ancianas
deshacían las rugas y las canas.

Bebiendo de sus aguas pocas veces,
lavando las cansadas proporciones,
perdían fealdades de vejeces,
sanaban las enfermas complexiones;
los rostros adobaban y las teces,
puesto que no mudaban las faiciones;
y por no desear de ser doncellas
del agua lo salían todas ellas.

Decían admirables influencias
de sus floridos campos y florestas;
no se vían aun las apariencias
de las cosas que suelen ser molestas,
ni sabían qué son litispendencias,
sino gozos, placeres, grandes fiestas:
al fin nos la pintaban de manera
que cobraban allí la edad primera.

Estoy agora yo considerando,
según la vanidad de nuestros días,
¿qué de viejas vinieran arrastrando
por cobrar sus antiguas gallardías,
si fuera cierta como voy contando
la fama de tan grandes niñerías!
¡Cuán rico, cuán pujante, cuán potente
pudiera ser el rey de la tal fuente!

¡Qué de haciendas, joyas y preseas
por remozar vendieran los varones!
¡Qué grita de hermosas y de feas
anduvieran aquestas estaciones!
¡Cuán diferentes trajes y libreas   5
vinieran a ganar estos perdones!
Cierto no se tomara pena tanta
por ir a visitar la tierra santa.

La fama, pues, del agua se vertía
por los destos cabildos y concejos,   10
y con imaginar que ya se vía
en mozos se tornaron muchos viejos:
prosiguiendo tan loca fantasía
sin querer ser capaces de consejos;
y ansí tomaron muchos el camino   15
de tan desatinado desatino.

(De la parte I, Elegía VI).

EL CAPITÁN FRANCIS DRAKE[4]

[Después de nueve octavas en las que el autor
narra la destrucción de la isla portuguesa de Cabo
Verde por Francis Drake, continúa:]

[. . .] Desde que ya se hicieron a la vela,
a la Española van vía derecha;
llegó después en una carabela
un portugués que vió la maldad hecha;   20
supo de cierto para donde vuela
el peligroso tiro de la flecha,
y con celo de buen cristiano quiso
a los de la Española dar aviso.

Sin rehusar borrasca ni zozobra   25
que pudiera tener en la carrera,
abrevia por hacer la buena obra
en nave confiada de ligera;
para poder llegar tiempo le sobra,
pues tres días llevó de delantera   30
y a los de la ciudad con lengua presta
les hizo su venida manifiesta.

---

[3] Serie de cayos al Noroeste de las Bahamas, en el
estrecho de la Florida. Se supone que la legendaria
fuente de la juventud que buscó Ponce de León en
1512 estaba en uno de ellos.
[4] Hemos de recordar que Sir Francis Drake (1540–
1596), el famoso marino inglés, se hizo célebre por
sus incursiones en las islas y tierra firme del Nuevo
Mundo, y su nombre infundía terror en sus habitantes.

A grandes voces dice que navega
un corsario feroz, sanguinolento;
que se dispongan para la refriega,
si vida y honra quieren y sustento,
5 porque si no lo hacen, se les llega
su total perdición y asolamiento.
«Cristiano celo dice que os recuerde,
vista la destrucción de Cabo Verde.»

Tal hay que le responde con gran ceño
10 amagando con lo que no merece,
y tal que con aspecto de risueño
de sus consejos sanos escarnece;
el otro le pregunta si fué sueño
aquesta furia que les encarece;
15 otro le recontaban por donaire,
diciendo ser ficción y cosa de aire.   [...]

Cuando febeos[5] carros asomaban
en aquel hemisferio por oriente
y en las ondas del mar reverberaban
20 los rayos de su luz resplandeciente,
los de la ciudad vieron que estaban,
donde Ozama[6] desagua su corriente,
tendidos gallardetes y banderas,
insignias de ser gentes forasteras.

25 Suena de las bastardas[7] gran estruendo.
ocurren los vecinos a mirarlos,
bordos a mar y tierra van haciendo
para los divertir y desvelarlos,
en el interin que el furor horrendo
30 por tierra llega para saltearlos,
y cuando sientan el asalto cierto
meterse luego por el mismo puerto.

Más tardó que pensaba la ladrona
hueste para llegar donde quería,
35 pues al tiempo que el hijo de Latona[8]
casi por el cenit se les ponía,
por uno que los vido se pregona
el ímpetu de guerra que venía;
crecen las repentinas confusiones,
40 tumultos, alborotos, turbaciones.

Pesados accidentes los fatigan
sin atinar a cosa que convenga;
faltan sanos consejos que se sigan
para que lo que cumple se prevenga;
no saben qué se hagan ni qué digan,
ni tienen prisa ni tardanza luenga,
atónitos, pasmados y suspensos,
mostrando su color miedos intensos.   [...]

Vieron luego peones y jinetes
a las ocho banderas ordenadas,
que siguen ochocientos coseletes,
guarnidas las cabezas con celadas;
vienen arcabuceros y mosquetes
y picas y otras armas enastadas;
vista la multitud y la pujanza,
atrás se vuelve la jineta lanza.

Muro tenían, pero mal entero
con (el) que la ciudad está cercada,
pues la parte que llaman Matadero
dicen que de él está desamparada;
el escuadrón inglés allí frontero
reparó con temores de celada;
que para se salvar gente menuda
aquesta dilación fué gran ayuda.

Pues ya con voces daban grandes priesas
por las calles y por los cementerios,
que huyan si no quieren ser opresas
de más que miserables cautiverios.
Huyen por las montañas las profesas
monjas de los sagrados monasterios,
sin velo, descubiertas las gargantas
y por espinas duras, blancas plantas.

Puestas en este trance riguroso,
atónitas, sin orden y turbadas,
dan tácitos clamores al Esposo
a quien ellas estaban consagradas;
sienten aquel gemido doloroso
las entrañas no menos lastimadas
de las honestas dueñas y doncellas
que con el mismo miedo van tras ellas.

---

[5] De Febo, el Sol.
[6] Río de la isla de Santo Domingo, que desemboca
en la bahía de la capital.

[7] Antigua pieza de artillería.
[8] Apolo. Latona fue madre de Apolo y de Artemisa,
a los que tuvo de Júpiter.

Porque también huía la casada
sin esperar chapín, toca ni manto;
una descalza y otra destocada,
pero ninguna de ellas sin espanto;
va la recién parida y la preñada
acompañándolas acerbo llanto,
la voz supresa, por las espesuras
pues allí no pensaban ser seguras.

Sus galas, sus arreos, su decoro
dentro de sus moradas se les queda;
ropas con ricas bordaduras de oro,
vajillas y gran suma de moneda;
no dan las turbaciones de este lloro
a mano cosa que sacarse pueda;
que por huir de tan cruel canalla
salía cada cual como se halla.

Con manuales ropas se aderza
el roseo color ya como gualdas;[9]
una se ve caer y otra tropieza
con el impedimento de las faldas.
Oh, ¡cuántas veces vuelven la cabeza
pensando que ya van a sus espaldas,
y cuántas veces con mortal semblante
ruegan que esperen las que van delante!

Oh, ¡cuántas veces en aquella hora,
amedrentadas del furor insano,
la madre cuyo tierno niño llora
le tapaba la boca con la mano!
Y como mejor puede, lo mejora
no con canto sonoro ni lozano,
sino con unas lástimas extrañas
que rompieran las más duras entrañas.

«Cierra tu boca, pues (que) ves abierta
la mía sin concierto ni gobierno,
si no quieres que sea descubierta
por aquestos ministros del infierno,
que si los veo yo, quedaré muerta
y tú privado del amor materno;
básteme verme pobre y afligida,
y no sé si tu padre tiene vida.»   [. . .]

Y cuando tales cosas van diciendo
de lástimas medidas a sus talles,
aumenta su dolor el son horrendo
de balas que batían ya las calles,
cuyos bramidos y mortal estruendo   5
retumban por cavernas y por valles;
los apolíneos[10] rayos no parecen,
que los violentos humos oscurecen.

Porque como los suyos viese junto
de la ciudad aquel que los envía,   10
y reparar allí, tuvo barrunto
que fuerza militar los detenía;
y así, mandó surgir y en ese punto
dando desde la mar combatería,
la parda bala gruesa retonante   15
pasa de la ciudad muy adelante.

Y aquellas que caían más cercanas,
rebramando con tiros más estrechos,
derriban capiteles y ventanas,
abaten las alturas de los techos,   20
almenas de las torres hacen llamas,
ensanchan los lugares más estrechos,
los altos edificios arruínan
y a los habitadores desatinan.

Este no sale de atemorizado,   25
aquél no ve cuál es mejor guarida,
y el miserable Bachiller Tostado,
a punto puesto para la huïda,
una bala le dió por un costado,
con que huyó de la presente vida: 30
sin más hablar allí quedó tendido,
cerrándole los ojos el olvido.   [. . .]

(Fragmento del «Discurso del Capitán Francisco
Drake», en la Tercera parte de las *Elejías de
varones ilustres de Indias,* Edición de la «Editorial
Sur-América» Caracas, 1932).

---

[9] Amarillos. La gualda es una yerba que da flores
amarillas.

[10] De Apolo, el Sol.

A México llegaron escritores españoles como GUTIERRE DE CETINA. Sus contribuciones a América son insignificantes; apenas aludió dos veces a las nuevas tierras. Si, como se dice, escribió en México una obra teatral, se ha perdido, y si dejó rastro fue el de la importación del endecasílabo italiano. Acaso fue Gutierre de Cetina, huésped de México, quien enseñó al mexicano FRANCISCO DE TERRAZAS (1525?–1600?) las melodías italianas. Escribió Terrazas buenos sonetos «al itálico modo», una epístola amatoria en tercetos y un inconcluso poema sobre el *Nuevo Mundo y conquista*, demasiado blando para su tema épico, que abre el ciclo cortesiano de la conquista de México.

Francisco de Terrazas

SONETO

Dejad las hebras de oro ensortijado
que el ánima me tienen enlazada,
y volved a la nieve no pisada
lo blanco de esas rosas matizado.

5   Dejad las perlas y el coral preciado
de que esa boca está tan adornada;
y al cielo — de quien sois tan envidiada —
volved los soles que le habéis robado.

La gracia y discreción que muestra ha sido
del gran saber del celestial maestro,
volvédselo a la angélica natura;

y todo aquesto así restituído,
veréis que lo que os queda es propio vuestro:
ser áspera, crüel, ingrata y dura.

(En *Poetas novohispanos*, México, 1942).

NOTICIA COMPLEMENTARIA

Dijimos que dos géneros de actividad artística son los que, al primer contacto con la nueva realidad americana, adquirieron fuerza creadora, si bien reteniendo una apariencia arcaizante, medieval: la crónica y el teatro. Ya examinamos la crónica. Sobre el teatro sólo hay referencias indirectas. Los conquistadores celebraban las fiestas a su modo: autos sacramentales, loas, entremeses, mojigangas, etc. Muchas piezas eran de procedencia peninsular. Pero el teatro misionero para catequizar espectacularmente a los indios debió de haber sido originalísimo. Con el propósito de propagar la fe cristiana los misioneros adaptaron a las formas teatrales de la Edad Media el incipiente arte dramático de los indios: fiestas florales o «mitotes», ceremonias rituales, cantos, danzas, pantomimas, improvisaciones cómicas que imitaban movimientos de animales o de humanos contrahechos, etc. La Iglesia daba sentido teológico a esos espectáculos a veces preparados en lenguas indígenas. Los cronistas españoles abundan en noticias sobre ese teatro, desde 1535 en adelante. Ya se ha visto la descripción que nos ha dejado Motolinía del Auto de la caída de Adan y Eva. La combinación de naturaleza y escenografía es impresionante. A veces es tanta la gente, que se desploma el tablado. El espectáculo suele terminar con el bautizo de grandes masas de indios. Las necesidades de este tipo de representación influyen en la arquitectura mexicana de las «capillas abiertas», especie de teatro al aire libre con capacidad para el inmenso público. El espectáculo era tan populoso que desbordaba del atrio de la Iglesia y salía por las calles. Eran escenas de historia sacra o de alegorías sacras, con incidentes cómicos y aun con desfiles militares. En el área incásica también hubo fiestas así. En Lima desde 1546, en Potosí desde 1555 se representaban piezas teatrales, unas en quechua, otras en castellano.

La mezcla de lo indio con lo español produjo, pues, un original tipo dramático. El público no era mero público: participaba del espectáculo con danzas y simulacros. Desgraciadamente el teatro misionero languideció y desapareció en la segunda mitad del siglo XVI. La Iglesia misma lo ahogó, al depurarlo de su profanidad inicial.

II

1556-1598

MARCO HISTÓRICO: *Colonización bajo Felipe II. Se quiebra el poder imperial español y el empuje de la conquista empieza a perder su vitalidad. Se consolidan, entretanto, las instituciones.*

TENDENCIAS CULTURALES: *Segundo Renacimiento y Contrarreforma. La crónica se orienta también hacia el verso. Poesía tradicional e italianizante. Teatro de molde europeo.*

P. JOSÉ DE ACOSTA

RUY DÍAZ DE GUZMÁN

JUAN SUÁREZ DE PERALTA

ALONSO DE ERCILLA Y ZÚÑIGA

INCA GARCILASO DE LA VEGA

ANTONIO DE SAAVEDRA GUZMÁN

España se cierra sobre sí misma, se incorpora las formas poéticas antes importadas y busca fórmulas nacionales: es el período del segundo Renacimiento y de la Contrarreforma. En las colonias se vive de prestado. Es natural. Y el préstamo es grande. Mucho mayor del que se ha creído porque, a pesar de las manifiestas prohibiciones de reyes e inquisidores, los libros de imaginación circularon por el Nuevo Mundo con asombrosa abundancia: poetas latinos, italianos, españoles; novelas caballerescas, pastoriles, picarescas, sentimentales; comedias; escritos erasmistas; historias, leyendas, alegorías, amenidades didácticas . . .

Los escritores que mencionamos en el capítulo anterior fueron casi todos españoles. Unos vinieron educados literariamente, a otros les nació la vocación en América, pero todos tenían un alma española, plegada a las formas culturales europeas. En este segundo capítulo veremos mestizos que escriben, y sus almas — enriquecidas por la visión de dos mundos históricos — empiezan a revelarnos experiencias de una sociedad nueva que Europa no conocía: la sociedad de marco occidental pero con vivas tradiciones indígenas.

Algunos escriben en lenguas indígenas, y escapan a esta antología. Entre los que lo hacen en español hay acentos de amor a las propias tradiciones y también de protesta contra los prejuicios ajenos. Sin embargo, la afición literaria de mestizos e indios nacía del ejemplo de los europeos, pues las rudimentarias manifestaciones artísticas de los pueblos indígenas no tuvieron prestigio formal.

Cronistas. Un nuevo grupo de conquistadores y misioneros produjo un nuevo grupo de crónicas. Algunas de ellas repitieron cosas ya escritas o, a lo más, a lo ya conocido añadieron noticias recientes; otras observaron por primera vez regiones últimamente conquistadas. Algunas crónicas son de pobre estilo, útiles sólo para el historiador; otras, de alto vuelo. En general, hubo más conciencia artística, es decir, literatura; y, en efecto, algunas crónicas se incorporan a la mejor literatura de la época, sea en prosa, como la del Inca Garcilaso, sea en verso, como la de Alonso de Ercilla.

Puesto que tales crónicas surgieron a lo largo de las rutas de América, vamos a examinarlas siguiendo esas mismas rutas: México, el Perú, Río de la Plata, Chile . . . Pero antes apartemos aquí, porque ni por su carácter ni por su geografía puede clasificarse con los demás cronistas, al padre JOSÉ DE ACOSTA (1539–1616). «Dejarme he de ir por el hilo de la razón, aunque sea delgado — decía —, hasta que del todo se me desaparezca de los ojos.» Place, en un jesuíta de la Contrarreforma, encontrar tanta curiosidad por las causas de la creación; y, sobre todo, tanta independencia de juicio ante las autoridades. Se rió de Aristóteles; y aun la autoridad de la Biblia está dispuesto a discutir, y la discute, al querer explicarse los problemas de la naturaleza americana. En 1590, al cumplirse el siglo del descubrimiento, se publicó su *Historia natural y moral de las Indias.* Pero no es una historia; o, mejor, no es lo histórico, lo que allí vale más. Lo interesante de la *Historia* de Acosta es su actitud antihistórica. A fuerza de pensar en lo que ha visto, Acosta llega a no asombrarse de la diversidad del hombre en América. El indio no era tan distinto al europeo: se le ve la luz espiritual del hombre universal, hasta las costumbres conservadas de una cuna común. Por otra parte — agrega — «es notorio que aun en España y en Italia se hallan manadas de hombres, que si no es el gesto y figura, no tienen otra cosa de hombres.» La *Historia* de Acosta, como su título indica, es «natural» (los primeros cuatro libros) y «moral» (los tres libros restantes). En la primera parte se estudian los objetos de lo que hoy llamamos ciencias físicas y naturales. En la segunda parte se estudian los problemas de la cultura: religión, historia, política, educación, etc. Damos selecciones de ambas partes.

P. José de Acosta

HISTORIA NATURAL Y MORAL DE LAS INDIAS

Por qué razón no se puede averiguar bien el origen de los indios

Pero cosa es mejor de hacer desechar lo que es falso del origen de los indios, que determinar la verdad; porque no hay escritura entre los indios ni memoriales[1] ciertos de su primeros fundadores; y por otra parte, en los libros de los que usaron letras tampoco hay rastro del Nuevo Mundo, pues ni hombres ni tierra, ni aún cielo les pareció a muchos de los antiguos que había en estas partes, y así no puede escapar de ser tenido por hombre temerario y muy arrogante el que se atreviere a prometer lo cierto del primer origen de los indios y de los primeros hombres que poblaron las Indias. Mas así a bulto y por discreción podemos colegir de todo el discurso arriba hecho [en los capítulos anteriores ha estudiado el autor varios aspectos de la cuestión], que el linaje[2] de los hombres se vino pasando poco a poco hasta llegar al Nuevo Orbe, ayudando a esto la continuidad o vecindad de las tierras, y a tiempos alguna navegación, y que este fué el orden de venir y no hacer armada de propósito ni suceder algún grande naufragio. Aunque también pudo haber en parte algo de esto, porque siendo estas regiones larguísimas y habiendo en ellas innumerables naciones, bien podemos creer que unos de una suerte y otros de otra se vinieron en fin a poblar. Mas al fin, en lo que me resumo es que el continuarse la tierra de Indias con esas otras del mundo, a lo menos estar muy cercanas, ha sido la más principal y más verdadera razón de poblarse las Indias; y tengo para mí que el Nuevo Orbe e Indias Occidentales, no ha muchos millares de años que las habitan hombres, y que los primeros que entraron en ellas, más eran hombres salvajes y cazadores que gente de república y pulida; y que aquéllos aportaron el Nuevo Mundo por haberse perdido de su tierra o por hallarse estrechos y necesitados de buscar nueva tierra, y que hallándola, comenzaron poco a poco a poblarla, no teniendo más ley que un poco de luz natural, y esa muy oscurecida, y, cuando mucho, algunas costumbres que les quedaron de su patria primera. Aunque no es cosa increíble de pensar que aunque hubiesen salido de tierras de policía[3] y bien gobernadas, se les olvidase todo con el largo tiempo y poco uso; pues es notorio que aun en España y en Italia, se hallan manadas de hombres que si no es en el gesto y figura, no tienen otra cosa de hombres; así que por este camino vino a haber una barbaridad[4] infinita en el Nuevo Mundo. (Libro primero, capítulo 24).

Cómo sea posible haber en Indias animales que no hay en otra parte del mundo

Mayor dificultad hace averiguar qué principio tuvieron diversos animales que se hallan en Indias, y no se hallan en el mundo de acá.[5] Porque si allá los produjo el Creador, no hay para qué recurrir al Arca de Noé, ni aún

---

[1] Libro o cuaderno de apuntes.
[2] Raza.
[3] Organización y reglamentación interna de un estado.
[4] Barbarie.

[5] Acosta estaba en España cuando escribió su libro. «Acá», pues, significa «el viejo mundo», en oposición a «allá», o sea «el nuevo mundo.» Téngase esto en cuenta para la comprensión del párrafo.

hubiera para qué salvar entonces todas las especies de aves y animales, si habían de criarse después de nuevo; ni tampoco parece que con la creación de los seis días, dejara Dios el mundo acabado y perfecto, si restaban nuevas especies de animales por formar, mayormente animales perfectos, y de no menor excelencia que esos otros conocidos. Pues si decimos que todas estas especies de animales se conservaron en el Arca de Noé, síguese que [así] como esos otros animales fueron a Indias de este mundo de acá, así también éstos, que no se hallan en otras partes del mundo. Y siendo esto así, pregunto ¿cómo no quedó su especie de ellos por acá? ¿cómo sólo se halla donde es peregrina[6] y extranjera? Cierto es cuestión que me ha tenido perplejo mucho tiempo. Digo por ejemplo, si los carneros del Perú,[7] y los que llaman pacos y guanacos, no se hallan en otra región del mundo, ¿quién los llevó al Perú o cómo fueron, pues no quedó rastro de ellos en todo el mundo? Y si no fueron de otra región, ¿cómo se formaron y produjeron allí? ¿Por ventura hizo Dios nueva formación de animales? Lo que digo de estos guanacos y pacos, diré de mil diferencias de pájaros y aves, y animales del monte que jamás han sido conocidas ni de nombre ni de figura, ni hay memoria de ellos en latinos y griegos, ni en naciones ningunas de este mundo de acá. Si no es que digamos que aunque todos los animales salieron del arca, [...] por instinto natural y providencia del cielo, diversos géneros se fueron a diversas regiones, y en algunas de ellas se hallaron tan bien, que no quisieron salir de ellas, o si salieron, no se conservaron, o por tiempo vinieron a fenecer, como sucede en muchas cosas. Y si bien se mira esto, no es caso propio de Indias, sino general de muchas regiones y provincias de Asia, Europa y África, de las cuales se lee haber en ellas castas de animales que no se hallan en otras, y si se hallan, se sabe haber sido llevadas de allí. Pues como estos animales, salieron del arca, *verbi gratia*, elefantes, que sólo se hallan en la India Oriental, y de allá se han comunicado a otras partes, del mismo modo diremos de estos animales del Perú, y de los demás de Indias, que no se hallan en otra

parte del mundo. También es de considerar si los tales animales difieren específica y esencialmente de todos los otros, o si es su diferencia accidental, que pudo ser causada de diversos accidentes, como en el linaje de los hombres ser unos blancos y otros negros; unos gigantes y otros enanos. Así *verbi gratia*, en el linaje de los simios, ser unos sin cola y otros con cola, y en el linaje de los carneros, ser unos rasos y otros lanudos; unos grandes y recios y de cuello muy largo como los del Perú; otros pequeños y de pocas fuerzas, y de cuellos cortos, como los de Castilla. Mas por decir lo más cierto, quien por esta vía de poner sólo diferencias accidentales pretendiere salvar la propagación de los animales de Indias y reducirlos a las de Europa, tomará carga, que mal podrá salir con ella. Porque si hemos de juzgar de las especies de los animales por sus propiedades, son tan diversas que quererlas reducir a especies conocidas de Europa, será llamar al huevo castaña.

(Libro cuarto, capítulo 36).

Que es falsa la opinión de los que tienen a los indios por hombres faltos de entendimiento

Habiendo tratado lo que toca a la religión que usaban los indios, pretendo en este libro escribir de sus costumbres y policía y gobierno, para dos fines. El uno, deshacer la falsa opinión que comunmente se tiene de ellos, como de gente bruta, y bestial y sin entendimiento, o tan corto que apenas merece ese nombre. Del cual engaño se sigue hacerles muchos y muy notables agravios, sirviéndose de ellos poco menos que de animales y despreciando cualquier género de respeto que se les tenga. Que es tan vulgar y tan pernicioso engaño, como saben bien los que con algún celo y consideración han andado entre ellos, y visto y sabido sus secretos y avisos, y juntamente el poco caso que de todos ellos hacen los que piensan que saben mucho, que son de ordinario los más necios y más confiados de sí. Esta tan perjudicial opinión no veo medio con que pueda

---

[6] Extraña, singular.

[7] Llamas.

mejor deshacerse que con dar a entender el orden y modo de proceder que éstos tenían cuando vivían en su ley; en la cual, aunque tenían muchas cosas de bárbaros y sin fundamento, [. . .] había también otras muchas cosas dignas de admiración, por las cuales se deja bien comprender que tienen natural capacidad para ser bien enseñados, y aun en gran parte hacen ventaja a muchas de nuestras repúblicas. Y no es de maravillar que se mezclasen yerros graves, pues en los más estirados de los legisladores y filósofos se hallan, aunque entren Licurgo y Platón en ellos. Y en las más sabias repúblicas, como fueron la romana y la ateniense, vemos ignorancias dignas de risa, que cierto que si las repúblicas de los mexicanos y de los incas se refirieran en tiempo de romanos o griegos, fueran sus leyes y gobierno estimados. Mas como sin saber nada de esto entramos por la espada sin oirles ni entenderles, no nos parece que merecen reputación las cosas de los indios, sino como de caza habida en el monte y traída para nuestro servicio y antojo. Los hombres más curiosos y sabios que han penetrado y alcanzado sus secretos, su estilo y gobierno antiguo, muy de otra suerte los juzgan, maravillándose que hubiese tanto orden y razón entre ellos. De estos autores es uno Polo Ondegardo,[8] a quien comúnmente sigo en las cosas del Perú; y en las materias de México, Juan de Tovar,[9] prebendado que fué de la Iglesia de México y ahora es religioso de nuestra Compañía de Jesús; el cual, por orden del Virrey D. Martín Enríquez,[10] hizo diligente y copiosa averiguación de las historias antiguas de aquella nación, sin otros autores graves que por escrito o de palabra me han bastantemente informado de todo lo que voy refiriendo. El otro fin que puede conseguirse con la noticia de las leyes y costumbres, y policía de los indios, es ayudarlos y regirlos por ellas mismas, pues en lo que no contradicen la ley de Cristo y de su Santa Iglesia, deben ser gobernados conforme a sus fueros, que son como sus leyes municipales, por cuya ignorancia se han cometido yerros de no poca importancia, no sabiendo los que juzgan ni los que rigen por dónde han de juzgar y regir sus súbditos; que además de ser agravio y sinrazón que se les hace, es un gran daño, por tenernos aborrecidos como a hombres que en todo, así en lo bueno como en lo malo, les somos y hemos siempre sido contrarios.

(Libro sexto, capítulo 1).

De los bailes y fiestas de los indios

Porque es parte de buen gobierno tener la república sus recreaciones y pasatiempos, cuando conviene, es bien digamos algo de los que cuanto a esto usaron los indios, mayormente los mexicanos. Ningún linaje de hombres que vivan en común se ha descubierto que no tenga su modo de entretenimiento y recreación, con juegos o bailes, o ejercicios de gusto. En el Perú ví un género de pelea, hecha en juego, que se encendía con tanta porfía de los bandos, que venía a ser bien peligrosa su «puella», que así lo llamaban. Ví también mil diferencias de danzas en que imitaban diversos oficios, como de ovejeros, labradores, de pescadores, de monteros; ordinariamente eran todas con sonido, y paso y compás, muy espacioso y flemático. Otras danzas había de enmascarados, que llaman «guacones», y las máscaras y su gesto eran del puro demonio. También danzaban unos hombres sobre los hombros de los otros, al modo que en Portugal llevan las «pelas», que ellos llaman. De estas danzas, la mayor parte era superstición y género de idolatría, porque así veneraban sus ídolos y guacas[11]; por lo cual han procurado los prelados evitarles lo más que pudieren semejantes danzas, aunque por ser mucha parte de ellas pura recreación, les dejan que

---

[8] Polo Ondegardo (murió en 1575), jurista, autor de unas informaciones acerca de la religión y gobierno de los Incas.
[9] Juan de Tovar (1543–1623), jesuita, autor de una crónica de México.
[10] Martín Enriquez (siglo XVI) fue el cuarto virrey de Nueva España desde 1568 a 1580, y luego del Perú.
[11] Sepulcros de los antiguos indios, principalmente de Bolivia y del Perú, en que se encuentran a menudo objetos de valor.

todavía dancen y bailen a su modo. Tañen diversos instrumentos para estas danzas: unas como flautillas o canutillos; otros como atambores; otros como caracoles; lo más ordinario es en voz, cantar todos, yendo uno o dos diciendo sus poesías y acudiendo los demás a responder con el pie de la copla. Algunos de estos romances eran muy artificiosos, y contenían historia; otros eran llenos de superstición; otros eran puros disparates. Los nuestros, que andan entre ellos, han probado ponerles las cosas de nuestra santa fe en su modo de canto, y es cosa grande el provecho que se halla, porque con el gusto del canto y tonada, están días enteros oyendo y repitiendo sin cansarse. También han puesto en su lengua composiciones y tonadas nuestras, como de octavas, y canciones de romances, de redondillas, y es maravilla cuán bien las toman los indios, y cuánto gustan. Es cierto gran medio éste y muy necesario, para esta gente. En el Perú llamaban estos bailes, comúnmente «taqui»; en otras provincias de indios se llamaban «areytos» [en las Antillas]; en México se dicen «mitotes.» En ninguna parte hubo tanta curiosidad de juegos y bailes como en la Nueva España, donde hoy día se ven indios volteadores, que admiran, sobre una cuerda; otros sobre un palo alto derecho, puestos de pies, danzan y hacen mil mudanzas; otros con las plantas de los pies, y con las corvas, menean y echan en alto, y revuelven un tronco pesadísimo, que no parece cosa creíble, si no es viéndolo; hacen otras mil pruebas de gran sutileza, en trepar, saltar, voltear, llevar grandísimo peso, sufrir golpes, que bastan a quebrantar hierro, de todo lo cual se ven pruebas harto donosas. Mas el ejercicio de recreación más tenido de los mexicanos es el solemne mitote, que es un baile que tenían por tan autorizado, que entraban a veces en él los reyes. [. . .] Hacíase este baile o mitote de ordinario en los patios de los templos y de las casas reales, que eran los más espaciosos. Ponían en medio del patio dos instrumentos: uno de hechura de atambor, y otro de forma de barril, hecho de una pieza, hueco por dentro y puesto como sobre una figura de hombre o de animal, o de una columna. Estaban ambos templados de suerte que hacían entre sí buena consonancia. Hacían con ellos diversos sones, y eran muchos y varios los cantares; todos iban cantando y bailando al son, con tanto concierto, que no discrepaba el uno del otro, yendo todos a una, así en las voces como en el mover los pies con tal destreza, que era de ver. En estos bailes se hacían dos ruedas de gente: en medio, donde estaban los instrumentos, se ponían los ancianos y señores y gente más grave, y allí casi a pie quedo, bailaban y cantaban. Alrededor de éstos bien desviados, salían de dos en dos los demás, bailando en coro con más ligereza, y haciendo diversas mudanzas y ciertos saltos a propósito, y entre sí venían a hacer una rueda muy ancha y espaciosa. Sacaban en estos bailes las ropas más preciosas que tenían, y diversas joyas, según que cada uno podía. Tenían en esto gran punto,[12] y así desde niños se enseñaban a este género de danzas. Aunque muchas de estas danzas se hacían en honra de sus ídolos, pero no era eso de su institución, sino como está dicho, un género de recreación y regocijos para el pueblo, y así no es bien quitárselas a los indios, sino procurar no se mezcle superstición alguna. En Tepotzotlán, que es un pueblo siete leguas de México, ví hacer el baile o mitote que he dicho, en el patio de la iglesia, y me pareció bien ocupar y entretener los indios, días de fiestas, pues tienen necesidad de alguna recreación, y en aquella que es pública y sin perjuicio de nadie, hay menos inconvenientes que en otras que podrían hacer a sus solas, si les quitasen éstas. Y generalmente es digno de admitir que lo que se pudiere dejar a los indios de sus costumbres y usos (no habiendo mezcla de sus errores antiguos), es bien dejarlo, y, conforme al consejo de San Gregorio, Papa, procurar que sus fiestas y regocijos se encaminen al honor de Dios y de los santos cuyas fiestas celebran. [. . .]

(Libro sexto, capítulo 28).

(De la *Historia Natural y Moral de las Indias*, México, Fondo de Cultura Económica, 1940).

---

[12] Pundonor.

De los cronistas mexicanos nacidos en estos años el más notable es JUAN SUÁREZ DE PERALTA (n. entre 1537 y 1545; m. después de 1590). Se advierte en él la molicie del señorito que disfruta de ventajas heredadas. Este criollo — que decía de sí mismo no tener sino «una poca de gramática, aunque mucha afición de leer historias y tratar con personas doctas».— fue uno de los primeros en escribir en México. Hacia 1589 escribió el *Tratado del descubrimiento de las Indias,* que es uno de los mejores cuadros de la vida criolla en la Nueva España del siglo XVI. De los cuarenta y cuatro capítulos, los primeros diecisiete se refieren al «origen y principios de las Indias e Indios» y a la conquista de México. Su idea del pasado indígena — no original, puesto que sigue a Sahagún, Durán, Motolinía y otros — interesa como una muestra de su tierra. Los restantes veintisiete capítulos tratan de los años en que su familia se estableció en México. Su padre había sido un conquistador, cuñado de Hernán Cortés. Se conoce lo que Suárez vio y vivió porque, al contarlo, su estilo se hace visual y vivaz. La serie de episodios que remata en el ajusticiamiento de los Ávila, por ejemplo, no carece de vigor novelesco. Gustaba de las anécdotas y las condimentaba con ironía. Ya se advierte cómo el espíritu del hijo del conquistador es diferente al del conquistador; más: cómo el espíritu del criollo es diferente al del español. Suárez de Peralta está orgulloso de que no ha habido ni podrá haber hasta el día del juicio final «otro México y su tierra.» Puesto que ésa es su patria, la quisiera en permanente gala.

Juan Suárez de Peralta

TRATADO DEL DESCUBRIMIENTO
Y CONQUISTA

[Para que el lector pueda comprender mejor el episodio que reproducimos daremos algunos antecedentes, que tomamos de los capítulos XXVIII-XXXI. En la primavera de 1563 llegó a México don Martín Cortés, segundo marqués del Valle. (El primer marqués del Valle había sido su padre, el conquistador Hernán Cortés). Los hijos de los conquistadores se alegraron tanto con su venida que empezaron a derrochar sus haciendas en grandes recibimientos y regalos. «Estábamos todos que de contentos no cabíamos.» «Con la llegada del marqués a México no se trataba de otra cosa si no era de fiestas y galas, y así las había más que jamás hubo. De aquí quedaron muchos empeñados y los mercaderes hechos señores de las haciendas de todos los más caballeros, porque como se adeudaron y no podían pagar los plazos, daban las rentas, que creo hoy día hay empeñadas haciendas de aquel tiempo. Fué grandísimo exceso el gasto que hubo en aquella sazón.» Se dio aviso al rey Felipe II y éste, poco conforme con la holgada posición en que vivían los conquistadores y sus hijos, ordenó al virrey de México, don Luis de Velasco, que en adelante suspendiese los derechos de la tercera generación — es decir, de los nietos de los compañeros de Hernán Cortés — a la posesión de los indios en encomiendas. Apenas se conoció esta orden, los descendientes de los conquistadores se agitaron y protestaron diciendo «que antes perderían las vidas que consentir tal, y verles quitar lo que sus padres habían ganado y dejar a sus hijos pobres. Sintiéronlo mucho, y como el demonio halló puerta abierta para hacer de las suyas, no faltó quien dijo: ¡Cuerpo de Dios! Nosotros somos gallinas; pues el rey nos quiere quitar el comer y las haciendas, quitémosle a él el reino, y alcémonos con la tierra y démosla al marqués, pues es suya, y su padre y los nuestros la ganaron a su costa, y no veamos esta lástima!»

Comenzó la conspiración. Entre los primeros conspiradores estaban los hermanos Alonso de Ávila y Gil González de Ávila. Ya hablaban de repartirse el poder y la tierra. Comunicaron el proyecto al marqués del Valle. Descubierto el plan, las autoridades, en nombre del rey, apresaron primero al marqués del Valle y en seguida a los hermanos Avila, como se cuenta a continuación.]

Prisión de Alonso de Avila
y de su hermano

Diósele otro mandamiento a un caballero que se llamaba Manuel de Villegas, el cual era alcalde ordinario, para que fuera a prender a Alonso de Ávila Alvarado, y a su hermano Gil González; y fué a las casas de Alonso de Ávila, donde le halló, y a su hermano que acababa de venir de su pueblo, y aún no tenía quitadas las espuelas, que calzadas las llevó a la cárcel. A todos llevaban delante de los oidores,[1] y de allí los mandaban llevar a la prisión que habían de tener. Al marqués[2] le metieron en unos aposentos muy fuertes de la casa real y con muchas guardas, y a Alonso de Ávila y a su hermano en la cárcel de corte; a los hermanos en otra parte de las casas reales muy guardados y en prisiones; sólo al marqués no se le echaron, mas tuvo muchas guardas, y eran cuatro caballeros los que guardaban las puertas donde él estaba, que ni aun paje entraba donde le tenían. Vióse el pobre caballero muy afligido, y la tierra muy alborotada.

Sentencia contra los hermanos Alonso
de Ávila y Gil González. — Notifican
las sentencias

Al fin se hallaron testigos, y hecha la información y concluso el pleito y para sentenciarle, los sentenciaron a cortar las cabezas, y puestas en la picota,[3] y pérdida de todos sus bienes, y las casas sembradas de sal y derribadas por el suelo, y en medio un padrón[4] en él escrito con letras grandes su delito, y que aquél se estuviese para siempre jamás, que nadie fuese osado a quitarle ni borrarle letra so pena de muerte; y que el pregón dijese: «Ésta es la justicia que manda hacer Su Majestad y la real audiencia de México, en su nombre, a estos hombres, por traidores contra la corona real, etc.» Y así proseguía el pregón. Fuéronles a notificar la sentencia; ya se entenderá cómo se debió recibir. Dicen [que] Alonso de Ávila, en acabándosela de leer, se dió una palmada en la frente, y dijo:

— ¿Es posible esto?

Dijéronle:

— Sí, señor; y lo que conviene es que os pongáis bien con Dios y le supliquéis perdone vuestros pecados.

Y él respondió:

— ¿No hay otro remedio?

— No.

Y entonces empezáronle a destilar las lágrimas de los ojos por el rostro abajo, que le tenía muy lindo, y él, [que] le cuidaba con mucho cuidado, era muy blanco y muy gentil hombre, y muy galán, tanto que le llamaban *dama*, porque ninguna por mucho que lo fuese tenía tanta cuenta de pulirse y andar en orden; el que más bien se traía era él y con más criados, y podía, porque era muy rico; y cierto que era de los más lucidos caballeros que había en México.

---

[1] Magistrados.
[2] Martin Cortés, segundo marqués del Valle. No se confunda con el otro Martin Cortés, hijo del Conquistador y de doña Marina.

[3] Sitio a la entrada de los pueblos y ciudades donde se exponía a los reos a la vergüenza pública.
[4] Letrero o cartel.

Lo que dijo Alonso de Ávila

Desde a un poco después que la barba y rostro tenía bañados en lágrimas, dió un gran suspiro y dijo:

— ¡Ay, hijos míos, y mi querida mujer! ¿Ha de ser posible que esto suceda en quien pensaba daros descanso y mucha honra, después de Dios, y que haya dado la fortuna vuelta tan contraria que la cabeza y rostro regalado, vosotros habéis de ver en la picota, al agua y al sereno, como se ven las de los muy bajos e infames que la justicia castiga por hechos atroces y feos? ¿Esta es la honra, hijos míos, que de mí esperábais ver? ¡Inhabilitados de las preeminencias de caballeros! Mucho mejor os estuviera ser hijos de un muy bajo padre, que jamás supo de honra.

Estas y otras palabras de grandísima lástima, decía. Halláronse con él unos frailes y le dijeron:

— Señor, no es tiempo de eso, acudid a vuestra alma; suplicad a Dios se duela de vuestros pecados y os perdone, que él remediará lo uno y lo otro.

Y dieron orden para suplicar de aquella sentencia, y así se hizo, que suplicaron de ella, y fuéles recibida la suplicación, y al fin se confirmó en revista, pasadas las horas que se dieron de término, que fueron pocas. Lo que se dilató una sentencia de la otra, no quiso Alonso de Ávila comer bocado ni dormir, sino encomendándose a Dios muy de veras, y su hermano lo mismo. Ellos confesaron el delito, y que habían tratado de lo que eran acusados, y condenaron al marqués y a otros, como consta por sus confesiones.

Que trata de cómo se hizo justicia de Alonso de Ávila, y su hermano, y de lo que más sucedió

No se vió jamás día de tanta confusión y que mayor tristeza en general hubiese de todos, hombres y mujeres, como el que vieron cuando a aquellos dos caballeros sacaron a ajusticiar: porque eran muy queridos y de los más principales y ricos, y que no hacían mal a nadie, sino antes daban y honraban su patria; especialmente Alonso de Ávila, que de ordinario tenía casa de señor, y el trato de ella, y había con muchas veras procurado título de sus pueblos, y si algo fué causa de su perdición o a lo menos ayudó, fué que era tocado de la vanidad, mas sin perjuicio de nadie, sino estimación que tenía en sí, por ser, como era, tan rico y tan gentil hombre, y emparentado con todo lo bueno del lugar. ¡Y todo sujeto a una de las mayores desventuras que ha tenido otro en el mundo! Pues en un momento perdió lo que en este se puede estimar, que es vida y honra y hacienda; y en la muerte igual a los muy bajos salteadores, que se pusiese su cabeza en la picota, donde los tales se suelen poner, y allí se estuviese al aire y sereno a vista de todos los que le querían ver. No se niegue que fué uno de los mayores espectáculos que los hombres han visto, que le ví yo en el trono referido, y después la cabeza en la picota, atravesado un largo clavo desde la coronilla de ella e hincado, metido por aquel regalado casco, atravesando los sesos y carne delicada.

Aquel cabello que con tanto cuidado se enrizaba y hacía copete[5] para hermosearse, en aquel público lugar donde le daba la lluvia sin reparo de sombrero emplumado, ni gorra aderezada con piezas de oro, como era costumbre suya traerla, y llevaba cuando le prendieron; aquellos bigotes que con tanta curiosidad se los retorcía y componía, ¡todo ya caído!: que me acaeció detener el caballo, pasando por la plaza donde estaba la horca y en ella las cabezas de estos caballeros, y ponérmelas a ver con tantas lágrimas de mis ojos, que no sé yo en vida haber llorado tanto, por sólo considerar lo que el mundo había mostrado en aquello que veía presente, que no me parecía ser cosa cierta ni haber pasado, sino sueño y muy profundo, como cuando un hombre está fuera de todo su sentido. Y lo estaba sin duda, porque no había diez días que le hablé y le ví, con sus lacayos y tantos pajes, en un hermoso caballo blanco, con una gualdrapa de terciopelo bordada, y él tan

---

[5] Cabello levantado sobre la frente.

galán, que aunque lo era de ordinario, lo andaba aquellos días mucho, con la ocasión del hijo que le había nacido al marqués; y hablé con él y traté de unos partidos de juego de pelota que se jugaba en su casa, sobre cuerda, y ¡verle de aquella manera hoy! Cierto, en este punto, me estoy enterneciendo con lo que la memoria me representa.

Lo que hicieron los dos hermanos cuando les notificaron las sentencias

Después de haberles notificado a Alonso de Ávila Alvarado y a su hermano Gil González las sentencias en revista, y mandado ejecutar, vieran andar los hombres y las mujeres por las calles, todos espantados y escandalizados que no lo podían creer; que fué necesario mandar la audiencia saliese mucha gente a caballo y de a pie, todos armados en uso de pepear,[6] y la artillería puesta a punto; y así se hizo, que no quedó caballero, ni el que no lo era, que todos salieron armados y se recogieron en la plaza grande, frontero de las casas reales y de la cárcel, y tomaron todas las bocas de las calles, y de esta manera aseguraron el temor, que le tenían grande. Los pobres caballeros, confesados y rectificados en sus dichos, y siendo ya como a las seis y más de la tarde, habiendo hecho un muy alto tablado en medio de la plaza grande (enfrente de la cárcel como una carrera de caballo), la cual estaba llena de gente toda, y era tanta que creo debía de haber más de cien mil ánimas (y es poco), y todos llorando, los que podían, con lienzos[7] en los ojos enjugando las lágrimas. Pusieron gente de a caballo desde el tablado hasta la puerta de la cárcel, de una parte y de otra, y luego gente de a pie, todos armados, delante de los caballos, y hecha una calzada ancha que podían caber más de seis hombres de a caballo: y sin atravesar ánima nacida. Y andaba por medio el capitán general don Francisco de Velasco, hermano del buen virrey don Luis, con sus deudos, a caballo todos, y yo iba con él, y nos pusimos a la puerta de la cárcel para ir con aquellos caballeros en guarda, los cuales bajaron con sus cadenas en los pies.

Cómo salieron los hermanos a ajusticiarles 5

Llevaba Alonso de Ávila unas calzas muy ricas al uso, y un jubón de raso, y una ropa de damasco aforrada en pieles de tiguerillos[8] (que es un aforro muy lindo y muy hidalgo), una gorra aderezada con piezas de oro y plumas, y una cadena de oro al cuello revuelta, una toquilla leonada con un relicario, y encima un rosario de Nuestra Señora, de unas cuentecitas blancas del palo de naranjo, que se lo había enviado una monja en que rezase aquellos días que estaba afligido. Con este vestido le prendieron, que acababa de comer, y estaba en una recámara donde tenía sus armas y jaeces, como tienen todos los caballeros en México, y allí le prendieron, y sin ponerse sayo ni capa le llevaron; y le prendió el mayor amigo que tenía, y su compadre, que era Manuel de Villegas, que en aquella sazón era alcalde ordinario. Salió caballero en una mula, y a los lados frailes de la orden del señor Santo Domingo que le iban ayudando a morir, y él no parecía sino que iba ruando[9] por las calles. Iba su hermano con un vestido de camino, de color verdoso el paño, y sus botas, y como acababa de llegar de su pueblo. Sacaron primero a Gil González y luego a su hermano, y de esta suerte los llevaron derechos al tablado, sin traerlos por las calles acostumbradas: fué [tal] la grita de llanto que se dió, de la gente que los miraba, que era grima oírlos, cuando los vieron salir de la cárcel. Llegaron al tablado y se apearon y subieron a él, donde se reconciliaron y rectificaron en los dichos que habían dicho: y ya que estaban puestos con Dios, hicieron a Gil González que se tendiese en el tablado, habiendo el verdugo apercibídose, y se tendió como un cordero, y luego le cortó la cabeza el verdugo, el cual no estaba bien industriado y fué haciéndole padecer un rato, que fué otra lástima, y no poca.

---

[6] En México, rebuscar, recoger. Aquí, en el sentido de estar alerta.

[7] Pañuelos.

[8] Tigrecillos, tigres pequeños.

[9] De ruar, pasear por la calle (rúa).

Oración que hizo Alonso de Ávila
antes que le cortaran la cabeza.
Lo que le dijo el obispo de Filipinas.
Crueldad del verdugo.

Después de cortada, con la grita y lloros, y
sollozos, volvió la cabeza Alonso de Ávila, y
como vió a su hermano descabezado dió un
muy gran suspiro, que realmente no creyó
hasta entonces que había de morir, y como le
vió así, hincóse de rodillas y tornó a reconci-
liarse; alzó una mano, blanca más que de
dama, y empezó a retorcerse los bigotes
diciendo los salmos penitenciales, y llegado al
del *Miserere*, empezó a desatar los cordones del
cuello, muy despacio, y dijo, vueltos los ojos
hacia su casa:
— ¡Ay, hijos míos, y mi querida mujer, y
cuáles os dejo!
Y entonces Fray Domingo de Salazar,
obispo que es ahora de Filipinas, le dijo:
— No es tiempo éste, señor, que haga vuesa
merced eso, sino mire por su ánima, que yo
espero en Nuestro Señor, de aquí se irá derecho
a gozar de él, y yo le prometo de decirle

mañana una misa, que es día de mi padre
Santo Domingo.
Entonces prosiguió en sus salmos, y el fraile
se volvió al pueblo y dijo:
— Señores, encomienden a Dios a estos
caballeros, que ellos dicen que mueren justamente.
Y se volvió a Alonso de Ávila y le dijo:
— ¿No lo dice vuesa merced así?
Y él dijo que sí, y se hincó de rodillas,
bajándose el cuello del jubón y camisa: y era
de ver lo que temía la muerte. Atáronle los ojos
con una venda, y ya que iba a tenderse, alzó
la mano, y se descubrió, y dijo de secreto al
fraile ciertas palabras; y luego le tornaron a
vendar, y se puso como se había de poner, y el
cruel verdugo le dió tres golpes, como quien
corta la cabeza a un carnero, que a cada golpe
que le daba ponía la gente los gritos en el
cielo. De esta manera acabaron estos des-
dichados caballeros, dejando la tierra muy
lastimada y confusa si morían con culpa o sin
ella.

(Capítulo XXXII–XXXIV).

(Del *Tratado del descubrimiento de las Indias y su
conquista . . . y del suceso del marqués del Valle,*
etc. México, Imprenta Universitaria, 1945).

En el Perú podríamos agregar nuevos nombres a los que mencionamos en el
capítulo anterior. Los hubo españoles y criollos. Sus libros representan la
sociedad inmediata a la conquista, con las heridas de la guerra civil todavía
no cicatrizadas. Los cronistas indios y mestizos, por su parte, nos dieron otra
apreciación de las cosas. FELIPE GUAMÁN POMA DE AYALA (Perú; ¿1526?-m.
después de 1613), por ejemplo, en *El primer Nueva Crónica y Buen Gobierno*
relató las grandezas del pasado incaico y los sufrimientos del indio durante la
colonia y transcribió poemas que se cantaban o recitaban en aquella época.
El más genial de los mestizos escritores es el INCA GARCILASO DE LA VEGA
(Perú; 1539–1616). Descendía de la nobleza incaica y castellana; pero,
además, por parte de padre, de una familia ilustre también en la historia de
las letras. La fusión en su conciencia de esos diversos mundos raciales y
culturales fue el punto de partida de su vida de escritor. A los veintiún años
de edad fue a España: no volvería más al Perú. En 1590 publicó una nueva
traducción de los *Dialoghi D'Amore* del neoplatónico León Hebreo, empren-
dida con el deleite de sentirse penetrado por el espíritu de orden y armonía

del Renacimiento. Amigo de uno de los veteranos que acompañaron a Hernando de Soto en su expedición a la Florida (1539–1542) decidió poner en letras lo que le oyó: es *La Florida del Inca* (1605). Sus propios gustos literarios intervinieron en el relato de su amigo, como no podía menos de ser, y se advierten influencias de todo lo que leía. Mientras «ponía en limpio» *La Florida* escribía los *Comentarios reales*, su más insigne obra: la primera parte se publicó en 1609; la segunda, terminada cuatro años más tarde, se publicaría después de su muerte con el título de *Historia general del Perú* (1617). El Inca decía escribir para indios y españoles «porque de ambas naciones tengo prendas»; «decir que escribo encarecidamente por loar la nación, porque soy indio, cierto es engaño.» La parte historiográfica del Inca es verosímil. Investigaciones recientes suelen confirmar a Garcilaso en su orden de las conquistas incaicas y en la exactitud geográfica e histórica. Muchos de los elementos legendarios que usa el Inca fueron críticamente sopesados por él mismo: «y aunque algunas cosas de las dichas y otras que se dirán parezcan fabulosas, me pareció no dejar de escribirlas, por no quitar los fundamentos sobre los que los indios se fundan para las cosas mayores y mejores que de su imperio cuentan.» Era Garcilaso un humanista que, por conocer la cultura incaica, proyectaba sobre ella el anhelo, tan renacentista, de encontrar la edad dorada. Cede a las aspiraciones utópicas de su época sin que por eso desmerezca su directo conocimiento de la realidad peruana. Algunas de sus idealizaciones del régimen incaico eran comunes al pensamiento de los humanistas españoles: comunidad de bienes, adoctrinamiento de bárbaros, patriarcalismo benévolo de príncipes filósofos . . . Insistía en su condición de mestizo: «por ser nombre impuesto por nuestro padres y por su significación, me lo llamo a boca llena, y me honro con él.» En el capítulo XV del Libro I de la primera parte cuenta cómo en su niñez oyó a su madre, tíos y ancianos la cosmogonía incásica: pasaje famoso por su emocionada evocación y por la vivacidad de la prosa, en la que no sólo se oye el diálogo, sino que se ven los movimientos de quienes hablan. El Inca cuenta con placer. El equilibrio de la sintaxis corresponde al equilibrio de un pensamiento que claramente procede con simetrías y construcciones ordenadas. En el vaivén pendular entre lengua sencilla y lengua complicada, el estilo del Inca se dirige hacia la sencillez. Pero, natural y todo, el Inca construye su sintaxis sin dejar miembros sueltos o mal articulados. «Mi lengua materna, que es la del Inca; . . . la ajena, que es la castellana», dice. El castellano fue su lengua, tanto o más (creemos que más) que la de su madre india. Había en él una contemplación de su propia obra como objeto artístico. Y el placer de sentirse en un punto de mira valioso y original por su condición de hombre que domina un rico paisaje cultural, asomado desde lo alto de su condición de mestizo a las dos vertientes históricas: la india, la europea. La importancia artística de sus *Comentarios* se beneficia de ese interés personal por llamar la atención sobre su perspectiva privilegiada.

Repare el lector en que dos de los episodios que a continuación reproducimos recuerdan situaciones tratadas en obras maestras de la literatura española del siglo de oro: la historia del Inca Llora Sangre y del Príncipe Viracocha en *La vida es sueño*, de Calderón; y la historia de Don Rodrigo Nuño y los galeotes del Perú en *Don Quijote*, de Cervantes. En vista de este especial interés literario, ofrecemos ambos episodios en la versión refundida y modernizada por el filólogo Ángel Rosenblat.

Inca Garcilaso de la Vega

COMENTARIOS REALES DE LOS INCAS

PROEMIO AL LECTOR

Aunque ha habido españoles curiosos que han escrito las repúblicas del Nuevo Mundo, como la de México y la del Perú, y las de otros reinos de aquella gentilidad, no ha sido con la relación entera que de ellos se pudiera dar, que lo he notado particularmente en las cosas que del Perú he visto escritas, de las cuales, como natural de la ciudad del Cuzco, que fué otra Roma en aquel imperio, tengo más larga y clara noticia que la que hasta ahora los escritores han dado. Verdad es que tocan muchas cosas de las muy grandes que aquella república tuvo; pero escríbenlas tan cortamente, que aun las muy notorias para mí (de la manera que las dicen) las entiendo mal. Por lo cual, forzado del amor natural a la patria, me ofrecí al trabajo de escribir estos Comentarios, donde clara y distintamente se verán las cosas que en aquella república había antes de los españoles, así en los ritos de su vana religión, como en el gobierno que en paz y en guerra sus reyes tuvieron, y todo lo demás que de aquellos indios se puede decir, desde lo más ínfimo del ejercicio de los vasallos, hasta lo más alto de la corona real. Escribimos solamente del imperio de los Incas, sin entrar en otras monarquías, porque no tengo la noticia de ellas que de ésta. En el discurso de la historia protestamos la verdad de ella, y que no diremos cosa grande, que no sea autorizándola con los mismos historiadores españoles que la tocaron en parte o en todo; que mi intención no es contradecirles, sino servirles de comento y glosa, y de intérprete en muchos vocablos indios, que como estranjeros en aquella lengua interpretaron fuera de la propiedad de ella, según que largamente se verá en el discurso de la Historia, la cual ofrezco a la piedad del que la leyere, no con pretensión de otro interés más que de servir a la república cristiana, para que se den gracias a Nuestro Señor Jesucristo y a la Virgen María su Madre, por cuyos méritos e intercesión se dignó la Eterna Majestad sacar del abismo de la idolatría tantas y tan grandes naciones, y reducirlas al gremio de su iglesia católica romana, Madre y Señora nuestra. Espero que se recibirá con la misma intención que yo la ofrezco, porque es la correspondencia que mi voluntad merece, aunque la obra no la merezca. Otros dos libros se quedan escribiendo de los sucesos que entre los españoles en aquella mi tierra pasaron, hasta el año de 1560 que yo salí de ella: deseamos verlos ya acabados, para hacer de ellos la misma ofrenda que de éstos. Nuestro Señor, etc.

EL ORIGEN DE LOS INCAS REYES DEL PERÚ

[. . .] Después de haber dado muchas trazas,[1] y tomado muchos caminos para entrar a dar cuenta del origen y principio de los Incas, reyes naturales que fueron del Perú, me pareció que la mejor traza y el camino más fácil y llano, era contar lo que en mis niñeces oí muchas veces a mi madre y a sus hermanos y tíos, y a otros sus mayores, acerca de este origen y principio; porque todo lo que por otras vías se dice de él, viene a reducirse en lo mismo que nosotros diremos, y será mejor que se sepa por las propias palabras que los Incas lo cuentan, que no por las de otros estraños. Es así que residiendo mi madre en el Cuzco, su patria, venían a visitarla casi cada semana los pocos parientes y parientas que de las crueldades y tiranías de Atahualpa (como en su vida contaremos) escaparon; en las cuales visitas, siempre sus más ordinarias pláticas, eran tratar del origen de sus reyes, de la majestad de ellos, de la grandeza de su imperio, de sus conquistas y hazañas, del gobierno que en paz y en guerra tenían, de las leyes que tan en provecho y en favor de sus vasallos ordenaban. En suma, no dejaban cosa de las prósperas que entre ellos hubiese acaecido que no la trajesen a cuenta.

De las grandezas y prosperidades pasadas venían a las cosas presentes: lloraban sus reyes muertos, enajenado su imperio, y acabada su república, etc. Estas y otras semejantes pláticas tenían los Incas y Pallas en sus visitas, y con la memoria del bien perdido, siempre acababan su conversación en lágrimas y llanto, diciendo: trocósenos el reinar en vasallaje, etc. En estas pláticas yo como muchacho entraba y salía muchas veces donde ellos estaban, y me holgaba de las oír, como huelgan los tales de oír fábulas. Pasando pues días, meses y años, siendo ya yo de diez y seis o diez y siete años,

acaeció que estando mis parientes un día en esta su conversación hablando de sus reyes y antiguallas,[2] al más anciano de ellos, que era el que daba cuenta de ellas, le dije: Inca, tío, pues no hay escritura entre vosotros, que es la que guarda la memoria de las cosas pasadas, ¿qué noticias tenéis del origen y principios de nuestros reyes? porque allá los españoles, y las otras naciones sus comarcanas, como tienen historias divinas y humanas saben por ellas cuándo empezaron a reinar sus reyes y los ajenos, y el trocarse unos imperios en otros, hasta saber cuantos mil años ha que Dios crió el cielo y la tierra; que todo esto y mucho más saben por sus libros. Empero vosotros que carecéis de ellos, ¿qué memorias tenéis de vuestras antiguallas? ¿quien fué el primero de vuestros Incas? ¿cómo se llamó? ¿qué origen tuvo su linaje? ¿de qué manera empezó a reinar? ¿con qué gente y armas conquistó este grande imperio? ¿qué origen tuvieron nuestras hazañas?

El Inca, como que holgándose de haber oído las preguntas, por gusto que recibía de dar cuenta de ellas, se volvió a mí (que ya otras muchas veces lo había oído, mas ninguna con la atención que entonces) y me dijo: sobrino, yo te las diré de muy buena gana, a ti te conviene oírlas y guardarlas en el corazón (es frase de ellos por decir en la memoria). Sabrás que en los siglos antiguos toda esta región de tierra que ves, eran unos grandes montes de breñales, y las gentes en aquellos tiempos vivían como fieras y animales brutos, sin religión ni policía, sin pueblo ni casa, sin cultivar ni sembrar la tierra, sin vestir ni cubrir sus carnes, porque no sabían labrar algodón ni lana para hacer de vestir. Vivían de dos en dos, y de tres en tres, como acertaban a juntarse en las cuevas y resquicios de peñas y cavernas de la tierra: comían como bestias yerbas de campo y raíces de árboles, y la fruta inculta que ellos daban de suyo, y carne humana. Cubrían sus carnes con hojas y cortezas de árboles, y pieles de animales; otros andaban en cueros. En suma vivían como venados y salvaginas,[3] y aún en las mujeres se

---

[1] Medios.
[2] Antigüedades, objetos de antigüedad remota.
[3] Animales montaraces.

habían como los brutos, porque no supieron tenerlas propias y conocidas.[4]

Adviértase, porque no enfade el repetir tantas veces estas palabras «Nuestro Padre el Sol», que era lenguaje de los Incas, y manera de veneración y acatamiento decirlas siempre que nombraban al sol, porque se preciaban de descender de él, y al que no era Inca, no le era lícito tomarlas en la boca, que fuera blasfemia, y lo apedrearan. Dijo el Inca: nuestro padre el sol, viendo los hombres tales, como te he dicho, se apiadó y hubo lástima de ellos, y envió del cielo a la tierra un hijo y una hija de los suyos para que los doctrinasen en el conocimiento de nuestro padre el sol, para que lo adorasen y tuviesen por su dios, y para que les diesen preceptos y leyes en que viviesen como hombres en razón y urbanidad; para que habitasen en casas y pueblos poblados, supiesen labrar las tierras, cultivar las plantas y mieses, criar los ganados y gozar de ellos y de los frutos de la tierra como hombres racionales, y no como bestias. Con esta orden y mandato puso nuestro padre el sol estos dos hijos en la laguna Titicaca, que está ochenta leguas de aquí, y les dijo que fuesen por do quisiesen, y doquiera que parasen a comer o a dormir, procurasen hincar en el suelo una varilla de oro, de media vara de largo y dos dedos de grueso, que les dió para señal y muestra que donde aquella barra se les hundiese, con un solo golpe que con ella diesen en tierra, allí quería el sol nuestro padre que parasen e hiciesen su asiento y corte. A lo último les dijo: cuando hayáis reducido esas gentes a nuestro servicio, los mantendréis en razón y justicia, con piedad, clemencia y mansedumbre haciendo en todo oficio de padre piadoso para con sus hijos tiernos y amados, a imitación y semejanza mía, que a todo el mundo hago bien, que les doy mi luz y claridad para que vean y hagan sus haciendas, y las caliento cuando han frío, y crío sus pastos y sementeras; hago fructificar sus árboles y multiplico sus ganados; lluevo y sereno a sus tiempos, y tengo cuidado de dar una vuelta cada día al mundo por ver las necesidades que en la tierra se ofrecen, para las proveer y socorrer, como sustentador y bienhechor de las gentes; quiero que vosotros imitéis este ejemplo como hijos míos, enviados a la tierra sólo para la doctrina y beneficio de esos hombres, que viven como bestias. Y desde luego os constituyo y nombro por reyes y señores de todas las gentes que así doctriná-redes con vuestras buenas razones, obras y gobierno. Habiendo declarado su voluntad nuestro padre el sol a sus dos hijos, los despidió de sí. Ellos salieron de Titicaca, y caminaron al Septentrión, y por todo el camino, doquiera que paraban, tentaban hincar la barra de oro y nunca se les hundió. Así entraron en una venta o dormitorio pequeño, que está siete o ocho leguas al Mediodía de esta ciudad, que hoy llaman Pacarec Tampu, que quiere decir venta, o dormida, que amanece. Púsole este nombre el Inca, porque salió de aquella dormida al tiempo que amanecía. Es uno de los pueblos que este príncipe mandó poblar después, y sus mora-dores se jactan hoy grandemente del nombre, porque lo impuso nuestro Inca: de allí llega-ron él y su mujer, nuestra reina, a este valle del Cuzco, que entonces todo él estaba hecho montaña brava.

(Libro I, capítulo XV).

PROTESTACIÓN DEL AUTOR SOBRE LA HISTORIA

Ya que hemos puesto la primera piedra de nuestro edificio (aunque fabulosa) en el origen de los Incas, reyes del Perú, será razón pasemos adelante en la conquista y reducción de los indios, extendiendo algo más la relación sumaria que me dió aquel Inca, con la rela-ción de otros muchos Incas e indios, naturales de los pueblos que este primer Inca Manco Cápac mandó poblar, y redujo a su imperio, con los cuales me crié y comuniqué hasta los

---

[4] Tal vez semejante discurso del tío al sobrino se refiera a esa antiquísima edad prehistórica; pero aun así, es difícil que tal estado de salvajismo hubiera existido en esa región, donde es probable que se impuso desde antiguo una civilización importada. (Nota de Horacio H. Urteaga a la edición que seguimos, página 55, tomo 1, Lima, 1941–46).

veinte años. En este tiempo tuve noticia de todo lo que vamos escribiendo, porque en mis niñeces me contaban sus historias, como se cuentan las fábulas a los niños. Después, en edad más crecida, me dieron larga noticia de sus leyes y gobierno; cotejando el nuevo gobierno de los españoles con el de los Incas; dividiendo en particular los delitos y las penas, y el rigor de ellas: decíanme cómo procedían sus reyes en paz y en guerra, de qué manera trataban a sus vasallos, y cómo eran servidos de ellos. Además de esto, me contaban, como a propio hijo, toda su idolatría, sus ritos, ceremonias y sacrificios; sus fiestas principales y no principales, y cómo las celebraban; decíanme sus abusos y supersticiones, sus agüeros malos y buenos, así los que miraban en sus sacrificios como fuera de ellos. En suma, digo que me dieron noticia de todo lo que tuvieron en su república, que si entonces lo escribiera, fuera más copiosa esta historia. Además de habérmelo dicho los indios, alcancé y ví por mis ojos mucha parte de aquella idolatría, sus fiestas y supersticiones, que aún en mis tiempos, hasta los doce o trece años de mi edad, no se habían acabado del todo. Yo nací ocho años después que los españoles ganaron mi tierra, y como lo he dicho, me crié en ella hasta los veinte años, y así ví muchas cosas de las que hacían los indios en aquella su gentilidad, las cuales contaré, diciendo que las ví. Sin la relación que mis parientes me dieron de las cosas dichas, y sin lo que yo ví, he habido otras muchas relaciones de las conquistas y hechos de aquellos reyes; porque luego que propuse escribir esta historia, escribí a los condiscípulos de escuela y gramática, encargándoles que cada uno me ayudase con la relación que pudiese haber de las particulares conquistas que los Incas hicieron de las provincias de sus madres; porque cada provincia tiene sus cuentas y nudos[5] con sus historias, anales y la tradición de ellas; y por esto retiene mejor lo que en ella pasó que lo que pasó en la ajena. Los condiscípulos, tomando de veras lo que

les pedí, cada cual de ellos dió cuenta de mi intención a su madre y parientes; los cuales, sabiendo que un indio, hijo de su tierra, quería escribir los sucesos de ella, sacaron de sus archivos las relaciones que tenían de sus 5 historias, y me las enviaron; y así tuve la noticia de los hechos y conquistas de cada Inca, que es la misma que los historiadores españoles tuvieron, sino que ésta será más larga, como lo advertiremos en muchas 10 partes de ella. Y porque todos los hechos de este primer Inca son principios y fundamento de la historia que hemos de escribir, nos valdrá mucho decirlos aquí, a lo menos los más importantes, porque no los repitamos 15 adelante en las vidas y hechos de cada uno de los Incas sus descendientes; porque todos ellos generalmente, así los reyes como los no reyes, se preciaron de imitar en todo y por todo la condición, obras y costumbres de este primer 20 príncipe Manco Cápac; y dichas sus cosas, habremos dicho las de todos ellos. Iremos con atención de decir las hazañas más historiales, dejando otras muchas por impertinentes y prolijas; y aunque algunas cosas de las dichas, 25 y otras que se dirán, parezcan fabulosas, me pareció no dejar de escribirlas, por no quitar los fundamentos sobre que los indios se fundan para las cosas mayores y mejores que de su imperio cuentan; porque en fin de estos 30 principios fabulosos procedieron las grandezas que en realidad de verdad posee hoy España; por lo cual se me permitirá decir lo que conviniere para la mejor noticia que se pueda dar de los principios, medios y fines de 35 aquella monarquía; que yo protesto decir llanamente la relación que mamé en la leche, y la que después acá he habido, pedida a los propios míos, y prometo que la afición de ellos no sea parte para dejar de decir la verdad 40 del hecho, sin quitar de lo malo ni añadir a lo bueno que tuvieron; que bien sé que la gentilidad es un mar de errores, y no escribiré novedades que no se hayan oído, sino las mismas cosas que los historiadores españoles han 45 escrito de aquella tierra, y de los reyes de ella,

---

[5] Referencia a los *quipus*, el sistema de hilos con nudos que les servía a los incas para recordar y hacer sus cálculos.

y alegaré las mismas palabras de ellos donde conviniere, para que se vea que no finjo ficciones en favor de mis parientes, sino que digo lo mismo que los españoles dijeron; sólo serviré de comento para declarar y ampliar muchas cosas que ellos asomaron a decir, y las dejaron imperfectas, por haberles faltado relación entera. Otras muchas se añadirán que faltan de sus historias, y pasaron en hecho de verdad, y algunas se quitarán, que sobran, por falsa relación que tuvieron, por no saberla pedir el español con distinción de tiempos y edades, y division de provincias y naciones, o por no entender al indio que se la daba, o por no entender el uno al otro, por la dificultad del lenguaje; que el español que piensa que sabe más de él, ignora de diez partes las nueve, por las muchas cosas que un mismo vocablo significa, y por las diferentes pronunciaciones que una misma dicción tiene para muy diferentes significaciones, como se verá adelante en algunos vocablos que será forzoso traerlos a cuenta.

Además de esto, en todo lo que de esta república, antes destruida que conocida, dijere, será contando llanamente lo que en su antigüedad tuvo de su idolatría, ritos, sacrificios y ceremonias, y en su gobierno, leyes y costumbres, en paz y en guerra, sin comparar cosa alguna de éstas a otras semejantes que en las historias divinas y humanas se hallan, ni al gobierno de nuestros tiempos, porque toda comparación es odiosa. El que las leyere podrá cotejarlas a su gusto, que muchas hallará semejantes a las antiguas, así de la Santa Escritura, como de las profanas y fábulas de la gentilidad antigua: muchas leyes y costumbres verá que [se] parecen a las de nuestro siglo; otras muchas oirá en todo contrarias: de mi parte he hecho lo que he podido, no habiendo podido lo que he deseado. Al discreto lector suplico reciba mi ánimo, que es de darle gusto y contento, aunque [ni] las fuerzas, ni la habilidad de un indio, nacido entre los indios, criado entre armas y caballos pueden llegar allá.

(Libro I, capítulo XIX).

RASTREARON LOS INCAS AL VERDADERO DIOS NUESTRO SEÑOR

Además de adorar al sol por dios visible, a quien ofrecieron sacrificios e hicieron grandes fiestas (como en otro lugar diremos) los reyes Incas, y sus amautas, que eran los filósofos, rastrearon[6] con lumbre natural al verdadero Dios y Señor nuestro que crió el cielo y la tierra, como delante veremos en argumentos y sentencias que algunos de ellos dijeron de la divina Majestad al cual llamaron *Pachacamac*: es nombre compuesto de *Pacha*, que es mundo universo; y de *Cámac*, participio de presente del verbo *cama*, que es animar; el cual verbo se deduce del nombre *cama*, que es ánima. *Pachacamac* quiere decir el que da ánima al mundo universo, y en toda su propia y entera significación, quiere decir lo que hace al universo lo que el ánima con el cuerpo. Pedro de Cieza, capítulo sesenta y dos[7] dice así: el nombre de este demonio, quería decir hacedor del mundo, porque *cama* quiere decir hacedor, y *pacha* mundo, etc. Por ser español no sabía la lengua tan bien como yo, que soy indio Inca. Tenían este nombre en gran veneración, que no le osaban tomar en la boca, y cuando les era forzoso el tomarlo era haciendo afectos y muestras de mucho acatamiento, encogiendo los hombros, inclinando la cabeza y todo el cuerpo, alzando los ojos al cielo, y bajándolos al suelo, levantando las manos abiertas en derecho de los hombros, dando besos al aire; que entre los Incas y sus vasallos eran ostentaciones de suma adoración y reverencia, con las cuales demostraciones nombraban al Pachacamac, y adoraban al sol, y reverenciaban al rey no más, pero esto también era por sus grados más o menos; a los de la sangre real acataban con parte de estas ceremonias, y a los otros superiores, como eran los caciques, con otras muy diferentes e inferiores. Tuvieron al Pachacamac en mayor veneración interior que al sol, que como hemos dicho, no osaban

---

[6] De rastrear, inquirir, indagar por conjeturas.
[7] Las citas de Cieza de León son de su obra *Crónica del Perú*.

tomar su nombre en la boca y al sol le nombran a cada paso. Preguntado quién era el Pachacamac decían que era el que daba vida al universo y le sustentaba, pero que no le conocían porque no le habían visto, y que por esto no le hacían templos ni le ofrecían sacrificios; mas que lo adoraban en su corazón (esto es, mentalmente), y le tenían por dios no conocido. Agustín de Zárate, libro segundo, capítulo quinto,[8] escribiendo lo que el P. Fr. Vicente de Valverde dijo al rey Atahualpa, que Cristo nuestro Señor había criado el mundo, dice que respondió el Inca que él no sabía nada de aquello, ni que nadie criase nada sino el sol, a quien ellos tenían por dios, y a la tierra por madre y a sus huacas,[9] y que Pachacamac había criado todo lo que allí había, etc.; de donde consta claro que aquellos indios le tenían por hacedor de todas las cosas.

Esta verdad que voy diciendo que los indios rastrearon con este nombre, la testificó el demonio, mal que le pesó, aunque en su favor, como padre de mentiras, diciendo verdad disfrazada con mentira, o mentira disfrazada con verdad; que luego que vío predicar nuestro santo evangelio, y vió que se bautizaban los indios, dijo a algunos familiares suyos en el valle, que hoy llaman Pachacamac (por el famoso templo que allí edificaron a este Dios no conocido), que el Dios que los españoles predicaban y él era todo uno; como lo escribe Pedro Cieza de León en la demarcación del Perú, capítulo setenta y dos; y el R. P. Fr. Gerónimo Román en la «República de las Indias Occidentales», libro primero, capítulo quinto, dice lo mismo hablando ambos de este mismo Pachacamac; aunque por no saber la propia significación del vocablo se lo atribuyeron al demonio. El cual en decir que el Dios de los cristianos y el Pachacamac era todo uno, dijo verdad; porque la intención de aquellos indios fué dar este nombre al sumo Dios que da vida y ser al universo, como lo significa el mismo nombre; y en decir que él era el Pachacamac mintió, porque la intención de los indios nunca fué dar este nombre al demonio, que no le llamaron sino *Cupay*, que quiere decir diablo; y para nombrarle escupían primero, en señal de maldición y abominación; y al Pachacamac nombraban con la adoración y demonstraciones que hemos dicho. Empero como este enemigo tenía tanto poder entre aquellos infieles, hacíase dios entrándose en todo aquello que los indios veneraban y acataban por cosa sagrada. Hablaba en sus oráculos y templos, y en los rincones de sus casas y en otras partes, diciéndoles que era el Pachacamac, y que era todas las demás cosas a que los indios atribuían deidad que ellos imaginaban; que si entendieran que era el demonio las quemaran entonces, como ahora lo hacen por la misericordia del Señor que quiso comunicárseles.

Los indios no saben de suyo, o no osan dar la relación de estas cosas con la propia significación y declaración de los vocablos, viendo que los cristianos españoles las abominan todas por cosas del demonio; y los españoles tampoco advierten en pedir noticia de ellas con llaneza, antes las confirman por cosas diabólicas, como las imaginan; y también lo causa el no saber de fundamento la lengua general de los Incas para ver y entender la deducción y composición, y propia significación de las semejantes dicciones; y por esto en sus historias dan otro nombre a Dios, que es Ticiviracocha, que yo no sé qué signifique, ni ellos tampoco. Este es el nombre Pachacamac, que los historiadores españoles tanto abominan, por no entender la significación del vocablo, y por otra parte tienen razón, porque el demonio hablaba en aquel riquísimo templo, haciéndose dios debajo de este nombre, tomándolo para sí. Pero si a mí que soy indio cristiano católico por la infinita misericordia, me preguntasen ahora, ¿cómo se llama Dios en tu lengua? Diría: Pachacamac, porque en aquel general lenguaje del Perú no hay otro nombre para nombrar a Dios sino éste; y todos los demás que los historiadores dicen son generalmente impropios, porque o no son del general lenguaje, o son corruptos con el lenguaje de algunas provincias particulares, o nuevamente compuestos por los españoles. [. . .]

(Libro II, capítulo II).

---

[8] Agustín de Zárate, *Historia del descubrimiento y conquista del reino del Perú*.

[9] Ídolos.

LA POESÍA DE LOS INCAS AMAUTAS

No les faltó habilidad a los amautas, que eran los filósofos, para componer comedias y tragedias, que en días y fiestas solemnes representaban delante de sus reyes y de los señores que asistían en la corte. Los representantes no eran viles, sino Incas y gente noble, hijos de curacas, y los mismos curacas y capitanes hasta maestres de campo; porque los autos de las tragedias se representasen al propio; cuyos argumentos siempre eran de hechos militares, de triunfos y victorias, de las hazañas y grandezas de los reyes pasados, y de otros heroicos varones. Los argumentos de las comedias eran de agricultura, de hacienda, de cosas caseras y familiares. Los representantes, luego que se acababa la comedia, se sentaban en sus lugares conforme a su calidad y oficios. No hacían entremeses deshonestos, viles y bajos: todo era de cosas graves y honestas, con sentencias y donaires permitidos en tal lugar. A los que se aventajaban en la gracia del representar les daban joyas y favores de mucha estima.

De la poesía alcanzaron otra poca porque supieron hacer versos cortos y largos con medida de sílabas: en ellos ponían sus cantares amorosos con tonadas diferentes, como se ha dicho. También componían en verso las hazañas de sus reyes, y de otros famosos Incas, y curacas principales, y los enseñaban a sus descendientes por tradición para que se acordasen de los buenos hechos de sus pasados y los imitasen; los versos eran pocos porque la memoria los guardase; empero muy compendiosos, como cifras. No usaron de consonante en los versos, todos eran sueltos. Por la mayor parte semejaban a la natural compostura española que llaman redondillas. Una canción amorosa compuesta en cuatro versos me ofrece la memoria; por ellos se verá el artificio de la compostura y la significación abreviada compendiosa de lo que en su rustici-

dad querían decir. Los versos amorosos hacían cortos porque fuesen más fáciles de tañer en la flauta. Holgara poner también la tonada en puntos de canto de órgano para que se viera lo uno y lo otro, mas la impertinencia me excusa del trabajo.

La canción es la que se sigue y su traducción en castellano:

Caylla llapi		Al cántico
Puñunqui	*quiere*	Dormirás
Chaupituta	*decir*	Media noche
Samusac		Yo vendré

Y más propiamente dijera, *veniré*, sin el pronombre yo, haciendo tres sílabas del verbo, como las hace el indio que no nombra a la persona, sino que la incluye en el verbo por la medida del verso. Otras muchas maneras de versos alcanzaron los Incas poetas, a los cuales llamaban *harávec*, que en propia significación quiere decir inventador. En los papeles del P. Blas Valera[10] hallé otros versos que él llama spondaicos, todos son de a cuatro sílabas, a diferencia de estos otros que son de a cuatro y a tres. Escríbelos en indio y en latín; son en materia de astrología. Los incas poetas los compusieron filosofando las causas segundas que Dios puso en la región del aire para los truenos, relámpagos y rayos, y para el granizar, nevar y llover, todo lo cual dan a entender en los versos, como se verá. Hiciéronlos conforme a una fábula que tuvieron, que es la que se sigue. Dicen que el Hacedor puso en el cielo una doncella, hija de un rey, que tiene un cántaro lleno de agua para derramarla cuando la tierra la ha menester, y que un hermano de ella le quiebra a sus tiempos, y que del golpe se causan los truenos, relámpagos y rayos. Dicen que el hombre los causa porque son hechos de hombres feroces, y no de mujeres tiernas. Dicen que el granizar, llover y nevar lo hace la doncella, porque son hechos de más suavidad y blandura, y de tanto provecho: dicen que el Inca poeta y astrólogo hizo y dijo los versos loando las excelencias y virtudes

---

[10] El P. Blas Valera (1540–1596), autor de una historia del imperio inca, en manuscrito que Garcilaso pudo consultar, y que parece perdido desde entonces.

de la dama, y que Dios se las había dado para que con ellas hiciese bien a las criaturas de la tierra.

La fábula y los versos, dice el P. Blas Valera, que halló en los nudos y cuentas de unos anales antiguos que estaban en hilos de diversos colores, y que la tradición de los versos y de la fábula se la dijeron los indios contadores que tenían cargo de los nudos y cuentas historiales, y que, admirado de que los amautas hubiesen alcanzado tanto, escribió los versos y los tomó de memoria para dar cuenta de ellos. Yo me acuerdo haber oído esta fábula en mis niñeces, con otras muchas que me contaban mis parientes; pero como niño y muchacho no les pedí la significación, ni ellos me la dieron. Para los que no entienden indio ni latín, me atreví a traducir los versos en castellano, arrimándome más a la significación de la lengua que mamé en la leche, que no a la ajena latina, porque lo poco que de ella sé lo aprendí en el mayor fuego de las guerras de mi tierra, entre armas y caballos, pólvora y arcabuces, de que supe más que de letras. El P. Blas Valera imitó en su latín las cuatro sílabas del lenguaje indio en cada verso; y está muy bien imitado.

Yo salí de ellas, porque en castellano no se pueden guardar; que habiendo de declarar por entero la significación de las palabras indias, en unas son menester más sílabas y en otras menos. *Ñusta*, quiere decir doncella de sangre real y no se interpreta con menos; que, para decir doncella de las comunes, dicen *tazque*; *china* llaman a la doncella muchacha de servicio. *Illac pántac* es verbo; incluye en su significación la de tres verbos, que son tronar, relampaguear y caer rayos; y así los puso en dos versos el P. M. Blas Valera, porque el verso anterior, que es *cunuñunun*, significa hacer estruendo, y no lo puso aquel autor por declarar las tres significaciones del verbo *illac pántac*; *unu*, es agua; *pára*, es llover; *chichi*, es granizar; *riti*, nevar; *Pachacámac* quiere decir el que hace con el universo lo que el alma con el cuerpo. *Viracocha* es nombre de un dios moderno que adoraban, cuya historia veremos adelante muy a la larga. *Chura* quiere decir poner. *Cama* es dar alma, vida, ser y sustancia. Conforme a esto diremos lo menos mal que supiéremos, sin salir de la propia significación del lenguaje indio; los versos son los que se siguen en las tres lenguas:

Cumac Ñusta	Pulchra Nimpha	Hermosa doncella,
Toralláyquim	Frater tuus	aqueste tu hermano,
Puyñuy quita	Urnam tuam	el tu cantarillo
Paquir cayan	Nunc infrigit	lo está quebrantando,
Hina mántara	Cujus ictus	y de aquesta causa
Cunuñunun	Tonat fulget	truena y relampaguea;
Illac pántac	Fulminatque	también caen rayos,
Camri Ñusta	Sed tu Nimpha	Tu, real doncella,
Unuy quita	Tuam limpham	tus muy lindas aguas
Para munqui	Fundens pluis	nos darás lloviendo,
May ñimpiri	Interdumque	también a las veces
Chichi munqui	Grandinem, seu	granizar nos has,
Riti munqui	Niven mittis	nevarás asimismo,
Pacha rúrac	Mundi Factor	el Hacedor del mundo,
Pachacámac	Pachacamac	el Dios que le anima,
Viracocha	Viracocha	el gran Viracocha
Cay hinápac	Ad hoc munus	para aqueste oficio
Churasunqui	Te sufficit	ya te colocaron
Camasunqui.	Ac praefecit.	y te dieron alma.

Esto puse aquí por enriquecer mi pobre historia, porque cierto sin lisonja alguna, se puede decir que todo lo que el P. Blas Valera tenía escrito, eran perlas y piedras preciosas: no mereció mi tierra verse adornada de ellas. [. . .]

Dícenme que en estos tiempos se dan mucho los mestizos a componer en indio estos versos, y otros de muchas maneras, así a lo divino, como a lo humano. Dios les dé su gracia para que le sirvan en todo.

Tan tasada y tan cortamente como se ha visto sabían los Incas del Perú las ciencias que hemos dicho; aunque si tuvieran letras, las pasaran adelante poco a poco con la herencia de unos a otros, como hicieron los primeros filósofos y astrólogos. Sólo en la filosofía moral se estremaron, así en la enseñanza de ella, como en usar las leyes y costumbres que guardaron; no sólo entre los vasallos, cómo se debían tratar unos a otros conforme a la ley natural; mas también cómo debían obedecer, servir y adorar al rey y a los superiores, y cómo debía el rey gobernar y beneficiar a los curacas[11] y a los demás vasallos y súbditos inferiores. En el ejercicio de esta ciencia se desvelaron tanto que ningún encarecimiento llega a ponerla en su punto, porque la esperiencia de ella les hacía pasar adelante perfeccionándola de día en día, y de bien en mejor, la cual experiencia les faltó en las demás ciencias; porque no podían manejarlas tan materialmente como la moral, ni ellos se daban a tanta especulación como aquéllas requieren; porque se contentaban con la vida y ley natural, como gente que de su naturaleza era más inclinada a no hacer mal que a saber bien. Mas con todo eso Pedro Cieza de León, capítulo treinta y ocho, hablando de los Incas y de su gobierno, dice: hicieron tan grandes cosas, y tuvieron tan buena gobernación, que pocos en el mundo les hicieron ventaja, etc. Y el P. M. Acosta libro sexto, capítulo primero[12] dice lo que se sigue en favor de los Incas y de los mexicanos [...] (*véase el texto referido en la correspondiente selección del P. Acosta*) cuya autoridad, pues es tan grande, valdrá para todo lo que hasta aquí hemos dicho, y adelante diremos, de los Incas, sus leyes y gobierno y habilidad; que una de ellas fué que supieron componer en prosa, tan bien como en verso, fábulas breves y

compendiosas, por vía de poesía para encerrar en ellas doctrina moral, o para guardar alguna tradición de su idolatría o de los hechos famosos de sus reyes, o de otros grandes varones: muchas de las cuales quieren los españoles que no sean fábulas sino historias verdaderas, porque tienen alguna semejanza de verdad. De otras muchas hacen burla, por parecerles que son mentiras mal compuestas, porque no entienden la alegoría de ellas. Otras muchas hubo torpísimas, como algunas que hemos referido. Quizá en el discurso de la historia se nos ofrecerán algunas de las buenas que declararemos.

(Libro II, capítulo XXVII).

HISTORIA DEL INCA LLORA SANGRE Y DEL PRÍNCIPE VIRACOCHA[13]

Muerto el Rey Inca Roca, su hijo Yáhuar Huácac tomó la corona del Imperio. Lo gobernó con justicia, piedad y mansedumbre, acariciando a sus vasallos, haciéndoles todo el bien que podía. Deseó sustentarse en la prosperidad que sus padres y abuelos le dejaron, sin pretender conquistas ni pendencia con nadie, por el mal agüero de su nombre y los pronósticos que cada día echaban sobre él.

Dicen los indios que cuando niño, de tres o cuatro años, lloró sangre. Otros dicen que nació llorando sangre, y esto tienen por más cierto. Por eso le llamaron Yáhuar Huácac, que quiere decir El que llora sangre. Y como los indios fueron tan dados a hechicerías, lo tuvieron por agüero y pronóstico infeliz, y temieron en su príncipe alguna gran desdicha o maldición de su Padre el Sol.

Temeroso de algún mal suceso, el Inca Yáhuar Huácac vivió algunos años en paz y quietud, sin osar tentar la fortuna. Y por no estar ocioso, visitó sus reinos una, dos y tres veces. Procuraba ilustrarlos con edificios

---

[11] Caciques.

[12] P. José de Acosta, *Historia natural y moral de las Indias*.

[13] Fragmentos de los capítulos XX-XXIV del Libro

IV, y de los capítulos XVII-XXII del Libro V de la Primera Parte de los *Comentarios reales*, refundidos y modernizados por Ángel Rosenblat en *Letras*, Buenos Aires, 1944, núm. 2.

magníficos, y trataba a los vasallos con mayor afición y ternura que sus antepasados, que eran muestras y efectos del temor. Empero, al cabo de nueve o diez años, por no mostrarse tan pusilánime que quedase señalado entre todos los Incas por no haber aumentado su Imperio, acordó enviar un ejército de veinte mil hombres de guerra al sudoeste del Cuzco, y eligió por capitán general a su hermano Inca Maita, y nombró cuatro Incas experimentados para maeses de campo. No se atrevió a hacer la conquista por su persona, aunque lo deseó mucho, porque su mal agüero lo traía sobre olas tan dudosas y tempestuosas, que de donde le arrojaban las del deseo lo retiraban las del temor. Por estos miedos nombró a su hermano y a los capitanes, los cuales hicieron la conquista con brevedad y buena dicha.

El Inca cobró nuevo ánimo con el buen suceso de la jornada pasada, y acordó hacer otra conquista, de más honra y fama, que era reducir a su Imperio unas grandes provincias que habían quedado por ganar en el distrito de Collasuyo, pobladas de mucha gente valiente y belicosa, por lo cual los Incas pasados no habían emprendido aquella conquista por fuerza de armas, sino que esperaban que de suyo se fuesen domesticando y cultivando, y aficionándose al imperio y señorío de los Incas.

En los cuidados de la conquista de aquellas provincias andaba el Inca Yáhuar Huácac muy congojado, metido entre miedos y esperanzas, que unas veces se prometía buenos sucesos y otras veces desconfiaba de ellos por su mal agüero, por el cual no osaba acometer ninguna empresa de guerra. Andando, pues, rodeado de estas pasiones y congojas, volvió los ojos a otros cuidados que dentro, en su casa, se criaban, que días había le daban pena y dolor, que fué la condición áspera de su hijo, el primogénito, heredero que había de ser de sus reinos, el cual desde niño se había mostrado mal acondicionado, porque maltrataba a los muchachos de su edad que con él andaban y mostraba indicios de aspereza y crueldad. Aunque el Inca hacía diligencias para corregirle, y esperaba que con la edad, cobrando más juicio, iría perdiendo la braveza de su mala condición, parecía salirle vana esta confianza, porque con la edad antes crecía que menguaba la ferocidad de su ánimo. Lo cual

para el Inca, su padre, era de grandísimo tormento, porque como todos sus antepasados se habían preciado de su afabilidad y mansedumbre, le era muy penoso ver al príncipe de contraria condición. Procuró remediarla con persuasiones y con ejemplos de sus mayores, y también con reprensiones y disfavores. Mas todo le aprovechaba poco o nada, porque la mala inclinación en el grande y poderoso pocas veces o nunca suele admitir corrección. Y así, en este príncipe, cuanta triaca aplicaban a su mala inclinación, toda la convertía en la misma ponzoña. Por lo cual el Inca, su padre, acordó desfavorecerlo del todo y apartarlo de sí, con el propósito, si no aprovechaba el remedio del disfavor para enmendar su condición, [de] desheredarlo, y elegir otro de sus hijos que fuese como sus mayores, aunque la costumbre de desheredar a los hijos no existía entre los Reyes Incas.

Así mandó echarlo de su casa y de la corte cuando el príncipe tenía ya diez y nueve años, y que lo llevasen a las hermosas y grandes dehesas de Chita, a más de una legua al levante de la ciudad. Allí había mucho ganado del Sol, y el Inca mandó que su hijo lo apacentase con los pastores que tenían aquel cuidado. El Príncipe, no pudiendo hacer otra cosa, aceptó el destierro y el disfavor que le daban en castigo de su ánimo bravo y belicoso, y llanamente se puso a hacer el oficio de pastor con los demás ganaderos, y guardó el ganado del Sol, que ser del Sol era consuelo para el triste Inca. Este oficio hizo aquel desfavorecido príncipe por espacio de tres años y más.

Habiendo desterrado el Inca Yáhuar Huácac a su hijo primogénito, le pareció dejar del todo las guerras y conquistas de nuevas provincias y atender solamente al gobierno y quietud de su reino, sin perder a su hijo de vista, para procurar la mejora de su condición o buscar otros remedios, aunque todos los que se le ofrecían le parecían violentos e inseguros, por la novedad y grandeza del caso, que era deshacer la deidad de los Incas, divinos hijos del Sol, y porque los vasallos no consentirían aquel castigo ni cualquiera otro que quisiese hacer en el príncipe.

Con esta congoja y cuidado, que le quitaba todo descanso y reposo, anduvo el Inca más de tres años. En este tiempo envió a visitar dos veces el reino a cuatro parientes suyos, y mandó que se hiciesen las obras que conviniesen al honor del Inca y al beneficio común de los vasallos, como era hacer nuevas acequias, depósitos y casas reales, fuentes, puentes y calzadas, y otras obras semejantes. Mas él no osó salir de la corte, donde entendía en celebrar las fiestas del Sol y en hacer justicia a sus vasallos.

Al fin de aquel largo tiempo, un día, poco después de mediodía, entró el príncipe en la casa de su padre, donde menos le esperaban, solo y sin compañía, como hombre desfavorecido del Rey. Al cual envió decir que estaba allí y que tenía necesidad de darle cierta embajada. El Inca respondió con mucho enojo que se fuese luego donde le había mandado residir, si no quería que lo castigase con pena de muerte por inobediente al mandato real, pues sabía que a nadie era lícito quebrantarlo. El príncipe respondió que él no había venido allí para quebrantar su mandamiento, sino por obedecer a otro tan gran Inca como él, el cual le enviaba a decir ciertas cosas que le importaba mucho saber; que si las quería oír le diese licencia para entrar a decírselas, y si no, que con volver a quien le había enviado y darle cuenta de lo que había pasado, habría cumplido con él.

El Inca mandó que entrase por ver qué disparates eran aquéllos, y saber quién le enviaba recaudos con el hijo desterrado y privado de su gracia. Quiso averiguar qué novedades eran aquéllas, para castigarlas. El príncipe, puesto ante su padre, le dijo:

— Señor, sabrás que estando yo recostado hoy a mediodía (no sabré certificarte si despierto o dormido) debajo de una gran peña de las que hay en los pastos de Chita, donde por tu mandato apaciento las ovejas de Nuestro Padre el Sol, se me puso delante un hombre extraño en hábito, y en figura diferente de la nuestra, porque tenía barbas de más de un palmo y el vestido largo y suelto, que le cubría hasta los pies. Traía atado por el pescuezo un animal no conocido. El cual me dijo: « Sobrino, yo soy hijo del Sol y hermano del Inca Manco Cápac y de la Coya Mama Ocllo Huaco, su mujer y hermana, los primeros de tus antepasados, por lo cual soy hermano de tu padre y de todos vosotros. Me

llamo Viracocha Inca y vengo de parte del Sol, Nuestro Padre, a darte aviso para que se lo des al Inca, mi hermano, de que la mayor parte de las provincias de Chinchasuyo sujetas a su imperio, y otras no sujetas, están rebeladas y juntan mucha gente para venir con poderoso ejército a derribarle de su trono y destruir nuestra imperial ciudad del Cuzco. Ve al Inca, mi hermano, y dile de mi parte que se aperciba y prevenga y mire por lo que le conviene acerca de este caso. Y en particular te digo a ti que en cualquier adversidad que te suceda no temas que yo te falte, que en todas ellas te socorreré como a mi carne y sangre. Por tanto, no dejes de acometer ninguna hazaña, por grande que sea, que convenga a la majestad de tu sangre y a la grandeza de tu Imperio, que yo seré siempre en tu favor y amparo, y te buscaré los socorros que hubieres menester.» Dichas estas palabras, se me desapareció el Inca Viracocha, y yo tomé el camino para darte cuenta de lo que me mandó que te dijese.

El Inca Yáhuar Huácac, con la pasión y enojo que contra su hijo tenía, no quiso creerle; antes le dijo que era un loco soberbio, que los disparates que andaba imaginando venía a decir que eran revelaciones de su padre el Sol; que se fuese luego a Chita y no saliese de allí jamás, so pena de su ira.

Con esto se volvió el príncipe a guardar sus ovejas, más desfavorecido de su padre que antes. Los hermanos y tíos del Inca, como eran tan agoreros y supersticiosos, principalmente en cosas de sueños, tomaron de otra manera las palabras del príncipe, y dijeron al Inca que no era de menospreciar el mensaje y aviso del Inca Viracocha, su hermano, habiendo dicho que era hijo del Sol y que venía de su parte, y que no era de creer que el príncipe fingiese aquellas razones en desacato del Sol, que fuera sacrilegio el imaginarlas, cuanto más decirlas delante del Rey. Por tanto sería bien se examinasen una a una las palabras del príncipe, y sobre ellas se hiciesen sacrificios al Sol y se tomasen sus agüeros, para ver si les pronosticaban bien o mal, y se hiciesen las diligencias necesarias a negocio tan grave, porque dejarlo así desamparado parecía menospreciar al Sol, padre común, que enviaba aquel aviso, y al Inca Viracocha su hijo, que lo había traído, y era amontonar para adelante errores sobre errores.

El Inca, con el odio que tenía a la mala condición de su hijo, no quiso admitir los consejos que sus parientes le daban, antes dijo que no se había de hacer caso del dicho de un loco furioso, que en lugar de enmendar y corregir la esperaza de su mala condición para merecer la gracia de su padre, venía con nuevos disparates, por los cuales merecía que lo privaran del principado y herencia del reino, como lo pensaba hacer muy presto, y elegir uno de sus hermanos que por su clemencia, piedad y mansedumbre mereciese el nombre de hijo del Sol. Que no era razón que un loco, por ser iracundo y vengativo, destruyese con el cuchillo de la crueldad lo que todos los Incas pasados, con mansedumbre y beneficios, habían reducido a su imperio; que mirasen que aquello era de más importancia que las palabras desatinadas de un furioso; que si no hubiera autorizado su atrevimiento con decir que la embajada era de un hijo del Sol, hubiera mandado que le cortaran la cabeza por haber quebrantado el destierro que le había dado. Por tanto les mandaba que no tratasen de aquel caso, sino que se le pusiese perpetuo silencio, porque le causaba mucho enojo que le trajeran a la memoria cosa alguna del príncipe. Los Incas callaron, aunque en sus ánimos no dejaron de temer algún mal suceso, porque estos indios fueron muy agoreros, y particularmente miraron mucho en sueños, y más si los sueños acertaban a ser del Rey o del príncipe heredero o del sumo sacerdote.

Tres meses después del sueño del príncipe Viracocha Inca, que así le llamaron los suyos en adelante, vino nueva, aunque incierta, del levantamiento de las provincias de Chinchasuyo. Esta nueva vino sin autor, y la fama la trajo confusa y oculta. Aunque la nueva conformaba con el sueño del príncipe, el Rey no hizo caso de ella, porque le pareció que eran hablillas de camino y un recordar el sueño pasado, que parecía ya olvidado. Pocos días después se volvió a refrescar la misma nueva, aunque todavía incierta y dudosa, porque los enemigos habían cerrado los caminos con grandísima diligencia para que antes los viesen en el Cuzco que supiesen de su ida. La tercera nueva llegó ya muy certificada, diciendo que las naciones llamadas Chanca, Uramarca, Huillca, Utusulla, Hancohuallo y otras se habían rebelado, habían matado a los gobernadores y ministros regios, y marchaban contra la ciudad con más de cuarenta mil hombres de guerra.

Estas naciones se habían reducido al imperio del Rey Inca Roca más por el terror de las armas que por el amor de su gobierno. Viendo, pues, al Inca Yáhuar Huácac tan poco belicoso, antes acobardado con el mal agüero de su nombre y escandalizado y embarazado con la aspereza de la condición de su hijo, y habiéndose divulgado entre estos indios algo del nuevo enojo que el Rey había tenido con su hijo, aunque no se dijo la causa, y los grandes disfavores que le hacía les pareció bastante ocasión para mostrar el mal ánimo que al Inca tenían y el odio contra su imperio y dominio. Y así, con la mayor brevedad y secreto que pudieron, se convocaron unos a otros, y entre todos levantaron un poderoso ejército, eligieron por capitán general a Hancohuallo, curaca de los Chancas, que era un indio valeroso, y caminaron en demanda de la imperial ciudad del Cuzco.

El Inca Yáhuar Huácac se halló confuso con la certificación de la venida de los enemigos, porque nunca había creído que tal pudiera ser, porque nunca se había rebelado provincia alguna de cuantas se habían conquistado desde el primer Inca Manco Cápac. Por esta seguridad, y por el odio que tenía al príncipe, su hijo, que dió el pronóstico de aquella rebelión, no había querido darle crédito ni tomar los consejos de sus parientes, porque la pasión le cegaba el entendimiento. Viéndose, pues, ahora anegado porque no tenía tiempo para convocar gente con que salir al encuentro de los enemigos ni fortaleza en la ciudad para defenderse de ellos, decidió retirarse hacia Collasuyo, donde esperaba estar seguro, por la nobleza y lealtad de los vasallos. Con esta determinación se dirigió, con los pocos Incas que pudieron seguirle, a la angostura de Muina, que está cinco leguas al sur de la ciudad.

La ciudad del Cuzco quedó desamparada, sin capitán ni caudillo, y todos procuraban huir por donde entendían mejor salvar las vidas. Algunos de los que iban huyendo se encontraron con el príncipe Viracocha Inca y le dieron nuevas de la rebelión y de la retirada de su padre. El príncipe sintió grandemente saber que su padre hubiese desamparado la ciudad, y mandó a los que le habían dado la nueva y a algunos de los pastores que consigo tenía que fuesen a la ciudad y dijesen a todos los indios, en la ciudad o por los caminos, que procurasen ir en pos del Inca, su señor, con las armas que tuviesen, porque él pensaba hacer lo mismo, y que pasasen la palabra de unos en otros.

Dada esta orden, el príncipe fué en busca de su padre por unos atajos, sin querer entrar en la ciudad, y lo alcanzó en la angostura de Muina. Y lleno de polvo y sudor, con una lanza en la mano, se puso delante del Rey, y con semblante triste y grave le dijo:

— Inca ¿cómo se permite que por una nueva, falsa o verdadera, de unos pocos vasallos rebelados desampares tu casa y corte, y vuelvas las espaldas a los enemigos aún no vistos? ¿Cómo se sufre que dejes entregada la casa del Sol, tu Padre, para que los enemigos la huellen con sus pies calzados y hagan en ella las abominaciones que tus antepasados les quitaron, de sacrificios de hombres mujeres y niños, y otras grandes bestialidades y sacrilegios? ¿Qué cuenta daremos de las vírgenes dedicadas al Sol, con observancia de perpetua virginidad, si las dejamos desamparadas para que los enemigos brutos y bestiales hagan de ellas lo que quisieren? ¿Qué honra habremos ganado de haber permitido estas maldades por salvar la vida? Yo no la quiero, y así vuelvo a ponerme delante de los enemigos para que me la quiten antes que entren en el Cuzco, porque no quiero ver las abominaciones que los bárbaros harán en aquella imperial y sagrada ciudad, que el Sol y sus hijos fundaron. Los que me quisieren seguir que vengan en pos de mí, que yo les mostraré cómo se trueca vida vergonzosa en muerte honrada.

Habiendo dicho con dolor y sentimiento estas razones, el príncipe volvió hacia la ciudad sin querer tomar refresco alguno de comida y bebida. Los Incas de la sangre real, que habían salido con el Rey, que serían más de cuatro mil hombres, se volvieron todos con el príncipe, que no quedaron con su padre sino los viejos inútiles. Por los caminos y atajos encontraron mucha gente que salía huyendo de la ciudad, y se llamaron los unos a los otros con la nueva de que el príncipe Inca Viracocha volvía a defender la ciudad y la casa de su Padre el Sol. Con esta nueva volvieron todos los que huían. El príncipe mostraba tanto ánimo y esfuerzo que lo comunicaba a todos los suyos.

Viracocha Inca salió al encuentro de los enemigos para ponerse entre ellos y la ciudad, porque su intención era morir peleando antes que los contrarios entrasen en el Cuzco, porque bien veía que no tenía fuerzas contra ellos. A media legua al norte de la ciudad, en un llano grande, paró a esperar a los suyos y recoger a los fugitivos. De los unos y de los otros juntó más de ocho mil hombres de guerra, todos Incas, determinados a morir delante de su príncipe. Allí recibió la noticia de que los enemigos estaban a nueve o diez leguas de la ciudad, y que pasaban ya el gran río Apurímac. Al día siguiente de esta mala nueva llegó otra buena, de un socorro de casi veinte mil hombres de las naciones Quechua, Cotapampa, Cotanera, Aimara y otras.

Los Incas se esforzaron mucho al saber que les venía tan gran socorro en tiempo de tanta necesidad, y lo atribuyeron a la promesa del fantasma Inca Viracocha cuando se le apareció en sueños al príncipe, con lo cual cobraron tanto ánimo que daban por suya la victoria. El príncipe aguardó el socorro, que fueron doce mil hombres de guerra, y los curacas quechuas le dijeron que otros cinco mil hombres venían dos jornadas atrás. Después de haberlo consultado con sus parientes, decidió esperar allí a los enemigos y mandó que los nuevos cinco mil hombres se emboscasen en unos cerrillos y quebradas, y estuviesen dispuestos para irrumpir en el mayor hervor de la batalla. Dos días después de llegar el socorro, asomó por lo alto de la cuesta de Rimactampu la vanguardia enemiga.

El príncipe envió mensajeros a los enemigos, que estaban en Sacsahuana, con requerimientos de paz y amistad y perdón de lo pasado. Mas los chancas no los quisieron escuchar, por parecerles que la victoria era de ellos. El príncipe volvió a enviar otros y luego otros. Los chancas sólo recibieron a los últimos, a los cuales dijeron: «Mañana se verá quién merece ser Rey y quién puede perdonar.»

Los unos y los otros estuvieron bien prevenidos toda la noche, y luego, cuando fué de día,
armaron sus escuadrones, y con grandísima
vocería y ruido de trompetas fueron a enfren-
tarse. El Inca Viracocha quiso ir delante de
todos, y fué el primero que tiró a los enemigos
el arma que llevaba. Luego se trabó una
bravísima pelea, matándose unos a otros
cruelmente, hasta mediodía. A esta hora
asomaron los cinco mil indios emboscados, y
gran ímpetu y alarido dieron en los enemigos
por el lado derecho. Los chancas se retiraron
muchos pasos atrás, pero esforzándose unos a
otros volvieron a cobrar lo perdido y a pelear
con grandísimo enojo. La pelea duró dos horas
más, sin reconocerse ventaja, pero entonces
comenzaron a aflojar los chancas, porque a
todas horas sentían que entraba nueva gente
en la batalla. Y era que los fugitivos y los
vecinos de la ciudad y de los pueblos comarcanos acudían a morir con su príncipe, y
entraban de cincuenta en cincuenta y de ciento
en ciento, dando grandísimos alaridos. Los
Incas decían que las piedras y las matas de
aquellos campos se convertían en hombres y
venían a pelear en servicio del príncipe, porque
el Sol y el Dios Viracocha así lo mandaban. Y
cuando vieron flaquear a los enemigos, repitieron el nombre de Viracocha, porque así lo
mandó el príncipe, y cargaron con gran
ímpetu y quedaron dueños del campo. Los
enemigos huyeron.

La batalla había durado más de ocho horas,
y fué tan reñida y sangrienta que los indios
llamaron desde entonces aquel llano Yahuarpampa, o Campo de Sangre. El príncipe
persiguió a los enemigos, pero luego mandó
recoger la gente. Recorrió todo el campo, hizo
curar los heridos y retirar los muertos. Dió
libertad a los prisioneros para que se volviesen
a sus tierras, diciéndoles que los perdonaba a
todos. Sólo retuvo a los dos maeses de campo
enemigos y al general Hancohuallo, que quedó
herido, y al cual mandó curar con mucho
cuidado. Luego envió tres mensajeros: uno a
la casa del Sol, otro a las vírgenes escogidas y
otro al Inca, su padre, dándole cuenta de todo
lo que había pasado y suplicándole que no se
moviese de donde estaba hasta que él volviese.

Despachados los mensajeros, mandó elegir
seis mil hombres de guerra, y dos días después

de la batalla salió con ellos en seguimiento de
los enemigos, no para maltratarlos, sino para
hacerles sentir el temor de lo que podía
acarrearles su delito. Recorrió en breve
tiempo todas las provincias rebeladas, per-
donó a todos, y mandó que se tuviese gran
cuidado con las viudas y huérfanos de la
batalla de Yahuarpampa. Y entonces volvió
al Cuzco. Los indios todos, así los leales como
los rebelados, quedaron admirados de ver la
piedad y mansedumbre del príncipe, tan en
contra de la aspereza de su condición. Empero,
decían que su Dios el Sol le había mandado que
mudase de condición y fuese como sus antepasados. El deseo de honra y fama puede tanto
en los ánimos generosos que hace que truequen
las bravas y malas inclinaciones por las
contrarias, como lo hizo este príncipe para
dejar el buen nombre que dejó entre los suyos.

El Inca Viracocha entró en el Cuzco a pie,
por mostrarse más soldado que Rey, y
descendió la cuesta de Carmenca rodeado de
su gente de guerra y de sus parientes. Fué
recibido con grandísima alegría y aclamaciones
de la multitud. Los Incas viejos salieron a
adorarle por hijo del Sol. Su madre y las
mujeres más cercanas al príncipe, con otra
gran multitud de princesas de la sangre real,
salieron a recibirle con cantares de fiesta y
regocijo. Unas le abrazaban, otras le enjuga-
ban el sudor de la cara, otras le quitaban el
polvo del camino, otras le echaban flores y
hierbas olorosas. Así llegó hasta la casa del
Sol, donde entró descalzo a darle las gracias
de la victoria. Luego fué a visitar las vírgenes
mujeres del Sol, y hechas estas dos visitas se
dirigió a la angostura de Muina a ver a su
padre.

El Inca Yáhuar Huácac recibió al príncipe,
su hijo, no con el regocijo, alegría y contento
que se esperaba de hazaña tan grande y
victoria tan desconfiada, sino con semblante
grave y melancólico, que antes mostraba pesar
que placer. En aquel acto público pasaron
entre ellos pocas palabras, mas después, en
secreto, hablaron muy largo. Por conjeturas se
entiende que debió de ser acerca de cuál de
ellos había de reinar, si el padre o el hijo. De
la plática salió resuelto que el padre no volviese
al Cuzco, por haberlo desamparado. El Inca
Yáhuar Huácac dió lugar a la determinación

de su hijo porque sintió inclinada a su deseo toda la corte, y particularmente porque no pudo más. Con este acuerdo trazaron una casa real, entre la angostura de Muina y Quespicancha, en un sitio ameno, con todas las delicias que se pudieron imaginar de huertas y jardines y entretenimientos reales de caza y pesquería. Hecho el trazado de la casa, el príncipe volvió a la ciudad y dejó la borla amarilla para tomar la colorada. Con todo, no consintió nunca que su padre se quitase la suya, que de las insignias se hace poco caudal cuando falta la realidad del imperio y domino. Acabada la casa, le puso todos los criados y el servicio necesario, tan cumplido que nada le faltó al Inca Yáhuar Huácac, salvo el reinar. En esta vida solitaria vivió este pobre Rey lo que le quedó de vida, desposeído por su propio hijo y desterrado en el campo, como poco antes tuvo él al mismo hijo. Esta desdicha decían los indios que había pronosticado el mal agüero de haber llorado sangre en su niñez.

El Inca Viracocha quedó en tanta reputación entre los suyos, así por su sueño como por la victoria pasada, que en vida lo adoraron por nuevo Dios, enviado por el Sol para reparo de los de su sangre. Y así le hacían la veneración y acatamiento con mayores ostentaciones de adoración que a los pasados. Para mayor estima de su sueño, y para perpetuarlo en la memoria de las gentes, mandó hacer, en un pueblo llamado Cacha, un templo de extraña labor, a honor y reverencia del fantasma Viracocha. Y quedó tan ufano y glorioso de sus hazañas y de la nueva adoración que los indios le hacían, que, no contento con la obra famosa del templo, hizo otra galana y vistosa, no menos mordaz contra su padre que aguda en su favor, aunque dicen los indios que no la hizo sino después de la muerte de su padre. Y fué que en una peña altísima, en el paraje donde su padre paró cuando salió del Cuzco, mandó pintar dos cóndores: el uno con las alas cerradas y la cabeza baja y encogida, como se ponen las aves, por fieras que sean, cuando se quieren esconder, con el rostro hacia Collasuyo y las espaldas al Cuzco; el otro con el rostro vuelto a la ciudad y feroz, con las alas abiertas, como que iba volando a hacer alguna presa. Esta pintura vivía en todo su ser el año de mil y quinientos y ochenta.

TUVO NUEVAS HUAYNA CAPAC DE LOS ESPAÑOLES QUE ANDABAN EN LA COSTA

[A] Huayna Capac, [. . .] estando en los reales palacios de Tumipampa, que fueron de los más soberbios que hubo en el Perú, le llegaron nuevas que gentes extrañas, y nunca jamás vistas en aquella tierra, andaban en un navío por la costa de su imperio procurando saber qué tierra era aquélla; la cual novedad despertó a Huayna Capac a nuevos cuidados para inquirir y saber qué gente era aquélla y de dónde podía venir. Es de saber que aquel navío era de Vasco Núñez de Balboa, primer descubridor de la mar del Sur, y aquellos españoles fueron los que (como al principio dijimos) impusieron el nombre Perú a aquel imperio, que (fué) el año mil quinientos quince, y el descubrimiento de la mar del Sur fué dos años antes. Un historiador dice que aquel navío y aquellos españoles eran don Francisco Pizarro y sus trece compañeros, que dice fueron los primeros descubridores del Perú. En lo cual se engañó, que por decir primeros ganadores dijo primeros descubridores; y también se engañó en el tiempo, porque de lo uno a lo otro pasaron diez y seis años, si no fueron más; porque el primer descubrimiento del Perú, y la imposición de este nombre fué el año de mil quinientos quince; y don Francisco Pizarro y sus cuatro hermanos y don Diego de Almagro, entraron en el Perú para ganar el año de mil quinientos y treinta y uno, y Huayna Capac murió ocho años antes, que fué el de mil quinientos y veinte y tres, habiendo reinado cuarenta y dos años según lo testifica el P. Blas Valera en sus rotos y destrozados papeles, donde escribía grandes antiguallas de aquellos reyes, que fué muy gran inquiridor de ellas.

Aquellos ocho años que Huayna Capac vivió después de la nueva de los primeros descubridores, los gastó en gobernar su imperio en toda paz y quietud. No quiso hacer nuevas conquistas, por estar a la mira de lo que por la mar viniese; porque la nueva de aquel navío le dió mucho cuidado, imaginando en un antiguo oráculo que aquellos Incas tenían, que pasados tantos reyes habían de ir gentes extrañas y nunca vistas, y quitarles el reino, y destruir su república y su idolatría: cumplíase el plazo en este Inca, como adelante veremos. Asimismo es de saber, que tres años antes que aquel navío fuese a la costa del Perú, acaeció en el Cuzco un portento y mal agüero, que escandalizó mucho a Huayna Capac, y atemorizó en extremo a todo su imperio, y fué, que celebrándose la fiesta solemne que cada año hacían a su dios el Sol, vieron venir por el aire un águila real, que ellos llaman anca, que la iban persiguiendo cinco o seis cernícalos y otros tantos halconcillos, de los que por ser tan lindos han traído muchos a España, y en ella les llaman aletos, y en el Perú huamán. Los cuales, trocándose ya los unos, ya los otros, caían sobre el águila, que no la dejaban volar, sino que la mataban a golpes. Ella, no pudiendo defenderse, se dejó caer en medio de la plaza mayor de aquella ciudad, entre los Incas, para que la socorriesen. Ellos la tomaron y vieron que estaba enferma, cubierta de caspa, como sarna, y casi pelada de las plumas menores. Diéronle de comer y procuraron regalarla; mas nada le aprovechó, que dentro de pocos días se murió sin poderse levantar del suelo. El Inca y los suyos lo tomaron por mal agüero; en cuya interpretación dijeron muchas cosas los adivinos que para semejantes casos tenían elegidos; y todas eran amenazas de la pérdida de su imperio, de la destrucción de su república y de su idolatría: sin esto[14] hubo grandes terremotos y temblores de tierra, que aunque el Perú es apasionado[15] de esta plaga, notaron que los temblores eran mayores que los ordinarios y que caían muchos cerros altos. De los indios de la costa supieron que la mar con sus crecientes y menguantes salía muchas veces de sus términos comunes; vieron que en el aire se aparecían muchas cometas muy espantosas y temerosas. Entre estos miedos y asombros, vieron que una noche muy clara y serena tenía la luna tres cercos muy grandes. El primero era de color de sangre. El segundo, que estaba más afuera, era de un color negro

que tiraba a verde. El tercero parecía que era de humo. Un adivino o mágico, que los indios llaman Llayca, habiendo visto y contemplado los cercos que la luna tenía, entró donde Huayna Capac estaba, y con un semblante muy triste y lloroso, que casi no podía hablar, le dijo: sólo, señor, sabrás que tu madre la Luna, como madre piadosa te avisa que el Pachacamac, criador y sustentador del mundo, amenaza a tu sangre real y a tu imperio con grandes plagas que ha de enviar sobre los tuyos; porque el primer cerco que tu madre tiene de color de sangre, significa que después que tú hayas ido a descansar con tu padre el Sol, habrá cruel guerra entre tus descendientes, y mucho derramamiento de tu real sangre. De manera que en pocos años se acabará toda; de lo cual quisiera reventar llorando. El segundo cerco negro nos amenaza que de las guerras y mortandad de los tuyos se causará la destrucción de nuestra religión y república y la enajenación de tu imperio, y todo se convertirá en humo, como lo significa el cerco tercero que parece de humo. El Inca recibió mucha alteración; mas por no mostrar flaqueza, dijo al mágico: anda, tú debes de haber soñado esta noche esas burlerías, y dices que son revelaciones de mi madre. Respondió el mágico: para que me creas Inca, podrás salir a ver las señales de tu madre por tus propios ojos, y mandarás que vengan los demás adivinos, y sabrás lo que dicen de estos agüeros. El Inca salió de su aposento, y habiendo visto las señales, mandó llamar a todos los mágicos que en su corte había; y uno de ellos, que era de la nación Yauyu, a quien los demás reconocían ventaja, que también había mirado y considerado los cercos, le dijo lo mismo que el primero. Huayna Capac, porque los suyos no perdiesen el ánimo con tan tristes pronósticos, aunque conformaban con el que tenía en su pecho, hizo muestras de no creerlos, y dijo a los adivinos: si no me lo dice el mismo Pachacamac, yo no pienso dar crédito a vuestros dichos; porque no es de imaginar que el Sol mi padre aborrezca tanto su propia sangre, que permita la total destrucción de sus hijos.

---

[14] Además de esto.

[15] Propenso.

Con esto despidió a los adivinos; empero considerando lo que le habían dicho, que era tan propio del oráculo antiguo que de sus antecesores tenía, y juntando lo uno y lo otro con las novedades y prodigios que cada día aparecían en los cuatro elementos; y que sobre lo dicho se aumentaba la ida del navío con la gente nunca vista ni oída, vivía Huayna Capac con recelo, temor y congoja. Estaba apercibido siempre de un buen ejército escogido de la gente más veterana y práctica que en las guarniciones de aquellas provincias había. Mandó hacer muchos sacrificios al sol, y que los agoreros y hechiceros, cada cual en sus provincias, consultasen a sus familiares demonios, particularmente al gran Pachacamac y al diablo Rímac, que daba respuestas a lo que le preguntaban, que supiesen de él lo que de bien o de mal pronosticaban aquellas cosas tan nuevas que en la mar y en los demás elementos se habían visto. De Rímac y de las otras partes le trajeron respuestas oscuras y confusas, que ni dejaban de prometer algún bien, ni dejaban de amenazar mucho mal; y los más de los hechiceros daban malos agüeros, con que todo el imperio estaba temeroso de alguna grande adversidad: mas como en los primeros tres o cuatro años no hubiese novedad alguna de las que temían, volvieron a su antigua quietud, y en ella vivieron algunos años hasta la muerte de Huayna Capac. La relación de los pronósticos que hemos dicho, además de la fama común que hay de ellos por todo aquel imperio, la dieron en particular dos capitanes de la guardia de Huayna Capac, que cada uno de ellos llegó a tener más de ochenta años: ambos se bautizaron; el más antiguo se llamó don Juan Pechuta; tomó por sobrenombre el nombre que tenía antes del bautismo, como lo han hecho todos los indios generalmente; el otro se llamaba Chauca Rimachi; el nombre cristiano ha borrado de la memoria el olvido. Estos capitanes, cuando contaban estos pronósticos y los sucesos de aquellos tiempos se derretían en lágrimas llorando, que era menester divertirles de la plática para que

dejasen de llorar. El testamento y la muerte de Huayna Capac, y todo lo demás que después de ella sucedió, diremos de relación de aquel Inca viejo que había nombre Cusi Hualpa y mucha parte de ello, particularmente las crueldades que Atahualpa en los de la sangre real hizo, diré de relación de mi madre, y de un hermano suyo que se llamó don Fernando Hualpa Tupac Inca Yupanqui, que entonces eran niños de menos de diez años, y se hallaron en la furia de aquellos dos años y medio que duraron, hasta que los españoles entraron en la tierra [. . .]

(Libro IX, capítulo XIV).

DON RODRIGO NIÑO Y LOS GALEOTES DEL PERÚ[16]

Después que el Presidente Gasca hubo pacificado el Perú de la rebelión de Gonzalo Pizarro,[17] llegó a la Ciudad de los Reyes una carta de Hernando Niño, regidor de Toledo, para su hijo Rodrigo, que había sido siempre fiel al bando del Virrey. Su padre le mandaba que una vez desocupado de las guerras, volviese a España a tomar posesión de un mayorazgo que un pariente le dejaba en herencia.

Al Presidente y a sus ministros les pareció que este caballero, que tan leal se había mostrado en el servicio de Su Majestad en la guerra pasada, haría buen oficio en llevar a España ochenta y seis soldados de Gonzalo Pizarro condenados a galeras, y así se lo mandaron, poniéndole por delante que haría gran servicio a Su Majestad y que se le gratificaría en España con lo demás que había servido en el Perú.

Rodrigo Niño lo aceptó, aunque contra su voluntad, porque no hubiera querido ir a España ocupado con gente condenada a galeras. Mas como la esperanza del premio vence cualquier dificultad, preparó sus armas

---

[16] Fragmentos de los capítulos VII y IX del Libro VI de la Segunda Parte de los *Comentarios reales* refundidos y modernizados por Rosenblat.

[17] Todo esto se refiere a las famosas guerras civiles entre los Pizarro y los Almagro, a las que puso fin don Pedro de Lagasca.

para ir como capitán de aquella gente. Y así salió de la Ciudad de los Reyes con los ochenta y seis españoles condenados, entre los cuales iban seis ministriles de Gonzalo Pizarro.

Con buen suceso y próspero tiempo, llegó Rodrigo Niño a Panamá, que por todo aquel viaje, por ser distrito del Perú, las justicias de cada pueblo la ayudaban a guardar y mirar por los galeotes, y ellos venían pacíficos y humildes, porque en aquella jurisdicción habían ofendido a la Majestad Real. Pero pasando de Panamá, dieron en huirse algunos de ellos, por no remar en galeras, y la causa fué la poca o ninguna guardia que traían, que no se la dieron por parecerles a los ministros reales que bastaba la autoridad de Rodrigo Niño, y también porque era dificultoso hallar quien quisiese dejar el Perú para ir de guardián de galeotes.

Con estas dificultades y pesadumbres, llegó Rodrigo Niño cerca de las islas de Santo Domingo y Cuba, donde le salió al encuentro un navío francés, corsario de aquellos mares. Rodrigo Niño, viendo que no llevaba armas ni gente para defenderse, y que los suyos antes le serían contrarios, acordó usar de una maña soldadesca discreta y graciosa. Se armó de punta en blanco de su coselete y celada, con muchas plumas, y una partesana[18] en la mano. Se arrimó al árbol mayor del navío, mandó que los marineros y la demás gente se encubriese y que solos los ministriles se pusiesen sobre la popa y tocasen los instrumentos cuando viesen al enemigo cerca. Y ordenó que no cambiasen el rumbo del viaje ni hiciesen caso del enemigo. Los corsarios iban muy confiados en tomar el navío, mas cuando oyeron la música real, y vieron que no aparecía gente a bordo, imaginaron que aquel navío era de algún gran señor desterrado por un grave delito cometido contra su Rey, o desposeído de su estado por alguna trampa de las que hay en el mundo, por lo cual se hubiese hecho corsario. Con esta imaginación no osaron acometer a Rodrigo Niño, y lo dejaron seguir su viaje. Todo esto se supo después, cuando el Presidente pasó por aquellas islas, de regreso a España, y el mismo corsario lo había dicho en los puertos. El Presidente holgó

mucho por haber elegido tal persona para traer los galeotes a España.

Rodrigo Niño siguió su viaje y llegó a la Habana, donde se le huyó buena parte de sus galeotes. Otros pocos se habían huído en Cartagena, y lo mismo hicieron en las islas de la Tercera.[19] Cuando entraron por la barra de Sanlúcar ya no venían más que dieciocho, y de allí al Arenal de Sevilla se huyeron diez y siete. De ochenta y seis que le entregaron, desembarcó con uno solo, para llevarlo a la Casa de la Contratación, donde los había de entregar todos. Rodrigo Niño entró en Sevilla con su galeote por el postigo del Carbón, puerta por donde pasa poca gente.

Estando ya en medio de la calle, y viendo que no aparecía nadie, Rodrigo Niño echó mano del galeote por los cabezones de la camisa, y con la daga en la mano le dijo:

— Por vida del Emperador, que estoy por daros veinte puñaladas; y no lo hago por no ensuciar las manos en matar un hombre tan vil y bajo como vos, que habiendo sido soldado en el Perú no os desdeñéis de remar en una galera. ¡Hi de tal! ¿No pudierais haberos huído, como lo han hecho los otros ochenta y cinco que venían con vos? Andad con todos los diablos donde nunca más os vea yo, que más quiero ir solo, que tan mal acompañado.

Diciendo esto, le dió tres o cuatro puñadas y le soltó. Y Rodrigo Niño se fué a la Casa de la Contratación a dar cuenta de la buena guarda que había hecho de sus galeotes, diciendo en su descargo que se habían huído porque no había tenido medios para retener a tantos forzados, los cuales le habían hecho merced en no haberle muerto, como hubieran podido, para irse más a su salvo. Los jueces de la Contratación quedaron confusos por entonces, hasta averiguar la verdad de aquel hecho.

El postrer galeote, usando de su vileza, en el primer bodegón donde entró contó a otros lo que Rodrigo Niño le había dicho, y lo que había hecho con él. Y ellos lo descubrieron a otros y a otros, y de mano en mano llegó el cuento hasta los jueces de la Contratación, los cuales prendieron a Rodrigo Niño. El fiscal lo acusó rigurosamente de haber dado libertad a

---

[18] Especie de alabarda.

[19] Una de las islas Azores.

ochenta y seis esclavos de Su Majestad, y pidió que se le condenase a pagar una cantidad de dinero por cada uno.

El pleito se prolongó, y Rodrigo Niño fué condenado a servir seis años de jinete en Orán, con otros dos compañeros a su costa, y la prohibición de volver a Indias. Rodrigo Niño apeló de la sentencia ante el Príncipe Maximiliano de Austria, que asistía en el gobierno de España por ausencia de Su Majestad Imperial. Su Alteza oyó largamente a los padrinos de Rodrigo Niño, que le contaron cuán mal lo habían tratado en el Perú los tiranos porque no había querido ser de ellos, y el ardid que usó con el corsario, y todo lo que le sucedió con los galeotes, hasta el que él echó de sí, y las palabras que le dijo. El Príncipe lo oyó todo con buen semblante, y pareciéndole que la culpa había sido más de los que no le dieron las guardas, y que los galeotes habían sido comedidos en no haberle matado para huirse, consintió en ver a Rodrigo Niño. Y cuando lo tuvo delante, le dijo:

— ¿Sois vos el que se encargó de traer ochenta y seis galeotes, y se os huyeron todos, y uno sólo que os quedó lo echasteis de vos, con muy buenas puñadas que le disteis?

Rodrigo Niño respondió:

— Serenísimo Príncipe, yo no pude hacer más, porque no me dieron guardas que me ayudaran a traer los galeotes, que cuál ha sido mi ánimo en el servicio de Su Majestad es notorio a todo el mundo. Y el galeote que eché de mí fué de lástima, por parecerme que aquel solo había de servir y trabajar por todos los que se me habían huído. Y no quería yo sus maldiciones por haberlo traído a galeras, ni pagarle tan mal por haberme sido más leal que todos sus compañeros. Suplico a Vuestra Alteza mande que me castiguen estos delitos, si lo son.

El Príncipe le dijo:

— Yo los castigaré como ellos merecen. Vos lo hicisteis como caballero; yo os absuelvo de la sentencia, y os doy por libre, y que podáis volver al Perú cuando queráis.

Rodrigo Niño le besó las manos, y años después se volvió al Perú, donde largamente contaba todo lo que se ha dicho, y entre sus cuentos decía: «En toda España no hallé hombre que me hablase una buena palabra, ni de favor, si no fué el buen Príncipe Maximiliano de Austria, que me trató como Príncipe.»

(De *Comentarios reales de los Incas*)

La prosperidad no era un bien igualmente repartido en todas las colonias. En México, en el Perú, hubo un rápido florecimiento, y a principios del siglo XVII ofrecen, como se ha visto, un cuadro cultural bastante rico. En otras partes hay declinación — como en Santo Domingo — ; en otras — como en el Paraguay y el Río de la Plata — se vive duramente. De esta última región ha de surgir un cronista que, si bien tardío, muestra en su vida algo de la rudeza de los primeros tiempos: el mestizo RUIZ DÍAZ DE GUZMÁN (Paraguay; 1554?-1629). Desgraciadamente no nos ha dejado la crónica de sus propias jornadas de conquistador. Su obra, conocida como *La Argentina manuscrita*, terminada para 1612, nos ha llegado incompleta en varios manuscritos — ninguno de los cuales es el original — con variantes textuales. Arranca de los hechos del descubrimiento y conquista de las provincias rioplatenses y se interrumpe justamente en los años en que él se entremezcla con los hombres cuya historia ha escrito. Recoge leyendas porque cree en ellas; y, por creer, suele imprimir un aire fabuloso aun a episodios reales como, por ejemplo, el episodio de la Maldonada y la leona, reminiscente del de Andrócles y el león.

Ruy Díaz de Guzmán

LA ARGENTINA

LA MALDONADA Y LA LEONA

En este tiempo padecían en Buenos Aires cruel hambre. Faltándoles totalmente la ración, comían sapos, culebras y las carnes podridas que hallaban en los campos; de tal manera que los escrementos de los unos comían los otros, viniendo a tanto extremo de hambre como en tiempo que Tito y Vespasiano tuvieron cercada a Jerusalén: comieron carne humana; así le sucedió a esta mísera gente, porque los vivos se sustentaban de la carne de los que morían, y aun de los ahorcados por justicia, sin dejarle más de los huesos, y tal vez hubo hermano que sacó la asadura y entrañas a otro que estaba muerto para sustentarse con ellas. Finalmente murió casi toda la gente, donde sucedió que una mujer española, no pudiendo sobrellevar tan grande necesidad, fué constreñida a salirse del real, e irse a los indios, para poder sustentar la vida. Tomado la costa arriba, llegó cerca de la Punta Gorda en el monte grande. Por ser ya tarde, buscó adonde albergarse. Topando con una cueva que hacía la barranca de la misma costa, entró en ella, y repentinamente topó con una fiera leona que estaba en doloroso parto, que vista por la afligida mujer quedó ésta muerta y desmayada, y volviendo en sí, se tendía a sus pies con humildad. La leona, que vió la presa, acometió a hacerla pedazos; pero usando de su real naturaleza, se apiadó de ella, y desechando la ferocidad y furia con que la había acometido, con muestras halagüeñas llegó así a la que ya hacía poco caso de su vida. Ella, cobrando algún aliento, la ayudó en el parto en que actualmente estaba, y venido a luz parió dos leoncillos; en cuya compañía estuvo algunos días sustentada de la leona con la carne que traía de los animales; con que quedó bien agradecida del hospedaje, por el oficio de comadre que usó. Y acaeció que un día corriendo los indios aquella costa, toparon con ella una mañana al tiempo que salía a la playa a satisfacer la sed en el río donde la sorprendieron y llevaron a su pueblo, tomándola uno de ellos por mujer, de cuyo suceso y de lo demás que pasó haré relación adelante.

(Capítulo XII).

[. . .] En este tiempo sucedió una cosa admirable, que por serlo la diré, y fué que habiendo salido a correr la tierra un capitán en aquellos pueblos comarcanos, halló en uno de ellos, y trajo, a aquella mujer española de que hice mención arriba, que por la hambre se fué a poder de los indios. Así que Francisco Ruiz Galán la vió, ordenó a que fuese echada a las fieras, para que la despedazasen y comiesen. Puesto en ejecución su mandato, llevaron a la pobre mujer, la ataron muy bien a un árbol, y la dejaron como una legua fuera del pueblo, donde acudieron aquella noche a la presa gran número de fieras para devorarla. Entre ellas vino la leona a quien esta mujer había ayudado en su parto, y habiéndola conocido la defendió de las demás que allí estaban, y querían despedazarla. Quedándose en su compañía, la guardó aquella noche, el otro día y la noche siguiente, hasta que al tercero fueron allá unos soldados por orden de su capitán a ver el efecto que había surtido dejar allí aquella mujer. Hallándola viva, y la leona a sus pies con sus dos leoncillos — que sin acometerlos se apartó algún tanto dando lugar a que llegasen — quedaron admirados del instinto y humanidad de aquella fiera. Desatada la mujer por los soldados la llevaron consigo, quedando la leona dando muy fieros bramidos, mostrando sentimiento y soledad de su bienhechora, y haciendo ver por otra parte su real ánimo y gratitud, y la humanidad que no tuvieron los hombres. De esta manera quedó libre la que ofrecieron a la muerte, echándola a las fieras. Esta mujer yo conocí, y la llamaban la Maldonada, que más bien se la podía llamar Biendonada; pues por este suceso se ve no haber merecido el castigo a que la expusieron, pues la necesidad había sido causa a que desamparase a los suyos, y se metiese entre aquellos bárbaros. Algunos atribuyen esta sentencia tan rigorosa al capitán Alvarado, y no a Francisco Ruiz, mas cualquiera que haya sido, el caso sucedió como queda dicho, y no carece de crueldad casi inaudita.

(Capítulo XIII).

(De *La Argentina*, Buenos Aires, Colección Estrada, 1943).

———◆———

Literatura épica. Algunas crónicas hicieron literatura. También hubo literatura que hizo crónica. Por ejemplo: la de ALONSO DE ERCILLA Y ZÚÑIGA (1534–1594). Un grupo de hombres que bajaron del Perú a Chile chocaron allí con las tribus aguerridas de los araucanos; y surgió así el primer poema épico de América: *La Araucana*. Cortesano de Felipe II, Ercilla ya tenía una buena educación literaria cuando, a los 21 años, llegó al Nuevo Mundo. Y lo que vio e imaginó en Chile se exaltó en las octavas reales de su poema. Sin duda es una crónica, pero muy diferente a todas las mencionadas hasta aquí, pues lo que más vale en ella es su visión estética. *La Araucana* surgió en la evolución del género épico como un ejemplar de rara pluma. Fue la primera obra en que el poeta aparece como actor de la epopeya que describe; por lo tanto, fue la primera obra que confirió dignidad épica a acontecimientos todavía en curso; fue la primera obra que inmortalizó con una epopeya la fundación de un país moderno; fue la primera obra de real calidad poética que versó sobre América; también fue la primera obra en que el autor, cogido en medio de un conflicto entre ideales de verdad e ideales de poesía, se lamenta de la pobreza del tema indio y de la monotonía del tema guerrero y nos revela el íntimo proceso de su creación artística. Ercilla llegó de España con una mente ya formada por la literatura renacentista, por la teología y por las discusiones jurídicas sobre la conquista del nuevo mundo. Mientras peleaba, escribía. La poesía manaba de su alma de español del Renacimiento, lector de Virgilio y de Ariosto, soldado del reino católico de Felipe II, enemigo del indio, no por codicia, sino porque el indio era enemigo de su fe. América fue poetizada, sin embargo, con una precisión descriptiva extraordinaria: narración de episodios épicos, semblanza de caracteres, metáforas sorprendentes en percepciones nuevas. Cuando se fatigaba de América, Ercilla solía escaparse con escenas de amor, profecías, apariciones sobrenaturales, sueños líricos, mitologías embellecedoras, viajes imaginarios. Se afloja así la unidad de construcción épica, pero en cambio *La Araucana* se convierte en uno de los poemas más complejos de la literatura de la edad de oro. Las tres partes de *La Araucana* aparecieron, sucesivamente, en 1569, 1578 y 1589; y por primera vez España sintió que América tenía ya literatura. Hubo continuaciones, imitaciones y emulaciones; y el poema se incorporó a la gran literatura de todos los tiempos. En América, sobre todo, la influencia de *La Araucana* fue profunda y larga, y no se confinó a la poesía épica. Pero, en la dirección del poema épico, surgieron entre otros *El arauco domado* (1596) del chileno PEDRO DE OÑA; *Purén indómito* de HERNANDO ÁLVAREZ DE TOLEDO; *Argentina* (1602) DE MARTÍN DEL BARCO CENTENERA; *Elegías de varones ilustres de Indias* de JUAN DE CASTELLANOS; el *Espejo de paciencia* (1608) de SILVESTRE DE BALBOA, escrito en Cuba sobre un tema insular; *Armas antárticas* de JUAN DE MIRAMONTES Y ZUÁZOLA; y los que se inspiran en la conquista de México, o sea, los poemas de Terrazas, Lasso de la Vega y Saavedra Guzmán. Si pensamos en *La Araucana* todos los demás poemas (con excepción del de Oña) nos parecerán mediocres.

Alonso de Ercilla y Zúñiga

LA ARAUCANA

Prólogo del autor

Si pensara que el trabajo que he puesto en esta obra me había de quitar tan poco el miedo de publicarla, sé cierto de mí que no tuviera ánimo para llevarla a cabo. Pero considerando ser la historia verdadera y de cosas de guerra, a las cuales hay tantos aficionados, me he resuelto en imprimirla, ayudando a ello las importunaciones de muchos testigos que en lo de más de ello se hallaron, y el agravio que algunos españoles recibirían quedando sus hazañas en perpetuo silencio, faltando quien las escriba; no por ser ellas pequeñas, pero porque la tierra es tan remota y apartada y la postrera que los españoles han pisado por la parte del Perú, que no se puede tener de ella casi noticia, y por el mal aparejo y poco tiempo que para escribir hay con la ocupación de la guerra, que no da lugar a ello; y así el que pude hurtar le gasté en este libro, el cual porque fuese más cierto y ver-

dadero se hizo en la misma guerra y en los mismos pasos y sitios, escribiendo muchas veces en cuero por falta de papel, y en pedazos de cartas, algunos tan pequeños que apenas cabían seis versos, que no me costó después 5 poco trabajo juntarlos; y por esto, y por la humildad con que va a la obra, como criada en tan pobres pañales, acompañándola el celo y la intención con que se hizo, espero que será parte para poder sufrir quien la leyere las 10 faltas que lleva. Y si a alguno le pareciere que me muestro algo inclinado a la parte de los araucanos, tratando sus cosas y valentías más extendidamente de lo que para bárbaros se requiere; si queremos mirar su crianza, 15 costumbres, modos de guerra y ejercicio de ella, veremos que muchos no les han hecho ventaja, y que son pocos los que con tal constancia y firmeza han defendido su tierra contra tan fieros enemigos como son los españoles. 20

Y cierto es cosa de admiración que, no pose-
yendo los araucanos más de veinte leguas de
término, sin tener en todo él pueblo formado,
ni muro, ni casa fuerte para su reparo, ni
5 armas, a lo menos defensivas, que la prolija
guerra y los españoles les han gastado y
consumido, y en tierra no áspera, rodeada de
tres pueblos españoles y dos plazas fuertes en
medio de ella, con puro valor y porfiada deter-
10 minación hayan redimido y sustentado su
libertad, derramando en sacrificio de ella tanta
sangre así suya como de españoles, que con
verdad se puede decir haber pocos lugares que
no estén de ella teñidos y poblados de huesos;
15 no faltando a los muertos quien les suceda en
llevar su opinión adelante; pues los hijos,
ganosos de la venganza de sus muertos padres,
con la natural rabia que los mueve y el valor
que de ellos heredaron, acelerando el curso de
los años, antes de tiempo tomando las armas,
se ofrecen al rigor de la guerra; y es tanta la
falta de gente por la mucha que ha muerto en
esta demanda, que, para hacer más cuerpo y
henchir los escuadrones, vienen también las
mujeres a la guerra, y peleando algunas veces
como varones, se entregan con grande ánimo
a la muerte. Todo esto he querido traer para
prueba y en abono del valor de estas gentes,
digno de mayor loor del que yo le podré dar
con mis versos. Y pues, como dije arriba, hay
ahora en España cantidad de personas que se
hallaron en muchas cosas de las que aquí
escribo, a ellos remito la defensa de mi obra
en esta parte, y a los que la leyeren se la
encomiendo.

CAUPOLICÁN

La gente nuestra ingrata se hallaba
20 en la prosperidad que arriba cuento,
y en otro mayor bien que me olvidaba,
hallado en pocas cosas, que es contento;
de tal manera en él se descuidaba,
cierta señal de triste acaecimiento,
25 que en un hora perdió el honor y estado
que en mil años de afán había ganado.

Por dioses, como dije, eran tenidos
de los Indios los nuestros; pero olieron
que de mujer y hombre eran nacidos,
30 y todas sus flaquezas entendieron,
viéndolos a miserias sometidos
el error ignorante conocieron,
ardiendo en viva rabia avergonzados
por verse de mortales conquistados.

35 No queriendo a más plazo diferirlo,
entre ellos comenzó luego a tratarse,
que para en breve tiempo concluirlo
y dar el modo y orden de vengarse,
se junten a consulta a decidirlo:
40 do venga la sentencia a pronunciarse
dura, ejemplar, cruel, irrevocable,
horrenda a todo el mundo, y espantable.

Iban ya los caciques ocupando
los campos con la gente que marchaba:
y no fué menester general bando,
que el deseo de la guerra los llamaba
sin promesas ni pagas, deseando
el esperado tiempo que tardaba
para el decreto y áspero castigo
con muerte y destrucción del enemigo.

De algunos que en la junta se hallaron
es bien que haya memoria de sus nombres,
que siendo incultos bárbaros ganaron
con no poca razón claros renombres,
pues en tan breve término alcanzaron
grandes victorias de notables hombres,
que dellas darán fe los que vivieren,
y los muertos allá donde estuvieren. [. . .]

[*siguen 17 octavas en que se narran los pormenores
de la junta, y sus discusiones, interrumpidas por el
discurso del anciano*]

Colocolo, el cacique más anciano,
a razonar así tomó la mano:

«Caciques del estado defensores,
codicia del mandar no me convida
a pesarme de veros pretensores
de cosa que a mí tanto era debida;
porque según mi edad, ya veis, señores,
que estoy al otro mundo de partida;
mas el amor que siempre os he mostrado
a bien aconsejaros me ha incitado.

«¿Por qué cargos honrosos pretendemos,
y ser en opinión grande tenidos,
pues que negar al mundo no podemos
haber sido sujetos y vencidos?
Y en esto averiguarnos no queremos
estando aun de españoles oprimidos:
mejor fuera esta furia ejecutalla
contra el fiero enemigo en la batalla.

«¿Qué furor es el vuestro, ¡oh Araucanos!
que a perdición os lleva sin sentillo?
¿contra vuestras entrañas tenéis manos,
y no contra el tirano en resistillo?
¿Teniendo tan a golpe a los cristianos
volvéis contra vosotros el cuchillo?
Si gana de morir os ha movido,
no sea en tan bajo estado y abatido.

«Volved las armas y ánimo furioso
a los pechos de aquéllos que os han puesto
en dura sujeción con afrentoso
partido, a todo el mundo manifiesto:
lanzad de vos el yugo vergonzoso:
mostrad vuestro valor y fuerza en esto:
no derraméis la sangre del estado
que para redimir nos ha quedado.

«No me pesa de ver la lozanía
de vuestro corazón, antes me esfuerza;
mas temo que esta vuestra valentía
por mal gobierno el buen camino tuerza,
que vuelta entre nosotros la porfía,
degolléis vuestra patria con su fuerza:
cortad, pues, si ha de ser desa manera,
esta vieja garganta la primera.

«Que esta flaca persona atormentada
de golpes de fortuna, no procura
sino el agudo filo de una espada,
pues no la acaba tanta desventura:
aquella vida es bien afortunada   5
que la temprana muerte la asegura:
pero a vuestro bien público atendiendo,
quiero decir en esto lo que entiendo.

«Pares sois en valor y fortaleza:
el cielo os igualó en el nacimiento: 10
de linaje, de estado y de riqueza
hizo a todos igual repartimiento;
y en singular por ánimo y destreza
podéis tener del mundo el regimiento:
que este precioso don no agradecido   15
nos ha el presente término traído.

«En la virtud de vuestro brazo espero
que puede en breve tiempo remediarse;
mas ha de haber un capitán primero,
que todos por él quieran gobernarse;   20
este será quien más un gran madero
sustentare en el hombro sin pararse;
y pues que sois iguales en la suerte,
procure cada cual ser el más fuerte.»

Ningún hombre dejó de estar atento   25
oyendo del anciano las razones;
y puesto ya silencio al parlamento
hubo entre ellos diversas opiniones:
al fin de general consentimiento
siguiendo las mejores intenciones,   30
por todos los caciques acordado
lo propuesto del viejo fué aceptado. [. . .]

Pues el madero súbito traído
no me atrevo a decir lo que pesaba:
era un macizo líbano[1] fornido   35
que con dificultad se rodeaba:
Paycabí le aferró menos sufrido,
y en los valientes hombros le afirmaba;
seis horas lo sostuvo aquel membrudo;
pero llegar a siete jamás pudo.   40

---

[1] Cedro, referencia a los famosos del Líbano.

Cayocupil al tronco aguija presto
de ser el más valiente confiado,
y encima de los altos hombros puesto
lo deja a las cinco horas de cansado;
5 Gualemo lo probó, joven dispuesto,
mas no pasó de allí; y esto acabado,
Angol el grueso leño tomó luego;
duró seis horas largas en el juego.

Purén tras él lo trujo medio día
10 y el esforzado Ongolmo más de medio
y en cuatro horas y media Lebopía,
que de sufrirle más no hubo remedio;
Lemolemo siete horas le traía,
el cual jamás en todo este comedio
15 dejó de andar acá y allá saltando
hasta que ya el vigor le fué faltando.

Elicura a la prueba se previene,
y en sustentar el líbano trabaja:
a nueve horas dejarle le conviene,
20 que no pudiera más si fuera paja:
Tucapelo catorce lo sostiene,
encareciendo a todos la ventaja;
pero en esto Lincoya apercibido
mudó en un gran silencio aquel ruïdo.

25 De los hombros el manto derribando
las terribles espaldas descubría,
y el duro y grave leño levantando,
sobre el fornido asiento le ponía:
corre ligero aquí y allá mostrando
30 que poco aquella carga le impedía:
era de sol a sol el día pasado,
y el peso sustentaba aún no cansado.

Venía aprisa la noche aborrecida
por la ausencia del sol; pero Diana
35 les daba claridad con su salida,
mostrándose a tal tiempo más lozana:
Lincoya con la carga no convida,
aunque ya despuntaba la mañana,
hasta que llegó el sol al medio cielo
40 que dió con ella entonces en el suelo.

No se vió allí persona en tanta gente
que no quedase atónita de espanto,
creyendo no haber hombre tan potente
que la pesada carga sufra tanto;
la ventaja le daban juntamente
con el gobierno, mando, y todo cuanto
a digno general era debido
hasta allí justamente merecido.

Ufano andaba el bárbaro contento
de haberse más que todos señalado,
cuando Caupolicán a aquel asiento
sin gente a la ligera había llegado:
tenía un ojo sin luz de nacimiento
como un fino granate colorado,
pero lo que en la vista le faltaba,
en la fuerza y esfuerzo le sobraba.

Era este noble mozo de alto hecho,
varón de autoridad, grave y severo,
amigo de guardar todo derecho,
áspero, riguroso y justiciero:
de cuerpo grande y relevado pecho:
hábil, diestro, fortísimo y ligero,
sabio, astuto, sagaz, determinado,
y en cosas de repente reportado.

Fué con alegre muestra recibido,
aunque no sé si todos se alegraron:
el caso en esta suma referido
por su término y puntos le contaron.
Viendo que Apolo[2] ya se había escondido
en el profundo mar, determinaron
que la prueba de aquél se dilatase
hasta que la esperada luz llegase.

Pasábase la noche en gran porfía,
que causó esta venida entre la gente;
cuál se atiene a Lincoya, y cuál decía
que es el Caupolicano el más valiente:
apuestas en favor y contra había:
otros, sin apostar, dudosamente
hacia el oriente vueltos aguardaban
si los Febeos[3] caballos asomaban.

---

[2] El sol.

[3] De Febo, el sol.

Ya la rosada aurora comenzaba
las nubes a bordar de mil labores,
y a la usada labranza despertaba
la miserable gente y labradores:
ya a los marchitos campos restauraba
la frescura perdida y sus colores,
aclarando aquel valle la luz nueva,
cuando Caupolicán viene a la prueba.

Con un desdén y muestra confiada
asiendo el tronco duro y nudoso
como si fuera vara delicada,
se le pone en el hombro poderoso:
la gente enmudeció maravillada
de ver el fuerte cuerpo tan nervoso:
el color a Lincoya se le muda,
poniendo en su victoria mucha duda.

El bárbaro sagaz despacio andaba;
y a toda prisa entraba el claro día;
el sol las largas sombras acortaba;
mas él nunca decrece en su porfía;
al ocaso la luz se retiraba;
ni por eso flaqueza en él había;
las estrellas se muestran claramente,
y no muestra cansancio aquel valiente.

Salió la luna clara a ver la fiesta
del tenebroso albergue húmedo y frío,
desocupando el campo y la floresta
de un negro velo lóbrego y sombrío:
Caupolicán no afloja de su apuesta;
antes con nueva fuerza y mayor brío
se mueve y representa de manera
como si peso alguno no trajera.

Por entre dos altísimos ejidos
la esposa de Titón[4] ya parecía,
los dorados cabellos esparcidos
que de la fresca helada sacudía,
con que a los mustios prados florecidos
con el húmedo humor reverdecía
y quedaba engastado así en las flores
cual perlas entre piedras de colores.

El carro de Faetón[5] sale corriendo
del mar por el camino acostumbrado:
sus sombras van los montes recogiendo
de la vista del sol y el esforzado
varón el grave peso sosteniendo,   5
acá y allá se mueve no cansado,
aunque otra vez la nueva sombra espesa
tornaba a aparecer corriendo apriesa.

La luna su salida provechosa
por un espacio largo dilataba: 10
al fin turbia, encendida y perezosa
de rostro y luz escasa se mostraba;
paróse al medio curso más hermosa
a ver la extraña prueba en qué paraba;
y viéndole en el punto y ser primero,   15
se derribó en el ártico hemisfero.

Y el bárbaro en el hombro la gran viga
sin muestra de mudanza y pesadumbre,
venciendo con esfuerzo la fatiga,
y creciendo la fuerza por costumbre.   20
Apolo en seguimiento de su amiga
tendido hacia los rayos de su lumbre;
y el hijo de Leocán en el semblante
más firme que al principio y más constante.

Era salido el sol, cuando el enorme   25
peso de las espaldas despedía,
y un salto dió en lanzándole disforme,
mostrando que aún más ánimo tenía:
el circunstante pueblo en voz conforme
pronunció la sentencia y le decía: 30
sobre tan firmes hombros descargamos
el peso y grande carga que tomamos.

El nuevo juego y pleito definido,
con las más ceremonias que supieron,
por sumo capitán fué recibido,   35
y a su gobernación se sometieron:
creció en reputación; fué tan temido
y en opinión tan grande le tuvieron,
que ausentes muchas leguas dél temblaban,
y casi como a rey le respetaban. [. . .]   40

(De la Parte I, Canto II)

---

[4] La aurora.

[5] El hijo del Sol.

SAQUEO DE «LA IMPERIAL»

[. . .] Doña Mencía de Nidos, una dama
noble, discreta, valerosa, osada,
es aquella que alcanza tanta fama
en tiempo que a los hombres es negada;
5 estando enferma y flaca[6] en una cama,
siente el grande alboroto, y, esforzada,
asiendo de una espada y un escudo,
salió tras los vecinos como pudo.

Ya por el monte arriba caminaban,
10 volviendo atrás los rostros afligidos
a las casas y tierras que dejaban,
oyendo de gallinas mil graznidos;
los gatos con voz hórrida maullaban,
perros daban tristísimos aullidos;
15 Progne con la turbada Filomena
mostraban en sus cantos grave pena.

Pero con más dolor doña Mencía,
que de ello daba indicio y muestra clara
con la espada desnuda lo impedía
20 y en medio de la cuesta y de ellos para,
el rostro a la ciudad vuelto, decía:
«¡Oh valiente nación, a quien tan cara
cuesta la tierra y opinión ganada
por el rigor y filo de la espada!

25 «Decidme: ¿qué es de aquella fortaleza
que contra los que así teméis mostrastes?
¿Qué es de aquel alto punto y la grandeza
de la inmortalidad a que aspirastes?
¿Qué es del esfuerzo, orgullo, la braveza
30 y el natural valor de que os preciastes?
¿Adónde váis, cuitados de vosotros,
que no viene ninguno tras nosotros?

«¡Oh, cuántas veces fuistes imputados
de impacientes, altivos, temerarios,
35 en los casos dudosos arrojados,
sin atender a medios necesarios,
y os vimos en el yugo traer domados
tan gran número y copia de adversarios
y emprender y acabar empresas tales
40 que distes a entender ser inmortales!

«Volved a vuestro pueblo ojos piadosos
por vos de sus cimientos levantado,
mirad los campos fértiles viciosos
que os tienen su tributo aparejado,
las ricas minas y los caudalosos
ríos de arenas de oro, y el ganado
que ya de cerro en cerro anda perdido
buscando a su pastor desconocido.

«Hasta los animales que carecen
de vuestro racional entendimiento,
usando de razón, se condolecen
y muestran doloroso sentimiento:
los duros corazones se enternecen
no usados a sentir, y por el viento
las fieras la gran lástima derraman
y en voz casi formada nos infaman [. . .]

[. . .] A vista de las casas ya la gente
se reparte por todos los caminos,
porque el saco del pueblo sea igualmente
lleno de ropa y falto de vecinos;
apenas la señal del partir siente,
cuando, cual negra banda de estorninos
que se abate al montón del blanco trigo,
baja al pueblo el ejército enemigo.

La ciudad yerma en gran silencio atiende
el presto asalto y fiera arremetida
de la bárbara furia, que desciende
con alto estruendo y con veloz corrida:
el menos codicioso allí pretende
la casa más copiosa y bastecida;
vienen de gran tropel hacia las puertas,
todas de par en par francas y abiertas.

Corren toda la casa en el momento,
y en un punto escudriñan los rincones;
muchos, por no engañarse por el tiento,
rompen y descerrajan los cajones,
baten tapices, rimas y ornamento,
camas de seda y ricos pabellones,
y cuanto descubrir pueden de vista,
que no hay quien los impida ni resista.

---

[6] Débil.

No con tanto rigor el pueblo griego
entró por el troyano alojamiento,
sembrando frigia sangre y vivo fuego,
talando hasta en el último cimiento,
cuanto de ira, venganza y furor ciego
el bárbaro, del robo no contento,
arruïna, destruye, desperdicia,
y aun no puede cumplir con su malicia.

Quién sube la escalera y quién la baja,
quién a la ropa y quién al cofre aguija,
quién abre, quién desquicia y desencaja,
quién no deja fardel ni baratija,
quién contiende, quién riñe, quién baraja,
quién alega y se mete a la partida:
por las torres, desvanes y tejados
aparecen los bárbaros cargados.

No en colmenas de abejas la frecuencia.
prisa y solicitud cuando fabrican
en el panal la miel con providencia,
que a los hombres jamás lo comunican;
ni aquel salir, entrar y diligencia
con que las tiernas flores melifican,
se puede comparar ni ser figura
de lo que aquella gente se apresura.

Alguno de robar no se contenta
la casa que le da cierta ventura,
que la insaciable voluntad sedienta
otra de mayor presa le figura:
haciendo codiciosa y necia cuenta,
busca la incierta y deja la segura,
y, llegando el sol puesto a la posada,
se queda, por buscar mucho, sin nada.

También se roba entre ellos lo robado,
que poca cuenta y amistad había,
si no se pone en salvo a buen recado,
que allí el mayor ladrón más adquiría;
cuál lo saca arrastrando, cuál cargado
va que del propio hermano no se fía;
mas parte a ningún hombre se concede
de aquello que llevar consigo puede.

Como para el invierno se previenen
las guardosas hormigas avisadas
que a la abundante troje van y vienen
y andan en acarreos ocupadas,
no se impiden, estorban ni detienen,   5
dan las vacías el paso a las cargadas:
así los araucanos codiciosos
entran, salen y vuelven presurosos.

Quien buena parte tiene, más no espera,
que presto pone fuego al aposento,   10
no aguarda que los otros salgan fuera,
ni tiene al edificio miramiento:
la codiciosa llama de manera
iba en tanto furor y crecimiento,
que todo el pueblo mísero se abrasa,   15
corriendo el fuego ya de casa en casa.

Por alto y bajo el fuego se derrama,
los cielos amenaza el son horrendo,
de negro humo espeso y viva llama
la infelice ciudad se va cubriendo: 20
treme la tierra en torno, el fuego brama,
de subir a su esfera presumiendo,
caen de rica labor maderamientos
resumidos en polvos cenicientos.

Piérdese la ciudad más fértil de oro   25
que estaba en lo poblado de la tierra,
y adonde más riquezas y tesoros,
según fama, en sus términos se encierra.
¡Oh, cuántos vivirán en triste lloro,
que les fuera mejor continua guerra!   30
Pues es mayor miseria la pobreza
para quien se vió en próspera riqueza.

A quien diez, y a quién veinte, y a quién
mil ducados por año le rentara,   [treinta
el más pobre tuviera mil de renta,   35
de aquí ninguno de ellos abajara;
la parte de Valdivia[7] era sin cuenta
si la ciudad en paz se sustentara,
que en torno la cercaban ricas venas,
fáciles de labrar y de oro llenas.   40

---

[7] Pedro de Valdivia (1510–1569) conquistador de Chile.

Cien mil casados súbditos servían
a los de la ciudad desamparada,
sacar tanto oro en cantidad podían,
que a tenerse viniera casi en nada;
5 esto que digo y la opinión perdían
por aflojar el brazo de la espada,
ganados, heredades, ricas casas,
que ya se van tornando en vivas brasas.

La grita de los bárbaros se entona,
10 no cabe el gozo dentro de sus pechos,
viendo que el fuego horrible no perdona
hermosas cuadras ni labrados techos;
en tanta multitud no hay tal persona
que en verlos no se duela así deshechos;
15 antes suspiran, gimen y se ofenden
porque tanto del fuego se defienden.

Paréceles que es lento y espacioso,
pues tanto en abrasarlo se tardaba,
y maldicen al tracio proceloso
20 porque la flaca llama no esforzaba;
al caer de las casas sonoroso
un terrible alarido resonaba,
que junto con el humo y las centellas,
subiendo, amenazaba las estrellas.

25 Crece la fiera llama en tanto grado,
que las más altas nubes encendía;
Tracio, con movimiento arrebatado,
sacudiendo los árboles venía,
y Vulcano al rumor, sucio y tiznado,
30 con los herreros fuelles acudía,
que ayudaron su parte al presto fuego,
y así se apoderó de todo luego.

Nunca fué de Nerón el gozo tanto
de ver en la gran Roma poderosa
35 prendido el fuego ya por cada canto,
vista sola a tal hombre deleitosa;
ni aquello tan gran gusto le dió cuanto
gusta la gente bárbara dañosa
de ver cómo la llama se extendía,
40 y la triste ciudad se consumía.

Era cosa de oír dura y terrible
de estallidos el son y grande estruendo;
el negro humo, espeso e insufrible,
cual nube en aire, así se va imprimiendo:
no hay cosa reservada al fuego horrible,
todo en sí lo convierte, resumiendo
los ricos edificios levantados
en antiguos corrales derribados.

Llegado al fin el último contento
de aquella fiera gente vengativa,
aun no parando en esto el mal intento,
ni planta en pie, ni cosa dejan viva;
el incendio acabado como cuento,
un mensajero con gran prisa arriba
del hijo de Leocán,[8] y su embajada
será en el otro canto declarada.

(De la Parte I, Canto VII).

SUEÑO DE ERCILLA

Aquella noche yo mal sosegado
reposar un momento no podía
o ya fuese el peligro, o ya el cuidado
que de escribir entonces yo tenía:
asi imaginativo y desvelado
revolviendo la inquieta fantasía,
quise de algunas cosas desta historia
descargar con la pluma la memoria.

En el silencio de la noche oscura,
en medio del reposo de la gente,
queriendo proseguir con mi escritura,
me sobrevino un súbito accidente;
cortóme un hielo cada coyuntura,
turbóseme la vista de repente,
y, procurando de esforzarme en vano,
se me cayó la pluma de la mano.

Quisiérame quejar más fué imposible,
del accidente súbito impedido,
que el agudo dolor y mal sensible
me privó del esfuerzo y del sentido;
pero, pasado el término terrible,
y en mi primero ser restituído,
del tormento quedé de tal manera
cual si de larga enfermedad saliera.

---

[8] Hijo de Leocán: Caupolicán.

Luego que con suspiros trabajados,
deshogando las ansias aflojaron,
mis decaídos ojos, agravados
del gran quebrantamiento se cerraron;
así los laxos miembros relajados
al agradable sueño se entregaron,
quedando por entonces el sentido
en la más noble parte recogido.

No bien al dulce sueño y al reposo
dejado el quebrantado cuerpo había,
cuando, oyendo un estruendo sonoroso,
que estremecer la tierra parecía
con gesto altivo y término furioso
delante una mujer se me ponía,
que luego vi en su talle y gran persona
ser la robusta y áspera Belona.[9]

Vestida de los pies a la cintura,
de la cintura a la cabeza armada
de una escamosa y lúcida armadura,
su escudo al brazo, al lado la ancha espada,
blandiendo en la derecha la asta dura,
de las horribles Furias[10] rodeada,
el rostro airado, la color teñida,
toda de fuego bélico encendida.

La cual me dijo: «¡Oh mozo temeroso!,
el ánimo levanta y confianza,
reconociendo el tiempo venturoso
que te ofrece tu dicha y buena andanza;
huye del ocio torpe y perezoso,
ensancha el corazón y la esperanza
y aspira a más de aquello que pretendes,
que el cielo te es propicio si lo entiendes.

«Que, viéndote a escribir aficionado,
como se muestra bien por el indicio,
pues nunca te han la pluma destemplado
las fieras armas y áspero ejercicio;
tu trabajo tan fiel considerado,
sólo movida de mi mismo oficio,
te quiero yo llevar en una parte
donde podrás sin limite ensancharte.

«En campo fértil, lleno de mil flores,
en el cual hallarás materia llena
de guerras más famosas y mayores
donde podáis alimentar la vena;
y si quieres de damas y de amores   5
en verso celebrar la dulce pena,
tendrás mayor sujeto y hermosura,
que en la pasada edad y en la futura.

«Sigueme», dijo al fin, y yo, admirado,
viéndola revolver por donde vino,   10
con paso largo y corazón osado,
comencé de seguir aquel camino,
dejando del siniestro y diestro lado
dos montes, que el Atlante y Apenino[11]
con gran parte no son de tal grandeza,   15
ni de tanta espesura y aspereza.

Salimos a un gran campo, a do natura
con mano liberal y artificiosa,
mostraba su caudal y hermosura
en la varia labor maravillosa,   20
mezclando entre las hojas y verdura
el blanco lirio y encarnada rosa,
junquillos, azahares y mosquetas,
azucenas, jazmines y violetas.

Allí las claras fuentes murmurando   25
el deleitoso asiento atravesaban,
y los templados vientos respirando
la verde hierba y flores alegraban;
pues los pintados pájaros volando
por los copados árboles cruzaban,   30
formando con su canto y melodía
una acorde y dulcísima armonía.

Por mil partes en corros derramadas
vi gran copia[12] de Ninfas muy hermosas,
unas en varios juegos ocupadas,   35
otras cogiendo flores olorosas;
otras süavemente y acordadas,
cantaban dulces letras amorosas,
con cítaras y liras en las manos,
diestros sátiros, faunos y silvanos.   40

---

[9] Diosa de la guerra entre los romanos.
[10] Erinnias o Euménides: diosas de la mitología
romana. Tenían por misión castigar los crímenes
de los humanos después de su muerte.

[11] *Atlante*, o *Atlas*, cordillera al norte de Africa.
Apeninos los montes de Italia.
[12] Abundancia.

Era el fresco lugar aparejado
a todo pasatiempo y ejercicio;
quién sigue ya de aquel, ya de este lado,
de la casta Dïana el duro oficio;
5 otra atraviesa el puerco, ora el venado,
ora salta la liebre y, con el vicio,
gamuzas, capriolas[13] y corcillas
retozan con la hierba y florecillas.

Quién, el ciervo herido rastreando,
10 de la llanura al monte atravesaba;
quién, el cerdoso puerco fatigando,
los osados lebreles ayudaba;
quién, con templados pájaros volando,
las altaneras aves remontaba:
15 acá matan la garza, allá la cuerva,
aquí el celoso gamo, allí la cierva.

Estaba medio a medio de este asiento
en forma de pirámide un collado,
redondo en igual círculo y exento,
20 sobre todas las tierras empinado;
y, sin saber yo cómo, en un momento,
de la fiera Belona arrebatado,
en la más alta cumbre de él me puso,
quedando de ello atónito y confuso.

25 Estuve tal un rato de repente,
viéndome arriba, que mirar no osaba,
tanto que acá y allá medrosamente
los temerosos ojos rodeaba;
allí el templado céfiro clemente,
30 lleno de olores varios respiraba,
hasta la cumbre altísima el collado
de verde hierba y flores coronado.

Era de altura tal que no podría
un liviano neblí subir a vuelo,
35 y así no sin temor me parecía,
mirando abajo, estar cerca del cielo;
de donde con la vista descubría
la grande redondez del ancho suelo,
con los términos bárbaros ignotos,
40 hasta los más ocultos y remotos. [. . .]

(De la Parte II, Canto XVII).

EPISODIO DE TEGUALDA

La negra noche a más andar cubriendo
la tierra, que la luz desamparaba,
se fué toda la gente recogiendo,
según y en el lugar que le tocaba:
la guardia y centinelas repartiendo,
que el tiempo estrecho a nadie reservaba,
me cupo el cuarto de la prima en suerte
en un bajo recuesto junto al Fuerte.

Donde con el trabajo de aquel día,
y no me haber en quince desarmado,
el importuno sueño me afligía,
hallándome molido y quebrantado:
mas con nuevo ejercicio resistía
paseándome de éste y de aquel lado,
sin parar un momento, tal estaba
que de mis propios pies no me fiaba.

No el manjar de sustancia vaporoso,
ni vino muchas veces trasegado,
ni el hábito y costumbre de reposo
me había el grave sueño acarreado;
que bizcocho magrísimo y mohoso,
por medida de escasa mano dado
y el agua llovediza desabrida
era el mantenimiento de mi vida.

Y a veces la ración se convertía
en dos tasados puños de cebada,
que cocida con yerbas nos servía
por la falta de sal, la agua salada;
la regalada cama en que dormía
era la húmeda tierra empantanada,
armado siempre, y siempre en ordenanza,
la pluma ora tomando, ora la lanza.

Andando pues así con el molesto
sueño que me aquejaba porfiando,
y en gran silencio el encargado puesto
de un canto al otro canto paseando,
ví que estaba el un lado del recuesto
lleno de cuerpos muertos blanqueando,
que nuestros arcabuces aquel día
habían hecho gran riza y batería.[14]

---

[13] Cabras.

[14] Estrago y batida.

No mucho despúes desto, yo que estaba
con ojo alerta y con atento oído,
sentí de rato en rato que sonaba
hacia los cuerpos muertos un ruïdo,
que siempre al acabar se remataba
con un triste suspiro sostenido,
y tornaba a sentirse, pareciendo
que iba de cuerpo en cuerpo discurriendo.

La noche era tan lóbrega y oscura
que divisar lo cierto no podía;
y así por ver el fin de esta aventura
(aunque más por cumplir lo que debía)
me vine agazapando en la verdura
hacia la parte que el rumor se oía,
donde ví entre los muertos ir oculto
andando a cuatro pies un negro bulto.

Yo de aquella visión mal satisfecho,
con un temor que ahora aun no lo niego,
la espada en mano y la rodela en pecho
llamando a Dios, sobre él aguijé luego:
mas el bulto se puso en pié derecho
y con medrosa voz y humilde ruego
dijo: «señor, señor, merced te pido,
que soy mujer y nunca te he ofendido.

« Si mi dolor y desventura extraña
a lástima y piedad no te inclinaren,
y tu sangrienta espada y fiera saña
de los términos lícitos pasaren:
¿qué gloria adquirirás de tal hazaña,
cuando los cielos justos publicaren
que se empleó en una mujer tu espada,
viuda, mísera, triste y desdichada?

« Ruégote, pues, señor, si por ventura,
o desventura como fué la mía,
con amor verdadero y con fe pura
amaste tiernamente en algún día,
me dejes dar a un muerto sepultura
que yace entre esta muerta compañía:
mira que aquel que niega lo que es justo,
lo malo aprueba ya, y se hace injusto.

« No quieras impedir obra tan pía,
que aun en bárbara guerra se concede,
que es especie y señal de tiranía
usar de todo aquello que se puede:
deja buscar su cuerpo a esta alma mía,   5
después furioso con rigor procede,
que ya el dolor me ha puesto en tal extremo,
que más la vida que la muerte temo.

« Que no sé mal que ya dañarme pueda,
no hay bien mayor que no le haber tenido,   10
acábese y fenezca lo que queda,
pues que mi dulce amigo ha fenecido:
que aunque el cielo cruel no me conceda
morir mi cuerpo con el suyo unido,
no estorbará, por más que me persiga,   15
que mi afligido espíritu le siga.»

En esto con instancia me rogaba
que su dolor de un golpe rematase;
mas yo, que en duda y confusión estaba,
aun teniendo temor que me engañase,   20
del verdadero indicio no fiaba
hasta que un poco más me asegurase,
sospechando que fuese algún espía
que a saber cómo estábamos venía.

Bien que estuve dudoso; pero luego,   25
aunque la noche el rostro le encubría,
en su poco temor y gran sosiego
ví que verdad en todo me decía,
y que el pérfido amor ingrato y ciego
en busca del martirio la traía,   30
el cual en la primera arremetida
queriendo señalarse, dió la vida.

Movido pues a compasión de vella
firme en su casto y amoroso intento,
de allí salido, me volví con ella   35
a mi lugar y señalado asiento,
donde yo le rogué que su querella,
con ánimo seguro y sufrimiento,
desde el principio el cabo me contase,
y desfogando la ansia descansase.   40

Ella dijo: «¡ay de mí! que es imposible
tener jamás descanso hasta la muerte,
que es sin remedio mi pasión terrible
y más que todo sufrimiento, fuerte;
5 mas aunque me será cosa insufrible,
diré el discurso de mi amarga suerte,
quizá que mi dolor, según es grave,
podrá ser que esforzándole me acabe.

«Yo soy Tegualda, hija desdichada
10 del Cacique Brancol desventurado;
de muchos por hermosa en vano amada,
libre un tiempo de amor y de cuidado;
pero muy presto la fortuna airada
de ver mi libertad y alegre estado,
15 turbó de tal manera mi alegría
que al fin muero del mal que no temía.

«De muchos fuí pedida en casamiento,
y a todos igualmente despreciaba,
de lo cual mi buen padre descontento,
20 que yo aceptase alguno me rogaba;
pero con franco y libre pensamiento
de su importuno ruego me excusaba:
que era pensar mudarme desvarío,
y martillar sin fruto en hierro frio. [. . .]

25 Aquí acabó su historia, y comenzaba
un llanto tal que el monte enternecía,
con un ansia y dolor que me obligaba
a tenerle en el duelo compañía:
que ya el asegurarle no bastaba
30 de cuanto prometer yo le podía,
sólo pedía la muerte y sacrificio
por último remedio y beneficio.

En gran congoja y confusión me viera
si don Simón Pereira, que a otro lado
35 hacía tambien la guardia, no viniera
a decirme que el tiempo era acabado:
y espantado también de lo que oyera,
que un poco desde aparte había escuchado,
me ayudó a consolarla, haciendo ciertas
40 con nuevo ofrecimiento mis ofertas.

Ya el presuroso cielo volteando,
en el mar las estrellas trastornaba;
y el crucero las horas señalando,

entre el sur y sudoeste declinaba:
en mitad del silencio y noche, cuando
visto cuanto la oferta la obligaba,
reprimiendo Tegualda su lamento
la llevamos a nuestro alojamiento.

Donde en honesta guarda y compañía
de mujeres casadas quedó, en tanto
que el esperado ya vecino día
quitase de la noche el negro manto:
entretanto también razón sería,
pues que todos descansan, y yo canto,
dejarla hasta mañana en este estado,
que de reposo estoy necesitado.

                    (De la Parte II, Canto XX).

VIAJE DE ERCILLA
A LA CUEVA DE FITÓN

[. . .] Así yo, apercibido sordamente
en medio del silencio y noche oscura,
di sobre algunos pueblos de repente
por un gran arcabuco[15] y espesura,
donde la miserable y triste gente
vivía por su pobreza en paz segura,
que el rumor y alboroto de la guerra
aún no la había sacado de su tierra.

Viniendo, pues, a dar al Challacano,
que es donde nuestro campo se alojaba,
vi en una loma al rematar de un llano,
por una angosta senda que cruzaba,
un indio laxo, flaco y tan anciano,
que apenas en los pies se sustentaba,
corvo, espacioso, débil, descarnado,
cual de raices de árboles formado.

Espantado del talle y la torpeza
de aquel retrato de vejez tardía,
llegué por ayudarle en su pereza,
y tomar lengua de él si algo sabía;
mas no sale con tanta ligereza
sintiendo los lebreles por la vía
la temerosa gama fugitiva,
como el viejo salió la cuesta arriba.

---

[15] Monte espeso y cerrado.

Yo, sin más atención y advertimiento,
arrimando las piernas al caballo,
a más correr seguí en su seguimiento,
pensando, aunque volaba, de alcanzallo:
mas el viejo dejando atrás el viento,
me fué forzoso a mí pesar dejallo,
perdiéndole de vista en un instante
sin poderle seguir más adelante.

Halléme a la bajada de un repecho
cerca de dos caminos desusados,
por donde corre Rauco más estrecho
que le ciñen dos cerros los costados,
y mirando a lo bajo y más derecho,
en una selva de árboles copados,
vi una mansa corcilla junto al río
gustando de las hierbas y rocío.

Ocurrió luego a la memoria mía
que la razón en sueños me dijera
cómo había de topar acaso un día
una simple corcilla en la ribera,
y así yo, con grandísima alegría,
comencé de bajar por la ladera,
paso a paso siguiendo el un camino,
hasta que de ella vine a estar vecino

Púdelo bien hacer, que en las quebradas
era grande el rumor de la corriente
y con pasos y orejas descuidadas
pacía la tierna hierba libremente,
pero cuando sintió ya mis pisadas
y al rumor levantó la altiva frente,
dejó el sabroso pasto y arboleda
por una estrecha y áspera vereda.

Comencéla a seguir a toda priesa,
labrando a mi caballo los costados,
mas tomando otra senda que atraviesa
se entró por unos ásperos collados;
al cabo enderezó a una selva espesa
de matorrales y árboles cerrados,
adonde se lanzó por una senda
y yo también tras ella a toda rienda.

Perdí el rastro y cerróseme el camino,
sobreviniendo un aire turbulento,
y así, de acá y de allá fuera de tino,
de una espesura en otra andaba a tiento;
vista, pues, mi torpeza y desatino,   5
arrepentido del primer intento,
sin pasar adelante me volviera,
si alguna senda o rastro yo supiera.

Gran rato anduve así descarriado,
que la oculta salida no acertaba,   10
cuando sentí por el siniestro lado
un arroyo que cerca murmuraba;
y al vecino rumor encaminado,
al pie de un roble que a la orilla estaba
vi una pequeña y mísera casilla   15
y, junto a un hombre anciano, la corcilla.

El cual dijo: «¿Qué hado o desventura
tan fuera de camino te ha traído
por este inculto bosque y espesura,
donde jamás ninguno he conocido?   20
Que si por caso adverso y suerte dura
andas de tus banderas forajido
haré cuanto pudiere de mi parte
en buscarte el remedio y escaparte.»

Viendo el ofrecimiento y acogida   25
de aquel extraño y agradable viejo,
más alegre que nunca fuí en mi vida
por hallar tal ayuda y aparejo;
le dije la ocasión de mi venida,
pidiéndole me diese algún consejo   30
para saber la cueva do habitaba
el mágico Fitón, a quien buscaba.

El venerable viejo y padre anciano,
con un suspiro y tierno sentimiento,
me tomó blandamente por la mano   35
saliendo de su frágil aposento;
y por ser a la entrada del verano
buscamos a la sombra un fresco asiento
en una pedregosa y fresca fuente,
do comenzó a decirme lo siguiente: 40

« Mi tierra es en Arauco y soy llamado
el desdichado viejo Guaticolo,
que en los robustos años fuí soldado
en cargo antecesor de Colocolo;
5 y antes por mi persona en estacado
siete campos venci de solo a solo
y mil veces de ramos fué ceñida
esta mi calva frente envejecida.

«Mas su saber y su poder es tanto
sobre las piedras, plantas y animales
que alcanza por su ciencia y arte cuanto
pueden todas las causas naturales;
y en el oscuro reino del espanto
apremia a los caballos infernales
a que digan por áspero conjuro
lo pasado, presente y lo futuro.

«Mas, como en esta vida el bien no dura
10 y todo está sujeto a desvarío,
mudóse mi fortuna en desventura,
y en deshonor perpetuo el honor mío,
que por extraño caso y suerte dura
perdí con Ainavillo en desafío
15 la gloria en tantos años adquirida,
quitándome el honor y no la vida.

«En la furia del sol y luz serena
de nocturnas tinieblas cubre el suelo,
y sin fuerza de vientos llueve y truena
fuera de tiempo el sosegado cielo;
el raudo curso de los ríos enfrena,
y las aves en medio de su vuelo
vienen de golpe abajo amodorridas,
por sus fuertes palabras compelidas.

«Viéndome, pues, con vida y deshonrado,
que mil veces quisiera antes ser muerto,
de cobrar el honor desesperado
20 me vine, como ves, a este desierto,
donde más de veinte años he morado
sin ser jamás de nadie descubierto,
sino ahora por ti que ha sido cosa
no poco para mí maravillosa.

«Las hierbas en su agosto reverdece
y entiende la virtud de cada una,
el mar revuelve, el viento le obedece
contra la fuerza y orden de la luna;
tiembla la firme tierra y se estremece
a su voz eficaz sin causa alguna
que la altere y remueve por de dentro,
apretándose recio con su centro.

25 «Así que tantos tiempos he vivido
en este solitario apartamiento,
y pues que la Fortuna te ha traído
a mi triste y humilde alojamiento,
haré de voluntad lo que has pedido,
30 que tengo con Fitón conocimiento,
que aunque intratable y áspero es mi tío,
hermano de Guarcolo, padre mío.

«Los otros poderosos elementos
a las palabras de éste están sujetos,
y a las causas de arriba y movimientos
hace perder la fuerza y los efetos;
al fin por su saber y encantamientos
escudriña y entiende los secretos,
y alcanza por los astros influyentes
los destinos y hados de las gentes.

«Al pie de una espesísima montaña,
pocas veces de humano pie pisada,
35 hace su habitación y vida extraña
en una oculta y lóbrega morada,
que jamás el alegre sol la baña,
y es a su condición acomodada,
por ser fuera de término inhumano,
40 enemigo mortal del trato humano.

«No sé, pues, cómo pueda encarecerte
el poder de este mágico adivino;
sólo en tu menester quiero ofrecerte
lo que ofrecerte puede un su sobrino;
mas, para que mejor esto se acierte,
será bien que tomemos el camino,
pues es la hora y sazón desocupada
que podremos tener mejor entrada.»

Luego de allí los dos nos levantamos
y, atando a mi caballo de la rienda,
a paso apresurado caminamos
por una estrecha e intrincada senda;
la cual seguida un trecho nos hallamos
en una selva de árboles horrenda,
que los rayos del sol y claro cielo
nunca allí vieron el umbroso suelo.

Debajo de una peña socavada,
de espesas ramas y árboles cubierta,
vimos un callejón y angosta entrada,
y más adentro una pequeña puerta
de cabezas de fieras rodeaba,
la cual de par en par estaba abierta,
por donde se lanzó el robusto anciano
llevándome trabado de la mano.

Bien por ella cien pasos anduvimos,
no sin algún temor de parte mía,
cuando a una grande bóveda salimos
do una perpetua luz en medio ardía;
y cada banda en torno de ella vimos
poyos puestos por orden, en que había
multitud de redomas sobrescritas
de ungüentos, hierbas y aguas infinitas.

Vimos allí del lince preparados
los penetrantes ojos virtüosos,
en cierto tiempo y conjunción sacados,
y los del basilisco ponzoñosos;
sangre de hombres bermejos, enojados,
espumajos de perros que, rabiosos,
van huyendo del agua y el pellejo
del pecoso Chersidros cuando es viejo.

También en otra parte parecía
la coyuntura de la dura hiena,
y el meollo del cencris, que se cría
dentro de Libia en la caliente arena;
y un pedazo del ala de una arpía,
la hiel de la biforme Anfisibena,
y la cola del áspide revuelta,
que da la muerte en dulce sueño envuelta.

Moho de calavera destroncada
del cuerpo que no alcanza sepultura,
carne de niña por nacer sacada
no por donde la llama la Natura;
y la espina también descoyuntada   5
de la sierpe Cerastes, y la dura
lengua de la Emorrois, que aquel que hiere
suda toda la sangre hasta que muere.

Vello de cuantos monstruos prodigiosos
la superflua Natura ha producido,   10
escupidos de sierpes venenosos;
las dos alas del Jáculo temido.
y de la seps los dientes ponzoñosos,
que el hombre o animal de ella mordido,
de súbito hinchado como un odre,   15
huesos y carne se convierte en podre.

Estaba en un gran vaso transparente
el corazón del Grifo atravesado,
y ceniza del Fénix que en Oriente
se quema él mismo de vivir cansado;   20
el unto de la Escítala serpiente,
y al pescado Echineis, que en mar airado
al curso de las naves contraviene
y, a pesar de los vientos, las detiene.

No faltaban cabezas de escorpiones   25
y mortíferas sierpes enconadas,
alacranes y colas de dragones
y las piedras del águila preñadas;
buches de los hambrientos tiburones,
menstruo y leche de hembras azotadas,   30
landres, pestes, venenos, cuantas cosas
produce la Natura ponzoñosas.

Yo, que con atención mirando andaba
la copiosa botica embebecido,
por una puerta que a un rincón estaba   35
vi salir a un anciano consumido
que sobre un corvo junco se arrimaba;
el cual luego de mí fué conocido
ser el que había corrido por la cuesta,
que apenas le alcanzara una ballesta. [...]   40
(De la Parte II, Canto XXIII).

(De *La Araucana*, edición de la Real Academia
Española, Madrid, 1866.)

En México, en el mismo círculo de poesía culta en que se movía Terrazas, hay que poner a ANTONIO DE SAAVEDRA GUZMÁN (nació antes de 1570). Su poema épico *El Peregrino Indiano* (1599) continuó el ciclo de la conquista de México, abierto por Terrazas. Es una especie de diario rimado de las operaciones militares de Hernán Cortés, desde su partida de Cuba hasta la conquista de la ciudad de México. Pero el tono épico a veces se dulcifica con la retórica del amor, según se podrá apreciar en las octavas que siguen.

Antonio de Saavedra Guzmán

TIRANO AMOR...

Tirano Amor, crüel, dí ¿qué pretendes
mostrando tu furor en un rendido,
pues con tanto rigor mi vida ofendes
con tu liga y veneno enfurecido?
5 ¡Cuán poco a poco atormentarme entiendes,
seguro que en tu red me ves metido!
Mas, ¡ay! que ya la acerba y viva llama
el cuerpo, el corazón, el alma inflama.

¡Oh Amor, quién tus engaños alcanzase
10 y quién tus varios fines entendiese,
para que de tus daños escapase
y tus fueros injustos previniese!
¡Quién tu rigor y fuerza contrastase
y tu furiosa flecha resistiese,
15 defendiendo el furor de aquesas manos
y tus redes y lazos inhumanos!

¡Oh hiel envuelta en miel emponzoñada,
oh tósigo mortal, oh dulce muerte,
oh mal de muerte, oh muerte regalada
y dicha que en desdicha se convierte!
¡Oh vida de la vida desastrada,
oh inquietud de la felice suerte,
oh brasa envuelta en hielo, oh vario efecto,
confusión del estado más perfecto!

¡Traidor, pérfido, espera! No me aquejes,
pues me ves justamente entretenido:
razón será que un solo punto dejes
libres mi entendimiento y mi sentido;
suspenso quedaré, hasta que alejes
tu mano, que tan fiera me ha herido:
no es justo, injusto Amor, que me persigas
en tal tiempo con ansias y fatigas.

(De *El peregrino indiano*, [1599] canto XVIII. En
« Poetas novohispanos », Mexico, 1942)

NOTICIA COMPLEMENTARIA

Antes de cerrar este período histórico, de 1556 a 1598, debemos completar el cuadro literario con unas pocas noticias.

A pesar de las difíciles circunstancias en que se vivía, las colonias americanas se esforzaron por seguir a España en el movimiento de las letras. Por eso, al lado de los romances y coplas y villancicos populares surgió una literatura pretensiosa: diálogos, versiones y versos latinos (como los de FRANCISCO CERVANTES DE SALAZAR), sonetos italianizantes, petrarquescos, al modo de Garcilaso y Gutierre de Cetina (como los de FRANCISCO DE TERRAZAS, ya famoso en 1577), poemas épicos (como los de toda la descendencia literaria de Ercilla) y versos muy siglo XV al modo de Jorge Manrique (como los de PEDRO TREJO, quien se ensayó en todos los géneros y maneras y aun innovó metros y estrofas). Había tantos certámenes de poesía que GONZÁLEZ DE ESLAVA dice en uno de sus *Coloquios*: « hay más poetas que estiércol. » Escritores, pues, hubo a montones, si bien insignificantes. Escribir era un irresistible prurito colectivo. En esos tiempos también se compusieron sátiras, como, sobre todo, las de MATEO ROSAS DE OQUENDO.

La actividad teatral fue también notable. Ya dijimos que el primer teatro misionario fue desapareciendo en la segunda mitad del siglo XVI. La depuración que la Iglesia hizo de sus elementos profanos, el cambio en las costumbres, el crecimiento de las ciudades, los gustos humanistas y universitarios abrieron el camino a un teatro de molde europeo. La tradición latinista de los colegios fué traída a México y Lima por los jesuítas: diálogos alegóricos sobre temas sagrados, tragedias en cinco actos en latín o parte en latín representadas por los colegiales ante un claustro muy reducido. Poco ha quedado de este teatro escolar. Además del teatro misionero y del escolar había otro para españoles y criollos. Asistían éstos a solemnidades eclesiásticas, procesiones, festejos, recepciones de virreyes o fastos notables, bailes y piezas litúrgicas — pasos, entremeses, loas, autos y aun comedias y tragedias con tema bíblico o alegórico — que se presentaban en tablados cada vez más profanos. Este teatro sufrió por la competencia del teatro renacentista de la metrópoli. Competencia por el repertorio y aun por la presencia de compañías de actores que venían de España. Del teatro criollo poco se ha salvado. El mejor conocido es el de HERNÁN GONZÁLEZ DE ESLAVA (España-México; 1534–1601), autor de dieciséis coloquios, ocho loas, cuatro entremeses y poesías sueltas.

III

1598-1701

MARCO HISTÓRICO: *Las colonias bajo la decadencia de los últimos Austrias: Felipe III, Felip IV y Carlos II. Pérdida de posesiones en América.*

TENDENCIAS CULTURALES: *Del Renacimiento al Barroco. Plenitud literaria. Escritores nacidos en América.*

JUAN RODRÍGUEZ FREILE
FRANCISCO NÚÑEZ DE PINEDA Y
    BASCUÑÁN
BERNARDO DE BALBUENA
FRAY DIEGO DE HOJEDA
PEDRO DE OÑA
JACINTO DE EVIA

HERNANDO DOMÍNGUEZ CAMARGO
JUAN DEL VALLE CAVIEDES
CARLOS DE SIGÜENZA Y GÓNGORA
SOR JUANA INÉS DE LA CRUZ
SOR FRANCISCA JOSEFA DEL
    CASTILLO Y GUEVARA
    (LA MADRE CASTILLO)

A pesar de la decadencia política y económica nuevos bríos enriquecieron extraordinariamente la literatura española. En los primeros años del siglo XVII — con la obra genial de Cervantes y de Lope de Vega — se recorta el período de apogeo renacentista. Ambos comienzan a vivir en una época de esplendor y pasan sus últimos años en la decadencia española. La crisis nacional se revela en un estilo, si no nuevo, por lo menos ahora concentrado y dominante, al que se llama Barroco. Los autores barrocos se encontraron en el tope de una gran literatura y, al mismo tiempo, asomados al vacío, pues España había dado espaldas a la cultura bullente, vital, del resto de Europa. Amargura, angustia, resentimiento, desengaño, miedo, pesimismo y al mismo tiempo orgullo patriótico; resignación a no vivir ni pensar al compás del mundo y, sin embargo, ganas de asombrar al mundo con un lenguaje de suma afectación . . . En este período las colonias, como siempre, recibieron lo que España les daba. Apenas publicados, el *Quijote* y el *Guzmán de Alfarache* se embarcaron para América. Inmediatamente también vinieron las comedias de Lope de Vega. Y a veces vinieron los mismos escritores como Mateo Alemán a México (1608) y Tirso de Molina a Santo Domingo (1616). Renacimiento, Barroco . . . Es significativo que este siglo esté tan limpiamente cortado por dos genios literarios, ambos nacidos en América: el renacentista INCA GARCILASO DE LA VEGA y la barroca SOR JUANA INÉS DE LA CRUZ.

Bosquejos novelísticos. Los decretos reales que desde 1531 prohibieron la circulación de novelas no se cumplieron, pero había, además de los legales, otros impedimentos físicos y psicológicos que desanimaban a los posibles novelistas. Comoquiera que fuera, lo cierto es que no se escribieron novelas en el nuevo mundo. Sólo podemos hablar, pues, de virtudes novelísticas en las crónicas e historias de la época.

JUAN RODRÍGUEZ FREILE (Colombia; 1566–1640?), criollo de Bogotá, hijo de conquistador, compuso *El Carnero* (1636–38), crónica de su patria, desde la conquista en adelante, con guerras, costumbres, episodios, datos. Se proponía ser veraz; y describía el mal para moralizar. Pero, afortunadamente, era imaginativo. «Si es verdad que pintores y poetas tienen igual potestad, con ellos se han de entender los cronistas», decía. Lo que escriba no será fingido, como hacen «los que escriben libros de caballerías». Pero a su propia obra — «doncella huérfana» — la adornará con «ropas y joyas prestadas», con «las más graciosas flores». Estos adornos en la composición de *El Carnero* son lo más ameno: anécdotas, chismes, digresiones, reflexiones, reminiscencias de la literatura, sermones, cuentos llenos de picardías, aventuras, amores y adulterios, crímenes y venganzas, intrigas, emboscadas, brujerías. Y así, en esta crónica escandalosa, pasa colorida y bulliciosa, como en un escenario, la vida bogotana. Al contar usa los trucos del drama y de la novela de la literatura de su tiempo. Su estilo tosco pero sabroso se encrespa a veces gracias a procedimientos barrocos, con gran consumo de puertas secretas, cartas interceptadas, pañuelos mensajeros, disfraces, fugas y duelos. Tenía sentido humorístico, dinamismo narrativo, diálogos vivos. Libro originalísimo, *El Carnero* nos da, en prosa impávida y sin afeites, pasajes que tienen valor de novela.

Juan Rodríguez Freile

EL CARNERO

APARICIÓN DE «EL DORADO»

[. . .] Paréceme que algún curioso me apunta con el dedo y me pregunta que de dónde supe estas antigüedades, pues tengo dicho que entre estos naturales no hubo quien escribiese, ni cronistas. Respondo presto, por no detenerme en esto, que *nací en esta ciudad de Santafé*, y al tiempo que escribo esto me hallo en edad de setenta años, que los cumplo la noche que estoy escribiendo este capítulo, y que son los 25 de abril y día del señor San Marcos, del dicho año de 1636. Mis padres fueron de los primeros conquistadores y pobladores de este Nuevo Reino. Fué mi padre soldado de Pedro

Ursúa, aquel a quien Lope de Aguirre[1] mató
después en el Marañón,[2] aunque no se halló
con él en este Reino sino mucho antes, en las
jornadas de Tairona, Valle de Upar y Río del
5 Hacha, Pamplona y otras partes.

Yo, en mi mocedad, pasé de este Reino a los
de Castilla, [en] donde estuve seis años. Volví a
él y he corrido mucha parte de él. Entre los
muchos amigos que tuve fué uno don Juan,
10 Cacique y señor de Guatavita,[3] sobrino de
aquel que hallaron los conquistadores en la
silla al tiempo que conquistaron este Reino; el
cual sucedió luego a su tío y me contó estas
antigüedades y las siguientes.

15 Díjome que al tiempo que los españoles entraron por Vélez[4] al descubrimiento de este
Reino y su conquista, él estaba en el ayuno
para la sucesión del señorío de su tío; porque
entre ellos heredaban los sobrinos hijos de
20 hermana, y se guarda esa costumbre hasta hoy
día; y que cuando entró en este ayuno ya él
conocía mujeres; el cual ayuno y ceremonias
eran como sigue.

Era costumbre entre estos naturales, que el
25 que había de ser sucesor y heredero del
señorío o cacicazgo de su tío, a quien heredaba,
había de ayunar seis años, metido en una cueva
que tenían dedicada y señalada para esto, y que
en todo este tiempo no había de tener parte
30 con mujeres, ni comer carne, sal ni ají, y otras
cosas que les vedaban; y entre ellas que durante
al ayuno no habían de ver el sol; sólo de noche
tenían licencia para salir de la cueva y ver la
luna y estrellas y recogerse antes que el sol los
35 viese; y cumplido este ayuno y ceremonias, se
metían en posesión del cacicazgo o señorío, y
la primera jornada que habían de haber era ir a
la gran laguna de Guanavita a ofrecer y sacrificar al demonio, que tenían por su dios y
40 señor.

La ceremonia que en esto había era que en
aquella laguna se hacía una gran balsa de
juncos, aderezábanla y adornábanla todo lo
más vistoso que podían; metían en ella cuatro
45 braseros encendidos en que desde luego

quemaban mucho moque, que es el sahumerio
de estos naturales, y trementina con otros
muchos y diversos perfumes.

Estaba a este tiempo toda la laguna en redondo, con ser muy grande y hondable de tal
manera que puede navegar en ella un navío de
alto bordo, la cual estaba toda coronada de
infinidad de indios e indias, con mucha plumería, chagualas[5] y coronas de oro, con infinitos fuegos a la redonda, y luego que en la
balsa comenzaba el sahumerio, lo encendían
en tierra, en tal manera, que el humo impedía
la luz del día.

A este tiempo desnudaban al heredero en
carnes vivas y lo untaban con una tierra
pegajosa y lo espolvoreaban con oro en polvo
y molido, de tal manera que iba cubierto todo
de este metal. Metíanle en la balsa, en la cual
iba parado, y a los pies le ponían un gran
montón de oro y esmeraldas para que ofreciese
a su dios. Entraban con él en la balsa cuatro
caciques, los más principales, sus sujetos, muy
aderezados de plumería, coronas de oro,
brazales y chaguales y orejeras de oro, también
desnudos, y cada cual llevaba su ofrecimiento.

En partiendo la balsa de tierra comenzaban
los instrumentos, cornetas, fotutos[6] y otros
instrumentos, y con esto una gran vocería que
atronaba montes y valles, y duraba hasta que
la balsa llegaba al medio de la laguna, de
donde, con una bandera, se hacía señal para el
silencio.

Hacía el indio dorado su ofrecimiento
echando todo el oro que llevaba a los pies en
el medio de la laguna, y los demás caciques que
iban con él y le acompañaban, hacían lo
propio; lo cual acabado, abatían la bandera,
que en todo el tiempo que gastaban en el
ofrecimiento la tenían levantada, y partiendo
la balsa a tierra comenzaba la grita, gaitas y
fotutos con muy largos corros de bailes y
danzas a su modo; con la cual ceremonia
recibían al nuevo electo y quedaba reconocido
por señor y príncipe.

De esta ceremonia se tomó aquel nombre

---

[1] Lope de Aguirre (1518–1561), aventurero español
de la época de la conquista, célebre por sus crímenes.
[2] Río del Perú.

[3] Una de las ciudades y provincias de la Nueva
Granada.
[4] Provincia de la Nueva Granada.
[5] Narigueras de oro.
[6] Trompas hechas con un caracol.

tan celebrado del *Dorado*, que tántas vidas ha costado, y haciendas. En el Perú fué donde sonó primero este nombre dorado; y fué el caso que habiendo ganado a Quito, donde Sebastián de Benalcázar[7] andando en aquellas guerras o conquistas topó con un indio de este Reino de los de Bogotá, el cual le dijo que cuando querían en su tierra hacer su rey, lo llevaban a una laguna muy grande y allí lo doraban todo, o le cubrían de oro, y con muchas fiestas lo hacían rey. De aquí vino a decir el don Sebastián «vamos a buscar este indio dorado».

De aquí corrió la voz a Castilla y a las demás partes de Indias, y a Benalcázar le movió venirlo a buscar, como vino, y se halló en esta conquista y fundación de esta ciudad, como más largo lo cuenta el padre fray Pedro Simón en la quinta parte de sus *Noticias Historiales*, donde se podrá ver. [. . .]

(Del Capítulo II).

LAS BRUJERÍAS DE JUANA GARCÍA

[Para que el lector pueda comprender mejor la extraña historia de la bruja Juana García lo pondremos en antecedentes. Rodríguez Freile cuenta, en el capítulo VIII de *El Carnero,* que en «1549 llegaron a la ciudad de Cartagena tres oidores a fundar otra Real Audiencia.» Uno murió en el camino. «Los otros dos oidores — Góngora y Galarza — prosiguieron su viaje y llegaron a esta ciudad de Santafé a fin de marzo del siguiente año de 1550; los cuales fundaron esta Real Audiencia con la solemnidad y requisitos necesarios». Por un conflicto de autoridades, el rey envió a un licenciado «contra los dos oidores»; dicho licenciado «prosiguió contra los dos oidores con rigor, y los envió presos a España. Murieron en la mar ahogados, porque se perdió la nave *Capitana,* donde iban embarcados, con su general, soldados y marineros, sin que se escapase persona alguna, por haber sido de noche la desgracia y la tormenta, grande».

Por la noche se perdió la *Capitana*. A la mañana siguiente amaneció puesto en la plaza de esta ciudad de Santa Fe de Bogotá, en las paredes del cabildo, un papel que decía:

«Esta noche, a tales horas, se perdió la *Capitana* en el paraje de la Bermuda, y se ahogaron Góngora y Galarza, y el general con toda la gente».

Tomóse la razón del papel, con día, mes y año; y no se hizo diligencia de quién lo puso, aunque en la primera ocasión que vino gente de España se supo que el papel dijo puntualmente la verdad. En su lugar diré quién lo puso, con lo demás que sucedió.

[. . .] En las flotas que fueron y vinieron de Castilla después de la prisión de Montaño[8] pasó en una de ellas un vecino de esta ciudad, a emplear su dinero; era hombre casado, tenía una mujer moza y hermosa; y con la ausencia del marido no quiso malograr su hermosura, sino gozar de ella. Descuidóse e hizo una barriga, pensando poderla despedir con tiempo; pero antes del parto le tocó a la puerta la nueva de la llegada de la flota a la ciudad de Cartagena, con lo cual la pobre señora se alborotó e hizo sus diligencias para abortar la criatura, y ninguna le aprovechó.

Procuró tratar su negocio con Juana García, su madre, digo su comadre: ésta era una negra horra[9] que había subido a este Reino con el Adelantado don Alonso Luis de Lugo; tenía dos hijas, que en esta ciudad arrastraron hasta seda y oro, y aun trajeron arrastrados algunos hombres de ellas.

Esta negra era un poco voladora,[10] como se averiguó; la preñada consultó a su comadre y díjole su trabajo, y lo que quería hacer, y que le diese remedio para ello. Díjole la comadre: «¿Quién os ha dicho que viene vuestro marido en esta flota?» Respondióle la señora que él propio se lo había dicho, que en la primera ocasión vendría sin falta. Respondióle la comadre: «Si eso es así, espera, no hagas nada, que quiero saber esta nueva de la flota, y sabré si viene vuestro marido en ella. Mañana volveré a veros y dar orden en lo que hemos de hacer; y con esto, queda con Dios.»

---

[7] Benalcázar, que con Jiménez de Quesada y Federmann realizó la conquista del Nuevo Reino de Granada.

[8] Referencia a un episodio relatado en el Capítulo VIII.

[9] Libre.

[10] En el sentido de «bruja».

El día siguiente volvió la comadre, la cual la noche pasada había hecho apretada diligencia, y venía bien informada de la verdad. Díjole a la preñada:

5 «Señora comadre: yo he hecho mis diligencias en saber de mi compadre: verdad es que la flota está en Cartagena, pero no he hallado nueva de vuestro marido, ni hay quien diga que viene en ella.» La señora preñada se 10 afligió mucho, y rogó a la comadre le diese remedio para echar aquella criatura, a lo cual le respondió:

«No hagáis tal hasta que sepamos la verdad, si viene o no. Lo que puedes hacer es . . . ¿veis 15 aquel lebrillo[11] verde que está allí?» Dijo la señora: «Sí.»

«Pues, comadre, henchídmelo de agua y metedlo en vuestro aposento, y aderezad qué cenemos, que yo vendré a la noche y traeré a 20 mis hijas, y nos holgaremos, y también prevendremos algún remedio para lo que me decís que queréis hacer.»

Con esto se despidió de su comadre, fué a su casa, previno a sus hijas, y en siendo noche 25 juntamente con ellas se fué en casa de la señora preñada, la cual no se descuidó en hacer la diligencia del lebrillo de agua. También envió a llamar otras mozas vecinas suyas, que viniesen a holgarse con ella aquella noche. 30 Juntáronse todas, y estando las mozas cantando y bailando, dijo la comadre preñada a su comadre:

«Mucho me duele la barriga: ¿queréis vérmela?» Respondió la comadre:

35 «Sí haré: tomad una lumbre de esas y vamos a vuestro aposento.» Tomó la vela y entráronse en él. Después que estuvieron dentro cerró la puerta y díjole:

«Comadre, allí está el lebrillo con el agua.» 40 Respondióle:

«Pues tomad esa vela y mirad si veis algo en el agua.» Hízolo así, y estando mirando le dijo:

«Comadre, aquí veo una tierra que no 45 conozco, y aquí está fulano, mi marido, sentado en una silla, y una mujer está junto a una mesa, y un sastre con las tijeras en las manos, que quiere cortar un vestido de grana.»

Díjole la comadre:

«Pues esperad, que quiero yo también ver eso.» Llegóse junto al lebrillo y vió todo lo que le había dicho. Preguntóle la señora comadre: «¿Qué tierra es ésta?» Y respondióle: «Es la isla Española de Santo Domingo.» En esto metió el sastre las tijeras y cortó una manga, y echósela en el hombro. Dijo la comadre a la preñada:

«¿Queréis que le quite aquella manga a aquel sastre?» Respondióle:

«¿Pues cómo se la habéis de quitar?» Respondióle:

«Como vos queráis, yo se la quitaré.» Dijo la señora:

«Pues quitádsela, comadre mía, por vida vuestra.» Apenas acabó la razón cuando le dijo:

«Pues vedla ahí,» y le dió la manga.

Estuviéronse un rato hasta ver cortar el vestido, lo cual hizo el sastre en un punto, y en el mismo desapareció todo, que no quedó más que el lebrillo y el agua. Dijo la comadre a la señora: «Ya habéis visto cuán despacio está vuestro marido, bien podéis despedir esa barriga, y aun hacer otra.» La señora preñada, muy contenta, echó la manga de grana en un baúl que tenía junto a su cama; y con esto se salieron a la sala, donde estaban holgándose las mozas; pusieron las mesas, cenaron altamente, con lo cual se fueron a sus casas.

Digamos un poquito. Conocida cosa es que el demonio fué el inventor de esta maraña, y que es sapientísimo sobre todos los hijos de los hombres; pero no les puede alcanzar el interior, porque esto es sólo para Dios. Por conjeturas alcanza él, y conforme los pasos que da el hombre, y a dónde se encamina. No reparo en lo que mostró en el agua a estas mujeres, porque a esto respondo que quien tuvo atrevimiento de tomar a Cristo, Señor nuestro, y llevarlo a un monte alto, y de él mostrarle todos los reinos del mundo, y la gloria de él, de lo cual no tenía Dios necesidad, porque todo lo tiene presente, que esta demostración sin duda fué fantástica; y lo propio sería lo que mostró a las mujeres en el lebrillo del agua. En lo que reparo es la brevedad con que dió la

---

[11] Vasija de boca ancha, barreño ancho para lavar.

manga, pues apenas dijo la una: «pues quitádsela, comadre», cuando respondió la otra: «pues vedla ahí», y se la dió; también digo que bien sabía el demonio los pasos en que estas mujeres andaban, y estaría prevenido para todo. Y con esto vengamos al marido de esta señora, que fué quien descubrió toda esta volatería.

Llegado a la ciudad de Sevilla, al punto y cuando habían llegado parientes y amigos suyos, que iban de la isla Española de Santo Domingo, contáronle de las riquezas que había en ella, y aconsejáronle que emplease su dinero y que se fuese con ellos a la dicha isla. El hombre lo hizo así, fué a Santo Domingo y sucedióle bien; volvióse a Castilla y empleó; e hizo segundo viaje a la isla Española. En este segundo viaje fué cuando se cortó el vestido de grana; vendió sus mercaderías, volvió a España, y empleó su dinero; y con este empleo vino a este Nuevo Reino en tiempo que ya la criatura estaba grande y se criaba en casa con nombre de huérfano.

Recibiéronse muy bien marido y mujer, y por algunos días anduvieron muy contentos y conformes, hasta que ella comenzó a pedir una gala, y otra gala, y a vueltas de ellas se entremetían unos pellizcos de celos, de manera que el marido andaba enfadado y tenían malas comidas y peores cenas, porque la mujer de cuando en cuando le picaba con los amores que había tenido en la isla Española. Con lo cual el marido andaba sospechoso de que algún amigo suyo, de los que con él habían estado en la dicha isla, le hubiese dicho algo a su mujer. Al fin fué quebrantado de su condición, y regalando a la mujer, por ver si le podía sacar quién le hacía el daño. Al fin, estando cenando una noche los dos muy contentos, pidióle la mujer que le diese un faldellín de paño verde, guarnecido; el marido no salió bien a esto, poniéndole algunas excusas; a lo cual le respondió ella:

«A fe que si fuera para dárselo a la dama de Santo Domingo, como le disteis el vestido de grana, que no pusierais excusas.»

Con esto quedó el marido rendido y confirmado en su sospecha; y para poder mejor enterarse la regaló mucho, dióle el faldellín que le pidió y otras galitas, con que la traía muy contenta.

En fin, una tarde que se hallaron con gusto le dijo el marido a la mujer:

«Hermana, ¿no me diréis, por vida vuestra, quién os dijo que yo había vestido de grana a una dama en la isla Española?» Respondióle la mujer:

«¿Pues queréislo negar? Decidme vos la verdad, que yo os diré quién me lo dijo.» Halló el marido lo que buscaba, y díjole:

«Señora, es verdad, porque un hombre ausente de su casa y en tierras ajenas, algún entretenimiento había de tener. Yo dí ese vestido a una dama.» Dijo ella:

«Pues decidme, cuando lo estaban cortando ¿que faltó?» Respondióle:

«No faltó nada.» Respondió la mujer diciendo:

«¡Qué amigo sois de negar las cosas! ¿No faltó una manga?» El marido hizo memoria, y dijo:

«Es verdad que al sastre se le olvidó de cortarla, y fué necesario sacar grana para ella.» Entonces le dijo la mujer:

«¿Y si yo os muestro la manga que faltó, la conoceréis?» Díjole el marido:

«¿Pues tenéisla vos?» Respondió ella:

«Sí, venid conmigo, y os la mostraré.» Fuéronse juntos a su aposento, y del asiento del baúl le sacó la manga, diciéndole:

«¿Es ésta la manga que faltó?» Dijo el marido:

«Ésta es, mujer; pues yo juro a Dios que hemos de saber quién la trajo desde la isla Española a la ciudad de Santafé.»

Y con esto tomó la manga y fuese con ella al señor Obispo, que era Juez Inquisidor, e informóle del caso. Su Señoría apretó en la diligencia; hizo aparecer ante sí la mujer; tomóle la declaración; confesó llanamente todo lo que había pasado en el lebrillo del agua. Prendióse luego a la negra Juana García y a las hijas. Confesó todo el caso, y cómo ella había puesto el papel de la muerte de los dos Oidores.[12] Depuso de otras muchas mujeres, como constó de los autos.

---

[12] Véase el comienzo de esta historia.

Sustanciada la causa, el señor Obispo pronunció sentencia en ella contra todos los culpados. Corrió la voz de que eran muchas las que habían caído en la red, y tocaba en
5 personas principales. En fin, el Adelantado don Gonzalo Jiménez de Quesada, el Capitán Zorro, el Capitán Céspedes, Juan Tafur, Juan Ruiz de Orejuela y otras personas principales acudieron al señor Obispo, suplicándole no se
10 pusiese en ejecución la sentencia en el caso dada, y que considerase que la tierra era nueva y que era mancharla con lo proveído.

Tánto le apretaron a Su Señoría, que depuso el auto. Topó sólo con Juana García, que la
15 penitenció poniéndola en Santo Domingo, a horas de la misa mayor, en un tablado, con un dogal al cuello y una vela encendida en la mano; a donde decía llorando: «Todas, todas lo hicimos, y yo sola lo pago!» Desterráronla a ella y a sus hijas, de este Reino.

En su confesión dijo que cuando fué a la Bermuda, donde se perdió la *Capitana*, se echó a volar desde el cerro que está a las espaldas de Nuestra Señora de las Nieves, donde está una de las cruces; y después, mucho tiempo adelante, le llamaban Juana García, o el cerro de Juana García. [. . .]

(Del Capítulo IX de *El Carnero, Conquista y descubrimiento del Nuevo Reino de Granada*, etc. Compuesto por Juan Rodríguez Freile. Bogotá, Biblioteca Popular de Literatura Colombiana, Tomo 31. Volúmen III, Cronistas, 1942.)

FRANCISCO NÚÑEZ DE PINEDA Y BASCUÑÁN (Chile; 1607–1682) nos cuenta en *El cautiverio feliz y Razón de las guerras dilatadas de Chile* sus propias experiencias como prisionero de los araucanos, durante siete meses. Entre esas experiencias de 1629 (el cautiverio duró siete meses) y el acto de contarlas (fechó su manuscrito en 1673), se interpone el deseo de hacer literatura, de presentar a su padre don Álvaro como gran conquistador, de hacer méritos insistiendo en sus propias virtudes de capitán y de buen cristiano, de servir a la Iglesia, de denunciar las tropelías de los malos cristianos españoles en Indias, de describir extrañas costumbres. Sus memorias son casi novelescas. Por lo pronto es la primera crónica en que aparece un elemento esencialmente novelesco: el despertar el interés del lector en la acción contada, el crearle una expectativa. El cacique Maulicán recogió a Pineda del campo de batalla, herido. Gran honor, tener cautivo nada menos que al hijo del temido don Álvaro. Convence a otros caciques para que no lo maten, y él promete a Pineda darle la libertad. Maulicán, protector de Pineda, lo lleva consigo en su viaje a Repocura. Intrigas. Escaramuzas. En cada población, fiestas con danzas, borracheras, aventuras. Llegan a Repocura; y ahora Maulicán se niega a entregar su cautivo a los otros caciques. Lo esconde, lo lleva de un lado a otro. Al final, Pineda vuelve a los brazos de su padre. También valen, novelescamente, sus observaciones psicológicas. Y aun la intención doctrinaria — la verdad del cristianismo, la bondad de los indios cuando los cristianos saben evangelizarlos, los daños causados por los malos españoles, etc. — aparece, novelescamente, en forma de diálogos, en que los indios, con discursos elocuentes, denuncian la crueldad de españoles y españolas como «la razón de las guerras dilatadas de Chile.» Pineda ha leído letras humanas y divinas. Ha leído también novelas: picarescas, caballerescas, pastoriles. Y no siempre puede distinguirse entre el embellecimiento literario de escenas vividas y la pura invención de episodios. La literatura, pues, borda sobre el relato. En todo caso, el relato suele avanzar, no a impulsos de recuerdos reales, sino de motivos calculados especialmente por sus efectos librescos. Pineda, tan puntilloso en señalar el bien y el mal, lo justo y lo injusto, la virtud y el pecado, ilustra su tabla de valores con episodios de novela. Suele ahogar la narración con reflexiones religiosas, morales y políticas; pero, afortunadamente para el lector hedonista, la narración recobra al fin su fuego y nos da la alta y rápida llama de descripciones que están entre las mejores de las crónicas hispanoamericanas.

Francisco Núñez de Pineda y Bascuñán

CAUTIVERIO FELIZ

HACIA EL CAUTIVERIO

En medio de estas tribulaciones y congojas, me ví tres o cuatro veces fuera de la silla y sin el arrimo del caballo, y levantando las manos al cielo y los ojos del alma con afecto, cuando menos pensaba me volvía a hallar sobre él y apoderado del fuste[1]; porque la fuerza de la corriente era tan veloz y precipitada, que no sabré significar ni decir de la suerte que me sacó el caballo a la otra banda del río[2] [Bío-Bío], cuando a los demás que juntamente se echaron con nosotros, se los llevó más de tres cuadras[3] abajo de adonde salimos el otro soldado—mi compañero—y yo, con otro indio que se halló en un alentado[4] caballo.

Cuando me ví fuera de aquel tan conocido peligro de la vida (que aun en la sangrienta batalla no tuve tanto recelo ni temor a la muerte), no cesaba de dar infinitas gracias a nuestro Dios y Señor, por haberme sacado con bien de un rápido elemento, adonde con ser hijos del agua estos naturales, se ahogaron dos de ellos, y los demás salieron por una parte sus caballos y ellos por otra.

Cuando el soldado mi compañero consideró que estaban de nosotros más de treinta cuadras los indios el río abajo, después de haberme sacado de diestro[5] el caballo en que venía, de una grande barranca que amurallaba sus orillas, me dijo determinado:—Señor capitán, esta es buena ocasión de librarnos y de excusar experiencias de mayores riesgos, y pues se nos ha venido a las manos, no será razón que la perdamos; porque estos enemigos no pueden salir tan presto del peligro y riesgo en que se hallan, y en el entretanto podemos ganar tierra, de manera que por poca ventaja que les llevemos no se han de atrever a seguir nuestras pisadas, por el recelo que tienen de que los nuestros hayan venido en sus alcances hasta estas riberas, pues todavía son tierras nuestras.

---

[1] Nombre de dos piezas de madera que forman la silla del caballo.

[2] Río de Chile, que fue por largo tiempo frontera del territorio de los araucanos.

[3] Medida itineraria de cien metros, o de ciento a ciento cincuenta varas.

[4] Valiente, robusto.

[5] Llevar de las bridas a una bestia, yendo a pie a su lado o delante de ella.

Estando en estas pláticas, en que se pasó un gran cuarto de hora, vimos venir para nosotros un indio que había salido a nado, como los demás, sin su caballo por habérsele ahogado, a quien preguntamos por nuestros amos, si acaso los habían visto fuera del río: y nos respondió, que mi amo (el cacique Maulicán) juzgaba haberse ahogado, porque vió ir dos indios muertos la corriente abajo. Dióme grandísimo cuidado haberle oído tal razón, considerando pudiera haber algunas diferencias entre ellos por quién había de ser el dueño de mi persona, y entre estas controversias quitarme la vida, que era lo más factible, porque no quedasen agraviados los unos ni los otros. Con estas consideraciones fuimos el río abajo caminando en demanda de nuestros amos, por donde encontramos otro indio que nos dió razón de que iban saliendo algunos, y de que mi amo había aportado[6] a una isla pequeña, adonde estaba disponiendo su caballo para arrojarse tras él a nado. Fuimos caminando con este aviso, y a poco trecho le divisamos en la isla con otros compañeros que habían aportado a ella; y habiendo echado sus caballos por delante, se arrojaron tras ellos. Luego que conocí el de mi amo, sacando fuerzas de flaqueza, le fuí a coger y se le tuve de diestro, y mi companero con el de su amo hizo lo propio. Cuando el mío me vió con su caballo de diestro, me empezó a abrazar y decir muy regocijado:—Capitán, ya yo juzgué que te habías vuelto a tu tierra; seas muy bien parecido, que me has vuelto el alma al cuerpo; vuelve otra vez a abrazarme, y ten por infalible y cierto, que si hasta esta hora tenía voluntad y fervorosa resolución de rescatarte y mirar por tu vida, con esta acción que has hecho me has cautivado de tal suerte, que primero me has de ver morir a mí, que permitir padezcas algún daño. Y te doy mi palabra, a ley de quien soy, que has de volver a tu tierra a ver a tu padre y a los tuyos con mucho gusto.

(Libro I, capítulo IX).

LA HIJA DE MAULICÁN

Estando durmiendo de la suerte que he dicho, en la montaña, adonde mis compañeros me dejaron, como a las tres o cuatro de la tarde llegó la chicuela hija de mi amo, a despertarme, que me traía una taleguilla de harina tostada, unas papas cocidas y un poco de mote de maíz[7] y porotos[8]; y luego que la ví, despertando de mi sueño algo espavorido y asustado del repente con que me llamó, se empezó a reír de haberme visto alborotado.[9] Díjela como enfadado, que qué era lo que buscaba, que se fuese con Dios, porque no la viesen venir tantas veces sola a donde yo estaba, y que no fuese causa de que me viniese algún daño por el bien que me deseaba, dando que pensar a su padre para que juzgase o presumiese que no era leal en su casa; y que así, le suplicaba que no viniese a verme sola, sino que fuese con los muchachos mis camaradas; que yo le agradecía la voluntad y el amor que me mostraba, y el cuidado que ponía en regalarme; que por su vida no permitiese que por ella me viniese algún desabrimiento, y pusiese en peligro la vida que su padre me había prestado; que advirtiese que por donde juzgaba que me hacía algún favor y lisonja, me daba un gran pesar, porque siempre que la veía venir sola me temblaban las carnes, juzgando que ya la veían entrar o salir de donde yo estaba; que si fuese vieja y no de tan buen parecer como lo era, sobre muchacha, no tuviera tantos recelos, ni su vista me alborotara tanto. Estuvo a mis razones muy atenta la muchacha, y respondióme: ¿Pues yo había de venir, capitán, de manera que me pudiesen ver ni presumir que venía a donde tú estás? Créeme que cuando vengo extravío el camino y aguardo a que todos estén en alguna ocupación embarazados, como lo están ahora en la chacra[10] que están cavando y sembrando, y así no tienes que recelarte. Con todo eso, la dije, puedes venir tantas veces, que alguna entre otras no puedas excusar el que te vean: anda, vete por tu vida,

---

[6] Tomar puerto, arribar a salvo.
[7] Maiz cocido y pelado.
[8] Frijoles.
[9] El cacique Maulicán guardaba oculto a su prisionero, temiendo un malón de las tribus vecinas, como

en efecto se realizó, destinado a raptar al cautivo de raza blanca y sacrificarlo, según los usos y costumbres tradicionales.
[10] Huerto.

y no vengas más acá, porque me tengo de esconder de ti en no viniendo acompañada y con mis camaradas. Habiéndole dicho estas razones con algún desabrimiento, puso la taleguilla de harina junto a mí, y lo demás que traía, y me dijo:—Capitán, si no quieres que yo vuelva más acá, y me echas de esa suerte, no volveré sola ni acompañada, que yo entendí que agradecieras lo que hago por ti más bien de lo que haces. Y [en] esto [se] fué volviendo las espaldas y retirándose aprisa.

(Libro II, capítulo XVII).

UNA FIESTA

Aquella noche estaba dispuesto el baile y el regocijo que acostumbraban en sus vacas[11] y en el trabajo de sus sementeras, y por haberse el sol ya trastornado, se quedó con nosotros mi correspondiente; y el cacique Quilalebo, dueño del festejo, celebró su llegada con algo más de lo prevenido, porque verdaderamente era ostentativo y galante en sus acciones. Después de haber cenado espléndidamente, y bebido de la chicha[12] regalada del presente, nos fuimos al fogón (adonde el baile se había principiado), los caciques viejos y el de la Villarrica conmigo, quienes me rogaron que bailase con ellos, como lo hice por darles gusto; y en medio de este entretenimiento, cogió de la mano Quilalebo, mi nuevo amigo, a su hija, que estaba entre las demás bailando, y la trajo acompañada con las otras adonde nosotros estábamos, y la dijo, que me cogiese de la mano y bailase conmigo, porque ya me la tenía dada por mujer: los demás caciques se acomodaron con las otras que venían en su compañía, y empezaron a bailar con ellas de las manos, y a persuasiones del Quilalebo su padre y de los demás principales ancianos, hice

lo propio, habiendo antes de estos brindádonos las mozas, que es lo que acostumbran las solteras cuando quieren que las correspondan los que no tienen mujeres, o cuando quieren hacer alguna lisonja a los caciques viejos; y de esta suerte suelen casarse en estas fiestas y bailes, que llaman ellos *gñapitun*.

En esta ocasión llegó la madre de esta muchacha al sitio en que nos hallábamos parados y en nuestra conversación metidos, y me brindó con un jarro de chicha clara y dulce, de las botijas que me había traído el cacique Lepumante, tratándome ya como a su yerno, significándome el gusto que tenía de que Quilalebo, su marido me hubiese dado a su hija, porque ella era de las señoras principales de Valdivia, y aquella niña nieta de uno de los conquistadores antiguos, que me le nombró en aquella ocasión, y, como cosa que importaba poco (cuando ella estaba connaturalizada con aquellos bárbaros) no encomendé a la memoria su apellido. Hallé blanco en que decirla los inconvenientes que por entonces se me ofrecían para no empeñarme en el amor de su hija, repitiendo lo propio que poco antes acabé de significar a ella, con razones corteses y agradables; y como mujer de entendimiento, aunque abrutada en el lenguaje, traje y costumbres, me respondió, que le parecía muy ajustada mi razón, pero que no obstante lo propuesto, Quilalebo, su marido, tenía voluntad de que yo la festejase y bailase con ella de la mano, y cogiéndosela a la hija, me asió la buena vieja a mí de la otra; y en medio de las dos, mostrándome alegre y placentero, hice lo que los demás circunstantes en concurso común ejercitaban: y aunque corporalmente asistía, a más no poder, en medio de estos combates, el espíritu y el corazón estaban ante la presencia de Dios, solicitando su ayuda y eficaz auxilio, que comunica piadoso a quien con temor le ama, que es doctrina de San Pablo.

(Libro III, caps. XXXI y XXXII. Del *Cautiverio feliz,* en Escritores de Chile, I. Época colonial. Santiago, Imprenta Universitaria, 1932).

---

[11] Cuevas.

[12] Bebida alcohólica hecha de maíz fermentado.

Teatro. A veces grandes talentos de España visitaban las colonias. Como hemos visto, vinieron Gutierre de Cetina, Juan de la Cueva, Mateo Alemán, Tirso de Molina. Fueron sólo visitas e influyeron muy vagamente. Hubo visitantes que escribieron sobre América, pero su puesto está en la historia literaria de España. En cambio, un escritor americano hizo una larga visita a España y, sin decir una sola palabra de América, como si se hubiera olvidado de ella, se entregó a España y dejó allí el sello de su genio: JUAN RUIZ DE ALARCÓN (México; 1580–1639).

Ya los españoles contemporáneos advirtieron cierta extrañeza en sus comedias, y los críticos han analizado después sus rasgos no típicos, no españoles de España. Alarcón había visto teatro en México antes de ir a la península. Desde 1597 tenía México «casa de comedias», o sea teatro público permanente, con edificio, compañías de actores y auditorios. Probablemente en ese período Alarcón ya había esbozado *La cueva de Salamanca*. Pero una vez en España quiso ser autor español. El Inca Garcilaso, por la naturaleza de su tema — la civilización incásica —, había insistido en su condición de mestizo. Alarcón, para su actividad teatral en el círculo de Lope, no necesitaba hablar de su condición de mexicano. Además, es posible que en la agresiva vida social de la España de aquel tiempo introducir temas mexicanos en las comedias hubiera sido un riesgo: los españoles se habrían burlado de esa deformidad estética con la misma crueldad con que se burlaron de la deformidad de su joroba. Porque Alarcón era corcovado; y se ha dicho que la amargura por este defecto le creó un resentimiento que en sus comedias se reviste de formas morales. Alarcón reflexiona sobre los valores que orientan o deben orientar la conducta. Esta preocupación moralizadora estaba sin duda tensa en su alma; pero también era una de las cuerdas resonantes de todo el teatro español de su época. Alarcón construye sus comedias con cuidado. Lope, Tirso escriben comedias por centenares; él, sólo dos docenas. Comedias de enredo, comedias heroicas . . . Lo mejor, comedias de caracteres, como *Las paredes oyen, Ganar amigos, La verdad sospechosa* (Corneille la adaptó en *Le Menteur*), que le dan un aire más inteligente y moderno. Estas comedias de caracteres a veces ocurren en situaciones maravillosas, como *La prueba de las promesas*; a veces se desnudan en una dialéctica chispeante, como en *No hay mal que por bien no venga* (*Don Domingo de don Blas*) (1623?). Con esta comedia cerró su carrera dramática. El carácter — no tipo — de Don Blas es de los pocos que, de toda la comedia del siglo de oro, hablan directamente a la inteligencia de un lector de hoy. Don Blas es tan anti-convencional que la agudeza de su dialéctica convierte a esta comedia en la menos convencional de su época.

Poesía. BERNARDO DE BALBUENA (1561 ó 62–1627) vivió exactamente en los mismos años de Góngora; y, como Góngora, sintió la necesidad de inventar una expresión afectada, ornamental y aristocrática. Pero, aunque gongorizó a ratos («¿en qué parte del mundo se han conocido poetas tan dignos de veneración», decía en 1604, como «el agudísimo don Luis de Góngora?»), el barroco de Balbuena fue independiente. La octava inicial con que Balbuena ofreció a una señora describirle la ciudad de México fueron ocho semillas de las que crecieron los capítulos de *La Grandeza mexicana* (1604). Cada verso del «argumento» servirá de epígrafe a un capítulo. Surgió así *La Grandeza mexicana* como un vivero: pero no con los grandes árboles de un bosque, sino más bien con las delicadas plantas de un jardín. Balbuena desea agradar. A la señora a quien dedica el poema, en primer lugar; pero también a la gente poderosa de México. Ha vivido como humilde cura de pueblo algunos años: en este momento de su vida, quizá descontento de su propia oscuridad, se pondrá a halagar la ciudad en que quisiera ocupar posiciones mejores. Había ya descripciones de México, en la prosa corriente de los cronistas, en los versos incidentales de poetas menores y en los diálogos latinos de Cervantes de Salazar. Ahora Balbuena nos dará una descripción al modo barroco, «cifrada» como él dice, esto es, construída inteligentemente en una pequeña unidad poética. Tenía el don épico — como lo prueba el *Bernardo* (1624), variación barroca a un tema de Ariosto —, pero en *La Grandeza mexicana* eludirá la epopeya de la conquista. No nos da la poesía de lo minúsculo, de lo humilde, de lo sencillo, sino la visión del lujo cortesano, de la «grandeza mexicana», que era sólo el aspecto exterior de la realidad mexicana. La claridad de construcción — es un rasgo renacentista: Balbuena escribe su epístola en tercetos endecasílabos con cuartetas al final de cada parte, siguiendo la tradición italiana de los poemas caballerescos — hace más visible el valor de algunos momentos aislados de su invención artística. Renacentistas son también los temas del *Siglo de Oro en las selvas de Erífile* (1608), sólo que coloreados barrocamente: aquí volvió a describir la ciudad de México, pero envuelta en el aire de ensueño y de magia tan común en los episodios de las novelas pastoriles en boga.

Bernardo de Balbuena

LA GRANDEZA MEXICANA

PRIMAVERA INMORTAL

Los claros rayos de Faetonte altivo
sobre el oro de Colcos[1] resplandecen,
que al mundo helado y muerto vuelven vivo.

Brota el jazmín, las plantas reverdecen,
y con la bella Flora[2] y su guirnalda
los montes se coronan y enriquecen.

Siembra Amaltea[3] las rosas de su falda,
el aire fresco amores y alegría,
los collados jacintos y esmeralda.

Todo huele a verano, todo envía
suave respiración, y está compuesto
del ámbar nuevo que en sus flores cría.

Y aunque lo general del mundo es esto,
en este paraíso mexicano
su asiento y corte la frescura ha puesto.

Aquí, señora, el cielo de su mano
parece que escogió huertos pensiles,
y quiso él mismo ser el hortelano.

Todo el año es aquí mayos y abriles,
temple agradable, frío comedido,
cielo sereno y claro, aires sutiles.

Entre el monte Osa[4] y un collado erguido
del altísimo Olimpo, se dilata
cierto valle fresquísimo y florido,

donde Peneo,[5] con su hija ingrata,
más su hermosura aumentan y enriquecen
con hojas de laurel y ondas de plata.

Aquí las olorosas juncias crecen
al son de blancos cisnes, que en remansos
de frío cristal las alas humedecen.

Aquí entre yerba, flor, sombra y descansos,
las tembladoras olas entapizan
sombrías cuevas a los vientos mansos.

Las espumas de aljófares se erizan
sobre los granos de oro y el arena
en que sus olas hacen y deslizan.

En blancas conchas la corriente suena,
y allí entre el sauce, el álamo y carrizo
de ovas verdes se engarza una melena.

Aquí retoza el gamo, allí el erizo
de madroños y púrpura cargado
bastante prueba de su industria hizo.

---

[1] Cólquide, famosa por su oro y por la expedición de
los Argonautas. Faetonte es el hijo del sol.
[2] Diosa de las flores y los jardines.
[3] La cabra que crió a Júpiter; uno de sus cuernos es
el cuerno de la abundancia.

[4] Montaña de Tesalia, famosa en la poesía antigua.
[5] Río de Tesalia que riega el valle del Tempe, entre
el Osa y el Olimpo.

Aquí suena un faisán, allí enredado
el ruiseñor en un copado aliso
el aire deja en suavidad bañado.

Al fin, aqueste humano paraíso,
tan celebrado en la elocuencia griega,
con menos causa que primor y aviso,

es el valle de Tempe en cuya vega
se cree que sin morir nació el verano,
y que otro ni le iguala ni le llega.

Bellísimo sin duda es este llano,
y aunque lo es mucho, es cifra, es suma, es
                                         [tilde,
del florido contorno mexicano.

Ya esa fama de hoy más se borre y tilde,
que comparada a esta inmortal frescura,
su grandeza será grandeza humilde.

Aquí entre sierpes de cristal segura
la primavera sus tesoros goza,
sin que el tiempo le borre la hermosura.

Entre sus faldas el placer retoza,
y en las corrientes de los hielos claros,
que de espejos le sirven se remoza.

Florece aquí el laurel, sombra y reparos
del celestial rigor, grave corona
de doctas sienes y poetas raros;

y el presuroso almendro, que pregona
las nuevas del verano, y por traerlas
sus flores pone a riesgo y su persona;

el pino altivo reventando perlas
de transparente goma, y de las parras
frescas uvas y el gusto de cogerlas.

Al olor del jazmín ninfas bizarras,
y a la haya y el olmo entretejida
la amable yedra con vistosas garras.

El sangriento moral, triste acogida
de conciertos de amor, el sauce umbroso,
y la palma oriental nunca vencida;

el funesto ciprés, adorno hermoso   5
de los jardines, el derecho abeto,
sustento contra el mar tempestuoso;

el liso boj, pesado, duro y neto,
el taray junto al agua cristalina,
el roble bronco, el álamo perfeto;

con yertos ramos la nudosa encina,   10
el madroño con púrpura y corales,
el cedro alto que al cielo se avecina;

el nogal pardo, y ásperos servales,
y el que ciñe de Alcides[6] ambas sienes
manchado de los humos infernales;   15

el azahar nevado, que en rehenes
el verano nos da de su agriduce,
tibia esperanza de dudosos bienes;

entre amapolas rojas se trasluce
como granos de aljófar en la arena,   20
por el limpio cristal del agua duce;

la rosa a medio abrir de perlas llena,
el clavel fresco en carmesí bañado,
verde albahaca, sándalo y verbena;

el trébol amoroso y delicado,   25
la clicie o girasol siempre inquieta,
el jazmín tierno, el alhelí morado;

el lirio azul, la cárdena violeta,
alegre toronjil, tomillo agudo,
murta, fresco arrayán, blanca mosqueta;   30

romero en flor, que es la mejor que pudo
dar el campo en sus yerbas y sus flores,
cantuesos rojos y mastranzo rudo;

---

[6] Sobrenombre de Hércules, derivado de su abuelo,
Alceo.

fresca retama hortense, dando olores
de ámbar a los jardines, con las castas
clavellinas manchadas de colores;

verdes helechos, manzanillas bastas,
5   junquillos amorosos, blando heno,
prados floridos, olorosas pastas;

el mastuerzo mordaz de enredos lleno,
con campanillas de oro salpicado,
común frescura en este sitio ameno;

10   y la blanca azucena, que olvidado
de industria se me había, entre tus sienes
de donde toma su color prestado;

jacintos y narcisos, que en rehenes
de tu venida a sus vergeles dieron
15   como esperanzas de floridos bienes;

alegres flores, que otro tiempo fueron
reyes del mundo, ninfas y pastores,
y en flor quedaron porque en flor se fueron;

aves de hermosísimos colores,
20   de vario canto y varia plumería,
calandrias, papagayos, ruiseñores,

que en sonora y suavísima armonía,
con el romper del agua y de los vientos,
templan la no aprendida melodía;

25   y en los fríos estanques con cimientos
de claros vidrios las nereidas tejen
bellos lazos, lascivos movimientos.

Unas en verde juncia se entretejen,
otras por los cristales que relumbran
30   vistosas vueltas tejen y destejen.

Las claras olas que en contorno alumbran,
como espejos quebrados alteradas,
con tembladores rayos nos deslumbran,

y con la blanca espuma aljofaradas
35   muestran por trasparentes vidrieras
las bellas ninfas de marfil labradas.

Juegan, retozan, saltan placenteras
sobre el blando cristal que se desliza
de mil trazas, posturas y maneras.

Una a golpes el agua crespa eriza,
otra con sesgo aliento se resbala,
otra cruza, otra vuelve, otra se enriza.

Otra, cuya beldad nadie la iguala,
con guirnaldas de flores y oro a vueltas
hace corros y alardes de su gala.

Esta hermosura, estas beldades sueltas
aquí se hallan y gozan todo el año
sin miedos, sobresaltos ni revueltas,

en un real jardín, que sin engaño
a los de Chipre vence en hermosura,
y al mundo en temple ameno y sitio extraño;

sombrío bosque, selva de frescura,
en quien de abril y mayo los pinceles
con flores pintan su inmortal verdura.

Al fin, ninfas, jardines y vergeles,
cristales, palmas, yedra, olmos, nogales,
almendros, pinos, álamos, laureles,

hayas, parras, ciprés, cedros, morales,
abeto, boj, taray, robles, encinas,
vides, madroños, nísperos, servales,

azahar, amapolas, clavellinas,
rosas, claveles, lirios, azucenas,
romeros, alhelís, mosqueta, endrinas,

sándalos, trébol, toronjil, verbenas,
jazmines, girasol, murta, retama,
arrayán, manzanillas de oro llenas,

tomillo, heno, mastuerzo que se enrama,
albahacas, junquillos y helechos,
y cuantas flores más abril derrama,

aquí con mil bellezas y provechos
las dió todas la mano soberana.
Éste es su sitio, y éstos sus barbechos,
y ésta la primavera mexicana.

(Capítulo VI de *La grandeza mexicana,* México,
Biblioteca del estudiante universitario, Ediciones
de la Universidad Nacional Autónoma, 1954).

EL SIGLO DE ORO

ROMANCE DE GRACILDO

Encrespados riscos de oro,
montañas de plata y nieve,
huecos peñascos que el aire
los ensancha y los reviene:
vellones de ámbar bruñido,
que aljófar y grana llueven,
realzando mil plumajes
de púrpura y rosicleres;
aquí se enriscan montañas,
allí se encaraman sierpes,
acullá nacen dragones
que se transforman en gentes.
Allí se desgaja un risco,
en quien parece se embebe
cuanta beldad y hermosura
el cielo en sus senos tiene:
acullá se empina y sube
otro con tales relieves,
que las sombras con las lumbres
vistosos brocados tejen.
Arrebólase un celaje,
otro se amortigua y muere,
éste se mancha de azul,
y aquél de un color ardiente.
De todo esto nace el día,
coronadas ambas sienes,
a quien le dice un pastor:
luz que de mi oriente vienes,
pues tus esmaltes hurtaste
de las mejillas que suelen
prestarte luz y hermosura
cuando así extremarte quieres:
dime, luz preciosa y clara,
así el tiempo te conserve,
¿la que mis gustos alumbra,
en cuál de tus rayos viene?
Por su horizonte pasaste,
mañana florida y verde,

y tus flores a sus rosas
pues te las dió se las debes:
entre esas yerbas y aljófar
que sobre esmeraldas viertes,
¿viene alguna de los ojos   5
que a los míos tantas deben?
Porque si un aljófar suyo
en los tuyos entremetes,
no es mucho que tu hermosura
tan a los extremos llegue.   10
En esto alteróse el aire,
y en un momento se vuelven
los que eran vislumbres de oro
en relámpagos crueles.
El rosicler y la grana   15
se destiñen y se pierden,
los encrespados se allanan,
los ámbares se oscurecen,
los pinjantes de las nubes
y sus bordados doseles   20
vueltos en paños de luto
se enturbian y entenebrecen.
Suena el aire, brama el viento,
y de los rayos que llueven
en las bóvedas del cielo   25
retumban entrambos ejes.
Forzado se entra Beraldo
en su aborrecido albergue,
por huir la tempestad
que vientos contrarios mueven;   30
y al retirarse forzado,
entre enemigas paredes
dice, mirando del tiempo
las tragedias y reveses:
Si mi gloria me han robado   35
tus mudanzas y vaivenes,
ellos me la volverán,
que el tiempo todo lo puede.

(De la Égloga tercera, *Cancion de Serrano*).

Estanque de agua cristalina y pura,
fuente sabrosa do el cristal helado
va revolviendo el oro por la arena;

verde ejido, de flores estrellado,
5 que gozaste mi bien en tu frescura,
al dulce son que en esas guijas suena;

árboles que en el agua más serena
siempre os veis inmortales,
y a vueltas de mis males
10 la causa de mi gloria y de mi pena;

pues tan presto pasó el alegre día,
que en suaves olores,
de entre estas flores mi placer nacía,

en vos quiero pintar la hermosura,
15 que en señal de su rúbrica más cierta
en mi pecho el amor dejó pintada.

Mas si apenas el mismo amor acierta
a dar sólo un rasguño en la pintura,
¿cómo pienso dejarla yo acabada?

20 Aquí toda mi gloria está encerrada,
y pasar este tiempo
en otro pasatiempo,
alma, será dejaros agraviada.

Por tanto, prado, bosque, estanque y fuente,
25 oíd ahora atentos
los sentimientos que mi alma siente.

Quien visto hubiese al apuntar del día
celajes de ámbar, con que el alba hermosa
realza los balcones del oriente,

30 o algunos rayos de la luz preciosa,
que el oro en hebras retorcido envía,
de su mazorca y piña reluciente,

verá en su luz y adorará en su frente
un aparato bello,
35 con que enreda el cabello,
de quien mi gloria y bien está pendiente.

Aunque son nieblas, sombras y pobreza
esos celajes y oro,
con el que adoro y veo en tu cabeza.

Hermosos son, pastora, tus cabellos;
mas quien quisiere ver do está cifrada
la postrer raya de beldad más pura,

vea la frente de cristal labrada,
cielo sereno a dos luceros bellos,
que hacen la gloria del amor segura;

y si buscare al vivo su pintura,
entre dentro en mi alma,
donde gozas la palma,
digna de tu beldad y mi ventura;

que allí tomando su dorada flecha
amor por pincel vivo
la dejó al vivo tu retrato hecha.

Hermosa es, mi pastora, aquesa frente,
¿mas quién ha visto unos arquillos de oro
que en las bordadas nubes suelen verse,

cuando el sol va escondiendo su tesoro,
y los negros celajes de occidente
en llamas de oro vuelven a encenderse;

o cuando sobre tarde, al fenecerse
la lluvia del verano,
un arco soberano
por el aire comienza de extenderse?

Pues más bellas, alegres, agraciadas,
lustrosas y parejas,
son tus dos cejas lisas y enarcadas.

Bellísimas, pastora, son tus cejas,
¿mas quién ha visto de agua cristalina
unos remansos puros y espejados,
donde bulle el cristal cual plata fina,
y en unas olas mansas y parejas,
con mil vislumbres andan alterados;
o cuando más serenos y estrellados
los cielos en su altura,
descubre su hermosura
de varia pedrería y luz sembrados?
Pues mayor gloria, y lumbres más divinas
dais al alma en despojos,
oh alegres ojos de esmeraldas finas.

Bellísimos, pastora, son tus ojos,
¿mas quién ha visto el seno plateado
de las conchuelas que las perlas cría,
con los esmaltes de coral labrado,
y los granos de aljófar a manojos,
cuajados del licor que el alba envía;
o flores de jazmín y nieve fría,
en claveles y rosas,
o entre piedras preciosas,
perlas, rubís, coral y argentería?
Pues viendo aquesa boca soberana
todo esto es bajo azófar,
ante su aljófar engastado en grana.

Esa boca, pastora, es muy hermosa,
¿mas quién ha visto por abril florido,
con varias flores un alegre prado,
que a la riqueza de que está vestido,
avivan más el azucena y rosa,
todas cubiertas de un rocío escarchado;
donde del sol el resplandor dorado
saca unas luces bellas,
que parecen estrellas,
con que la aurora lo dejó estrellado?

Pues esto es sombra de pintura humana,
puesto al rostro hermoso,
de a do el reposo de mi gloria mana.

Selvas, aqueste es un rasguño dado 5
de aquel hermoso sol que en mis entrañas
amor con su pincel dejó esculpido;
mas son sus perfecciones tan extrañas,
que hay del original a este traslado
lo que de mi pincel al de Cupido. 10
Pues ésta que a lo último ha subido
de toda la hermosura,
la vi yo en tu frescura,
prado hermoso, fértil y florido,
un dulce, alegre y regalado día; 15
que aquesta es noche oscura,
que en cárcel dura tiene mi alegría.

Canción dichosa, y vos retrato bello,
quedaos en estas flores, 20
o a todo el mundo mataréis de amores.

(De la Égloga sexta de *El Siglo de Oro en las selvas de Erífile*. Madrid, 1821).

———◆———

La poesía épica había alcanzado tanto prestigio en España, que surgieron poetas decididos a cantar no sólo las hazañas de conquistadores sino las de santos. Más aún: al lado de las epopeyas del príncipe, las epopeyas de Cristo. Desde el siglo XV ya empiezan a aparecer poemas sobre la pasión y muerte del héroe religioso. Pero es después del Concilio de Trento cuando el género épico religioso se llena con el viento de borrasca de la Contrarreforma. DIEGO DE HOJEDA (1571–1615) escribió en un convento de Lima un vasto poema sobre Cristo. En *La Christiada* (1614) de Hojeda hay un solo tema: «Canto al Hijo de Dios, humano y muerto.» Sus fuentes doctrinales fueron los Evangelios, trabajos de la Patrística, sermones castellanos, tratados religiosos, vidas de santos, ideas de San Agustín, Santo Tomás y aun de Suárez; pero la literatura vino a ayudar su pluma: Homero, Virgilio, Dante, Girolamo Vida, Tasso, Du Bartas, Hernández Blasco, Ariosto, Boiardo y también poetas españoles de fines del siglo XVI y los barrocos de principios del XVII. A pesar de las digresiones barrocas, la obra — dividida en doce libros — sigue un plan mucho más riguroso que el de otras epopeyas. Sin embargo, no es ese plan ni la elocuencia de los sermones ni mucho menos los arrebatos teocráticos lo que salva *La Christiada* para un lector de hoy. Por supuesto que en un poema de esa extensión, y con un tema tan universal y dedicado a públicos tan diferentes, encontraremos muchas maneras, muchos estilos, muchas reminiscencias de diversas fuentes culturales. Es como un museo: cada quien puede admirar lo que le gusta, la frase bíblica, la oratoria sagrada, la dulzura renacentista . . . Pero hay también, aquí y allá, muestras de un estilo adornado, colorido, metafórico, con el gusto por contrastes, enumeraciones y detalles preciosos; y acaso es esta dinámica barroca lo que más hiere nuestra fantasía.

Diego de Hojeda

LA CHRISTIADA

LA ORACIÓN EN EL HUERTO

[. . .] Ya el Santo[1] ungido con virtud eterna
de gracia personal y unción divina,
todo abrasado en caridad interna,
al huerto sale: a padecer camina
5 el que la inmensa fábrica gobierna
que sobre el mundo temporal se empina;
a padecer camina, atormentado
de su mismo gravísimo cuidado.

El alma pura, el corazón suave
10 (que [al] sueño dulce de su cara esposa,
a quien ha dado de su amor la llave,
siempre en vigilia está, jamás reposa)
agora apenas en su pecho cabe,
con ansia reventando congojosa:
¡tanto un pavor y una tristeza estraña
15 le asombra el corazón y el pecho baña!

Con tardas huellas va, con paso lento,
de su amor y su pena combatido,
y su elevado y noble entendimiento
a su pasión y cruz y muerte asido:
20 la vista baja, el rostro macilento,
de lágrimas el suelo humedecido,
y el desalado suspirar, dan muestra
que a Dios teme su eterna y propia diestra.

La noche oscura con su negro manto
cubriendo estaba el asombrado cielo,
que por ver a su Dios resuelto en llanto
rasgar quisiera el tenebroso velo;
y vestido de luz, lleno de espanto,
bajar con humildad profunda al suelo,
a recoger las lágrimas que envía
de aquellos tiernos ojos y alma pía.

La húmeda esfera con preñez oculta
tempestuoso parto amenazaba,
y a la dura, infiel, bárbara, inculta
Salén[2] con enemigo horror miraba:
que al mundo etéreo alguna vez resulta
un no sé qué de saña y fuerza brava
para vengar de su Criador la ofensa,
cuando menos el hombre en ella piensa.

Con silbo ronco el espantado viento
al eco tristes voces infundía,
y el agua con lloroso movimiento
las piedras que tocaba enternecía:
el valle, a su confusa voz atento,
suspiros de sus cuevas despedía:
suspira el valle, duerme el hombre; quiso
el valle al hombre dar un blando aviso.

---

[1] Jesucristo.

[2] Jerusalén.

Del soplo agudo las robustas plantas
con lastimado golpe sacudidas,
temblando, de su Dios las huellas santas,
mustias besar quisieran condolidas:
tanto respeto, inclinaciones tantas
mostraban copas y almas abatidas,
que por ellas juzgara el hombre ingrato
qué debe al Dios que compra tan barato.

Hombre dormido, advierte que velando
brama el buey, ladra el perro, el ave pía,
y a su buen Dios con lástima mirando,
reverencia la noche, huye el día,
y en amigo tropel y unido bando
se desvela por Dios cuanto Dios cría,
esfera, nubes, plantas, valle y monte,
cuevas y arroyo, y todo su horizonte.

Mas ¡oh tú, Mente sacra, antigua ciencia
que el cerebro enriqueces soberano
de la infinita singular esencia,
y la ignorancia ves del seso humano!
la inaccesible luz de tu presencia
templa con generosa y blanda mano,
y la mina de intentos admirable
me muestra de aquel pecho inescrutable. [. . .]

El se levanta, pues, con tierno celo,
y en buscar sus discípulos entiende[3]:
velos tendidos en el duro suelo,
durmiendo, y con amor los reprehende:
vuélvese a la oración con presto vuelo,
y en ella triste, a Dios y al hombre atiende,
y vuelto a la oración, gimiendo clama,
y arde en santa, amorosa y viva llama.

Arde y suspira, y una muerte horrible
de bravo aspecto, de osamenta dura,
cuya fiera presencia y faz terrible
ser la muerte de Dios se le figura,
muerte de una grandeza inaccesible,
giganta de una altísima estatura,
muerte que ha de pasar se le presenta,
y con sola su vista le atormenta.

De espinas y de sangre coronada
cerebro y sienes, y cabello y frente,
la venerable cara maltratada
de injurias viles de atrevida gente:
la boca con vinagre aheelada,[4]   5
y del cuello un cordel grueso pendiente,
y otro en las manos, hórridos despojos,
al alma se le ofrece ante los ojos.

De burladora púrpura vestida,
y por mofa vestida se le ofrece,   10
y una caña por cetro recibida,
con que el rostro le hieren, aparece:
es muerte que en la cruz venció a la vida,
y así la cruz en ella resplandece;
crucificada viene: ¡Oh muerte fiera!   15
Dios te ve, Dios te teme y Dios te espera.

Trae clavados los pies y las espaldas
deshechas con azotes rigurosos,
de sangre llenas las tendidas faldas,
y a cuestas unos látigos furiosos;   20
y el amarillo gesto y manos gualdas,
a los pechos más bravos y animosos
pone pavor, y a Cristo se le pone;
que es la muerte que el Padre le dispone.

«La Muerte soy, le dice, soy la Muerte,   25
a que tú mismo la garganta diste,
¡oh de la eterna vida brazo fuerte!
cuando a carne mortal unido fuiste:
contigo lucharé, y podré vencerte
en la naturaleza que naciste   30
segunda vez de humana y virgen Madre,
si no en la esencia de tu inmenso Padre.

«Aquí me ves, a ti me represento
con vil corona y ásperos cordeles,
con grana infame y singular tormento   35
de duros clavos y asquerosas hieles;
cruz tengo sola, y sola te presento
cruz que abraces y des a tus fieles:
pesada cruz, tú la harás suave,
pues del gozo de Dios tienes la llave.»   40

---

[3] Tiene intencion de hacer alguna cosa.

[4] Con amargor de yel.

Dijo la Muerte, y con mirar severo,
más que con dilatada arenga, dijo;
pintó de sí un retrato verdadero,
breve en palabras y en acción prolijo:
5 a su rostro mortal y aspecto fiero
del Padre Eterno el soberano Hijo
sudó, tembló, cayó en tierra asombrado;
que aun Dios teme a la muerte y al pecado.

En el polvo estampó la noble imagen
10 de su divino cuerpo casi frío;
bájase Dios porque los hombres bajen
su gran soberbia, su orgulloso brío.
Los serafines, buen Señor, atajen
con religioso amor, con dolor pío
15 de ver a Dios postrado, humildad tanta,
que enternece la tierra, el cielo espanta.

Humillado está Dios, y no le deja
20 la muerte horrenda, la feroz Sansona:
repite al Padre la segunda queja,
y su aflición y su demanda abona:
la voluntad humana se aconseja
25 con su grande pavor, y la persona
divina rige a la razón humana;
que es hombre Dios, y como tal se allana.

Y estando en la oración con luz interna,
30 ante los ojos de una ciencia clara,
aquella majestad de Dios eterna
con vivo resplandor se le declara:
el Rey que cielo y tierra y mar gobierna,
35 le muestra su hermosa y limpia cara,
y en ella sus grandezas no entendidas,
y en una perfeción cien mil unidas.

Aquel entendimiento levantado
40 con la divina esencia ve fecundo,
y en él, como en su causa, retratado
el mundo hecho, y el posible mundo.
De su Dios Padre allí se ve engendrado
45 verbo infinito y de saber profundo,
y por acción de amor inestimable
proceder el Espíritu inefable.

Las tres Personas mira y una esencia,
con solo un ser, con una bondad sola;
la eficaz y suave providencia
que deste mundo rige la gran bola,
y la infinita soberana ciencia,
do la ciencia más pura se acrisola,
que lo pasado alcanza y lo presente,
y lo que puede ser le está patente. [. . .]

(*La Christiada*, Libro primero).

EL ARCÁNGEL GABRIEL BAJA A CONSOLAR A CRISTO

[. . .] Y el sumo Rey del otro mundo,
[inmoble
quiso dar á su Hijo algun consuelo;
y a un sabio nuncio de linaje noble,
de los que con humilde y casto celo
de Luzbel alcanzaron la victoria,
llama, y así le informa la memoria:

«Ve, Gabriel, a mi Hijo, y con razones
vivas a la batalla le conforta:
declárale mis graves intenciones,
y a seguillas con ánimo le exhorta.
y tú, espejo de santas oraciones,
vete; que tu despacho al mundo importa.»
dijo; y de sus conceptos un abismo
y un mar de gloria le mostró en sí mismo.

La sagrada cabeza y alma pía
inclinó la Oración devotamente,
y aquella soberana compañía
le hizo aplauso con humilde frente.
el sabio mensajero la seguía,
y a entrambos el ejército luciente
del seráfico reino acompañaba,
y con ilustre pompa veneraba.

Yendo por la ribera deleitosa
do está plantado el árbol de la vida,
a la Oración con gracia religiosa
hizo una reverencia comedida:
tambien con murmurante lengua ondosa
el arroyo de plata derretida
música le entonó de voz suave;
que cual río de gloria cantar sabe.

Los muros sus coronas almenadas
rindieron a los dos legados bellos,
y humillaron las puertas encumbradas
a su presencia los empíreos cuellos:
abriéronse, de inmensa luz tocadas,
y oscurecidas con la lumbre de ellos,
y despedidos con amor, dejaron
el cielo, y á la tierra caminaron.

Mas Gabrïel del aire refulgente
de la region más pura un cuerpo hace,
y cércalo de luz resplandeciente,
que las tinieblas y el horror deshace:
cuerpo humano de un joven excelente,
gallardo y lindo que a la vista aplace;
mas bañada su angélica belleza
en una grave y señoril tristeza.

Lleva el rojo cabello ensortijado
del oro fino que el oriente cría,
y en mil hermosas vueltas encrespado,
que cada cual relámpagos envía:
de un pedazo del íris coronado,
del íris, que con fresco humor rocía
el verde valle y la florida cumbre,
cuando entre nieblas da templada lumbre.

La vergonzosa grana resplandece
en las mejillas de su rostro amable;
y aljófar de turbada luz parece
el sudor de su frente venerable:
aspecto de un legado triste ofrece,
que hace su hermosura mas notable,
cual invernizo sol en parda nube
opuesta al tiempo, que al oriente sube.

Prestas alas de plumas aparentes,
de color vario y elegante forma,
y de vistosas piedras relucientes
puestas a trechos, en sus hombros forma.
Con la grave embajada convenientes
ojos, y traje y parecer conforma:
es morado el vestido rozagante,
y lagrimoso el juvenil semblante

Cual de arco tieso bárbara saeta
arrojada con ímpetu valiente;
cual apacible, cándida cometa,
que el aire rasga imperceptiblemente;
cual sabio entendimiento que decreta   5
lo que a su vista clara está evidente;
así, pero no así, con mayor vuelo
baja el sagrado embajador del cielo.

Ala no mueve, pluma no menea,
y las espaldas de las nubes hiende;   10
seguille el viento volador desea,
y en vano el imposible curso emprende:
déjale de seguir, la vista emplea,
y a celebrar su lijereza atiende;
y acierta en conceder justa alabanza   15
a quien con fuerzas y valor no alcanza.

Cala de arriba el mensajero santo,
y llega al verde y religioso monte
adonde está el Cordero sacrosanto,
y sordo y mudo mira al horizonte: 20
paró su luz con imposible espanto
mas tarde el rubio padre de Faetonte[5]
a la oración del capitán hebreo,
que á la de Cristo el celestial correo.

El aire ve de pavorosa niebla   25
y de sombra confusa rodeado;
opaca, triste y hórrida tiniebla
lo tiene de ancha oscuridad cercado:
de asombro y miedo, y de terror se puebla
el Huerto, ya de espinas coronado: 30
detiénese Gabriel, y atento escucha
y mira á Dios, que con la muerte lucha.

Del cielo puro el cristalino aspeto,
del espantado arroyo el lento paso,
del aire mudo el proceder secreto,   35
y del manso favonio[6] el soplo escaso,
de aves y fieras el callar discreto,
y de ver triste á Dios el grave caso,
como caso tan grave comprehende,
las plumas y la lengua le suspende.   40

---

[5] Ref. al Sol, padre de Faetonte, que según la Biblia (Josué, 10, 13–15) se detuvo en medio del cielo para que los israelitas tuvieran tiempo de vencer a sus enemigos. El «capitán hebreo» es el propio Josué.

[6] Favonio o céfiro: viento del oeste en la mitología griega, celebrado por su suavidad.

Apenas hubo por su bien nacido
el Angel, cuando en su tercer instante
glorioso la divína esencia vido
con luz que siempre le será constante;
5 pues el que á Dios sin velo ha conocido,
y en él, como en clarísimo diamante
y espejo vivo, su valor inmenso,
¿no quedará de verle tal suspenso?

Ve al Rey de reyes, Dios omnipotente,
10 que en sí mismo los orbes ha fundado,
y a la suprema intelectiva gente,
holla strellas santas, ha criado:
vélo por el hombre inobediente
sobr ierra con dolor postrado,
15 y co quien es Dios y el hombre sabe,
en erpo fingido apenas cabe.

Dios, a Dios, de quien se maravillan
lo os de las nueve dignidades,
y ien sus cuellos con razón humillan
20 l berbias, terrestres majestades;

y a cuya voz temblando se arrodillan
del infierno las fieras potestades:
a Dios postrado ve: ¿qué no hiciera
quien conoce á Dios bien, si así le viera?

Si no se admira el hombre miserable,
es que no alcanza su mortal rudeza
la unión de los extremos admirable
que el Angel ve con viva sutileza:
Unión del mismo Dios inestimable
con la tierra y el polvo y la bajeza,
de conocer a Dios y al polvo pende,
y así, quien no se admira no la entiende.

Levanta, hombre, la vista; al cielo mira,
y mira esa estrellada pesadumbre;
y si tan grande fábrica te admira,
el Hacedor te admire de su lumbre:
vuelve á la tierra, mírala y suspira,
y suspirando, alcanza una vislumbre
de quién es Dios y tierra, y verás luego
que el Angel mira bien, y tú estás ciego. [. . .]
(*La Christiada*, Libro segundo).

———◆———

Que la epopeya sonaba cada vez menos a hierro es patente en el *Arauco domado* de PEDRO DE OÑA (Chile; 1570–1643?). Este criollo, nacido en medio del paisaje y de los indios que Ercilla había tomado como tema de su poema, se decidió a imitar también a Ercilla; pero se alejó aun más que su modelo de esa realidad. Al publicar *El Arauco domado* en 1596 — el primer libro en verso de autor americano — mucha literatura había corrido bajo los puentes de *La Araucana*; y Oña, aunque inspirándose en Ercilla, no se propuso competir con él: «¿Quién a cantar de Arauco se atreviera / después de la riquísima *Araucana*?» Oña fue a la epopeya pero con el ánimo encogido por la convicción de que ese arte estaba «tan adelgazado y en su punto», que — después de Ercilla — continuar más allá «no sería perfección sino corrupción.» Volvió a contar, pues, la misma materia heroica pero esforzando su estilo en los aspectos menos heroicos. Lo ercillano del *Arauco domado* no vale tanto como los pasajes voluptuosos, blandos y pictóricos que Oña estimaba como verdadera poesía. Sus batallas, sus retratos de soldados españoles o indios guerreros, su crónica, sus trucos retóricos para hacer entrar en el poema episodios posteriores (las «profecías» de Oña siguen aquí las que Ercilla puso en boca de Belona y Fitón), lo muestran siempre inferior. En cambio, Oña trajo a la epopeya araucana un nuevo espíritu, laxo en la voluntad, barroco en la lengua. Hasta la octava se modifica en su canto, más graciosa y leve, «de más suavidad», como dijo el mismo poeta. Y el tono de su voz es lírico, por lo menos más personal. Oña es más rico en metáforas que Ercilla no sólo porque las usa más sino porque a veces son más nuevas y sorprendentes. Además de las visiones clásicas — con animales, plantas y minerales —, Oña inventa metáforas en las que una de las significaciones apunta a cosas más bien vulgares. Tanto repara en los objetos, que éstos se animan aunque sean inanimados, se mueven aunque sean inmóviles, en una reventazón de impulsos: los gallardetes que flamean al viento quieren soltarse de sus asientos e irse por el aire; la luz pelea con las ramas de los árboles; el agua se adelanta gozosa a recibir el cuerpo desnudo de Fresia. Al final de su vida Oña apretó la lengua barroca que estaba repartida a lo largo del *Arauco domado* y nos dió otro poema histórico — *El vasauro*, 1635 —, entretejido, casi estrofa por estrofa, con todos los hilos conceptistas y culteranos de la época, notablemente con Góngora. En *El vasauro* cuenta, sin unidad, las hazañas de los Reyes Católicos y de los antepasados del virrey del Perú, de 1465 a 1492: el «vasauro» es el áureo vaso con que los reyes obsequiaron a Andrés de Cabrera. Todavía Ercilla influye en Oña; y todo el Renacimiento italiano y español. Pero, repetimos, Góngora está dominando aun a los poetas que le resisten, y Oña, que habló mal de Góngora, gongorizó en metáfora, sintaxis, cultismos, tanto en *El vasauro* como en *Ignacio de Cantabria* (1639), su última producción.

Pedro de Oña

EL ARAUCO DOMADO

ESTRUENDO DE ARMAS

[. . .] Ya suena de las armas el estruendo,
ya toda Lima es tráfago y bullicio,
rumor confuso y áspero ejercicio.

Ya desde los balcones descogidas
tremolan con el aire las banderas,
y quiérenlo abrazar de mil maneras,
con verse de sus manos sacudidas;
mil aguas hacen cotas enlucidas,
rayos de fuego brotan las cimeras,
ya la pajiza pluma, y roja banda
jugando por cabeza y pechos anda.

Ya salen de las tiendas los brocados,
y sedas mil, distintas en colores,
ya sacan vistosísimas labores,
vestidos y jaeces recamados;
por otra parte petos acerados,   5
y adargas, ya de cuadros, ya de flores,
venablos, lanzas, picas, y ginetas,
mosquetes, arcabuces y escopetas.

Ya luchan con el viento los penachos,
encima de argentados morriones,   10
y mozos levantados fanfarrones
mirándose, retuercen los mostachos;
ya todos echan velas, y velachos,
en sobrevistas, galas, invenciones;
acero, plata, y oro por doquiera   15
espejos son si Apolo reverbera.

El bélico frisón[1] se lozanea
del ronco tarantántara,[2] incitado,
y el polvo con la pata levantado
el espumoso rostro polvorea;
5 en bello alarde a guisa de pelea
se representa el práctico soldado,
y el mílite bisoño se señala,
para llevar la joya de la gala. [...]

Ya Lima con soberbia, fausto y pompa
10 se hincha, se levanta, se engrandece,
y deshacer su fábrica parece,
o que de todo punto se corrompa;
al son de caja, pífano, y de trompa,
el aire, el mar, la tierra se ensordece,
15 y cuanto con sus términos encierra
es un tumulto, y máquinas de guerra.

El cano y turbio Rímac resonante,
que de vejez en urna se recuesta,
su ronca voz levanta sobrepuesta
20 con este son de guerra disonante;
mas aunque se desgañe no es bastante
para ganar el viejo lo que apuesta,
porque el murmullo y bélico ruido
le tiene su murmurio ensordecido. [...]

25 Lucidas van escuadras y cuarteles
con tan hermosos visos y colores,
cual suelen por abril estar las flores
en los amenos prados y vergeles:
ya están a recibirlas los bateles,
30 sonando dentro flautas y atambores,
cornetas, sacabuches y clarines,
a cuyo son se duermen los delfines.

Al pedregoso límite llegados
la tropa y el caudillo don García
35 con una religiosa compañía
de clérigos y frailes consagrados,
empiezan nuevamente los soldados
a descubrir la gala y bizarría
con otros vistosísimos arreos,
40 airosos y gallardos contorneos. [...]

Mas ya llegado el tiempo favorable,
confusamente fueron apiñados
el nuevo general con los soldados
en la Nereida margen agradable:
los barcos, por el agua deleznable
de mil pimpollos verdes coronados,
al término marítimo vinieron,
do a todos en sus vientres recibieron.

Y la marina estéril renunciando
con algazara, júbilo y contento,
a descansada boga, y paso lento
se van las aguas líquidas cortando
cual garza, el vuelo raudo levantando
si ve de la borrasca el mal intento:
levanta agora el suyo don García,
por ver la tempestad que en Chile había.

Caminan pues al son de varios sones,
y al paso de chalupas entramadas,
que, de los bravos Césares preñadas,
los paren en soberbios galeones,
a do con salva espesa de cañones,
con festivales voces, y algaradas,
fueron del marinaje recibidos,
y de la dulce patria despedidos.

Cuán bien desde la tierra parecían
las flámulas tendidas por el viento,
y tantos gallardetes que contento
causaban con las ondas que hacían;
parece que con ansia pretendían
soltarse todos a una de su asiento,
por irse tras el aire libremente.
llevados del amor de su corriente.

Bien como si el arroyo cristalino
a su raudal entrega la ramilla
que estaba remirándole en su orilla,
sin ver por dónde, o cómo el agua vino,
veréis que por llevarla de camino,
él hace su poder por desasilla,
y ella según se tiende, y se recrea,
parece que otra cosa no desea.

---

[1] De Frisia, provincia de Holanda, cuyos caballos
son muy estimados.

[2] Tarará, señal o toque de trompeta.

Lo mismo hace el viento delicado
con todos los gallardos tremolantes
llevándolos tan sesgos y volantes
que no se muevan a uno ni otro lado;
pues vista la sazón por don Hurtado,
de aquellos instrumentos rebombantes
mandó que a recoger tocasen uno
para marchar a cuestas de Neptuno.

La gente con el tiro recogida
por bordos y jaretas derramada,
mira la dulce tierra y mar salada
deseando la señal de su partida;
pues no le fué más tiempo diferida,
que con caloma[3] el áncora levada,
y repitiendo el nombre de Cañete[4]
largó la capitana su trinquete.

Al punto comenzó la blanca vela
a recoger al céfiro en su seno,
y con el soplo de él hinchado y lleno
rompe el naval caballo por la tela;
el aire va sirviéndole de espuela,
el sólido timón en vez de freno
con que fogoso, rápido y lozano
seguramente corre el mar insano.

El cual agora está tranquilo y manso
alzando unas ampollas no de fuego,
que sin hacer espuma quiebran luego,
como si fuera el piélago remanso.
Parece Tetis[5] cama de descanso
cubierta con un plácido sosiego,
según que manifiesta su bonanza
sin rastro ni sospecha de mudanza.

Así del puerto sale nuestra flota
dejando boquiabiertos los Tritones
de ver los poderosos galeones
y su feliz y próspera derrota:
la baja tierra ya se ve remota,
ya rompen alta mar los espolones,
y a más andar Favonio[6] refrescando,
va recio las escotas estirando.

Sacaron las cabezas prestamente
alzando sierras de agua por sus bocas,
delfines velocísimos, y focas,
por ver y dar solaz a nuestra gente,
y el gran señor del húmedo tridente,   5
en cuya mano están las altas rocas,
con Doris, Arethusa y Melicerta,[7]
la sale a recibir hasta la puerta.

Sesgando van así las mansas olas
por medio de marinas potestades,   10
que muestran sus alegres voluntades
haciendo sobre el agua cabriolas;
y no las que refiero vienen solas,
porque otras mil incógnitas deidades
que en el cerúleo piélago se bañan,   15
las poderosas naves acompañan.

Pues vayan, como van, ganando tierra
por el salado mar, y blanca espuma,
que quiero adelantarme con la pluma   20
saltando desde aquí primero en tierra,
diré lo que sucede en paz, y en guerra,
haciendo de uno y otro breve suma,
mas porque estoy, señor, de aliento falto,
dejádmele tomar para este salto.   25

(Del Canto Primero).

BAÑO DE CAUPOLICÁN Y FRESIA

Entre una y otra sierra levantada,
que van a dar al cielo con las frentes,   35
y al suelo con sus fértiles vertientes,
la deleitosa vera está fundada.
Oh, quién tuviera pluma tan cortada,
y versos tan medidos y corrientes,
que hicieran el vestido deste valle   40
cortado a la medida de su talle.

---

[3] Calma.
[4] el Marqués de Cañete, Andrés Hurtado de Mendoza, virrey del Perú, que murió en 1560. El cuarto marqués fue García Hurtado de Mendoza, que hizo la guerra a los araucanos.
[5] Diosa del mar, una de las hijas de Nereo y de Doris.
[6] Era el más venerado de los vientos favorables centre los romanos.
[7] Hijas de Tetis y el Océano, que con otras muchas de sus hermanas se conocen con el nombre de Nereidas.

En todo tiempo el rico y fértil prado
está de yerba y flores guarnecido,
las cuales muestran siempre su vestido
de trémulos aljófares bordado;
5 aquí veréis la rosa de encarnado;
allí, al clavel de púrpura teñido;
los turquesados lirios, las violas,
jazmines, azucenas, amapolas.

Acá y allá, con soplo fresco y blando,
10 los dos, Favonio y Céfiro,[8] las vuelven,
y ellas, en pago de esto, los envuelven
del suave olor que están de sí lanzando;
entre ellas, las abejas susurrando,
que el dulce pasto en rubia miel resuelven,
15 ya de jacinto, ya de croco[9] y clicie,[10]
se llevan el cohollo y superficie.

Revuélvese el arroyo sinüoso,
hecho de puro vidrio una cadena,
por la floresta plácida y amena,
20 bajando desde el monte pedregoso,
y con murmurio grato sonoroso
despacha al hondo mar la rica vena,
cruzándola y haciendo en varios modos,
descansos, paradillas y recodos.

25 Vénse por ambas márgenes poblados
el mirto, el sauce, el álamo, el aliso,
el sauco, el fresno, el nardo, el cipariso,[11]
los pinos y los cedros encumbrados,
con otros frescos árboles copados
30 traspuestos del primero Paraíso,
por cuya hoja el viento en puntos graves,
el bajo lleva al tiple de las aves.

También se ve la yedra enamorada,
que, con su verde brazo retorcido,
35 ciñe lasciva el tronco mal pulido
de la derecha haya levantada,
y en conyugal amor se ve abrazada
la vid alegre al olmo envejecido,
por quien sus tiernos pámpanos prohija,
40 con que lo enlaza, encrespa y ensortija.

En corros andan juntas, y escondidas,
las Dríadas, Oréades, Napeas,[12]
y otras ignotas mil silvestres Deas
de Sátiros y Faunos perseguidas:
en álamos lampecies[13] convertidas,
y en verdes lauros Vírgenes Peneas,[14]
que son (por conocerse tan hermosas)
selváticas, esquivas, desdeñosas.

Por los frondosos, débiles ramillos,
que con el blando Céfiro bracean
en acordada música gorjean
mil coros de esmaltados pajarillos:
cuyos acentos dobles y sencillos,
sus puntos y sus cláusulas recrean
de tal manera al ánima, que atiende,
que se arrebata, eleva y se suspende.

Entre la verde juncia, en la ribera,
veréis al blanco cisne paseando,
y alguna vez en dulce voz mostrando
haberle ya llegado la postrera;
sublimes por el agua, el cuerpo fuera
veréis a los patillos ir nadando,
y cuando se os esconden y escabullen,
qué lejos los veréis de do zabullen.

Pues por el bosque espeso y enredado,
ya sale el jabalí cerdoso y fiero,
ya pasa el gamo tímido y ligero,
ya corren la corcilla y el venado,
ya se atraviesa el tigre variado,
ya penden sobre algún despeñadero
las saltadoras cabras montesinas,
con otras agradables salvajinas.

La fuente, que con saltos mal medidos
por la frisada, tosca y dura peña
en fugitivo golpe se despeña,
llevándose de paso los oídos;
en medio de los árboles floridos,
y crespos de la hojosa y verde greña
enfrena el curso oblicuo y espumoso,
haciéndose un estanque deleitoso.

---

[8] Favonio, como Céfiro, es un viento suave y favorable.
[9] Planta parecida al azafrán.
[10] Nombre poético del girasol.
[11] Ciprés.
[12] Nombres de diversas ninfas de los bosques.

[13] Álamo blanco. De Lampecia, hija del Sol y de Neres, hermana de Faetón, a cuya muerte fue metamorfoseada en álamo blanco.
[14] De Peneo, río de Tesalia, que pasa cerca del monte Olimpo.

Por su cristal bruñido y transparente
las guijas y pizarras del arena,
sin recibir la vista mucha pena,
se pueden numerar distintamente;
los árboles se ven tan claramente
en la materia líquida y serena,
que no sabréis cuál es la rama viva,
si la que está debajo o la de arriba. [...]

Descienden al estanque juntamente,
que los está llamando su frescura,
y Apolo, que también los apresura,
por se mostrar entonces más ardiente.
El hijo de Leocán[15] gallardamente
descubre la corpórea compostura,
espalda y pechos anchos, muslo grueso,
proporcionada carne y fuerte hueso.

Desnudo, al agua súbito se arroja,
la cual con alboroto encanecido
al recibirle forma aquel ruido,
que el árbol, sacudiéndose la hoja;
el cuerpo en un instante se remoja,
y esgrime el brazo y músculo fornido;
supliendo con el arte y su destreza
el peso que le dió naturaleza.

Su regalada Fresia, que lo atiende,
y sola no se puede sufrir tanto,
con ademán airoso lanza el manto,
y la delgada túnica desprende;
las mismas aguas frígidas enciende,
al ofuscado bosque pone espanto,
y Febo de propósito se para,
para gozar mejor su vista rara.

Abrásase, mirándola, dudoso,
si fuese Dafne[16] en lauro convertida
de nuevo al ser humano renacida
según se siente de ella codicioso;
descúbrese un alegre objeto hermoso,
bastante causador de muerte y vida,

que el monte y valle, viéndolo se ufana,
creyendo que despunta la mañana.

Es el cabello, liso y ondeado;   5
su frente, cuello y mano son de nieve;
su boca de rubí, graciosa y breve;
la vista garza, el pecho relevado,
de torno el brazo, el vientre jaspeado,
columna a quien el Paro parias debe[17];   10
su tierno y albo pie por la verdura
al blanco cisne vence en la blancura.

Al agua sin parar saltó ligera,   15
huyendo de mirarla, con aviso
de no morir la muerte que Narciso,
si dentro la figura propia viera:
mostrósele la fuente placentera,
poniéndose en el temple que ella quiso;   20
y aún dicen que de gozo, al recibilla
se adelantó del término y orilla.

Va zabullendo, el cuerpo sumergido,   25
que muestra por debajo el agua pura
del cándido alabastro la blancura,
si tiene sobre sí cristal bruñido;
hasta que da en los pies de su querido,
adonde con el agua a la cintura   30
se enhiesta, sacudiéndose el cabello,
y echándole los brazos por el cuello. [...]

Alguna vez el nudo se desata,   35
y ella se finge esquiva y se escabulle;
mas el galán, siguiéndola, zabulle,
y por el pie nevado la arrebata.
El agua salta arriba vuelta en plata,
y abajo la menuda arena bulle,   40
la tórtola envidiosa, que los mira,
más triste por su pájaro suspira. [...]

(Del Canto Quinto).

---

[15] Caupolicán.
[16] Ninfa que, desdeñosa de Apolo, fué convertida en laurel.

[17] A quien el mármol de Paros debe tributo.

Sin espacio para más, sólo nos detendremos en otros pocos poetas barrocos. JACINTO DE EVIA (Ecuador; n. 1620) publicó en España un *Ramillete de varias flores poéticas recogidas y cultivadas en los primeros abriles de sus años* (1675), en el que se juntaban composiciones de su propia cosecha y otras de sus contemporáneos, el ecuatoriano Padre ANTONIO BASTIDAS y el colombiano HERNANDO DOMÍNGUEZ CAMARGO.

Había toda clase de versos: líricos, sagrados, heroicos, panegíricos, epigramáticos ... Evia a veces se zambullía en la oscuridad barroca y a veces asomaba la cabeza a la superficie clara: de sus momentos más sencillos son los versos que reproducimos a continuación.

Jacinto de Evia

FLORES AMOROSAS

ESTRIBILLO

Cupido que rindes las almas,
decidle a Belisa, decidle por mí,
5 como vive mi amor todo en ella,
después que a sus ojos mi vida rendí.

GLOSA

10 Entre esperanza y temor
vive dudosa mi suerte,
el desdén me da la muerte,
pero la vida el amor;
y aunque es grande mi dolor
15 buscar alivio procura;
hallarálo mi ventura
si constante pido así:
    Cupidillo que rindes ...

20 Ansioso cual ciervo herido
del harpón de una beldad,
de su fuente a la piedad
amante me ha conducido:
mas mi dolor ha crecido

con el cristal que ha gustado,
y en voz amorosa al prado
mis tristes quejas le dí:
    Cupidillo que rindes ...

A un jilguero enamorado
mis penas dije constante,
por ver si hallo en un amante
remedios a mi cuidado;
compasivo me ha escuchado,
más que Belisa a quien ruego,
templando mi dulce fuego
con los gorjeos que oí:
    Cupidillo que rindes ...

La yedra en brazo amoroso,
del olmo los brazos goza;
la tortolilla retoza
con su consorte gustoso;
sólo yo vivo envidioso
por ver que una planta y ave
en unión vivan süave
cuando me lamento así:
    Cupidillo que rindes ...

(En *Ramillete de varias flores*, Alcalá de Henares, 1675).

El jesuíta HERNANDO DOMÍNGUEZ CAMARGO (Colombia, 1609–1659) es uno de los de calidad. No malbarató los materiales preciosos que le dejó Góngora. Están a la vista, sin menoscabo. Pero no sólo heredó a Góngora, sino que fundió en crisol esos materiales, los volcó en nuevos moldes y les estampó su cuño. Las poesías de Domínguez Camargo que aparecen en el *Ramillete de varias flores poéticas* de Jacinto de Evia son más claras, más fáciles y de veras antológicas; pero su obra de más aliento fue el inconcluso *Poema heroico de San Ignacio de Loyola* (1666), donde la sintaxis, el vocabulario, las metáforas y las referencias cultas del estilo barroco se apretujan alrededor de la biografía del santo de su devoción. Adviértase, en la descripción del salto del arroyo de Chillo que reproducimos en seguida, la fuerza barroca de la metáfora.

Hernando Domínguez Camargo

A un salto, por donde
se despeña el arroyo
de Chillo

Corre arrogante un arroyo
por entre peñas y riscos,
que enjaezado de perlas
es un potro cristalino.

Es el pelo de su cuerpo
de aljófar, tan claro y limpio,
que, por cogerle los pelos,
le almohazan[1] verdes mirtos.
Cíñele el pecho un pretal[2]
de cascabeles tan ricos,
que si no son cisnes de oro,
son ruiseñores de vidrio.
Bátenle el ijar sudante
los acicates de espinos,
y es él tan arrebatado
que da a cada paso brincos.
Danle sofrenadas peñas,
para mitigar sus bríos,
y es hacer que labre espumas
de mil esponjosos grifos.

Estrellas suda de aljófar
en que se suda a sí mismo,
y atropellando sus olas,
da cristalinos relinchos.
Bufando cogollos de agua,   5
desbocado corre el río,
tan colérico, que arroja
a los jinetes alisos.[3]

Hace calle entre el espeso
vulgo de árboles vecino,   10
que irritan más con sus varas
al caballo al precipicio.
Un corcovo dió soberbio,
y a estrellarse ciego vino,
en las crestas de un escollo,   15
gallo de montes altivo.
Dió con la frente en sus puntas,
y de ancas en un abismo,
vertiendo, sesos de perlas,
por entre adelfas y pinos.   20
Escarmiento es de arroyuelos
que se alteran fugitivos,
porque así amansan las peñas
a los potros cristalinos.

(De *Ramillete de varias flores poéticas*, Alcalá de Henares, 1675).

---

[1] De *almohaza*, instrumento de hierro para limpiar las caballerías.

[2] Correa del arreo de los caballos.

[3] Árbol rosáceo, de flores blancas y rosadas.

Entre los numerosos autores de coplas y poesías populares, festivas, satíricas, repentistas, burlescas, que por aquellos tiempos escriben en el nuevo mundo baste mencionar al más importante de ellos: JUAN DEL VALLE CAVIEDES (1652?–1697?). Andaluz, llegó de niño a las sierras del Perú, se trasladó después a Lima, disipó su vida entre el juego y las mujeres, cayó en manos de médicos y contra sus médicos escribió redondillas, décimas y romances, en que no sólo cada epigrama, pero aun cada adjetivo, tiene un terrible poder agresivo. Sus versos de *Diente del Parnaso* (alusión a su estilo mordaz: «mordiscos de mi diente», decía) no se publicaron ni en vida ni en los años inmediatos a su muerte mas se conocían bien. Escribió ensayos dramáticos de construcción alegórica: el *Entremés del Amor Alcalde*, el *Baile del Amor Médico* y el *Baile del Amor Tahur*. Esta vena cómica — muy cerca de las agudezas de Quevedo — continuó por algún tiempo: pero se advierte que, en los últimos años, adquirió una actitud madura, reflexiva, y escribió sonetos y otras composiciones con emoción religiosa y tono de arrepentimiento y melancolía. No fue un vano imitador de los barrocos de España. Los conocía, y conocía los autores que los barrocos aprovechaban; pero tenía independencia intelectual, inspiración propia y un estilo conciso y chacotón. En su *Carta* a Sor Juana se enorgullecía de que su única universidad había sido su espíritu y de que había estudiado más en los hombres que en los libros. Su buen sentido, disconforme de las supersticiones de su época es impresionante. Su poesía — satírica, pero también religiosa y lírica — es de lo más fresco del Perú colonial.

Juan del Valle Caviedes

SONETO

Para ser caballero de accidentes,
te has de vestir en voces y mesura,
sacando el pecho, drecha la estatura
hablando de hidalguías y parientes,

5 despreciando linajes entre dientes,
andando a espacio grave y con tersura,
y aunque venga o no venga, a la ventura
usarás de las cláusulas siguientes:

el punto, el garbo, la razón de estado,
etiquetas, usía, obligaciones,
continencias, vuecencias, mi criado,

mis méritos, mis tardas intenciones,
y caballero quedas entablado
desde la coronilla a los talones.

ROMANCES AMOROSOS

V

En un laurel convertida
vió Apolo a su Dafne amada[1]:
¿quién pensara que en lo verde
murieran sus esperanzas?
Abrazado con el tronco
y cubierto con las ramas,
pegó la boca a los nudos
y a la corteza la cara.
Con mil almas le decía
a la que sin ella estaba:
—No para mí, para ti,
Dafne, ha sido la mudanza;
pues tanto vale el ser tronco
como ser ninfa tirana;
porque tanto favorece
un leño como una ingrata.
Sólo la forma ha perdido
en sus perfecciones raras;
pero en la materia toco
que la de un tronco es más blanda.
Primero piedad espero
en quien no escuche mis ansias,
moción es lo que está muerto,
que en ti estando como estabas.
Por lo menos grabaré
en tu tronco mis palabras
que en ti, ninfa, jamás pude
que quisieras escucharlas.
Desesperación ha sido
tu belleza malograda,
pues por agraviarme esquiva
hasta a ti misma te agravias.
Si hubiera sabido, ninfa,
tu venganza, en mi venganza
por quererte más te hubiera
querido con menos ansia.

X

Lucinda ¿por qué me has dicho
que te viese el otro día,
sabiendo no puede ser
porque ciega el que te mira?
A verte yo y no mirarme
para mi muerte me citas,
que ya veo el que me matas
y el que me muero no miras.
Verte yo y no verme tú
es dar materia a tus iras,
que cuando no ves el blanco   5
tus arpones más me atinan.
Eres tirana sin ver,
pues sin mas ver solicitas
que muera de no mirado
el que matas de bien vista.   10
Siquiera un leve descuido
no te merecí por dicha,
porque en el no descuidarte
muy cuidadosa te miras.
El no verme es porque no   15
te tengan por homicida,
que a vista del agresor
brotan sangre las heridas.

                                 20

DÉCIMAS

Coloquio que tuvo con la muerte un
médico estando enfermo   25
de riesgo

El mundo todo es testigo,
Muerte de mi corazón,
que no has tenido razón   30
de portarte así conmigo.
Repara que soy tu amigo,
y que de tus tiros tuertos
en mí tienes los aciertos;
excúsame la partida,   35
que por cada mes de vida
te daré treinta y un muertos.

¡Muerte! Si los labradores
dejan siempre qué sembrar   40
¿cómo quieres agotar
la semilla de doctores?
Frutos te damos mayores;
pues, con purgas y con untos,
damos a tu hoz asuntos   45
para que llenes los trojes,
y por cada doctor cojes
diez fanegas de difuntos.

---

[1] Referencia al mito de Apolo y Dafne.

No seas desconocida
ni contigo uses rigores,
pues la muerte, sin doctores
no es muerte, que es media vida.
5 Pobre, ociosa y desvalida
quedarás en esta suerte,
sin que tu aljaba concierte,
siendo en tan grande mancilla
una pobre muertecilla
10 o Muerte de mala muerte.

Muerte sin médico es llano
que será, por lo que infiero,
mosquete sin mosquetero,
espada o puñal sin mano.
15 Este concepto no es vano:
porque aunque la muerte sea
tal, que todo cuanto vea
se lo lleve por delante,
que a nadie mata es constante
20 si el doctor no la menea.

¡Muerte injusta! Tú también
me tiras por la tetilla;
mas ya sé no es maravilla
pagar mal el servir bien.
Por Galeno[2] juro, a quien
venero, que si el rigor
no conviertes en amor
sanándome de repente,
y muero de este accidente,
que no he de ser más doctor.

Mira que en estos afanes,
si así a los médicos tratas,
han de andar después a gatas
los curas y sacristanes.
Porque soles ni desmanes,
la suegra y suegro peor,
fruta y nieve sin licor,
bala, estocadas y canto,[3]
no matan al año tanto
como el médico mejor. [...[4]]

(De *Diente del Parnaso*).

(De *Obras de don Juan del Valle y Caviedes*, Lima, Clásicos peruanos, Vol. 1, 1947).

La influencia de Góngora fue en México anterior, mayor y mejor que en ninguna otra parte americana. Es posible que circularan en México copias manuscritas del *Polifemo* y de las *Soledades* antes que se publicaran en España. Comoquiera que sea Góngora entró en México alrededor del 1600, en los embarques de *Romanceros* y *Flores de poetas ilustres*. Ya vimos cómo en Balbuena hubo muestras de gongorismo, si bien tenues, pues su cultismo era personal e independiente. A lo largo del siglo XVII se multiplican los gongoristas mexicanos. La reciente revalidación de Góngora ha cambiado el juicio que antes se tenía sobre los numerosos gongoristas hispanoamericanos. Es indudable que casi todos se entretenían en edificar complicaciones formales, sin que al fondo de sus laberintos les esperara (como en Góngora) una bella sorpresa. Pero en esta literatura de esfuerzo desencaminado, también hay versos pulidos en los que se refleja el paisaje humano, social, histórico de México; versos que, en sí, son un paisaje literario contra el que se recortarán figuras mayores, como la de Sor Juana. Además no es Góngora el único

---

[2] Célebre médico griego.
[3] Piedra.

[4] Siguen ocho décimas en las que ridiculiza a varios médicos limeños de la época.

«príncipe de los líricos» al que se venera. Se lee a Garcilaso, los Argensolas, Lope de Vega, Fray Luis de León, San Juan de la Cruz, Herrera, Calderón, Quevedo . . . En realidad Góngora fue el que cantaba más alto en una multitud de poetas. Y la poesía era la que alzaba la voz en el barroco. Los hispanoamericanos imitaban o hacían centones en los numerosos certámenes poéticos que se celebraban en fiestas religiosas o civiles. Algunos certámenes solían exigir la emulación a Góngora. En general, los certámenes documentan que hay grupos de poetas que se leen unos a otros: escriben para sí, ellos son su propio público. Es actividad de humanistas y eruditos que tienen el orgullo de pertenecer a una aristocracia en la que sólo se puede ingresar con ciertas contraseñas intrincadas. El género es lo de menos: puede ser un villancico o un poema épico de largo aliento. Lo que importa es que los signos sean extremados. Curioso: en esta poesía de corte culto irrumpen indigenismos y aun vocablos afroespañoles. Pero en el barroco lo popular no es espontáneo, sino artificioso: los negros serán «azabaches con alma.» Descripción y colección de certámenes de 1682 y 1683 es el *Triunfo parténico* de CARLOS DE SIGÜENZA Y GÓNGORA (México; 1645-1700). Escribió sobre temas aliterarios: astronomía, astrología, geografía, etnografía, matemáticas, historia, etc. Y cuando escribió versos nos dió lo peor del barroco. Era pariente de Luis de Góngora y Argote; y quizá por este parentesco lejano algunos críticos han querido estudiar si el Góngora mexicano se alejaba también del gongorismo. No hay cuestión. De lo que se alejaba era de la poesía. En la *Primavera indiana* (1662), su primer libro, hay más aciertos que en los que siguieron. Como historiador escribió páginas más perdurables; y acaso, en una historia de la literatura, su puesto sea el de cronista de hechos menores. La prosa de estas crónicas era ya la de la conversación; y el arte de contar se hace a veces tan eficaz (en la «Carta al Almirante don Andrés de Pez», por ejemplo), que el lector lee con placer. Esas páginas sobre el motín de los indios en junio de 1692 son interesantísimas. Sus virtudes narrativas se advierten mejor en los *Infortunios que Alonso Ramírez padeció en poder de ingleses piratas* (1690), que tienen un movimiento vivaz de biografía novelada. Alonso Ramírez es uno de esos criollos vitales, sufridos, viriles, que continuaron el impulso de los conquistadores españoles. Pero ya vive en otra época. Ramírez ha nacido en Puerto Rico, en 1662; y, sin darse cuenta clara de ello, vive hundido en la decadencia política de España. Justamente un siglo después de la derrota de la Armada es capturado por ingleses, «herejes piratas»; padece terribles humillaciones: la menor de todas, oír que los ingleses llaman a los españoles «cobardes y gallinas.» Cuando consigue la libertad, Ramírez y sus hombres navegan aterrorizados porque todo el mar les parece lleno de ingleses. España ya ha perdido el vigor de la acometida, y en América el criollo sufre ese menoscabo de la honra política.

Carlos de Sigüenza y Góngora

INFORTUNIOS DE ALONSO RAMÍREZ

[Los «Infortunios de Alonso Ramírez» pertenecen al grupo de las llamadas *Relaciones históricas* de Sigüenza y Góngora, y constan de VII Capítulos. Para la mejor comprensión de los fragmentos que ofrecemos en esta Antología, nos parece oportuno reproducir los títulos explicativos de aquéllos, que son como sigue: «I. Motivos que tuvo para salir de su patria. Ocupaciones y viajes que hizo por la Nueva España; su asistencia en México hasta pasar a las Filipinas. — II. Sale de Acapulco para Filipinas; dícese la derrota de este viaje y en lo que gastó el tiempo, hasta que lo apresaron los ingleses. — III. Pónense en compendio los robos y crueldades que hicieron estos piratas en mar y tierra hasta llegar a América. — IV. Danle libertad los piratas y trae a la memoria lo que toleró en su prisión. — V. Navega Alonso Ramírez y sus compañeros sin saber dónde estaban ni la parte a que iban; dícense los trabajos y sustos que padecieron hasta varar tierra. — VI. Sed, hambre, enfermedades, muertes con que fueron atribulados en esta costa; hallan inopinadamente gente católica y saben estar en tierra firme de Yucatán en la Septentrional América. — VII. Pasan a Tejozuco; de allí a Valladolid, donde experimentan molestias; llegan a Mérida; vuelve Alonso Ramírez a Valladolid y son aquéllas mayores. Causa porque vino a México y lo que de ello resulta.»

Al final de la relación, Alonso Ramírez es recibido por el Virrey, quien le envía a don Carlos de Sigüenza y Góngora y éste, «compadecido de mis trabajos, no sólo formó esta Relación en que se contienen», sino que le favoreció y ayudó a que hiciese el viaje a Vera-Cruz.]

I

Motivos que tuvo para salir de su patria.
Ocupaciones y viajes que hizo por
5   *la Nueva España; su asistencia*
en México hasta pasar a
las Filipinas

10   Quiero que se entretenga el curioso que esto leyere por algunas horas, con las noticias de lo que a mí me causó tribulaciones de muerte por muchos años, y aunque de sucesos que sólo subsistieron en la idea de quien los finge, se 15 suelen deducir máximas y aforismos que, entre lo deleitable de la narración que entretiene, cultiven la razón de quien en ello se ocupa, no será esto lo que yo aquí intente, sino solicitar lástimas que, aunque posteriores a mis trabajos, harán por lo menos tolerable su memoria, trayéndolas a compañía de las que me tenía a mí mismo cuando me aquejaban. No por esto estoy tan de parte de mi dolor, que quiera incurrir en la fea nota de pusilánime y así, omitiendo menudencias que a otros menos atribulados que yo lo estuve pudieran dar asunto de muchas quejas, diré lo primero que me ocurriere por ser en la serie de mis sucesos lo más notable.

Es mi nombre Alonso Ramírez y mi patria la ciudad de San Juan de Puerto Rico, cabeza de la isla, que en los tiempos de ahora con este nombre y con el de *Borriquen* en la antigüedad, entre el Seno Mexicano y el mar Atlántico divide términos. Hácela célebre los refrescos que hallan en su deleitosa aguada[1] cuantos

---

[1] Abrevadero, provisión de agua potable.

desde la antigua navegan sedientos a la Nueva España; la hermosura de su bahía, lo incontrastable del Morro que la defiende; las cortinas y baluartes coronados de artillería que la aseguran. Sirviendo, aun no tanto esto, que en otras partes de las Indias también se halla, cuanto el espíritu que a sus hijos les reparte el genio de aquella tierra sin escasez, a tenerla privilegiada de las hostilidades de corsantes.[2]

Empeño es éste en que pone a sus naturales su pundonor y fidelidad sin otro motivo, cuando es cierto que la riqueza que le dió nombre por los veneros de oro que en ella se hallan, hoy, por falta de sus originarios habitadores que los trabajen y por la vehemencia con que los huracanes procelosos rozaron los árboles de cacao que, a falta de oro, provisionaban de lo necesario a los que lo traficaban, y por el consiguiente al resto de los isleños se transformó en pobreza.

Entre los que ésta había tomado muy a su cargo fueron mis padres, y así era fuerza que hubiera sido, porque no lo merecían sus procederes; pero ya es pensión[3] de las Indias el que así sea. Llamóse mi padre Lucas de Villanueva, y aunque ignoro el lugar de su nacimiento, cónstame, porque varias veces se le oía, que era andaluz, y sé muy bien haber nacido mi madre en la misma ciudad de Puerto Rico, y es su nombre Ana Ramírez, a cuya cristiandad le debí en mi niñez lo que los pobres sólo le pueden dar a sus hijos, que son consejos para inclinarlos a la virtud.

Era mi padre carpintero de ribera, e impúsome (en cuanto permitía la edad) al propio ejercicio, pero reconociendo no ser continua la fábrica y temiéndome no vivir siempre, por esta causa, con las incomodidades que, aunque muchacho, me hacían fuerza, determiné hurtarle el cuerpo a mi misma patria para buscar en las ajenas más conveniencia.

Valíme de la ocasión que me ofreció para esto una urqueta[4] del Capitán Juan del Corcho, que salía de aquel puerto para el de La Habana, en que, corriendo el año de 1675, y siendo menos de trece los de mi edad, me recibieron por paje. No me pareció trabajosa la ocupación,

considerándome en libertad y sin la pensión de cortar madera; pero confieso que, tal vez presagiando lo porvenir, dudaba si podría prometerme algo que fuese bueno, habiéndome valido de un corcho para principiar mi fortuna. 5 Mas, ¿quién podrá negarme que dudé bien, advirtiendo consiguientes mis sucesos a aquel principio? Del puerto de La Habana, (célebre entre cuantos gozan las Islas de Barlovento, así por las conveniencias que le debió a la 10 naturaleza que así lo hizo, como por las fortalezas con que el arte y el desvelo lo ha asegurado), pasamos al de San Juan de Ulúa en la tierra firme de Nueva España, de donde, apartándome de mi patrón, subí a la 15 ciudad de la Puebla de los Ángeles, habiendo pasado no pocas incomodidades en el camino, así por la aspereza de las veredas que desde Salapa corren hasta Perote, como también por los fríos que, por no experimentados hasta allí, 20 me parecieron intensos. Dicen los que la habitan ser aquella ciudad inmediata a México en la amplitud que coge, en el desembarazo de sus calles, en la magnificencia de sus templos y en cuantas otras cosas hay que la asemejan a 25 aquella; y ofreciéndoseme (por no haber visto hasta entonces otra mayor) que en ciudad tan grande me sería muy fácil el conseguir conveniencia grande, determiné, sin más discurso que éste, el quedarme en ella, aplicándome a 30 servir a un carpintero para granjear el sustento, en el ínterin que se me ofrecía otro modo para ser rico.

En la demora de seis meses que allí perdí experimenté mayor hambre que en Puerto Rico, 35 y abominando la resolución indiscreta de abandonar mi patria por tierra a donde no siempre se da acogida a la liberalidad generosa, haciendo mayor el número de unos arrieros, sin considerable trabajo me puse en México. 40

Lástima es grande el que no corran por el mundo grabadas a punta de diamante en láminas de oro, las grandezas magnificas de tan soberbia ciudad. Borróse de mi memoria lo que de la Puebla aprendí como grande, desde 45 que pisé la calzada, en que por la parte de mediodía (a pesar de la gran laguna sobre que está fundada) se franquea a los forasteros. Y

---

[2] Corsarios.
[3] Carga, gravamen.

[4] Clase de embarcación.

siendo uno de los primeros elogios de esta metrópoli la magnanimidad de los que la habitan, a que ayuda la abundancia de cuanto se necesita para pasar la vida con descanso que en ella se halla, atribuyo a fatalidad de mi estrella haber sido necesario ejercitar mi oficio para sustentarme. Ocupóme Cristóbal de Medina, maestro de alarife[5] y de arquitectura, con competente salario, en obras que le ocurrían, y se gastaría en ello cosa de un año.

El motivo que tuve para salir de México a la ciudad de Oaxaca, fué la noticia de que asistía en ella con el título y ejercicio honroso de regidor, D. Luis Ramírez, en quien, por parentesco que con mi madre tiene, afiancé, ya que no ascensos desproporcionados a los fundamentos tales cuales en que estribaran, por lo menos alguna mano para subir un poco; pero conseguí, después de un viaje de ochenta leguas, el que, negándome con muy malas palabras el parentesco, tuviese necesidad de valerme de los extraños por no poder sufrir despegos, sensibilísimos por no esperados, y así me apliqué a servir a un mercader trajinante que se llamaba Juan López. Ocupábase éste en permutar con los indios Mixes, Chontales y Cuicatecas, por géneros de Castilla que les faltaban, los que son propios de aquella tierra, y se reducen a algodón, mantas, vainillas, cacao y grana.[6] Lo que se experimenta en la fragosidad de la Sierra, que para conseguir esto se atraviesa y huella continuamente, no es otra cosa sino repetidos sustos de derrumbarse por lo acantilado de las veredas, profundidad horrorosa de las barrancas, aguas continuas, atolladeros penosos, a que se añaden, en los pequeños calidísimos valles que allí se hacen, muchos mosquitos, y en cualquier parte, sabandijas abominables a todo viviente por su mortal veneno.

Con todo esto atropella la gana de enriquecer y todo esto experimenté acompañando a mi amo, persuadido a que sería a medida del trabajo la recompensa. Hicimos viaje a Chiapa de Indios, y de allí a diferentes lugares de las provincias de Soconusco y de Guatemala, pero, siendo pensión de los sucesos humanos interpolarse con el día alegre de la prosperidad la noche pesada y triste del sinsabor, estando

de vuelta para Oaxaca, enfermó mi amo en el pueblo de Talistaca, con tanto extremo, que se le administraron los Sacramentos para morir.

Sentía yo su trabajo y en igual contrapeso sentía el mío, gastando el tiempo en idear ocupaciones en que pasar la vida con más descanso; pero con la mejoría de Juan López se sosegó mi borrasca a que se siguió tranquilidad, aunque momentánea, supuesto que, en el siguiente viaje, sin que le valiese remedio alguno, acometiéndole el mismo achaque en el pueblo de Cuicatlan, le faltó la vida.

Cobré de sus herederos lo que quisieron darme por mi asistencia, y despechado de mí mesmo y de mi fortuna, me volví a México, y, queriendo entrar en aquesta ciudad con algunos reales, intenté trabajar en la Puebla para conseguirlos, pero no hallé acogida en maestro alguno, y, temiéndome de lo que experimenté de hambre cuando allí estuve, aceleré mi viaje.

Debíle a la aplicación que tuve al trabajo, cuando le asistí al maestro Cristóbal de Medina, por el discurso de un año y a la que volvieron a ver en mí cuantos me conocían, el que tratasen de avecindarme en México, y conseguilo mediante el matrimonio que contraje con Francisca Xavier, doncella, huérfana de doña María de Poblete, hermana del venerable señor doctor don Juan de Poblete, Deán de la iglesia metropolitana, quien, renunciando la mitra arzobispal de Manila, por morir como Fénix en su patrio nido, vivió para ejemplar de cuantos aspiraran a eternizar su memoria con la rectitud de sus procederes.

Sé muy bien que expresar su nombre es compendiar cuanto puede hallarse en la mayor nobleza y en la más sobresaliente virtud, y así callo, aunque con repugnancia por no ser largo en mi narración, cuanto me está sugiriendo la gratitud.

Hallé en mi esposa mucha virtud y merecíle en mi asistencia cariñoso amor, pero fué esta dicha como soñada teniendo solos once meses de duración, supuesto que en el primer parto le faltó la vida. Quedé casi sin ella a tan no esperado y sensible golpe, y, para errarlo todo me volví a la Puebla.

---

[5] Maestro de obras.

[6] Cochinilla.

Acomodéme por oficial de Esteban Gutiérrez, maestro de carpintero, y sustentándose el tal mi maestro con escasez, ¿cómo lo pasaría el pobre de su oficial?

Desesperé entonces de poder ser algo, y hallándome en el tribunal de mi propia conciencia no sólo acusado, sino convencido de inútil, quise darme por pena de este delito la que se da en México a los que son delincuentes, que es enviarlos desterrados a las Filipinas. Pasé, pues, a ellas en el galeón Santa Rosa, que (a cargo del general Antonio Nieto, y de quien el Almirante Leandro Coello era piloto) salió del puerto de Acapulco para el de Cavite el año 1682.

Está este puerto en altura de 16 grados 40 minutos a la banda del Septentrión, y cuanto tiene de hermoso y seguro para las naos que en él se encierran, tiene de desacomodado y penoso para los que lo habitan, que son muy pocos, así por su mal temple y esterilidad del paraje, como por falta de agua dulce y aun del sustento, que siempre se le conduce de la comarca, y añadiéndose lo que se experimenta de calores intolerables, barrancas y precipicios por el camino, todo ello estimula a solicitar la salida del puerto.

III

Pónense en compendio los robos y crueldades que hicieron estos piratas en mar y tierra hasta llegar a la América

Sabiendo ser yo la persona a cuyo cargo venía la embarcación, cambiándome a la mayor de las suyas me recibió el Capitán con fingido agrado. Prometióme a las primeras palabras la libertad, si le noticiaba cuáles lugares de las islas eran más ricos, y si podría hallar en ellos gran resistencia. Respondíle no haber salido de Cavite, sino para la provincia de Ilocos, de donde venía, y que así no podia satisfacerle a lo que preguntaba. Instóme si en la isla de Caponiz, que a distancia de catorce leguas está Noroeste Sueste con Marivélez,

podría aliñar sus embarcaciones, y si había gente que se lo estorbase; díjele no haber allí población alguna y que sabía de una bahía donde conseguiría fácilmente lo que deseaba. Era mi intento el que, si así lo hiciesen, los cogiesen desprevenidos, no sólo los naturales de ella, sino los españoles que asisten de presidio en aquella isla, y los apresasen. Como a las diez de la noche surgieron donde les pareció a propósito, y en estas y otras preguntas que se me hicieron se pasó la noche.

Antes de levarse pasaron a bordo de la Capitana mis veinticinco hombres. Gobernábala un inglés a quien nombraban Maestre Bel; tenía ochenta hombres, veinticuatro piezas de artillería y ocho pedreros[7] todos de bronce; era dueño de la segunda el Capitán Donkin; tenía setenta hombres, veinte piezas de artillería y ocho pedreros, y en una y otra había sobradísimo número de escopetas, alfanjes, hachas, arpeos, granadas y ollas llenas de varios ingredientes de olor pestífero.

Jamás alcancé, por diligencia que hice, el lugar donde se armaron para salir al mar; sólo sí supe habían pasado al del Sur por el estrecho de Mayre, y que imposibilitados de poder robar las costas del Perú y Chile, que era su intento, porque con ocasión de un tiempo que, entrándoles con notable vehemencia y tesón por el Leste[8] les duró once días, se apartaron de aquel meridiano más de quinientas leguas, y no siéndoles fácil volver a él, determinaron valerse de lo andado, pasando a robar a la India, que era más pingüe.

Supe, también, habían estado en islas Marianas, y que, batallando con tiempos desechos y muchos mares, montando los cabos del Engaño y del Boxeador, y habiendo antes apresado algunos juncos y champanes[9] de indios y chinos, llegaron a la boca de Marivélez, a donde dieron conmigo.

Puestas las proas de sus fragatas (llevaban la mía a remolque) para Caponiz, comenzaron con pistolas y alfanjes en las manos a examinarme de nuevo, y aun a atormentarme; amarráronme a mí y a un compañero mío al árbol mayor, y como no se les respondía a

---

[7] Pieza antigua de artillería.
[8] Viento este.

[9] Barcos indios y chinos.

propósito acerca de los parajes donde podían hallar la plata y oro por que nos preguntaban, echando mano de Francisco de la Cruz, sangley[10] mestizo, mi compañero, con cruelísimos tratos de cuerda que le dieron, quedó desmayado en el combes[11] y casi sin vida; metiéronme a mí y a los míos en la bodega, desde donde percibí grandes voces y un trabucazo; pasado un rato y habiéndome hecho salir afuera, vide mucha sangre, y mostrándomela, dijeron ser de uno de los míos, a quien habían muerto, y que lo mismo sería de mí, si no respondía a propósito de lo que preguntaban; díjeles con humildad que hiciesen de mí lo que les pareciese, porque no tenía que añadir cosa alguna a mis primeras respuestas.

Cuidadoso, desde entonces, de saber quién era de mis compañeros el que habían muerto, hice diligencias por consequirlo, y hallando cabal el número, me quedé confuso. Supe mucho después era sangre de un perro la que había visto, y no pasó del engaño.

No satisfechos de lo que yo había dicho, repreguntando con cariño a mi contramaestre, de quien por indio jamás se podía prometer cosa que buena fuese, supieron de él haber población y presidio en la isla de Caponiz, que yo había afirmado ser despoblada.

Con esta noticia, y mucho más, por haber visto estando ya sobre ella, ir por el largo de la costa dos hombres montados, a que se añadía la mentira de que nunca había salido de Cavite sino para Ilocos, y dar razón de la bahía de Caponiz, en que, aunque lo disimularon, me habían cogido, desenvainados los alfanjes con muy grandes voces y vituperios dieron en mí.

Jamás me recelé de la muerte con mayor susto que en este instante; pero conmutáronla en tantas patadas y pescozones que descargaron en mí, que me dejaron incapaz de movimiento por muchos días.

Surgieron en parte de donde no podían recelar insulto alguno de los isleños, y, dejando en tierra a los indios dueños de un junco, de que se habían apoderado el antecedente día al aciago y triste en que me cogieron, hicieron su derrota a Pulicondon, isla poblada de

Cochinchinas, en la costa de Camboja, donde, tomado puerto, cambiaron a sus dos fragatas cuánto en la mía se halló, y le pegaron fuego.

Armadas las piraguas con suficientes hombres, fueron a tierra y hallaron los esperaban los moradores de ella sin repugnancia; propusiéronles no querían más que proveerse allí de lo necesario dándoles lado a sus navíos y rescatarles también frutos de la tierra, por lo que les faltaba.

O de miedo, o por otros motivos que yo no supe, asintieron a ello los pobres bárbaros; recibían ropa de la que traían hurtada, y correspondían con brea, grasa y carne salada de tortuga y con otras cosas.

Debe ser la falta que hay de abrigo en aquella isla o el deseo que tienen de lo que en otras partes se hace en extremo mucho, pues les forzaba la desnudez o curiosidad a cometer la más desvergonzada vileza que jamás vi.

Traían las madres a las hijas y los mismos maridos a sus mujeres, y se las entregaban con la recomendación de hermosas, a los ingleses, por el vilísimo precio de una manta o equivalente cosa.

Hízoseles tolerable la estada de cuatro meses en aquel paraje con conveniencia tan fea, pero, pareciéndoles no vivían mientras no hurtaban, estando sus navíos para navegar, se bastimentaron de cuanto pudieron para salir de allí.

Consultaron primero la paga que se les daría a los Pulicondones por el hospedaje, y remitiéndola al mismo día en que saliesen al mar, acometieron aquella madrugada a los que dormían incautos, y pasando a cuchillo aun a las que dejaban en cinta y poniendo fuego en lo más del pueblo, tremolando sus banderas y con grande regocijo, vinieron a bordo.

No me hallé presente a tan nefanda crueldad; pero, con temores de que en algún tiempo pasaría yo por lo mismo, desde la capitana, en que siempre estuve, oí el ruido de la escopetería y ví el incendio.

Si hubieran celebrado esta abominable victoria agotando frasqueras de aguardiente, como siempre usan, poco importara encomendarla al silencio; pero habiendo intervenido en ello lo que yo vide, ¿cómo pudiera dejar de

---

[10] Dícese del indio chino que pasa a comerciar a Filipinas.

[11] Parte de la cubierta superior de una embarcación.

expresarlo, si no es quedándome dolor y escrúpulo de no decirlo?

Entre los despojos con que vinieron del pueblo y fueron cuanto por sus mujeres y bastimentos les habían dado, estaba un brazo humano de los que perecieron en el incendio; de éste cortó cada uno una pequeña presa, y alabando el gusto de tan linda carne entre repetidas saludes le dieron fin.

Miraba yo con escándalo y congoja tan bestial acción, y llegándose a mí uno con un pedazo me instó con importunaciones molestas a que lo comiese. A la debida repulsa que yo le hice, me dijo: Que, siendo español, y por el consiguiente cobarde, bien podía, para igualarlos a ellos en el valor, no ser melindroso. No me instó más por responder a un brindis.

Avistaron la costa de la tierra firme de Camboja al tercero día, y andando continuamente de un bordo a otro, apresaron un champan lleno de pimienta; hicieron con los que lo llevaban lo que conmigo, y sacándole la plata y cosas de valor que en él se llevaban sin hacer caso alguno de la pimienta, quitándole timón y velas y abriéndole un rumbo, lo dejaron ir al garete para que se perdiese.

Echada la gente de este champan en la tierra firme, y pasándose a la isla despoblada de Puliubi, en donde se hallan cocos y ñame con abundancia, con la seguridad de que no tenía yo ni los míos por dónde huir, nos sacaron de las embarcaciones para colchar[12] un cable. Era la materia de que se hizo bejuco verde, y quedamos casi sin uso de las manos por muchos días por acabarlo en pocos.

Fueron las presas que en este paraje hicieron de mucha monta, aunque no pasaran de tres, y de ellas pertenecía la una al rey de Siam, y las otras dos a los portugueses de Macán y Goa.

Iba en la primera un Embajador de aquel Rey para el Gobernador de Manila, y llevaba para éste un regalo de preseas de mucha estima, muchos frutos y géneros preciosos de aquella tierra.

Era el interés de la segunda mucho mayor, porque se reducía a solos tejidos de seda de la China en extremo ricos, y a cantidad de oro en piezas de filigrana que por vía de Goa se remitía a Europa.

Era la tercera del Virrey de Goa, e iba a cargo de un Embajador que enviaba al rey de Siam por este motivo.

Consiguió un genovés (no sé las circunstancias con que vino allí) no sólo la privanza con aquel rey, sino el que lo hiciese su lugarteniente en el principal de sus puertos.

Ensoberbecido éste con tanto cargo, les cortó las manos a dos caballeros portugueses que allí asistían, por leves causas.

Noticiado de ello el Virrey de Goa, enviaba a pedirle satisfacción y aun a solicitar se le entregase el genovés, para castigarle.

A empeño que parece no cabía en la esfera de lo asequible, correspondió el regalo que, para granjearle la voluntad al Rey, se le remitía.

Vide y toqué con mis manos una como torre o castillo, de vara en alto, de puro oro, sembrada de diamantes y otras preciosas piedras, y, aunque no de tanto valor, le igualaban en lo curioso muchas alhajas de plata, cantidad de canfora,[13] ámbar y almizcle, sin el resto de lo que para comerciar y vender en aquel reino había en la embarcación.

Desembarazada ésta y las dos primeras de lo que llevaban, les dieron fuego, y dejando así a portugueses como a sianes[14] y a ocho de los míos en aquella isla sin gente, tiraron la vuelta de las de Ciantan, habitadas de malayos, cuya vestimenta no pasa de la cintura, y cuyas armas son crises.[15]

Rescataron de ellos algunas cabras, cocos y aceite de éstos para la lantia[16] y otros refrescos, y dándoles un albazo[17] a los pobres bárbaros, después de matar algunos y de robarlos a todos, en demanda de la Isla de Tamburlán, viraron afuera.

Viven en ella Macazares, y sentidos los ingleses de no haber hallado allí lo que en otras partes, poniendo fuego a la población en ocasión que dormían sus habitadores,

---

[12] Corchar, unir los cordones de un cable, torciéndolos.
[13] Alcanfor.
[14] Siameses.
[15] Cris, arma de hoja corta usada por los moros de la isla de Mindanao, en las Filipinas.
[16] Una de las luces que se colocan en los buques para iluminar la rosa del compás o aguja.
[17] Madrugón, adelantarse a otro.

navegaron a la grande Isla de Borney,[18] y por haber barloventeado catorce días su costa occidental sin haber pillaje, se acercaron al puerto de Cicudana en la misma isla.

Hállanse en el territorio de este lugar muchas preciosas piedras, y en especial diamantes de rico fondo, y la codicia de rescatarlos y poseerlos, no muchos meses antes que allí llegásemos, estimuló a los ingleses que en la India viven, pidiesen al rey de Borney (valiéndose para eso del gobernador que en Cicudana tenía) les permitiese factoría en aquel paraje.

Pusiéronse los piratas a sondar en las piraguas la barra del río, no sólo para entrar en él con las embarcaciones mayores, sino para hacerse capaces de aquellos puestos.

Interrumpióles este ejercicio un champan de los de la tierra, en que venía de parte de quien la gobernaba a reconocerlos.

Fué su respuesta ser de nación ingleses y que venían cargados de géneros nobles y exquisitos para contratar y rescatarles diamantes.

Como ya antes habían experimentado en los de esta nación amigable trato y vieron ricas muestras de lo que, en los navíos que apresaron en Puliubi, les pusieron luego a la vista, se les facilitó la licencia para comerciar.

Hiciéronle al gobernador un regalo considerable y consiguieron el que por el río subiesen al pueblo (que dista un cuarto de legua de la marina) cuando gustasen.

En tres días que allí estuvimos reconocieron estar indefenso y abierto por todas partes y proponiendo a los cicudanes no poder detenerse por mucho tiempo, y que así se recogiesen los diamantes en casa del Gobernador, donde se haría la feria, dejándonos aprisionados a bordo y con bastante guarda, subiendo al punto de medianoche por el río arriba muy bien armados, dieron de improviso en el pueblo, y fué la casa del gobernador la que primero avanzaron.

Saquearon cuantos diamantes y otras piedras preciosas ya estaban juntas, y lo propio consiguieron en otras muchas a que pegaron fuego, como también a algunas embarcaciones que allí se hallaron.

Oíase a bordo el clamor del pueblo y la esco-petería, y fué la mortandad (como blasonaron después) muy considerable.

Cometida muy a su salvo tan execrable traición, trayendo preso al Gobernador y a otros principales, se vinieron a bordo con gran presteza, y con la misma se levaron, saliendo afuera.

No hubo pillaje que a éste se comparase por lo poco que ocupaba, y su excesivo precio. ¿Quién será el que sepa lo que importaba?

Vídele al capitán Bel tener a granel llena la copa de su sombrero de solos diamantes. Aportamos a la isla de Baturiñán dentro de seis días, y dejándola por inútil se dió fondo en la de Pulitiman, donde hicieron aguada y tomaron leña, y, poniendo en tierra (después de muy maltratados y muertos de hambre) al Gobernador y principales de Cicudana, viraron para la costa de Bengala por ser más cursada de embarcaciones, y en pocos días apresaron dos bien grandes de moros negros, cargadas de rasos, elefantes, garzas y sarampures, y habiéndolas desvalijado de lo más precioso, les dieron fuego, quitándoles entonces la vida a muchos de aquellos moros a sangre fría, y dándoles a los que quedaron las pequeñas lanchas que ellos mismos traían, para que se fuesen.

Hasta este tiempo no habían encontrado con navío alguno que se les pudiera oponer, y en este paraje, o por casualidad de la contingencia, o porque ya se tendría noticia de tan famosos ladrones en algunas partes, de donde creo había ya salido gente para castigarlos, se descubrieron cuatro navíos de guerra bien artillados, y todos de holandeses a lo que parecía.

Estaban éstos a Sotavento, y teniéndose de los piratas cuanto les fué posible, ayudados de la obscuridad de la noche, mudaron rumbo hasta dar en Pulilaor, y se rehicieron de bastimentos y de agua; pero, no teniéndose ya por seguros en parte alguna, y temerosos de perder las inestimables riquezas con que se hallaban, determinaron dejar aquel archipiélago.

Dudando si desembocarían por el estrecho de Sonda o de Sincapura,[19] eligieron éste por más cercano, aunque más prolijo y dificultoso,

---

[18] Borneo.

[19] Singapur.

desechando el otro, aunque más breve y limpio, por más distante, o, lo más cierto, por más frecuentado de los muchos navíos que van y vienen de la nueva Batavia, como arriba dije.

Fiándose, pues, en un práctico de aquel estrecho que iba con ellos, ayudándoles la brisa y corrientes cuanto no es decible, con banderas holandesas y bien prevenidas las armas para cualquier caso, esperando una noche que fuese lóbrega, se entraron por él con desesperada resolución y lo corrieron casi hasta el fin sin encontrar sino una sola embarcación al segundo día.

Era ésta una fragata de treinta y tres codos de quilla, cargada de arroz y de una fruta que llaman «bonga»,[20] y al mismo tiempo de acometerla (por no perder la costumbre de robar, aun cuando huían) dejándola sola los que la llevaban, y eran malayos, se echaron al mar y de allí salieron a tierra para salvar las vidas. [. . .]

En esta ocasión se desaparecieron cinco de los míos, y presumo que, valiéndose de la cercanía a la tierra, lograron la libertad con echarse a nado.

A los veinticinco días de navegación avistamos una isla (no sé su nombre) de que, por habitada de portugueses, según decían o presumían, nos apartamos, y desde allí se tiró la vuelta de la Nueva Holanda, tierra aun no bastantemente descubierta de los europeos, y poseída, a lo que parece, de gentes bárbaras; y al fin de más de tres meses dimos con ella.

Desembarcados en la costa los que se enviaron a tierra con las piraguas, hallaron rastros antiguos de haber estado gente en aquel paraje, pero, siendo allí los vientos contrarios y vehementes y el surgidero malo, solicitando lugar más cómodo, se consiguió en una isla de tierra llana, y hallando no sólo resguardo y abrigo a las embarcaciones, sino un arroyo de agua dulce, mucha tortuga y ninguna gente, se determinaron dar allí carena para volverse a sus casas. Ocupáronse ellos en hacer esto, y yo y los míos en remendarles las velas y en hacer carne.

A cosa de cuatro meses o poco más, estábamos ya para salir a viaje, y poniendo las proas a la isla de Madagascar, o de San Lorenzo, con

Leste a popa, llegamos a ella en veintiocho días. Rescatáronse de los negros que la habitaban muchas gallinas, cabras y vacas, y noticiados de que un navío mercantil estaba para entrar en aquel puerto a contratar con los negros, determinaron esperarlo y así lo hicieron.

No era esto como yo infería de sus acciones y pláticas, sino por ver si lograban el apresarlo; pero reconociendo, cuando llegó a surgir, que venía muy bien artillado y con bastante gente, hubo de la una a la otra parte repetidas salvas y amistad recíproca.

Diéronle los mercaderes a los piratas aguardiente y vino, y retornáronles éstos de lo que traían hurtado, con abundancia.

Ya que no por fuerza (que era imposible) no omitía diligencia el Capitán Bel para hacerse dueño de aquel navío como pudiese; pero lo que tenía éste de ladrón y de codicioso, tenía el Capitán de los mercaderes de vigilante y sagaz, y así sin pasar jamás a bordo nuestro (aunque con grande instancia y con convites que le hicieron, y que él no admitía, lo procuraban), procedió en las acciones con gran recato. No fué menor el que pusieron Bel y Donkin para que no supiesen los mercaderes el ejercicio en que andaban, y, para conseguirlo con más seguridad nos mandaron a mí y a los míos, de quienes únicamente se recelaban, el que pena de la vida, no hablásemos con ellos palabra alguna y que dijésemos éramos marineros voluntarios suyos y que nos pagaban.

Contravinieron a este mandato dos de mis compañeros hablándole a un portugués que venía con ellos, y mostrándose piadosos en no quitarles la vida luego al instante los condenaron a recibir seis azotes de cada uno. Por ser ellos ciento cincuenta, llegaron los azotes a novecientos, y fué tal el rebenque y tan violento el impulso con que los daban, que amanecieron muertos los pobres al siguiente día.

Trataron de dejarme a mí y a los pocos compañeros que habían quedado en aquella isla; pero considerando la barbaridad de los negros moros que allí vivían, hincado de rodillas y besándoles los pies con gran rendimiento, después de reconvenirles con lo mucho que les había servido y ofreciéndome a asistirles

[20] La de una especie de palma de Filipinas.

en su viaje como si fuese esclavo, conseguí el que me llevasen consigo.

Propusiéronme entonces, como ya otras veces me lo habían dicho, el que jurase de acompañarlos siempre y me darían armas.

Agradecíles la merced, y haciendo refleja a las obligaciones con que nací, les respondí con afectada humildad el que más me acomodaba a servirlos a ellos que a pelear con otros, por ser grande el temor que les tenía a las balas, tratándome de español cobarde y gallina, y por eso, indigno de estar en su compañía que me honrara y valiera mucho, no me instaron más.

Despedidos de los mercaderes, y bien provisionados de bastimentos, salieron en demanda del Cabo de Buena Esperanza, en la costa de África, y después de dos meses de navegación, estando primero cinco días barloventándolo, lo montaron. Desde allí por espacio de un mes y medio se costeó un muy extendido pedazo de tierra firme, hasta llegar a una isla que nombran de Piedras, de donde, después de tomar agua y proveerse de leña, con las proas al Oeste y con brisas largas dimos en la costa del Brasil en veinticinco días.

En el tiempo de dos semanas en que fuimos al luengo de la costa y sus vueltas disminuyendo altura, en dos ocasiones echaron seis hombres a tierra en una canoa y, habiendo hablado con no sé qué portugueses y comprándoles algún refresco, se pasó adelante hasta llegar finalmente a un río dilatadísimo sobre cuya boca surgieron en cinco brazas, y presumo fué el de las Amazonas, si no me engaño.

VI

Sed, hambre, enfermedades, muertes con que fueron atribulados en esta costa; hallan inopinadamente gente católica y saben estar en tierra firme de Yucatán, en la Septentrional América.

Tendría de ámbito la peña que terminaba esta punta, como doscientos pasos y por todas partes la cercaba el mar, y aun tal vez por la violencia con que la hería se derramaba por toda ella con grande ímpetu.

No tenía árbol ni cosa alguna a cuyo abrigo pudiésemos repararnos contra el viento, que soplaba vehementísimo y destemplado; pero haciéndole a Dios Nuestro Señor repetidas súplicas y promesas, y persuadidos a que estábamos en parte donde jamás saldríamos, se pasó la noche.

Perseveró el viento, y por el consiguiente no se sosegó el mar hasta de allí a tres días; pero no obstante, después de haber amanecido, reconociendo su cercanía, nos cambiamos a tierra firme, que distaría de nosotros como cien pasos, y no pasaba de la cintura el agua donde más hondo.

Estando todos muertos de sed y no habiendo agua dulce en cuanto se pudo reconocer en algún espacio, posponiendo mi riesgo al alivio y conveniencia de aquellos míseros, determiné ir a bordo, y encomendándome con todo afecto a María Santísima de Guadalupe, me arrojé al mar y llegué al navío, de donde saqué un hacha para cortar y cuanto me pareció necesario para hacer fuego.

Hice segundo viaje y, a empellones, o por mejor decir, milagrosamente, puse un barrilete de agua en la misma playa, y no atreviéndome aquel día a tercer viaje, después apagamos todos nuestra ardiente sed, hice que comenzasen los más fuertes a destrozar palmas de las muchas que allí había, para comer los cogollos, y, encendiendo candela, se pasó la noche.

Halláronse el día unos charcos de agua (aunque algo salobre) entre aquellas palmas, y mientras se congratulaban los compañeros por este hallazgo, acompañándome Juan de Casas, pasé al navío, de donde en el cayuco[21] que allí traíamos (siempre con riesgo por el mucho mar y la vehemencia del viento) sacamos a tierra el velacho,[22] las dos velas del trinquete y gavia y pedazos de otras.

Sacamos también escopetas, pólvora y municiones y cuanto nos pareció por entonces más necesario para cualquier accidente.

Dispuesta una barraca en que cómodamente cabíamos todos, no sabiendo a qué parte de la costa se había de caminar para buscar gente,

---

[21] Bote.

[22] Vela del mastelero de proa.

elegí sin motivo especial la que corre al Sur. Yendo conmigo Juan de Casas, y después de haber caminado aquel día como cuatro leguas, matamos dos puercos monteses, y escrupulizando el que se perdiese aquella carne en tanta necesidad, cargamos con ellos para que los lograsen los compañeros.

Repetimos lo andado a la mañana siguiente hasta llegar a un río de agua salada, cuya ancha y profunda boca nos atajó los pasos, y aunque por haber descubierto unos ranchos antiquísimos hechos de paja, estábamos persuadidos a que dentro de breve se hallaría gente, con la imposibilidad de pasar adelante, después de cuatro días de trabajo, nos volvimos tristes.

Hallé a los compañeros con mucho mayores aflicciones que las que yo traía, porque los charcos de donde se proveían de agua se iban secando, y todos estaban tan hinchados que parecían hidrópicos.

Al segundo día de mi llegada se acabó el agua, y aunque por el término de cinco se hicieron cuantas diligencias nos dictó la necesidad para conseguirla, excedía a la de la mar, en la amargura, la que se hallaba.

A la noche del quinto día, postrados todos en tierra, y más con los afectos que con las voces, por sernos imposible el articularlas, le pedimos a la Santísima Virgen de Guadalupe el que, pues era fuente de aguas vivas para sus devotos, compadeciéndose de los que ya casi agonizábamos con la muerte, nos socorriese como a hijos, protestando no apartar jamás de nuestra memoria, para agradecérselo, beneficio tanto. Bien sabéis, Madre y Señora mía amantísima, el que así pasó.

Antes que se acabase la súplica, viniendo por el Sueste la turbonada, cayó un aguacero tan copioso sobre nosotros, que refrigerando los cuerpos y dejándonos en el cayuco y en cuantas vasijas allí teníamos provisión bastante, nos dió las vidas.

Era aquel sitio, no sólo estéril y falto de agua, sino muy enfermo, y aunque así lo reconocían los compañeros, temiendo morir en el camino, no había modo de convencerlos para que lo dejásemos; pero quiso Dios que lo que no recabaron mis súplicas, lo consiguieron los mosquitos (que también allí había) con su molestia, y ellos eran, sin duda alguna, los que en parte les habían causado las hinchazones que he dicho con sus picadas.

Treinta días se pasaron en aquel puesto comiendo chachalacas,[23] palmitos y algún marisco, y antes de salir de él, por no omitir diligencia, pasé al navío que hasta entonces no se había escatimado, y cargando con bala toda la artillería la disparé dos veces.

Fué mi intento el que, si acaso había gente la tierra adentro, podía ser que les moviese el estruendo a saber la causa, y que acudiendo allí se acabasen nuestros trabajos con su venida.

Con esta esperanza me mantuve hasta el siguiente día en cuya noche (no sé cómo), tomando fuego un cartucho de a diez que tenía en la mano, no sólo me la abrasó, sino que me maltrató un muslo, parte del pecho, toda la cara y me voló el cabello.

Curado como mejor se pudo con ungüento blanco, que en la caja de medicina que me dejó el Condestable se había hallado, y a la subsecuente mañana, dándoles a los compañeros el aliento, de que yo más que ellos necesitaba, salí de allí.

Quedóse (ojalá la pudiéramos haber traído con nosotros, aunque fuera a cuestas, por lo que, en adelante diré), quedóse, digo, la fragata, que, en pago de lo mucho que yo y los míos servimos a los ingleses, nos dieron graciosamente.

Era (y no sé si todavía lo es) de treinta y tres codos de quilla y con tres aforros, los palos y vergas de excelentísimo pino, la fábrica toda de lindo galibo,[24] y tanto, que corría ochenta leguas por singladura con viento fresco; quedáronse en ella y en las playas nueve piezas de artillería de hierro con más de dos mil balas de a cuatro, de a seis y de a diez, y todas de plomo; cien quintales, por lo menos, de este metal, cincuenta barras de estaño; sesenta arrobas de hierro; ochenta barras de cobre del Japón; muchas tinajas de la China; siete colmillos de elefante; tres barriles de pólvora; cuarenta cañones de escopeta; diez llaves; una caja de medicinas y muchas herramientas de cirujano.

---

[23] Ave gallinácea de México.

[24] Aspecto, apariencia.

Bien provisionados de pólvora y municiones y no otra cosa, y cada uno de nosotros con escopeta, comenzamos a caminar por la misma marina la vuelta del Norte, pero con mucho espacio por la debilidad y flaqueza de los compañeros, y en llegar a un arroyo de agua dulce, pero bermeja, que distaría del primer sitio menos de cuatro leguas, se pasaron dos días.

La consideración de que a este paso sólo podíamos acercarnos a la muerte, y con mucha prisa, me obligó a que, valiéndome de las más suaves palabras que me dictó el cariño, les propusiese el que, pues ya no les podía faltar el agua, y como víamos acudía allí mucha volatería que les aseguraba el sustento, tuviesen a bien el que, acompañado de Juan de Casas, me adelantase hasta hallar poblado, de donde protestaba volvería cargado de refresco para sacarlos de allí.

Respondieron a esta proposición con tan lastimeras voces y copiosas lágrimas, que me las sacaron de lo más tierno del corazón en mayor raudal.

Abrazándose de mí, me pedían con mil amores y ternuras que no les desamparase, y que, pareciendo imposible en lo natural poder vivir el más robusto, ni aun cuatro días, siendo la demora tan corta, quisiese, como padre que era de todos, darles mi bendición en sus postreras boqueadas y que después prosiguiese, muy enhorabuena, a buscar el descanso que a ellos les negaba su infelicidad y desventura en tan extraños climas.

Convenciéronme sus lágrimas a que así lo hiciese; pero, pasados seis días sin que mejorasen, reconociendo el que yo me iba hinchando, y que mi falta les aceleraría la muerte, temiendo, ante todas cosas la mía, conseguí el que, aunque fuese muy a poco a poco, se prosiguiese el viaje.

Iba yo y Juan de Casas descubriendo lo que habían de caminar los que me seguían, y era el último, como más enfermo Francisco de la Cruz, sangley, a quien desde el trato de cuerda que le dieron los ingleses antes de llegar a Caponiz, le sobrevinieron mil males, siendo el que ahora le quitó la vida dos hinchazones en los pechos y otra en el medio de las espaldas que le llegaba al cerebro.

Habiendo caminado como una legua, hicimos alto, y siendo la llegada de cada uno según sus fuerzas, a más de las nueve de la noche no estaban juntos, porque este Francisco de la Cruz aun no había llegado.

En espera suya se pasó la noche, y, dándole orden a Juan de Casas que prosiguiera el camino antes que amaneciese, volví en su busca; hallélo a cosa de media legua, ya casi boqueando, pero en su sentido.

Deshecho en lágrimas, y con mal articuladas razones, porque me las embargaba el sentimiento, le dije lo que para que muriese conformándose con la voluntad de Dios y en gracia suya me pareció a propósito, y poco antes del mediodía rindió el espíritu.

Pasadas como dos horas hice un profundo hoyo en la misma arena, y pidiéndole a la Divina Majestad el descanso de su alma, lo sepulté, y levantando una cruz (hecha de dos toscos maderos) en aquel lugar, me volví a los míos.

Hallélos alojados delante de donde habían salido como otra legua, y a Antonio González, el otro sangley, casi moribundo y, no habiendo regalo que poder hacerle ni medicina alguna con que esforzarlo, estándolo consolando, o de triste, o de cansado, me quedé dormido, y dispertándome el cuidado a muy breve rato, lo hallé difunto.

Dímosle sepultura entre todos el siguiente día, y tomando por asunto una y otra muerte, los exhorté a que caminásemos cuanto más pudiésemos, persuadidos a que así sólo se salvarían las vidas.

Anduviéronse aquel día como tres leguas, y en los tres siguientes se granjearon quince, y fué la causa que con el ejercicio del caminar, al paso que se sudaba se resolvían las hinchazones y se nos aumentaban las fuerzas.

Hallóse aquí un río de agua salada muy poco ancho y en extremo hondo y, aunque retardó por todo un día un manglar muy espeso el llegar a él, reconocido después de sondarlo faltarle vado, con palmas que se cortaron se le hizo puente y se fué adelante, sin que el hallarme en esta ocasión con calentura me fuese estorbo.

Al segundo día que allí salimos, yendo yo y Juan de Casas precediendo a todos, atravesó por el camino que llevábamos un disforme oso, y no obstante el haberlo herido con la escopeta se vino para mí, y aunque me defendía yo con el mocho[25] como mejor podía, siendo pocas mis fuerzas y las suyas muchas, a no acudir a ayudarme mi compañero, me hubiera muerto; dejámoslo allí tendido, y se pasó de largo.

Después de cinco días de este suceso llegamos a una punta de piedra, de donde me parecía imposible pasar con vida por lo mucho que me había postrado la calentura, y ya entonces estaban notablemente recobrados todos, o por mejor decir, con salud perfecta.

Hecha mansión, y mientras entraban en el monte adentro a buscar comida, me recogí a un rancho, que con una manta que llevábamos, al abrigo de una peña me habían hecho, y quedó en guarda mi esclavo, Pedro.

Entre las muchas imaginaciones que me ofreció el desconsuelo en esta ocasión, fué la más molesta el que sin duda estaba en las costas de la Florida en la América, y que siendo cruelísimos en extremo sus habitadores, por último habíamos de rendir las vidas en sus sangrientas manos.

Interrumpióme estos discursos mi muchacho con grandes gritos, diciéndome que descubría gente por la costa y que venía desnuda.

Levantéme asustado, y tomando en la mano la escopeta, me salí fuera, y encubierto de la peña a cuyo abrigo estaba, reconocí dos hombres desnudos con cargas pequeñas a las espaldas y haciendo ademanes con la cabeza como quien busca algo; no me pesó de que viniesen sin armas, y por estar ya a tiro mío les salí al encuentro.

Turbados ellos mucho más sin comparación que lo que yo lo estaba, lo mismo fué verme que arrodillarse, y puestas las manos comenzaron a dar voces en castellano y a pedir cuartel.

Arrojé yo la escopeta y llegándome a ellos los abracé, y respondiéronme a las preguntas que inmediatamente les hice; dijéronme que eran católicos y que acompañando a su amo que venía atrás y se llamaba Juan González, y era vecino del pueblo de Tejosuco, andaban por aquellas playas buscando ámbar; dijeron también el que era aquella costa la que llamaban de Bacalal en la provincia de Yucatán.

Siguióse a estas noticias tan en extremo alegres, y más en ocasión en que la vehemencia de mi tristeza me ideaba muerto entre gentes bárbaras, el darle a Dios y a su santísima Madre repetidas gracias, y disparando tres veces, que era contraseña para que acudiesen los compañeros, con su venida, que fué inmediata y acelerada, fué común entre todos el regocijo.

No satisfechos de nosotros los yucatecos, dudando si seríamos de los piratas ingleses y franceses que por allí discurren, sacaron de lo que llevaban en sus mochilas para que comiésemos, y dándoles (no tanto por retorno, cuanto porque depusiesen el miedo que en ellos veíamos) dos de nuestras escopetas, no las quisieron.

A breve rato nos avistó su amo, porque venía siguiendo a sus indios con pasos lentos y, reconociendo el que quería volver aceleradamente atrás para meterse en lo más espeso del monte, donde no sería fácil el que lo hallásemos, quedando en rehenes uno de sus dos indios, fué el otro a persuasiones y súplicas nuestras, a asegurarlo.

Después de una larga plática que entre sí tuvieron, vino, aunque con sobresalto y recelo, según por el rostro se le advertía, y en sus palabras se denotaba, a nuestra presencia; y hablándole yo con grande benevolencia y cariño y haciéndole una relación pequeña de mis trabajos grandes, entregándole todas nuestras armas para que depusiese el miedo con que lo víamos, conseguí el que se quedase con nosotros aquella noche, para salir a la mañana siguiente donde quisiese llevarnos.

Díjonos, entre varias cosas que se parlaron, le agradeciésemos a Dios por merced muy suya, el que no me hubiesen visto sus indios primero, y a largo trecho, porque si teniéndonos por piratas se retiraran al monte para guarecerse en su espesura, jamás saldríamos de aquel paraje inculto y solitario, porque nos faltaba embarcación para conseguirlo.

(De «Los infortunios de Alonso Ramirez» en *Relaciones históricas*, México, Universidad Nacional Autónoma, 1940).

---

[25] Mango, culata de la escopeta.

La voz más viva, graciosa y entonada del período barroco hispanoamericano fue la de SOR JUANA INÉS DE LA CRUZ (México; 1648-1695). Es
difícil estimarla. En parte porque el barroco es un estilo de difícil estimación;
pero, principalmente, porque la fascinante vida de la monjita mexicana nos
predispone a juzgar con simpatía cualquier cosa que escribiera. Toda la
corte de México tuvo la seguridad de su genio; y también la Iglesia, que llegó
a sobresaltarse por su fama. Cuando un obispo, con el seudónimo de «Sor
Filotea», le dirigió una misiva exhortándola a apartarse de las letras profanas,
Sor Juana escribió su *Respuesta a Sor Filotea de la Cruz* (1691), uno de los
más admirables ensayos autobiográficos en lengua española. Cuenta allí
su temprana vocación por el estudio, su incoercible curiosidad intelectual, las
desventajas de su condición de mujer, sus esfuerzos para librarse de las
impertinencias, prejuicios, incomprensiones y boberías con que las gentes
traban a los mejores. La prosa es espléndida: fina, flexible, filosa. Y, sobre
todo, de una extraordinaria eficacia en la defensa de su vocación espiritual.
Su pensamiento es ortodoxo. No hay duda. Pero tiene un vigor casi racionalista y muchas de sus protestas de humildad llevan escondido, y a veces sin
esconder, un tonillo irónico. Después de preguntarse: «¿Por ventura soy
más que una pobre monja, la más mínima criatura del mundo, y la más
indigna de ocupar vuestra atención?», agrega que el reconocerlo así «no
es afectada modestia». Sí lo es. Sor Juana sabe que tiene razón, y expone su
caso con hábil dialéctica. Para apreciar la libertad intelectual de Sor Juana
hay que referirla al medio eclesiástico de su época. Dentro de la sociedad
católica hay una copia de la total sociedad humana, con sus sumisos y rebelados. La rebelión de Sor Juana no es la del mundo: ya dijimos que era católica ortodoxa, temerosa de herejías y escándalos. Pero, en el seno de la Iglesia,
su impulso fué de libertad, quizá estimulado por las inquietudes esparcidas por
el siglo XVII; inquietudes de las que el *Discurso del método* de Descartes había
sido una de las fuentes. (Además de estas inquietudes intelectuales, la recon-
comía un desasosiego íntimo que no podemos explicar y, sin embargo, está
manifiesto en su obra: no encontró nunca paz interior, y su final ascetismo,
cuando renuncia definitivamente a la cultura para dedicarse a ejercicios
piadosos, fue acaso menos religioso de lo que se piensa.) La autobiografía
de su sed de saber que Sor Juana nos ofrece en su *Respuesta* ya tenía su
correlato poético en el *Primero sueño*, silva de extremado estilo barroco, al
modo de las *Soledades* de Góngora, donde Sor Juana cuenta el vuelo de su
alma hacia el conocimiento. La *Respuesta* y el *Sueño* se prestan luces. Por la
Respuesta nos enteramos de algunos aspectos de la génesis del *Sueño*. «Que
yo nunca he escrito cosa alguna [en verso] por mi voluntad — dice —, sino

por ruegos y preceptos ajenos; de tal manera que no me acuerdo haber escrito por mi gusto sino es un papelillo que llaman *El sueño*.» El *Sueño* — silva de casi un millar de versos — está construído con un pensamiento sistemático: el alma, gracias al sueño nocturno, se encumbra para alcanzar en un solo rapto la visión de todo lo creado y, fracasada, regresa para ahora, con más humildad, emprender el conocimiento conceptual, metódico, de lo simple a lo complejo, no sin dudas, contradicciones, escrúpulos y miedos, hasta que ella despierta y abre los ojos al mundo iluminado por el sol del día. La sinceridad con que Sor Juana vivía su tema carga de energía sus versos. Gongoriza: latinismos, neologismos, dislocaciones sintácticas, tropos y metáforas, alusiones mitológicas y cultismos de toda la literatura, ornamentos cromáticos, efectos musicales, charadas difíciles y deliberadas oscuridades ... Pero en ese estilo de época destellan, con originalidad, bellezas parciales. El resto de su poesía fue circunstancial; pero gran poesía. Se refleja en ella su vida en el campo, en la ciudad y en el convento. No obstante no se pueden distinguir sus experiencias personales de las literarias. A veces habla no de lo que ha vivido sino de lo que ha comprendido en la vida ajena. No tomar, pues, sus temas como propios. Son las suyas poesías ricas en inteligencia: inteligencia de la vida, pero siempre inteligencia. Si amó, si fué amada, no lo sabemos; pero en sus excelentes poesías líricas encantan las amatorias. Con maestría — y feminidad — Sor Juana da vueltas al tema del amor: separación, celos, olvido, rencor, abandono, muerte ... Fue maestra no sólo en esa cuerda sino en todas las que hizo sonar: religiosas y mundanas, herméticas y populares, conceptistas, sentimentales o costumbristas. Su escuela ha sido la gran poesía española, desde Garcilaso, pero emuló más a los barrocos seiscentistas. Sintetizó todas las corrientes apreciadas y practicadas en la primera mitad del siglo: tradicionales, renacentistas y barrocas, populares, cultas y vulgares; aquí una lira a lo San Juan, allá una silva a lo Góngora o una décima a lo Calderón o un romance a lo Lope o una jácara a lo Quevedo. Dió luces inesperadas a un estilo que en España se recogía crepuscularmente. La avidez de saber intelectual agudizó su mente; y en ese estado de agudeza mental, gozoso, entusiasmado, la monjita renovó la vitalidad del discreteo poético. En ella fue lozanía lo que en otros era marchitez. Jugar con la inteligencia era una aventura emocionante. El sentirse inteligente era ya una inquietud. El movimiento de los conceptos — en correlaciones muy variadas — era como un batir de alas de pájaro que se escapa de la jaula. En cuanto un hecho de su vida se ofrecía al verso era inmediatamente amplificado por un complicado razonar. Tan vital era ese razonar como el hecho razonado, así que los juegos barrocos no estorban la ascensión lírica. (Recuérdense por ejemplo los sonetos «Rosa divina que en gentil cultura», «Detente, sombra de mi bien esquivo.») Barroco fue lo mejor que escribió (a lo mencionado arriba agréguense los sonetos «Este que ves, engaño colorido», «Diuturna enfermedad de la esperanza», las redondillas

«Hombres necios que acusáis», etc.). Barrocos — en la órbita de Calderón — fueron sus tres autos sacramentales, *El cetro de José*, *El mártir del Sacramento* y, el más admirable, *El divino Narciso*, y también sus dos comedias, *Los empeños de una casa* y *Amor es más laberinto* (esta última, de 1688, en colaboración con Juan de Guevara). Escribió además dieciséis loas, dos sainetes y un sarao o fin de fiesta. La comedia *Los empeños de una casa* (Calderón había escrito una con el título *Los empeños de un acaso*) es complicada e ingeniosa, con fórmulas externas ya conocidas pero con sentimientos e ideas personales. La primera edición de los versos de Sor Juana se hizo en Madrid en 1689, con el título de «Inundación Castálida».

Sor Juana Inés de la Cruz

ROMANCE

Con que, en sentidos afectos,
prelude al dolor de
una ausencia

5   Ya que para despedirme,
dulce idolatrado dueño,
ni me da licencia el llanto
ni me da lugar el tiempo,

10   háblente los tristes rasgos,
entre lastimeros ecos,
de mi triste pluma, nunca
con más justa causa negros.

15   Y aun ésta te hablará torpe
con las lágrimas que vierto,
porque va borrando el agua
lo que va dictando el fuego.

20   Hablar me impiden mis ojos;
y es que se anticipan ellos,
viendo lo que he de decirte,
a decírtelo primero.

Oye la elocuencia muda
25   que hay en mi dolor, sirviendo
los suspiros, de palabras,
las lágrimas, de conceptos.

Mira la fiera borrasca
que pasa en el mar del pecho,
donde zozobran, turbados,
mis confusos pensamientos.

Mira cómo ya el vivir
me sirve de afán grosero;
que se avergüenza la vida
de durarme tanto tiempo.

Mira la muerte, que esquiva
huye porque la deseo;
que aun la muerte, si es buscada,
se quiere subir de precio.

Mira cómo el cuerpo amante,
rendido a tanto tormento,
siendo en lo demás cadáver,
sólo en el sentir es cuerpo.

Mira cómo el alma misma
aun teme, en su ser exento,
que quiera el dolor violar
la inmunidad de lo eterno.

En lágrimas y suspiros
alma y corazón a un tiempo,
aquél se convierte en agua,
y ésta se resuelve en viento.

Ya no me sirve de vida
esta vida que poseo,
sino de condición sola
necesaria al sentimiento.

Mas ¿por qué gasto razones
en contar mi pena, y dejo
de decir lo que es preciso,
por decir lo que estás viendo?

En fin te vas. ¡Ay de mí!
Dudosamente lo pienso,
pues si es verdad, no estoy viva,
y si viva, no lo creo.

¿Posible es que ha de haber día
tan infausto, tan funesto,
en que sin ver yo las tuyas
esparza sus luces Febo?[1]

¿Posible es que ha de llegar
el rigor a tan severo,
que no ha de darle tu vista
a mis pesares aliento?

¿Que no he de ver tu semblante,
que no he de escuchar tus ecos,
que no he de gozar tus brazos
ni me ha de animar tu aliento?

¡Ay, mi bien, ay, prenda mía
dulce fin de mis deseos!
¿Por qué me llevas el alma,
dejándome el sentimiento?

Mira que es contradicción
que no cabe en un sujeto,
tanta muerte en una vida
tanto dolor en un muerto.

Mas ya que es preciso, ¡ay triste!,
en mi infelice suceso,
ni vivir con la esperanza
ni morir con el tormento,

dame algún consuelo tú
en el dolor que padezco,
y quien en el suyo muere
viva siquiera en tu pecho.

No te olvides que te adoro,
y sírvante de recuerdo
las finezas que me debes,
si no las prendas que tengo.

Acuérdate que mi amor,   5
haciendo gala del riesgo,
sólo por atropellarlo
se alegraba de tenerlo.

Y si mi amor no es bastante,
el tuyo mismo te acuerdo,   10
que no es poco empeño haber
empezado ya en empeño.

Acuérdate, señor mío,
de tus nobles juramentos;
y lo que juró tu boca   15
no le desmientan tus hechos.

Y perdona si en temer
mi agravio, mi bien, te ofendo,
que no es dolor el dolor
que se contiene en lo atento.   20

Y a Dios; que con el ahogo
que me embarga los alientos,
ni sé ya lo que te digo
ni lo que te escribo leo.

                                          25

REDONDILLAS

En que describe racionalmente los efectos
irracionales del Amor   30

Este amoroso tormento
que en mi corazón se ve,
sé que lo siento y no sé   35
la causa por que lo siento.

Siento una grave agonía
por lograr un devaneo
que empieza como deseo
y pára en melancolía.   40

---

[1] El sol.

Y cuando con más terneza
mi infeliz estado lloro
sé que estoy triste e ignoro
la causa de mi tristeza.

5   Siento un anhelo tirano
por la ocasión a que aspiro
y cuando cerca la miro
yo misma aparto la mano.

Porque, si acaso se ofrece,
10 después de tanto desvelo,
la desazona el recelo
o el susto la desvanece.

Y si alguna vez sin susto
consigo tal posesión,
15 cualquiera leve ocasión
me malogra todo el gusto.

Siento mal del mismo bien
con receloso temor,
y me obliga el mismo amor
20 tal vez a mostrar desdén.

Cualquier leve ocasión labra
en mi pecho, de manera,
que el que imposibles venciera
se irrita de una palabra.

25 Con poca causa ofendida
suelo, en mitad de mi amor,
negar un leve favor
a quien le diera la vida.

Ya sufrida, ya irritada,
30 con contrarias penas lucho:
que por él sufriré mucho,
y con él sufriré nada.

No sé en qué lógica cabe
el que tal cuestión se pruebe:
35 que por él lo grave es leve,
y con él lo leve es grave.

Sin bastantes fundamentos
forman mis tristes cuidados,
de conceptos engañados,
40 un monte de sentimientos.

Y en aquel fiero conjunto
hallo, cuando se derriba,
que aquella máquina altiva
sólo estribaba en un punto.

Tal vez el dolor me engaña
y presumo, sin razón,
que no habrá satisfacción
que pueda templar mi saña;

y cuando a averiguar llego
el agravio porque riño
es como espanto de niño
que pára en burlas y juego.

Y aunque el desengaño toco,
con la misma pena lucho,
de ver que padezco mucho
padeciendo por tan poco.

A vengarse se abalanza
tal vez el alma ofendida;
y después, arrepentida,
toma de mí otra venganza.

Y si al desdén satisfago,
es con tan ambiguo error,
que yo pienso que es rigor
y se remata en halago.

Hasta el labio desatento
suele, equívoco, tal vez,
por usar de la altivez
encontrar el rendimiento.

Cuando por soñada culpa
con más enojo me incito,
yo le acrimino el delito
y le busco la disculpa.

No huyo el mal, ni busco el bien:
porque en mi confuso error,
ni me asegura el amor
ni me despecha el desdén.

En mi ciego devaneo,
bien hallada con mi engaño,
solicito el desengaño
y no encontrarlo deseo.

Si alguno mis quejas oye
más a decirlas me obliga,
porque me las contradiga,
que no porque las apoye.

Porque si con la pasión
algo contra mi amor digo,
es mi mayor enemigo
quien me concede razón.

Y si acaso en mi provecho
hallo la razón propicia,
me embaraza la injusticia
y ando cediendo el derecho.

Nunca hallo gusto cumplido,
porque entre alivio y dolor,
hallo culpa en el amor
y disculpa en el olvido.

Esto de mi pena dura
es algo de dolor fiero;
y mucho más no refiero
porque pasa de locura.

Si acaso me contradigo
en este confuso error,
aquél que tuviere amor
entenderá lo que digo.

*Arguye de inconsecuencia el gusto y la
censura de los hombres, que en las
mujeres acusan lo que causan*

Hombres necios que acusáis
a la mujer sin razón,
sin ver que sois la ocasión
de lo mismo que culpáis:

si con ansia sin igual
solicitáis su desdén,
¿por qué queréis que obren bien
si las incitáis al mal?

Combatís su resistencia
y luego, con gravedad,
decís que fué liviandad
lo que hizo la diligencia.

Parecer quiere el denuedo   5
de vuestro parecer loco,
al niño que pone el coco
y luego le tiene miedo.

Queréis, con presunción necia,
hallar a la que buscáis,   10
para pretendida, Thais,[2]
y en la posesión, Lucrecia.[3]

¿Qué humor puede ser más raro
que el que, falto de consejo,
él mismo empaña el espejo   15
y siente que no esté claro?

Con el favor y el desdén
tenéis condición igual,
quejándoos, si os tratan mal,
burlándoos, si os quieren bien.   20

Opinión, ninguna gana;
pues la que más se recata,
si no os admite, es ingrata,
y si os admite, es liviana.

Siempre tan necios andáis   25
que, con desigual nivel,
a una culpáis por crüel
y a otra por fácil culpáis.

¿Pues cómo ha de estar templada
la que vuestro amor pretende,   30
si la que es ingrata, ofende,
y la que es fácil, enfada?

Mas entre el enfado y pena
que vuestro gusto refiere,
bien haya la que no os quiere,   35
y quejaos en hora buena.

Dan vuestras amantes penas
a sus libertades alas,
y después de hacerlas malas
las queréis hallar muy buenas.   40

---

[2] Famosa cortesana de Alejandría.

[3] Dama romana, ejemplo de fidelidad conyugal.

¿Cuál mayor culpa ha tenido,
en una pasión errada:
la que cae de rogada,
o el que ruega de caído?

5   ¿O cuál es más de culpar,
aunque cualquiera mal haga:
la que peca por la paga,
o el que paga por pecar?

   ¿Pues para qué os espantáis
10 de la culpa que tenéis?
Queredlas cual las hacéis
o hacedlas cual las buscáis.

   Dejad de solicitar,
y después, con más razón,
15 acusaréis la afición
de la que os fuere a rogar.

   Bien con muchas armas fundo
que lidia vuestra arrogancia,
pues en promesa e instancia
20 juntáis diablo, carne y mundo.

SONETOS

*Procura desmentir los elogios que a un
retrato de la poetisa inscribió la verdad,
que llama pasión*

   Éste, que ves, engaño colorido,
que del arte ostentando los primores,
con falsos silogismos de colores
es cauteloso engaño del sentido:

25   éste, en quien la lisonja ha pretendido
excusar de los años los horrores
y venciendo del tiempo los rigores
triunfar de la vejez y del olvido,

   es un vano artificio del cuidado,
30 es una flor al viento delicada,
es un resguardo inútil para el hado:

es una necia diligencia errada,
es un afán caduco, y, bien mirado,
es cadáver, es polvo, es sombra, es nada.

*Quéjase de la suerte: insinúa su aversión
a los vicios y justifica su divertimiento
a las Musas*

   ¿En perseguirme, Mundo, qué interesas?
¿En qué te ofendo, cuando sólo intento
poner bellezas en mi entendimiento
y no mi entendimiento en las bellezas?

   Yo no estimo tesoros ni riquezas;
y así, siempre me causa más contento
poner riquezas en mi pensamiento
que no mi pensamiento en las riquezas.

   Y no estimo hermosura que, vencida,
es despojo civil de las edades,
ni riqueza me agrada fementida;

   teniendo por mejor, en mis verdades,
consumir vanidades de la vida
que consumir la vida en vanidades.

*En que la moral censura a una rosa,
y en ella a sus semejantes*

   Rosa divina que en gentil cultura
eres, con tu fragante sutileza,
magisterio purpúreo en la belleza,
enseñanza nevada a la hermosura.

   Amago de la humana arquitectura,
ejemplo de la vana gentileza,
en cuyo sér unió naturaleza
la cuna alegre y triste sepultura.

   ¡Cuán altiva en tu pompa, presumida,
soberbia, el riesgo de morir desdeñas,
y luego, desmayada y encogida,

   de tu caduco sér das mustias señas
con que, con docta muerte y necia vida,
viviendo engañas y muriendo enseñas!

*En que satisface un recelo con la retórica
del llanto*

Esta tarde, mi bien, cuando te hablaba,
como en tu rostro y tus acciones vía
que con palabras no te persuadía,
que el corazón me vieses deseaba;

y Amor, que mis intentos ayudaba,
venció lo que imposible parecía;
pues entre el llanto que el dolor vertía,
el corazón deshecho destilaba.

Baste ya de rigores, mi bien, baste;
no te atormenten más celos tiranos,
ni el vil recelo tu quietud contraste

con sombras necias, con indicios vanos,
pues ya en líquido humor viste y tocaste
mi corazón deshecho entre tus manos.

*Contiene una fantasía contenta
con amor decente*

Detente, sombra de mi bien esquivo,
imagen del hechizo que más quiero,
bella ilusión por quien alegre muero,
dulce ficción por quien penosa vivo.

Si al imán de tus gracias, atractivo,
sirve mi pecho de obediente acero,
¿para qué me enamoras lisonjero,
si has de burlarme luego fugitivo?

Mas blasonar no puedes, satisfecho,
de que triunfa de mí tu tiranía:
que aunque dejas burlado el lazo estrecho

que tu forma fantástica ceñía,
poco importa burlar brazos y pecho
si te labra prisión mi fantasía.

LIRAS

*Que expresan sentimientos
de ausente*

Amado dueño mío,   5
escucha un rato mis cansadas quejas,
pues del viento las fío,
que breve las conduzca a tus orejas,
si no se desvanece el triste acento
como mis esperanzas en el viento.   10

Óyeme con los ojos,
ya que están tan distantes los oídos,
y de ausentes enojos
en ecos, de mi pluma mis gemidos:
y ya que a ti no llega mi voz ruda,   15
óyeme sordo, pues me quejo muda.

Si del campo te agradas,
goza de sus frescuras venturosas,
sin que aquestas cansadas
lágrimas te detengan enfadosas;   20
que en él verás, si atento te entretienes,
ejemplo de mis males y mis bienes.

Si el arroyo parlero
ves, galán de las flores en el prado,
que, amante y lisonjero,   25
a cuantas mira intima su cuidado,
en su corriente mi dolor te avisa
que a costa de mi llanto tiene risa.

Si ves que triste llora
su esperanza marchita, en ramo verde,   30
tórtola gemidora,
en él y en ella mi dolor te acuerde,
que imitan con verdor y con lamento
él mi esperanza y ella mi tormento.

Si la flor delicada,   35
si la peña, que altiva no consiente
del tiempo ser hollada,
ambas me imitan, aunque variamente,
ya con fragilidad, ya con dureza,
mi dicha aquélla y ésta mi firmeza.   40

Si ves el ciervo herido
que baja por el monte, acelerado,
buscando, dolorido,
alivio al mal en un arroyo helado,
5 y sediento al cristal se precipita,
no en el alivio, en el dolor me imita.

Si la liebre encogida
huye medrosa de los galgos fieros,
y por salvar la vida
10 no deja estampa de los pies ligeros,
tal mi esperanza, en dudas y recelos
se ve acosada de villanos celos.

Si ves el cielo claro,
tal es la sencillez del alma mía;
15 y si, de luz avaro,
de tinieblas emboza el claro día,
es, con su oscuridad y su inclemencia,
imagen de mi vida en esta ausencia.

Así que, Fabio amado,
20 saber puedes mis males sin costarte
la noticia cuidado,
pues puedes de los campos informarte,
y pues yo a todo mi dolor ajusto,
saber mi pena sin dejar tu gusto.

25 Mas ¿cuándo ¡ay, gloria mía!,
mereceré gozar tu luz serena?
¿Cuándo llegará el día
que pongas dulce fin a tanta pena?
¿Cuándo veré tus ojos, dulce encanto,
30 y de los míos quitarás el llanto?

¿Cuándo tu voz sonora
herirá mis oídos, delicada,
y el alma que te adora,
de inundación de gozos anegada,
35 a recibirte con amante prisa
saldrá a los ojos desatada en risa?

¿Cuándo tu luz hermosa
revestirá de glorias mis sentidos?
¿Y cuándo yo, dichosa,
40 mis suspiros daré por bien perdidos,
teniendo en poco el precio de mi llanto,
¡que tanto ha de penar quien goza tanto?

¿Cuándo de tu apacible
rostro alegre veré el semblante afable,
y aquel bien indecible,
a toda humana pluma inexplicable,
que mal se ceñirá a lo definido
lo que no cabe en todo lo sentido?

Ven, pues, mi prenda amada;
que ya fallece mi cansada vida
de esta ausencia pesada;
ven, pues: que mientras tarda tu venida,
aunque me cueste su verdor enojos,
regaré mi esperanza con mis ojos.

PRIMERO SUEÑO

*que así intituló y compuso la madre
Juana Inés de la Cruz,
imitando a Góngora*

(Fragmentos)

Piramidal, funesta, de la tierra
nacida sombra, al Cielo encaminaba
de vanos obeliscos punta altiva,
escalar pretendiendo las Estrellas;
si bien sus luces bellas
— exemptas siempre, siempre rutilantes —
la tenebrosa guerra
que con negros vapores le intimaba
la pavorosa sombra fugitiva
burlaban tan distantes,
que su atezado ceño
al superior convexo aun no llegaba
del orbe de la Diosa
que tres veces hermosa
con tres hermosos rostros ser ostenta[4];
quedando sólo dueño
del aire que empañaba
con el aliento denso que exhalaba;
y en la quietud contenta
de imperio silencioso,
sumisas sólo voces consentía
de las nocturnas aves,
tan obscuras, tan graves,
que aun el silencio no se interrumpía. [. . .]

---

[4] Diana, o la Luna, de tres rostros, según Virgilio
(*Eneida*, IV, 511): Luna en el cielo; Diana en la
tierra; Proserpina en los infiernos. (Nota de A.

Méndez Plancarte, como son casi todas las siguientes, que tomamos de la ediciôn de la Biblioteca
Americana.)

El sueño todo, en fin, lo poseía;
todo, en fin, el silencio lo ocupaba:
aun el ladrón dormía;
aun el amante no se desvelaba.
El conticinio casi ya pasado
iba y la sombra dimidiaba, cuando
de las diurnas tareas fatigados
y no sólo oprimidos
del afán ponderoso
del corporal trabajo, mas cansados
del deleite también (que también cansa
objeto continuado a los sentidos
aun siendo deleitoso:
que la Naturaleza siempre alterna
ya una, ya otra balanza,
distribuyendo varios ejercicios,
ya al ocio, ya al trabajo destinados,
en el fiel infïel con que gobierna
la aparatosa máquina del mundo) —;
así, pues, de profundo
sueño dulce los miembros ocupados,
quedaron los sentidos
del que ejercicio tienen ordinario
— trabajo, en fin, pero trabajo amado
si hay amable trabajo —,
si privados no, al menos suspendidos,
y cediendo al retrato del contrario
de la vida, que—lentamente armado—
cobarde embiste y vence perezoso
con armas soñolientas,
desde el cayado humilde al cetro altivo,
sin que haya distintivo
que el sayal de la púrpura discierna:
pues su nivel, en todos poderoso,
gradúa por exentas
a ningunas personas,
desde la de a quien tres forman coronas
soberana tiara,⁵
hasta la que pajiza vive choza;
desde la que el Danubio undoso dora,
a la que el junco humilde, humilde mora;
y con siempre igual vara
(como, en efecto, imagen poderosa
de la muerte) Morfeo⁶
el sayal mide igual con el brocado.
El alma, pues, suspensa
del exterior gobierno — en que ocupada
en material empleo,

o bien o mal da el día por gastado —,
solamente dispensa
remota, si del todo separada
no, a los de muerte temporal opresos
lánguidos miembros, sosegados huesos,   5
los gajes del calor vegetativo,
el cuerpo siendo, en sosegada calma,
un cadáver con alma,
muerto a la vida y a la muerte vivo,
de lo segundo dando tardas señas   10
el del reloj humano
vital volante que, si no con mano,
con arterial concierto, unas pequeñas
muestras, pulsando, manifiesta lento
de su bien regulado movimiento. [. . .]   15

Mas mientras entre escollos zozobraba,
confusa la elección, sirtes tocando
de imposibles, en cuantos intentaba
rumbos seguir — no hallando   20
materia en que cebarse
el calor ya, pues su templada llama
(llama al fin, aunque más templada sea
que si su activa emplea
operación, consume, sí no inflama)   25
sin poder excusarse
había lentamente
el manjar transformado
propia sustancia de la ajena haciendo;
y el que hervor resultaba bullicioso   30
de la unión entre el húmedo y ardiente,
en el maravilloso
natural vaso había ya cesado
(faltando el medio) y consiguientemente
los que de él ascendiendo   35
soporíferos, húmedos vapores
el trono racional embarazaban
(desde donde a los miembros derramaban
dulce entorpecimiento),
a los suaves ardores   40
del calor consumidos,
las cadenas del sueño desataban:
y la falta sintiendo de alimento
los miembros extenuados,
del descanso cansados,   45
ni del todo despiertos ni dormidos,
muestras de apetecer el movimiento
con tardos esperezos

---

⁵ Referencia a la tiara papal; al Papa.   ⁶ El sueño.

ya daban, extendiendo
los nervios, poco a poco entumecidos,
y los cansados huesos,
(aun sin entero arbitrio de su dueño)
5 volviendo al otro lado —,
a cobrar empezaron los sentidos,
dulcemente impedidos
del natural beleño,
su operación, los ojos entreabriendo.
10 Y del cerebro, ya desocupado,
las fantasmas huyeron
y como de vapor leve formadas—
en fácil humo, en viento convertidas,
su forma resolvieron.
15 Así linterna mágica, pintadas
representa fingidas
en la blanca pared varias figuras,
de la sombra no menos ayudadas
que de la luz: que en trémulos reflejos
20 los competentes lejos
guardando de la docta perspectiva,
en sus ciertas mensuras,
de varias experiencias aprobadas,
la sombra fugitiva,
25 que en el mismo esplendor se desvanece,
cuerpo finge formado,
de todas dimensiones adornado,
cuando aun ser superficie no merece.
En tanto el Padre de la Luz ardiente
30 de acercarse al Oriente
ya el término prefijo conocía,
y al antípoda opuesto despedía
con transmontantes rayos;
que — de su luz en trémulos desmayos —
35 en el punto hace mismo su Occidente,
que nuestro Oriente ilustra luminoso.
Pero de Venus, antes, el hermoso
apacible lucero
rompió al albor primero
40 y del viejo Tithón la bella esposa[7]
—amazona de luces mil vestida,
contra la noche armada,
hermosa si atrevida,
valiente aunque llorosa —,
45 su frente mostró hermosa
de matutinas luces coronada,
aunque tierno preludio, ya animoso
del Planeta fogoso,

que venía las tropas reclutando
de bisoñas vislumbres,
— las más robustas, veteranas lumbres
para la retaguardia reservando —,
contra la que tirana usurpadora
del imperio del día,
negro laurel de sombras mil ceñía
y con nocturno cetro pavoroso
las sombras gobernaba,
de quien aun ella misma se espantaba.
Pero apenas la bella precursora
signífera del Sol, el luminoso
en el Oriente tremoló estandarte,
tocando al arma todos los süaves
si bélicos clarines de las aves,
(diestros, aunque sin arte,
trompetas sonorosas),
cuando, — como tirana al fin cobarde
de recelos medrosos
embarazada bien que hacer alarde
intentó de sus fuerzas oponiendo
de su funesta capa los reparos,
breves en ella, de los trajes claros
heridas recibiendo
(bien que mal satisfecho su denuedo,
pretexto mal formado fué del miedo,
su débil resistencia conociendo) —,
a la fuga ya casi cometiendo
más que a la fuerza, el medio de salvarse,
ronca tocó bocina
a recoger los negros escuadrones
para poder en orden retirarse,
cuando de más vecina
plenitud de reflejos fué asaltada,
que la punta rayó más encumbrada
de los del Mundo erguidos torreones.
Llegó, en efecto, el Sol cerrando el giro
que esculpió de oro sobre azul zafiro:
de mil multiplicados
mil veces puntos, flujos mil dorados,
— lineas, digo, de luz clara — salían
de su circunferencia luminosa,
pautando al Cielo la cerúlea plana;
y a la que antes funesta fué tirana
de su imperio, atropadas embestían:
que sin concierto huyendo presurosa
— en sus mismos horrores tropezando —
su sombra iba pisando

---

[7] La Aurora.

y llegar al Ocaso pretendía
con el (sin orden ya) desbaratado
ejército de sombras, acosado
de la luz que el alcance le seguía. .
Consiguió, al fin, la vista del Ocaso
el fugitivo paso,
y — en su mismo despeño recobrada
esforzando el aliento en la ruïna,—
en la mitad del globo que ha dejado
el Sol desamparada,
segunda vez rebelde determina
mirarse coronada,
mientras nuestro Hemisferio la dorada
ilustraba del Sol madeja hermosa,
que con luz judiciosa
de orden distributivo, repartiendo
a las cosas visibles sus colores
iba, y restituyendo
entera a los sentidos exteriores
su operación, quedando a luz más cierta
el Mundo iluminado y yo despierta.

VILLANCICOS

Asunción, 1676

[Villancicos que se cantaron en la Santa Iglesia
Metropolitana de México en honor de María Santísima Madre de Dios, en su Asunción Triunfante,
año de 1676, en que se imprimieron].

SECUNDO NOCTURNO

Aquella zagala
del mirar sereno,
hechizo del soto
y envidia del Cielo:

la que al Mayoral
de la cumbre, excelso,
hirió con un ojo,
prendió en un cabello:

a quien su Querido
le fué mirra un tiempo,
dándole morada
sus cándidos pechos:

la que rico adorno
tiene, por aseo,
cedrina la casa
y florido el lecho: 5

la que se alababa
que el color moreno
se lo iluminaron
los rayos Febeos: 10

la por quien su Esposo
con galán desvelo
pasaba los valles,
saltaba los cerros: 15

la del hablar dulce,
cuyos labios bellos
destilan panales,
leche y miel vertiendo: 20

la que preguntaba
con amante anhelo
dónde de su Esposo
pacen los corderos:

a quien su querido,   25
liberal y tierno,
del Líbano llama
con dulces requiebros,

por gozar los brazos
de su amante Dueño,   30
trueca el valle humilde
por el Monte excelso.

Los pastores sacros
del Olimpo eterno,
la gala le cantan   35
con dulces acentos;

pero los del valle,
su fuga siguiendo,
dicen presurosos   40
en confusos ecos:

¡Al Monte, al Monte, a la Cumbre,
corred, volad, Zagales,
que se nos va María por los aires!
¡Corred, corred, volad aprisa, aprisa,   45
que nos lleva robadas las almas y las vidas,
y llevando en sí misma nuestra riqueza,
nos deja sin tesoros el Aldea!

NAVIDAD, 1689

[Villancicos que se cantaron en la S. I. Catedral
de la Puebla de los Ángeles, en los Maitines
solemnes del Nacimiento de Nuestro Señor
Jesucristo, este año de 1689].

PRIMERO NOCTURNO

Villancico V

Estribillo

1. — Pues mi Dios ha nacido a penar, déjenle
velar.
2. — Pues está desvelado por mí, déjenle
dormir.
   1. — Déjenle velar,
que no hay pena, en quien ama,
como no penar.
   2. — Déjenle dormir,
que quien duerme, en el sueño
se ensaya a morir.
   1. — Silencio, que duerme.
   2. — Cuidado, que vela.
   1. — ¡No le despierten, no!
   2. — ¡Sí le despierten, sí!
   1. — ¡Déjenle velar!
   2. — ¡Déjenle dormir!

Coplas

1. — Pues del Cielo a la Tierra, rendido
Dios viene por mí,
si es la vida jornada, sea el sueño
posada feliz.
¡Déjenle dormir!
2. — No se duerma, pues nace llorando,
que tierno podrá,
al calor de dos Soles despiertos,
su llanto enjugar.
¡Déjenle velar,
que su pena es mi gloria,
y es mi bien su mal!
1. — ¡Déjenle dormir;
y pues Dios por mí pena,
descanse por mí!
2. — ¡Déjenle velar!
1. — ¡Déjenle dormir!

1. — Si a sus ojos corrió la cortina
el sueño sutil,

y por no ver mis culpas, no quiere
los ojos abrir,
¡déjenle dormir!
2. — Si es su pena la gloria de todos,
dormir no querrá,
que aun soñando, no quiere el descanso
quien viene a penar:
¡déjenle velar,
que no hay pena, en quien ama,
como no penar!
1. — ¡Déjenle dormir,
que quien duerme, en el sueño
se ensaya a morir!
2. — ¡Déjenle velar!
1. — ¡Déjenle dormir!

1. — Si en el hombre es el sueño tributo
que paga al vivir,
y es Dios Rey, que un tributo en descanso
convierte feliz,
¡déjenle dormir!
2. — No se duerma en la noche, que al hombre
le viene a salvar:
que a los ojos del Rey, el que es reo
gozó libertad.
¡Déjenle velar,
que su pena es mi gloria,
y es mi bien su mal!
1. — ¡Déjenle dormir,
que pues Dios por mí pena,
descanse por mí!
2. — ¡Déjenle velar!
1. — ¡Déjenle dormir!

1. — Si el que duerme se entrega a la muerte,
y Dios, con ardid,
en dormirse por mi, es tan amante,
que muere por mí,
¡déjenle dormir!
2. — Aunque duerma, no cierre los ojos,
que es León de Judá,
y ha de estar con los ojos abiertos
quien nace a reinar.
¡Déjenle velar,
que no hay pena, en quien ama,
como no penar!
1. — ¡Déjenle dormir,
que quien duerme, en el sueño
se ensaya a morir!
2. — ¡Déjenle velar!
1. — ¡Déjenle dormir!

RESPUESTA DE LA POETISA A LA MUY ILUSTRE SOR FILOTEA DE LA CRUZ

Muy ilustre Señora, mi Señora:

No mi voluntad, mi poca salud y mi justo temor han suspendido tantos días mi respuesta. ¿Qué mucho si, al primer paso, encontraba para tropezar mi torpe pluma dos imposibles? El primero (y para mí el más riguroso) es saber responder a vuestra doctísima, discretísima, santísima y amorosísima carta. Y si veo que preguntado el Ángel de las Escuelas, Santo Tomás, de su silencio con Alberto Magno, su maestro, respondió *que callaba, porque nada sabía decir digno de Alberto*, ¿con cuánto mayor razón callaría, no como el Santo, de humildad, sino que en la realidad es no saber algo digno de vos? El segundo imposible es saber agradeceros tan excesivo como no esperado favor, de dar a las prensas mis borrones: merced tan sin medida que aun se le pasara por alto a la esperanza más ambiciosa y al deseo más fantástico; y que ni aun como ente de razón pudiera caber en mis pensamientos y en fin de tal magnitud que no sólo no se puede estrechar a lo limitado de las voces, pero excede a la capacidad del agradecimiento, tanto por grande como por no esperado, que es lo que dijo Quintiliano: *Minorem spei, maiorem benefacti gloriam pariunt.*[8] Y tal, que enmudecen al beneficiado.

Cuando la felizmente estéril, para ser milagrosamente fecunda, madre del Bautista vió en su casa tan desproporcionada visita como la Madre del Verbo, se le entorpeció el entendimiento y se le suspendió el discurso; y así, en vez de agradecimiento prorrumpió en dudas y preguntas: *Et unde hoc mihi?*[9] ¿De dónde a mí viene tal cosa? Lo mismo sucedió a Saúl cuando se vió electo y ungido rey de Israel: *Numquid non filius Iemini ego sum de minima tribu Israel, et cognatio mea minima inter omnes de tribu Beniamin? Quare igitur locutus es mihi sermonem istum?*[10] Así yo diré: ¿de dónde, venerable Señora, de dónde a mí tanto favor? ¿Por ventura soy más que una pobre monja, la más mínima criatura del mundo, y la más indigna de ocupar vuestra atención? Pues *quare locutus es mihi sermonem istum? Et unde hoc mihi?* Ni al primer imposible tengo más que responder que no ser nada digno de vuestros ojos: ni al segundo más que admiraciones, en vez de gracias, diciendo que no soy capaz de agradeceros la más mínima parte de lo que os debo. No es afectada modestia, Señora, sino ingenua verdad de toda mi alma, que al llegar a mis manos, impresa, la carta que vuestra propiedad llamó *Atenagórica*[11] prorrumpí (con no ser esto en mí muy fácil) en lágrimas de confusión, porque me pareció que vuestro favor no era más que una reconvención que Dios hace a lo mal que le correspondo; y que, como a otros corrige con castigos, a mí me quiere reducir a fuerza de beneficios. Especial favor de que conozco ser su deudora, como de otros infinitos de su inmensa bondad; pero también especial modo de avergonzarme y confundirme: que es más primoroso medio de castigar hacer que yo misma, con mi

---

[8] *Minorem . . . pariunt*: «menos gloria producen las esperanzas, mayor los beneficios».

[9] *Et unde . . . mihi*: «Y de dónde esto a mí» . . . (Lucas, I, 43).

[10] *Numquid . . . istum*: «¿Acaso no soy yo hijo de Jémini, de la más pequeña tribu de Israel, y mi familia no es la última de todas las familias de la tribu de Benjamín? ¿Por qué, pues, me has hablado estas palabras?» (I *Sam.*, IX, 21).

[11] *Athenagórica*: digna de la sabiduría de Minerva: «de las voces griegas *Athena*, Minerva, y *agora*, arenga, y del sufijo *ica*, que vale tanto como propio de, digno de», explica don Ezequiel A. Chávez (*Ensayo de psicología*, p. 300). Este nombre le fue dado, al publicarla en la primera edición, por el Obispo de Puebla, don Manuel Fernández de Santa Cruz. La *Respuesta* de Sor Juana es precisamente al Obispo, que había escrito a la poetisa una carta firmada con el seudónimo de *Sor Filotea de la Cruz*.

conocimiento, sea el juez que me sentencie y condene mi gratitud. Y así, cuando esto considero, acá a mis solas, suelo decir: Bendito seáis vos, Señor, que no sólo no quisisteis en manos de otra criatura el juzgarme, y que ni aun en la mía lo pusisteis, sino que lo reservasteis a la vuestra, y me librasteis a mí de mí, y de la sentencia que yo misma me daría — que, forzada de mi propio conocimiento, no pudiera ser menos que de condenación, — y vos le reservasteis a vuestra misericordia, porque me amáis más de lo que yo me puedo amar.

Perdonad señora mía, la digresión que me arrebató la fuerza de la verdad; y si la he de confesar toda, también es buscar efugios para huir la dificultad de responder, y casi me he determinado a dejarlo al silencio; pero como éste es cosa negativa, aunque explica mucho con el énfasis de no explicar, es necesario ponerle algún breve rótulo para que se entienda lo que se pretende que el silencio diga; y si no, dirá nada el silencio, porque éste es su propio oficio, *decir nada.* Fué arrebatado el Sagrado Vaso de Elección al tercer cielo, y habiendo visto los arcanos secretos de Dios dice: *Audivit arcana Dei, quae non licet homini loqui.*[12] No dice lo que vió, pero dice que no lo puede decir; de manera que aquellas cosas que no se pueden decir, es menester decir siquiera *que no se pueden decir,* para que se entienda que al callar no es no haber qué decir sino no caber en las voces lo mucho que hay que decir. Dice San Juan, que si hubiera de escribir todas las maravillas que obró nuestro Redentor, no cupieran en todo el mundo los libros; y dice Vieira[13] sobre este lugar, que en sola esta cláusula dijo más el Evangelista que en todo cuanto escribió; y dice muy bien el Fénix lusitano (pero ¿cuándo no dice bien, aun cuando no dice bien?), porque aquí dice San Juan todo lo que dejó de decir, y expresó lo que dejó de expresar. Así yo Señora mía, sólo responderé que no sé qué responder; sólo

agradeceré diciendo que no soy capaz de agradeceros; y diré, por breve rótulo de lo que dejo al silencio, que sólo con la confianza de favorecida y con los valimientos de honrada, me puedo atrever a hablar con vuestra grandeza. Si fuera necedad, perdonadla, pues es alhaja de la dicha, y en ella ministraré yo más materia a vuestra benignidad y vos daréis mayor forma a mi reconocimiento.

No se hallaba digno Moisés, por balbuciente, para hablar con Faraón, y después, el verse tan favorecido de Dios, le infunde tales alientos que no sólo habla con el mismo Dios sino que se atreve a pedirle imposibles: *Ostende mihi faciem tuam.*[14] Pues así yo Señora mía, ya no me parecen imposibles los que puse al principio, a vista de lo que me favorecéis; porque quien hizo imprimir la Carta tan sin noticia mía, quien la intituló, quien la costeó, quien la honró tanto (siendo de todo indigna por sí y por su autora) ¿qué no hará? ¿qué no perdonará? ¿qué dejará de hacer? ¿y qué dejará de perdonar? Y así, debajo del supuesto de que hablo con el salvoconducto de vuestros favores y debajo del seguro de vuestra benignidad y de que me habéis, como otro Asuero,[15] dado a besar la punta del cetro de oro de vuestro cariño en señal de concederme benévola licencia para hablar y proponer en vuestra venerable presencia, digo que recibo en mi alma vuestra santísima amonestación de aplicar el estudio a Libros Sagrados, que aunque viene en traje de consejo tendrá para mí sustancia de precepto; con no pequeño consuelo de que aun antes parece que prevenía mi obediencia vuestra pastoral insinuación, como a vuestra dirección, inferido del asunto y pruebas de la misma Carta. Bien conozco que no cae sobre ella vuestra cuerdísima advertencia, sino sobre lo mucho que habréis visto de asuntos humanos que he escrito; y así, lo que he dicho no es más que satisfaceros con ella a la falta de aplicación que habréis inferido (con mucha razón) de

---

[12] *Vaso de Elección:* El Apóstol San Pablo. *Audivit . . . logui* «Oyó secretos de Dios, que al hombre no le es lícito hablar.» II, *Corintios,* XII, 4.

[13] Antonio de Vieyra, jesuíta portugués, uno de cuyos sermones dió lugar a la crítica de Sor Juana, publicada como *Carta Atenagórica.*

[14] *Ostende . . . tuam:* «Muéstrame tu rostro.» (*Éxodo,* XXXIII, 13).

[15] Asuero . . . (*Ester,* V, 2).

otros escritos míos. Y hablando con más especialidad os confieso, con la ingenuidad que ante vos es debida y con la verdad y claridad que en mí siempre es natural y costumbre, que el no haber escrito mucho de asuntos sagrados no ha sido desafición, ni de aplicación la falta, sino sobra de temor y reverencia debida a aquellas Sagradas Letras, para cuya inteligencia yo me conozco tan incapaz y para cuyo manejo soy tan indigna; resonándome siempre en los oídos, con no pequeño horror, aquella amenaza y prohibición del Señor a los pecadores como yo: *Quare tu enarras iustitias meas et assumis testamentum meum per os tuum?*[16] Esta pregunta y el ver que aun a los varones doctos se prohibía el leer los Cantares hasta que pasaban de treinta años, y aun el Génesis; éste por su oscuridad, y aquéllos porque de la dulzura de aquellos epitalamios no tomase ocasión la imprudente juventud de mudar el sentido en carnales afectos. Compruébalo mi gran Padre San Jerónimo, mandando que sea esto lo último que se estudie, por la misma razón: *Ad ultimum sine periculo discat Canticum Canticorum, ne si in exordio legerit, sub carnalibus verbis spiritualium nuptiarum Epithalamium non intelligens, vulneretur*[17]; y Séneca dice: *Teneris in annis haud clara est fides.*[18] Pues ¿cómo me atreviera yo a tomarlo en mis indignas manos, repugnándolo el sexo, la edad, y sobre todo las costumbres? Y así confieso que muchas veces este temor me ha quitado la pluma de la mano y ha hecho retroceder los asuntos hacia el mismo entendimiento de quien querían brotar; el cual inconveniente no topaba en los asuntos profanos, pues una herejía contra el arte no la castiga el Santo Oficio, sino los discretos con risa, y los críticos con censura; y ésta, *iusta vel iniusta, timenda non est,*[19] pues deja comulgar y oír misa, por lo cual me da poco o ningún cuidado; porque según la misma decisión de los que lo calumnian, ni tengo

obligación para saber ni aptitud para acertar; luego, si lo yerro, ni es culpa ni es descrédito. No es culpa, porque no tengo obligación, no es descrédito, pues no tengo posibilidad de acertar, y *ad impossibilia nemo tenetur.*[20] Y, a la verdad, yo nunca he escrito sino violentada y forzada y sólo por dar gusto a otros; no sólo sin complacencia, sino con positiva repugnancia, porque nunca he juzgado de mí que tenga el caudal de letras e ingenio que pide la obligación de quien escribe; y así, es la ordinaria respuesta a los que me instan, y más si es asunto sagrado: ¿Qué entendimiento tengo yo, qué estudio, qué materiales, ni qué noticias para eso, sino cuatro bachillerías superficiales? Dejen eso para quien lo entienda, que yo no quiero ruido con el Santo Oficio, que soy ignorante y tiemblo de decir alguna proposición malsonante o torcer la genuina inteligencia de algún lugar. Yo no estudio para escribir, ni menos para enseñar (que fuera en mí desmedida soberbia) sino sólo por ver si con estudiar ignoro menos. Así lo respondo y así lo siento.

El escribir nunca ha sido dictamen propio, sino fuerza ajena; que les pudiera decir con verdad: *Vos me coegistis.*[21] Lo que sí es verdad que no negaré (lo uno porque es notorio a todos, y lo otro, porque, aunque sea contra mí, me ha hecho Dios la merced de darme grandísimo amor a la verdad) que desde que me rayó la primera luz de la razón, fué tan vehemente y poderosa la inclinación a las letras, que ni ajenas reprehensiones — que he tenido muchas —, ni propias reflejas— que he hecho no pocas —, han bastado a que deje de seguir este natural impulso que Dios puso en mí: Su Majestad sabe por qué y para qué; y sabe que le he pedido que apague la luz de mi entendimiento dejando sólo lo que baste para guardar su Ley, pues lo demás sobra, según algunos, en una mujer; y aun hay quien diga que daña. Sabe también Su Majestad que no

---

[16] *Quare tu . . . tuum:* «¿Por qué tú hablas de mis mandamientos, y tomas mi testamento en tu boca?» (*Salmo* XLIX, 16).

[17] *Ad ultimum . . . vulneretur:* «al último lea, sin peligro, el Cantar de los Cantares; no sea que si lo lee a los principios, no entendiendo el epitalamio de las espirituales bodas bajo las palabras carnales, padezca daño.» (*Carta a Leta*).

[18] *Teneris . . . fides:* «en los tiernos años no es clara la fe.»

[19] *Iusta . . . est:* «justa o injusta, no hay por qué temerla.»

[20] *Ad impossibilia . . . tenetur:* «a lo imposible nadie está obligado.»

[21] *Vos me coegistis:* «Vosotros me obligasteis.» (II Corintios, XII, 11).

consiguiendo esto, he intentado sepultar con mi nombre mi entendimiento, y sacrificársele sólo a quien me lo dió; y que no otro motivo me entró en Religión, no obstante que al desembarazo y quietud que pedía mi estudiosa intención eran repugnantes los ejercicios y compañía de una comunidad; y despues, en ella, sabe el Señor, y lo sabe en el mundo quien sólo lo debió saber, lo que intenté en orden a esconder mi nombre, y que no me lo permitió, diciendo que era tentación; y sí sería. Si yo pudiera pagaros algo de lo que os debo, Señora mía, creo que sólo os pagara en contaros esto, pues no ha salido de mi boca jamás, excepto para quien debió salir. Pero quiero que con haberos franqueado de par en par las puertas de mi corazón, haciéndoos patentes sus más sellados secretos, conozcáis que no desdice de mi confianza lo que debo a vuestra venerable persona y excesivos favores.

Prosiguiendo en la narración de mi inclinación, de que os quiero dar entera noticia, digo que no había cumplido los tres años de mi edad cuando enviando mi madre a una hermana mía, mayor que yo, a que se enseñase a leer en una de las que llaman *Amigas*,[22] me llevó a mí tras ella el cariño y la travesura; y viendo que le daban lección, me encendí yo de manera en el deseo de saber leer, que engañando, a mi parecer, a la maestra, le dije *que mi madre ordenaba me diese lección.* Ella no lo creyó, porque no era creíble; pero, por complacer al donaire, me la dió. Proseguí yo en ir y ella prosiguió en enseñarme, ya no de burlas, porque la desengañó la experiencia; y supe leer en tan breve tiempo, que ya sabía cuando lo supo mi madre, a quien la maestra lo ocultó por darle el gusto por entero y recibir el galardón por junto; y yo lo callé, creyendo que me azotarían por haberlo hecho sin orden. Aún vive la que me enseñó (Dios la guarde) y puede testificarlo.

Acuérdome que en estos tiempos, siendo mi golosina la que es ordinaria en aquella edad, me abstenía de comer *queso*, porque oí decir que hacía rudos, y podía conmigo más el deseo de saber que el de comer, siendo éste tan poderoso en los niños. Teniendo yo después como seis o siete años, y sabiendo ya leer y escribir, con todas las otras habilidades de labores y costura que deprenden las mujeres, oí decir que había Universidad y Escuelas en que se estudiaban las ciencias, en México; y apenas lo oí cuando empecé a matar a mi madre con instantes e importunos ruegos sobre que, mudándome el traje, me enviase a México, en casa de unos deudos que tenía, para estudiar y cursar la Universidad; ella no lo quiso hacer, e hizo muy bien, pero yo despiqué el deseo en leer muchos libros varios que tenía mi abuelo, sin que bastasen castigos ni reprensiones a estorbarlo; de manera que cuando vine a México, se admiraban, no tanto del ingenio, cuanto de la memoria y noticias que tenía en edad que parecía que apenas había tenido tiempo para aprender a hablar.

Empecé a deprender gramática, en que creo no llegaron a veinte las lecciones que tomé; y era tan intenso mi cuidado, que siendo así que en las mujeres — y más en tan florida juventud, es tan apreciable el adorno natural del cabello, yo me cortaba de él cuatro o seis dedos, midiendo hasta dónde llegaba antes, e imponiéndome ley de que si cuando volviese a crecer hasta allí no sabía tal o tal cosa, que me había propuesto deprender en tanto que crecía me lo había de volver a cortar en pena de la rudeza. Sucedía así que él crecía y yo no sabía lo propuesto, porque el pelo crecía aprisa, y yo aprendía despacio, y con efecto lo cortaba en pena de la rudeza: que no me parecía razón que estuviese vestida de cabellos cabeza que estaba tan desnuda de noticias, que era más apetecible adorno. Entréme religiosa, porque aunque conocía que tenía el estado cosas (de las accesorias hablo, no de las formales), muchas repugnantes a mi genio, con todo, para la total negación que tenía al matrimonio, era lo menos desproporcionado y lo más decente que podía elegir, en materia de la seguridad que deseaba de mi salvación; a cuyo primer respeto (como al fin más importante) cedieron y sujetaron la cerviz todas las impertinencillas de mi genio, que eran de querer vivir sola; de no querer tener ocupación obligatoria que embarazase la libertad de mi estudio, ni rumor de comunidad que impidiese el sosegado silencio de mis libros. Esto me hizo vacilar algo

---

[22] *Amiga:* la escuela de primeras letras, para niñas.

en la determinación, hasta que alumbrándome personas doctas de que era tentación, la vencí con el favor divino, y tomé el estado que tan indignamente tengo. Pensé yo que huía de mí misma; pero ¡miserable de mí! trájeme a mí conmigo y traje mi mayor enemigo en esta inclinación, que no sé determinar si por prenda o castigo me dió el Cielo, pues de apagarse o embarazarse con tanto ejercicio que la religión tiene, reventaba como pólvora, y se verificaba en mí el *privatio est causa appetitus*.[23]

Volví (mal dije, pues nunca cesé): proseguí, digo, a la estudiosa tarea (que para mí era descanso en todos los ratos que sobraban a mi obligación) de leer y más leer, de estudiar y más estudiar, sin más maestro que los mismos libros. Ya se ve cuán duro es estudiar en aquellos caracteres sin alma, careciendo de la voz viva y explicación del maestro; pues todo este trabajo sufría yo muy gustosa, por amor de las letras. ¡Oh, si hubiese sido por amor de Dios, que era lo acertado, cuánto hubiera merecido! Bien que yo procuraba elevarlo cuanto podía y dirigirlo a su servicio, porque el fin a que aspiraba era a estudiar Teología, pareciéndome menguada inhabilidad, siendo católica, no saber todo lo que en esta vida se puede alcanzar, por medios naturales, de los divinos misterios; y que siendo monja y no seglar, debía, por el estado eclesiástico, profesar letras; y más siendo hija de un San Jerónimo, y de una Santa Paula,[24] que era degenerar de tan doctos padres ser idiota la hija. Esto me proponía yo de mí misma y me parecía razón; si no es que era (y eso es lo más cierto) lisonjear y aplaudir a mi propia inclinación, proponiéndole como obligatorio su propio gusto.

Con esto proseguí, dirigiendo siempre, como he dicho, los pasos de mi estudio a la cumbre de la Sagrada Teología; pareciéndome preciso, para llegar a ella, subir por los escalones de las ciencias y artes humanas; porque ¿cómo entenderá el estilo de la Reina de las Ciencias quien aun no sabe el de las ancillas? ¿Cómo sin Lógica sabría yo los métodos generales y particulares con que está escrita la Sagrada Escritura? ¿Cómo sin Retórica entendería sus figuras, tropos y locuciones? ¿Cómo sin Física tantas cuestiones naturales de la naturalezas, de los animales, de los sacrificios, donde se simbolizan tantas cosas ya declaradas, y otras muchas que hay? ¿Cómo si el sanar Saúl al sonido del arpa de David fué virtud y fuerza natural de la música, o sobrenatural que Dios quiso poner en David? ¿Cómo sin Aritmética se podrán entender tantos cómputos de años, de días, de meses, de horas, de hebdómadas tan misteriosas como las de Daniel, y otras para cuya inteligencia es necesario saber las naturalezas, concordancias y propiedades de los números? ¿Cómo sin Geometría se podrán medir el Arca Santa del Testamento y la Ciudad Santa de Jerusalén, cuyas misteriosas mensuras hacen un cubo con todas sus dimensiones, y aquel repartimiento proporcional de todas sus partes, tan maravilloso? ¿Cómo sin Arquitectura el gran Templo de Salomón, donde fué el mismo Dios el artífice que dió la disposición y la traza, y el Sabio Rey sólo fué sobrestante que la ejecutó; donde no había basa sin misterio, columna sin símbolo, cornisa sin alusión, arquitrabe sin significado; y así de otras sus partes, sin que el más mínimo filete estuviese sólo por el servicio y complemento del Arte sino simbolizando cosas mayores? ¿Cómo sin grande conocimiento de reglas y partes de que consta la Historia, se entenderán los Libros historiales? ¿Aquellas recapitulaciones, en que muchas veces se propone en la narración lo que en el hecho sucedió primero? ¿Cómo sin grande noticia de ambos Derechos podrán entenderse los libros legales? ¿Cómo sin grande erudición tantas cosas de historia profana de que hace mención la Sagrada Escritura; tantas costumbres de gentiles, tantos ritos, tantas maneras de hablar? ¿Cómo sin muchas reglas y lección de Santos Padres se podrá entender la oscura locución de los Profetas? Pues sin ser muy perito en la Música, ¿cómo se entenderán aquellas proporciones musicales y sus primores que hay en tantos lugares especialmente en aquellas peticiones que hizo a Dios Abraham por las Ciudades, de que sí perdonaría habiendo

----

[23] *Privatio* ... *appetitus:* «la privación es causa de apetito.»

[24] *Santa Paula*, la gran discípula de San Jerónimo, era la patrona del convento de Sor Juana.

cincuenta justos, y de este número bajó a cuarenta y cinco, que es sesquinona y es como de mi a re; de aquí a cuarenta, que es sesquioctava, y es como de re a mi: de aquí a
5 treinta, que es sesquitercia, que es la del diatesarón: de aquí a veinte, que es la proporción sesquiáltera, que es la del diapante; de aquí a diez, que es la dupla, que es el diapasón; y como no hay más proporciones armónicas,
10 no pasó de ahí? Pues ¿cómo se podrá entender esto sin Música? Allá en el Libro de Job, le dice Dios: *Numquid coniungere valebis micantes stellas Pleiadas, aut gyrum Arcturi poteris dissipare? Numquid producis Luciferum in*
15 *tempore suo, et vesperum super filios terrae consurgere facis?*,[25] cuyos términos, sin noticia de Astrología, será imposible entender. Y no sólo estas nobles Ciencias; pero no hay arte mecánica que no se mencione. Y en fin, como
20 el Libro que comprende todos los libros, y la Ciencia en que se incluyen todas las Ciencias, para cuya inteligencia todas sirven; y después de saberlas todas (que ya se ve que no es fácil, ni aun posible), pide otra circunstancia más
25 que todo lo dicho, que es una continua oración y pureza de vida, para impetrar de Dios aquella purgación de ánimo e iluminación de mente que es menester para la inteligencia de cosas tan altas: y si esto falta, nada sirve de los
30 demás.
[...] Y así por tener algunos principios granjeados, estudiaba continuamente diversas cosas, sin tener para alguna particular inclinación, sino para todas en general; por lo
35 cual, el haber estudiado en unas más que en otras no ha sido en mí elección, sino que el acaso de haber topado más a mano libros de aquellas facultades les ha dado, sin arbitrio mío, la preferencia. Y como no tenía interés
40 que me moviese, ni límite de tiempo que me estrechase el continuado estudio de una cosa por la necesidad de los grados, casi a un tiempo estudiaba diversas cosas o dejaba unas por otras; bien que en eso observaba orden,
45 porque a unas llamaba estudio y a otras

diversión; y en éstas descansaba de las otras: de donde se sigue que he estudiado muchas cosas y nada sé, porque las unas han embarazado a las otras. Es verdad que esto digo de la parte práctica en las que la tienen, porque claro está que mientras se mueve la pluma descansa el compás, y mientras se toca el Harpa, sosiega el órgano; *et sic caeteris*,[26] porque, como es menester mucho uso corporal para adquirir hábito, nunca le puede tener perfecto quien se reparte en varios ejercicios; pero en lo formal y especulativo sucede al contrario, y quisiera yo persuadir a todos con mi experiencia a que no sólo no estorban, pero se ayudan dando a luz y abriendo camino las unas para las otras, por variaciones y ocultos engarces, — que para esta cadena universal les puso la sabiduría de su Autor de manera que parece se corresponden y están unidas con admirable trabazón y concierto. Es la cadena que fingieron los antiguos que salía de la boca de Júpiter, de donde pendían todas las cosas eslabonadas unas con otras. Así lo demuestra el R. P. Atanasio Quirquerio en su curioso libro *De magnete*.[27] Todas las cosas salen de Dios, que es el centro a un tiempo y la circunferencia de donde salen y donde paran todas las líneas creadas.

Yo de mí puedo asegurar que lo que no entiendo en un autor de una facultad, lo suelo entender en otro de otra que parece muy distante; y esos propios, al explicarse, abren ejemplos metafóricos de otras artes; como cuando dicen los lógicos que el medio se ha con los términos como se ha una medida con dos cuerpos distantes, para conferir si son iguales o no; y que la oración del lógico anda como la línea recta, por el camino más breve, y la del retórico se mueve, como la corva, por el más largo; pero van a un mismo punto los dos; y cuando dicen que los expositores son como la mano abierta y los escolásticos como el puño cerrado. Y así no es disculpa, ni por tal la doy, el haber estudiado diversas cosas, pues éstas antes se ayudan, sino que el no

---

[25] *Numquid...facis:* «¿Podrás acaso juntar las brillantes estrellas de las Pléyadas o podrás detener el giro del Arturo? ¿Eres tú acaso el que haces comparecer a su tiempo el Lucero o que se levante el Véspero sobre los hijos de la tierra?» (*Job,* XXXVIII, 31-2).

[26] *Et sic caeteris:* «y así las demás cosas.»
[27] *El R. P. Atanasio Quirquerio:* Kircher o Kirkero, el célebre jesuita alemán.

haber aprovechado ha sido ineptitud mía y debilidad de mi entendimiento, no culpa de la variedad. Lo que sí pudiera ser descargo mío es el sumo trabajo, no sólo en carecer de maestro, sindo de condiscípulos con quienes conferir y ejercitar lo estudiado, teniendo sólo por maestro un libro mudo, por condiscípulo un tintero insensible; y en vez de explicación y ejercicio muchos estorbos, no sólo los de mis religiosas obligaciones (que éstas ya se sabe cuán útil y provechosamente gastan el tiempo) sino de aquellas cosas accesorias de una comunidad; como estar yo leyendo y antojárseles en la celda vecina tocar y cantar; estar yo estudiando y pelear dos criadas y venirme a constituir juez de su pendencia; estar yo escribiendo y venir una amiga a visitarme, haciéndome muy mala obra con muy buena voluntad, donde es preciso no sólo admitir el embarazo, pero quedar agradecida del perjuicio. Y esto es continuamente, porque como los ratos que destino a mi estudio son los que sobran de lo regular de la comunidad, esos mismos les sobran a las otras para venirme a estorbar; y sólo saben cuánta verdad es ésta los que tienen experiencia de vida común, donde sólo la fuerza de vocación puede hacer que mi natural esté gustoso, y el mucho amor que hay entre mí y mis amadas hermanas, que como el amor es unión, no hay para él extremos distantes.

[. . .] Solía sucederme que, como entre otros beneficios, debo a Dios un natural tan blando y tan afable y las religiosas me aman mucho por él (sin reparar, como buenas, en mis faltas) y con esto gustan mucho de mi compañía. Conociendo esto y movida del grande amor que las tengo, con mayor motivo que ellas a mí, gusto más de la suya; así, me solía ir los ratos que a unas y a otras nos sobraban, a consolarlas y recrearme con su conversación. Reparé que en este tiempo hacía falta a mi estudio, y hacía voto de no entrar en celda alguna si no me obligase a ello la obediencia o la caridad: porque, sin este freno tan duro, al de sólo propósito lo rompiera el amor: y este voto (conociendo mi fragilidad) le hacía por un mes o por quince días; y dando cuando se cumplía, un día o dos de treguas, lo volvía a renovar, sirviendo este día, no tanto a mi descanso (pues nunca lo ha sido para mí el no

estudiar) cuanto a que no me tuviesen por áspera, retirada e ingrata al no merecido cariño de mis carísimas hermanas.

Bien se deja en esto conocer cuál es la fuerza de mi inclinación. Bendito sea Dios que quiso fuese hacia las letras y no hacia otro vicio, que fuera en mí casi insuperable; y bien se infiere también cuán contra la corriente han navegado (o por mejor decir han naufragado) mis pobres estudios. Pues aun falta por referir lo más arduo de las dificultades; que las de hasta aquí sólo han sido estorbos obligatorios y casuales, que indirectamente lo son; y faltan los positivos, que directamente han tirado a estorbar y prohibir el ejercicio. ¿Quién no creerá, viendo tan generales aplausos, que he navegado viento en popa y mar en leche, sobre las palmas de las aclamaciones comunes? Pues Dios sabe que no ha sido muy así, porque entre las flores de esas mismas aclamaciones, se han levantado y despertado tales áspides de emulaciones y persecuciones, cuantas no podré contar, y los que más nocivos y sensibles para mí han sido, no son aquellos que con declarado odio y malevolencia me han perseguido, sino los que amándome y deseando mi bien (y por ventura mereciendo mucho con Dios por la buena intención), me han mortificado y atormentado más que los otros, con aquel: *No conviene a la santa ignorancia, que deben, este estudio; se ha de perder, se ha de desvanecer en tanta altura con su misma perspicacia y agudeza.* ¿Qué me habrá costado resistir esto? ¡Rara especie de martirio, donde yo era el mártir y me era el verdugo!

Pues por la en mí dos veces infeliz habilidad de hacer versos, aunque fuesen sagrados, ¿qué pesadumbres no me han dado o cuáles no me han dejado de dar? Cierto, señora mía, que algunas veces me pongo a considerar que el que se señala — o le señala Dios, que es quien sólo lo puede hacer — es recibido como enemigo común, porque parece a algunos que usurpa los aplausos que ellos merecen o que hace estanque de las admiraciones a que aspiraban, y así le persiguen.

Aquella ley políticamente bárbara de Atenas, por la cual salía desterrado de su república el que se señalaba en prendas y virtudes por que no tiranizase con ellas la libertad pública, todavía dura, todavía se observa en nuestros tiempos, aunque no hay ya aquel motivo de los atenienses; pero hay otro, no menos eficaz aunque no tan bien fundado, pues parece máxima del impío Maquiavelo: que es aborrecer al que se señala, porque desluce a otros. Así sucede y así sucedió siempre.

Y si no, ¿cuál fué la causa de aquel rabioso odio de los fariseos contra Cristo, habiendo tantas razones para lo contrario? Porque si miramos su presencia, ¿cuál prenda más amable que aquella divina hermosura? ¿Cuál más poderosa para arrebatar los corazones? Si cualquiera belleza humana tiene jurisdicción sobre los albedríos y con blanda y apetecida violencia los sabe sujetar, ¿qué haría aquélla con tantas prerrogativas y dotes soberanos? ¿Qué haría, qué movería, y qué no haría, y que no movería aquella incomprensible beldad por cuyo hermoso rostro, como por un terso cristal, se estaban transparentando los rayos de la Divinidad? ¿Qué no movería aquel semblante, que sobre incomparables perfecciones en lo humano, señalaba iluminaciones de divino? Si el de Moisés, de sólo la conversación con Dios, era intolerable a la flaqueza de la vista humana, ¿qué sería el del mismo Dios humanado? Pues si vamos a las demás prendas, ¿cuál más amable que aquella celestial modestia, que aquella suavidad y blandura, derramando misericordias en todos sus movimientos, aquella profunda humildad y mansedumbre, aquellas palabras de vida eterna y eterna sabiduría? Pues ¿cómo es posible que esto no les arrebatara las almas, que no fuesen enamorados y elevados tras él?

Dice la Santa Madre y madre mía Teresa, que después que vió la hermosura de Cristo quedó libre de poderse inclinar a criatura alguna, porque ninguna cosa veía que no fuese fealdad, comparada con aquella hermosura. Pues ¿cómo en los hombres hizo tan contrarios efectos? Y ya que como toscos y viles no tuvieran conocimiento ni estimación de sus perfecciones, siquiera como interesables, ¿no les moviera sus propias conveniencias y utilidades en tantos beneficios como les hacía, sanando los enfermos, resucitando los muertos, curando los endemoniados? Pues ¿cómo no le

amaban? ¡Ay Dios, que por eso mismo no lo amaban, por eso mismo lo aborrecían! Así lo testificaron ellos mismos.

Júntanse en su concilio y dicen: *Quid facimus, quia hic homo multa signa facit.*[28] ¿Hay tal causa? Si dijeran: este es un malhechor, un transgresor de la ley, un alborotador, que con engaños alborota el pueblo, mintieran, como mintieron cuando lo decían; pero eran causales más congruentes a lo que solicitaban, que era quitarle la vida; mas dar por causal que hace cosas señaladas, no parece de hombres doctos, cuales eran los fariseos. Pues así es, que cuando se apasionan los hombres doctos prorrumpen en semejantes inconsecuencias. En verdad que sólo por eso salió determinado que Cristo muriese. Hombres, si es que así se os puede llamar, siendo tan brutos, ¿por qué es esa tan cruel determinación? No responden más, sino que *multa signa facit.* ¡Válgame Dios, que el hacer cosas señaladas es causa para que uno muera? [. . .] ¿Por signo? Pues muera. ¿Señalado? Pues padezca, que eso es el premio de quien se señala.

Suelen en la eminencia de los templos colocarse por adorno unas figuras de los Vientos y de la Fama, y por defenderlas de las aves, las llenan todas de púas; defensa parece y no es sino propiedad forzosa: no puede estar sin púas que la puncen quien está en alto. Allí está la ojeriza del aire; allí es el rigor de los elementos, allí despican la cólera los rayos, allí es el blanco de piedras y flechas. ¡Oh infeliz altura, expuesta a tantos riesgos! ¡Oh signo, que te ponen por blanco de la envidia y por objeto de la contradicción! Cualquiera eminencia, ya sea de dignidad, ya de nobleza, ya de riqueza, ya de hermosura, ya de ciencia, padece esta pensión; pero la que con más rigor la experimenta es la del entendimiento. Lo primero, porque es el más indefenso, pues la riqueza y el poder castigan a quien se les atreve, y el entendimiento no, pues mientras es mayor, es más modesto y sufrido y se defiende menos. Lo segundo es porque, como dijo doctamente Gracián, las ventajas en el entendimiento lo son en el ser. No por otra razón es el ángel más que el hombre que porque entiende más; no

---

[28] *Quid facimus . . . facit?* «¿Qué hacemos, porque este hombre hace muchos milagros?» (*Juan*, XI, 47).

es otro el exceso que el hombre hace al bruto sino sólo entender; y así como ninguno quiere ser menos que otro, así ninguno confiesa que otro entiende más, porque es consecuencia del ser más. Sufrirá uno y confesará que otro es más noble que él, que es más rico, que es más hermoso; y aun que es más docto; pero que es más entendido, apenas habrá quien lo confiese. [. . .]

[. . .] Yo confieso que me hallo muy distante de los términos de la sabiduría, y que la he deseado seguir, aunque a *longe*.[29] Pero todo ha sido acercarme más al fuego de la persecución, al crisol del tormento; y ha sido con tal extremo, que han llegado a solicitar que se me prohiba el estudio.

Una vez lo han conseguido con una prelada muy santa y muy cándida que creyó que el estudio era cosa de Inquisición y me mandó que no estudiase. Yo la obedecí (unos tres meses, que duró el poder ella mandar) en cuanto a no tomar libro, que en cuanto a no estudiar absolutamente, como no cae debajo de mi potestad, no lo pude hacer, porque aunque no estudiaba en los libros, estudiaba en todas las cosas que Dios crió, sírviéndome ellas de letras, y de libro toda esta máquina universal. Nada veía sin refleja, nada oía sin consideración, aun en las cosas más menudas y materiales; porque como no hay criatura, por baja que sea, en que no se conozca el *me fecit Deus*,[30] no hay alguna que no pasme el entendimiento, si se considera como se debe. Así yo, vuelvo a decir, las miraba y admiraba todas; de tal manera que de las mismas personas con quienes hablaba, y de lo que me decían, me estaban resaltando mis consideraciones: ¿De dónde emanaría aquella variedad de genios e ingenios, siendo todos de una especie? ¿Cuáles serían los temperamentos y ocultas cualidades que lo ocasionaban? Si veía una figura, estaba combinando la proporción de sus líneas y midiéndola con el entendimiento y reduciéndola a otras diferentes. Paseábame algunas veces en el testero de un dormitorio nuestro (que es una pieza muy capaz) y estaba observando que siendo las líneas de sus dos lados paralelas y su techo a nivel, la vista fingía que sus líneas se inclinaban una a otra, y que su techo estaba más bajo en lo distante que en lo próximo: de donde infería que las líneas visuales corren rectas, pero no paralelas, sino que van a formar una figura piramidal. Y discurría si sería ésta la razón que obligó a los antiguos a dudar si el mundo era esférico o no. Porque, aunque lo parece, podía ser engaño de la vista, demostrando concavidades donde pudiera no haberlas.

Este modo de reparos en todo me sucedía y sucede siempre, sin tener yo arbitrio en ello, que antes me suelo enfadar, porque me cansa la cabeza; y yo creía que a todos sucedía esto mismo y el hacer versos, hasta que la experiencia me ha mostrado lo contrario; y es de tal manera esta naturaleza o costumbre, que nada veo sin segunda consideración. Estaban en mi presencia dos niñas jugando con un trompo, y apenas yo ví el movimiento y la figura, cuando empecé, con ésta mi locura, a considerar el fácil moto de la forma esférica, y cómo duraba el impulso ya impreso e independiente de su causa, pues distante la mano de la niña, que era la causa motiva, bailaba el trompillo: y no contenta con esto, hice traer harina y cernerla para que, en bailando el trompo encima, se conociese si eran círculos perfectos o no los que describía con su movimiento; y hallé que no eran sino unas líneas espirales, que iban perdiendo lo circular cuando se iba remitiendo el impulso. Jugaban otras a los alfileres (que es el más frívolo juego que usa la puerilidad); yo me llegaba a contemplar las figuras que formaban; y viendo que acaso se pusieron tres en triángulo, me ponía a enlazar uno en otro, acordándome de que aquélla era la figura que dicen tenía el misterioso anillo de Salomón, en que había unas lejanas luces y representaciones de la Santísima Trinidad, en virtud de lo cual obraba tantos prodigios y maravillas; y la misma que dicen tuvo el arpa de David, y que por eso sanaba Saúl a su sonido; y casi la misma conservan las harpas en nuestros tiempos.

Pues ¿qué os pudiera contar, señora, de los secretos naturales que he descubierto estando guisando? Ver que un huevo se une y fríe en la manteca o aceite y por el contrario se despedaza en el almíbar: ver que para que el

---

[29] A los lejos.

[30] *Me fecit Deus:* «me hizo Dios.»

azúcar se conserve flúida basta echarle una
muy mínima parte de agua en que haya estado
membrillo y otra fruta agria; ver que la yema
y clara de un mismo huevo son tan contrarias,
que en los unos, que sirven para el azúcar, sirve
cada una de por sí, y juntos no. Pero no debo
cansaros con tales frialdades, que sólo refiero
por daros entera noticia de mi natural y creo
que os causará risa; pero, señora, ¿qué
podemos saber las mujeres, sino filosofías de
cocina? Bien dijo Lupercio Leonardo: Que
bien se puede filosofar, y aderezar la cena.[31]
Y yo suelo decir, viendo estas cosillas: Si
Aristóteles hubiera guisado, mucho más
hubiera escrito. Y prosiguiendo en mi modo de
cogitaciones, digo que esto es tan continuo en
mí que no necesito de libros; y en una ocasión
que por un grave accidente de estómago me
prohibieron los médicos el estudio, pasé así
algunos días, y luego les propuse que era menos
dañoso el concedérmelo, porque eran tan
fuertes y vehementes mis cogitaciones, que
consumían más espíritus en un cuarto de hora
que el estudio de los libros en cuatro días; y
así se redujeron a concederme que leyese: y
más, Señora mía, que ni aun el sueño se libró
de este continuo movimiento de mi imaginativa;
antes suele obrar en él más libre y
desembarazada, confiriendo con mayor claridad
y sosiego las especies que ha conservado
del día, arguyendo, haciendo versos, de que
os pudiera hacer un catálogo muy grande, y de
algunas razones y delgadezas que he alcanzado
dormida mejor que despierta; y las dejo por
no cansaros, pues basta lo dicho para que
vuestra discreción y trascendencia penetre y se
entere perfectamente en todo mi natural y del
principio, medios y estado de mis estudios.

Si éstos, Señora, fueran méritos (como los
veo por tales a celebrar en los hombres) no lo
hubieran sido en mí, porque obro necesariamente.
Si son culpa, por la misma razón creo
que no la he tenido; mas, con todo, vivo
siempre tan desconfiada de mí, que ni en esto
ni en otra cosa me fío de mi juicio; y así
remito la decisión a ese soberano talento,
sometiéndome luego a lo que sentenciare, sin

contradicción ni repugnancia, pues esto no ha
sido más de una simple narración de mi
inclinación a las letras.

Confieso también que con ser esto verdad tal
que, como he dicho, no necesitaba de ejemplares,
con todo, no me han dejado de ayudar
los muchos que he leído, así en divinas como
humanas letras. [. . .]

¡Oh, cuántos daños se excusaran en nuestra
República si las ancianas fueran doctas como
Leta,[32] y que supieran enseñar como manda
San Pablo y mi padre San Jerónimo! Y no que
por defecto de esto y la suma flojedad en que
han dado en dejar a las pobres mujeres, si
algunos padres desean doctrinar más de lo
ordinario a sus hijas, les fuerza la necesidad
y falta de ancianas sabias, a llevar maestros
hombres a enseñar a leer, escribir y contar, a
tocar y otras habilidades, de que no pocos
daños resultan, como se experimentan cada
día en lastimosos ejemplos de desiguales consorcios,
porque con la inmediación del trato y
la comunicación del tiempo, suele hacerse fácil
lo que no se pensó ser posible. Por lo cual,
muchos quieren más dejar bárbaras e incultas
a sus hijas que no exponerlas a tan notorio
peligro como la familiaridad con los hombres
lo cual se excusara si hubiera ancianas doctas,
como quiere San Pablo, y de unas en otras
fuese sucediendo el magisterio, como sucede
en el de hacer labores y lo demás que es
costumbre.

Porque ¿qué inconveniente tiene que una
mujer anciana, docta en letras y de santa conversación
y costumbres, tuviese a su cargo la
educación de las doncellas? Y no que éstas o
se pierden por falta de doctrina, o por querérsela
aplicar por tan peligrosos medios cuales
son los maestros hombres, que cuando no
hubiera más riesgo que la indecencia de sentarse
al lado de una mujer verecunda (que aun
se sonrosea de que la mire a la cara su propio
padre) un hombre tan extraño, a tratarla con
casera familiaridad y a tratarla con magistral
llaneza, el pudor del trato con los hombres y
de su conversación basta para que no se
permitiese. Y no hallo yo que este modo de

---

[31] *Bien se puede* . . . Los versos citados son de
Bartolomé Leonardo de Argensola (no de Lupercio),
y pertenecen a la Sátira Primera.

[32] Una de las discípulas predilectas de San Jerónimo.

enseñar de hombres a mujeres pueda ser sin peligro, si no es en el severo tribunal de un confesionario o en la distante decencia de los púlpitos, o en el remoto conocimiento de los libros; pero no en el manoseo de la inmediación. Y todos conocen que esto es verdad; y con todo, se permite sólo por el defecto de no haber ancianas sabias; ¿luego es grande daño el no haberlas? [. . .]

[. . .] Lo que sólo he deseado es estudiar para ignorar menos: que, según San Agustín unas cosas se aprenden para hacer y otras para sólo saber: *Discimus quaedam, ut sciamus; quaedam ut faciamus.*[33] Pues ¿en qué ha estado el delito, si aun lo que es lícito a las mujeres, que es enseñar escribiendo, no hago yo porque conozco que no tengo caudal para ello, siguiendo el consejo de Quintiliano: *Noscat quisque, et non tantum ex alienis praeceptis, sed ex natura sua capiat consilium?*[34]

Si el crimen está en la *Carta atenagórica* ¿fué aquélla más que referir sencillamente mi sentir, con todas las venias que debo a nuestra Santa Madre Iglesia? Pues si ella, con su santísima autoridad, no me lo prohibe ¿por qué me lo han de prohibir otros? Llevar una opinón contraria de Vieira fué en mí atrevimiento ¿y no lo fué en su Paternidad llevarla contra los tres Santos Padres de la Iglesia? Mi entendimiento, tal cual, ¿no es tan libre como el suyo, pues viene de un solar? ¿Es alguno de los principios de la Santa Fe, revelados, su opinión, para que la hayamos de creer a ojos cerrados? Demás que yo ni falté al decoro que a tanto Varón se debe, como acá ha faltado su defensor, olvidado de la sentencia de Tito Lucio: *Artes committatur decor,*[35] ni toqué a la Sagrada Compañía en el pelo de la ropa; ni escribí más que para el juicio de quien me lo insinuó: y según Plinio, *non similis est conditio publicantis, et nominatim dicentis.*[36] Que si creyera se había de publicar, no fuera con

tanto desaliño como fué. Si es, como dice el Censor herética ¿por qué no la delata? con eso él quedará vengado y yo contenta, que aprecio como debo más el nombre de católica y de obediente hija de mi Santa Madre Iglesia que todos los aplausos de docta. Si está bárbara que en eso dice bien, ríase, aunque sea con la risa que dicen del conejo; que yo no le digo que me aplauda, pues como yo fuí libre para disentir de Vieira, lo será cualquiera para disentir de mi dictamen. [. . .]

Pues si vuelvo los ojos a la tan perseguida habilidad de hacer versos, que en mí es tan natural que aun me violento para que esta carta no lo sean, [. . .] viéndola condenar a tantos tanto y acriminar, he buscado muy de propósito cuál sea el daño que puedan tener, y no le he hallado; antes sí los veo aplaudidos en las bocas de las Sibilas; santificados en las plumas de los Profetas, especialmente del Rey David. [. . .]

Los más de los libros sagrados están en metro, como el Cántico de Moisés; y los de Job, dice San Isidoro en sus *Etimologías*, que están en verso heroico. En los Epitalamios los escribió Salomón, en los Trenos, Jeremías. [. . .]

Pues nuestra Iglesia Católica, no sólo no los desdeña, mas los usa en sus Himnos y recita los de San Ambrosio, Santo Tomás, San Isidoro y otros. San Buenaventura les tuvo tal afecto que apenas hay plana suya sin versos. San Pablo bien se ve que los había estudiado, pues los cita, y traduce el de Arato: *In ipso enim vivimus, et movemus, et sumus.*[37] Y alega el otro de Parménides: *Cretenses sempermendaces, malae bestiae, pigri.*[38] San Gregorio Nacianceno disputa en elegantes versos las cuestiones de matrimonio, y las de la virginidad. Y ¿qué me canso? La Reina de la Sabiduría, y Señora nuestra, con sus sagrados labios entonó el Cántico de la *Magnificat,*[39]

---

[33] *Discimus . . . faciamus:* «Aprendemos algunas cosas sólo para saberlas, y otras para hacerlas.»
[34] *Noscat . . . concilium:* «Aprenda cada quien, no tanto por los preceptos ajenos, sino también tome consejo de su propia naturaleza.»
[35] *Artes . . . decor:* «A las artes las acompaña el decoro.»
[36] *Non . . . dicentis:* «no es igual la condición del que publica que la del que sólo dice.»

[37] *In ipso . . . sumus:* «Porque en él mismo vivimos y nos movemos y somos.» (*Hechos*, XVII, 28). Arato: poeta y astrónomo griego (siglo III a. de J. C.), autor de un poema sobre los *Fenómenos*.
[38] *Cretenses . . . pigri:* «Los de Creta siempre son mentirosos, malas bestias, vientres perezosos.» (*A Tito*, I, 12). Parménides: filósofo griego, (h. 540 a. de J. C.).
[39] *Magnificat.* (*Lucas, I,* 46–55).

y habiéndola traído por ejemplar, agravio fuera traer ejemplos profanos, aunque sean de varones gravísimos y doctísimos, pues esto sobra para prueba; y el ver que, aunque como la elegancia hebrea no se pudo estrechar a la mensura latina, a cuya causa el traductor sagrado, más atento a lo importante del sentido, omitió el verso, con todo, retienen los Salmos el nombre y divisiones de versos: pues ¿cuál es el daño que pueden tener ellos en sí? Porque el mal uso no es culpa del Arte, sino del mal profesor que los vicia, haciendo de ellos lazos del demonio; y esto en todas las facultades y ciencias sucede.

Pues si está el mal en que los use una mujer, ya se ve cuántas los han usado loablemente; pues ¿en qué está el serlo yo? Confieso desde luego mi ruindad y vileza; pero no juzgo que se habrá visto una copla mía indecente. Demás, que yo nunca he escrito cosa alguna por mi voluntad, sino por ruegos y preceptos ajenos; de tal manera, que no me acuerdo haber escrito por mi gusto si no es un papelillo que llaman *El Sueño*. Esa carta, que vos, señora mía, honrasteis tanto, la escribí con más repugnancia que otra cosa; y así porque era de cosas sagradas, a quienes (como he dicho) tengo reverente temor, como porque parecía querer impugnar, cosa a que tengo aversión natural. Y creo que si pudiera haber prevenido el dichoso destino a que nacía—pues como a otro Moisés la arrojé expósita a las aguas del Nilo del silencio donde la halló y acarició una princesa como vos — creo, vuelvo a decir, que si yo tal pensara, la ahogara antes entre las mismas manos en que nacía, de miedo de que pareciesen a la luz de vuestro saber los torpes borrones de mi ignorancia. De donde se conoce la grandeza de vuestra bondad, pues está aplaudiendo vuestra voluntad lo que precisamente ha de estar repugnando vuestro clarísimo entendimiento. Pero ya que su ventura la arrojó a vuestras puertas, tan expósita y huérfana que hasta el nombre le pusisteis vos, pésame que, entre más deformidades, llevase también los defectos de la prisa; porque así

por la poca salud que continuamente tengo, como por la sobra de ocupaciones en que me pone la obediencia, y carecer de quien me ayude a escribir, y estar necesitada a que todo sea de mi mano, y porque como iba contra mi genio y no quería más que cumplir con la palabra a quien no podía desobedecer, no veía la hora de acabar; y así dejé de poner discursos enteros y muchas pruebas que se me ofrecían, y las dejé por no escribir más; que, a saber que se había de imprimir, no las hubiera dejado, siquiera por dejar satisfechas algunas objeciones que se han excitado y pudiera remitir, pero no seré tan desatenta que ponga tan indecentes objetos a la pureza de vuestros ojos, pues basta que los ofenda con mis ignorancias, sin que les remita ajenos atrevimientos. Si ellos por sí volaren por allá (que son tan livianos que sí harán), me ordenaréis lo que debo hacer; que si no es interviniendo vuestros preceptos, lo que es por mi defensa, nunca tomaré la pluma, porque me parece que no necesita de que otro le responda quien en lo mismo que se oculta conoce su error, pues como dice mi padre San Jerónimo *bonus sermo secreta non quaerit*,[40] y San Ambrosio: *latere criminosae est conscientiae*.[41] [. . .]

Yo de mí puedo asegurar que las calumnias algunas veces me han mortificado; pero nunca me han hecho daño, porque yo tengo por muy necio al que teniendo ocasión de merecer, pasa el trabajo y pierde el mérito, que es como los que no quieren conformarse al morir y al fin mueren, sin servir su resistencia de excusar la muerte, sino de quitarles el mérito de la conformidad y de hacer mala muerte la muerte que podía ser bien. Y así Señora mía, estas cosas creo que aprovechan más que dañan; y tengo por mayor el riesgo de los aplausos en la flaqueza humana, que suelen apropiarse lo que no es suyo; y es menester estar con mucho cuidado y tener escritas en el corazón aquellas palabras del Apóstol: *Quid autem habes quod non accepisti? Si autem accepisti, quid gloriaris quasi non acceperis?*[42] para que sirvan de escudo que resista las puntas de las alabanzas,

[40] *Bonus . . . quaerit:* «los buenos dichos no buscan el secreto.»

[41] *Latere . . . conscientiae:* «Ocultarse es propio de la conciencia criminosa.»

[42] *Quid autem . . . accepisti:* «¿Qué tienes tú que no hayas recibido? Y si lo has recibido, ¿por qué te glorías, como si no lo hubieras recibido?» (I *Corintios,* IV, 7).

que son lanzas que en no atribuyéndose a Dios, cuyas son, nos quitan la vida y nos hacen ser ladrones de la honra de Dios y usurpadores de los talentos que nos entregó y de los dones que nos prestó y de que hemos de dar estrechísima cuenta. Y así Señora yo temo más esto que aquello; porque aquello con sólo un acto sencillo de paciencia está convertido con provecho; y esto, son menester muchos actos reflexos de humildad y propio conocimiento para que no sean daño. Y así, de mí lo conozco y reconozco que es especial favor de Dios el conocerlo, para saberme portar en uno y en otro con aquella sentencia de San Agustín: *Amico laudanti credendum non est, sicut nec inimico detrahenti.*[43] Aunque yo soy tal que las más veces lo debo de echar a perder o mezclarlo con tales defectos e imperfecciones, que vicio lo que de suyo fuera bueno. Y así, en lo poco que se ha impreso mío, no sólo mi nombre, pero ni el consentimiento para la impresión ha sido dictamen propio, sino libertad ajena que no cae debajo de mi dominio, como lo fué la impresión de la Carta Atenagórica; de suerte que solamente unos *Ejercicios de la Encarnación* y unos *Ofrecimientos de los Dolores* se imprimieron con gusto mío por la pública devoción, pero sin mi nombre, de los cuales remito algunas copias, por que (si os parece) los repartáis entre nuestras hermanas las religiosas de esa santa Comunidad y demás de esa ciudad. De los *Dolores* va sólo uno, porque se han consumido ya y no pude hallar más. Hícelos sólo por la devoción de mis hermanas, años ha, y después se divulgaron; cuyos asuntos son tan improporcionados a mi tibieza como a mi ignorancia y sólo me ayudó en ellos ser cosas de nuestra gran Reina; que no sé qué se tiene el que, en tratando de María Santísima se encienda el corazón más helado. Yo quisiera, venerable Señora mía, remitiros obras dignas de vuestra virtud y sabiduría, pero como dijo el Poeta

Ut desint vires, tamen est laudanda voluntas: hac ego contentos, auguror esse Deos.[44]

Si algunas otras cosillas escribiere, siempre irán a buscar el sagrado de vuestras plantas y el seguro de vuestra corrección, pues no tengo otra alhaja con que pagaros, y en sentir de Séneca, el que empezó a hacer beneficios se obligó a continuarlos; y así os pagará a vos vuestra propia liberalidad, que sólo así puedo yo quedar dignamente desempeñada, sin que caiga en mí aquello del mismo Séneca: *Turpe est beneficiis vinci.*[45] Que es bizarría del acreedor generoso dar al deudor pobre con qué pueda satisfacer la deuda. Así lo hizo Dios con el mundo, imposibilitado de pagar: dióle a su Hijo propio, para que se lo ofreciese por digna satisfacción.

Si el estilo, venerable señora mía, de esta carta no hubiese sido como a vos es debido, os pido perdón de la casera familiaridad o menos autoridad de que tratándoos como a una religiosa de velo, hermana mía, se me ha olvidado la distancia de vuestra ilustrísima persona, que a veros yo sin velo no sucediera así; pero vos, con vuestra cordura y benignidad, supliréis o enmendaréis los términos; y si os pareciere incongruo el *vos*, de que yo he usado por parecerme que para la reverencia que os debo es muy poca reverencia la *Reverencia*, mudadlo en el que os pareciere decente a lo que vos merecéis, que yo no me he atrevido a exceder de los límites de vuestro estilo ni a romper el margen de vuestra modestia.

Y mantenedme en vuestra gracia, para impetrarme la divina, de que os conceda el Señor muchos aumentos y os guarde, como le suplico y he menester. De este convento de N. Padre San Jerónimo de México, a primero día del mes de marzo de mil seiscientos y noventa y un años, B.V.M. vuestra más favorecida *JUANA INÉS DE LA CRUZ*

(En *Obras completas de Sor Juana Inés de la Cruz*, México, Biblioteca Americana, 1951-1957).

---

[43] *Amico . . . detrahenti:* «no hay que creer ni al amigo que alaba ni al enemigo que vitupera.»
[44] *Ut desint . . . Deos:* «aunque falten las fuerzas, todavía hay que alabar la voluntad. Yo pienso que los dioses se contentan con ella.» (Ovidio, *De Ponto*, III, 4, 79-80). Sor Juana — probablemente por distracción — parece atribuir estos versos a Virgilio, que es a quien se llama *el Poeta* por antonomasia.
[45] *Turpe . . . vinci:* «Es vergüenza ser vencido en beneficios.» (Séneca, *De Beneficiis*, V, 2).

Otras mujeres habían sido ya notables en este período; en el Ecuador, Jerónima de Velasco; en el Perú, Santa Rosa de Lima y dos poetisas a quienes conocemos como Clarinda, autora de un « Discurso en loor de la poesía », en tercetos, y Amarilis, que envió a Lope de Vega una epístola en forma de silva. Pero la mujer que, después de Sor Juana, más alto llega en la expresión poética de este siglo es la elocuente monja de Nueva Granada Sor Francisca Josefa del Castillo y Guevara, llamada Madre Castillo (Colombia; 1671–1742). Al decir expresión poética no nos referimos solamente a sus versos (algunos de los que se le adjudicaron resultaron ser de Sor Juana) sino a ciertas revelaciones de su prosa ascética y mística. Sus lecturas habían sido muy mezcladas: al lado de los libros religiosos — la Biblia, Santa Teresa, San Ignacio, el Padre Osuna, etc. — las novelas y libros de comedias que ella llamó « la peste de las almas. » Con temas y formas de la literatura religiosa y de la literatura barroca hizo su propia literatura. Se advierte en su prosa un lento progreso, del amaneramiento y desaliño de las primeras páginas a la sencillez de las últimas. Escribió una especie de diario de sus íntimas devociones: los editores lo han llamado *Afectos espirituales.* Cuando lo comenzó tenía veintitrés años de edad: su prosa era insegura, artificiosa, exuberante, oscura, recargada de figuras retóricas, defectuosa en sus amplios períodos. Veinte años después continuaba su diario, pero la prosa era más sobria. Ya entonces había comenzado una autobiografía, — los editores la han llamado *Su Vida.* Por ser obra de madurez, la *Vida* se diferencia de los *Afectos,* no sólo porque nos da anécdotas y episodios sino porque está redactada con una prosa menos frondosa, menos confusa. Dejando de lado las virtudes de la prosa — que en ella no fueron nunca excelentes — la Madre Castillo nos interesa porque su sinceridad religiosa atravesó como un rayo de luz sus pesadas palabras. Su vocación era tan intensa que no se parece a nadie de su época. Con vuelo oratorio la Madre Castillo va a posarse en lo alto de los grandes temas cristianos. Es desordenada, digresiva, sin rigor doctrinal. Pero en sus páginas relucen las metáforas y al relucir iluminan los sentimientos de un alma estremecida por el goce y el pánico de sus visiones de Dios. Fue la mística de nuestras letras.

La Madre Castillo

AFECTOS ESPIRITUALES

Del Afecto 41

Volumen I

*Asida el alma en su Dios, en la tribulación
nunca teme naufragio.*

¡Oh Señor! ¿en qué fía el que no fía sólo en
ti? Pues las virtudes si no son sólo fundadas en
esperar en tu gran bondad, enferman y des-
caecen, como las flores del Líbano y Carmelo
y los más altos montes *commoti sunt ab eo, et
colles desolati sunt* . . .[1]
No hay nada que no pueda subsistir en tu
presencia, si no es aquello que conserva y mantiene tu misericordia y gracia; pues ¿en qué
fiarán los habitadores del orbe, amadores de
la tierra? Pues ella se estremece a tu presencia,
¿cuál grandeza estará en pie ante la cara de su
indignación? ¿quién resistirá a la ira de su
furor?
Su indignación se derramará como fuego,
que disolverá y deshará las piedras más fuertes;
y después de esto escuche al alma que lo ama,
y que lo busca esperando en él: *bonus Dominus,
et confortans in die tribulationis* . . .[2]
Todo este poder, toda esta grandeza, toda
esta majestad, es en su favor; no tema, pues,
las tempestades de las tribulaciones, pues el
Señor hace camino en ellas; no la obscuridad
y niebla, que es el polvo que huellan sus pies.
No la atemorice el mar hinchado de los
espíritus soberbios, que el Señor reprehen-
diéndolos los hará secar; no la sequedad y
soledad del desierto, que el Señor llevará y
guiará a él las fuentes de las aguas; no la
demasiada tribulación, que el Señor la pesará
y contendrá para que no se levante doblada. 5
No tema a los hijos de los hombres, ni a todos
los habitadores del orbe, que toda potencia se
deshace a la presencia de su ayudador. No las
dificultades de los montes y piedras, que el
Señor los moverá y disolverá. 10
Sólo tema perder la amistad y gracia de su
Señor, porque entonces no fíe en los montes
del Líbano y Carmelo, que sus flores enfer-
marán y enflaquecerán; no en el alto mar de
ninguna prosperidad, que increpándolo el 15
Señor lo hará huir; no en las avenidas de
suavidades y consolaciones, que el Señor las
echará al desierto y esconderá a sus ojos; no
en la fortaleza de las piedras, que el Señor las
deshará con fuego; no en los que habitan los 20
orbes de la tierra, que la indignación del
Señor los hará temblar; no en los altos collados
pues el Señor los desolará.
¡Oh temor, oh temblor! ¡Señor Dios mío,
que eres bueno y confortas en el día de la 25
tribulación! Día de tribulación y angustia es
el tiempo de mi vida; confórtame en este
temeroso día para que no te pierda. Dios de
la majestad, no te apartes de mí, no me dejes
conmigo, no me dejes sin ti. ¡Oh fuente y 30
centro del bien! ¡Oh todo el bien! ¡Oh único y
solo bien! sé toda mi esperanza, que así vivo
entre mi miseria y entre mi no ser, más
contenta cuanto más conozco mi pobreza y no
ser; sea todo mi ser y mi riqueza sólo esperar en 35
ti.

---

[1] «Temblaron de él, y los collados fueron desolados.»
(De la profecía de Naum).

[2] *bonus Dominus . . . tribulationis:* «Bueno es el
Señor, y confortador en el día de la tribulación.»
(Naum).

Así que, Señor mío, grande y terrible, paciente y amoroso: no te desagrada la tempestad, pues en ella caminas; no la obscuridad y niebla, pues allí están tus huellas; no te enamora la hermosura y capacidad del mar, pues lo reprehendes y haces secar; no te pagas de las corrientes de las aguas, pues las echas al desierto; no de la alteza de los montes, pues los conmueves; no de los collados, pues los desuelas; no de la hermosura de las flores, pues las dejas enflaquecer y marchitarse; no de la tierra, pues la haces estremecer; ni de sus poderosos poseedores, pues les muestras tu indignación; ni de la fortaleza de las piedras, pues las deshaces. ¿Pues qué, Señor, te agrada, qué te inclina? El que espera en ti, el corazón humilde que no confía en sí mismo; el que todo su sér resigna y deja en tus poderosas y amorosas manos, en tu sapientísima providencia; el amarte y temerte.

AFECTO 45

VOLUMEN I

Deliquios del Divino Amor
en el corazón de la criatura
y en las agonías del huerto

El habla delicada
del Amante que estimo,
miel y leche destila
entre rosas y lirios.

Su meliflua palabra
corta como rocío,
y con ella florece
el corazón marchito.

Tan suave se introduce
su delicado silbo,
que duda el corazón
si es el corazón mismo.

Al monte de la mirra
he de hacer mi camino,
con tan ligeros pasos,
que iguale al cervatillo.

Mas, ¡ay! Dios, que mi amado
al huerto ha descendido,
y como árbol de mirra
suda el licor más primo.

De bálsamo es mi amado,
apretado racimo
de las viñas de Engadi[3]
el amor le ha cogido.

De su cabeza el pelo,
aunque ella es oro fino,
difusamente baja
de penas a un abismo.

El rigor de la noche
le da el color sombrío,
y gotas de su hielo
le llenan de rocío.

Tan eficaz persuade,
que, cual fuego encendido,
derrite como cera
los montes y los riscos.

Tan fuerte y tan sonoro
es su aliento divino,
que resucita muertos
y despierta dormidos.

Tan dulce y tan süave
se percibe al oído,
que alegra de los huesos
aún lo más escondido.

¿Quién pudo hacer ¡ay! Cielo
temer a mi querido?
Que huye el aliento y queda
en un mortal deliquio.

_____

[3] Ciudad de Palestina, cerca de la desembocadura del Jordán en el mar Muerto, famosa por sus palmeras y viñas.

Rotas las azucenas
de sus labios divinos,
mirra amarga destilan
en su color, marchitos.

Huye áquilo,[4] ven austro[5]
sopla en el huerto mío,
las eras de la flores
den su olor escogido.

Sopla más favorable,
amado ventecillo,
den su olor las aromas,
las rosas y los lirios.

Mas ¡ay! que si sus luces
de fuego y llamas hizo,
hará dejar su aliento
el corazón herido.

AFECTO 1

VOLUMEN II

*Pide lágrimas, que sean recogidas
en las fuentes del Salvador*

Jesús nuestra redención, Jesús Maestro, Jesús camino, verdad y vida; esos caminos me parece, Señor mío, enseñáis a la pobrecilla despreciada y vil. ¿Queréis, mi bien y mi Señor, que vaya a vos por el mar del llanto y la amargura de mi corazón? Pues desde luego quiero y deseo anegarme en mis lágrimas, si he de ser tan dichosa que por aquí vaya a vos. Dadme, mi Señor, una fe viva y una segura esperanza, cuando ya la triste barquilla de mi alma se sienta sumergir entre las olas para que no sea sorbida del profundo, ni el mar tempestuoso me anegue; mas dadme misericordiosamente tales lágrimas que sean como cogidas de las fuentes del Salvador. Sean llorando mi ingratitud a tus finezas, Dios mío; sean llorando tus dolores y pasión; sean llorando tus ofensas y la pérdida de las almas; sean llorando con tu Santísima Madre Dolorosa;

sean llorando tu ausencia y mi destierro y contingencias de él; sean llorando mi ceguedad para conocerte, mi frialdad para amarte, y mi flaqueza y debilidad para servirte. Llore como la tórtola que toda es llanto sin su amado consorte; llore como la esposa ausente de su señor y esposo; llore como la esclava que ofendió a su fiel señor y se hizo al bando del fiero y cruel dragón. Llore como el pobre a quien dan una gruesa limosna, que llora agradecido y contento, y no se harta de besarla y mirarla mil veces; así has de hacer con los beneficios que amontona en ti tu Señor. Llora como la esposa que después de larga ausencia tiene cartas, noticias y promesas de su señor que la ama y ha de llevar al reino que le prepara. Llora como el perrillo que perdió la vista de su señor y no descansa hasta tornarle a hallar. Llora como el cautivo y desterrado en esta gran Babilonia; llora sobre las cadenas y grillos de tu prisión hasta que el Señor Dios tuyo te desate y libre.

SU VIDA

CAPITULO XXV

Consolaciones sensibles alternadas de desolaciones. Defectos en que incurre por el trato con las criaturas. Propende con caridad a la entrada en religión de una sobrina suya. Se le dan respecto de ésta, conocimientos particulares. Ve claramente a Satanás y síguese una persecución espantosa de las criaturas, con graves enfermedades y otras circunstancias notables. Visiones que le confortan.

Pues prosiguiendo en cómo se ha pasado mi vida: había ya año y medio que había tenido esta grande tribulación y azote interior que yo jamás sabré explicar, y este tiempo se había pasado con aquellos mis deseos que Dios me

---

[4] Viento violento del norte.

[5] Viento del sur.

daba de ser muy buena, experimentando en este tiempo una consolación tal, que como tratara con mi confesor algunas cosas de Nuestro Señor, casi se suspendían mis sentidos y algunas veces, por dos o tres días estaba como fuera de mí, embebida el alma en aquella consolación y amor sensible, aunque no faltaron en este tiempo cosas que decían de mí, y es cierto que aun una palabra simplemente dicha la solían tomar por un gran delito. Algunas criadas vinieron entonces a decirme las perdonara, que habían levantado algunas cosas; y había ocasión de esto, porque ya dije que en este tiempo trataba más con las criaturas, pareciéndome mejor no estar tan retirada, sola y trabajosa, y que así se seguía un camino llano y seguro, que era lo que yo deseaba; a que se juntaban hallar alivio y consuelo en algunas personas. Mas, como mi corazón siempre ha sido malo e inconstante, caía más en faltas y culpas, y en viendo yo que se descaminaba mi corazón en el afecto a alguna cosa particular, sentía una fuerza interior que me hacía retirarme a hacer los ejercicios de mi padre San Ignacio, y en ellos recibía más copiosamente aquella consolación sensible que digo; aunque también padecía grandes trabajos interiores en la oración, que a veces quisiera más morir.

Pues al cabo de este año y medio que pasé así, me avisaron traían una sobrina mía a ser monja. Yo, aunque temí, mas considerando cuánto bueno sería que se consagrara a Nuestro Señor, porque me escribían sus grandes deseos, hice cuanto pude por ayudar a ellos; porque uno de los martirios que ha tenido mi corazón en este mundo es el no poder yo hacer nada en servicio de Nuestro Señor, porque según los deseos que Su Divina Majestad me ha dado, hubiera hecho mucho en bien de otros; mas siempre Su Divina Majestad, por humillar mi soberbia, y por otras causas justísimas en su acertado gobierno, me ha tenido con las manos atadas, porque puesta en la ocasión, todo lo viera con propia estimación y amor propio, y quizá, y sin quizá, quitara la vista de dar gusto a Su Divina Majestad por darlo a las criaturas; que a esto de darles gusto me he inclinado con demasiado extremo. Así que viendo cuán misericordiosamente lo ha hecho Nuestro Señor con esta vilísima criatura suya, me acuerdo de aquel verso del salmo, que dice: *Alegrado nos hemos por los días en que nos humillaste, por los años en que vimos males.* Y siempre me dió luz en lo que dice: *Bonum mihi quia humiliasti me: ut discam justificationes tuas.* Pues volviendo a lo que iba diciendo, me pareció que en ayudar a la entrada de aquella religiosa, hallaba ocasión de hacer algo en servicio de Nuestro Señor, y de mi trabajo compuse lo más de lo necesario, por ser ella huérfana de padre: también para el dote me prometió aquel sujeto (que dije ayudó a la entrada de mi madre) daría a la profesión, para ayuda de ella, quinientos pesos. Hubo grandes contradicciones e impedimentos para su entrada, y se levantaron cosas, que yo no entendía que sucedieran así: todo cargaba sobre mí.

Pues el día que la trajeron para que la vieran las monjas, yo no ví en ella sino a Nuestro Señor Crucificado; no por ninguna imagen que se representara, sino por un conocimiento del alma, que era como una espada de dos filos que la atravesaba de parte a parte, y me hacía derramar un mar de llanto; y por todos aquellos días en viendo el Santo Cristo Crucificado, que está en el coro, vía en Él a la que venía a entrar, y me dividía el corazón un dolor que me traía deshecha en lágrimas; yo no sé cómo era esto, ello era cosa tan clara y tan fuerte, que se lo dije a mi confesor el padre Juan Martínez, y me respondió: que traería Nuestro Señor a aquella alma a que fuera muy buena y padeciera en la cruz de la religión, y así yo no podía dejar de ayudar, y sufrir en orden a su entrada, las muchas cosas que se levantaron.

Después que estuvo acá, estaba yo un día en mi retiro, considerando en el paso de los azotes que dieron a Nuestro Señor, y pareciéndome caía al desatarlo de la columna, sentía lo mismo que la vez pasada, aquella ansia y deseo de ayudarlo a levantar, pero ahora, al contrario de lo que me sucedió la otra vez, sentía, al llegar mi alma a Él, que se desaparecía su cuerpo, porque se hacía como espiritualizado, o yo no sé cómo me dé a entender: parece que se desaparecía de los ojos o conocimiento del alma, y la hacía quedar con gran pena. Esto me parece fué prevenirme para el trabajo, y trabajos que me vinieran. También me sucedió que habiendo entrado en ejercicios con la novicia, a quien yo deseaba encaminar lo mejor que pudiera, estando una tarde en oración, ví pasar el enemigo en hábito de religioso por la puerta de la celda, y que mirando, con unos ojos que daban horror, hacia donde estábamos, se entró en la celda de otra religiosa que estaba junto a la mía; yo no entendí qué sería aquello, mas quedé llena de pavor y tristeza.

Pues por aquel tiempo yo vía mi alma tan mudada, y tan renovados en ella los buenos deseos que en otro tiempo Nuestro Señor me había dado, que yo misma no me conocía, ni sabía con qué así me había encendido Nuestro Señor el alma. Estaba lo más del día retirada, previniendo mi confesión general de aquel año, cuando una noche, a las oraciones, que no se habían hecho maitines, viene a la celda aquella religiosa en cuya celda ví entrar al enemigo, tan llena de furor, y dando gritos contra mí, que yo me quedé pasmada; hízome muchas amenazas, diciendo que no era la novicia mi criada, que ahora vería lo que hacía la madre abadesa. Dió tántas voces, y se levantó tal murmullo de criadas y gritos, que yo me hallé cortada, y no tuve más alivio que meterme en una tribuna, mas desde allí oía tales voces en el coro, tal algazara y cosas que se decían de mí, que estaba medio muerta de oírlas, y no saber en qué pararía aquel furor y gritos; cuando fueron a buscarme la madre vicaria, la religiosa que he dicho, y un tropel de criadas, con linternas y luces. Las cosas que allí me dijeron fueron sin modo, y la cólera con que iban: ello paró, o se le dió principio (que no se acabó con eso) en venir todas aquellas criadas a la celda, y sacar la cama de la novicia, y no dejar cosa de las necesarias. El alboroto y ruido que traían era como si hubieran cogido un salteador. Las cosas que me levantaron no son para dichas, yo no hallaba dónde acogerme, porque la celda había quedado llena sólo de pavor, y con el susto no me podía tener ya en pie. Mis criadas habían levantádose también contra mí, con que hube de acogerme a las puertas de una religiosa a quien le habían dicho cosas que la pudieran enojar mucho contra mí; mas viéndome en tan miserable estado, se movió a compasión, y fué la única

que en toda la casa la tuvo de mí en mis trabajos. Luego caí enferma de una enfermedad tal, que el sudor que sudaba me dejaba las manos como cocidas en agua hirviendo. La boca se me volvía a un lado, y me daban unos 5 desmayos tan profundos que duraban tres y cuatro horas largas. En estos desmayos tiraba a ahogarme una criada que había allí, amiga de aquellas religiosas que digo, porque me tapaba la boca y las narices con toda 10 fuerza; y si su ama, que era en cuya celda yo estaba, no la advirtiera, según me decía después, no sé qué hubiera sido. Yo pienso que no tiraría a ahogarme, sino sólo a mortificarme. No había día que no se me dieran dos 15 o tres pesadumbres. Una niña, hija de mi hermano, que estaba conmigo, la echaron a la calle con tanta violencia, que no permitió la madre abadesa se cerrara el convento sin que ella saliera. Después me echaron las dos 20 criadas, una a empellones y otra, que era pequeña, se la entregaron a su madre. Llamaron al vicario del convento y le dijeron tales cosas que no sé yo cómo las diga aquí. Algunas eran: que comía de balde la ración del con- 25 vento, que me salía con cuanto quería. Las otras fueron tales que él fue a la Compañía a consultar con el padre Juan Martínez, qué se haría de mí, y el santo padre, aunque más pasos daba, no podía apagar aquel fuego. Un 30 día vino a examinar a aquella monja que me hacía bien, porque le enviaron a informar, por medio del vicario, que yo fingía aquellas enfermedades, y que lo hacía para tener abierto a deshoras el convento, y que entraran los 35 padres. Yo, como no hallaba en mí causa presente para aquellos rigores, me daba una congoja tal que me agravaba el mal, y cuando se lo avisaban a la madre abadesa, que había tantas horas que estaba sin sentido, respondía: 40 «darle unos cordeles bien fuertes, que la hagan reventar.» Otras veces decía: «ya he estado amolando muy bien un cuchillo para enviárselo que se lo meta, y le enviaré soga para que se ahorque.» Yo, en volviendo en mí de los 45 desmayos, lloraba amargamente, y les preguntaba: «Señoras mías, madres mías, ¿qué motivo, qué causa les he dado?», y alguna, que era rara la que entraba a verme, así por lo mal que estaban todas conmigo, como por no 50 experimentar los enojos de la madre abadesa y de aquellas religiosas, porque a las que vían entrar afligían también mucho; alguna, pues, que vía mi padecer y oía mis preguntas, me respondía: «*Dice la madre abadesa que como usted le tiene dada el alma al diablo, ya deben los diablos de venir por su alma.*» Con esto crecían mis desconsuelos, y crecía mi mal, y como aquella religiosa que me amparaba le pareciera que ya expiraba, se vió obligada en dos ocasiones a enviar por padres; de aquí

nació el acusarme que me fingía enferma para tener a las diez de la noche el convento abierto, y los padres dentro. Yo procuraba, en sintiéndome con tantito aliento, levantarme de la cama, mas luego volvía a caer y me daba aquel temblor y desmayos que duraban lo más del día. [. . .]

(*Su Vida*. Escrita por ella misma. Bogotá, Biblioteca de autores colombianos, 1956).

NOTICIA COMPLEMENTARIA

Crónicas. En el siglo XVII todavía hay luchas, conquistas, fundación de ciudades; y de allí siguen saliendo crónicas. Sólo que no son ya las crónicas asombradas ante lo nuevo, como las de los primeros conquistadores, sino más bien las de los hijos y aun nietos de los primeros conquistadores, o de los que vienen a poner sus plantas sobre terreno ya desbrozado. Mencionemos, por su mayor valor literario, al obispo GASPAR DE VILLARROEL (Ecuador; 1587–1665), el jesuíta ALONSO DE OVALLE (Chile; 1601–1651), el obispo LUCAS FERNÁNDEZ DE PIEDRAHITA (Colombia; 1624–1688) y JOSÉ DE OVIEDO Y BAÑOS (Colombia-Venezuela; 1671–1738).

Bosquejos novelísticos. Además de los que hemos seleccionado, debemos agregar los nombres de *Los sirgueros de la Virgen sin original pecado* de FRANCISCO BRAMÓN (México; 1620), *Miscelánea austral* (Lima; 1602) de DIEGO DÁVALOS Y FIGUEROA y *El pastor de Nochebuena* del obispo JUAN DE PALAFOX Y MENDOZA (España-México; 1600–1659).

Teatro. Durante casi todo el siglo XVII (por lo menos hasta la muerte de Calderón de la Barca) España está en su apogeo teatral y las colonias en cambio apenas producen obrillas de ocasión; desde 1681 en adelante decae el teatro español y en cambio las colonias empiezan a levantar su teatro con piezas ambiciosas. Además de los nombres mencionados en el cuerpo de esta antología, citemos los de los mexicanos FRANCISCO BRAMÓN Y MATÍAS DE BOCANEGRA, del peruano LORENZO DE LAS LLAMOSAS, DIEGO MEXÍA DE FERNANGIL, sevillano que vivió en México y el Perú, a quien la Anónima peruana dedicó su «Discurso en loor de la poesía», ya mencionado en la pág. 187, y del colombiano JUAN DE CUETO Y MENA.

Poesía. Importantes, en la poesía barroca, fueron el argentino LUIS DE TEJEDA (1604–1680) y el peruano JUAN DE ESPINOSA MEDRANO, «el Lunarejo» (1632–1688), entusiasta panegirista de Góngora, y el fraile agustino de Michoacán (México) MIGUEL DE GUEVARA (1585–1646), autor de varios sonetos de carácter religioso y al que se viene atribuyendo, al parecer erróneamente, el famoso a Cristo crucificado que comienza: «No me mueve, mi Dios, para quererte . . .»

IV

1701-1808

MARCO HISTÓRICO: *El trono de España pasa a los Borbones. Bajo Felipe V y Fernando VI el imperio español comienza a esforzarse para retener sus colonias. Gracias a las reformas sociales, políticas y económicas de Carlos III mejora la posición de España y de sus colonias. Crece, no obstante, la insatisfacción de los criollos. Bajo el inepto Carlos IV España se pone en una actitud puramente defensiva y va perdiendo sus posesiones. A causa de la invasión del ejército napoleónico, Carlos IV abdica en favor de su hijo Fernando VII: los días del imperio español en América han terminado.*

TENDENCIAS CULTURALES: *Fines del Barroco. El Rococó. Ideas de la Ilustración. La literatura lleva un sello neoclásico, afrancesado. El racionalismo se colorea con sentimientos.*

JUAN BAUTISTA DE AGUIRRE
FRANCISCO EUGENIO DE SANTA CRUZ Y
  ESPEJO
CONCOLORCORVO
FRAY SERVANDO TERESA DE MIER

MANUEL DE ZEQUEIRA Y
  ARANGO
FRAY MANUEL DE NAVARRETE
RAFAEL GARCÍA GOYENA
ESTEBAN DE TERRALLA Y LANDA

Desde fines del siglo XVII Francia ejercía una hegemonía cultural sobre toda Europa. España recibió esta influencia antes que los Borbones entraran a gobernarla. Sin duda el cambio dinástico la favoreció. Sólo que, más que afrancesarse, España se europeizaba: al lado de las influencias francesas hay que tener en cuenta las italianas y las inglesas. Pero el desnivel entre España y el resto de Europa era tan marcado que la ascensión cultural española fue lentísima. En Europa, en una sola generación — digamos: de 1680 a 1715 —, se impuso la Ilustración. En España, en cambio, el nuevo espíritu, racionalista en filosofía, clasicista en literatura, empieza a manifestarse en la tercera década del siglo. Hasta entonces la literatura dominante seguía siendo la barroca. Como es natural, la ascensión de la cultura hispanoamericana fue aún más lenta. Las corrientes de la Ilustración pasaron de España a América e influyeron en las ideas y costumbres; pero no inspiraron una literatura neoclásica hasta al final del siglo XVIII. La literatura quedó rezagada, pues, en la marcha de las colonias detrás de la metrópoli. Se cultivaba el estilo barroco cuando ya en España estaba olvidado, se transformaba en rococó o era recordado burlonamente.

Al pasar al examen de la poesía nuestro primer reconocimiento ha de ser la vitalidad del barroco. Que no es un estilo de decadencia, como se ha dicho, lo prueba el hecho de que, en América al menos, mantiene en lo alto la imaginación mientras la poesía decae durante el setecentismo. En medio del XVIII, a más de un siglo y cuarto de la muerte de Góngora y a cuarto de siglo de la *Poética* de Luzán, encontramos al barroco padre jesuíta JUAN BAUTISTA DE AGUIRRE (Ecuador; 1725–1786). Apenas nos ha dejado una veintena de poesías. Y asombra que, en tan corto número, haya tanta variedad de tonos: composiciones morales, teológicas, amatorias, satíricas, líricas, polémicas, descriptivas. También, que haya tanta variedad métrica: sonetos, octavas rimas, silvas, canciones, liras, romances, décimas, cuartetas. Y, por último, que haya tanta variedad de influencias: Góngora, Quevedo, Calderón, Rioja, Polo de Medina. Para Aguirre la poesía debió de ser un entretenimiento formal; y tal vez por esta actitud sus mejores poemas son los barrocos, en los que coincidía su disposición juguetona con un estilo extremadamente formal. Una lógica silogística va recorriendo por dentro la sintaxis y la obliga a retorcerse y saltar en hipérbaton, elipsis, construcciones a base de simetrías y contrastes, etc. Pero esa lógica ha cambiado sus abstracciones por metáforas: y así aparece una realidad rica en colores, sonidos, belleza plástica y fragancia. Algunas de sus imágenes acudieron con toda la intensidad de una auténtica visión poética. Metáforas de buen poeta en poemas mediocres.

Juan Bautista de Aguirre

A UNOS OJOS HERMOSOS

Ojos cuyas niñas bellas
esmaltan mil arreboles,
muchos sois para ser soles,
pocos para ser estrellas.

No sois sol aunque abrasáis
al que por veros se encumbra,
que el sol todo el mundo alumbra
y vosotros le cegáis.

No estrellas, aunque serena
luz mostráis en tanta copia,
que en vosotros hay luz propia,
y en las estrellas, ajena.

No sois lunas a mi ver,
que belleza tan sin par
no es posible en sí menguar
ni de otras luces crecer.

No sois ricos donde estáis
ni pobres donde yo os canto;
pobres no, pues podéis tanto,
ricos no, pues que robáis.

No sois muerte, rigorosos,
ni vida cuando alegráis;
vida no, pues que matáis,
muerte no, que sois hermosos.

No sois fuego, aunque os adula
la bella luz que gozáis,
pues con rayos no abrasáis
a la nieve que os circula.

No sois agua, ojos traidores
que me robáis el sosiego,
pues nunca apagáis mi fuego
y me causáis siempre ardores.

No sois cielos, ojos raros,
ni infierno de desconsuelos,
pues sois negros para cielos,
y para infierno sois claros.

Y aunque ángeles parecéis,   5
no merecéis tales nombres,
que ellos guardan a los hombres
y vosotros los perdéis.

No sois dioses, aunque os deben
adoración mil dichosos,   10
pues en nada sois piadosos,
ni justos ruegos os mueven.

Mas en haceros de modo
naturaleza echó el resto,
que no siendo nada de esto   15
parece que lo sois todo.

(En «Poesías de Juan Bautista de Aguirre» incluídas por Emilio Carilla en *Un olvidado poeta colonial*, Buenos Aires, 1943).

———◆———

Los más fructíferos cambios, en esta época, se encuentran en el pensamiento. Son los años de la génesis intelectual del movimiento autonomista. Los criollos viajan a Europa y vuelven con ideas y papeles revolucionarios. O vienen los veleros cargados de simientes de la Ilustración. Filosofía y política conspiran juntas para cambiar el orden colonial y aun para derribarlo. Una de las figuras más descollantes de la Ilustración es el mestizo FRANCISCO EUGENIO DE SANTA CRUZ Y ESPEJO (Ecuador; 1747–1795). Tenía conocimientos enciclopédicos. Mientras en filosofía imitaba algunas de las ideas del sensualismo, en política preparaba, supiéralo o no, la independencia americana. Consta en documentos que a los revolucionarios de 1809, en Quito, se les acusó de ser «herederos de los proyectos sediciosos de un antiguo vecino nombrado Espejo que hace años falleció en aquella capital». Los escritos de Espejo corrieron de mano en mano. Acusaba a la educación colonial de ser «una educación de esclavos». El neoclasicismo fue un intento parecido al erasmismo del siglo XVI para europeizar el mundo hispánico. Y es curioso que ahora, como en el siglo XVI, los diálogos satíricos a la manera de Luciano fueran el género preferido del nuevo espíritu. Espejo escribió el *Nuevo Luciano o Despertador de ingenios*. Son nueve conversaciones entre los personajes Murillo y Mera (este último, portavoz de Espejo) sobre retórica y poesía, filosofía, plan de estudios, teología, etc. Se proponía la revisión y crítica del estado mental de la Colonia. Es la mejor exposición de la cultura colonial del siglo XVIII. Su espíritu de reforma educacional se advierte con claridad en el Discurso que reproducimos fragmentariamente.

Francisco Eugenio de Santa Cruz y Espejo

ARTE POPULAR
Y EDUCACIÓN SUPERIOR

Vais, señores, a formar desde luego una sociedad literaria y económica. Vais a reunir en un solo punto, las luces y los talentos. Vais a contribuir al bien de la patria, con los socorros del espíritu y del corazón, en una palabra, vais a sacrificar a la grandeza del estado, al servicio del Rey y a la utilidad pública y vuestra, aquellas facultades con que en todos sentidos os enriqueció la providencia. Vuestra sociedad admite varios objetos: quiero decir, señores, que vosotros por diversos caminos sois capaces de llenar aquellas funciones a que os inclinare el gusto, u os arrastrare el talento. Las ciencias y las artes, la agricultura y el comercio, la economía y la política, no han de estar lejos de la esfera de vuestros conocimientos: al contrario, cada una, dirélo así, de estas provincias, ha de ser la que sirva de materia a vuestras indagaciones y cada una de ellas exige su mejor constitución del esmero con que os apliquéis a su prosperidad y aumento. El genio quiteño lo abraza todo, todo lo penetra, a todo alcanza. ¿Veis, señores, aquellos infelices artesanos que, agobiados con el peso de su miseria, se congregan las tardes en las cuatro esquinas[1] a vender los efectos de su industria y su labor? Pues allí el pintor y el farolero, el herrero y el sombrerero, el franjero y el escultor, el latonero y el zapatero, el omnicio y universal artista, presentan a vuestros ojos preciosidades, que la frecuencia de verlas nos induce a la injusticia de no admirarlas. Familiarizados con la hermosura y delicadeza de sus rtefactos, no nos dignamos siquiera a prestar un tibio elogio a la energía de sus manos, al numen de invención que preside en sus espíritus, a la abundancia de genio que enciende y anima su fantasía. Todos y cada uno de ellos, sin lápiz, sin buril, sin compás, en una palabra, sin sus respectivos instrumentos, iguala sin saberlo, y a veces aventaja, al europeo industrioso de Roma, Milán, Bruxelas, Dublin, Amsterdam, Venecia, París y Londres. Lejos del aparato, en su línea magnífico, de un taller bien equipado, de una oficina bien proveída, de un obrador bien ostentoso, que mantiene el flamenco, el francés y el italiano, el quiteño, en el ángulo estrecho y casi negado a luz de una mala tienda, perfecciona sus obras en el silencio; y como el formarlas ha costado poco a la valentía de su imaginación y a la docilidad y destreza de sus manos, no hace vanidad de haberlas hecho, concibiendo alguna de producirse con ingenio y con el influjo de las musas: a cuya cuenta, vosotros, señores, les oís el dicho agudo, la palabra picante, el apodo irónico, la sentencia grave, el adagio festivo, todas las bellezas en fin de un hermoso y fecundo espíritu. Éste, éste es el quiteño nacido en la oscuridad, educado en la desdicha y destinado a vivir de su trabajo. ¿Qué será el quiteño de nacimiento, de comodidad, de educación, de costumbres y de letras? Aquí me paro; porque, a la verdad, la sorpresa posee en este punto mi imaginación. La copia de luz, que parece veo despedir de sí el entendimiento de un quiteño que lo cultivó, me deslumbra; porque el quiteño de luces, para definirle bien, es el verdadero talento universal. En este momento me parece, señores, que tengo dentro de mis manos a todo el globo; yo lo examino, yo lo revuelvo por

---

[1] Lugar de mercado público

197

todas partes, yo observo sus innumerables posiciones, y en todo él no encuentro horizonte más risueño, clima más benigno, campos más verdes y fecundos, cielo más claro y sereno que el de Quito. [...]

Con tan raras y benéficas disposiciones físicas que concurren a la delicadísima estructura de un quiteño, puede concebir cualquiera cuál sea la nobleza de sus talentos y cuál la vasta extensión de sus conocimientos, si los dedica al cultivo de las ciencias. Pero éste es el que falta, por desgracia, en nuestra patria, y éste es el objeto esencial en que pondrá todas sus miradas la sociedad.

Para decir verdad, señores, nosotros estamos destituídos de educacion; nos faltan los medios de prosperar; no nos mueven los estímulos del honor y el buen gusto anda muy lejos de nosotros; ¡molestas y humillantes verdades por cierto! pero dignas de que un filósofo las descubra y las haga escuchar; porque su oficio es decir con sencillez y generosidad los males que llevan a los umbrales de la muerte la República. Si yo hubiera de proferir palabras de un traidor agudo, me las ministraría copiosamente ese venenosa destructora del universo, la adulación; y esta misma me inspirara al seductor lenguaje de llamaros, ahora mismo, con vil lisonja, ilustrados, sabios, ricos y felices. No lo sois: hablemos con el idioma de la escritura santa: vivimos en la más grosera ignorancia y la miseria más deplorable. Ya lo he dicho a

pesar mío; pero señores, vosotros lo conocéis ya de más a más sin que yo os repita más tenaz y frecuentemente proposiciones tan desagradables. Mas oh ¡qué ignominia será la vuestra, si conocida la enfermedad dejáis que a su rigor pierda las fuerzas, se enerve y perezca la triste patria! ¿Qué importa que vosotros seáis superiores en racionalidad a una multitud innumerable de gentes y de pueblos, si sólo podéis representar en el gran teatro del universo el papel del idiotismo y la pobreza? [...]

No desmayéis: la primera fuente de vuestra salud sea la concordia, la paz doméstica, la reunión de personas y de dictámenes. Cuando se trata de una sociedad, no ha de haber diferencia entre el europeo y el español americano. Deben proscribirse y estar fuera de vosotros aquellos celos secretos, aquella preocupación, aquel capricho de nacionalidad, que enajenan infelizmente las voluntades. La sociedad sea la época de la reconciliación, si acaso se oyó alguna vez el eco de la discordia en nuestros ánimos. Un Dios que de una masa formó nuestra naturaleza nos ostenta su unidad, y la establece. [...]

(Discurso dirigido a la muy ilustre y leal ciudad de Quito ... y a todos los señores socios provistos a la erección de una sociedad patriótica sobre la necesidad de establecerla luego con el título de Escuela de la Concordia. Reproducido del *Panorama de la literatura ecuatoriana* de Augusto Arias, Quito, 1948).

De vena burlona (aunque muy diferente de la de Espejo) es el autor de *El Lazarillo de ciegos caminantes ... sacado de las memorias que hizo don Alonso Carrió de La Vandera ... por Calixto Bustamante Carlos Inca, alias Concolorcorvo* (1773). Aunque Concolorcorvo existió de verdad y acompañó a Carrió de la Vandera, no tuvo nada que ver con la redacción del libro. Todo fue una superchería. ALONSO CARRIÓ DE LA VANDERA (España, c. 1715-m. después de 1778) lo imprimió clandestinamente en Lima en 1775 o 1776, puso el pie de imprenta en Gijón, anticipó la fecha a 1773 y simuló que Concolorcorvo lo había extractado de la relación de viajes que él dictaba. El *Lazarillo* está concebido como un manual para viajeros, con algo de documento, crónica, tradiciones populares, cuadros de costumbres, chistes, anécdotas y diálogos de cierta gracia novelesca. De novela picaresca tiene, precisamente, el hacer hablar en primera persona a Concolorcorvo: «Yo soy indio neto — dice — salvo las trampas de mi madre, de que no salgo por fiador. Dos primas mías conservan la virginidad, a su pesar, en un convento del Cuzco, en donde las mantiene el Rey, nuestro señor. Yo me hallo en ánimo de pretender la plaza de perrero de la catedral del Cuzco para gozar inmunidad eclesiástica». La intención es didáctica, reformadora. Carrió describe directamente la realidad americana que tiene ante los ojos. Es un español muy americanizado que supera críticamente todo provincialismo mental: lo superior está en la civilización, no en esta o aquella nación. La crítica va a veces contra la administración española; a veces es anticlerical. La risa o la ironía castiga a españoles, criollos, mestizos e indios. Hay simpatía por el hombre educado, español o criollo. De ahí va decreciendo rápidamente: gauchos, mestizos, indios, negros.

Concolorcorvo

LAZARILLO DE CIEGOS CAMINANTES

DEL PROLOGO

[...] Yo soy indio neto, salvo las trampas de mi madre, de que no salgo por fiador. Dos
5 primas mías coyas[1] conservan la virginidad, a su pesar, en un convento del Cuzco, en donde las mantiene el rey nuestro señor. Yo me hallo en ánimo de pretender la plaza de perrero de la catedral del Cuzco para gozar inmunidad
10 eclesiástica y para lo que me servirá de mucho mérito el haber escrito este itinerario, que aunque en Dios y en conciencia lo formé con ayuda de vecinos, que a ratos ociosos me soplaban a la oreja, y cierto fraile de San Juan
15 de Dios, que me encajó la introducción y latines, tengo a lo menos mucha parte en haber perifraseado lo que me decía el visitador[2] en pocas palabras. Imitando el estilo de éste,

mezclé algunas jocosidades para entretenimiento de los caminantes para quienes particularmente escribí. Me hago cargo de que lo sustancial de mi itinerario se podía reducir a cien hojas en octavo. En menos de la cuarta parte le extractó el visitador, como se puede ver de su letra en el borrador, que para en mi poder, pero ese género de relaciones sucintas no instruyen al público, que no ha visto aquellos dilatados países, en que es preciso darse por entendido de lo que en sí contienen, sin faltar a la verdad. El cosmógrafo mayor del reino, doctor don Cosme Bueno, al fin de sus *Pronósticos* anuales, tiene dada una idea general del reino, procediendo por obispados. Obra verdaderamente muy útil y necesaria para formar una completa historia de este vasto virreinato.

---

[1] Princesa de sangre real, entre los antiguos peruanos.
[2] Don Alonso Carrió de La Vandera, con quien hace su viaje Concolorcorvo.

Si el tiempo y erudición que gastó el gran Peralta en su Lima fundada y España vindicada[3] lo hubiera aplicado a escribir la historia civil y natural de este reino, no dudo que hubiera adquirido más fama, dando lustre y esplendor a toda la monarquía; pero la mayor parte de los hombres se inclinan a saber con antelación los sucesos de los países más distantes, descuidándose enteramente de los que pasan en los suyos. No por esto quiero decir que Peralta no supiese la historia de este reino, y sólo culpo su elección por lo que oí a hombres sabios. Llegando cierta tarde a la casa rural de un caballero del Tucumán, con el visitador y demás compañía, reparamos que se explicaba de un modo raro y que hacía preguntas estrañas. Sobre la mesa tenía cuatro libros muy usados y casi desencuadernados: el uno era el Viaje que hizo Fernán Méndez Pinto a la China; el otro era el Teatro de los Dioses; el tercero era la historieta de Carlomagno, con sus doce pares de Francia, y el cuarto de Guerras civiles de Granada.[4] El visitador, que fué el que hojeó estos libros y que los había leído en su juventud con gran delectación, le alabó la librería y le preguntó si había leído otros libros, a lo que el buen caballero le respondió que aquellos los sabía de memoria y por que no se le olvidasen los sucesos, los repasaba todos los días, porque no se debía leer más que en pocos libros y buenos. Observando el visitador la extravagancia del buen hombre, le preguntó si sabía el nombre del actual rey de España y de las Indias, a que respondió que se llamaba Carlos III,[5] porque así lo había oído nombrar en el título del gobernador, y que tenía noticia de que era un buen caballero de capa y espada. ¿Y su padre de ese caballero? replicó el visitador, ¿cómo se llamó? A que respondió sin perplejidad, que por razón natural lo podían saber todos. El visitador, teniendo presente lo que respondió otro erudito de Francia, le apuró para que dijese su nombre,

y sin titubear dijo que había sido el S. Carlos II. De su país no dió más noticia que de siete a ocho leguas en torno, y todas tan imperfectas y trastornadas, que parecían delirios o sueños de hombres despiertos.

Iba a proseguir con mi prólogo a tiempo que al visitador se le antojó leerle, quien me dijo que estaba muy correspondiente a la obra, pero que si le alargaba más, se diría de él:

Que el arquitecto es falto de juicio,
cuando el portal es mayor que el edificio.

O que es semejante a:

Casa rural de la montaña,
magnífica portada y adentro una cabaña,

No creo, señor don Alonso, que mi prólogo merezca esta censura, porque la casa es bien dilatada y grande, a lo que me respondió:

Non quia magna bona, sed quia bona magna[6].

Hice mal juicio del latín, porque sólo me quiso decir el visitador que contenía una sentencia de Tácito, con la que doy fin poniendo el dedo en la boca, la pluma en el tintero y el tintero en un rincón de mi cuarto, hasta que se ofrezca otro viaje, si antes no doy a mis lectores el último vale.

(Prólogo).

[LOS] GAUDERIOS

Éstos son unos mozos nacidos en Montevideo y en los vecinos pagos.[7] Mala camisa y peor vestido procuran encubrir con uno o dos ponchos, de que hacen cama con los sudaderos[8] del caballo, sirviéndoles de almohada la silla. Se hacen de una guitarrita, que aprenden a tocar muy mal y a cantar desentonadamente varias coplas, que estropean, y muchas que

---

[3] Don Pedro de Peralta y Barnuevo (1695–1743), famoso erudito peruano.

[4] Obra de Ginés Pérez de Hita, cronista español del siglo XVI.

[5] Carlos III era hijo de Felipe V, y hermano de Fernando VI, a quien sucedió en el trono de España.

[6] No quia...magna «No todo lo grande es bueno, pero todo lo bueno es grande.»

[7] Hacienda, finca.

[8] Manta que se pone bajo la silla del caballo.

sacan de su cabeza, que regularmente ruedan sobre amores. Se pasean a su albedrío por toda la campaña y con notable complacencia de aquellos semibárbaros colonos, comen a su costa y pasan las semanas enteras tendidos sobre un cuero, cantando y tocando. Si pierden el caballo o se lo roban, les dan otro o lo toman de la campaña enlazándolo con un cabestro muy largo que llaman *rosario*. También cargan otro, con dos bolas en los extremos, del tamaño de las regulares con que se juega a los trucos,[9] que muchas veces son de piedra que forran de cuero, para que el caballo se enrede en ellas, como asimismo en otras que llaman ramales, porque se componen de tres bolas, con que muchas veces lastiman los caballos, que no quedan de servicio, estimando este servicio en nada, así ellos como los dueños.

Muchas veces se juntan de éstos cuatro o cinco, y a veces más, con pretexto de ir al campo a divertirse, no llevando más prevención para su mantenimiento que el lazo, las bolas y un cuchillo. Se convienen un día para comer la picana[10] de una vaca o novillo: le enlazan, derriban y bien trincado de pies y manos le sacan, casi vivo, toda la rabadilla con su cuero, y haciéndole unas picaduras por el lado de la carne, la asan mal, y medio cruda se la comen, sin más aderezo que un poco de sal, si la llevan por contingencia. Otras veces matan sólo una vaca o novillo por comer el matambre, que es la carne que tiene la res entre las costillas y el pellejo. Otras veces matan solamente por comer una lengua, que asan en el rescoldo. Otras se les antojan caracuces, que son los huesos que tienen tuétano, que revuelven con un palito, y se alimentan de aquella admirable sustancia; pero lo más prodigioso es verlos matar una vaca, sacarle el mondongo[11] y todo el sebo que juntan en el vientre, y con sólo una brasa de fuego o un trozo de estiércol seco de las vacas, prenden fuego a aquel sebo, y luego que empieza a arder y comunicarse a la carne gorda y huesos, forma una extraordinaria iluminación, y así vuelven a unir el vientre de la vaca, dejando que respire el fuego por la boca y orificio, dejándola toda una noche o una considerable parte del día, para que se ase bien, y a la mañana o tarde la rodean los gauderios y con sus cuchillos va sacando cada uno el trozo que le conviene, sin pan ni otro aderezo alguno, y luego que satisfacen su apetito abandonan el resto, a excepción de uno u otro, que lleva un trozo a su campestre cortejo.

Venga ahora a espantarnos el gacetero de Londres con los trozos de vaca que se ponen en aquella capital en las mesas del estado. Si allí el mayor es de 200 libras, de que comen doscientos milords, aquí se pone de a 500 sólo para siete u ocho gauderios, que una u otra vez convidan al dueño de la vaca o novillo, y se da por bien servido. Basta de gauderios, porque ya veo que los señores caminantes desean salir a sus destinos por Buenos Aires. [...]

(Primera parte, Capítulo I).

DESCRIPCIÓN DE UNA CARRETA

Las dos ruedas son de dos y media varas de alto, puntos más o menos, cuyo centro es de una maza gruesa de dos a tres cuartas. En el centro de ésta atraviesa un eje de 15 cuartas sobre el cual está el lecho o cajón de la carreta. Éste se compone de una viga que se llama pértigo, de siete y media varas de largo, a que acompañan otras dos de cuatro y media, y éstas, unidas con el pértigo por cuatro varas o varejones que llaman teleras, forman el cajón, cuyo ancho es de vara y media. Sobre este plan lleva de cada costado seis estacas clavadas, y en cada dos va un arco que, siendo de madera o especie de mimbre, hacen un techo ovalado. Los costados se cubren de junco tejido, que es más fuerte que la totora[12] que gastan los mendocinos;[13] y por encima, para preservar las aguas y soles, se cubren con cueros de toro cosidos, y para que esta carreta camine y sirva

---

[9] Juego parecido al billar.
[10] Carne del anca de las vacas.
[11] Tripa de los animales.

[12] Especie de espadaña, junco.
[13] De la provincia de Mendoza en la Argentina.

se le pone al extremo de aquella viga de siete y media varas un yugo de dos y media, en que se uncen los bueyes, que regularmente llaman pertigueros.

En viajes dilatados, con carga regular de 150 arrobas, siempre la tiran cuatro bueyes, que llaman a los dos de adelante cuarteros. Éstos tienen su tiro desde el pértigo, por un lazo que llaman tirador, el cual es del grosor correspondiente al ministerio, doblado en cuatro y de cuero fuerte de toro o novillo de edad. Van igualmente estos bueyes uncidos en un yugo igual al de los pertigueros, que va asido por el dicho lazo. Estos cuarteros van distantes de los pertigueros tres varas, poco más o menos, a correspondencia de la picana, que llaman de cuarta, que regularmente es de caña brava de extraordinario grosor o de madera que hay al propósito. Se compone de varias piezas y la ingieren[14] los peones, y adornan con plumas de varios colores.

Esta picana pende como en balanza en una vara que sobresale del techo de la carreta, del largo de vara y media a dos, de modo que, puesta en equilibrio, pueden picar los bueyes cuarteros con una mano, y con la otra, que llaman picanilla, a los pertigueros, porque es preciso picar a todos cuatro bueyes casi a un tiempo. Para cada carreta es indispensable un peón, que va sentado bajo el techo delantero, sobre un petacón[15] en que lleva sus trastes, y sólo se apea cuando se descompone alguna de las coyundas o para cuartear pasajes de ríos y otros malos pasos.

Además de las 150 arrobas llevan una botija grande de agua, leña y maderas para la compostura de la carreta, que con el peso del peón y sus trastes llega a 200 arrobas. En las carretas no hay hierro alguno ni clavo, porque todo es de madera. Casi todos los días dan sebo al eje y bocinas de las ruedas, para que no se gasten las mazas, porque en estas carretas va firme el eje en el lecho, y la rueda sólo es la que da vuelta. Los carretones no tienen más diferencia que ser las cajas todas de madera, a modo de un camarote de navío. Desde el suelo al plan de la carreta, o carretón,

hay vara y media y se sube por una escalerilla, y desde el plan al techo hay nueve cuartas. El lecho de la carreta se hace con carrizo[16] o de cuero, que estando bien estirado es más suave.

Las carretas de Mendoza son más anchas que las del Tucumán y cargan 28 arrobas más, porque no tienen los impedimentos que éstas, que caminan desde Córdoba a Jujuy entre dos montes espesos que estrechan el camino, y aquéllas hacen sus viajes por pampas, en que tampoco experimentan perjuicio en las cajas de las carretas. Los tucumanos, aunque pasan multitud de ríos, jamás descargan, porque rara vez pierden el pie los bueyes, y si sucede es en un corto trecho, de que salen ayudados por las cuartas que ponen en los fondos, a donde pueden afirmar sus fuertes pezuñas. Los mendocinos sólo descargan en tiempo de avenidas en un profundo barranco que llaman el desaguadero, y para pasar la carga forman con mucha brevedad unas balsitas de los yugos que sujetan bien con las coyundas y cabestros. También se hacen de cueros, como las que usan los habitantes de las orillas del río Tercero y otros.

Esta especie de bagajes está conocida en todo el mundo por la más útil. En el actual reinado se aumentó mucho en España con la composición de los grandes caminos. Desde Buenos Aires a Jujuy hay 407 leguas itinerarias, y sale cada arroba de conducción a ocho reales, que parecerá increíble a los que carecen de experiencia. Desde la entrada de Córdoba a Jujuy fuera muy dificultoso y sumamente costosa la conducción de cargas en mulas, porque la mayor parte del camino se compone de espesos montes en que se perderían muchas, y los retobos,[17] aunque fuesen de cuero, se rasgarían enredándose en las espinosas ramas, con perjuicio de las mercaderías y mulas que continuamente se imposibilitaran, deslomaran y perdieran sus cascos, a que se agrega la multitud de ríos caudalosos que no pudieran atravesar cargadas, por su natural timidez e inclinación a caminar siempre aguas abajo. A los bueyes sólo les fatiga el calor del

---

[14] De ingerir, introducir una cosa en otra.
[15] Arca o baúl.

[16] Planta gramínea.
[17] Forros.

sol, por lo que regularmente paran a las diez del día, y cada picador, después de hecho el rodeo, que es a proporción del número de carretas, desunce sus cuatro bueyes con gran
5 presteza y el buyero los junta con las remudas para que coman, beban y descansen a lo menos hasta las cuatro de la tarde. En estas seis horas, poco más o menos, se hace de comer para la gente, contentándose los peones con asar mal
10 cada uno un buen trozo de carne. Matan su res si hay necesidad y también dan sebo a las mazas de las ruedas, que todo ejecutan con mucha velocidad. Los pasajeros se ponen a la sombra de los elevados árboles unos y otros a
15 la que hacen las carretas, que por su elevación es dilatada; pero la más segura permanente, y con ventilación, será pareando dos carretas de modo que quepa otra en el medio. Se atraviesan sobre las altas toldas dos o tres
20 picanas y sobre ellas se extiende la carpa o toldo para atajar los rayos del sol y se forma un techo campestre capaz de dar sombra cómodamente a ocho personas. Algunas llevan sus taburetitos de una doble tijera, con sus
25 asientos de baqueta[18] o lona. Este género lo tengo por mejor, porque, aunque se moje, se seca fácilmente, y no queda tan tieso y expuesto a rasgarse como la baqueta, porque estos muebles los acomodan siempre los
30 peones en la toldilla, a un lado de la caja, de la banda de afuera, por lo que se mojan y muchas veces se rompen con las ramas que salen al camino real, de los árboles de corta altura, por lo que el curioso podrá tomar el partido de
35 acomodarlos dentro de su carreta o carretón, como asimismo la mesita de campaña, que es muy cómoda para comer, leer y escribir.

A las cuatro de la tarde se da principio a caminar y se para segunda vez el tiempo
40 suficiente para hacer la cena, porque en caso de estar la noche clara y el camino sin estorbos, vuelven a uncir a las once de la noche y se camina hasta el amanecer, y mientras se remudan los bueyes hay lugar para desayu-
45 narse con chocolate, mate o alguna fritanguilla[19] ligera para los aficionados a aforrarse más sólidamente, porque a la hora se vuelve a caminar hasta las diez del día. Los poltrones

se mantienen en el carretón o carreta con las ventanas y puerta abiertas, leyendo u observando la calidad del camino y demás que se presenta a la vista. Los alentados y más curiosos montan a caballo y se adelantan o atrasan a su arbitrio, reconociendo los ranchos y sus campestres habitadores, que regularmente son mujeres, porque los hombres salen a campear antes de amanecer y no vuelven hasta que el sol los apura, y muchas veces el hambre, que sacian con cuatro libras netas de carne gorda y descansada, que así llaman ellos a la que acaban de traer del monte y matan sobre la marcha, porque en algunas poblaciones grandes, como es Buenos Aires, sucedía antes y sucedió siempre en las grandes matanzas, arrean una punta considerable, desjarretándola por la tarde, y tendidas en la campaña o playa aquellas míseras víctimas braman hasta el día siguiente, que las degüellan y dividen ensangrentadas; y a ésta llaman carne cansada, y yo envenenada. [...]

(Primera Parte, Capítulo V).

DESCRIPCIÓN LACÓNICA DE LA PROVINCIA DEL TUCUMÁN POR EL CAMINO DE POSTAS

Desde la Esquina de la Guardia hasta el río de la Quiaca tiene de largo, por caminos de postas, situadas según la proporción del territorio, 380 leguas itinerarias, reguladas con dictamen de los mejores prácticos. Las 314 camino de carretas, del tamaño que dejo delineadas, tierra fecunda; y las 66 restantes camino de caballerías corriente y de trotar largo. País estéril, hasta Salta o Jujuy es temperamento muy benigno, aunque se aplica más a cálido, con algo de húmedo. Con algunas precauciones, como llevo dicho, se puede caminar con regalo, porque hay abundancia de gallinas, huevos y pollos, de buen gusto y baratos. La caza más común es de pavas, que es una especie de cuervo, aunque de mayor tamaño. No es plato muy apetecible, y así, sólo puede servir a falta de gallinas. También

---

[18] Junquillos.

[19] Fritada de carne y asadura.

hay en la jurisdicción de San Miguel, y parte de Salta, una especie entre conejo y liebre, de una carne tan delicada como la de la polla más gorda, pero es necesario que antes de desollarla se pase por el fuego hasta que se consuma el pelo, y con esta diligencia se asan brevemente, y están muy tiernas acabadas de matar. Todo lo demás, en cuanto a caza, sólo sirve a los pasajeros para mero entretenimiento. Los ríos del tránsito, como llevo dicho desde luego, tienen algún pescado, pero el pasajero jamás hace juicio de él, ni para el regalo ni para suplir la necesidad. Las bolas,[20] quirquinchos, mulitas y otros testáceos, sólo causan deleite a la vista y observación de las precauciones que toman para defenderse y mantenerse, y sólo en un caso de necesidad se puede aprovechar de sus carnes, que en la realidad son gustosas.

No hemos visto avestruces, como en la campaña de Buenos Aires, ni los han visto los cazadores de la comitiva, que atravesaban los montes por estrechas veredas, ni en algunas ensenadas, ni tampoco han visto una víbora, siendo su abundancia tan ponderada. Son muy raras las perdices que se encuentran, así como en las pampas son tan comunes. El visitador nos dijo que había atravesado tres veces las pampas y una los montes del Tucumán, y que ni él ni todos los de la comitiva habían visto un tigre, pero que no se podía dudar había muchísimos, respecto de la especie poco fecunda, por las muchas pieles que se comercian en estas dos provincias, y se llevan a España y se internan al Perú, aunque en menos abundancia, por lo que no se puede dudar de lo que no se ve, cuando hay pruebas tan claras. No cree que la gran culebra boba, llamada *ampalaba*,[21] de que hay muchas en los bosques de la isla de Puerto Rico y otras muchísimas partes, atraiga a los animales de que dicen se mantiene. Este animal, monstruoso en el tamaño, sólo se halla en los montes más espesos, y siendo tan tardío en las vueltas con dificultad encontraría conejos, y mucho más venados que atraer, por lo que se persuade que se mantiene de algunos insectos, y principalmente del jugo de los árboles

en que los han visto colocados, afianzándose en la tierra con la cola, que tienen en forma de caracol o de barreno. Cuando pasa, o se detiene a tragar algún animal proporcionado a sus fuerzas, va sin estrépito, y enrollándole con su cuerpo, mediante a la sujeción del trozo de cola enterrado, le sofoca y chupa como la culebra común al sapo, hasta que se lo traga sin destrozarlo. Si tiene o no atractivo o alguna especie de fascinación, no hay quien lo pueda asegurar, y sólo se discurre que algunos pequeños animalitos, como conejos, liebres o algún venado, y tal vez un ternerillo, se detenga asombrado con su vista, y entonces los atrape; pero se puede asegurar que esta caza no es su principal alimento, porque es animal muy torpe y se deja arrastrar vivo, como si fuera un tronco, a la cola de un caballo, y matar de cualquiera que lo emprenda, y no se turbe. Por lo menos en el Tucumán no se cuentan desgracias ocasionadas por estas monstruosas culebras, que creo son más raras que los tigres.

Acaso en todo el mundo no habrá igual territorio unido más a propósito para producir con abundancia todo cuanto se sembrase. Se han contado 12 especies de abejas, que todas producen miel de distinto gusto. La mayor parte de estos útiles animalitos hacen sus casas en los troncos de los árboles, en lo interior de los montes, que son comunes, y regularmente se pierde un árbol cada vez que se recoge miel y cera, porque la buena gente que se aplica a este comercio, por excusar alguna corta prolijidad, hace a boca de hacha unos cortes que aniquilan al árbol. Hay algunas abejas que fabrican sus casas bajo de la tierra, y algunas veces inmediato a las casas, de cuyo fruto se aprovechan los muchachos y criados de los pasajeros y hemos visto que las abejas no defienden la miel y cera con el rigor que en la Europa, ni usan de artificio alguno para conservar una especie tan útil, ni tampoco hemos visto colmenas ni prevención alguna para hacerlas caseras y domesticarlas, proviniendo este abandono y desidia de la escasez de poblaciones grandes para consumir estas

---

[20] Bolas, quirquinchos, mulitas: diversos nombres de armadillos y animales cubiertos con un caparazón.

[21] Llámase así en la América del Sur al *boa constrictor*.

especies y otras infinitas como la grana y añil, y la seda de gusano y araña, con otras infinitas producciones, y así el corto número de colonos se contenta con vivir rústicamente, 5 manteniéndose de un trozo de vaca y bebiendo sus alojas,[22] que hacen muchas veces dentro de los montes, a la sombra de los coposos árboles que producen la algarroba. Allí tienen sus bacanales dándose cuenta unos gauderios 10 a otros, como a sus campestres cortejos, que al son de la mal encordada y destemplada guitarrilla cantan y echan unos a otros sus coplas, que más parecen pullas. Si lo permitiera la honestidad copiaría algunas muy ex-15 travagantes sobre amores, todas de su propio numen, y después de calentarse con la aloja y recalentarse con la post aloja, aunque este postre no es común entre la gente moza.

Los principios de sus cantos son regular-20 mente concertados, respecto de su modo bárbaro y grosero, porque llevan sus coplas estudiadas y fabricadas en la cabeza de algún tunante chusco. Cierta tarde que el visitador quiso pasearse a caballo, nos guió con su 25 baqueano[23] a uno de estos montes espesos, a donde estaba una numerosa cuadrilla de gauderios de ambos sexos, y nos advirtió que nos riéramos con ellos sin tomar partido, por las resultas de algunos bolazos. El visitador, 30 como más baqueano, se acercó el primero a la asamblea, que saludó a su modo, y pidió licencia para descansar un rato a la sombra de aquellos coposos árboles, juntamente con sus compañeros, que venían fatigados del sol. A 35 todos nos recibieron con agrado y con el mate de aloja en la mano. Bebió el visitador de aquella zupia[24] y todos hicimos lo mismo, bajo de su buena fe y crédito. Desocuparon cuatro jayanes un tronco en que estaban 40 sentados, y nos lo cedieron con bizarría. Dos mozas rollizas se estaban columpiando sobre dos lazos fuertemente amarrados a dos gruesos árboles. Otras, hasta completar como doce, se entretenían en exprimir la aloja y proveer los 45 mates y rebanar sandías. Dos o tres hombres se aplicaron a calentar en las brasas unos trozos de carne entre fresca y seca, con algunos

caracúes,[25] y finalmente otros procuraban aderezar sus guitarrillas, empalmando las rozadas cuerdas. Un viejo, que parecía de sesenta años y gozaba de vida 104, estaba recostado al pie de una coposa haya, desde donde daba sus órdenes, y pareciéndole que ya era tiempo de la merienda, se sentó y dijo a las mujeres que, para cuándo esperaban darla a sus huéspedes; y las mozas respondieron que estaban esperando de sus casas algunos quesillos y miel para postres. El viejo dijo que le parecía muy bien.

El visitador, que no se acomoda a calentar mucho su asiento, dijo al viejo con prontitud que aquella expresión le parecía muy mal, «y así, señor Gorgonio, sírvase usted mandar a las muchachas y mancebos que canten algunas coplas de gusto, al son de sus acordados instrumentos». «Sea enhorabuena, dijo el honrado viejo, y salgan en primer lugar a cantar Cenobia y Saturnina, con Espiridión y Horno de Babilonia.» Se presentaron muy gallardos y preguntaron al buen viejo si repetirían las coplas que habían cantado en el día o cantarían otras de su cabeza. Aquí el visitador dijo: «Estas últimas son las que me gustan, que desde luego serán muy saladas.» Cantaron hasta veinte horrorosas coplas, como las llamaba el buen viejo, y habiendo entrado en el instante la madre Nazaria con sus hijas Capracia y Clotilde, recibieron mucho gusto Pantaleón y Torcuato, que corrían con la chamuscada carne. Ya el visitador había sacado su reloj dos veces, por lo que conocimos todos que se quería ausentar, pero el viejo, que lo conoció, mandó a Rudesinda y al Nemesio que cantasen tres o cuatro coplitas de las que había hecho el fraile que había pasado por allí la otra semana. El visitador nos previno que estuviésemos con atención y que cada uno tomásemos de memoria una copla que fuese más de nuestro agrado. Las primeras que cantaron, en la realidad, no contenían cosa que de contar fuese. Las cuatro últimas me parece que son dignas de imprimirse, por ser extravagantes, y así las voy a copiar, para perpetua memoria.

---

[22] Bebida refrescante que se hace con algarrobas.
[23] Guía.

[24] Vino turbio, cosa que tiene mal aspecto.
[25] Tuétano, médula de los huesos.

Dama: Ya conozco tu ruin trato
y tus muchas trafacías,[26]
comes las buenas sandías
y nos das liebre por gato.

Galán: Déjate de pataratas,[27]
con ellas nadie me obliga,
porque tengo la barriga
pelada de andar a gatas.

Dama: Eres una grande porra,
sólo la aloja te mueve,
y al trago sesenta y nueve
da principio la camorra.[28]

Galán: Salga a plaza esa tropilla,
salga también ese bravo,
y salgan los que quisieren
para que me limpie el r . . .

«Ya escampa, dijo el visitador, y antes que lluevan bolazos, ya que no hay guijarros, vámonos a la tropa», con que nos despedimos con bastante dolor, porque los muchachos deseábamos la conclusión de la fiesta, aunque velásemos toda la noche; pero el visitador no lo tuvo por conveniente, por las resultas del trago sesenta y nueve. El chiste de liebre por gato nos pareció invención del fraile, pero el visitador nos dijo que, aunque no era muy usado en el Tucumán, era frase corriente en el Paraguay y pampas de Buenos Aires, y que los versos de su propio numen eran tan buenos como los que cantaron los antiguos pastores de la Arcadia, a pesar de las ponderaciones de Garcilaso y Lope de Vega. También extrañamos mucho los extravagantes nombres de los hombres y mujeres, pero el buen viejo nos dijo que eran de santos nuevos que había introducido el doctor don Cosme Bueno en su calendario, y que por lo regular los santos nuevos hacían más milagros que los antiguos, que ya estaban cansados de pedir a Dios por hombres y mujeres, de cuya extravagancia nos reímos todos y no quisimos desengañarlos porque el visitador hizo una cruz perfecta de su boca, atravesándola con el índice. Aunque los mozos unos a otros se dicen machos, como

asímismo a cualquiera pasajero, no nos hizo mucha fuerza, pero nos pareció mal, que a las mozas llamasen machas; pero el visitador nos dijo que en este modo de explicarse imitaban al insigne Quevedo, que dijo con mucha propiedad y gracia: «Pobres y pobras», así éstos dicen machos y machas, pero sólo aplican estos dictados a los mozos y mozas. [...]

Si la centésima parte de los pequeños y míseros labradores que hay en España, Portugal y Francia, tuvieran perfecto conocimiento de este país, abandonarían el suyo y se trasladarían a él: el cántabro español, de buena gana; el lusitano, en *boahora*, y el francés *très volontiers*, con tal que el Gran Carlos, nuestro Monarca, les costeara el viaje con los instrumentos de la labor del campo y se les diera por cuenta de su real erario una ayuda de costas, que sería muy corta, para comprar cada familia dos yuntas de bueyes, un par de vacas y dos jumentos, señalándoles tierras para la labranza y pastos de ganados bajo de unos límites estrechos y proporcionados a su familia, para que se trabajasen bien, y no como actualmente sucede, que un solo hacendado tiene doce leguas de circunferencia no pudiendo trabajar con su familia dos, de que resulta, como lo he visto prácticamente, que alojándose en los términos de su hacienda, una o dos familias cortas se acomodan en unos estrechos ranchos, que fabrican de la mañana a la noche, y una corta ramada para defenderse de los rigores del sol, y preguntándoles que por qué no hacían casas más cómodas y desahogadas, respecto de tener abundantes maderas, respondieron que porque no los echasen del sitio o hiciesen pagar un crecido arrendamiento cada año, de cuatro o seis pesos; para esta gente inasequible, pues aunque vendan algunos pollos, huevos o corderos a algún pasajero no les alcanza su valor para proveerse de aquel vestuario que no fabrican sus mujeres, y para zapatos y alguna yerba del Paraguay, que beben en agua hirviendo, sin azúcar, por gran regalo.

No conoce esta miserable gente, en tierra tan abundante, más regalo que la yerba del Paraguay, y tabaco, azúcar y aguardiente, y

---

[26] Arterías, falsedades.
[27] Tonterías.

[28] Riña o pendencia.

así piden estas especies de limosna, como para socorrer enfermos no rehusando dar por ellas sus gallinas, pollos y terneras, mejor que por la plata sellada. Para comer no tienen hora fija, y cada individuo de estos rústicos campestres, no siendo casado, se asa su carne, que es principio, medio y postre. A las orillas del río Cuarto hay hombre que no teniendo con qué comprar unas polainas y calzones mata todos los días una vaca o novillo para mantener de siete a ocho personas, principalmente si es tiempo de lluvias. Voy a explicar cómo se consume esta res. Salen dos o tres mozos al campo a rodear su ganado, y a la vuelta traen una vaca o novillo de los más gordos, que encierran en el corral y matan a cuchillo después de liado de pies y manos, y medio muerto le desuellan mal, y sin hacer caso más que de los cuatro cuartos, y tal vez del pellejo y lengua, cuelgan cada uno en los cuatro ángulos del corral, que regularmente se compone de cuatro troncos fuertes de aquel inmortal guarango.[29] De ellos corta cada individuo el trozo necesario para desayunarse, y queda el resto colgado y expuesto a la lluvia, caranchos[30] y multitud de moscones. A las cuatro de la tarde ya aquella buena familia encuentra aquella carne roída y con algunos gusanos, y les es preciso descarnarla bien para aprovecharse de la que está cerca de los huesos, que con ellos arriman a sus grandes fuegos y aprovechan los caracúes, y al siguiente día se ejecuta la misma tragedia, que se representa de Enero a Enero. Toda esta grandeza, que acaso asombrará a toda la Europa, se reduce a ocho reales de gasto de valor intrínseco, respecto de la abundancia y situación del país.

Desde luego que la gente de poca reflexión graduará este gasto por una grandeza apetecible, y en particular aquellos pobres que jamás comen carne en un año a su satisfacción. Si estuvieran seis meses en estos países, desearían con ansia y como gran regalo sus menestras aderezadas con una escasa lonja de tocino y unos trozos de carne salada, pies y orejas de puerco, que no les faltan diariamente, como las migas y ensaladas de la Mancha y Andalucía, con la diferencia que estos colonos, por

desidiosos, no gozan de un fruto que a poco trabajo podía producir su país, y aquéllos por el mucho costo que les tiene el ganado, que reservan para pagar sus deudas, tributos y gabelas. En la Europa, la matanza por Navidad de un cebón, que es una vaca o buey viejo invernado y gordo, dos o tres cochinos, también cebados, es el principal alimento de una familia rural de siete a ocho personas para aderezar las menestras de habas, fríjoles, garbanzos y nabos, de que hacen unas ollas muy abundantes y opíparas, independientes de las ensaladas, tanto cocidas como crudas, de que abundan por su industria, como de las castañas y poleadas,[31] que todo ayuda para un alimento poco costoso y de agradable gusto, a que se agrega el condimento de ajos y cebollas y algún pimiento para excitar el gusto, de que carecen estos bárbaros por su desidia, en un país más propio por su temperamento para producir estas especies. Éstos así están contentos, pero son inútiles al Estado, porque no se aumentan por medio de los casamientos ni tienen otro pie fijo y determinado para formar poblaciones capaces de resistir cualquier invasión de indios bárbaros. [. . .]

(Primera parte, Capítulo VIII).

EL CUZCO.
DESCRIPCIÓN DE LA CIUDAD.
DEFENSA DEL CONQUISTADOR.
INHUMANIDAD DE LOS INDIOS.

Los criollos naturales decimos *Cozco*. Ignoro si la corruptela será nuestra o de los españoles. El visitador me dijo que los indios habían cooperado mucho a la corrupción de sus voces, y para esto me sacó el ejemplo del maíz, que pidiendo unos soldados de Cortés forraje para sus caballos, y viendo los indios que aquellos prodigiosos animales apetecían la yerba verde, recogieron cantidad de puntas de las plantas que hoy llamamos maíz, y otro trigo de la tierra, y al tiempo de entregar sus hacecillos dijeron: *Mabi, señor*, que significa:

---

[29] Especie de acacia.
[30] Ave de rapiña de la América del Sur.

[31] Sopa muy clara; gachas.

«Toma, señor», de que infirieron los españoles que nombraban aquella planta y a su fruto maíz, y mientras no se hizo la cosecha pedían siempre los soldados maíz para sus caballos, porque lo comían con gusto y vieron sus buenos efectos, y en lo sucesivo continuaron los mismos indios llamando maíz al fruto, ya en mazorca o ya desgranado, por lo que les pareció que aquél era su verdadero nombre en castellano.

Muchos críticos superficiales notan de groseros y rústicos a los primeros españoles por no haber edificado la ciudad en Andaguaylillas u otro de los muchos campos y llanos inmediatos. Otros, que piensan defender a los españoles antiguos, alegan a su favor que aprovecharon aquel sitio alto y desigual por reservar los llanos para pastos de la mucha caballería que mantenían y sembrar trigo y maíz con otras menestras. En mi concepto, tanto erraron los unos como los otros, y solamente acertaron los antiguos, que siguieron a los indios.

Nadie duda que los sitios altos son más sanos que los bajos, y aunque el Cuzco rigurosamente no está en sitio muy elevado, domina toda la campaña, que se inunda en tiempo de lluvias. La desigualdad del sitio en una media ladera, da lugar a que desciendan las aguas y limpien la ciudad de las inmundicias de hombres y bestias, que se juntan en los guatanayes, calles y plazuelas. Los muchos materiales que tenían los indios en templos y casas no se podían aprovechar en Andaguaylillas, sin mucho costo y perdiéndose al mismo tiempo varios cimientos y trozos considerables de paredes, como se ven en las estrechas calles, que regularmente serían así todas las de mis antepasados, como lo fueron las de todas las demás naciones del mundo antiguo. Si esta gran ciudad se hubiera establecido en Andaguaylillas u otro campo inmediato, además del sumo gasto que hubieran hecho los primeros pobladores en la conducción de materiales y diformes piedras que labraron los indios, se harían inhabitables en el espacio de diez años. El Cuzco mantiene más de dos mil bestias diariamente, con desperdicio de la mitad de lo que comen, porque caballos y mulas pisan la alfalfa y alcacer, en que son pródigos todos aquellos habitantes. Además

del copioso número de almas que contiene la ciudad, que creo pasan de treinta mil, entran diariamente de las provincias cercanas con bastimentos y efectos más de mil indios, sin los arrieros de otras partes. Así hombres como bestias comen y beben, y, por consiguiente, dejan en ella las consecuencias, que se arrastran con las lluvias por medio del declive que hace esta ciudad a los guatanayes y salidas de ella.

Este término *guatanay* equivale, en la lengua castellana, a un gran sequión o acequias que se hacen en los lugares grandes por donde corre agua perenne o de lluvia para la limpieza de las ciudades. La de Lima tiene infinitos, aunque mal repartidos. Mexico tiene muchos bien dispuestos, pero como está en sitio llano apenas tienen curso las aguas y es preciso limpiarlos casi diariamente por los encarcelados por delitos, que no merecen otra pena. Madrid, además de otras providencias, tiene sus sumideros y Valladolid sus espolones, que se formaron del gran Esgueva, y así otras muchísimas ciudades populosas que necesitan estas providencias para su limpieza y sanidad. El territorio llano no puede gozar de estas comodidades, sino con unos grandísimos costos o exponiéndose por instantes a una inundación. Finalmente, la ciudad del Cuzco está situada juiciosamente en el mejor sitio que se pudo discurrir.

No hay duda que pudiera dirigirse mejor en tiempos de tranquilidad, y con preferencia de su soberano, pero aseguro que los primeros españoles que la formaron tumultuariamente fueron unos hombres de más juicio que los presentes. La plaza mayor, a donde está erigida la catedral, templo y casa que fué de los regulares de la compañía, es perfecta y rodeada de portales, a excepción de lo que ocupa la catedral y colegio, que son dos templos que pudieran lucir en Europa. Las casas de la plaza son las peores que tiene la ciudad, como sucede en casi todo el mundo, porque los conquistadores y dueños de aquellos sitios tiraron a aprovecharlas para que sirvieran a los comerciantes estables, que son los que mejor pagan los arrendamientos. La misma idea llevaron los propietarios de la plazuela del Regocijo, nombrada plazuela para distinguirla de la que tiene el nombre de Mayor, pues en la realidad desde sus principios tuvo mayor extensión aquélla, en cuadrilongo, como se puede ver, quitándole la isleta que se formó para casa de moneda y después se aplicó, no sé por qué motivo, a la religión de la Merced, que tiene un suntuoso convento enfrente de su principal puerta. Otras muchas plazas tiene el Cuzco a proporcionadas distancias, que por estar fuera del comercio público, formaron en ellas sus palacios los conquistadores.

Estos grandes hombres fueron injustamente, y lo son, perseguidos de propios y extraños. A los primeros no quiero llamarlos envidiosos, sino imprudentes, en haber declamado tanto contra unas tiranías que en la realidad eran imaginarias, dando lugar a los envidiosos extranjeros, para que todo el mundo se horrorice de su crueldad. El origen procede desde el primer descubrimiento que hizo Colón de la isla Española, conocida hoy por Santo Domingo. Colón no hizo otra cosa en aquellas islas que establecer un comercio y buena amistad con los príncipes y vasallos de ellas. Se hicieron varios cambios de unos efectos por otros, sin tiranía alguna, porque al indio le era inútil el oro y le pareció que engañaba al español dándole una libra de este precioso metal por cien libras de hierro en palas, picos y azadones y otros instrumentos para labrar sus campos. Formó Colón un puertecillo de madera y dejó en él un puñado de hombres para que cultivasen la amistad con los caciques más inmediatos, dejándoles algunos bastimentos y otros efectos para rescatar algunos del país para su cómoda subsistencia hasta su vuelta. Los inmensos trabajos que pasó Colón con todo su equipaje hasta llegar a España constan en las historias propias y extrañas. A la vuelta no halló hombre de los que había dejado, porque los indios los sacrificaron a sus manos.

Los indios, viendo a Colón que volvía con más número de gente y buenos oficiales, que eran capaces de sacrificar mil indios por cada español, publicaron que los españoles que habían dejado allí habían perecido a manos de la multitud de los indios, que justamente defendieron el honor y sus haciendas. Los españoles reconocieron la inhumanidad de los indios y desde entonces dió principio la desconfianza que tuvieron de ellos y los trataron como a unos hombres que era preciso contenerlos con alguna especie de rigor y atemorizarlos con algún castigo, aun en faltas leves, para no ser confundidos y arruinados de la multitud. A los piadosos eclesiásticos que destinó el gran Carlos Primero, Rey de España, les pareció que este trato era inhumano, y por lo mismo escribieron a la corte con plumas ensangrentadas, de cuyo contenido se aprovecharon los extranjeros para llenar sus historias de dicterios contra los españoles y primeros conquistadores. [. . .]

(Capítulo XVI).

EL TEMPLO DE COCHARCAS. EL ÁRBOL MILAGROSO

Pasado el puente se entra en la provincia de Andaguayllas, que toda se compone de eminencias, barrancos y quebradas calientes, a donde están los cañaverales y trapiches[32] que aprovechan algunas lomadas. Parece que los dueños de estas haciendas son personas de poca economía, o que las haciendas, en la realidad, no se costean, porque a los cañaverales llaman *engañaverales* y los trapiches *trampiches*. Todo este país, como el de Abancay, a excepción de algunos altos, es muy caliente y frondoso, y pasando por él me dijo el visitador, señalándome un elevado cerro, que a su falda estaba el memorable templo dedicado a la Santísima Virgen en su Soberana Imagen nombrada de Cocharcas, cuyo origen tenía de que pasando por allí un devoto peregrino con esta efigie, como tienen de costumbre muchos paisanos míos, se le hizo tan intolerable su peso que le agobió, y dando cuenta a los eclesiásticos y hacendados de la provincia se declaró por milagroso el excesivo peso, como que daba a entender el sagrado bulto que quería hacer allí su mansión. Desde luego que en aquella devota gente hizo una gran impresión el suceso, porque se labró en la planicie del primer descenso una magnífica iglesia, que fuera impropia en un desierto,

---

[32] Ingenio de azúcar.

para una simple devoción. Al mismo tiempo se formó una gran plaza rodeada de tiendas y en el medio se puso una fuente de agua, que sólo mana en tiempo de la feria, que se hace desde el día del Dulce Nombre de María[33] hasta finalizar su octava, cuatro días antes y cuatro después, adonde concurren todos los guamanguinos[34] indios, cuzqueños y de las provincias circunvecinas, y muchas veces distantes. Toda esta buena gente concurre a celebrar el octavario a competencia, y además del costo de la iglesia, que es grande, hay por las noches de la víspera y el día grandes iluminaciones de fuegos naturales y artificiales.

En la octava concurrían dos regulares de la compañía,[35] costeados para predicar en la iglesia y en la plaza el evangelio y exhortar la penitencia, como es costumbre en las misiones. Los comerciantes, por lo general, ponen sus tiendas en los poyos inmediatos, y algunos pegujaleros,[36] mestizos, se plantan en medio de la plaza, y todos hacen un corto negocio, porque la feria más se reduce a fiesta que a negociación, y así solo de Guamanga concurren algunos tenderos españoles y mestizos, fiados en lo que compran los hacendados españoles, tanto seculares como eclesiásticos de la circunferencia, porque las cortas negociaciones de los indios se quedan entre sus paisanas. Se ha divulgado que durante la octava se ve claramente el prodigio de que el árbol de la virgen se viste de hojas, cuando los demás de las laderas están desnudos. Este prodigioso árbol está pegado a la pila de agua, que en todo el año riega las chacaritas[37] que tienen los indios en las lomas circunvecinas; pero cuatro días antes de la feria la dirigen a la pila, para que los concurrentes se aprovechen de sus aguas. El árbol es el que con antelación chupa su jugo, y por consiguiente retoñan sus hojas, y se halla vestido de ellas en el término de veinte días, como le sucedería a cualquier otro que lograra de igual beneficio. Solamente la gente plebeya no ve el riego de dicho árbol, ni reflexiona que entra ya la primavera en estos países. La gente racional, en lugar de este aparente milagro sustituye otro para tratar a los guamanguinos cholos de cuatreros,[38] diciendo que la virgen sólo hace un milagro con ellos, y es que yendo a pie a su santuario, vuelven a su casa montados. [. . .]

(Capítulo XXI).

FIESTA SAGRADA

La gran fiesta de Dios da principio en todo el mundo católico en el mes de Junio y se concluye en su octava.[39] En el pueblo más pobre de toda España y las Indias se celebran estos días con seriedad jocosa. La seriedad se observa en las iglesias, al tiempo de celebrarse los divinos oficios, y asimismo en las procesiones, que acompañan con ricos ornamentos los señores capitulares eclesiásticos, siguiendo las sagradas religiones, con los distintivos de sus grados e insignias del santo tribunal de la Inquisición. Sigue el cabildo secular y toda la nobleza con sus mejores trajes. Estas tres dobladas filas llevan sus cirios encendidos, de la más rica cera, y observan una seriedad correspondiente. Carga la sagrada custodia el obispo, o deán por justo impedimento, y las varas del palio o dosel las dirigen los eclesiásticos más dignos, y en algunas partes los seculares. En el centro de estas tres filas van, a corta distancia, varios sacerdotes incensando al Señor, y las devotas damas, desde sus balcones, arrojan sahumadas flores y aguas olorosas, en obsequio del Santo de los santos. Todas las calles por donde pasa son toldadas, y los balcones, puertas y ventanas colgados de los más ricos paramentos, y las paredes llenas de pinturas y espejos los más exquisitos, y a cortos trechos unos altares suntuosos, en donde hace mansión el obispo y deposita la sagrada custodia, para que se hinquen y adoren al Señor mientras los sacerdotes cantan sus preces, las que acompaña el público, según su modo de explicarse, aunque devoto y edificante. De suerte que todo el tránsito de la procesión es un altar continuado, y hasta el fin

---

[33] El 12 de septiembre, o, antes, el segundo domingo de dicho mes.
[34] De Guamanga, una de las ciudades del país.
[35] Sacerdotes de la Compañía de Jesús.

[36] Labrador que cultiva un *pegujal*, o campo pequeño.
[37] Chacras, huertos pequeños.
[38] Ladrones de caballos.
[39] La fiesta de Corpus Christi.

de las primeras tres filas una seriedad y silencio en que sólo se oyen las divinas alabanzas.

La segunda parte de la procesión es verdaderamente jocosa, pero me parece que imita a la más remota antigüedad, por lo que no se puede graduar por obsequio ridículo, y mucho menos supersticioso, las danzas de los indios, que concurren de todas las parroquias y provincias inmediatas; son muy serias en la sustancia, porque esta nación lo es por su naturaleza. Sus principales adornos son de plata maciza, que alquilan a varios mestizos que tienen en este trato su utilidad, como en los lienzos, espejos, láminas y cornucopias. La tarasca y gigantones,[40] cuando no tengan conexión con los ritos de la iglesia católica, están aprobados con el uso común de las ciudades y villas más autorizadas de España, porque contribuyen a la alegría del pueblo, en obsequio de la gran fiesta. Ésta en el Cuzco se repite por los indios en todas sus parroquias, a cuya grandeza concurren todos recíprocamente, y hasta los españoles ven con complacencia en sus barrios estas fiestas que particularmente hacen los indios, con un regocijo sobrenatural.

FIESTA PROFANA

Da principio ésta con el año, que es cuando eligen los alcaldes y demás justicias. Con antelación se previenen damas y galanes de libreas costosas y caballos ricamente enjaezados. Los exquisitos dulces, como son de cosecha propia, en azúcar y frutas las mejores de todo el reino, es provisión de las señoras principales, como asimismo la composición de bebidas, frías y calientes. Éstas las mantienen todo el año en sus frasqueras para obsequiar a los alumnos de Baco, y las frías las disponen solamente con mandar traer el día antes la nieve necesaria para helarlas, en que son muy pródigas. Las fiestas, en rigor, se reducen a corridas de toros, que duran desde el primer día del año hasta el último de carnestolendas,[41] con intermisión de algunos días, que no son feriados. Estas corridas de toros las costean los cuatro alcaldes, a que según creo concurre también el alférez real. Su gasto pasa a profusión, porque además de enviar refrescos a todas las señoras y caballeros que están en la gran plaza del Regocijo, envían muchas salvillas de helados y grandes fuentes de dulce a los que no pudieron concurrir a los balcones de esta gran plaza, que es adonde no falta un instante toro de soga, que luego que afloja de los primeros ímpetus se suelta por las demás calles, para diversión del público, y a muchas personas distinguidas les envían toro particular para que se entretengan y gocen de sus torerías desde los balcones de sus casas. No hay toreros de profesión, y sólo se exponen inmediatamente algunos mayordomos de haciendas en ligeros caballos y muchos mozos de a pie, que por lo regular son indios, que corresponden a los chulos de España.

Salen varios toros vestidos de glasé, de plata y oro, y con muchas estrellas de plata fina clavadas superficialmente en su piel, y éstos son los más infelices, porque todos tiran a matarlos para lograr sus despojos. Toda la nobleza del Cuzco sale a la plaza en buenos caballos, ricamente enjaezados de terciopelo bordado de realce de oro y plata. Los vestidos de los caballeros son de las mejores telas que se fabrican en León (Lyon), de Francia, y en el país, pero cubren esta grandeza con un manto que llaman poncho, hecho con lana de alpaca, a listas de varios colores. Ropaje verdaderamente grosero para funciones de tanto lucimiento. Estos caballeros forman sus cuadrillas acompañando al corregidor y alcaldes, que se apostan en las bocas de las calles para ver las corridas de los toros y correr a una y otra parte para defenderse de sus acometidas y ver sus suertes, como asimismo para saludar a las damas y recoger sus favores en grajeas[42] y aguas olorosas, que arrojan desde los balcones, a que corresponden según la pulidez de cada uno, pero lo regular es cargarse de unos

---

[40] Tarasca: figura de sierpe monstruosa que en algunas partes se saca en la procesión del Corpus. Gigantones: las figuras gigantescas que también suelen salir en esa procesión.

[41] Carnaval.
[42] Confites muy menudos.

grandes cartuchos de confites gruesos para arrojar a la gente del bronce,[43] que corresponde con igual munición o metralla, que recoge del suelo la gente plebeya y vuelve a vender a la caballería. Al fin de la función, que es cuando suena la campana para la salutación angélica, sueltan dos o tres toros encohetados, y disparando varios artificios de fuego, y al mismo tiempo tremolando los pañuelos de las damas y varias banderas de los balcones, se oye un vitoreo de una confusión agradable, aunque en parte semejante al tiroteo de los gansos de la Andalucía, porque del uno y otro resultan contusiones y heridas con pocas muertes. Por las noches hay en las casas del corregidor y alcaldes agradables serenatas, que concluyen en opíparas cenas, hasta la última noche de carnestolendas, en que todos se recogen casi al amanecer del miércoles de ceniza.

El visitador celebró mi descripción, pero no la pareció bien que yo comparara el vitoreo con el tiroteo, porque este término sólo lo usan los jaques de escalera abajo cuando echan mano a las armas cortas, que llaman titeres, y como otros dicen chamusquina, éstos dicen tiroteo, de cuyo término se valió el gran Quevedo en sus célebres *Xácaras* porque el tal terminillo sólo lo usan los gitanos. Las contusiones, que paran en postemas, resultan de los porrazos que reciben de los toros mochos, y mucho más de las borracheras de los indios, que se entregan ciegamente por ver los despuntados. El ruido y resplandor que causan los fuegos artificiales, el sonido de las cajas y clarines, y los gritos populares, enloquecen a aquellos soberbios animales, y con su hocico y testa arrojan cholos[44] por el alto con la misma facilidad que un huracán levanta del suelo las pajas. No sienten las contusiones hasta el día siguiente, que aparecen diez o doce en el hospital, porque la exaltación del licor en su barómetro no impide la circulación de la sangre.

Otras infinitas fiestas se celebran en esta gran ciudad, pero ninguna igual a ésta, que fuera infinitamente más lucida si se transfiriera a las octavas de San Juan y San Pedro, en que se han levantado las aguas y dos meses antes están los campos llenos de sazonados pastos, y toros y caballos gordos y lozanos, y la serenidad del cielo convidaría a los caballeros a arrojar ponchos y capas para lucir sus costosos vestidos y evitar muchos resbalones de caballos y peligrosas caídas, con otros muchísimos inconvenientes que resultan de las muchas e incesantes lluvias de los meses de Enero y Febrero, como he experimentado siempre que concurrí a estas fiestas; pero en los carnavales todo el mundo enloquece, por lo que es ocioso persuadir a la nobleza del Cuzco el que conserve su juicio en tales días. Ya es tiempo de salir de Huamanga para pasar a Huancavelica, por las postas siguientes.

(Segunda parte, Capítulo XXII).

BREVE COMPARACIÓN ENTRE LAS CIUDADES DE LIMA Y EL CUZCO. PARTICULARIDADES CARACTERISTICAS. LIMEÑOS Y MEXICANOS. EL TRAJE DE LA LIMEÑA. CAUSAS DE LA VITALIDAD.

Pretendí hacer una descripción de Lima, pero el visitador me dijo que era una empresa que no habían podido conseguir muchos hombres gigantes, y que sería cosa irrisible que un pigmeo la emprendiese. «Pero, señor visitador, ¿es posible que yo he de concluir un itinerario tan circunstanciado sin decir algo de Lima?» «Sí, señor inca, porque a usted no le toca ni le tañe esta gran ciudad, porque en ella se da fin a mi comisión. Los señores don Jorge Juan[45] — añadió —, don Antonio de Ulloa[46] y el cosmógrafo mayor del reino, doctor don

---

[43] Gente alegre y resuelta.
[44] Dícese del plebeyo de las poblaciones, mestizo de europeo y de india.
[45] (1712–1733) marino español, que hizo varias expediciones importantes a la América del Sur.
[46] (1716–1795) marino y sabio español que, como Jorge Juan, hizo varias expediciones científicas a la América del Sur.

Cosme Bueno, escribieron con plumas de cisne todo lo más particular que hay en esta capital, a que no puede usted añadir nada sustancial con la suya, que es de ganso.» «Sin embargo —
5 repliqué —, sírvase usted decirme qué diferencia hay de esta gran ciudad a la de mi nacimiento.» «Supongo yo, señor inca — me respondió —, que usted está apasionado por el Cuzco, su patria, y quisiera que dijera yo que
10 excedía en todas sus circunstancias a la de Lima, pero está usted muy errado, porque dejando aparte la situación y ejidos, debía usted observar que en esta gran capital se mantiene un virrey con grandeza y una asigna-
15 ción por el rey que equivale a todas las rentas que tienen los mayorazgos del Cuzco. Tiene, asimismo, tres guardias costeadas por el rey, de caballería bien montada y pagada; infantería y alabarderos, que no sirven sola-
20 mente a la ostentación y grandeza, sino al resguardo de la persona y quietud de esta gran población, a que se agrega una audiencia completa, tribunales de contaduría mayor, real inquisición, universidad, teatro de comedias y
25 paseos públicos inmediatos a la ciudad, que no tiene la del Cuzco ni otra alguna del reino.

Ésta mantiene doscientos cincuenta coches y más de mil calesas, que sólo se distinguen en que tienen dos ruedas y las arrastra una mula
30 y estar más sujeta a un vuelco. Nada de esto hay en su gran ciudad. En materia de trajes, tan loca es la una como la otra, con la diferencia de gustos y extensión de familias y comercio, en que excede Lima al Cuzco más que
35 en tercio y quinto. En esta ciudad hay muchos títulos de marqueses y condes, y mucho mayor número de caballeros cruzados en las órdenes de Santiago y Calatrava, que, a excepción de uno u otro, tienen suficientes rentas para
40 mantenerse con esplendor, a que se agregan muchos mayorazgos y caballeros que se mantienen de sus haciendas y otras negociaciones decentes para vivir y dar lustre a la ciudad. No dudo que en la de su nacimiento
45 como en las otras de este vasto virreinato haya familias ilustres, pero el número de todas ellas no compone el de esta capital, en donde se hace poco juicio de los conquistadores, pues aunque no faltaron algunos de esclarecidas
50 familias, se aumentaron éstas cuando se afirmó la conquista.

Con la elección de tribunales y otros empleos honoríficos, pasaron de España a esta capital muchos segundos de casas ilustres, unos casados y otros que tomaron estado aquí, y hasta muchos de los que fueron provistos para las provincias del interior vinieron a establecerse aquí, como sucedió en todas las cortes del mundo. Muchos sujetos que vinieron de España sólo con el fin de hacer fortuna, han tenido su nobleza oculta hasta que la consiguieron y pudieron mantener su lustre en un lugar tan costoso y en que está demasiadamente establecido el lujo. En el Cuzco y demás ciudades de la sierra y parte de los valles sólo es costoso el vestido y un menaje de casa que dura con lucimiento algunos siglos. La señora más principal del Cuzco mantiene cinco o seis criadas, que la sirven puntualmente y en que apenas gasta en vestirlas tanto como aquí a una negra de mediana estimación. En esta ciudad, sin tocar a las haciendas, hay un fondo perdido de millón y medio de pesos, porque no hay esclavo, uno con otro, que ahorre al amo el gasto que hace con él. Las enfermedades, verdaderas o fingidas, no solamente son costosas a los amos, por medicamentos, médico o cirujano, sino por su asistencia y falta de servicio. Cada negrito que nace en una casa de éstas tiene de costo al amo más de setecientos pesos hasta llegar a ponerse en estado de ser de provecho. Este mal no tiene remedio cuando estos partos son de legítimo matrimonio, pero pudieran remediarse en parte reduciendo los sirvientes a menor número, como sucede en todo el mundo.

La multitud de criados confunde las casas, atrae cuidados, entorpece al servicio y es causa de que los hijos se apoltronen y apenas acierten a vestirse en la edad de doce años, con otros inconvenientes que omito. El actual establecimiento, con el de los costosos trajes que se introducen desde la cuna con la demasiada condescendencia que tienen algunas madres, son dos manantiales o sangrías que debilitan insensiblemente los caudales.

No dudo, señor Concolorcorvo, que usted, como no ha visto más que las casas por fuera y los techos o, por mejor decir, terrados, creerá que la en que yo habito es la mejor de la ciudad porque tiene las armas de gato sobre la puerta principal y hasta tres o cuatro piezas de bastante extensión. Esta casa, en el estado actual, la debe reputar usted por una de las que están en cuarto lugar; esto es, que hay otras muchas tres veces mejores. Los señores limeños no tienen la fantasía de adornar sus portadas con relieves y grandes escudos de armas que hermosean las grandes ciudades. Los tejados aquí son inútiles por la falta de lluvias, que en la realidad se pueden contar por notable falta para el despejo de su cielo y limpieza de sus calles, pues aunque las atraviesan multitud de acequias, no corren por ellas aguas puras, porque siendo de poca profundidad y el agua escasa, sólo se mantienen en ellas las aguas mayores y menores, con perjuicio de la salud y ruina de los edificios, como es público y notorio. El gran palacio del virrey, mirado por su frontispicio, parece una casa de ayuntamiento de las que hay en las dos Castillas, pero su interior manifiesta la grandeza de la persona que la habita. Lo mismo sucede en otras casas de señores distinguidos, que usted verá con el tiempo. [. . .]

Protesto a usted, señor inca, que ha cerca de cuarenta años que estoy observando en ambas Américas las particularidades de los ingenios de los criollos y no encuentro diferencia, comparados en general, con los de la península. El cotejo que hasta el presente se hizo de los criollos de Lima con los que se avecinan aquí de España, es injusto. Aquí raro es el mozo blanco que no se aplique a las letras desde su tierna edad, siendo muy raro el que viene de España con una escasa tintura, a excepción de los empleados, para las letras. Bien notorio es que no siempre se eligen los más sobresalientes, porque además de que a éstos, fiados en sus méritos, no les puede faltar allá acomodo, no quieren arriesgar sus vidas en una dilatada navegación y mudanza de temperamentos, o no tienen protectores para colocarse aquí a su satisfacción. Si se mudara el teatro, esto es, que se proveyesen en Lima todos los empleos, se vería claramente que no había en la península tantos sabios a proporción, y cualquiera ciudad de las de España comparable a ésta la igualaba en ingenios, juicio y literatura, sin traer a consideración a

varios monstruos de aquéllos, tan raros que apenas en un siglo se ven dos, como el gran Peralta,[47] limeño bien conocido en toda la Europa, a quien celebró tanto la más hermosa y crítica pluma que produjo Galicia en el presente siglo.[48] [. . .]

Los mexicanos, sin mudar de traje se distinguen de éstos como las mujeres de los hombres. Son, por lo general, de complexión muy delicada. Raro se encuentra con su dentadura cabal a los quince años, y casi todos traen un pañuelo blanco, que les tapa la boca, de oreja a oreja. Unos por preservarse del aire y otros por encubrir sus bocas de tintero, como ellos se dicen unos a otros con gran propiedad, sin que se preserven de esta miseria las damas más pulidas; pero como esta imperfección es tan común, son tan apetecidas de propios y extranjeros como todas las demás del mundo, porque son muy pulidas y tan discretas como las limeñas, aunque éstas las exceden en el acento y tez, que procede de mantener hasta la senectud sus dientes y de la benignidad del aire y temperamento, propio para conservar el cutis más flexible y suave. Las señoras limeñas prefieren en sus rostros el color del jazmín al de rosa, y así son las damas del mundo que usan menos el bermellón.

Las señoras mexicanas desde luego que al presente se despojarán de sus naturales dientes y tendrán un buen surtimiento de marfileños, que ya son del uso, para hacer su acento más suave y sonoro y competir con las limeñas, burlándose de su *tequesquite* y ayudadas de su color rojo, dilatados cabellos, airosa marcha y otras gracias, pueden lucir en las cuatro partes del mundo. Si México se jacta de que en cada casa hay un molino, oponen las limeñas un batán, que sirve lo mismo, a excepción de que no se muele en éstos el cacao. Si en cada casa de México (no hablo con los pobres ni pobras) hay una jeringa, aquí no faltan dos en cada casa de mediana decencia y probidad, y además tiene una botica de faltriquera para socorro de los males repentinos. Si es cierto lo que dice el formal y serio don José Ruiz de la Cámara que conoció una vieja mexicana que sabía nueve remedios eficaces para curar las

---

[47] El sabio peruano don Pedro de Peralta y Barnuevo, ya mencionado en nota anterior.

[48] Ref. al Padre Benito Jerónimo Feijoo (1675–1764), el famoso crítico y tratadista español.

almorranas. Aquí la más limitada mujer sabe más remedios que Hipócrates y Galeno juntos para todo género de enfermedades. Esta ciencia la adquieren mexicanas y limeñas por la necesidad que tienen de vivir en sitios enfermizos.» «A mí me parece — le repliqué al visitador — que las señoras limeñas contraen muchas enfermedades por el poco abrigo de sus pies y precisas humedades que perciben por ellos.» «Está usted engañado, señor Concolorcorvo — me respondió el visitador —. Las indias y demás gentes plebeyas andan descalzas, como en otras muchas partes del mundo la gente pobre, y no por esto contraen enfermedades. Las señoritas no son de distinta naturaleza. Se crían con este calzado débil, y desde muy tierna edad se visten a media porta, como cortinas imperiales, y del mismo modo se abrigan que las que están acostumbradas a manto capitular u opa de colegial. Sin embargo, sus zapatos tienen dos inconvenientes, o por mejor decir, tres. El primero es dar una figura extraordinaria a sus pies, que por ser de uso patrio se les puede disimular. El segundo es lo costoso de estos zapatos, por su corta duración y exquisitos bordados, y el tercero, por el polvo que recogen y se introduce por los grandes corredores, balcones y ventanas que abren en ellos para la evaporación de sus encarcelados. Las mexicanas se calzan y visten al uso de la Europa, según me han dicho, porque en mi tiempo usaban un traje mestizo que de medio cuerpo arriba imitaba en algo al de las indias en los guipiles y quesquémeles, tobagillas de verano y mantones de invierno, que corresponden aquí a los cotones de nueva invención entre las señoritas, voladores de verano y mantillas de bayeta frisada en tiempo de invierno. Para hacer un buen cotejo de limeñas y mexicanas sería preciso hacer un tratado difuso; pero no me puedo desentender de una particular gracia de las mexicanas. Éstas se sirven mejor con pocos criados. Hablan poco con ellos, y muy pasito, y en los concursos, *Loquantur arcana per digitos*,[49] y son las más diestras pantomimas de todo el mundo, pero he reparado que sus mimos no tienen una regla general, porque he visto que algunas criadas que llegaban de nuevo a una casa confesaban que no entendían todavía las señas de sus amas porque variaban de las antecedentes».

«Asombrado estoy — le dije al visitador — de la habilidad y sutileza de las damas de México, que logran explicarse y ser entendidas por medio de los mimos. Confieso que no había oído semejante término desde que nací, y ahora, por lo que usted lleva dicho, vengo en conocimiento que esta voz corresponde a aquellos movimientos de rostro y manos con que se explican los recién nacidos y los mudos, a quienes entienden los que se hacen a tratar con ellos, y es lástima que las señoras limeñas no introduzcan este idioma, para libertarse de gritar tanto en sus casas». «Las limeñas, señor inca, son tan hábiles como las mexicanas, y unas y otras tanto como todas las demás del mundo; pero éstas son servidas de la gente más soez que tiene el género humano, y en particular, por lo que toca a los varones. Los criados, en todo el mundo estudian el mejor modo de servir, y aquí, la mayor destreza es estudiar en servir poco y mal. La señora más prudente y sufrida se impacienta todos los días tres o cuatro veces, aun criándose desde la cuna entre esta gente, que, además de ser grosera por naturaleza, la envilece la forzada servidumbre, mal casi irremediable, si no se toma el arbitrio de negar los muchos socorros que se hacen a españolas y mestizas por una caridad desordenada. Bien sé que las personas de juicio serán de mi dictamen, y que, con poca reflexión que hicieran los petimetres, adoptarían mi pensamiento y no mantendrían un número considerable de hipócritas y holgazanas sin más título que tener la cara blanca. Ya va dilatada la digresión y es tiempo de volver a nuestro discurso.

La juventud mexicana es tan aplicada a las letras desde su tierna edad que excede en mucho a la de Lima. Luego que aprenden a escribir mal y a traducir el latín peor, la ponen en los muchos colegios que hay, para que se ejerciten en la ciencia del *ergo*. Todos los colegios de México asisten de mañana y tarde la universidad, y es gusto ver a aquellos

---

[49] Dicen cosas misteriosas con los dedos.

colegiales, que van en dos filas, disputar por las calles, y a otros repasar sus lecciones. En la universidad se convidan los chiquitos para resumir los silogismos. En los colegios no se ve otro entretenimiento que el del estudio y disputa, y hasta en las puertas de las asesorías y en las barberías no se oye otra cosa que el *concedo majorem, nego minorem, distingo consequens* y *contra ita argumentor*, con todas las demás jergas de que usan los lógicos, de suerte que no hay barrio de toda aquella gran ciudad en donde no se oiga este ruido, a pesar del que hacen los muchos coches y pregoneros de almanaques, novenas y otros impresos, como asimismo de los que venden dulces y otras golosinas.

De este continuo estudio se aumentan las reumas y fluxiones, más comunes entre la gente que se dedica al estudio y meditación nocturna, y por estas razones los sujetos más aplicados se imposibilitan de continuar estas fuertes tareas desde la edad de cincuenta años en adelante, y menos escribir asuntos de mucha importancia. Ellos mismos han publicado y publican esto, diciendo que sus cabezas están voladas. Cualquiera se lo cree al ver sus aspectos pálidos y descarnados y sus bocas desiertas de dientes y muelas; así sólo hacen composiciones que no necesitan mucha incubación, como un sermón o la descripción de unas fiestas, con sus poesías muy chistosas y pinturas que alegran su imaginación. Éste, señor inca, ha sido el principio para atribuir a los españoles americanos una debilidad de juicio que ni aun existe en los criollos de México de vida poltrona y valetudinaria. Yo comuniqué a muchos de éstos en México y los hallé de un juicio muy cabal y muy chistosos en sus conversaciones, y al mismo tiempo advertí que aquella gran población tenía muchos abogados y médicos de trabajo continuo, y la mayor parte criollos de aquella gran ciudad. Por lo menos los abogados necesitan registrar libros, leer procesos, dictar pedimentos y hacer defensas en los reales estrados. Para todo esto necesitan fatigar el discurso, como asimismo los médicos, que son los hombres más contemplativos, o a lo menos deben serlo, por lo mismo que son señores de horca y cuchillo. De todo lo dicho se infiere que una parte considerable de los criollos de México conserva la suficiente robustez y fortaleza del cerebro para el estudio y meditaciones».

«Esto supuesto, señor don Alonso—le repliqué —, ¿qué principios tuvo la opinión de que los españoles americanos perdían el juicio a los cincuenta o sesenta años?» «A que — me respondió — que el mismo que tuvo el gran Quevedo para escribir la siguiente copla:

> *Deseado he desde niño,*
> *y antes, si puede ser antes,*
> *ver un médico sin guantes,*
> *un abogado lampiño,*
> *un poeta con aliño*
> *y un criollo liberal,*
> *y no lo digo por mal.*

No por bien — dijo el visitador —, porque en la América, contrayéndome a la sátira contra los criollos, no solamente son liberales, sino pródigos. Es cierto que los peruleros son los más económicos de todos los americanos, y aun con todo eso han disipado crecidos caudales en corto tiempo, no solamente en su país, sino en España y otras partes de la Europa, como es notorio.

Nadie ignora el fin de las generosidades de la juventud. Los hombres de juicio que se mantienen honestamente son tenidos en todo el mundo por avaros y hombres que se afanan por atesorar. Por lo general, éstos, señor inca, no son aquellos avaros de que habla el evangelio, sino unos hombres muy benéficos al Estado. Estos son los que remedian doncellas, socorren viudas y pobres de obligaciones y que sostienen los hospitales. Los generosos, a quien celebra el mundo, no son más que unos disipadores de lo que produce, y por lo regular, de la industria ajena. Toda su generosidad se reduce a aumentar su tren y a consumirse en cosas vanas, dejando a su familia y descendientes un patrimonio de viento.

Pero volviendo a nuestro asunto, pregunto yo: ¿Qué agravio se hace a los españoles americanos con decirles que así como se adelanta en ellos el juicio, se desvanecía a los sesenta años de edad, o a los cincuenta, como aseguraron algunos? El señor Feijóo⁵⁰ niega que se adelante el juicio, pero concede que se adelanta en la aplicación, que es lo mismo. Asienta que se gradúan muchos criollos de doctores, en ambos derechos, a la edad de veinte años. Antes de graduarse es natural que hayan sido maestros en las facultades que estudiaron, como es común en América, sin ser catedráticos. Es natural que los treinta años restantes se ocupen en la enseñanza pública y progresos de sus estudios. Si los españoles europeos, y lo mismo digo de las demás naciones, dan principio a los estudios mayores desde la edad de veinte años, en que los americanos ya están graduados, o capaces de graduarse de doctores, es natural que aquéllos por su más lento estudio no se puedan graduar hasta la edad de treinta y cinco, hablando de los ingenios comunes, y tampoco puedan servir al orbe literario arriba de veinticinco años, como los criollos treinta, porque de sesenta años en adelante son muy pocos los que se dedican a la enseñanza pública, o porque causa mucha molestia o porque están ocupados en el ministerio secular y eclesiástico. Si los americanos saben tanto a la edad de cincuenta años como los europeos a los sesenta, y fueron tan útiles por su doctrina y escritos, deben ser más aplaudidos, así como aquel operario que con igual perfección hace una estatua en un día, como otro en dos. Lo cierto es que hay países en que se conserva más que en otras partes la robustez del cerebro, y así entre Lima y México hay una gran diferencia. En México, la sequedad y sutilidad de los aires, y otros influjos, destemplan el cerebro y causan insomnios. Al contrario sucede en Lima, porque sus aires espesos y húmedos fortalecen los cerebros, conciliando el sueño, con que dejan las potencias ágiles para continuar la tarea de meditación. Los mexicanos no pueden dejar de debilitarse mucho con los frecuentes baños de agua caliente».

«¿Tiene usted otra cosa que preguntar, señor inca?» «Pregunto primeramente — le dije — si usted tiene por escandaloso el traje de las mujeres de Lima y demás de este reino del Perú». «Es usted — me dijo — un pobre diablo de los muchos que hay en este reino y en otras partes del mundo. Los trajes patrios y de uso común no son escandalosos. Los retratos de las grandes princesas católicas nos dan una idea de las costumbres de los países. Estas grandes señoras son el modelo de la honestidad, y sin embargo descubren sus brazos hasta el codo, y su garganta y pecho hasta manifestar el principio en que se deposita nuestro primer alimento. El ajuste de su cintura para arriba lo permite así en los trajes que llaman de corte, porque para los días ordinarios, en que no necesitan lucir sobre su pecho los costosos collares, usan pañuelos de finísimas gasas que tapan el escotado. Este mismo orden, y aún con más rigor, sigue la grandeza y, a su imitación, es pueblo honesto. Las que se exceden en este ceremonial son reputadas por deshonestas y escandalosas y vituperadas de la gente de juicio. De medio cuerpo abajo, las señoras europeas se visten hasta el tobillo, y solamente las públicas danzarinas visten a media pierna, para manifestar la destreza de sus cabriolas, pero tienen la precaución de ponerse calzones de raso liso negro, para no escandalizar al público.

Las señoras limeñas y demás que residen desde Piura a Potosí, y lo mismo digo de la gente plebeya, a excepción de las indias y negras bozales, siguen opuesto orden a las europeas, mexicanas y porteñas; quiero decir, que así como éstas fundan su lucimiento mayor desde el cuello hasta el pecho, y adorno de sus brazos y pulseras, las limeñas ocultan este esplendor con un velo nada transparente en tiempo de calores, y en el de fríos se tapan hasta la cintura con doble embozo, que en la realidad es muy extravagante. Toda su bizarría la fundan en los bajos, desde la liga a la planta del pie. Nada se sabe con certeza del origen de este traje, pero yo creo que quisieron imitar las pinturas que se hacen de los ángeles. Las señoras más formales y honestas en este país descubren la mitad de la caña de su pierna. Las bizarras o chamberíes toman una andana de rizos hasta descubrir el principio de la pantorrilla, y las que el público tiene por

---

⁵⁰ Véase nota 48.

escandalosas, y que en realidad lo son, porque este concepto es suficiente, elevan sus faldellines a media porta, como cortinas imperiales. Éstas tratan a las señoras de juicio como a señoras de antaño, y a las jóvenes que las imitan, como a opas.[51] Aquéllas son celebradas de la gente sin juicio, y a éstas las aplauden las personas de honor y talento, y mucho más los hombres y mujeres de virtud».

«¿Hay más preguntas, señor inca?» «Sí, señor — le respondí —, y no acabaría hasta el día del juicio si Dios nos diera a usted y a mí tanta vida como a Elías y Enoc. Pregunto lo segundo: Si en México y Lima, que usted reputa por las dos cortes más enfermizas del imperio español americano, viven sus habitantes tanto como en los demás países de sus dominios». «Digo que sí». «¿Y en qué consiste?» — le repliqué yo—. «A que—me respondió — que la misma destemplanza de los países obligaba a sus habitantes a hacerlos más cautos en sus alimentos. De México tengo poca práctica, pues aunque estuve en aquel dilatado imperio diez años, y de residencia en México más de cinco, no hice reflexión, porque no la tenía, para un asunto de tanta seriedad; pero tengo presente haber comunicado muchos viejos de ambos sexos de setenta años y de mucho juicio. Llegué a Lima el de 1746, con treinta años cumplidos, y aunque en los primeros cuatro me ocupé en ideas generales y en aquellas fantasías en que se ejercitan los mozos hasta esa edad, reconocí después que en Lima hay tantos viejos, y acaso más que en otros países, que se reputan por sanos».

(Segunda parte, Capítulo XXVI).

(De *El Lazarillo de ciegos caminantes desde Buenos Aires hasta Lima. 1773.* Buenos Aires, 1942).

———◆———

La figura que, sin pertenecer íntegramente a las letras, ornamenta la literatura de este período con colorido más original es la de FRAY SERVANDO TERESA DE MIER (México; 1763–1827). El gran acontecimiento de su vida — origen de sus desventuras e indirectamente de sus páginas autobiográficas y aun de su pensamiento político — es de 1794, y se da dentro de la vida cultural de la Iglesia. Nos referimos a su sermón negando la tradición popular de la Virgen de Guadalupe y afirmando la predicación del Evangelio en América, antes de la llegada de los españoles ¡nada menos que por el mismo Santo Tomé! De aquí nacieron sus desventuras: de tener Mier razón, los americanos no deberíamos a España ni siquiera la fe ... Mier no está desconforme de la Iglesia, sino de España. Si se hubiera quedado en lo que acabamos de referir, Mier sería una de las tantas mentalidades eclesiásticas que, cuando ya había triunfado la Ilustración, todavía insistían en una visión estrafalaria del mundo. Pero se engrandeció humanamente por las crueles persecuciones que padeció, y al engrandecerse abrazó causas políticas que lo pusieron en la serie histórica de la Independencia. No perdamos de vista, sin embargo, que Mier tiene una cabeza formada en ideas del pasado; que defendía la fe católica contra los herejes (jansenistas, deístas, ateos) y, en

---

[51] Tontas o idiotas.

última instancia, aunque se asocie a los esfuerzos de la Independencia, justificará su acción, no con los principios de la filosofía política de la Ilustración, sino con el mito de que Santo Tomé había predicado en América: «así como Santo Tomé profetizó la venida de los españoles, dejó también predicho el fin de la dominación, y poco más o menos ésta es la época.» Este mito — como el de Santiago el Apóstol en España: y, de paso, Mier los asocia — aparta a Mier del movimiento intelectual nuevo. Pero no fue un misoneísta, y a veces critica a los frailes por sus miras estrechas. Tenía la cosmovisión de un sacerdote, aunque no el temperamento de un sacerdote. Le faltaba humildad, mansedumbre, quietud. Y de este conflicto psicológico nacerá la originalidad de su persona y las contradicciones de su literatura. Sus páginas autobiográficas — que algunos editores han reunido con el título genérico de *Memorias* — nos hacen conocer a Mier en sus contactos dolorosos con la vida eclesiástica. Pero ganan en interés literario cuando levanta la vista y mira la realidad de los países en que vive, por ejemplo, Francia, Italia y España. Habla de sus propios infortunios — insistiendo siempre en que se le persigue porque, por ser americano, su superioridad intelectual es intolerable a los españoles — y describe las circunstancias sociales más inmediatas, las que están enredadas con sus viajes. Su prosa corre rápida pero dignamente. De vez en cuando, un epigrama feliz. A veces, en dos rasgos, aparece un personaje que merecería vivir en un cuento. Si sus memorias son novelescas, puede discutirse: nadie discutirá que él, Fray Servando, fue héroe de novela.

Fray Servando Teresa de Mier

VIAJES

Después de haber descansado ocho o diez días en Valladolid, proseguí mi viaje, siempre en calidad de clérigo francés emigrado, sobre un carro catalán, carruaje incomodísimo que me estropeó el juicio. En llegando a Madrid, me fuí a casa de Don Juan Cornide, que vivía junto con Filomeno, hoy Fiscal de la Habana, de donde es natural. Me avisaron que León,[1] furioso de que hubiese escapado de sus garras la presa, había mandado arrestar todo el convento de San Francisco de Burgos; pero el alcalde mayor había informado que los religiosos le hicieron ver mis manos estampadas con sangre en la pared, lo que probaba que mi fuga había sido sin su cooperación. Igualmente hallé que León había mandado poner requisitorias[2] contra mí por toda España. ¿Se creerían atentados semejantes? ¿No se juzgaría, a vista de estos escándalos, que yo era algún asesino, salteador de caminos, o reo de lesa majestad? Como tal me acusó después León, únicamente fundado en que el Arzobispo informó que había sido procesado por dos Virreyes, aunque tenía León en su poder

---

[1] Personaje mencionado anteriormente.

[2] Despachos para detenerlo.

la carta en que el Conde de Revillagigedo desmentía al Arzobispo. Ya se supone que todo no era más que una maldad de ese inicuo covachuelo.[3]

El de México, D. Zenón, me envió a avisar que de propósito había dejado sin requistoria la Cataluña, para que por allí pudiera escapar a Francia; pero por allí carecería yo absolutamente de arbitrios.[4] La falta de dinero era la que me ponía en los mayores peligros. Mi buen hermano D. Froilán, que de Dios haya, no cesaba de escribir desde Monterrey que allá no se encontraban libranzas[5] para España; pero que en ésta tomara yo dinero, y librase contra él a la letra vista.[6] Mucho más fácil es hallar quien dé dinero en España para recibirlo en América; y en tiempo de guerra, que hubo casi siempre con Inglaterra desde que fuí a la Península, es casi imposible. España vive de la América, como Roma de las Bulas; y en cuanto se dificulta el transporte marítimo, no se encuentra allí sino hambre y miseria. El Obispo de la Habana, Espiga, para venir entonces a su Obispado, para donde una orden, a rajatablas, le hizo partir por Jansenista[7] y amigo de Urquijo, se habilitó tomando el dinero a dos cientos por ciento. ¡Cómo yo había de hallar dinero!

Por el lado de Navarra tenía el arbitrio del clérigo francés contrabandista, que estaba en Agreda. Éste también era amigo de D. Juan Cornide, quien tenía por allí relaciones, a causa de estar su hermano D. Gregorio de Provisor en Francia. Habló, pues, para transportarme con unos arrieros de Agreda, y él y Filomeno me sacaron por la puerta de Fuencarral en un coche simón[8] haciendo algazara al pasar por ella, para desvelar a los guardias toda sospecha. A un cuarto de legua me entregaron a los arrieros, que ya llevaban mi baúl, en calidad de clérigo francés emigrado; y para suplir mis títulos, etc., me dió Cornide los del difunto Doctor Maniau, de quien fué albacea, y me convenían en todo por ser de mi edad y

graduación. Montó en un mulo el nuevo Maniau, y a la noche fuimos a posar en el mesón de los arrieros, extramuros de Alcalá de Henares.

A las ocho de la noche me asustó un tropel, y eran los mismos Cornide y Filomeno, que, habiendo obtenido una copia de la requisitoria, venían a mudarme de señas. En efecto, me transformaron diabólicamente, hasta ponerme con piedra infernal[9] un lunar sobre la nariz y otro sobre el labio superior. No me habría conocido la madre que me parió. Y con todo, respecto de que León decía en la requisitoria que era bien parecido, risueño y afable, me exhortaron a ponerme taciturno, triste y feo. Por eso, en divisando guardias, torcía los morros, me ponía bizco, y ejecutaba a la letra el último grito del ejercicio portugués, poner las caras feroces a los enemigos. Sin embargo, no nos atrevimos a entrar por la puerta de Agreda, donde había dos requisitorias, la del Gobierno, y otra del alcalde mayor de Burgos; y el arriero por un portillo me llevó a su casa.

Era uno de los confidentes de mi clérigo contrabandista, y éste vino a verme. Le entregué mi baúl, que aún tiene en su poder, y él me entregó a otro confidente suyo, para que me condujese a Pamplona, recomendado a una casa de comercio francesa que yo también conocía, para que me introdujeran en Francia. Al salir de Aragón para Navarra, ví las extravagancias despóticas y ruinosas de España, pues se hace un registro más riguroso del dinero que uno lleva de reino a reino que en las fronteras. Aunque todo mi equipaje se reducía a un saquillo de ropa, que derramaron los guardias por el suelo, y a ocho duros que llevaba registrados, pasaron también con una lezna el forro del Breviario, por si llevaba allí algún oro.

Llegué a Pamplona, cuatro días después de haber llegado Urquijo preso a su ciudadela, y del mesón me fuí a casa del comerciante francés. «No vuelva usted a la posada, me

5

10

15

20

25

30

35

40

---

[3] Oficial de covachuela, nombre que se dió antiguamente a las secretarías del despacho universal, situadas en las bóvedas del palacio real, en Madrid.

[4] En este caso, «medios.»

[5] Órdenes de pago, escritas.

[6] Documento de pago, que se cobra a su presentación.

[7] Partidario de Jansenio, teólogo holandés (1585–1638).

[8] Del nombre de un alquilador de coches en Madrid; coche de punto.

[9] Nitrato de plata.

dijo, porque acaban de prender a dos, creyendo que son usted y Cuesta el Arcediano de Ávila, fugitivo por la docta pastoral que puso y publicó su Obispo». Éste era el tiempo crítico de la persecución levantada por Godoy[10] (llamado en un Breve de Roma, por eso columna de la religión) contra los Jansenistas. Así se llaman en Europa todos los hombres sólidamente instruídos en la religión, y amigos de la antigua y legítima disciplina de la Iglesia.

Inmediatamente hizo llamar mi francés a un arriero que había llevado muchos clérigos a Francia por encima de los Pirineos. Vino con su mula, y, siguiéndola, salimos el comerciante y yo, repartiendo él a los guardias algunas pesetas. Monté al cabo del paseo de la Taconera, y nos encargó que aquella noche nos internáramos todo lo posible en los Pirineos, como lo hicimos, caminando hasta las dos de la mañana, en que llegamos a Hostiz, helados de frío. Otro día atravesamos el Valle de Bastán, y al tercero dormimos en Cincovillas, desde donde se ve el mar, Bayona y todos sus alrededores, blanqueando en el campo como una vacada. No estuve muy contento en la posada, porque allí estaban las guardias y tenían la requisitoria; pero el informe del arriero muy conocido, de ser yo clérigo francés, lo que confirmaba mi fisonomía y pelo, mis lunares y el acento mexicano (que ellos decían ser de extranjero, y que en Andalucía hace pasar a los mexicanos por portugueses o castellanos, y en Castilla por andaluces) me pusieron en salvo.

A otro día pasamos por Ordaz, último lugarcito de España por aquel lado, y mi afán era saber dónde era la raya de Francia. «Ésta es», me dijo el arriero, señalándome un arroyito muy pequeño y somero. Lo pasé, me apée, y tendí de bruces en el suelo. — ¿Qué hace usted?, me dijo él. He pasado el Rubicón,[11] le respondí, no soy emigrado, sino mexicano, y no traigo sino este pasaporte (era el de Maniau) de México para España. — No importa, dijo, los gendarmes no entiends castellano, y en viéndolo tan grande, le

quitarán a usted el sombrero[12] como a un gran personaje. — Y así fué.

Dormimos en Añoa, primer lugar de Francia, esto es, de los Vascos o Vizcaínos franceses, porque Vizcaya es parte de España y parte de Francia, y de una y otra vienen a América como españoles, así como de la Cataluña francesa y española. A otro día, para entrar en Bayona, que es plaza murada, el arriero me hizo apear, y que fuera a entrar confundido con la gente del paseo publico, donde por primera vez ví los coches tirados por bueyes. Fué inútil esta diligencia, porque el guardia me extrañó a causa del vestuario, y de ir con botas, y todo cubierto de polvo del camino. Me llevó a la municipalidad, donde presenté mi pasaporte mexicano, y como no lo entendieron, me dieron mi carta o boleta de seguridad. Todo esto era muy necesario en aquel tiempo por las turbulencias, aún no bien apagadas, de la República. Todavía lo era, aunque gobernada por Cónsules, siendo Bonaparte el primero. Aquel día era viernes de Dolores del año de 1801.

¿Qué hacer para vivir, especialmente siendo yo muy pundonoroso, conforme a mi nacimiento, e incapaz no sólo de pordiosear, sino de manifestar mi miseria? Sufría tragos de muerte, y no los hubiera pasado si fuese libertino. Una casualidad me hizo entrar, sin saberlo, en la gran Sinagoga de los judios del barrio de Sancti-Spiritus. Se estaban cantando los Salmos en castellano y se predicó en castellano. Todos los judíos de Francia y casi toda Europa, excepto Alemania, son españoles de origen, y muchos de naturaleza; porque yo los veía llegar a Bayona a circuncidarse; todos hablaban español, hombres y mujeres; en español están sus Biblias, en español todos sus rezos, y tienen sobre esto tal etiqueta, que, habiéndose casado en Bayona una judía alemana que no entendía español, aunque el contrato matrimonial se le puso también en hebreo para que lo entendiera, se le leyó primero en castellano, y éste fué el que firmó. Y aún conservan en todo las costumbres españolas, como también son los que princi-

---

[10] Manuel Godoy (1767–1851), ministro de Carlos IV y amante de la reina María Luisa.
[11] Referencia a la decisión de Julio César de atravesar

ese río del norte de Italia para iniciar la campaña de las Galias.
[12] Se quitarán el sombrero ante usted.

palmente comercian con España, por la cual todos han pasado. La causa de tanto empeño en conservar todo lo español, es porque dicen que los que vinieron a España, enviados por el Emperador Adriano, son de la tribu de Judá.

Entré yo puntualmente a la Sinagoga, a otro día de haber llegado, y era puntualmente la pascua de los ázimos y el cordero. El Rabino predicó probando, como siempre se hace en esa pascua, que el Mesías aún no había venido, porque lo detienen los pecados de Israel. En saliendo de la Sinagoga todos me rodearon para saber qué me había parecido el sermón. Ya me habían extrañado, porque yo llevaba cuello eclesiástico y porque me quité el sombrero, cuando al contrario todos ellos lo tienen puesto en la Sinagoga, y los Rabinos que eran de oficio, un almaizal[13] además sobre la cabeza, Sólo en el cadí o conmemoración de los difuntos, que entona siempre un huérfano, se suelen descubrir las cabezas en la Sinagoga. Y el modo que tienen para conocer si uno es judío, es preguntarle en hebreo ¿cómo te llamas? Yo deshice en un momento todos los argumentos del Rabino predicador, y me desafiaron a una disputa pública. La admití, y como tenía en las uñas la demostración evangélica del Obispo Huet[14] me lucí tanto en la disputa, que me ofrecieron en matrimonio una jovencita bella y rica llamada Raquel, y en francés Fineta porque todos usan de dos nombres, uno para entre ellos y el otro para el público; y aún me ofrecían costearme el viaje a Holanda, para casarme allí, si no quería hacerlo en Francia.

Rehusé, ya se supone, su oferta; pero quedé desde aquel día con tanto crédito entre ellos que me llamaban Jajá, es decir, sabio; era el primer convidado para todas sus funciones; los Rabinos iban a consultar conmigo sus sermones, para que les corrigiese el castellano, y me hicieron un vestido nuevo. Cuando yo iba por curiosidad a la Sinagoga, como otros españoles, los Rabinos me hacían tomar asiento en su tribuna o púlpito. Y acabada por la noche la función, yo me quedaba solo con el Rabino que estaba de oficio, para verle estudiar lo que se había de leer a otro día. Sacaba entonces la ley de Moisés que, cuando está el pueblo, se saca con gran ceremonia y acatamiento, inclinándose todos hacia ella. Está en rollos, y sin puntos, con solas las letras consonantes, y la estudiaba el Rabino, leyéndole yo en la Biblia con puntos. Y luego apagaba yo las velas de las lámparas, porque ellos no pueden hacerlo, ni encender fuego para hacer de comer o calentarse los sábados. Se sirven para todo esto de criadas cristianas, y yo les decía, por lo mismo, que su religión no podía ser universal.

Como estaba todavía de buen aspecto, tampoco me faltaban pretendientes entre las jóvenes cristianas, que no tienen dificultad en explicarse: y cuando yo les respondía que era sacerdote, me decían que eso no obstaba si yo quería abandonar el oficio. La turba de sacerdotes que por el terror de la revolución, que los obligaba a casarse, contrajeron matrimonio, les había quitado el escrúpulo. En Bayona y todo el departamento de los bajos Pirineos hasta Dax, las mujeres son blancas y bonitas, especialmente las Vascas, pero nunca sentí más el influjo del clima que en comenzando a caminar para París, porque sensiblemente ví desde Montmarzan, a ocho o diez leguas de Bayona, hasta París, hombres y mujeres morenos, y éstas feas. En general, las francesas lo son, y están formadas sobre el tipo de las ranas. Malhechas, chatas, boconas, y con los ojos rasgados. Hacia el Norte de la Francia ya son mejores.

Yo, para vivir en Bayona, recurrí a los clérigos emigrados a España que me habían favorecido en la traslación de Burgos a la Coruña. A contemplación[15] del Gobierno francés salió orden en 1797, mandando salir de España para las islas Canarias y Baleares a los pobres sacerdotes franceses, y los de Burgos la tuvieron para este efecto de pasar a la Coruña. Yo dirigí a su nombre una súplica circular al clero burgalés, para ayudarlos, a fin de hacer su viaje. Gustó tanto que el clero, entusiasmado, salió con bandejas[16] para trasportar con decencia sesenta sacerdotes, que

---

[13] Toca de gasa.
[14] Probablemente, Pedro Daniel Huet (1630–1721), teólogo, erudito y filósofo francés.
[15] Consideración.
[16] Salir a recibirlo con grandes agasajos.

en obsequio mío vinieron a montar ante el convento de San Pablo donde yo estaba. Los infelices me enviaron a Bayona cuarenta francos, con que determiné, al cabo de dos meses, internarme en Francia. Lo que me faltaba era pasaporte; pero los judíos me hicieron advertir que en el que tenía de México para España, ésta estaba en abreviatura, y se seguía un blanquito al fin del renglón. Allí puse «y Francia»; y me embarqué en el río para Dax, distante cuatro leguas.

De allí proseguí a pie para Burdeos, distante más de treinta leguas, en compañía de dos soldados desertores de España, zapateros. Como todo el camino es un arenal, padecía infinito, y al cabo no hubiera podido llegar a Burdeos, por lo muy inflamado de mis pies, si no me hubiese embarcado en otro río. Mis zapateros comenzaron inmediatamente a trabajar, y ganaban dinero como tierra,[17] mientras que yo, lleno de teología, moría de hambre y envidia. Entonces conocí cuán bien hicieran los padres en dar a sus hijos, aunque fuesen nobilísimos, algún oficio en su niñez, especialmente uno tan fácil y tan necesario en todo el mundo. Esto sería proveerlos de pan en todos los accidentes de la vida.

Yo había recibido una carta del Embajador de España en París, D. Nicolás Azara, y otra del botánico Zea[18], porque en medio de todos mis trabajos y miserias nunca me faltó la atención y correspondencia de los sabios de la Europa. En vista de estas cartas, el Cónsul español, que necesitaba al Embajador para que le aprobase sus cuentas, mandó al Secretario que me alojase. Éste era un español, que se empeñó en hacerme ateísta con la obra de Freret,[19] como si un italiano no hubiese reducido a polvo sus sofismas. He observado que se leen con gusto los libros impíos, porque favorecen las pasiones, y no sólo no se leen sus impugnaciones, sino que se desprecian, porque el tono fanfarrón absoluto y satisfecho de los autores incrédulos pasa al espíritu de sus

lectores. Y la verdad es que los tales fanfarrones son los ignorantes y los impostores. Hablan con la satisfacción que en su interior no tienen, para imponer; y si la tienen, es por su misma ignorancia. *Qui respicit ad pauca de facili pronuntiat.*[20]

En cuanto dicho Secretario supo que yo tenía dinero, fingió orden del Cónsul, y me hizo pagar veinte duros de alojamiento, que se embolsó. El dinero que yo tenía procedió de la generosidad de D. José Sarea, Conde de Gijón, natural de Quito, que allí desembarcó, y traía empleado todo su dinero en azúcar de la Habana, en la cual pensaba ganar mucho. Y en efecto, no la había entonces en Burdeos. Yo lo alboroté[21] para ir a dar un paseo a París antes de entrar en España, y me llevó de intérprete. Tiraba el dinero como si estuviese en América y yo, considerando que se había de ver en gran miseria en Europa, donde todos se conjuran para despojar al americano recién venido, le iba a la mano aún cuando quería gastar en mi obsequio. Él se enfadó de esto, y me abandonó casi luego que llegamos a París. Bien se arrepintió después, porque le sobrevinieron los trabajos que yo le había predicho. El comerciante de Burdeos de quien se había valido, en lugar de vender la azúcar luego, aguardó a que se llenara de ella la plaza, con la paz de Amiens,[22] y luego, vendiéndola por nada, o fingiendo venderla, se quedó con el dinero en pago de almacenaje. Conoció al cabo el Conde mi hombría de bien y no he tenido después mejor amigo.

No quiero omitir que un francés al servicio de España, que se hizo mi amigo en Bayona, me recomendó desde Burgos con eficacia a su hermano, que ocupaba una plaza de influjo en París, porque, aunque sacerdote, le decía de mí, es hombre de bien. Me enseñó esta cláusula, y me dijo que era necesario porque todos ellos eran unos libertinos. Después vi que era cláusula corriente en la recomendación de un sacerdote. Tanto habían declamado

---

17 Fácilmente, en gran cantidad.
18 Francisco Antonio Zea (1770–1822), naturalista y patriota colombiano.
19 Nicolás Freret (1688–1749), literato e historiador francés, considerado como fundador de la filología comparada.

20 El poco observador no emite juicios hondos.
21 Animar.
22 Tratado en 1802, entre España, Francia, Inglaterra y Holanda.

los incrédulos contra la religión y sus ministros como unos impostores, que llegaron a impresionar al pueblo, el cual salía a cazarlos en los bosques, a donde huían cuando la revolución, diciendo que iban a matar bestias negras.

Si el francés hubiera sabido que yo era religioso, no me hubiera recomendado, porque el sobrenombre de fraile me constituía incapaz. Entre católicos e incrédulos es un oprobio, o por mejor decir, el compendio de todos los oprobios, y con decirle a uno que lo es, creen haber agotado las injurias. Equivale a hombre bajo, soez, malcriado, ocioso, pordiosero, ignorantísimo, impostor, hipócrita, embustero, fanático, supersticioso, capaz de todas las vilezas e incapaz de honor y hombría de bien. Parece increíble, y es ciertísimo. Aun en los buques de los católicos es menester no decir uno que es fraile, porque si hay alguna borrasca le echan al agua como ha sucedido varias veces. Por eso los franceses en España los mataban sin remordimiento, dentro y fuera de los conventos. Por eso ya casi no existen en Europa. José Napoleón los había extinguido en España, y allá iban las Cortes. Donde existen se les ve con el mayor vilipendio, y no se les da entrada en ninguna casa decente. Me sucedió en Madrid ir a visitar por paisana a la hija del mercader Terán, y, habiéndole pasado recado, me respondió que pusiese memorial.[23] Lo peor es que el frailazgo imprime carácter indeleble. Nada se avanza con secularizarse, ser Obispo, ni Papa. Siempre lo frailean desdeñosamente, y en Roma, para despreciar al Papa, o alguna providencia suya, dicen hombres y mujeres: «Oh, e un frate.»

(De «Apología del Dr. Mier,» Capítulo IV, en *Memorias de Fray Servando,* Monterrey, 1946).

───────◆───────

También se destaca en estos años MANUEL DE ZEQUEIRA Y ARANGO (Cuba; 1764–1846). Como otros poetas neoclásicos escribió poemas didácticos, heroicos y satíricos. Acertó, sin embargo, en la nota bucólica: nos referimos a su oda «A la Piña», en la que canta las dulzuras del trópico. Con paramentos tomados de la mitología compone una especie de biografía fantástica de la piña, desde que nace hasta que la llevan al Olimpo, donde triunfa y es celebrada por los dioses. Este juego — tan típicamente neoclásico — adquiere una emoción criolla y americana cuando el poeta se enorgullece de la piña, «Pompa de mi patria.»

Manuel de Zequeira y Arango

A LA PIÑA

Del seno fértil de la madre tierra,
en actitud erguida se levanta
la airosa piña de esplendor vestida,
    llena de ricas galas.

Desde que nace, liberal Pomona[1]
con la muy verde túnica la ampara,
hasta que Ceres borda su vestido[2]
    con estrellas doradas.

---

[23] Lo dijese por escrito.

[1] Deidad de los frutos y de los jardines.
[2] Diosa latina de la agricultura.

Aun antes de existir, su augusta madre
el vegetal imperio le prepara,
y por regio blasón la gran diadema
    la ciñe de esmeraldas.

5 Como suele gentil alguna ninfa
que allá entre sus domésticas resalta,
el pomposo penacho que la cubre
    brilla entre frutas varias.

Es su presencia honor de los jardines,
10 obelisco rural que se levanta
en el florido templo de Amaltea[3]
    para ilustrar sus aras.

Los olorosos jugos de las flores,
las esencias, los bálsamos de Arabia,
15 y todos los aromas de natura
    concentra en sus entrañas.

A nuestros campos desde el sacro Olimpo
el copero de Júpiter[4] se lanza,
y con la fruta vuelve que los dioses
20   para el festín aguardan.

En la empírea mansión fué recibida
con júbilo común, y al despojarla
de su real vestidura, el firmamento
    perfumó con el ámbar.

25 En la sagrada copa la ambrosía
su mérito perdió: con la fragancia
del dulce zumo del sorbete indiano
    los númenes se inflaman.

Después que lo libó el divino Orfeo,
30 al compás de la lira bien templada,
hinchando con su música el empíreo,
    cantó sus alabanzas.

La madre Venus cuando al labio rojo
su néctar aplicó, quedó embriagada
35 de lúbrico placer, y en voz festiva
    a Ganimedes llama.

«La piña, dijo, la fragante piña,
en mis pensiles sea cultivada
por manos de mis ninfas; sí, que corra
    su bálsamo en Idalia.»[5]

¡Salve, suelo feliz, donde prodiga
madre naturaleza en abundancia
la odorífera planta fumigable!
    ¡Salve, feliz Habana!

La bella flor en tu región ardiente
recogiendo odoríferas sustancias,
templa de Cáncer[6] la calor estiva
    con las frescas ananas.

Coronada de flor la primavera,
el rico otoño y las benignas auras
en mil trinados y festivos coros
    su mérito proclaman.

Todos los dones, las delicias todas
que la natura en sus talleres labra,
en el meloso néctar de la piña
    se ven recopiladas.

¡Salve, divino fruto! y con el óleo
de tu esencia mis labios embalsama:
haz que mi musa de tu elogio digna
    publique tu fragancia.

Así el clemente, el poderoso Jove,[7]
jamás permita que de nube parda
veloz centella que tronando vibre,
    sobre tu copa caiga.

Así el céfiro blando en tu contorno
jamás se canse de batir sus alas,
de ti apartando el corruptor insecto
    y el aquilón que brama.

Y así la aurora con divino aliento
brotando perlas que en su seno cuaja,
conserve tu esplendor, para que seas
    la pompa de mi patria.

(En *Cien de las mejores poesias cubanas*, Rafael Esténger, La Habana, 1950).

---

[3] Cabra que crió a Júpiter; uno de sus cuernos fue después el cuerno de la abundancia.
[4] Ganimedes.

[5] Antigua ciudad de Chipre, consagrada a Venus.
[6] El trópico.
[7] Júpiter.

———◆———

México, en los treinta últimos años de la colonia, es pujante centro humanístico. El clasicismo, aunque de luz refleja, tenía calor. Se traducía, imitaba y comentaba abundantemente a Horacio, Virgilio, Ovidio, Catulo, Marcial y aun a los griegos. Sin embargo, el único escritor de la época de Carlos IV, de vocación si no de talento, fue FRAY MANUEL DE NAVARRETE (México; 1768–1809), poeta de los paisajes mexicanos, más refinado en su cultura neoclásica que fino en sus percepciones. Comenzó a publicar sus versos en 1806. Fomentó la Arcadia mexicana — una de las innumerables academias de este período —, cuyos miembros se llamaban con nombres de pastores: imitaban las anacreónticas de Meléndez Valdés. Éste le enseñó a almibarar versos eróticos; y también a leer a Young, cuyos *Night Thoughts* imita en «Noche triste» y en «Ratos tristes.» Así fue de la suave poesía pastoril de su juventud a la elegíaca de sus últimos años de desencanto. En «Poema eucarístico de la Divina Providencia» hay reminiscencias de Fray Luis de León.

Fray Manuel de Navarrete

LA DIVINA PROVIDENCIA

POEMA EUCARISTICO DIVIDIDO EN TRES CANTOS[1]

Canto Primero

Cuando con alas de inmortal deseo
vuelo hacia todos lados,
subo y bajo los cielos elevados,
y tantos seres veo
en su orden respectivo colocados:
Cuando la luz me guía
de la alma religión, nunca pudiera
preguntarles dudosa el alma mía:
¿Cuál es el numen misericordioso
que desde su alta esfera
cuida de tantos seres amoroso?

Alza, mortal, los ojos, ve y admira
los cuidados de Dios siempre velando
sobre toda la gran naturaleza:
Mira los bienes, los regalos mira
que está siempre manando   5
la fuente perennal de sus ternezas:
Todo anuncia cariños y finezas
del padre universal, del Dios de amores
que al mirar nuestra débil existencia
nos colma de favores: 10
Todo anuncia su amable providencia.

---

[1] El poema comienza con una introducción en 43 versos. De los tres cantos de que consta damos sólo el Primero.

Ríe el alba en los cielos avisando
que viene el claro día,
y luego asoma el sol resplandeciente
a cuyo fuego blando
5 restaura su alegría
y su vital calor todo viviente.
Sólo Dios pudo ser tan providente:
Su infatigable empeño
aun en lo más pequeño
10 se muestra cuidadoso:
Porque ¿quién sino el Todopoderoso
dice a las aves, al dejar sus nidos,
que vuelen en bandadas
a los anchos y fértiles ejidos,
15 para volver cargadas
a socorrer sus míseros hijuelos,
que al padre de los cielos
en flébiles piadas
le piden el sustento?
20 Sólo Dios pudo hacer este portento.

Pero aún a más se extiende su cuidado,
viendo por lo que está más retirado:
25 Porque, ¿quién sino él mismo pule y viste
en el valle más hondo y apartado,
de tan bello color, al lirio triste?
Sólo Dios, el señor de cuanto existe.
Y si su mano ahora
30 hace que salga por el alto cielo
la rutilante aurora
para alegrar la habitación del suelo;
después hará a la noche que descienda
sobre nuestra morada,
35 y del sueño tranquilo acompañada,
hará benigno que sus alas tienda.

Entonces, cuando el cielo
parece recogerse, y que ha bajado
40 la tierra, y que se cubre con el velo
que la noche de estrellas ha corrido . . .
Pero el Señor no duerme . . . cuando el mundo,
de lóbregas tinieblas rodeado,
descansa en un silencio tan profundo
45 cual si lo hubiese Dios dado al olvido,
¿quién sino Dios entonces, al rugido

del formidable león que en la espesura
estremece los montes levantados;
quién sino Dios sus manos extendiera
para saciar el hambre de una fiera
que sale entonces de su cueva oscura?

Tales son del Eterno los cuidados:
Al fin es su criatura:
Ella, cual todas, su favor espera,
pues sólo Dios pudiera
mantener providente cuantas cosas
salieron de sus manos poderosas.

Sí, Señor, sólo tú, desde el brillante
alcázar de diamante
que elevaste en el alto firmamento,
sobre todos los seres vigilante,
y poniendo en seguro movimiento
los orbes celestiales;
sí, Señor, desde allá, según el modo
que apenas se trasluce a los mortales,
todo lo miras y lo arreglas todo.
¡Todo! . . . sí, pues no fuera consiguiente
que siendo tú el autor de lo criado,
otro fuera encargado
de ser en cosa alguna providente.
Todo lo riges acertadamente;
sin que lleve Eölo
el carro de los vientos, ni Neptuno
el cerúleo tridente:
Porque tu cetro, sólo
tu cetro de esplendor, y no otro alguno,
sobre el vasto universo representa
el gobierno del Dios que lo sustenta.

Mas ¿qué genio divino
como a recios impulsos, me ha obligado
a subir sobre el cielo cristalino?
Deja, mi musa, deja el estrellado
lugar, y en manso vuelo
baja y me muestra en el humilde suelo
las grandes profusiones
de Dios en las anuales estaciones:
Baja y canta al Señor, que va guiando
al año por las tierras circulando.

(En *Poetas novohispanos*, México, 1945).

———————◆———————

La fábula — antiguo género moralizador y práctico — se transformó en el siglo XVIII en discusión ideológica. Los animales hablaban como filósofos, a la manera de los españoles Iriarte y Samaniego. En Hispanoamérica imitó el género, entre otros, Rafael García Goyena (Ecuador-Guatemala; 1766–1823). Escribió unas treinta y tantas fábulas, en las que pueden vislumbrarse ciertas ideas que eran nuevas en su tierra americana.

Rafael García Goyena

FÁBULAS

FÁBULA VI

Una yegua y un buey

En un soberbio caballo
por el campo se pasea
un joven haciendo alarde
de su garbo y gentileza.

El diestro jinete pone
su docilidad en prueba,
y él corresponde obediente
al manejo de la rienda.

Ya sofrenado reprime
contra el pecho la cabeza,
formando del cuello un arco
de largas, lustrosas cuerdas.

Tasca el espumoso freno;
las manos con pausa alterna,
todo el cuerpo equilibrado
sobre las patas traseras.

Bufa, y la hinchada nariz
con el resoplido suena;
su larga tendida cola
en el movimiento ondea.

Ya soltándole la brida,   5
y aplicándole la espuela,
tiende el cuerpo, y se dispone
a la rápida carrera.

Con ambas manos a un tiempo
el suelo hiere, y con ellas,   10
y los pies horizontales,
describe una línea recta.

Pero al más ligero impulso
del brazo que lo gobierna,
suspende el curso violento,   15
y pára haciendo corvetas.

Entre otras que allí pacían,
alzó a mirarlo una yegua,
y dando un grande relincho,
dijo a un buey que estaba cerca: 20

— Ese potro tan bizarro
que tanto al hombre deleita,
es hijo de mis entrañas,
y bien sus obras lo muestran.

5   ¡Qué docilidad! ¡qué brío!
¡qué índole tan noble y bella!
¡qué paso tan asentado!
¡qué bien hecho! ¡qué presencia!

De su generosa estirpe
10 un ápice no discrepa:
bien empleados los desvelos
que tuve en su edad primera —.

El buey entretanto estaba
rumiándole la respuesta,
15 y así que acabó, le dijo
con voz reposada y seria:

— Aunque ese potro gallardo
el nacimiento te deba,
20 tú no tienes parte alguna
en sus adquiridas prendas.

Tú sólo alumbraste un bruto
en su física existencia,
que al arte y la industria debe
25 los lucimientos que aprecias.

El derecho que te asiste
es ser madre de una fiera,
indómita por carácter,
cerril por naturaleza.

30   Yo soy testigo de vista
de cuánto al hombre le cuesta
haber domado su furia
y adiestrado su rudeza —.

Así, padres de familia,
35 la república pudiera
responder por muchos hijos
que su población aumentan.

El hombre sin las costumbres
que la educación engendra,
40 en lo político toca
a la clase de las bestias.

FÁBULA XXVII

El pavo real, el guarda[1] y el loro

Un soberbio pavo real
de pluma tersa y dorada
con brillantez adornada
se paseaba en su corral.
El petulante animal
con aire de señorío
miraba el rico atavío
de su pluma; pero mudo,
aun en su elogio no pudo
decir: «Este pico es mío.»

Mientras tanto tomó asiento
allí cerca, un pobre guarda,
de estos de la pluma parda
que no tienen lucimiento;
pero con melífluo acento
abre la dulce garganta,
y de tal manera canta,
con voz delicada y suave,
que aun el pavón que no sabe
admiró dulzura tanta.

Necio entonces y orgulloso,
al mismo tanto que rico,
quiere imitarle, abre el pico,
y da un graznido espantoso.
Mi loro, que es malicioso,
con una falsa risilla
dijo: — ¡Bravo, qué bien brilla
con el resplandor del oro!
Mas no tiene lo canoro
de esa discreta avecilla —.

Dime musa, si has sabido
los misterios de los hados,
¿por qué están enemistados
lo rico con lo entendido?
Bajo un humilde vestido
vive el sabio en menosprecio,
mientras el soberbio necio,
lleno de oro y de arrogancia,
en medio de la ignorancia
merece el común aprecio.

---

[1] Nombre abreviado del guardabarranco, ave de
color pardo, muy canora, de Guatemala.

FÁBULA XXX

Las golondrinas y los barqueros

Unas golondrinas
desde Guatemala,
quisieron hacer
un viaje a La Habana.

Y dando principio
a su caminata
volaron diez días
haciendo mil pausas.

Llegan a Trujillo,
y estando en la playa
en vez de temer
resuelven la marcha.

Una de prudencia
entre ellas estaba,
y les dijo: — Amigas,
mirad tantas aguas.

No nos expongamos
a morir ahogadas,
si a medio camino
las fuerzas nos faltan.

Mejor es pedir
en aquella barca
un lugar pequeño
que tal vez no falta —.

Apenas había
dicho estas palabras,
cuando respondieron
con gran petulancia:

— Barca no queremos,
pues con nuestras alas
tenemos de sobra
para ir hasta España —.

Los barqueros todos
oyendo esto estaban
y también reían
de tal petulancia.

Pasada la noche,   5
en la madrugada,
alzaron el vuelo
con gran algazara.

También los barqueros   10
hicieron su marcha
con la ligereza
que andan los piratas.

Y apenas dos leguas
llevaban andadas,   15
cuando ven llegar
las aves cansadas.

Con súplicas mil
todas desmayadas,
amparo pedían   20
a los de las barcas.

Mas ellos entonces
riendo a carcajadas,
sólo les decían: —
— ¿Pues no tenéis alas? —   25

Al fin perecieron
nuestras camaradas,
y así los barqueros
tomaron venganza.

Esta fabulilla   30
se llama la capa,
vístala el lector
si acaso le entalla.

35

(De *Fábulas*, Guatemala, 1950).

En los últimos años del siglo XVIII la poesía satírica, tanto la anónima como la firmada, se carga con el aire de tormenta de los temas sociales y políticos. Poesía que vale, pues, como barómetro del gran cambio que se prepara.

Usaron principalmente de la agresión satírica los defensores de la tradición, que iban perdiendo terreno ante el avance de la modernidad; pero también fue la sátira cauce de inquietudes revolucionarias. La gran influencia sobre la poesía satírica de América fue Quevedo: sus temas, sus fórmulas, su lenguaje. Quevedesco es ESTEBAN DE TERRALLA Y LANDA, andaluz que vivió en México y al llegar al Perú satirizó las costumbres locales en los romances de *Lima por dentro y fuera* (1797), obra amarga, desordenada y resentida. En *Vida de muchos o sea una semana bien empleada por un currutaco de Lima* anotó, día por día, el vacío ¿de quién?, ¿de un petimetre típico? Creemos que más bien de su propia vida. Era un egocéntrico, y culpaba a los criollos de sus fracasos económicos y sociales. Se sentía perseguido. Lo que le pasaba es que no acababa de adaptarse. Se asoció a los españoles en la reacción anticriolla.

Esteban de Terralla y Landa

LIMA POR DENTRO Y FUERA

(Fragmentos)

5
¿Por Lima intentas dejar
el más poderoso Imperio,[1]
la más apreciable zona,
y el más provechoso seno?
¿Por Lima intentas dejar
10
la madre de los ingenios,
la escuela de la pintura,
de la academia, los metros?
¿Por Lima? ¡Terrible absurdo!
¡Notabilísimo exceso!
15
¿Dejar sin duda una gloria,
por un conocido infierno?
¿Por una sombra, una luz,
por un eclipse, un lucero,
por una muerte, una vida,
20
y un gusto por un tormento?

¡Oh! ¡Cómo yo te infundiera
un vivaz conocimiento,
para que reconocieses
lo que va de Reino a Reino!
Yo que en aquella ciudad
tantos aprendí escarmientos,
tantas adquirí experiencias,
tantos conseguí recuerdos.
Yo que en aquella ciudad
tantos escuché lamentos,
tantas observé desdichas,
tantos miré desconsuelos.
No puedo, no, como amigo,
dejarte sin mis consejos,
pues el daño que padezcas
lo iré yo también sufriendo.
Caudal tienes, eres joven,
galán, bizarro y discreto,
escollos pues con que muchos
en el Perú se perdieron.

[1] Se refiere a México.

Y para que reconozcas
de ese tu rumbo lo incierto,
pon atención a mis voces,
escucha pues mis acentos. [...]

Que una dice que es casada,
otra que es del monasterio,
haciéndose de las monjas
la que fué de otros conventos.
 Que te pones a observar,
que ves bellísimos cuerpos
con las almas de leones,
y las pieles de corderos.
 Que son ángeles con uñas
todo remilgos y quiebros,
todo cotufos y dengues,
todo quites y arremuecos.
 Todo artificio y ficción,
todo cautela y enredos,
todo mentira y trapaza;
todo embuste y fingimiento.
 Una lleva saya rota,[2]
buena media, manto nuevo,
buen zapato, y buena hebilla
mostrando un faldellín nuevo.
 Otra no tiene zarcillos,
y fingiendo corrimiento,
disimula la carencia
poniéndose barbiquejo.[3]
 Ésta viene de viuda
el rico luto luciendo,
siendo así que ha muchos años
que en su casa no hubo entierro.
 Aquélla conduce un hábito
como un hermano tercero,
que si de tercera fuese
le viniera más a pelo. [...]

Pasa otra muy melindrosa
de bello garbo, buen cuerpo,
que parece cada brazo
mano de chocolatero.
 Después se presenta otra
de artificioso meneo,
que voluntades conquista
del monte en descubrimientos. [...]

En las tiendas van entrando
con mil frívolos pretextos,
solicitando clarín
por tratar con trompeteros.
 Una por royal pregunta,   5
otra solicita velo,
y las más buscan encajes
de los babosos tenderos.
 Otra pregunta por puntas,
sin observar las que ha puesto   10
en otros varios encajes
dejando al amante preso.
 Todas con gran suavidad
y el rostro muy halagüeño
el flete ajustan por codos   15
en las reglas del palmeo.
 El mercader se enternece
tragando saliva presto,
los ojos le lagrimean,
brotando llamas por ellos.   20
 Preguntan después si hay medias
(que ellas suelen ser los medios
del principio de una quiebra
que necesita braguero).
 Él dice que sí, y sacando   25
va una de ellas escogiendo,
mientras que él escoge una
en su idea y pensamiento.
 Toma las que más le gustan,
pero sin tratar de precio;   30
porque sólo se contenta
con ver si se las ha puesto.
 Sólo una llega a pagarlas
pues no las paga en efecto,
ni el que es mercader por tal   35
ni otro algún almacenero.
 Con que las viene a pagar
el comerciante europeo,
que al Perú mandó memoria
con tan poco entendimiento.   40
 Y así en los libros de cuentas
solamente se ven ceros,
y otras cuentas de quebrados,
que jamás hacen enteros.
 Después de las medias van   45
los cintarazos, los velos,
(De espadas debían ser
contra todos los primeros). [...]

---

[2] Suelen disfrazarse con una saya toda rota, tapando la cara, y descubriendo sólo un ojo.
[3] La que no tiene pendientes, y quiere presentarse en los toros, comedias u otra publicidad, supone hallarse con dolor de muelas, y poniendo un pañuelo de la barbilla a la cabeza, oculta las orejas.

Verás que si las convidas
a cenar te aceptan luego,
llevando más comitiva
que el ejército de Creso.
5   Que sales aquella noche
con los parientes supuestos,
sin que puedas alcanzar
de do viene el parentesco.
   Que viene su primo, el padre,
10 el colegial, que es su deudo,
el soldado, que es su hermano,
el mercader, que es su yerno.
   El abogado, su tío,
el escribano, su suegro,
15 el capitán, su padrino,
el médico, que es su abuelo.
   El doctor, que es su pariente,
su camarada, el minero,
el músico, su vecino,
20 su conocido, el maestro.
   El cura, que es su entenado,
el inter, que es su casero,
el sacristán, que es padrastro,
y tú que allí eres su dueño.
25   De forma que sobra gente
en cosa de instante y medio,
para surtir una escuadra,
y formar dos regimientos.
   De esta manera caminan
30 llevándote al matadero,

y antes de salir de casa
ya va ajustado tu entierro.
   Y aunque seas gentilhombre
vas sólo el pagano hecho,
pues has de pagar las culpas
que los otros cometieron.
   Pone la madama el rumbo
hacia el café lo primero,
a donde pagas la farda,
sino fuere fardo entero.
   La niña nada apetece,
porque es muy corta de genio,
siendo capaz de tragarse
hasta el mismo cafetero.
   Una de ellas pide helados,
otra vino y bizcochuelos,
el padre pide sangría,
el doctor, ponche de huevos.
   El colegial, limonada,
horchata, quiere el minero,
barquillos, quiere el vecino,
la primita, dulces secos
   dejándote seco, y tanto,
en un punto todos ellos,
que de pura sequedad
agua pides al intento.
   Acabóse esta estación,
y la proa ponen luego,
a una fonda donde quedas
desfondado en un momento. [...]

(En *Biblioteca de Cultura Peruana*, Primera serie no. 9, Costumbristas y satiricos. París, 1938).

NOTICIA COMPLEMENTARIA

Por la naturaleza de nuestra Antología hemos tenido que dejar fuera algunos géneros que no se prestan a su reproducción fragmentaria, como el teatro. Digamos algo sobre esta literatura, no antologizable pero significativa.

Dijimos que el predominio que la filosofía escolástica tenía sobre toda la vida intelectual desde la Contrarreforma hizo difícil la penetración de principios racionalistas y métodos experimentales. Aun los espíritus más ávidos de conocimiento — como el peruano PEDRO DE PERALTA BARNUEVO: 1663-1743 — vacilan entre la verdad y la fe, salen al encuentro de las noticias de la filosofía y ciencia europeas pero retroceden sin atreverse a sumarse a ellas. La obra de Peralta Barnuevo, aunque dominada por los rasgos de la cultura barroca del siglo XVII, ofrece también las primicias del afrancesamiento neoclásico en América. Escribió teatro, en el que se nota la influencia de Corneille y de Molière. Ya que hablamos de teatro detengámonos ante un fenómeno curioso: la abundancia de producción teatral. El gusto por el teatro se repartía en todos los niveles: teatro aristocrático en palacios; teatro popular en corrales; teatro como diversión para todos en la «Casa de Comedias»; teatro religioso en los conventos. De la veintena de autores que se dedican al teatro en la primera mitad del siglo destaquemos al cubano SANTIAGO DE PITA (murió en 1755): su comedia *El Príncipe Jardinero* es una de las más líricas y elegantes de este período. El teatro, por su carácter social, es índice del refinamiento con que se imitan las costumbres cortesanas de España y de otros países europeos. La célebre actriz criolla Micaela Villegas, conocida como la Perricholi, reinó en Lima, de 1760 en adelante. Era amante del Virrey; y su gracia, su coquetería, su elegancia licenciosa, dieron a las colonias la misma nota de belleza y de placer que los europeos gozaban en sus cortes. Entremeses y sainetes hacen florecer, en la segunda mitad de este siglo, un nuevo tipo de costumbrismo. Coincide con la fundación de coliseos, costeados por hacendados y comerciantes gustosos de entretenimiento, en ciudades que se iban engrandeciendo económicamente mientras disminuía la industria minera de México y Lima, centros de teatro cortesano. Se representan, sí, obras de pretensioso corte neoclásico; pero se multiplican los sainetes criollos que hacen salir al escenario a los tipos populares de regiones americanas. Mejor índice de la creciente atención al teatro, sin embargo, es lo que pasa en ciudades donde lo había desde mucho tiempo atrás. La veintena de comedias que se representaban por mes en México o en Lima eran de autores españoles: los hispanoamericanos se dedicaban más a sainetes y piezas cortas. El repertorio de México y de Lima era casi el mismo que el de Madrid.

V

1808-1824

La Ilustración está transitando por nuevos caminos y, cuando menos lo esperemos, la veremos dialogando con voces que son ya románticas. Puesto que dentro de poco dejaremos la Ilustración para encararnos con el Romanticismo, conviene hacerle justicia. En el orden de la acción, la cultura iluminista hizo nobles esfuerzos para regenerar a España y sus colonias. En el orden de las ideas, ayudó a salir del pantano escolástico y afirmó el humanitarismo, la libertad, el progreso, la razón y los estudios de la naturaleza. En el orden de la literatura, realizó virtudes de claridad, orden, equilibrio y universalidad.

El liberalismo neoclásico. El Neoclasicismo fue la cara literaria de la Ilustración. Pero en los temas neoclásicos — el de la Naturaleza por ejemplo — se advierte cómo los escritores rebasan el marco racional y nos dan visiones sentimentales. Cada vez se venera más a la Naturaleza y se la mira, no tanto como un mecanismo (según hacían los racionalistas), sino como un organismo con fines. Otro de los temas de la literatura neoclásica fué la política. De la vieja palabra latina «liberalis» (lo propio del hombre libre) se derivó el adjetivo «liberal» y, justamente en estos años, los españoles e hispanoamericanos reunidos en las Cortes de Cádiz lo sustantivaron con sentido político y de ahí se acuñó el lema de «liberalismo» para caracterizar el sistema de creencias que se oponía al poder absoluto del Estado y de la Iglesia. Los temas políticos de la literatura neoclásica fueron, pues, los del liberalismo. El liberalismo fue la expresión política de una voluntad de dignificar al hombre que, en el fondo, implicaba la fe en que el hombre era dignificable. Libertad y Progreso fueron, pues, las dos claves de la época.

235

El liberalismo vivificó la literatura. La literatura había sido muchas veces un mero ejercicio académico, retórico, de entretenimiento más o menos frívolo. Ahora las minorías cultas hicieron de la literatura un acto vital. El neoclasicismo adquiría así nuevo empuje. Los intelectuales se sentían responsables de la libertad y el progreso de la sociedad americana. Gracias al liberalismo pudieron los poetas, maestros, escritores, oradores dar sentido ideal a una revolución y a una independencia que estallaron antes de que las colonias estuvieran preparadas. Porque si bien es cierto que había fuerzas económicas, sociales y políticas que se movían en ese sentido, también es verdad que fue la invasión napoleónica de España la que precipitó los acontecimientos y obligó a improvisar la emancipación.

La novela. Del grupo mexicano del período de la independencia vamos a destacar el mayor en edad y calidad: JOSÉ JOAQUÍN FERNÁNDEZ DE LIZARDI (México; 1776-1827). Comenzó escribiendo versos populacheros, generalmente satíricos, que publicaba en folletos para venderlos luego por las calles. Pero desde 1812 se puso a escribir prosas, donde brilló su talento. Se había educado en las tendencias liberales del pensamiento iluminista. Parece haber sido indiferente a la causa de la independencia, pero su liberalismo era auténtico: el mal no estaba para él en que las colonias perteneciesen a España, sino en que las instituciones atentaran contra la razón y la libertad. Denunciaba la responsabilidad de la Iglesia en la ignorancia popular, festejaba la abolición de la Inquisición, atacaba los vicios de las clases poderosas e insistía en la necesidad de una radical reforma social. El triunfo de la reacción absolutista en España restauró la Inquisición y Lizardi tuvo que disimular, aunque sin ceder. Cuando el censor condenó sus artículos periodísticos Lizardi decidió refugiarse en un nuevo tipo de literatura. Fue una decisión afortunada. Gracias a ella apareció la primera novela en Hispanoamérica: el *Periquillo Sarniento*, publicada en tres volúmenes sucesivos, en 1816 (a causa de la prohibición oficial el cuarto volumen aparecería póstumamente). Algunos rasgos externos del *Periquillo Sarniento* derivaban de la novela picaresca: relato en primera persona, realismo descriptivo, preferencia por lo sórdido, aventuras sucesivas en las que el héroe pasa de amo en amo y de oficio en oficio, sermones para hacer tragar la píldora amarga . . . Pero había también rasgos nuevos. Lizardi continúa el optimismo del racionalismo del siglo XVIII y pese a que, al describir las malas costumbres de la ciudad de México, parecía autor picaresco, no creó un pícaro. El Periquillo no es un pícaro sino un débil de carácter, arrojado a las malas influencias. El acierto de Lizardi estuvo en llenar ese vacío de la voluntad del héroe con la resaca social de su época. La filiación literaria de Lizardi viene del siglo XVIII: por eso su novela se parece más a la picaresca de Lesage, del Padre Isla, de Torres y Villarroel que a la del barroco. En general el *Periquillo* está en la tradición realista. Un realismo que no toma en serio sus temas, sino que los rebaja al plano estilístico de lo cómico. Las desgracias que le ocurren al protagonista se deben a su incapacidad de vivir de acuerdo a normas racionales y virtuosas. Cada capítulo es un paso en el desarrollo de una filosofía. Se quiere demostrar que un muchacho débil de carácter y mal educado por las ínfulas aristocráticas de la madre, al caer, cae por estas miserias: cueva de tahures, hospital, cárcel, trabajos con escribano, barbero, boticario ... Lizardi aspiraba a algo más que a describir una sociedad: quería mejorarla. No era un «filósofo ilustrado» (de esos que rompieron con la Iglesia), sino un «filósofo cristiano» (de los que se proponían conciliar el catolicismo con el liberalismo). Desgraciadamente era más moralizador que artista y sacrificó la libertad narrativa. Aun dejando aparte los sermones morales, el propósito de reforma es tan ostensible que aparece en la construcción misma de los episodios: recuérdense, en los primeros capítulos, las tres escuelas a que va sucesivamente Periquillo; la primera con un maestro bueno pero ineficaz; la segunda, con un maestro eficaz pero malo; y la tercera, síntesis de todas las virtudes pedagógicas que el autor ofrece como solución. Esto es, que Lizardi no niega que haya caminos abiertos al bien; sólo quiere mostrar lo grueso, lo común, lo típico de la vida de su tiempo. Actitud de costumbrista, no visión menoscabadora de valores, como en la picaresca. Otra buena obra de Lizardi fue *Don Catrín de la Fachenda*. Ha aprendido el arte de contar y cuenta sin distraerse con digresiones. No tiene el abigarramiento de los cuadros costumbristas del *Periquillo*, pero es más novela: la acción corre con gracia, de episodio en episodio, y se cierra como una obra de equilibradas proporciones. Inferiores, artísticamente, son sus otras dos novelas: *La Quijotita y su prima* (1818) y *Noches tristes* (1818). Escribió, además, fábulas y piezas teatrales. Son sus novelas lo más original que se produjo en América durante los años en que las colonias luchaban por su independencia.

El relato que a continuación reproducimos es típico de la literatura alegórica, satírica y costumbrista que, desde los tiempos de Quevedo, se cultivó en España y en sus colonias.

José Joaquín Fernández de Lizardi

LOS PASEOS DE LA EXPERIENCIA

La más violenta devanadera en todo su ejercicio no da más vueltas que mi pensamiento sobre todas las cosas imaginables; y como es tan ligero, y no se sujeta a tiempos ni lugares, anda saltando de reino en reino, de época en época y de siglo en siglo. De esta manera tan presto soy estadista como general; unas veces soy médico, otras eclesiástico, ya artesano, ya labrador, ya comerciante, ya marinero, ya soldado y, finalmente, un *Petrus in cunctis*,[1] un entremetido y un murmurador (pues, de los vicios; no de las personas). Quisiera decirle a cada uno cuántas son cinco; no para su confusión, sino para su enmienda y pública utilidad. Apeteciera que volviesen a aparecer los sencillos tiempos de los Quevedos, de los Franciscos Santos, de los Morales y de otros muchos sabios de nuestra nación,[2] que reñidos constantemente con la lisonja tenían declarada eterna guerra al vicio. Pero pues esto no se puede y nos debemos conformar con los tiempos, ya que yo no pueda igualar en el ingenio y la gracia a aquéllos y otros ¿quién será capaz de desnudarme, a lo menos del ejercicio de pensador?[3] Nadie por cierto, porque el pensar es una facultad que Dios liberalmente nos concede, y así yo me consuelo con tener dentro de mi cerebro un amigo permanente con quien platicar y divertirme a todas horas, sin riesgo de que no se sepan sus errores, ni se interpreten, por mal explicados, sus más sanos sentimientos.

En esta batahola de discursos suelo entretener los ratos ociosos y las amarguras de mi soledad y desamparo. Entre ellos pensaba el lunes próximo en la bulla que habría por la tarde en las inmediaciones del Hospital de San Hipólito con el motivo — antes piadoso, y ya en nuestros días de pura curiosidad — de ir a ver los pobres dementes, que padecen allí las penas que no saben ellos mismos. Costumbre viciosa y reprensible, como una de tantas, si no se va a socorrerlos o a tomar lecciones útiles en su desgracia; pues yo no sé por qué causa se ha de hacer pasatiempo de las enfermedades o miserias del género humano.

Jamás he entrado en aquella casa hospitalaria, ni mi corazón sensible ha tenido por objeto de recreación las desgracias de mis semejantes; pero como la privación es causa del apetito este año se me antojó vivísimamente ir a ver aquellos pobres enfermos, por endulzar entre sus trabajos las amarguras de mi espíritu.

Embebecida mi imaginación con estos pensamientos cené a lo loco y me dormí como un lirón. Pero apenas el perezoso Morfeo[4] había embargado mis sentidos con su narcótico beleño cuando me pareció escuchar por los aires un terrible rumor a manera de torbellino, a cuya estrepitosa novedad alcé los ojos, y al punto descolgándose sobre mí una densa nube me concibió en su seno, y en un momento me abortó en un carro que tiraba un alado viejo armado de guadaña, que (a lo que después supe) era el Tiempo.

Aún no bien desembarazadas mis potencias de tamaña inopinada aventura, se quedaron absortos mis sentidos al advertirme sentado junto a la diosa de las gracias, que por tal califiqué a una hermosa ninfa que ocupaba la magnífica testera del majestuoso carro.

No sabían mis hidrópicos ojos si hartarse en contemplar la belleza de la ninfa o admirarse de la brillantez de sus riquísimos vestidos; y en este estático silencio permaneciera muchas horas si ella, abriendo el fragante clavel de sus labios, no despertara mi asombro diciéndome:

— Pobre mortal, cesa de maravillarte, vuelve en ti, no temas. ¿Me conoces?

A tan dulces y consoladoras palabras, como de un pesado sueño me recobré, y con algún aliento la dije:

— Deidad, señora o lo que seáis: no he tenido jamás hasta hoy la exquisita dicha de haber visto tan peregrina hermosura, ni creo que haya mortal que pueda disputarme la gloria de haber sido el primero en el goce de tanta dicha.

— Te engañas, miserable — me contestó —; tú y todos los humanos me conocéis; me habéis tratado muy de cerca; pero no os sabéis aprovechar de mis visitas.

A este tiempo se le cayó un hermoso brillante de la mano. Yo, comedidamente, me bajé a levantarlo; pero ¡cuál fué mi sorpresa! cuando al dárselo ví, no ya a la diosa de la hermosura, sino al compendio de la fealdad. Ví una andrajosa vieja, cuyo rostro deforme lo hacía más abominable un mirar centelleante

---

[1] *Pedro en todo*, locución que censura a los que en todo quieren meterse sin entender de nada.
[2] Lizardi se refiere a los relatos, en forma de alegorías morales y de cuadros costumbristas, de los *Sueños* de Francisco de Quevedo (1580–1645) y *Día y noche en Madrid* (1663) de Francisco Santos.
[3] Alusión a su seudónimo de *El Pensador Mexicano*.
[4] Dios de los ensueños, hijo de la Noche y del Sueño.

y amenazador, que vomitaba tragedias y pronosticaba muertes, y con una ronca voz, más terrible que el estallido del rayo, me dijo:

— ¿Me conoces, mortal desventurado?

Mi respuesta fué quererme arrojar a los abismos por uno de los costados del carro, y lo hubiera verificado si ella no me hubiera contenido a mi pesar. No obstante yo no osaba abrir los ojos por no volver a ver aquella furia del infierno, y deseaba hallarme en el calabozo más inmundo a trueque de no estar al lado de semejante monstruo.

Pasados los primeros instantes de mi turbación volvió a hablarme con una voz suavísima, diciéndome:

— Querido mortal, no temas. Estos asombros no son para tu daño, sino para tu felicidad, y de tus semejantes.

Diciendo esto, y pasando su diestra y delicada mano por mi exangüe mejilla, me abrazó y reclinó mi cabeza sobre su pecho.

El insinuante sonido de su voz, la suavidad de su tacto y el aromático olor que despedía su ropaje me conformó y animó a volver a mirar al objeto de mis sustos y mis delicias. Víla otra vez, y la ví tan hermosa, graciosa y placentera como al principio. Y ya más atrevido que valiente la pregunté:

— ¿Eres la divina Citerea[5] o la desgraciada Medusa[6]? ¿Eres la bella que estoy viendo o el espantoso espectro que poco ha me acobardaba? Sácame, te ruego, de tan confuso y oscuro laberinto.

— No soy Venus ni Medusa ni algún ente real de los que dices. Y a pesar de esto me conoces, y muchas veces me has visto, tú y todos los mortales. Sal de dudas. Soy la *experiencia,* y vosotros no conocéis otra cosa mejor. Todos los días andáis diciendo en el gran mundo: «ya tengo mucha experiencia, no me sucederá otra vez»; «esto me sucedió porque no tenía experiencia.» Otro dice: «que tal, y lo que pasó a Fulano, no me acontecerá a mí porque ya he experimentado en cabeza ajena.» Otros a cada cosa funesta que ven dicen: «experiencia, experiencia.» Otros se jactan de muy seguros, porque se creen llenos de «experiencia», y otros añaden que la «ex-

periencia es madre de la ciencia», y después de tanto garlar, apenas pasa el peligro (que es el tiempo de mis visitas) no se vuelven a acordar de mí, y aseguran (como tú) que no me conocen. El haberme visto transformada en una furia terrible, y verme ahora una dama apreciable, significa que la experiencia no siempre es una, porque la adversa para unos puede ser favorable para otros, y al contrario. Por eso necesitáis mucho tino y prudencia para saber aprovecharos de la experiencia, ya propia, ya ajena, ya favorable, ya adversa; y no olvidarse nunca de mis sabios avisos, que suelen ser caros algunas veces; pero enseñan siempre, como sepa el discípulo aprovecharse de mis lecciones. Y pues ya sabes con quién caminas, y no puedes dejar de conocer que te amo, logra sin susto mis favores y participa este suceso a tus hermanos para su general aprovechamiento, advirtiéndoles que yo los amo. Pero soy muy celosa, y suelo, si una vez me desprecian y abandonan mis consejos, no volver a visitarlos, sino que los dejo en las manos de sus temeridades y caprichos.

—Yo os doy—respondí—las más rendidas gracias, bellísima beldad, por tan claro desengaño, y propongo aprovecharme de vuestros prudentes documentos. Pero ¿no tendréis la bondad de decirme a dónde vamos por estas, para mí, incógnitas regiones, y quién es ese viejo que tan ligeramente conduce nuestro sereno carruaje?

— Vamos — me dijo — por los espacios imaginarios, y ese cochero es el Tiempo, inseparable compañero de la experiencia. Yo te he sacado de tu molesta habitación para saciarte la gana que tenías de ver los locos. Pero no ha de ser en el hospital, pues estos pobrecitos no tanto prestan motivo de enseñanza y de admiración cuanto de lástima. Yo te voy a mostrar los locos que andan sueltos, y los que hacen vanidad de sus locuras.

Decir esto y acercarse el carro a una populosa ciudad todo fué igual. Yo, lleno de admiración, exclamé:

— Según las torres, edificios y trajes que aquí advierto me parece que original o pintado otra vez he visto este lugar. ¿Es aquí, por

---

[5] Uno de los nombres de Venus, tomado de la isla de Citera donde la diosa tenía un magnífico templo.

[6] Una de las tres Gorgonas, monstruos fabulosos.

ventura, donde tengo de ver esos locos con apariencia de cuerdos?

— Sí, aquí es — me dijo.

— ¡Oh! ¡Y no sea mi patria — repliqué — la que merezca llamarse la ciudad de los locos!

— No te dé pena — me respondió — que para el caso lo mismo es Londres, París o Filadelfia. Tú mismo has dicho que todos los hombres son unos, susceptibles de vicios y virtudes, y que en todas partes abundan más los malos que los buenos. Ahora falta prevenirte que la locura no es otra cosa que la falta de juicio, y ésta se gradúa según la más o menos extravagancia de las operaciones de los hombres. En esta inteligencia ve mirando algunos locos que pasan en el mundo por muy cuerdos. Mira aquellos que cargados de papeles entran y salen con el mayor afán en las oficinas, tribunales y casas de particulares, pues esos son pleiteantes, y los más de ellos tan locos que, después de uno o dos años de litigio, se quedan con el pleito perdido y sin blanca, entre el abogado, escribano, relator, agente y demás oficiales del arte; porque, en fin, todos deben comer de su trabajo; y hay pleitos cuyos costos importan más que lo que se disputa. Si los hombres no fueran tan locos probaran, antes de comenzar un litigio, todos los caminos de la paz y la justicia, y entraran mejor en la composición menos ventajosa, que seguir el pleito más interesante; pero no tienen remedio, y han dado en eso y lo peor es que muchos de estos han acabado en San Hipólito, para comprobar su locura de una vez. Mira aquellos jóvenes azucarados derritiendo sus corazones en obsequio de unas hermosuras, cuya soberbia no aspira más que a multiplicar el número de sus necios adoradores, y si por fortuna distingue a alguno de su cariño, no es más que para habilitar su cabeza en pocos días de aquello de que se hacen los tinteros.[7] Porque tú no dudes que la mujer muy hermosa (por lo común) es el peor enemigo del hombre. Si es honrada tiene que defenderse y defenderla de los seductores. Si no lo es tiene que guardarse de ella y de ellos. ¡Cuántos pobres han acabado en los presidios, en las cárceles, en San Hipólito y en las manos de los asesinos y de ellas mismas, sin más delito que tener mujeres hermosas! La demasiada belleza es buena para admirarla, pero no para poseerla, pues no sólo se expone a perderse, sino a perderse el dueño juntamente. Mira . . . Pero yo no podré mostrarte en este rato la multitud de locos que vagan impunes por esas calles, porque son innumerables. Sólo sí te manifestaré una clase de locos que se llaman *ricos*, que son los más rematados, porque a título de su nombre no sólo no hay quien les manifieste su enfermedad, sino que les sobran otros locos (que se llaman aduladores) que les apoyan y aun canonizan sus más indignas operaciones, y de este modo, después de hacer en el mundo el papel que pueden, se hallan a la boca del sepulcro cargados de la iniquidad y desnudos de la riqueza en que garantían sus perversas acciones . . . Velos . . . Mira la ostentación de sus personas, el lujo de sus casas, lo opíparo de sus mesas, lo brillante de sus carrozas y el rumboso aparato de cuanto les pertenece. Pero advierte también la indiferencia o desprecio con que se desdeñan de los pobres. Nota la fatuidad con que se creen superiores al resto de los míseros mortales. Míralos a ver si por fortuna se acercan a las cárceles, a los hospitales y a las miserables accesorias[8] de los infelices. Mira si la doncella huérfana, si la pobre viuda, si el desdichado pupilo, si el mísero mendigo ni otro despojo de la desgracia es capaz de hallar en ellos el asilo de sus cuitas; y verás que no sólo no extienden sobre ellos la mano avara para socorrerlos, pero ni aun la vista para consolarlos. Estos pobres locos se van al infierno en coche, y cantando y comiendo alegremente, sólo por su dureza e insensibilidad, aun cuando no tuvieran otras culpas. Esto es de fe. Ellos piensan que el dar limosna es una accion graciosa y de supererogación; de suerte que el que quisiere la dará, y el que no, no. ¡Miserables ricos! Se engañan o hacen que se engañan. La limosna obliga de justicia al que la puede hacer: *Alter alterius onera portate*,[9] dice el Señor. No es menester

---

[7] Alusión al cuerno, asta de la que se fabricaban tinteros, y al «cornudo», el hombre engañado por una mujer.

[8] Habitaciones baratas.

[9] «Que lleve cada uno la carga del otro» (S. Pablo, Gálatas, VI-2).

latines, claro está, y en buen castellano, en el catecismo, no menos que de asesinos califica a estos ricos indolentes. Pregunta sobre el quinto mandamiento, «¿Hay a más de esto, otras maneras de matar?» y responde, «Sí hay, escandalizando o no ayudando al gravemente necesitado.» Conque lo mismo es no socorrer al pobre en grave necesidad que matarlo. ¡Válgame Dios, y cuantos matadores hay en México, donde sobran necesidades!

— Almas sensibles — exclamé — ¿cómo es posible se gasten tantos pesos inútilmente, y no se dediquen algunos al socorro de los desvalidos? ¿Cómo se podrán ver con ojos enjutos las lágrimas de tantos infelices, que acosados de la hambre, desnudez y enfermedad gimen en vano a las puertas de la opulencia? Y ¿cómo hay corazones tan petrificados que no sólo no ayudan a la humanidad abatida, sino, lo que es más criminal, la maltratan y zahieren con crueldad?

— ¿Quieres aún ver más locos que pasan en el mundo por cuerdos? — me dijo mi amable compañera.

— No — la respondí — que está ya bastante comprimido mi espíritu.

— Pues adiós — me dijo —, que es tarde y la Experiencia hace falta a muchos.

Y diciendo esto se volcó el carro y, cayendo yo, a mi parecer, en el patio de mi hospital, fué tal el susto que recibí del golpe que con la mayor congoja desperté, dando gracias a Dios de hallarme en mi cama, y en estado de poder escribir a mis hermanos estas breves lecciones que me dió, aunque entre sueños, la experiencia.

(De *Noches tristes y Día alegre*, Selecciones de Agustín Yáñez, México, 1944),

La poesía neoclásica. En la poesía se describieron las guerras de la independencia; y Bolívar fue el héroe. Cantidad de cantores. El mayor: JOSÉ JOAQUÍN DE OLMEDO (Ecuador; 1780–1847). Escribió unas noventa composiciones poéticas. Cubren un largo período, de 1802 a 1847, con largos intervalos porque solía fallarle la capacidad poética y hasta la vocación. Pero hay dos poemas de Olmedo que se levantan sobre el nivel de su tiempo no sólo en América, y son «La victoria de Junín: Canto a Bolívar» (1825) y «Al general Flores, vencedor en Miñarica» (1835). La importancia histórica de ambos episodios sacudió la vocación de Olmedo y lo decidió a trabajar ahí con todas las fuerzas de su arte, que era grandilocuente no sólo por deliberada imitación a la elocuencia de los grandes modelos sino porque su alma tendía al énfasis; y así se dio el caso de que un poeta, componiendo con toda frialdad, astucia, lentitud y mucho estudiar y retocar, lograra efectos de incendio y de vendaval. Olmedo que por las dos odas mencionadas pasa por inflamado y vehemente, era en el fondo sobrio, moderado, reflexivo, sensato. Gracias a la correspondencia entre Olmedo y Bolívar y a las variantes de edición se conoce la génesis de «La victoria de Junín.» Parece que Bolívar le pidió que cantase «nuestros últimos triunfos» (aunque exigiéndole que su nombre no apareciese). Olmedo empezó a concebir su poema al enterarse de la batalla de Junín (agosto de 1824); pero fue la victoria de Ayacucho (9 de diciembre del mismo año) la que le inspiró una oda grandiosa, con Bolívar como héroe, sí, pero estructurada de tal modo que apareciera no sólo Junín (donde peleó Bolívar) sino Ayacucho (de la que Bolívar estuvo ausente). Para unir ambas batallas en el mismo relato Olmedo recurrió a un truco viejo en la escuela épica: una aparición sobrenatural que profetiza, después de la victoria de Junín, la victoria más decisiva de Ayacucho. Es Huayna-Capac, el último Inca que poseyó integro el Imperio. El discurso que Olmedo pone en boca del indio es típico de la filosofía humanitaria de la época. Olmedo no abogaba, ni mucho menos, la restauración de los Incas, pero los hombres de su generación — tanto españoles como criollos — se habían inventado un indianismo sentimental que les servía para condenar las crueldades de la conquista y, de paso, luchar contra el absolutismo político. En el fondo este canto a la independencia continúa el pensamiento liberal de los mismos españoles que, por otra parte, estaban revalidando a Las Casas y escribiendo novelas y dramas históricos con temas indigenistas. Otro rasgo de la política de esos años es que Olmedo (o, mejor dicho, Huayna-Capac) habla de los pueblos de América como «de un pueblo solo y una familia.» La verdadera hazaña — dice — no está en derrotar a España, sino en crear una federación hispanoamericana de provincias laboriosas y libres. Tanto se exigía Olmedo, que se desanimó por las imperfecciones de sus versos y llegó a creer que había fracasado. Sin embargo, «La victoria de Junín» es una de las mejores odas de nuestra historia literaria. No sólo fué Olmedo el cantor de las últimas guerras de la Independencia: diez años después le tocó cantar las guerras civiles. «Al general Flores, vencedor en Miñarica» es una oda aun más lograda que la ofrecida a Bolívar, por la espontaneidad con que los versos corren y el sentimiento se desnuda. Sentimiento de horror ante la anarquía y el fratricidio que empezaban a despedazar la América grande y unida que antes había celebrado.

José Joaquín de Olmedo

LA VICTORIA DE JUNÍN: CANTO A BOLÍVAR

El trueno horrendo que en fragor revienta
y sordo retumbando se dilata
por la inflamada esfera,
al Dios anuncia que en el cielo impera.

Y el rayo que en Junín rompe y ahuyenta
la hispana muchedumbre
que, más feroz que nunca, amenazaba,
a sangre y fuego, eterna servidumbre,
y el canto de victoria
que en ecos mil discurre, ensordeciendo
el hondo valle y enriscada cumbre,
proclaman a Bolívar en la tierra
árbitro de la paz y de la guerra.

Las soberbias pirámides que al cielo
el arte humano osado levantaba
para hablar a los siglos y naciones
— templos do esclavas manos
5 deificaban en pompa a sus tiranos —,
ludibrio son del tiempo, que con su ala
débil, las toca y las derriba al suelo,
después que en fácil juego el fugaz viento
borró sus mentirosas inscripciones;
10 y bajo los escombros, confundido
entre la sombra del eterno olvido
— ¡oh de ambición y de miseria ejemplo! —
el sacerdote yace, el Dios y el templo.

15

Mas los sublimes montes, cuya frente
a la región etérea se levanta,
que ven las tempestades a su planta
20 brillar, rugir, romperse, disiparse,
los Andes, las enormes, estupendas
moles sentadas sobre bases de oro,
la tierra con su peso equilibrando,
jamás se moverán. Ellos, burlando
25 de ajena envidia y del protervo tiempo
la furia y el poder, serán eternos
de libertad y de victoria heraldos,
que con eco profundo
a la postrema edad dirán del mundo:
30 «Nosotros vimos de Junín el campo,
vimos que al desplegarse
del Perú y de Colombia las banderas
se turban las legiones altaneras,
huye el fiero español despavorido,
35 o pide paz rendido.
Venció Bolívar, el Perú fué libre,
y en triunfal pompa Libertad sagrada
en el templo del Sol fué colocada.» [. . .]

40

¿Quién es aquel que el paso lento mueve
sobre el collado que a Junín domina?
¿que el campo desde allí mide, y el sitio
45 del combatir y del vencer desina?
¿que la hueste contraria observa, cuenta
y en su mente la rompe y desordena,
y a los más bravos a morir condena,
cual águila caudal que se complace
50 del alto cielo en divisar la presa
que entre el rebaño mal segura pace?

¿Quién el que ya desciende
pronto y apercibido a la pelea?
Preñada en tempestades le rodea
nube tremenda; el brillo de su espada
es el vivo reflejo de la gloria;
su voz un trueno, su mirada un rayo.
¿Quién aquel que al trabarse la batalla,
ufano como nuncio de victoria,
un corcel impetuoso fatigando
discurre sin cesar por toda parte . . . ?
¿Quién, sino el hijo de Colombia y Marte?

Sonó su voz: «Peruanos,
mirad allí los duros opresores
de vuestra patria; bravos Colombianos
en cien crudas batallas vencedores,
mirad allí los enemigos fieros
que buscando venís desde Orinoco:
suya es la fuerza y el valor es vuestro,
vuestra será la gloria;
pues lidiar con valor y por la patria
es el mejor presagio de victoria.
Acometed, que siempre
de quien se atreve más el triunfo ha sido:
quien no espera vencer, ya está vencido.» [. . .]

Ya el formidable estruendo
del atambor en uno y otro bando
y el son de las trompetas clamoroso,
y el relinchar del alazán fogoso,
que erguida la cerviz y el ojo ardiendo,
en bélico furor, salta impaciente
do más se encruelece la pelea,
y el silbo de las balas, que rasgando
el aire, llevan por doquier la muerte,
y el choque asaz horrendo
de selvas densas de ferradas picas,
y el brillo y estridor de los aceros
que al sol reflectan sanguinosos visos,
y espadas, lanzas, miembros esparcidos
o en torrentes de sangre arrebatados,
y el violento tropel de los guerreros
que más feroces mientras más heridos,
dando y volviendo el golpe redoblado,
mueren, mas no se rinden . . . todo anuncia
que el momento ha llegado,
en el gran libro del destino escrito,
de la venganza al pueblo americano,
de mengua y de baldón al castellano. [. . .]

Tal el héroe brillaba
por las primeras filas discurriendo.
Se oye su voz, su acero resplandece,
do más la pugna y el peligro crece.
Nada le puede resistir . . . Y es fama,
— ¡oh portento inaudito! —
que el bello nombre de Colombia escrito
sobre su frente, en torno despedía
rayos de luz tan viva y refulgente
que, deslumbrado el español, desmaya,
tiembla, pierde la voz, el movimiento,
sólo para la fuga tiene aliento.

Así cuando en la noche algún malvado
va a descargar el brazo levantado,
si de improviso lanza un rayo el cielo,
se pasma, y el puñal trémulo suelta,
hielo mortal a su furor sucede,
tiembla, y horrorizado retrocede.
Ya no hay más combatir. El enemigo
el campo todo y la victoria cede;
huye cual ciervo herido, y adonde huye,
allí encuentra la muerte. Los caballos
que fueron su esperanza en la pelea,
heridos, espantados, por el campo
o entre las filas vagan, salpicando
el suelo en sangre que su crin gotea,
derriban al jinete, lo atropellan,
y las catervas van despavoridas,
o unas con otras con terror se estrellan.

Crece la confusión, crece el espanto,
y al impulso del aire, que vibrando
sube en clamores y alaridos lleno,
tremen las cumbres que respeta el trueno.
Y discurriendo el vencedor en tanto
por cimas de cadáveres y heridos
postra al que huye, perdona a los rendidos.

Padre del universo, Sol radioso,
dios del Perú, modera omnipotente
el ardor de tu carro impetüoso,
y no escondas tu luz indeficiente . . .

¡Una hora más de luz![1] . . . Pero esta hora
no fué la del destino. El dios oía
el voto de su pueblo; y de la frente
el cerco de diamantes desceñía.
En fugaz rayo el horizonte dora,   5
en mayor disco menos luz ofrece
y veloz tras los Andes se obscurece.

Tendió su manto lóbrego la noche: 10
y las reliquias del perdido bando,
con sus tristes y atónitos caudillos,
corren sin saber dónde, espavoridas,
y de su sombra misma se estremecen;
y al fin, en las tinieblas ocultando   15
su afrenta y su pavor, desaparecen.

¡Victoria por la Patria! ¡oh Dios! ¡victoria!
¡Triunfo a Colombia y a Bolívar gloria!   20

Ya el ronco parche y el clarín sonoro
no a presagiar batalla y muerte suena
ni a enfurecer las almas, mas se estrena   25
en alentar el bullicioso coro
de vivas y patrióticas canciones.
Arden cien pinos,[2] y a su luz, la sombras
huyeron, cual poco antes desbandadas
huyeron de la espada de Colombia   30
las vandálicas huestes debeladas.[3]

El torno de la lumbre,
el nombre de Bolívar repitiendo
y las hazañas de tan claro día,   35
los jefes y la alegre muchedumbre
consumen en acordes libaciones
de Baco y Ceres[4] los celestes dones.

«Victoria, paz — clamaban —,
paz para siempre. Furia de la guerra,   40
húndete al hondo averno,[5] derrocada.
Ya cesa el mal y el llanto de la tierra.

---

[1] La acción de Junín empezó a las cinco de la tarde: la noche sobreviniendo tan pronto impidió la completa destrucción del ejército real. (Nota de Olmedo).

[2] Antorchas.
[3] Debelar: rendir con las armas al enemigo.
[4] Baco, dios del vino; Ceres, diosa de la agricultura.
[5] Infierno.

Paz para siempre. La sanguínea espada,
o cubierta de orín ignominioso,
o en el útil arado trasformada,
nuevas leyes dará. Las varias gentes
5 del mundo, que a despecho de los cielos
y del ignoto ponto proceloso,
abrió a Colón su audacia o su codicia,
todas ya para siempre recobraron
en Junín libertad, gloria y reposo.»
10   Gloria, mas no reposo — de repente
clamó una voz de lo alto de los cielos —;
y a los ecos los ecos por tres veces
«Gloria, mas no reposo», respondieron.
15 El suelo tiembla, y cual fulgentes faros,
de los Andes las cúspides ardieron;
y de la noche el pavoroso manto
se trasparenta y rásgase y el éter
allá lejos purísimo aparece,
20 y en rósea luz bañado resplandece.
Cuando improviso, veneranda Sombra,
en faz serena y ademán augusto,
entre cándidas nubes se levanta:
del hombro izquierdo nebuloso manto
25 pende, y su diestra aéreo cetro rige;
su mirar noble, pero no sañudo;
y nieblas figuraban a su planta
penacho, arco, carcax, flechas y escudo;
una zona de estrellas
30 glorificaba en derredor su frente
y la borla imperial de ella pendiente.

   Miró a Junín; y plácida sonrisa
vagó sobre su faz. «Hijos, — decía —,
35 generación del sol afortunada,
que con placer yo puedo llamar mía,
yo soy Huaina Capac[6]; soy el postrero
del vástago sagrado;
dichoso rey, mas padre desgraciado.
40 De esta mansión de paz y luz he visto
correr las tres centurias
de maldición, de sangre y servidumbre
y el imperio regido por las Furias.[7]

No hay punto en estos valles y estos cerros
que no mande tristísimas memorias.
Torrentes mil de sangre se cruzaron
aquí y allí; las tribus numerosas
al ruido del cañón se disiparon,
y los restos mortales de mi gente
aun a las mismas rocas fecundaron.
Más allá un hijo[8] expira entre los hierros
de su sagrada majestad indignos . . .
Un insolente y vil aventurero
y un iracundo sacerdote fueron[9]
de un poderoso Rey los asesinos . . .
¡Tantos horrores y maldades tantas
por el oro que hollaban nuestras plantas! [. . .]

   ¡Guerra al usurpador! — ¿Qué le debemos?
¿Luces, costumbres, religión o leyes . . . ?
¡Si ellos fueron estúpidos, viciosos,
feroces y por fin supersticiosos!
¿Qué religión? ¿la de Jesús? . . . ¡Blasfemos!
Sangre, plomo veloz, cadenas fueron
los sacramentos santos que trajeron.
¡Oh religión! ¡Oh fuente pura y santa
de amor y de consuelo para el hombre!
¡cuántos males se hicieron en tu nombre!
¿Y qué lazos de amor? . . . Por los oficios
de la hospitalidad más generosa
hierros nos dan; por gratitud, suplicios.
Todos, sí, todos, menos uno solo;
el mártir del amor americano,
de paz, de caridad apóstol santo;
divino Casas,[10] de otra patria digno.
Nos amó hasta morir. — Por tanto ahora
en el empíreo entre los Incas mora.» [. . .]

   El Inca esclarecido
iba a seguir, mas de repente queda
en éxtasis profundo embebecido:
atónito, en el cielo
ambos ojos inmóviles ponía,
y en la improvisa inspiración absorto,
la sombra de una estatua parecía.

---

[6] Emperador inca que murió antes de la conquista de Pizarro. Dividió su imperio entre sus hijos Huascar y Atahualpa.

[7] Nombre que comprende las Euménides y las Erinias, divinidades griegas del remordimiento, ministros a las órdenes de los grandes dioses para el castigo de los culpables.

[8] Se refiere a Atahualpa, preso por Pizarro.

[9] Pizarro y el P. Valverde, que justificó los actos de aquél y le sirvió de consejero.

[10] Fray Bartolomé de Las Casas, el defensor de los indios.

Cobró la voz al fin. «Pueblos, — decía —,
la página fatal ante mis ojos
desenvolvió el destino, salpicada
toda en purpúrea sangre, mas en torno
también en bello resplandor bañada.
Jefe de mi nación, nobles guerreros,
oíd cuanto mi oráculo os previene,
y requerid los ínclitos aceros,
y en vez de cantos nueva alarma suene;
que en otros campos de inmortal memoria
la Patria os pide, y el destino os manda
otro afán, nueva lid, mayor victoria.» [. . .]

Allí Bolívar[11] en su heroica mente
mayores pensamientos revolviendo,
el nuevo triunfo trazará, y haciendo
de su genio y poder un nuevo ensayo,
al joven Sucre[12] prestará su rayo,
al joven animoso,
a quien del Ecuador montes y ríos
dos veces aclamaron victorioso.
Ya se verá en la frente del guerrero
toda el alma del héroe reflejada,
que él le quiso infundir de una mirada.

Como torrentes desde la alta cumbre
al valle en mil raudales despeñados,
vendrán los hijos de la infanda Iberia,
soberbios en su fiera muchedumbre,
cuando a su encuentro volará impaciente
tu juventud, Colombia belicosa,
y la tuya, ¡oh Perú! de fama ansiosa,
y el caudillo impertérrito a su frente. [. . .]

Tuya será, Bolívar, esta gloria,
tuya romper el yugo de los reyes,
y, a su despecho, entronizar las leyes;
y la discordia en áspides crinada,[13]
por tu brazo en cien nudos aherrojada,
ante los haces santos confundidas
harás temblar las armas parricidas.

Ya las hondas entrañas de la tierra
en larga vena ofrecen el tesoro
que en ellas guarda el Sol, y nuestros montes
los valles regarán con lava de oro.
Y el pueblo primogénito dichoso[14]   5
de libertad, que sobre todos tanto
por su poder y gloria se enaltece,
como entre sus estrellas
la estrella de Virginia[15] resplandece,
nos da el ósculo santo   10
de amistad fraternal. Y las naciones
del remoto hemisferio celebrado,
al contemplar el vuelo arrebatado
de nuestras musas y artes,
como iguales amigos nos saludan,   15
con el tridente abriendo la carrera
la reina de los mares[16] la primera. [. . .]

Marchad, marchad guerreros,
y apresurad el día de la gloria;   20
que en la fragosa margen de Apurímac[17]
con palmas os espera la Victoria.»

Dijo el Inca; y las bóvedas etéreas   25
de par en par se abrieron,
en viva luz y resplandor brillaron
y en celestiales cantos resonaron.

Era el coro de cándidas Vestales,   30
las vírgenes del Sol, que rodeando
al Inca como a Sumo Sacerdote,
en gozo santo y ecos virginales
en torno van cantando
del sol las alabanzas inmortales: 35

«Alma eterna del mundo,
dios santo del Perú, padre del Inca,
en tu giro fecundo
                                            40
gózate sin cesar, Luz bienhechora,
viendo ya libre el pueblo que te adora.

---

[11] En el campo de Ayacucho fue la célebre victoria que predice el Inca y que fijó los destinos de la América. (Nota de Olmedo).

[12] Sucre fue nombrado por el Libertador general en jefe del ejército unido y mandó la acción de Ayacucho. (Nota de Olmedo).

[13] Las Gorgonas que en la mitología griega personifican la discordia, la perversidad, etc. Son tres hermanas monstruosas que tienen sierpes por cabellos.

[14] Los Estados Unidos de Norteamérica.

[15] El Estado de Virginia tiene sobre todos la gloria de ser la patria de Wáshington. (Nota de Olmedo).

[16] Inglaterra, la primera de las naciones de Europa que reconoció los nuevos Estados americanos.

[17] Río del Perú, cerca de Ayacucho.

La tiniebla de sangre y servidumbre
que ofuscaba la lumbre
de tu radiante faz pura y serena
se disipó, y en cantos se convierte
5 la querella de muerte
y el ruido antiguo de servil cadena.

Aquí la Libertad buscó un asilo,
10 amable peregrina,
y ya lo encuentra plácido y tranquilo,
y aquí poner la diosa
quiere su templo y ara milagrosa;
aquí olvidada de su cara Helvecia,
15 se viene a consolar de la ruïna
y en todos sus oráculos proclama
que al Madalén y al Rimac bullicioso
ya sobre el Tíber y el Eurotas ama.[18]

20

¡Oh Padre! ¡oh claro Sol! no desampares
este suelo jamás, ni estos altares.
Tu vivífico ardor todos los seres
anima y reproduce: por ti viven
25 y acción, salud, placer, beldad reciben.
Tú al labrador despiertas
y a las aves canoras
en tus primeras horas,
y son tuyos sus cantos matinales;
30 por ti siente el guerrero
en amor patrio enardecida el alma,
y al pie de tu ara rinde placentero
su laurel y su palma,
y tuyos son sus cánticos marciales.

35

Fecunda ¡oh Sol! tu tierra,
y los males repara de la guerra.

40

Da a nuestros campos frutos abundosos
aunque niegues el brillo a los metales,
da naves a los puertos,
pueblos a los desiertos,
45 a las armas victoria,
alas al genio y a las Musas gloria.

Dios del Perú, sostén, salva, conforta
el brazo que te venga,
no para nuevas lides sanguinosas,
que miran con horror madres y esposas,
sino para poner a olas civiles
límites ciertos, y que en paz florezcan
de la alma paz los dones soberanos,
y arredre a sediciosos y a tiranos.
Brilla con nueva luz, Rey de los cielos,
brilla con nueva luz en aquel día
del triunfo que magnífica prepara
a su Libertador la patria mía.
¡Pompa digna del Inca y del imperio
que hoy de su ruina a nuevo ser revive!

Abre tus puertas, opulenta Lima,
abate tus murallas y recibe
al noble triunfador que rodeado
de pueblos numerosos, y aclamado
Ángel de la esperanza
y Genio de la paz y de la gloria,
en inefable majestad avanza.

Las musas y las artes revolando
en torno van del carro esplendoroso,
y los pendones patrios vencedores
al aire vago ondean, ostentando
del sol la imagen, de iris los colores.
Y en ágil planta y en gentiles formas
dando al viento el cabello desparcido,
de flores matizado,
cual las horas del sol, raudas y bellas,
saltan en derredor lindas doncellas
en giro no estudiado;
las glorias de la patria
en sus patrios cantares celebrando
y en sus pulidas manos levantando,
albos y tersos como el seno de ellas,
cien primorosos vasos de alabastro
que espiran fragantísimos aromas,
y de su centro se derrama y sube
por los cerúleos ámbitos del cielo
de ondoso incienso transparente nube.

---

[18] El río Magdalena corre al mar por las cercanías de Bogotá, como el Eurotas por las cercanías de Esparta. El Rimac atraviesa Lima, como el Tíber a Roma. (Nota de Olmedo).

Cierran la pompa espléndidos trofeos
y por delante en larga serie marchan
humildes, confundidos,
los pueblos y los jefes ya vencidos:
allá procede el Ástur belicoso,
allí va el Catalán infatigable
y el agreste Celtíbero indomable
y el Cántabro feroz, que a la romana
cadena el cuello sujetó postrero,
y el Andaluz liviano
y el adusto y severo Castellano;
ya el áureo Tajo cetro y nombre cede,
y las que antes, graciosas
fueron honor del fabuloso suelo,
Ninfas del Tormes y el Genil,[19] en duelo
se esconden silenciosas;
y el grande Betis viendo ya marchita
su sacra oliva, menos orgulloso,
paga su antiguo feudo al mar undoso.

El sol suspenso en la mitad del cielo
aplaudirá esta pompa. — ¡Oh Sol; oh Padre,
tu luz rompa y disipe
las sombras del antiguo cautiverio,
tu luz nos dé el imperio,
tu luz la libertad nos restituya,
tuya es la tierra, y la victoria es tuya!»

Cesó el canto; los cielos aplaudieron,
y en plácido fulgor resplandecieron.

Todos quedan atónitos; y en tanto
tras la dorada nube el Inca santo
y las santas Vestales se escondieron.

Mas ¿cuál audacia te elevó a los cielos, [5]
humilde Musa mía? ¡Oh! no reveles
a los seres mortales
en débil canto arcanos celestiales.
Y ciñan otros la apolínea rama[20] [10]
y siéntense a la mesa de los dioses,
y los arrulle la parlera fama,
que es la gloria y tormento de la vida;
yo volveré a mi flauta conocida
libre vagando por el bosque umbrío [15]
de naranjos y opacos tamarindos,
o entre el rosal pintado y oloroso
que matiza la margen de mi río,
o entre risueños campos, do en pomposo
trono piramidal y alta corona [20]
la Piña ostenta el cetro de Pomona[21]
y me diré feliz si mereciere,
al colgar esta lira en que he cantado
en tono menos dino
la gloria y el destino [25]
del venturoso pueblo americano,
y me diré feliz si mereciere
por premio a mi osadía,
una mirada tierna de las Gracias,
y el aprecio y amor de mis hermanos, [30]
una sonrisa de la Patria mía,
y el odio y el furor de los tiranos.

ANDRÉS BELLO (Venezuela; 1781-1865) se destacó muy pronto por su amplia curiosidad intelectual y por su vocación literaria. Sus primeros ejercicios poéticos son puro tanteo. Rasgos de Horacio y Virgilio y de la escuela ítaloespañola del siglo XVI vienen a juntarse con la estética neoclásica del siglo XVIII, estética prosaica, didáctica, científica. La poesía, urgida por el ardor constructivo, procura enmendar el atraso intelectual de los países de

---

[19] Tajo, Tormes, Genil, Betis (Guadalquivir), ríos de
   España.
[20] El laurel de Apolo.

[21] Diosa de los frutos. Esta descripción alude a la
   forma de la planta que produce la piña. (Nota de
   Olmedo).

habla española. Y este ideal patriótico, progresista, arrastra todas las actividades: el lirismo, pues, va a la rastra. Su soneto «A la victoria de Bailén» (1809) — que siempre estimó Bello entre sus mejores poemas — cierra el primer período de su vida. Porque en 1810 marchará a Inglaterra, como auxiliar de Bolívar y López Méndez, delegados ambos de la junta revolucionaria de Caracas: y en Londres ha de transcurrir el segundo período, hasta 1829 (el tercero será el de Chile, de 1829 a 1865). Bello no había sido nunca un revolucionario. Simpatizaba más bien con una monarquía ilustrada. Quedó solo en Londres y allí, de 1810 a 1829, en medio del esplendor de la cultura europea, se puso a aprender lenguas, literatura, filosofía, historia, ciencias, derecho. Es el período más fecundo de su vida. En su *Biblioteca Americana* publicó la «Alocución a la Poesía» (1823), fragmentos de un poema que Bello pensaba titular «América». Es una silva neoclásica; pero en esa tradición el poeta canta con ánimo nuevo. Invoca a la Poesía para que deje las cortes de Europa y venga a las naciones nacientes de América, cuya naturaleza e historia le serán más propicias. En medio de las guerras de la Independencia, pues, el poeta lanza un programa de independencia literaria. Hay ahí una emoción americana, de nostalgia y de amor. Hay, sobre todo, emoción ante una época que se inicia. Los ejércitos americanos luchaban en nombre de la libertad y del progreso contra el despotismo y la inquisición de Fernando VII. Guerras horrorosas como todas las guerras — Bello no fue nunca poeta belicoso —, pero que abrían el camino a las fuerzas creadoras de la historia. La humanidad estaba sacudiendo los yugos del pasado; y las batallas de América eran «casos de la grande lucha de libertad, que empieza.» La «Alocución» de 1823 fue una dirección original no sólo en la historia literaria hispanoamericana sino también en la española: invitaba a los poetas a que no se distrajeran con imitaciones retóricas. Bello aprovechaba sus clásicos, continuaba sus lecciones, pero la intención era nueva. Tres años después, en el *Repertorio Americano*, publicó su silva «A la agricultura de la Zona Tórrida» (1826). Fue concebida dentro del mismo plan de la «Alocución», pero el poeta no pudo refundir ambas silvas porque en el fondo tenían diferentes tensiones poéticas. Las batallas de Junín y de Ayacucho habían puesto fin a las guerras de la Independencia, y Olmedo las acababa de cantar. Hay que reconstruir. Que los pueblos dejen las armas y tomen el arado. El tema de la glorificación del campo en oposición a la ciudad era clásico; y son evidentes las reminiscencias de Virgilio, Lucrecio, Horacio. Pero Bello siente vivamente el campo porque es el paisaje patrio que ama más. La prédica de dignificación civil se disuelve en un genuino sentimiento del paisaje tropical. El Bello de la silva «A la agricultura» se adentró en ese camino hacia la expresión de la originalidad americana que conocía porque era suya. Su lengua poética, no obstante, se parecía a la tradicional. Las ideas de la Ilustración le dictaban también versos prosaicos, moralizadores: la paz, el trabajo, la virtud, la reconciliación con España, la unidad política de América . . .

A la «agricultura», actividad práctica, no a la «naturaleza» como paisaje, dedica su poema. Esto es lo neoclásico. Pero ¿no es nueva en nuestra literatura esa abundancia de imágenes, ese ímpetu entusiasta de la descripción, ese orgullo en el furto americano y en su nombre indígena, esa nostalgia, que empapan todo el poema, desbordan sus moldes intelectuales y morales y suben en marea lírica? Por eso las imágenes sobre plantas americanas que en la «Alocución» quedaban sueltas, en la silva «A la agricultura» se desarrollan, se enriquecen, se llaman unas a otras, adquieren no sólo más belleza sino más sentido, pues ahí es donde el poeta hace cristalizar su corriente de sentimientos. De esta época son también otras poesías; entre las mejores, la «Carta escrita desde Londres a París por un americano a otro», epístola moral a Olmedo en la que Bello se siente exiliado no sólo de América sino del mundo; y en tercetos ricos en emoción patria se lamenta de lo que años después sería obvio: que la Independencia no había traído ni la virtud ni la felicidad soñadas. En Londres, Bello cultivó la amistad de Blanco-White, Puigblanch, José Joaquín de Mora y otros españoles liberales. Blanco-White que era el maestro, procuraba apartar a sus amigos de la retórica neoclásica. El ejemplo de la poesía inglesa, fresca, sincera, inspirada en las bellezas naturales, en el folklore, en la vida simple y en la realidad inmediata, tuvo efectos. El primer brote romántico de la literatura española apareció, pues, en Londres; pero el romanticismo que prendió en España fue el importado de Francia. Bello comprendía los ideales románticos pero estaba dispuesto a resistir la moda. Denunció el disfraz de los románticos afrancesados. Tradujo a Victor Hugo (así como antes había traducido a Byron) y hasta aprovechó la traducción de la «Prière pour tous» (1830) para volcar en ella su intimidad: la «Oración por todos» (1843) es una adaptación más que una versión. La llegada a Chile de los argentinos Sarmiento, Alberdi, López — sobre todo la de Sarmiento — sacudió violentamente la vida literaria. Esos argentinos habían aprendido su romanticismo en libros franceses; y se encendió una polémica en la que Bello apareció como clasicista. Sin embargo, en su famoso discurso inaugural de la Universidad de Chile, en 1843, Bello demostró que era el más comprensivo de todos. Él había conocido el romanticismo en su fuente inglesa: sólo objetaba la superficialidad de los repentistas. Construir era su ley: y por eso sus grandes aciertos de poeta se dieron en esa línea. Era un constructor de pueblos. Era también un pensador: y su última obra — *La filosofía del entendimiento* — le da un lugar señero en el panorama filosófico hispanoamericano.

Andrés Bello

LA AGRICULTURA
DE LA ZONA TÓRRIDA

¡Salve, fecunda zona,
que al sol enamorado circunscribes
el vago curso, y cuanto ser se anima
en cada vario clima,
5 acariciada de su luz, concibes!

Tú tejes al verano su guirnalda
de granadas espigas; tú la uva
das a la hirviente cuba;
10 no de purpúrea fruta, roja o gualda,
a tus florestas bellas
falta matiz alguno; y bebe en ellas
aromas mil el viento;
y greyes van sin cuento
15 paciendo tu verdura, desde el llano
que tiene por lindero el horizonte,
hasta el erguido monte,
de inaccesible nieve siempre cano.

20 Tú das la caña hermosa
de do la miel se acendra,
por quien desdeña el mundo los panales;
tú en urnas de coral cuajas la almendra
que en la espumante jícara rebosa;[1]
25 bulle carmín viviente en tus nopales,
que afrenta fuera al múrice de Tiro;[2]
y de tu añil la tinta generosa
émula es de la lumbre del zafiro.
El vino es tuyo, que la herida agave[3]
30 para los hijos vierte
del Anáhuac feliz; y la hoja es tuya,
que, cuando de süave

humo en espiras vagarosas huya,
solazará el fastidio al ocio inerte.
Tú vistes de jazmines
el arbusto sabeo,[4]
y el perfume le das que en los festines
la fiebre insana templará a Lieo.[5]
Para tus hijos la procera palma
su vario feudo cría,
y el ananás sazona su ambrosía;
su blanco pan la yuca,
sus rubias pomas la patata educa,
y el algodón despliega al aura leve
las rosas de oro y el vellón de nieve.
Tendida para ti la fresca parcha[6]
en enramadas de verdor lozano,
cuelga de sus sarmientos trepadores
nectáreos globos y franjadas flores;
y para ti el maíz, jefe altanero
de la espigada tribu, hinche su grano;
y para ti el banano
desmaya al peso de su dulce carga;
el banano, primero
de cuantos concedió bellos presentes
Providencia a las gentes
del Ecuador feliz, con mano larga.
No ya de humanas artes obligado
el premio rinde opimo;
no es a la podadera, no al arado,
deudor de su racimo:
escasa industria bástale, cual puede
hurtar a sus fatigas mano esclava:
crece veloz, y cuando exhausto acaba,
adulta prole en torno le sucede.

---

[1] Cacao.
[2] Cochinilla.
[3] Maguey o pita, que da el pulque.
[4] Café; referencia al reino de Saba o Sabá.
[5] Uno de los nombres de Baco, dios del vino.
[6] La planta llamada «pasionaria».

Mas, ¡oh, si cual no cede
el tuyo, fértil zona, a suelo alguno,
y como de natura esmero ha sido,
de tu indolente habitador lo fuera!
¡Oh, si al falaz ruido
la dicha al fin supiese verdadera
anteponer, que del umbral le llama
del labrador sencillo,
lejos del necio y vano
fausto, el mentido brillo,
el ocio pestilente ciudadano!
¿Por qué ilusión funesta
aquellos que fortuna hizo señores
de tan dichosa tierra y pingüe y varia,
al cuidado abandonan
y a la fe mercenaria
las patrias heredades,
y en el ciego tumulto se aprisionan
de míseras ciudades,
do la ambición proterva
sopla la llama de civiles bandos,
o al patriotismo la desidia enerva;
do el lujo las costumbres atosiga,
y combaten los vicios
la incauta edad en poderosa liga?
No allí con varoniles ejercicios
se endurece el mancebo a la fatiga;
mas la salud estraga en el abrazo
de pérfida hermosura
que pone en almoneda los favores;
mas pasatiempo estima
prender aleve en casto seno el fuego
de ilícitos amores;
o embebecido le hallará la aurora
en mesa infame de ruinoso juego.
En tanto a la lisonja seductora
del asiduo amador fácil oído
da la consorte: crece
en la materna escuela
de la disipación y el galanteo
la tierna virgen, y al delito espuela
es antes el ejemplo que el deseo.
¿Y será que se formen de ese modo
los ánimos heroicos, denodados
que fundan y sustentan los Estados?
¿De la algazara del festín beodo,
o de los coros de liviana danza,
la dura juventud saldrá, modesta,
orgullo de la patria y esperanza?
¿Sabrá con firme pulso
de la severa ley regir el freno;

brillar en torno aceros homicidas
en la dudosa lid verá sereno;
o animoso hará frente al genio altivo
del engreído mando en la tribuna,
aquel que ya en la cuna   5
durmió al arrullo del cantar lascivo,
que riza el pelo, y se unge y se atavía
con femenil esmero,
y en indolente ociosidad el día,
o en criminal lujuria pasa entero?   10
No así trató la triunfadora Roma
las artes de la paz y de la guerra;
antes fió las riendas del Estado
a la mano robusta
que tostó el sol y encalleció el arado;   15
y bajo el techo humoso campesino
los hijos educó, que el conjurado
mundo allanaron al valor latino.

    ¡Oh, los que afortunados poseedores   20
habéis nacido de la tierra hermosa
en que reseña hacer de sus favores
como para ganaros y atraeros
quiso Naturaleza bondadosa!
Romped el duro encanto   25
que os tiene entre murallas prisioneros.
El vulgo de las artes laborioso,
el mercader que necesario al lujo
al lujo necesita,
los que anhelando van tras el señuelo   30
del alto cargo y del honor ruidoso,
la grey de aduladores parasita,
gustosos pueblen ese infecto caos;
el campo es vuestra herencia: en él gozaos.
¿Amáis la libertad? El campo habita: 35
no allá donde el magnate
entre armados satélites se mueve,
y de la moda, universal señora,
va la razón al triunfal carro atada,
y a la fortuna la insensata plebe,   40
y el noble al aura popular adora.
¿O la virtud amáis? ¡Ah, que el retiro,
la solitaria calma
en que, juez de sí misma, pasa el alma
a las acciones muestra,   45
es de la vida la mejor maestra!
¿Buscáis durables goces,
felicidad, cuanta es al hombre dada
y a su terreno asiento, en que vecina
está la risa al llanto, y siempre, ¡ah!, siempre   50
donde halaga la flor punza la espina?

Id a gozar la suerte campesina;
la regalada paz, que ni rencores
al labrador, ni envidias acibaran;
la cama que mullida le preparan
5   el contento, el trabajo, el aire puro;
y el sabor de los fáciles manjares
que dispendiosa gula no le aceda;
y el asilo seguro
de sus patrios hogares
10 que a la salud y regocijo hospeda.
El aura respirad de la montaña,
que vuelve al cuerpo laso
el perdido vigor, que a la enojosa
vejez retarda el paso,
15 y el rostro a la beldad tiñe de rosa.
¿Es allí menos blanda por ventura
de amor la llama, que templó el recato?
¿O menos aficiona la hermosura
que de extranjero ornato
20 y afeites impostores no se cura?
¿O el corazón escucha indiferente
el lenguaje inocente
que los afectos sin disfraz expresa,
y a la intención ajusta la promesa?
25 No del espejo al importuno ensayo
la risa se compone, el paso, el gesto;
ni falta allí carmín al rostro honesto
que la modestia y la salud colora;
ni la mirada que lanzó al soslayo
30 tímido amor, la senda al alma ignora.
¿Esperaréis que forme
más venturosos lazos himeneo,
do el interés barata,
tirano del deseo
35 ajena mano y fe por nombre o plata,
que do conforme gusto, edad conforme,
y elección libre y mutuo ardor los ata?

   Allí también deberes
40 hay que llenar: cerrad, cerrad las hondas
heridas de la guerra; el fértil suelo,
áspero ahora y bravo,
al desacostumbrado yugo torne
del arte humana, y le tribute esclavo.
45 Del obstruído estanque y del molino
recuerden ya las aguas el camino;
el intrincado bosque el hacha rompa,

consuma el fuego; abrid en luengas calles
la oscuridad de su infructuosa pompa.
Abrigo den los valles
a la sedienta caña;
la manzana y la pera
en la fresca montaña
el cielo olviden de su madre España;
adorne la ladera
el cafetal; ampare
a la tierna teobroma[7] en la ribera
la sombra maternal de su bucare,[8]
aquí el vergel, allá la huerta ría . . .
¿Es ciego error de ilusa fantasía?
Ya dócil a tu voz, Agricultura,
nodriza de las gentes, la caterva
servil armada va de corvas hoces;
mírola ya que invade la espesura
de la floresta opaca; oigo las voces;
siento el rumor confuso, el hierro suena,
los golpes el lejano
eco redobla; gime el ceibo anciano,
que a numerosa tropa
largo tiempo fatiga:
batido de cien hachas se estremece,
estalla al fin, y rinde el ancha copa.
Huyó la fiera; deja el caro nido,
deja la prole implume
el ave, y otro bosque no sabido
de los humanos va a buscar doliente . . .
¿Qué miro? Alto torrente
de sonorosa llama
corre, y sobre las áridas ruinas
de la postrada selva se derrama.
El raudo incendio a gran distancia brama,
y el humo en negro remolino sube,
aglomerando nube sobre nube.
Ya, de lo que antes era
verdor hermoso y fresca lozanía,
sólo difuntos troncos,
sólo cenizas quedan: monumento
de la dicha mortal, burla del viento.
Mas al vulgo bravío
de las tupidas plantas montaraces,
sucede ya el fructífero plantío
en muestra ufana de ordenadas haces.
Ya ramo a ramo alcanza,
y a los rollizos tallos hurta el día;

---

[7] Cacao.
[8] Árbol que se utiliza en Venezuela para resguardar
   del rigor del sol a los plantíos de café y cacao.

ya la primera flor desvuelve el seno,
bello a la vista, alegre a la esperanza:
a la esperanza, que riendo enjuga
del fatigado agricultor la frente,
y allá a lo lejos el opimo fruto
y la cosecha apañadora pinta,
que lleva de los campos el tributo,
colmado el cesto y con la falda en cinta;
y bajo el peso de los largos bienes
con que al colono acude,
hace crujir los vastos almacenes.

¡Buen Dios! No en vano sude,
mas a merced y a compasión te mueva
la gente agricultora
del Ecuador, que del desmayo triste
con renovado aliento vuelve ahora,
y tras tanta zozobra, ansia, tumulto,
tantos años de fiera
devastación y militar insulto,
aun más que tu clemencia antigua implora.
Su rústica piedad, pero sincera,
halle a tus ojos gracia: no el risueño
porvenir que las penas le aligera,
cual de dorado sueño
visión falaz, desvanecido llore;
intempestiva lluvia no maltrate
el delicado embrión; el diente impío
de insecto roedor no lo devore;
sañudo vendaval no lo arrebate,
ni agote al árbol el materno jugo
la calorosa sed de largo estío.
Y pues al fin te plugo,
Árbitro de la suerte soberano,
que, suelto el cuello de extranjero yugo,
irguiese al cielo el hombre americano,
bendecida de Ti se arraigue y medre
su libertad; en el más hondo encierra
de los abismos la malvada guerra,
y el miedo de la espada asoladora
al suspicaz cultivador no arredre
del arte bienhechora
que las familias nutre y los Estados;
la azorada inquietud deje las almas,
deje la triste herrumbre los arados.
Asaz de nuestros padres malhadados
expiamos la bárbara conquista.
¿Cuántas doquier la vista
no asombran erizadas soledades
do cultos campos fueron, do ciudades?

De muertes, proscripciones,
suplicios, orfandades,
¿quién contará la pavorosa suma?
Saciadas duermen ya de sangre ibera
la sombras de Atahualpa y Moctezuma.   5
¡Ah!, desde el alto asiento
en que escabel te son alados coros
que velan en pasmado acatamiento
la faz ante la lumbre de tu frente
— si merece por dicha una mirada   10
tuya, la sin ventura humana gente —,
el ángel nos envía,
el ángel de la Paz, que al crudo ibero
haga olvidar la antigua tiranía
y acatar reverente el que a los hombres   15
sagrado diste, imprescriptible fuero;
que alargar le haga al injuriado hermano
(¡ensangrentóla asaz!) la diestra inerme;
y si la innata mansedumbre duerme,
la despierte en el pecho americano.   20
El corazón lozano
que una feliz oscuridad desdeña,
que en el azar sangriento del combate
alborozado late,
y codicioso de poder o fama,   25
nobles peligros ama;
baldón estime sólo y vituperio
el prez que de la Patria no reciba,
la libertad más dulce que el imperio
y más hermosa que el laurel la oliva.   30
Ciudadano el soldado,
deponga de la guerra la librea:
el ramo de victoria
colgado al ara de la Patria sea,
y sola adorne al mérito la gloria.   35
De su triunfo entonces, Patria mía,
verá la Paz el suspirado día;
la Paz, a cuya vista el mundo llena
alma serenidad y regocijo:
vuelve alentado el hombre a la faena,   40
alza el ancla la nave, a las amigas
auras encomendándose animosa,
enjámbrase el taller, hierve el cortijo
y no basta la hoz a la espigas.

          45

¡Oh jóvenes Naciones, que ceñida
alzáis sobre el atónito occidente
de tempranos laureles la cabeza!
Honrad el campo, honrad la simple vida   50
del labrador, y su frugal llaneza.

Así tendrán en vos perpetuamente
la libertad morada,
y freno la ambición, y la ley templo.
Las gentes a la senda
5 de la inmortalidad, ardua y fragosa,
se animarán, citando vuestro ejemplo.
Lo emulará celosa
vuestra posteridad; y nuevos nombres
añadiendo la fama

a los que ahora aclama,
«Hijos son éstos, hijos
— pregonará a los hombres —
de los que vencedores superaron
de los Andes la cima:
de los que en Boyacá, los que en la arena
de Maipo, y en Junín, y en la campaña
gloriosa de Apurima,[9]
postrar superion al león de España.»

LA ORACIÓN POR TODOS

(Imitación de Victor Hugo)

I

10 Ve a rezar, hija mía. Ya es la hora
de la conciencia y del pensar profundo:
cesó el trabajo afanador, y al mundo
la sombra va a colgar su pabellón.
Sacude el polvo el árbol del camino
15 al soplo de la noche; y en el suelto
manto de la sutil neblina envuelto,
se ve temblar el viejo torreón.

¡Mira!: su ruedo de cambiante nácar
el occidente más y más angosta,
20 y enciende sobre el cerro de la costa
el astro de la tarde su fanal.
Para la pobre cena aderezado,
brilla el albergue rústico; y la tarda
vuelta del labrador la esposa aguarda
25 con su tierna familia en el umbral.

Brota del seno de la azul esfera
uno tras otro fúlgido diamante,
y ya apenas de un carro vacilante
se oye a distancia el desigual rumor.
30 Todo se hunde en la sombra: el monte, el valle,
y la iglesia y la choza y la alquería;
y a los destellos últimos del día
se orienta en el desierto el viajador.

Naturaleza toda gime: el viento
en la arboleda, el pájaro en el nido,
y la oveja en su trémulo balido,
y el arroyuelo en su correr fugaz.
El día es para el mal y los afanes.
¡He aquí la noche plácida y serena!
El hombre, tras la cuita y la faena,
quiere descanso y oración y paz.

Sonó en la torre la señal: los niños
conversan con espíritus alados
y, los ojos al cielo levantados,
invocan de rodillas al Señor.
Las manos juntas, y los pies desnudos,
fe en el pecho, alegría en el semblante,
con una misma voz, a un mismo instante,
al Padre Universal piden amor.

Y luego dormirán; y en leda tropa,
sobre su cuna volarán ensueños,
ensueños de oro, diáfanos, risueños,
visiones que imitar no osó el pincel.
Y ya sobre la tersa frente posan,
ya beben el aliento a las bermejas
bocas, como lo chupan las abejas
a la fresca azucena y al clavel.

---

[9] Victorias decisivas de la guerra de Independencia. Apurimac es el rio que atraviesa los campos de Ayacucho, donde se libró en 1824 la última de dichas batallas.

Como, para dormirse, bajo el ala
esconde su cabeza la avecilla,
tal la niñez en su oración sencilla
adormece su mente virginal.
¡Oh dulce devoción que reza y ríe,
de natural piedad primer aviso,
fragancia de la flor del paraíso,
preludio del concierto celestial!

Viviendo, su pureza empaña el alma
y cada instante alguna culpa nueva
arrastra en la corriente que la lleva
con rápido descenso al ataúd.
La tentación seduce; el juicio engaña;   5
en los zarzales del camino, deja
alguna cosa cada cual: la oveja
su blanca lana, el hombre su virtud.

II

Ve a rezar, hija mía. Y ante todo,
ruega a Dios por tu madre, por aquella
que te dió el ser, y la mitad más bella
de su existencia ha vinculado en él;
que en su seno hospedó tu joven alma,
de una llama celeste desprendida;
y haciendo dos porciones de la vida,
tomó el acíbar y te dió la miel.

Ve, hija mía, a rezar por mí, y al cielo
pocas palabras dirigir te baste: 10
«Piedad, Señor, al hombre que creaste;
eres Grandeza, eres Bondad: ¡perdón!»
Y Dios te oirá; que cual del ara santa
sube el humo a la cúpula eminente,
sube del pecho cándido, inocente,   15
al trono del Eterno la oración.

Ruega después por mí. Más que tu madre
lo necesito yo ... Sencilla, buena,
modesta como tú, sufre la pena
y devora en silencio su dolor.
A muchos compasión, a nadie envidia,
la ví tener en mi fortuna escasa.
Como sobre el cristal la sombra, pasa
sobre su alma el ejemplo corruptor.

Todo tiende a su fin: a la luz pura
del sol, la planta; el cervatillo atado,
a la libre montaña; el desterrado,   20
al caro suelo que lo vió nacer;
y la abejilla en el frondoso valle,
de los nuevos tomillos al aroma;
y la oración en alas de paloma
a la morada del Supremo Ser.   25

No le son conocidos ...—ni lo sean
a ti jamás ... — los frívolos azares
de la vana fortuna, los pesares
ceñudos que anticipan la vejez;
de oculto oprobio el torcedor, la espina
que punza a la conciencia delincuente,
la honda fiebre del alma, que la frente
tiñe con enfermiza palidez.

Cuando por mí se eleva a Dios tu ruego,
soy como el fatigado peregrino
que su carga a la orilla del camino
deposita y se sienta a respirar;
porque de tu plegaria el dulce canto   30
alivia el peso a mi existencia amarga,
y quita de mis hombros esta carga
que me agobia de culpa y de pesar.

Mas yo la vida por mi mal conozco,
conozco el mundo y sé su alevosía;
y tal vez de mi boca oirás un día
lo que valen las dichas que nos da.
Y sabrás lo que guarda a los que rifan
riquezas y poder, la urna aleatoria,
y que tal vez la senda que a la gloria
guiar parece, a la miseria va.

Ruega por mí, y alcánzame que vea,
en esta noche de pavor, el vuelo   35
de un ángel compasivo que del cielo
traiga a mis ojos la perdida luz.
Y pura finalmente — como el mármol
que se lava en el templo cada día —
arda en sagrado fuego el alma mía   40
como arde el incensario ante la Cruz.

IV[10]

¡Hija!, reza también por los que cubre
la soporosa piedra de la tumba,
profunda sima a donde se derrumba
5   la turba de los hombres mil a mil:
abismo en que se mezcla polvo a polvo,
y pueblo a pueblo, cual se ve a la hoja
de que al añoso bosque abril despoja,
mezclar las suyas otro y otro abril.

10

Arrodilla, arrodíllate en la tierra
donde segada en flor yace mi Lola,[11]
coronada de angélica aureola;
15   do helado duerme cuanto fué mortal;
donde cautivas almas piden preces
que las restauren a su ser primero
y purguen las reliquias del grosero
vaso, que las contuvo, terrenal.

20

¡Hija!, cuando tú duermes, te sonríes,
y cien apariciones peregrinas
sacuden retozando tus cortinas:
25   travieso enjambre, alegre, volador.
Y otra vez a la luz abres los ojos,
al mismo tiempo que la aurora hermosa
abre también sus párpados de rosa
y da a la tierra el deseado albor.

30

¡Pero esas pobres almas! . . . ¡si supieras
qué sueño duermen! . . . su almohada es fría,
duro su lecho; angélica armonía
35   no regocija nunca su prisión.
No es reposo el sopor que las abruma;
para su noche no hay albor temprano;
y la conciencia — velador gusano —
les roe inexorable el corazón.

40

Una plegaria, un solo acento tuyo,
hará que gocen pasajero alivio,
y que de luz celeste un rayo tibio
45   logre a su oscura estancia penetrar;

que el atormentador remordimiento
una tregua a sus víctimas conceda,
y del aire y el agua y la arboleda
oigan el apacible susurrar.

Cuando en el campo con pavor secreto
la sombra ves, que de los cielos baja,
la nieve que las cumbres amortaja
y del ocaso el tinte carmesí:
en las quejas del aura y de la fuente
¿no te parece que una voz retiña?,
una doliente voz que dice: «Niña,
cuando tú reces, ¿rezarás por mí?»

Es la voz de las almas. A los muertos
que oraciones alcanzan, no escarnece
el rebelado arcángel, y florece
sobre su tumba perennal tapiz.
Mas, ¡ay!, a los que yacen olvidados
cubre perpetuo horror, hierbas extrañas
ciegan su sepultura; a sus entrañas
árbol funesto enreda la raíz.

Y yo también — no dista mucho el día —
huésped seré de la morada oscura,
y el ruego invocaré de una alma pura
que a mi largo penar consuelo dé.
Y dulce entonces me será que vengas
y para mí la eterna paz implores,
y en la desnuda losa esparzas flores,
simple tributo de amorosa fe.

¿Perdonarás a mi enemiga estrella
si disipadas fueron una a una
las que mecieron tu mullida cuna
esperanzas de alegre porvenir?
Sí, le perdonarás; y mi memoria
te arrancará una lágrima, un suspiro
que llegue hasta mi lóbrego retiro
y haga mi helado polvo rebullir . . .

---

[10] Suprimimos, como en otras ediciones se hace, la
parte III, compuesta de siete octavillas, inferior al
resto del poema.

[11] Una de las hijas de Bello.

NUESTRO IDEAL: LA CREACIÓN DE LA CULTURA AMERICANA

La universidad va a ser sí un cuerpo docente; y según las provisiones del decreto supremo, va a serlo de un modo que, a mi juicio, concilia dos grandes miras: la de dirigir la enseñanza en el sentido de la moralidad y la utilidad pública, y la de dejar a los profesores universitarios la independencia y libertad que corresponden a su alta misión.

Pero no se debe olvidar que nuestra ley orgánica, inspirada — en mi humilde opinión — por las más sanas y liberales ideas, ha encargado a la universidad, no sólo la enseñanza, sino el cultivo de la literatura y las ciencias; ha querido que fuese a un tiempo universidad y academia; que contribuyese por su parte al aumento y desarrollo de los conocimientos científicos; que no fuese un instrumento pasivo, destinado exclusivamente a la transmisión de los conocimientos adquiridos en naciones más adelantadas, sino que trabajase — como los institutos literarios de otros pueblos civilizados — en aumentar el caudal común. Este propósito aparece a cada paso en la ley orgánica, y hace honor al gobierno y a la legislatura que la dictaron. ¿Hay en él algo de presuntuoso, de inoportuno, de superior a nuestras fuerzas, como han supuesto algunos? ¿Estaremos condenados todavía a repetir servilmente las lecciones de la ciencia europea, sin atrevernos a discutirlas, a ilustrarlas con aplicaciones locales, a darles una estampa de nacionalidad? Si así lo hiciésemos, seríamos infieles al espíritu de esa misma ciencia europea, y la tributaríamos un culto supersticioso que ella misma condena. Ella misma nos prescribe el examen, la observación atenta y prolija, la discusión libre, la convicción concienzuda. Es cierto que hay ramos en que debemos, por ahora, limitarnos a oírla, a darle un voto de confianza, y en que nuestro entendimiento — por falta de medios — no puede hacer otra cosa que admitir los resultados de la experiencia y estudio ajenos.

Pero no sucede así en todos los ramos de literatura y ciencia. Los hay que exigen inves-tigaciones locales. La historia chilena, por ejemplo, ¿dónde podrá escribirse mejor que en Chile? ¿No nos toca a nosotros la tarea, a lo menos, de recoger materiales, compulsarlos y acrisolarlos? Y lo que se ha hecho hasta ahora 5 en este solo ramo, bajo los auspicios de la universidad, las memorias históricas que cada año se le presentan, lo que se ha trabajado por un distinguido miembro de la universidad en la historia de la Iglesia chilena, lo que ha dado 10 a luz otro distinguido miembro sobre la historia de la Constitución chilena, ¿no nos hacen ya divisar todo lo que puede y debe esperarse de nosotros en un estudio peculiarmente nuestro? 15

Pocas ciencias hay que, para enseñarse de un modo conveniente, no necesiten adaptarse a nosotros, a nuestra naturaleza física, a nuestras circunstancias sociales. ¿Buscaremos la higiene y patología del hombre chileno en los libros 20 europeos, y no estudiaremos hasta qué punto es modificada la organización del cuerpo humano por los accidentes del clima de Chile y de las costumbres chilenas? Y un estudio tan necesario, ¿podrá hacerse en otra parte que en 25 Chile? Para la Medicina, está abierto en Chile un vasto campo de exploración, casi intacto hasta ahora, pero que muy presto va a dejar de serlo, y en cuyo cultivo se interesan profundamente la educación física, la salud, la vida, la 30 policía sanitaria y el incremento de la población.

Se han empezado a estudiar en nuestros colegios la historia natural, la física, la química. Por lo que toca a la primera de estas 35 ciencias, que es casi de pura observación, aun para adquirir las primeras nociones, se trata de ver, no las especies de que nos hablan los textos europeos, sino las especies chilenas, el árbol que crece en nuestros bosques, la flor 40 que se desenvuelve en nuestros valles y laderas, la disposición y distribución de los minerales en este suelo que pisamos y en la cordillera agigantada que lo amuralla, los animales que viven en nuestros montes, en nuestros campos 45

y ríos, y en la mar que baña nuestras costas. Así, los textos mismos de historia natural, es preciso — para que sirvan a la enseñanza en Chile — que se modifiquen, y que la modifica-
5 ción se haga aquí mismo, por observadores inteligentes. Y dado este paso, suministrada la instrucción conveniente, ¿no daremos otro más, enriqueciendo la ciencia con el cono-cimiento de nuevos seres y nuevos fenómenos
10 de la creación animada y del mundo inorgánico aumentando los catálogos de especies, ilus-trando, rectificando las noticias del sabio extranjero, recogidas por la mayor parte en viajes hechos a la ligera?
15 El mundo antiguo desea en esta parte la colaboración del nuevo; y no sólo la desea: la provoca y la exige. ¿Cuánto no han hecho ya en esta línea los anglo-americanos? Aun en las provincias españolas de América y bajo el
20 yugo colonial, se han dado ejemplos de esta importante colaboración: el nombre del granadino Caldas, que jamás visitó la Europa, y el de Molina[12] que adquirió en Chile los conocimientos a que debió su reputación,
25 figuran honrosamente en las listas de los ob-servadores que han aumentado y enriquecido la ciencia. ¿No seremos nosotros capaces de hacer en el siglo XIX lo que hizo en el XVI el jesuíta español José de Acosta, cuya
30 *Historia Natural y Moral de las Indias*, fruto de sus observaciones personales, es consultada todavía por el naturalista europeo? Y si lo somos, ¿se condenará como inoportuna la

existencia de un cuerpo que promueva y dirija este cultivo de las ciencias?

Lo dicho se aplica a la mineralogía, a la geología, a la teoría de los meteoros, a la teoría del calor, a la teoría del magnetismo; la base de todos estos estudios es la observación, la observación local, la observación de todos los días, la observación de los agentes naturales de todas las estaciones sobre toda la superficie del globo. La ciencia europea nos pide datos; ¿no tendremos siquiera bastante celo y aplica-ción para recogerlos? ¿No harán las repúblicas americanas, en el progreso general de las ciencias, más papel, no tendrán más parte en la mancomunidad de los trabajos del entendi-miento humano, que las tribus africanas o las islas de la Oceanía?

Yo pudiera extender mucho más estas con-sideraciones, y darles nueva fuerza aplicán-dolas a la política, al hombre moral, a la poesía y a todo género de composición literaria: porque, o es falso que la literatura es el reflejo de la vida de un pueblo, o es preciso admitir que cada pueblo de los que no están sumidos en la barbarie es llamado a reflejarse en una literatura propia y a estampar en ella sus formas. Pero creo que basta lo dicho para que se forme idea de que el doble cargo que la ley orgánica impone a la universidad no es una concepción monstruosa ni prematura, y que podemos y debemos trabajar en ambos con utilidad nuestra y con utilidad común de las ciencias . . .

(Discurso en el aniversario de la Universidad, 1848).

AUTONOMÍA CULTURAL
DE AMÉRICA

Nuestra juventud ha tomado con ansia el
35 estudio de la historia; acabamos de ver prue-bas brillantes de sus adelantamientos en ella; y

quisiéramos que se penetrase bien de la ver-dadera misión de la historia para estudiarla con fruto.

---

[12] Francisco José de Caldas (1770–1816), sabio y patriota colombiano. Juan Ignacio Molina (1737–1829), erudito y naturalista chileno. A la expulsión de los jesuítas, a cuya orden pertenecía, fue a resi-dir a Bolonia, en Italia, donde vivió el resto de su vida. Autor de varios tratados de Historia Natural.

Quisiéramos sobre todo precaverla de una servilidad excesiva a la ciencia de la civilizada Europa.

Es una especie de fatalidad la que subyuga las naciones que empiezan a las que las han precedido. Grecia avasalló a Roma; Grecia y Roma, a los pueblos modernos de Europa, cuando en ésta se restauraron las letras; y nosotros somos ahora arrastrados más allá de lo justo por la influencia de la Europa, a quien — al mismo tiempo que nos aprovechamos de sus luces — debiéramos imitar en la independencia del pensamiento . . .

Es preciso además no dar demasiado valor a nomenclaturas filosóficas: generalizaciones que dicen poco o nada por sí mismas al que no ha contemplado la naturaleza viviente en las pinturas de la historia y, si ser puede, en los historiadores primitivos y originales. No hablamos aquí de nuestra historia solamente sino de todas. ¡Jóvenes chilenos! Aprended a juzgar por vosotros mismos; aspirad a la independencia del pensamiento. Bebed en las fuentes; a lo menos en los raudales más cercanos a ellas. El lenguaje mismo de los historiadores originales, sus ideas, hasta sus preocupaciones y sus leyendas fabulosas, son una parte de la historia, y no la menos instructiva y verídica. ¿Queréis, por ejemplo, saber qué cosa fué el descubrimiento y conquista de América? Leed el diario de Colón, las cartas de Pedro de Valdivia,[13] las de Hernán Cortés. Bernal Díaz os dirá mucho más que Solís[14] y Robertson.[15] Interrogad a cada civilización en sus obras; pedid a cada historiador sus garantías. Ésa es la primera filosofía que debemos aprender de la Europa.

Nuestra civilización será también juzgada por sus obras; y si se la ve copiar servilmente a la europea aun en lo que ésta no tiene de aplicable, ¿cuál será el juicio que formará de nosotros un Michelet,[16] un Guizot?[17] Dirán: la América no ha sacudido aún sus cadenas; se arrastra sobre nuestras huellas con los ojos vendados; no respira en sus obras un pensamiento propio, nada original, nada característico; remeda las formas de nuestra filosofía y no se apropia su espíritu. Su civilización es una planta exótica que no ha chupado todavía sus jugos a la tierra que la sostiene.

(«*El Araucano*», 1848).

EL CASTELLANO EN AMERICA

[. . .] El habla de un pueblo es un sistema artificial de signos, que bajo muchos respectos se diferencia de los otros sistemas de la misma especie: de que se sigue que cada lengua tiene su teoría particular, su gramática. No debemos, pues, aplicar indistintamente a un idioma los principios, los términos, las analogías en que se resumen bien o mal las prácticas de otro. Esta misma palabra *idioma* (en griego *peculiaridad, naturaleza propia, índole caracte-* *rística*) está diciendo que cada lengua tiene su genio, su fisonomía, sus giros; y mal desempeñaría su oficio el gramático que explicando la suya se limitara a lo que ella tuviese de común con otra, o (todavía peor) que supusiera semejanzas donde no hubiese más que diferencias, y diferencias importantes, radicales. Una cosa es la gramatica general, y otra al gramática de un idioma dado: una cosa comparar entre sí dos idiomas, y otra

---

[13] Pedro de Valdivia (1510-1569), capitán español, conquistador de Chile.

[14] Antonio Solis (1610-1686), historiador y poeta español, autor de la «Historia de la conquista de Méjico».

[15] William Robertson (1721-1793), historiador escocés, autor de una «Historia de América».

[16] Jules Michelet (1798-1874), célebre historiador francés.

[17] François Guizot (1787-1874), historiador y político francés.

considerar un idioma como es en sí mismo. ¿Se trata, por ejemplo, de la conjugación del verbo castellano? Es preciso enumerar las formas que toma, y los significados y usos de cada forma, como si no hubiese en el mundo otra lengua que la castellana; posición forzada respecto del niño, a quien se exponen las reglas de la sola lengua que está a su alcance, la lengua nativa. Éste es el punto de vista en que he procurado colocarme, y en el que ruego a las personas inteligentes, a cuyo juicio someto mi trabajo, que procuren también colocarse, descartando, sobre todo, las reminiscencias del idioma latino.

En España, como en otros países de Europa, una admiración excesiva a la lengua y literatura de los romanos dió un tipo latino a casi todas las producciones del ingenio. Era ésta una tendencia natural de los espíritus en la época de la restauración de las letras. La mitología pagana siguió suministrando imágenes y símbolos al poeta; y el período ciceroniano fué la norma de la elocución para los escritores elegantes. No era, pues, de extrañar que se sacasen del latín la nomenclatura y los cánones gramaticales de nuestro romance [. . .]

No tengo la pretensión de escribir para los castellanos. Mis lecciones se dirigen a mis hermanos los habitantes de Hispano-America. Juzgo importante la conservación de la lengua de nuestros padres en su posible pureza, como un medio providencial de comunicación y un vínculo de fraternidad entre las varias naciones de origen español derramadas sobre los dos continentes.

Pero no es un purismo supersticioso lo que me atrevo a recomendarles. El adelantamiento prodigioso de todas las ciencias y las artes, la difusión de la cultura intelectual, y las revoluciones políticas, piden cada día nuevos signos para expresar ideas nuevas; y la introducción de vocablos flamantes, tomados de las lenguas antiguas y extranjeras, ha dejado ya de ofendernos, cuando no es manifiestamente innecesaria, o cuando no descubre la afectación y mal gusto de los que piensan engalanar así lo que escriben.

Hay otro vicio peor, que es el prestar acepciones nuevas a las palabras y frases conocidas, multiplicando las anfibologías de que, por la variedad de significados de cada palabra, adolecen más o menos las lenguas todas, y acaso en mayor proporción las que más se cultivan, por el casi infinito número de ideas a que es preciso acomodar un número necesariamente limitado de signos.

Pero el mayor mal de todos, y el que—si no se ataja—va a privarnos de las inapreciables ventajas de un lenguaje común, es la avenida de neologismos de construcción, que inunda y enturbia mucha parte de lo que se escribe en América, y alterando la estructura del idioma, tiende a convertirlo en una multitud de dialectos irregulares, licenciosos, bárbaros, embriones de idiomas futuros, que durante una larga elaboración reproducirían en América lo que fué la Europa en le tenebroso período de la corrupción del latín. Chile, el Perú, Buenos Aires, México, hablarían cada uno su lengua, o por mejor decir, varias lenguas, como sucede en España, Italia y Francia, donde dominan ciertos idiomas provinciales, pero viven a su lado otros varios, oponiendo estorbos a la difusión de las luces, a la ejecución de las leyes, a la administración del Estado, a la unidad nacional. Una lengua es como un cuerpo viviente: su vitalidad no consiste en la constante identidad de elementos, sino en la regular uniformidad de las funciones que éstos ejercen, y de que proceden la forma y la índole que distinguen al todo . . .

No se crea que, recomendando la conservación del castellano, sea mi ánimo tachar de vicioso y espurio todo lo que es peculiar de los americanos. Hay locuciones castizas que en la Península pasan hoy por anticuadas, y que subsisten tradicionalmente en Hispano-América: ¿por qué proscribirlas? Si según la práctica general de los americanos es más analógica la conjugación de algún verbo, ¿por qué razón hemos de preferir la que caprichosamente haya prevalecido en Castilla? Si de raíces castellanas hemos formado vocablos nuevos según los procederes ordinarios de derivación que el castellano reconoce, y de que se ha servido y se sirve continuamente para aumentar su caudal, ¿qué motivos hay para que nos avergoncemos de usarlos? Chile y Venezuela tienen tanto derecho como

Aragón y Andalucía para que se toleren sus accidentales divergencias, cuando las patrocina la costumbre uniforme y auténtica de la gente educada. En ellas se peca mucho menos contra la pureza y corrección del lenguaje, que en las locuciones afrancesadas, de que no dejan de estar salpicadas hoy día aun las obras más estimadas de los escritores peninsulares.

(«Gramática de la Lengua Castellana», 1847, Prólogo. De *Obras Completas*. Edición hecha bajo los auspicios de la Universidad de Chile. Santiago, 1930).

NOTICIA COMPLEMENTARIA

Al lado de la poesía urbana, culta, académica que hemos visto en Olmedo y Bello hubo otra poesía que expresó simpatía por lo popular. En esta dirección lo más notable fue el surgimiento de lo que se ha dado en llamar «literatura gauchesca». La palabra «gaucho» apareció en el Río de la Plata a fines del siglo XVIII con una significación negativa: era el vagabundo, el cuchillero, el alzado contra la autoridad, el cuatrero, etc. Pero pronto la palabra «gaucho» se cargó de un contenido más favorable, en parte porque las masas campesinas entraron a formar parte activa en la vida histórica del país. Quien creó intencionadamente el personaje literario del gaucho fue BARTOLOMÉ HIDALGO (Uruguay, 1788–1822). Hidalgo no era un gaucho, pero como en todos los rioplatenses en él coexistían lo urbano y lo pastoril. Conocía a los hombres de campo y sus modismos; y, continuando el culto a lo plebeyo que venía del siglo XVIII — cuadros de costumbres, teatro con diálogos dialectales, sátiras populares — decidió aprovechar la forma del canto como propaganda política al servicio del movimiento de la Independencia. Lo que Hidalgo hizo fue crear, con elementos literarios tradicionales, un gaucho también literario. Su poesía, aparentemente humilde, abrió un camino a la expresión americana, según se verá cuando se llegue al *Martín Fierro* de José Hernández.

VI

1825-1860

MARCO HISTÓRICO: *Disgregación de las colonias en núcleos nacionales; anarquía, caudillismo; luchas entre el absolutismo y el liberalismo.*

TENDENCIAS CULTURALES: *El romanticismo en dos promociones. Del costumbrismo al realismo.*

JOSÉ MARÍA HEREDIA
ESTEBAN ECHEVERRÍA
DOMINGO FAUSTINO SARMIENTO
JOSÉ MÁRMOL

GERTRUDIS GÓMEZ DE AVELLANEDA
JOSÉ ANTONIO MAITÍN
JOSÉ EUSEBIO CARO
GREGORIO GUTIÉRREZ GONZÁLEZ

La literatura hispanoamericana se hizo romántica siguiendo el ejemplo de toda Europa. La conversión, sin embargo, no fue tan simple como podría esperarse. Ya vimos cómo algunos viejos neoclásicos acabaron por aceptar las incitaciones de la joven estética (Bello). Al lado de ellos están los que vacilan inclinándose ya hacia las tradiciones académicas, ya hacia la libertad artística (Heredia). Pero quienes dan equilibrio a este período son los escritores plenamente conscientes de la nueva concepción de la vida, del arte y de la historia. En el período anterior (1808–1824), aparecieron los primeros signos románticos: propagación a España de las definiciones de Schlegel; emigración de españoles e hispanoamericanos a Londres, donde conocen el nuevo estilo; la influencia ejercida por Francia ... En este período (1825–1860) lo que ha de ocurrir es que la influencia de Francia se afirmará. En efecto, la primera generación hispanoamericana de románticos que saben lo que quieren y actúan con un programa polémico abandonó la madre España y adoptó a Francia como madrastra. Esto, en los países más impulsivos, como Argentina, y sólo hasta mediados del siglo. Después los hispanoamericanos se darán cuenta de que Francia no era una madre, sino una buena tía, y abrirán los brazos al romanticismo español. Es así como, en los países de más lento paso, el romanticismo llegó tarde y hablando, no en francés o en inglés, sino en español. La literatura romántica europea entraba por ahí ya españolizada.

No es que disminuya la influencia francesa (esto no sucederá sino en el siglo XX), sino que aumenta la española. Tenemos, pues, dos generaciones románticas: la primera es la que da obras significativas antes de 1850 (como el *Facundo* de Sarmiento); la segunda es la que empieza a producir después de 1850 (como los folletines con que Alberto Blest Gana se inicia en la novela). Antes de presentar los distintos grupos literarios reparemos en sus características generales. El romanticismo afirma la inspiración libre y espontánea, los impulsos sentimentales, el acondicionamiento histórico en la vida de los hombres y los pueblos, la literatura como evocación de un pasado nacionalista y como propaganda para un futuro liberal. Así, los géneros literarios adquieren un nuevo sentido. Con una mayor variedad de metros la poesía medirá ahora más las desacompasadas palpitaciones de la vida que el compás de las ideas. Se cultiva la historia en dramas, novelas y leyendas en prosa y verso. El cuadro de costumbres, que en el siglo XVIII había sido un género reformador, en el XIX simpatiza con el color local, se hace dinámico y se convierte en cuento. El costumbrismo de los «cuadros» entra en la composición de novelas realistas. Veamos qué nos ofrecen estos años.

Al margen del romanticismo. Llave de oro, para abrir este capítulo, es JOSÉ MARÍA HEREDIA (Cuba; 1803–1839). Niño, Heredia, traducía ya a los latinos, estudiaba en ellos sus primeras lecciones de composición literaria e imitaba a los neoclásicos franceses y españoles. Era, por otra parte, lo que hacían sus mayores: traducir e imitar, Cuando llegó a México (tenía dieciséis años) el humanismo que allí encontró había perdido su fuerza espiritual y se reducía a recomendar normas de arte y a parafrasear sin arte un pasado del que ya no se sabía recibir ningún aliento vital. Heredia nunca olvidará su aprendizaje de las letras latinas: aun en sus poesías de madurez, en los momentos de mayor sinceridad y lirismo, sus versos tendrán reminiscencias clásicas. Del neoclasicismo recibió la influencia de los poetas que reavivaron la antigua escuela de Salamanca: leyó a Meléndez Valdés, el mejor lírico de la época, a Cienfuegos, a Jovellanos, a Quintana. Y se puso a escribir en esa franja literaria que iba desde el dulce y melancólico erotismo hasta la poesía filosófica y social. Ejemplos de las literaturas inglesa y francesa le indicaban que iba por buen rumbo; y traduciendo e imitando la poesía ossiánica, a Chateaubriand, Byron, Ugo Foscolo, Lamartine y quizá a Víctor Hugo (a quien nunca citó, pero algunas de cuyas obras poseyó) tiñó sus versos de imaginación, de melancolía y de angustia romántica. Este tono doliente de su poesía es en él lo más valedero. Su filosofía era la humanitaria de la Ilustración: paz, libertad, justicia, orden racional, progreso ... Cuando volvió a Cuba conspiró a favor de su independencia y se convirtió en poeta heroico. Sin embargo, su originalidad no está en el fervor patriótico, sino en una forma más intensa de amor a la patria: la nostalgia. Y la nostalgia se da en él como evocación de paisajes y amores. Se sentía desgarrado de Cuba. Muy poco había podido vivir en su isla, y por eso mismo la idealizó. Sentimientos de ausencia, de lejanía, constituyen el *leitmotiv* de su literatura. El «día de la partida» de Cuba le crea innumerables versos, como uno de esos traumas mentales de los que ya no nos reponemos jamás. Sufría el destierro como lírico más que como ciudadano. En ningún sitio se «hallaba»: ni en México ni en los Estados Unidos. La verdad es que ni siquiera fue feliz en Cuba: era un desarraigado. Amaba su tierra, pero con las raíces en el aire. Nada podía contentarlo porque llevaba el descontento en su alma. Su mayor ímpetu (si no en su vida por lo menos en su poesía) fue el del amor. El primer amor, claro, en Cuba. Nunca lo olvidará. Es una constante de su expresión. Se refracta y se irisa en el lenguaje literario convencional, pero uno reconoce la fuerza de ese insistente rayo de luz: amar y no ser amado, los celos, preferir el amor a la fama, no querer dañar a la amada atándola a la propia vida, tan desdichada. El paisaje cubano fue vivido con ánimo enamorado, y por eso, a la distancia, el desterrado lo evoca como parte de su ternura. Heredia era un inadaptado, pero un inadaptado que ansiaba quietud. A veces el tema de la paz, desarrollado como virtud civil, descubre en sus armónicos el verdadero sentimiento del poeta: paz, sí, pero, sobre todo, que lo dejen en paz a él. Este ideal de vida tranquila es tan obsesivo como el amor de mujer y el recuerdo de las bellezas patrias: y todo junto se alza a lo lejos como un espejismo de perdido en el desierto, como sueño de un triste solitario. De todos los poetas de formación clásica fue Heredia el que más habló de sí. Fue el más lírico de todos. Por simetría los críticos, después de haber definido a Bello como el poeta de «Alocución a la Poesía» y de la silva «A la Agricultura», y a Olmedo como el poeta de «A la victoria de Junín» y de «Al vencedor de Miñarica», presentan a Heredia como el poeta de «En el Teocalli de Cholula» (1820) y de la descripción del «Niágara» (1824). Pero Heredia fué lírico con más frecuentes aciertos y dejó varias composiciones tan buenas (¿y por qué no mejores?) que las dos mencionadas. «En el Teocalli de Cholula» la percepción de cada matiz de color, de cada perfil de las cosas, aparece con extraordinaria nitidez; y, sin embargo, esa descripción, tan precisa que es como si nos regalara con un nuevo par de ojos, no es física: no hay realidad exterior sino la del alma en pena que contempla, se siente vivir y medita. En el canto al «Niágara» otra vez la naturaleza se deja penetrar de lirismo; el poeta se asombra, ante esta maravilla natural, de otras aún mayores: Dios, el Tiempo; y en esta expansión del yo crece el anhelo de la mujer amada y la nostalgia de Cuba. ¡Con cuánta fuerza rompe Heredia el marco neoclásico de su poesía y da salida a emociones románticas en «En una tempestad», «A Emilia» y otras composiciones! Al decir que rompió el marco neoclásico de su poesía nos referimos a la forma interior del clasicismo, racionalista, didáctica, porque en lo que se refiere a sus patrones de versificación se mantuvo en los de su época. Heredia escribió también drama, crítica y cuentos.

José María Heredia

EN EL TEOCALLI DE CHOLULA

¡Cuánto es bella la tierra que habitaban
los aztecas valientes! En su seno
en una estrecha zona concentrados,
con asombro se ven todos los climas
que hay desde el polo al ecuador. Sus llanos
cubren a par de las doradas mieses
las cañas deliciosas. El naranjo
y la piña y el plátano sonante,
hijos del suelo equinoccial, se mezclan
a la frondosa vid, al pino agreste,
y de Minerva al árbol majestuoso.[1]
Nieve eternal corona las cabezas
de Iztaccihual purísimo, Orizaba
y Popocatepec; sin que el invierno
toque jamás con destructora mano
los campos fertilísimos, do ledo
los mira el indio en púrpura ligera
y oro teñirse, reflejando el brillo
del sol en occidente, que sereno
en hielo eterno y perennal verdura
a torrentes vertió su luz dorada,
y vió a naturaleza conmovida
con su dulce calor hervir en vida.

Era la tarde: su ligera brisa
las alas en silencio ya plegaba
y entre la hierba y árboles dormía,
mientras el ancho sol su disco hundía
detrás de Iztaccihual. La nieve eterna
cual disuelta en mar de oro, semejaba
temblar en torno de él; un arco inmenso
que del empíreo en el cenit finaba
como espléndido pórtico del cielo
de luz vestido y centellante gloria,
de sus últimos rayos recibía
los colores riquísimos. Su brillo
desfalleciendo fué; la blanca luna
y de Venus la estrella solitaria
en el cielo desierto se veían.

¡Crepúsculo feliz! Hora más bella
que la alma noche o el brillante día.
¡Cuánto es dulce tu paz al alma mía!

Hallábame sentado en la famosa   5
choluteca pirámide. Tendido
el llano inmenso que ante mí yacía,
los ojos a espaciarse convidaba.
¡Qué silencio! ¡qué paz! ¡Oh! ¿quién diría
que en estos bellos campos reina alzada   10
la bárbara opresión, y que esta tierra
brota mieses tan ricas, abonada
con sangre de hombres, en que fué inundada
por la superstición y por la guerra?...[2]

                                            15
Bajó la noche en tanto. De la esfera
el leve azul, oscuro y más oscuro
se fué tornando: la movible sombra
de las nubes serenas, que volaban
por el espacio en alas de la brisa,   20
era visible en el tendido llano.
Iztaccihual purísimo volvía
del argentado rayo de la luna
el plácido fulgor, y en el oriente
bien como puntos de oro centellaban   25
mil estrellas y mil... ¡Oh! ¡yo os saludo,
fuentes de luz, que de la noche umbría
ilumináis el velo,
y sois del firmamento poesía!

                                            30
Al paso que la luna declinaba,
y al ocaso fulgente descendía
con lentitud, la sombra se extendía
del Popocatepec, y semejaba
fantasma colosal. El arco oscuro   35
a mí llegó, cubrióme, y su grandeza
fué mayor y mayor, hasta que al cabo
en sombra universal veló la tierra.

---

[1] El olivo, árbol consagrado a Minerva.
[2] Se refiere a la contrarrevolución conservadora de
    Iturbide.

Volví los ojos al volcán sublime,
que velado en vapores transparentes,
sus inmensos contornos dibujaba
de occidente en el cielo.
5 ¡Gigante del Anáhuac! ¿cómo el vuelo
de las edades rápidas no imprime
alguna huella en tu nevada frente?
Corre el tiempo veloz, arrebatando
años y siglos como el norte fiero
10 precipita ante sí la muchedumbre
de las olas del mar. Pueblos y reyes,
viste hervir a tus pies, que combatían
cual hora combatimos y llamaban
eternas sus ciudades, y creían
15 fatigar a la tierra con su gloria.
Fueron: de ellos no resta ni memoria.
¿Y tú eterno serás? Tal vez un día
de tus profundas bases desquiciado
caerás; abrumará tu gran ruïna
20 al yermo Anáhuac; alzaránse en ella
nuevas generaciones, y orgullosas
que fuiste negarán . . .
                    Todo perece
por ley universal. Aun este mundo
25 tan bello y tan brillante que habitamos,
es el cadáver pálido y deforme
de otro mundo que fué . . .

En tal contemplación embebecido
30 sorprendióme el sopor. Un largo sueño
de glorias engolfadas y perdidas
en la profunda noche de los tiempos,
descendió sobre mí. La agreste pompa
de los reyes aztecas desplegóse
35 a mis ojos atónitos. Veía
entre la muchedumbre silenciosa
de emplumados caudillos levantarse
el déspota salvaje en rico trono,
de oro, perlas y plumas recamado;
40 y al son de caracoles belicosos
ir lentamente caminando al templo
la vasta procesión, do la aguardaban
sacerdotes horribles, salpicados
con sangre humana rostros y vestidos.
45 Con profundo estupor el pueblo esclavo
las bajas frentes en el polvo hundía,

y ni mirar a su señor osaba,
de cuyos ojos férvidos brotaba
la saña del poder.
                    Tales ya fueron
tus monarcas, Anáhuac, y su orgullo:
su vil superstición y tiranía
en el abismo del no ser se hundieron.
Sí, que la muerte, universal señora,
hiriendo a par al déspota y esclavo,
escribe la igualdad sobre la tumba.
Con su manto benéfico el olvido
tu insensatez oculta y tus furores
a la raza presente y la futura.
Esta inmensa estructura
vió a la superstición más inhumana
en ella entronizarse. Oyó los gritos
de agonizantes víctimas, en tanto
que el sacerdote, sin piedad ni espanto,
les arrancaba el corazón sangriento;
miró el vapor espeso de la sangre
subir caliente al ofendido cielo
y tender en el sol fúnebre velo
y escuchó los horrendos alaridos
con que los sacerdotes sofocaban
el grito del dolor.
                    Muda y desierta
ahora te ves, Pirámide. ¡ Más vale
que semanas de siglos yazcas yerma,
y la superstición a quien serviste
en el abismo del infierno duerma!
A nuestros nietos últimos, empero
sé lección saludable; y hoy al hombre
que al cielo, cual Titán,[3] truena orgulloso,
sé ejemplo ignominioso
de la demencia y del furor huma.

(Diciembre de 1820.)

EN UNA TEMPESTAD

Huracán, huracán, venir te siento,
y en tu soplo abrasado
respiro entusiasmado
del señor de los aires el aliento.

---

[3] En la mitología griega, deidades primitivas que
combatieron contra los dioses del Olimpo, siendo
vencidas por ellos.

En las alas del viento suspendido
vedle rodar por el espacio inmenso,
silencioso, tremendo, irresistible,
en su curso veloz. La tierra en calma,
siniestra, misteriosa,
contempla con pavor su faz terrible.
¿Al toro no miráis? El suelo escarban
de insoportable ardor sus pies heridos:
la frente poderosa levantando,
y en la hinchada nariz fuego aspirando,
llama la tempestad con sus bramidos.

¡Qué nubes! ¡qué furor! El sol temblando
vela en triste vapor su faz gloriosa,
y su disco nublado sólo vierte
luz fúnebre y sombría,
que no es noche ni día . . .
¡Pavoroso color, velo de muerte!
Los pajarillos tiemblan y se esconden
al acercarse el huracán bramando,
y en los lejanos montes retumbando
le oyen los bosques, y a su voz responden.

Llega ya . . . ¿No lo veis? ¡Cuál desenvuelve
su manto aterrador y majestuoso! . . .
¡Gigante de los aires, te saludo! . . .
En fiera confusión el viento agita
las orlas de su parda vestidura . . .
¡Ved! . . . ¡en el horizonte
los brazos rapidísimos enarca,
y con ellos abarca
cuanto alcanzo a mirar de monte a monte!

¡Oscuridad universal! . . . ¡Su soplo
levanta en torbellinos
el polvo de los campos agitado! . . .
En las nubes retumba despeñado
el carro del Señor, y de sus ruedas
brota el rayo veloz, se precipita,
hiere y aterra el suelo,
y su lívida luz inunda el cielo.

¿Qué rumor? ¿Es la lluvia? . . . Desatada
cae a torrentes, oscurece al mundo,
y todo es confusión, horror profundo.
Cielo, nubes, colinas, caro bosque,
¿dó estáis? . . . Os busco en vano:

desparecisteis . . . La tormenta umbría
en los aires revuelve un oceano
que todo lo sepulta . . .
Al fin, mundo fatal, nos separamos:
el huracán y yo solos estamos.   5

¡Sublime tempestad! ¡Cómo en tu seno,
de tu solemne inspiración henchido,
al mundo vil y miserable olvido
y alzo la frente, de delicia lleno!   10
¿Dó está el alma cobarde
que teme tu rugir? . . . Yo en ti me elevo
al trono del Señor; oigo en las nubes
el eco de su voz; siento a la tierra
escucharle y temblar. Ferviente lloro   15
desciende por mis pálidas mejillas,
y su alta majestad trémulo adoro.

(Septiembre de 1822).

20

NIÁGARA

Dadme mi lira, dádmela que siento
en mi alma estremecida y agitada,   25
arder la inspiración. ¡Oh, cuánto tiempo
en tinieblas pasó, sin que mi frente
brillase con su luz! . . . Niágara undoso,
sólo tu faz sublime ya podría
tornarme el don divino, que ensañada,   30
me robó del dolor la mano impía.

Torrente prodigioso, calma, acalla,
tu trueno aterrador: disipa un tanto
las tinieblas que en torno te circundan,   35
y déjame mirar tu faz serena,
y de entusiasmo ardiente mi alma llena.
Yo digno soy de contemplarte: siempre
lo común y mezquino desdeñando,
ansié por lo terrífico y sublime.   40
Al despeñarse el huracán furioso,
al retumbar sobre mi frente el rayo,
palpitando gocé: ví al oceano,
azotado por austro procelloso,
combatir mi bajel, y ante mis plantas   45
sus abismos abrir, y amé el peligro,
y sus iras amé: mas su fiereza
en mi alma no dejara
la profunda impresión que tu grandeza.

Corres sereno, y majestuoso, y luego
en ásperos peñascos quebrantado,
te abalanzas violento, arrebatado,
como el destino irresistible y ciego.
5 ¿Qué voz humana describir podría
de la sirte rugiente
la aterradora faz? El alma mía
en vago pensamiento se confunde,
al contemplar la férvida corriente,
10 que en vano quiere la turbada vista
en su vuelo seguir al borde oscuro
del precipicio altísimo: mil olas,
cual pensamiento rápidas pasando,
chocan, y se enfurecen;
15 otras mil, y otras mil ya las alcanzan,
y entre espuma y fragor desaparecen.

Mas llegan . . . saltan . . . El abismo horrendo
devora los torrentes despeñados;
20 crúzanse en él mil iris, y asordados
vuelven los bosques el fragor tremendo.
Al golpe violentísimo en las peñas
rómpese el agua, salta, y una nube
de revueltos vapores
25 cubre el abismo en remolinos, sube,
gira en torno, y al cielo
cual pirámide inmensa se levanta,
y por sobre los bosques que le cercan
al solitario cazador espanta.
30

Mas, ¿qué en ti busca mi anhelante vista
con inquieto afanar? ¿Por qué no miro
alrededor de tu caverna inmensa
las palmas ¡ay! las palmas deliciosas,
35 que en las llanuras de mi ardiente patria
nacen del sol a la sonrisa, y crecen,
y al soplo de las brisas del océano
bajo un cielo purísimo se mecen?

40 Este recuerdo a mi pesar me viene . . .
Nada ¡oh Niágara! falta a tu destino,
ni otra corona que el agreste pino
a tu terrible majestad conviene.
La palma, y mirto, y delicada rosa,
45 muelle placer inspiren y ocio blando
en frívolo jardín; a ti la suerte
guardó más digno objeto y más sublime.
El alma libre, generosa, fuerte,
viene, te ve, se asombra,
50 menosprecia los frívolos deleites,
y aun se siente elevar cuando te nombra.

¡Dios, Dios de la verdad! En otros climas
ví monstruos execrables,
blasfemando tu nombre sacrosanto,
sembrar terror y fanatismo impío,
los campos inundar en sangre y llanto,
de hermanos atizar la infanda guerra,
y desolar frenéticos la tierra.
Vílos, y el pecho se inflamó a su vista
en grave indignación. Por otra parte
ví mentidos filósofos que osaban
escrutar tus misterios, ultrajarte,
y de impiedad al lamentable abismo
a los míseros hombres arrastraban.
Por eso siempre te buscó mi mente
en la sublime soledad: ahora
entera se abre a ti; tu mano siente
en esta inmensidad que me circunda,
y tu profunda voz baja a mi seno
de este raudal en el eterno trueno.

¡Asombroso torrente!
¡Cómo tu vista el ánimo enajena
y de terror y admiración me llena!
¿Dó tu origen está? ¿Quién fertiliza
por tantos siglos tu inexhausta fuente?
¿Qué poderosa mano
hace que al recibirte,
no rebose en la tierra el oceano?

Abrió el Señor su mano omnipotente,
cubrió tu faz de nubes agitadas,
dió su voz a tus aguas despeñadas,
y ornó con su arco tu terrible frente.
Miro tus aguas que incansables corren,
como el largo torrente de los siglos
rueda en la eternidad . . . ¡Así del hombre
pasan volando los floridos días,
y despierta al dolor! . . . ¡Ay! agostada
siento mi juventud, mi faz marchita,
y la profunda pena que me agita
ruga mi frente de dolor nublada.

Nunca tanto sentí como este día
mi mísero aislamiento, mi abandono,
mi lamentable desamor . . . ¿Podría
un alma apasionada y borrascosa
sin amor ser feliz? . . . ¡Oh! ¡si una hermosa
digna de mí me amase,
y de este abismo al borde turbulento
mi vago pensamiento
y mi andar solitario acompañase!

¡Cuál gozara al mirar su faz cubrirse
de leve palidez, y ser más bella
en su dulce terror, y sonreírse
al sostenerla mis amantes brazos!...
¡Delirios de virtud!...¡Ay! desterrado,
sin patria, sin amores,
sólo miro ante mí, llanto y dolores.

¡Niágara poderoso!
oye mi última voz: en pocos años
ya devorado habrá la tumba fría
a tu débil cantor. ¡Duren mis versos
cual tu gloria inmortal! ¡Pueda piadoso
al contemplar tu faz algún viajero,
dar un suspiro a la memoria mía!
Y yo, al hundirse el sol en occidente,
vuele gozoso do el Creador me llama,
y al escuchar los ecos de mi fama,
alce en las nubes la radiosa frente!

(Junio de 1824). (Según la edición de 1825).

A EMILIA

Desde el suelo fatal de mi destierro,
tu triste amigo, Emilia deliciosa,
te dirige su voz; su voz que un día
en los campos de Cuba florecientes
virtud, amor y plácida esperanza,
cantó felice, de tu bello labio
mereciendo sonrisa aprobadora,
que satisfizo su ambición. Ahora
sólo gemir podrá la triste ausencia
de todo lo que amó, y enfurecido
tronar contra los viles y tiranos
que ajan de nuestra patria desolada
el seno virginal. Su torvo ceño
mostróme el despotismo vengativo,
y en torno de mi frente acumulada
rugió la tempestad. Bajo tu techo
la venganza burlé de los tiranos.
Entonces tu amistad celeste, pura,
mitigaba el horror a los insomnios
de tu amigo proscripto y sus dolores.
Me era dulce admirar tus formas bellas
y atender a tu acento regalado,
cual lo es al miserable encarcelado
el aspecto del cielo y las estrellas.

Horas indefinibles, inmortales,
de angustia tuya y de peligro mío,
¡cómo volaron!—Extranjera nave
arrebatóme por el mar sañudo,
cuyas oscuras, turbulentas olas,   5
me apartan ya de playas españolas.

Heme libre por fin: heme distante
de tiranos y siervos. Mas, Emilia,
¡qué mudanza cruel! Enfurecido   10
brama el viento invernal: sobre sus alas
vuela y devora el suelo desecado
el hielo punzador. Espesa niebla
vela el brillo del sol, y cierra el cielo,
que en dudoso horizonte se confunde   15
con el oscuro mar. Desnudos gimen
por doquiera los árboles la saña
del viento azotador. Ningún ser vivo
se ve en los campos. Soledad inmensa
reina y desolación, y el mundo yerto   20
sufre de invierno cruel la tiranía.
¿Y es ésta la mansión que trocar debo
por los campos de luz, el cielo puro,
la verdura inmortal y eternas flores,
y las brisas balsámicas del clima   25
en que el primero sol brilló a mis ojos
entre dulzura y paz?...—Estremecido
me detengo, y agólpanse a mis ojos
lágrimas de furor...¿Qué importa? Emilia,
mi cuerpo sufre, pero mi alma fiera   30
con noble orgullo y menosprecio aplaude
su libertad. Mis ojos doloridos
no verán ya mecerse de la palma
la copa gallardísima, dorada
por los rayos del sol en occidente;   35
ni a la sombra del plátano sonante,
el ardor burlaré del medio día,
inundando mi faz en la frescura
que expira el blando céfiro. Mi oído,
en lugar de tu acento regalado,   40
o del eco apacible y cariñoso
de mi madre, mi hermana y mis amigas,
tan sólo escucha de extranjero idioma,
los bárbaros sonidos: pero al menos,
no lo fatiga del tirano infame   45
el clamor insolente, ni el gemido
del esclavo infeliz, ni del azote
el crujir execrable que emponzoñan
la atmósfera de Cuba. ¡Patria mía,
idolatrada patria! tu hermosura   50

goce el mortal en cuyas torpes venas
gire con lentitud la yerta sangre,
sin alterarse al grito lastimoso
de la opresión. En medio de tus campos
5 de luz vestidos y genial belleza,
sentí mi pecho férvido agitado
por el dolor, como el Océano brama
cuando lo azota el norte. Por las noches,
cuando la luz de la callada luna
10 y del limón el delicioso aroma,
llevado en alas de la tibia brisa
a voluptuosa calma convidaban,
mil pensamientos de furor y saña
entre mi pecho hirviendo, me nublaban
15 el congojado espíritu y el sueño
en mi abrasada frente no tendía
sus alas vaporosas. De mi patria
bajo el hermoso y desnublado cielo,
no pude resolverme a ser esclavo,
20 ni consentir que todo en la natura
fuese noble y feliz, menos el hombre.
Miraba ansioso al cielo y a los campos
que en derredor callados se tendían,
y en mi lánguida frente se veían
25 la palidez mortal y la esperanza.

Al brillar mi razón, su amor primero
fué la sublime dignidad del hombre,
30 y al murmurar de patria el dulce nombre,
me llenaba de horror el extranjero.
¡Pluguiese al cielo, desdichada Cuba,
que tu suelo tan sólo produjese
hierro y soldados! La codicia ibera
35 no tentáramos, ¡no! Patria adorada,
de tus bosques el aura embalsamada,
es al valor, a la virtud funesta.
¿Cómo viendo tu sol radioso, inmenso,
no se inflama en los pechos de tus hijos
40 generoso valor contra los viles
que te oprimen audaces y devoran?

¡Emilia! ¡dulce Emilia! la esperanza
45 de inocencia, de paz y de ventura,
acabó para mí. ¿Qué gozo resta
al que desde la nave fugitiva
en el triste horizonte de la tarde
hundirse vió los montes de su patria
50 por la postrera vez? A la mañana

alzóse el sol, y me mostró desiertos
el firmamento y mar . . . ¡Oh! ¡cuán odiosa
me pareció la mísera existencia!
Bramaba en torno la tormenta fiera
y yo sentado en la agitada popa
del náufrago bajel, triste y sombrío,
los torvos ojos en el mar fijando,
meditaba de Cuba en el destino
y en sus tiranos viles, y gemía,
y de rubor y cólera temblaba,
mientras el viento en derredor rugía,
y mis sueltos cabellos agitaba.

¡Ah! también otros mártires . . . ¡Emilia!
doquier me sigue en ademán severo,
del noble Hernández la querida imagen.
¡Eterna paz a tu injuriada sombra,
mi amigo malogrado! Largo tiempo
el gran flujo y reflujo de los años,
por Cuba pasará sin que produzca
otra alma cual la tuya, noble y fiera.
¡Víctima de cobardes y tiranos,
descansa en paz! Si nuestra patria ciega,
su largo sueño sacudiendo, llega
a despertar a libertad y gloria,
honrará, como debe, tu memoria.

¡Presto será que refulgente aurora
de libertad sobre su puro cielo
mire Cuba lucir! Tu amigo, Emilia,
de hierro fiero y de venganza armado,
a verte volverá, y en voz sublime
entonará de triunfo el himno bello.
Mas si en las lides enemiga fuerza
me postra ensangrentado, por lo menos
no obtendrá mi cadáver tierra extraña,
y regado en mi féretro glorioso
por el llanto de vírgenes y fuertes,
me adormiré. La universal ternura
excitaré dichoso y enlazada
mi lira de dolores con mi espada,
coronarán mi noble sepultura.

(1824).

(De *Poesías líricas*, París 1893).

Dedicatoria

A MI ESPOSA

Cuando en mis venas férvidas ardía
la fiera juventud, en mis canciones
el tormentoso afán de mis pasiones
con dolorosas lágrimas vertía.

Hoy a ti las dedico, esposa mía,
cuando el amor, más libre de ilusiones,
inflama nuestros puros corazones,
y sereno y de paz me luce el día.

Así perdido en turbulentos mares
mísero navegante al cielo implora,
cuando le aqueja la tormenta grave;

y del naufragio libre, en los altares
consagra fiel a la deidad que adora
las húmedas reliquias de su nave.

(1832).

El romanticismo argentino. Tendremos que detenernos en la Argentina porque aquí, más que en otros países hispanoamericanos, hubo una generación claramente romántica. El de 1830 es el año límite. Hasta 1830 los hombres cultos de Buenos Aires viven «en la época de las luces», racionalista y humanitaria. Bajo el signo de la Ilustración se hizo la revolución de Mayo, la independencia y la primera organización política y cultural de la República, de Moreno a Rivadavia. Desde 1830 Buenos Aires recibe las influencias del romanticismo francés y se forma la generación de Echeverría, Alberdi, Gutiérrez, López, Sarmiento, Mitre, en la que todos concuerdan en justificar la ruptura total con España, en expresar las emociones originales que suscita el paisaje americano y en probar un sistema político liberal.

De los jóvenes, que no se habían mezclado en las guerras civiles entre unitarios y federales, ESTEBAN ECHEVERRÍA (Argentina; 1805–1851) fue el portaestandarte. En 1825 (tenía veinte años y había vivido borrascosamente) Echeverría partió para Francia. Observó atentamente, en los cuatro años que vivió en París, la síntesis de romanticismo y liberalismo que se producía justamente entonces. Entre 1826 y 1830 aparecieron libros importantes de Vigny, Hugo, Lamartine, Musset, Sainte-Beuve, Dumas ... Pero más que estos franceses fueron los ingleses y alemanes que habían influido sobre ellos quienes orientaron el gusto de Echeverría. Estudió la filosofía de la historia y de la sociedad que, arrancando de la escuela historicista alemana, de Herder a Savigny, cobraba nuevos acentos en el pensamiento francés de Leroux, Guizot, Lerminier, Cousin y otros. Echeverría partió de París, si no educado por el romanticismo, por lo menos con la mente agudizada por sus lecturas románticas. Ya para entonces había proyectado sobre la realidad argentina dos de las fórmulas románticas: la del liberalismo político, que vino a justificar la ruptura de las colonias americanas con España e invitaba a continuar la línea revolucionaria de Mayo de 1810; y la de la simpatía artística hacia los modos de vivir del pueblo, que le descubrió las posibilidades de una literatura autóctona basada en las peculiaridades históricas y geográficas de las pampas. Aunque la primera fórmula fue la más significativa en la historia de las ideas políticas de la Argentina, en una historia literaria corresponde referirse sólo a la segunda. Echeverría no tenía ni vocación ni genio para la poesía. Cumplió, sin embargo, con una función precursora en la historia externa de esa literatura: *Elvira o la novia del Plata* (1832) fue el primer brote romántico trasplantado directamente de Francia, independiente del romanticismo español; *Los consuelos* (1834) fue el primer volumen de versos editado en la Argentina; «La cautiva» (una de las composiciones de *Las rimas*, 1837) fué la primera obra que ostentaba con talento el programa de una poesía vuelta hacia el paisaje, la tradición, el color local, el pueblo y la historia. Los jóvenes insatisfechos del «buen gusto» académico, se entusiasmaron con Echeverría. Creyeron que con *La cautiva* se había fundado «la literatura nacional». Gracias a su reputación literaria los jóvenes siguieron el estandarte de la lucha que un buen día levantó. En adelante sus prosas serán más descollantes que sus poesías. Era, en verdad, mejor prosista que poeta; por eso, en la historia literaria, figura en sitio de honor *El matadero* (¿1838?), cuadro de costumbres de extraordinario vigor realista, diferente de cuanto se había escrito antes por la intensidad del *pathos* y del *climax*. Como cuadro de costumbres tiene una intención política y reformista: mostrar la infame turba que apoyaba a Rosas. Pero de repente algunas figuras cobran vida y el cuadro se convierte en cuento. Entonces, a pesar de las inmundicias de la descripción, se hacen visibles los esquemas románticos: el contraste entre la nota horrorosa del niño degollado y la nota humorística del inglés revolcado en el fango; el sentido de lo «pintoresco» y lo «grotesco»; un aura de desgracia, fatalidad, muerte; la presentación del joven «unitario», héroe gallardo que desafía a voces a la sociedad de su tiempo (en contrapunto, como en un melodrama, con el fondo musical de guitarras y canciones vulgares) y antes de que lo afrenten muere de indignación, reventándose en «ríos de sangre». En otras prosas, más serenas, Echeverría dejó sus lúcidas consignas para salir del atolladero en que se debatían «federales» y «unitarios». Echeverría tenía un plan serio. Consciente del respeto con que lo rodeaban decidió reunir a los jóvenes con una doctrina clara. Quedó así constituída, en 1838, la Joven Argentina o Asociación de Mayo, que se ramificó en seguida por los más remotos rincones del país. Gracias a Echeverría y a su Asociación el romanticismo argentino se recortó dentro del movimiento literario hispanoamericano con el perfil redondo de una generación. Además, los desterrados argentinos llevaron al Uruguay, a Chile, sus ideales románticos, y lanzaron allí pujantes movimientos literarios.

Esteban Echeverría

LA CAUTIVA

PRIMERA PARTE: EL DESIERTO

> Ils vont. L'espace est grand.
> *Hugo.*

Era la tarde, y la hora
en que el sol la cresta dora
de los Andes. El desierto
inconmensurable, abierto
y misterioso a sus pies
se extiende, triste el semblante,
solitario y taciturno
como el mar, cuando un instante
el crepúsculo nocturno,
pone rienda a su altivez.

Gira en vano, reconcentra
su inmensidad, y no encuentra
la vista, en su vivo anhelo,
do fijar su fugaz vuelo,
como el pájaro en el mar.
Doquier campos y heredades
del ave y bruto guaridas;
doquier cielo y soledades
de Dios sólo conocidas
que Él sólo puede sondar.

A veces la tribu errante,
sobre el potro rozagante,
cuyas crines altaneras
flotan al viento ligeras,
lo cruza cual torbellino,
y pasa; o su toldería[1]
sobre la grama frondosa
asienta, esperando el día
duerme, tranquila reposa,
sigue veloz su camino.

¡Cuántas, cuántas maravillas,
sublimes y a par sencillas,
sembró la fecunda mano
de Dios allí! ¡Cuánto arcano
que no es dado al mundo ver!   5
La humilde hierba, el insecto,
la aura aromática y pura;
el silencio, el triste aspecto
de la grandiosa llanura,
el pálido anochecer.   10

Las armonías del viento
dicen más al pensamiento
que todo cuanto a porfía
la vana filosofía
pretende altiva enseñar.   15
¿Qué pincel podrá pintarlas
sin deslucir su belleza?
¿Qué lengua humana alabarlas?
Sólo el genio su grandeza
puede sentir y admirar.   20

Ya el sol su nítida frente
reclinaba en occidente,
derramando por la esfera
de su rubia cabellera
el desmayado fulgor.   25
Sereno y diáfano el cielo,
sobre la gala verdosa
de la llanura, azul velo
esparcía, misteriosa
sombra dando a su color.   30

---

[1] Campamento de indios.

El aura moviendo apenas
sus olas de aroma llenas,
entre la hierba bullía
del campo que parecía
como un piélago ondear.
Y la tierra, contemplando
del astro rey la partida,
callaba, manifestando,
como en una despedida,
en su semblante pesar.

Sólo a ratos, altanero
relinchaba un bruto fiero
aquí o allá, en la campaña;
bramaba un toro de saña,
rugía un tigre feroz;
o las nubes contemplando,
como extático y gozoso,
el Yajá,[2] de cuando en cuando,
turbaba el mudo reposo
con su fatídica voz.

Se puso el sol; parecía
que el vasto horizonte ardía:
La silenciosa llanura
fué quedando más obscura,
más pardo el cielo, y en él,
con luz trémula brillaba
una que otra estrella, y luego
a los ojos se ocultaba,
como vacilante fuego
en soberbio chapitel.

El crepúsculo, entretanto,
con su claroscuro manto,
veló la tierra; una faja,
negra como una mortaja,
el occidente cubrió;
mientras la noche bajando
lenta venía, la calma
que contempla suspirando
inquieta a veces el alma,
con el silencio reinó.

Entonces, como el rüido,
que suele hacer el tronido
cuando retumba lejano,
se oyó en el tranquilo llano
sordo y confuso clamor;
se perdió ... y luego violento,
como baladro[3] espantoso
de turba inmensa, en el viento
se dilató sonoroso,
dando a los brutos pavor.

Bajo la planta sonante
de ágil potro arrogante
el duro suelo temblaba,
y envuelto en polvo cruzaba
como animado tropel,
velozmente cabalgando;
víanse lanzas agudas,
cabezas, crines ondeando,
y como formas desnudas
de aspecto extraño y cruel.

¿Quién es? ¿Qué insensata turba
con su alarido perturba,
las calladas soledades
de Dios, do las tempestades
sólo se oyen resonar?
¿Qué humana planta orgullosa
se atreve a hollar el desierto
cuando todo en él reposa?
¿Quién viene seguro puerto
en sus yermos a buscar?

¡Oíd! Ya se acerca el bando
de salvajes, atronando
todo el campo convecino.
¡Mirad! Como torbellino
hiende el espacio veloz.
El fiero ímpetu no enfrena
del bruto que arroja espuma;
vaga al viento su melena,
y con ligereza suma
pasa en ademán atroz.

---

[2] Chajá, pájaro cuyo nombre significa «vamos, vamos», en guaraní.

[3] Grito de temor.

¿Dónde va? ¿De dónde viene?
¿De qué su gozo proviene?
¿Por qué grita, corre, vuela,
clavando al bruto la espuela
sin mirar alrededor?
¡Ved que las puntas ufanas
de sus lanzas por despojos,
llevan cabezas humanas,
cuyos inflamados ojos
respiran aún furor!

Así el bárbaro hace ultraje
al indomable coraje
que abatió su alevosía;
y su rencor todavía
mira, con torpe placer,
las cabezas que cortaron
sus inhumanos cuchillos,
exclamando:—«Ya pagaron
del cristiano los caudillos
el feudo a nuestro poder.

Ya los ranchos do vivieron
presa de las llamas fueron,
y muerde el polvo abatida
su pujanza tan erguida.
¿Dónde sus bravos están? 5
Vengan hoy del vituperio,
sus mujeres, sus infantes,
que gimen en cautiverio,
a libertar, y como antes,
nuestras lanzas probarán.» 10

Tal decía, y bajo el callo
del indómito caballo,
crujiendo el suelo temblaba;
hueco y sordo retumbaba
su grito en la soledad. 15
Mientras la noche, cubierto
el rostro en manto nubloso,
echó en el vasto desierto,
su silencio pavoroso,
su sombría majestad. 20

SEGUNDA PARTE: EL FESTÍN

... orribile favelle
Parole di dolore, accenti d'ira,
Voci alte e fioche, e suon di man con elle
Facevan un tumulto ...

Dante.

Noche es el vasto horizonte,
noche el aire, cielo y tierra.
Parece haber apiñado
el genio de las tinieblas,
para algún misterio inmundo,
sobre la llanura inmensa,
la lobreguez del abismo
donde inalterable reina.
Sólo inquietos divagando,
por entre las sombras negras,
los espíritus foletos
con viva luz reverberan,
se disipan, reaparecen,
vienen, van, brillan, se alejan,
mientras el insecto chilla,
y en fachinales[4] o cuevas
los nocturnos animales
con triste aullido se quejan.

La tribu aleve, entretanto,
allá en la pampa desierta,
donde el cristiano atrevido
jamás estampa la huella,
ha reprimido del bruto 25
la estrepitosa carrera;
y campo tiene fecundo
al pie de una loma extensa,
lugar hermoso do a veces
sus tolderías asienta. 30
Feliz la maloca[5] ha sido;
rica y de estima la presa
que arrebató a los cristianos:
Caballos, potros y yeguas,
bienes que en su vida errante 35
ella más que el oro aprecia;
muchedumbre de cautivas,
todas jóvenes y bellas.

---

[4] En la provincia, ciertos sitios húmedos y bajos en donde crece la maleza.

[5] Lo mismo que incursión o correría; malón.

Sus caballos, en manadas,
pacen la fragante hierba;
y al lazo, algunos prendidos,
a la pica, o la manea,
de sus indolentes amos
el grito de alarma esperan.
Y no lejos de la turba,
que charla ufana y hambrienta,
atado entre cuatro lanzas,
como víctima en reserva,
noble espíritu valiente
mira vacilar su estrella;
al paso que su infortunio,
sin esperanza, lamentan,
rememorando su hogar,
los infantes y las hembras.

Arden ya en medio del campo
cuatro extendidas hogueras,
cuyas vivas llamaradas
irradiando, colorean
el tenebroso recinto
donde la chusma hormiguea.
En torno al fuego sentados
unos lo atizan y ceban:
Otros la jugosa carne
al rescoldo o llama tuestan;
aquél come, éste destriza.
Más allá alguno degüella
con afilado cuchillo
la yegua al lazo sujeta,
y a la boca de la herida,
por donde ronca y resuella,
y a borbollones arroja
la caliente sangre fuera,
en pie, trémula y convulsa,
dos o tres indios se pegan
como sedientos vampiros,
sorben, chupan, saborean
la sangre, haciendo murmullo
y de sangre se rellenan.
Baja el pescuezo, vacila,
y se desploma la yegua
con aplausos de las indias
que a descuartizarla empiezan.

Arden en medio del campo,
con viva luz las hogueras;

sopla el viento de la pampa
y el humo y las chispas vuelan.
A la charla interrumpida,
cuando el hambre está repleta,
sigue el cordial regocijo,
el beberaje y la gresca
que apetecen los varones
y las mujeres detestan.
El licor espirituoso
en grandes bacías echan;
y, tendidos de barriga
en derredor, la cabeza
meten sedientos, y apuran
el apetecido néctar,
que, bien pronto, los convierte
en abominables fieras.
Cuando algún indio, medio ebrio,
tenaz metiendo la lengua
sigue en la preciosa fuente,
y beber también no deja
a los que aguijan furiosos,
otro viene, de las piernas
lo agarra, tira y arrastra
y en lugar suyo se espeta.
Así bebe, ríe, canta,
y al regocijo sin rienda
se da la tribu: aquel ebrio
se levanta, bambolea,
a plomo cae, y gruñendo
como animal se revuelca.
Éste chilla, algunos lloran,
y otros a beber empiezan.
De la chusma toda al cabo
la embriaguez se enseñorea
y hace andar en remolino
sus delirantes cabezas.
Entonce empieza el bullicio,
y la algazara tremenda,
el infernal alarido
y las voces lastimeras. [. . .]

Las hogueras entretanto
en la obscuridad flamean,
y a los pintados semblantes
y a las largas cabelleras
de aquellos indios beodos,
da su vislumbre siniestra
colorido tan extraño,
traza tan horrible y fea,

que parecen del abismo
precita, inmunda ralea,
entregada al torpe gozo
de la sabática fiesta.[6] [. . .]

   Quiénes su pérdida lloran,
quiénes sus hazañas mentan.
Óyense voces confusas,
medio articuladas quejas,
baladros, cuyo son ronco
en la llanura resuena.
De repente todos callan,
y un solo murmullo reina,
semejante al de la brisa
cuando rebulle en la selva;
pero, gritando, algún indio
en la boca se palmea,
y el disonante alarido
otra vez el campo atruena.
El indeleble recuerdo
de las pasadas ofensas
se aviva en su ánimo entonces,
y atizando su fiereza
al rencor adormecido
y a la venganza subleva:
En su mano los cuchillos,
a la luz de las hogueras,
llevando muerte relucen;
se ultrajan, riñen, vocean,
como animales feroces
se despedazan y bregan.
Y asombradas las cautivas,
la carnicería horrenda
miran, y a Dios en silencio
humildes preces elevan.

   Sus mujeres entretanto,
cuya vigilancia tierna
en las horas del peligro
siempre cautelosa vela,
acorren luego a calmar
el frenesí que los ciega,
ya con ruegos y palabras
de amor y eficacia llenas;

ya interponiendo su cuerpo
entre las armas sangrientas.
Ellos resisten y luchan,
las desoyen y atropellan,
lanzando injuriosos gritos   5
y los cuchillos no sueltan
sino cuando, ya rendida
su natural fortaleza
a la embriaguez y al cansancio,
dobla el cuello y cae por tierra.   10
Al tumulto y la matanza
sigue el llorar de las hembras
por sus maridos y deudos;
las lastimosas endechas
a la abundancia pasada,   15
a la presente miseria,
a las víctimas queridas
de aquella noche funesta.

    20
   Pronto un profundo silencio
hace a los lamentos tregua,
interrumpido por ayes
de moribundos, o quejas,
risas, gruñir sofocado   25
de la embriagada torpeza;
al espantoso ronquido
de los que durmiendo sueñan,
los gemidos infantiles
del ñacurutú[7] se mezclan;   30
chillidos, aúllos tristes
del lobo que anda a la presa
de cadáveres, de troncos,
miembros, sangre y osamentas,
entremezclados con vivos,   35
cubierto aquel campo queda,
donde poco antes la tribu
llegó alegre y tan soberbia.
La noche en tanto camina
triste, encapotada y negra;   40
y la desmayada luz
de las festivas hogueras
sólo alumbra los estragos
de aquella bárbara fiesta. [. . .]
    45
(De *Rimas*, 1937).

---

[6] Junta nocturna de los espíritus malignos, según tradición comunicada a los pueblos cristianos por los judíos (Nota del autor).

[7] Especie de lechuza grande, cuyo grito se asemeja al sollozar de un niño.

CLASICISMO Y ROMANTICISMO

Fueron los críticos alemanes los que primero dieron el nombre de romántica a la literatura indígena de las naciones europeas, cuyo idioma vulgar, formado del latín y dialectos septentrionales, se llamó *romance*. Pero la palabra romántica no dice sólo a la lengua, sino al espíritu de esa literatura, por cuanto fué expresión natural o el espontáneo resultado de las creencias, costumbres, pasiones y modo de ser y cultura de las naciones que la produjeron sin reconocerse deudoras de la antigua. Por eso es que con fundamento la aplicaron también a la literatura posterior que, fiel a las primitivas tradiciones europeas, envanecida de su origen y religión, enriquecida por el trabajo de los siglos, floreció lozana y pomposa en Italia, España, Francia, Inglaterra y Alemania, y opuso a la antigüedad una serie de obras y de ingenios tan ilustres como los de Grecia y Roma.

La civilización antigua y moderna, o el genio clásico y el romántico, dividiéronse, pues, el mundo de la literatura y del arte. Aquél trazó en el frontis de sus sencillos y elegantes monumentos: Paganismo; éste en la fachada de sus templos majestuosos: Cristianismo. El uno ostenta aún las formas regulares y armónicas de su sencilla y uniforme civilización; el otro los símbolos confusos, terribles, enigmáticos de su civilización compleja y turbulenta. El uno, los partos de la imaginación tranquila y risueña, satisfecha de sí porque nada espera; el otro, los de la imaginación sombría como su destino, que insaciable y no satisfecha, busca siempre perfecciones ideales y aspira a ver realizadas las esperanzas que su creencia le infunde.

El uno divinizó las fuerzas de la naturaleza y la vida terrestre y pobló el universo de dioses, sujetos a las pasiones y flaquezas terrestres; el otro se elevó a la concepción abstracta, sublime de un solo Dios; el uno, sensual, absorto en la contemplación de la materia, se deleita en la armónica simetría de las formas y en la sencillez de sus obras; el otro, ambicionando lo infinito, busca en las profundidades de la conciencia el enigma de la vida y del universo.

El uno encontró el tipo primitivo y original de sus creaciones en Homero y la mitología, el otro en la Biblia y las leyendas cristianas.

El uno puso en contraste la voluntad del hombre, el libre albedrío, luchando contra un *hado* irrevocable, inexorable, y en esa fuente bebió las terribles peripecias de sus tragedias; el otro no reconoció más fatalismo que el de las pasiones y la muerte, más Destino que la Providencia, más lucha que la del alma y el cuerpo, o el espíritu y la carne, moviendo los resortes del corazón y la inteligencia y representando todos los misterios, accidentes, convulsiones y paroxismos de la vida en sus terribles dramas ...

Mientras la musa romántica pobló el aire de silfos,[8] el fuego de salamandras, el agua de ondinas,[9] la tierra de gnomos[10] y el cielo y el especio de jerarquías, de entes incorpóreos, de genios, espíritus, ángeles, anillos invisibles que ligan la tierra al cielo o el hombre a Dios; la musa clásica dió forma corpórea visible y carnal a las fuerzas de la naturaleza y materializó hasta los afectos más íntimos y conforme al materialismo de su esencia pobló con ellos el mundo fabuloso de su mitología.

En fin, el genio clásico se goza en la contemplación de la materia y de lo presente; el romántico, reflexivo y melancólico, se mece entre la memoria de lo pasado y los presentimientos del porvenir; va melancólico en busca, como el peregrino, de una tierra desconocida, de su país natal, del cual según su creencia fué proscripto y a él peregrinando por la tierra llegará un día.

---

[8] Genios o espíritus elementales del aire.
[9] Ninfa de las aguas.

[10] Cualquiera de los seres fantásticos considerados como genios de la Tierra y luego imaginados como enanos guardianes de los veneros de las minas.

El romanticismo, pues, es la poesía moderna que fiel a las leyes esenciales del arte no imita ni copia, sino que busca sus tipos y colores, sus pensamientos y formas en sí mismo, en su religión, en el mundo que lo rodea y produce con ello obras bellas, originales. En este sentido todos los poetas verdaderamente románticos son originales y se confunden con los clásicos antiguos, pues recibieron este nombre por cuanto se consideraron como modelos de perfección, o tipos originales dignos de ser imitados. El pedantismo de los preceptistas afirmó después que no hay nada bueno que esperar fuera de la imitación de los antiguos y echó anatema contra toda la poesía romántica moderna, sin advertir que condenaba lo mismo que defendía, pues reprobando el romanticismo, reprobaba la originalidad clásica y, por consiguiente, el principio vital de todo arte. [. . .]

El espíritu del siglo lleva hoy a todas las naciones a emanciparse, a gozar la independencia, no sólo política, sino filosófica y literaria; a vincular su gloria, no sólo en libertad, en riqueza y en poder sino en el libre y espontáneo ejercicio de sus facultades morales y, de consiguiente, en la originalidad de sus artistas. Nosotros tenemos derecho para ambicionar lo mismo y nos hallamos en la mejor condición para hacerlo. Nuestra cultura empieza: hemos sentido sólo de rechazo el influjo del clasicismo; quizás algunos lo profesan, pero sin séquito, porque no puede existir opinión pública racional sobre materia de gusto en donde la literatura está en embrión y no es ella una potencia social. Sin embargo, debemos, antes de poner mano a la obra, saber a qué atenernos en materia de doctrinas literarias y profesar aquellas que sean más conformes a nuestra condición y estén a la altura de la ilustración del siglo y nos trillen el camino de una literatura fecunda y original, pues, en suma, como dice Hugo, el romanticismo no es más que el Liberalismo en literatura . . . [. . .]

En suma, la poesía griega, o clásica, es original porque fué la espresión espontánea del ingenio de sus poetas y presentó en sus distintas épocas el desenvolvimiento de la civilización griega, pero fundada en costumbres, moral y religión que no son nuestras; y sobre todo en fábulas mitológicas que consideramos quiméricas y debemos, como dice Schlegel, considerarlas como juegos brillantes de la imaginación, que entretienen y regocijan; mientras que la posería romántica, que está arraigada a lo más íntimo de nuestro corazón y de nuestra conciencia, que se liga a nuestros recuerdos y esperanzas, debe necesariamente excitar nuestro entusiasmo y hablar con irresistible y eficaz elocuencia a todos nuestros afectos y pasiones.

Los poetas modernos que se han arrogado el título de clásicos, porque, según dicen, siguen los preceptos de Aristóteles, Horacio y Boileau y embuten en sus obras centones griegos, latinos y franceses, no han advertido que en el mero hecho de declararse imitadores dejan de ser clásicos porque esta voz indica lo acabado y perfecto y, por consiguiente, lo inimitable.

Creo, sin embargo, que imitando se puede, hasta cierto punto, salvar la originalidad; pero jamás se igualará al modelo, como lo demuestran ensayos de ingenios eminentes. Pero este género de emulación no consiste, como en los bastardos clásicos, en la adopción mecánica de las formas, ni en la traducción servil de los pensamientos, ni en el uso trivial de los nombres, que nada dicen, de la mitología pagana, que a fuerza de repetidos empalagan, sino en embeberse en todo el espíritu de la antigüedad, en transportarse por medio de la erudición y del profundo conocimiento de la lengua y costumbres antiguas al seno de la civilización griega o romana, respirar el aire de aquellos remotos siglos y vivir en ellos. [. . .]

Toda obra de imitación es de suyo estéril y, más que todas, la de los clásicos bastardos y la que recomiendan los preceptistas modernos, pues tiende al suicidio del talento y a sujetar al despotismo de reglas arbitrarias y a la autoridad de los nombres el ingenio soberano del poeta. Como creador es llamado no a recibirlas sino a dictarlas, pues es incontestable que el ingenio, para no esterilizar sus fuerzas, debe obrar según las leyes de su propia naturaleza o de su organización.

La cuestión del romanticismo es no ya, pues, entre la excelencia de la forma griega o de la forma moderna, entre Sófocles o Shakespeare, entre Aristóteles, que redujo a teoría el arte griego, y el romanticismo, sino entre los pedantes, que se han arrogado el título de legisladores del Parnaso, fundándose en la autoridad infalible del Estagirita[11] y de Horacio, y el arte moderno [. . .]

5 Los clásicos franceses no han tomado de la tragedia antigua sino lo peor, y vanagloriándose de imitar a los griegos, que consideraban tipos del arte, escudaban su sistema con la infalible autoridad de Aristóteles para darle 10 más importancia y autoridad. Pero en el fondo su sistema es distinto, puesto que desecharon, considerándolo sin duda como accesorio, lo que constituye la esencia de la tragedia. La excelencia, pues, del teatro francés, no puede 15 ser absoluta ni servir de regla universal, pues ni, como pretenden, se apoya en los sublimes modelos griegos, ni tiene por sí el asentimiento de tres grandes naciones, ni puede ofrecer a la admiración de los hombres mayor número de 20 obras extraordinarias, ni genios tan colosales como los de Calderón, Lope de Vega, Shakespeare, Goethe y Schiller. Verdad es ésta reconocida hoy por los mismos franceses, quienes, a par de los extraños, confiesan ser 25 debida la inferioridad de su teatro a las mezquinas y arbitrarias leyes con que el pedantismo ignorante cortó el vuelo de sus dos grandes ingenios: Corneille y Racine, y sofocó posteriormente el desarrollo del teatro [. . .]

30 La poesía romántica no es el fruto sencillo y espontáneo del corazón, o la expresión armoniosa de los caprichos de la fantasía, sino la voz íntima de la conciencia, la sustancia viva de las pasiones, el profético mirar de 35 la fantasía, el espíritu meditabundo de la filosofía, penetrando y animando con la magia de la imaginación los misterios del hombre, de la creación y la providencia; es un maravilloso instrumento, cuyas cuerdas sólo tañe la mano 40 del genio que reúna la inspiración a la refle-

xión, y cuyas sublimes e inagotables armonías expresan lo humano y lo divino.

En cuanto a las unidades de tiempo y lugar en el drama, el arte moderno piensa que todo lo humano, sea histórico o fingido, debe realizarse en el tiempo dado, en tal lugar, y que, por consiguiente, las condiciones necesarias de su existencia son el espacio y el tiempo. Penetrado de esta idea, el poeta romántico finge un suceso dramático o lo forma de la historia, concibe en su cerebro la traza ideal de su fábrica, la arregla y coloca según la perspectiva escénica, y después la echa a luz, completa, como Minerva[12] de la frente de Júpiter. No procede como los clásicos que ajustan a una forma dada los partos que ni aún concibió su cerebro, resueltos como Procusto[13] a recortar y desmembrar lo que pasa de la medida. Ni mutila la historia ni descoyunta por ajustar su obra a reglas absurdas y arbitrarias; sólo las deja desarrollarse y extenderse según las leyes de su naturaleza y organización. Si el suceso que dramatiza pasó en tres, ocho o veinte y cuatro horas, santo y bueno, habrá observado la receta clásica; si en diez o veinte años, aquende o allende, no corrige a la Providencia que así dispuso sucediese, y cuando más, si le conviene, lo circunscribe y concentra para dar realce y cuerpo a las partes de que se compone y representarlas a los ojos con más viveza y colorido, con más realce, naturalidad y grandeza. Así el arte moderno crea a Wallenstein,[14] Otelo y Fígaro.[15] No pone, como Moratín,[16] al frente de sus prosaicas miniaturas: «La escena es en una sala de la tía Mónica. La acción empieza a las cinco de la tarde y acaba a las diez de la noche.»

En toda obra verdaderamente artística, pues, la curiosidad encontrará alimento, el interés

---

[11] Nombre que se da a Aristóteles, por ser natural de Estagira, Macedonia.

[12] Deidad de la mitología romana, hija de Júpiter y diosa de la sabiduría, de las artes y de la guerra, identificada con la Atenea de los griegos. Según la fábula, salió enteramente armada del cerebro de Júpiter.

[13] Sobrenombre del gigante Polipenión o Damastes, bandido de Ática que, después de robar a los viajeros, los hacía extender sobre un lecho de hierro, les cortaba los pies cuando eran más largos

que aquél, o los hacía estirar con cuerdas hasta que alcanzasen la misma longitud.

[14] Trilogía dramática de Schiller (1799) sobre el famoso general alemán de la guerra de los Treinta Años.

[15] Personaje creado por Beaumarchais (1732–1799) en su comedia *El barbero de Sevilla*, y seudónimo que usó el escritor español Mariano José de Larra (1807–1837).

[16] Leandro Fernández de Moratín (1760–1828), comediógrafo español.

será sostenido, y todas las partes accesorias, todas las acciones secundarias, gravitarán en torno de la acción central y generadora que se

ha propuesto dramatizar el poeta, la cual es el alma y la vida de su concepción primitiva.

(De «Prosa literaria,» Buenos Aires, 1944).

EL MATADERO

A pesar de que la mía es historia, no la empezaré por el arca de Noé y la genealogía de sus ascendientes como acostumbraban hacerlo los antiguos historiadores españoles de América, que deben ser nuestros prototipos. Tengo muchas razones para no seguir ese ejemplo, las que callo por no ser difuso. Diré solamente que los sucesos de mi narración pasaban por los años de Cristo de 183 ... Estábamos, a más, en cuaresma, época en que escasea la carne en Buenos Aires, porque la Iglesia, adoptando el precepto de Epicteto,[17] *sustine*, *abstine* (sufre, abstente), ordena vigilia y abstinencia a los estómagos de los fieles a causa de que la carne es pecaminosa, y, como dice el proverbio, busca a la carne. Y como la Iglesia tiene *ab initio*[18] y por delegación directa de Dios, el imperio inmaterial sobre las conciencias y los estómagos, que en manera alguna pertenecen al individuo, nada más justo y racional que vede lo malo.

Los abastecedores, por otra parte, buenos federales, y por lo mismo buenos católicos, sabiendo que el pueblo de Buenos Aires atesora una docilidad singular para someterse a toda especie de mandamiento, sólo traen en días cuaresmales al matadero los novillos necesarios para el sustento de los niños y los enfermos dispensados de la abstinencia por la bula[19] y no con el ánimo de que se harten algunos herejotes, que no faltan, dispuestos siempre a violar los mandamientos carnificinos de la Iglesia, y a contaminar la sociedad con el mal ejemplo.

Sucedió, pues, en aquel tiempo, una lluvia muy copiosa. Los caminos se anegaron; los pantanos se pusieron a nado y las calles de entrada y salida a la ciudad rebosaban en acuoso barro. Una tremenda avenida se precipitó de repente por el Riachuelo[20] de Barracas, y extendió majestuosamente sus turbias aguas hasta el pie de las barrancas del Alto.[21] El Plata, creciendo embravecido, empujó esas aguas que venían buscando su cauce y las hizo correr hinchadas por sobre campos, terraplenes, arboledas, caseríos, y extenderse como un lago inmenso por todas las bajas tierras. La ciudad circunvalada del norte al oeste por una cintura de agua y barro, y al sud por un piélago blanquecino en cuya superficie flotaban a la ventura algunos barquichuelos y negreaban las chimeneas y las copas de los árboles, echaba desde sus torres y barrancas atónitas miradas al horizonte como implorando la protección del Altísimo. Parecía el amago de un nuevo diluvio. Los beatos y beatas gimoteaban haciendo novenarios y continuas plegarias. Los predicadores atronaban el templo y hacían crujir el púlpito a puñetazos. «Es el día del juicio — decían —, el fin del mundo está por venir. La cólera divina rebosando se derrama en inundación. ¡Ay de vosotros, pecadores! ¡Ay de vosotros, unitarios[22] impíos que os mofáis de la Iglesia, de los santos, y no escucháis con veneración la palabra de los ungidos del Señor! ¡Ay de vosotros si no imploráis misericordia al pie de los altares! Llegará la hora tremenda del vano crujir de dientes y de las frenéticas imprecaciones. Vuestra impiedad, vuestras herejías, vuestras blasfemias, vuestros crímenes

---

[17] Filósofo estoico del siglo I nacido en Frigia.
[18] *Ab initio*. Latín, «desde el principio.»
[19] Indulgencia que concede la Iglesia bajo ciertas condiciones.
[20] Pequeño afluente del río de la Plata, que pasa por Buenos Aires.

[21] El Alto, originalmente el barrio del Alto de San Pedro, una parte de la ciudad de Buenos Aires.
[22] Nombre dado en la Argentina, por oposición a los Federalistas, a los partidarios de la Constitución centralizadora de 1819, y enemigos del tirano Rosas.

horrendos, han traído sobre nuestra tierra las plagas del Señor. La justicia del Dios de la Federación os declarará malditos.»

Las pobres mujeres salían sin aliento, anonadadas del templo, echando, como era natural, la culpa de aquella calamidad a los unitarios.

Continuaba, sin embargo, lloviendo a cántaros, y la inundación crecía, acreditando el pronóstico de los predicadores. Las campanas comenzaron a tocar rogativas por orden del muy católico Restaurador[23] quien parece no las tenía todas consigo. Los libertinos, los incrédulos, es decir, los unitarios, empezaron a amedrentarse al ver tanta cara compungida, oír tanta batahola de imprecaciones. Se hablaba ya, como de cosa resuelta, de una procesión en que debía ir toda la población descalza y a cráneo descubierto, acompañando al Altísimo, llevado bajo palio por el obispo, hasta la barranca de Balcarce[24] donde millares de voces, conjurando al demonio unitario de la inundación, debían implorar la misericordia divina.

Feliz, o mejor, desgraciadamente, pues la cosa habría sido de verse, no tuvo efecto la ceremonia, porque bajando el Plata, la inundación se fué poco a poco escurriendo en su inmenso lecho, sin necesidad de conjuro ni plegarias.

Lo que hace principalmente a mi historia es que por causa de la inundación estuvo quince días el matadero de la Convalecencia[25] sin ver una sola cabeza vacuna, y que en uno o dos, todos los bueyes de quinteros y *agua-teros*[26] se consumieron en el abasto de la ciudad. Los pobres niños y enfermos se alimentaban con huevos y gallinas, y los gringos y herejotes bramaban por el *beefsteak* y el asado. La abstinencia de carne era general en el pueblo, que nunca se hizo más digno de la bendición de la Iglesia, y así fué que llovieron sobre él millones y millones de indulgencias plenarias. Las gallinas se pusieron a 6 pesos y los huevos a 4 reales, y el pescado carísimo. No hubo en aquellos días cuaresmales promis-

cuaciones ni excesos de gula; pero, en cambio, se fueron derecho al cielo innumerables ánimas, y acontecieron cosas que parecen soñadas.

No quedó en el matadero ni un solo ratón vivo de muchos millares que allí tenían albergue. Todos murieron o de hambre o ahogados en sus cuevas por la incesante lluvia. Multitud de negras rebusconas de *achuras*,[27] como los caranchos[28] de presa, se desbandaron por la ciudad como otras tantas arpías prontas a devorar cuanto hallaran comible. Las gaviotas y los perros, inseparables rivales suyos en el matadero, emigraron en busca de alimento animal. Porción de viejos achacosos cayeron en consunción por falta de nutritivo caldo; pero lo más notable que sucedió fué el fallecimiento casi repentino de unos cuantos gringos herejes, que cometieron el desacato de darse un hartazgo de chorizos de Extremadura, jamón y bacalao, y se fueron al otro mundo a pagar el pecado cometido por tan abominable promiscuación.

Algunos médicos opinaron que si la carencia de carne continuaba, medio pueblo caería en síncope por estar los estómagos acostumbrados a su corroborante jugo; y era de notar el contraste entre estos tristes pronósticos de la ciencia y los anatemas lanzados desde el púlpito por los reverendos padres contra toda clase de nutrición animal y de promiscuación en aquellos días destinados por la Iglesia al ayuno y la penitencia. Se originó de aquí una especie de guerra intestina entre los estómagos y las conciencias, atizada por el inexorable apetito, y las no menos inexorables vociferaciones de los ministros de la Iglesia, quienes, como es su deber, no transigen con vicio alguno que tienda a relajar las costumbres católicas: a lo que se agregaba el estado de flatulencia intestinal de los habitantes, producido por el pescado y los porotos[29] y otros alimentos algo indigestos.

Esta guerra se manifestaba por sollozos y gritos descompasados en la peroración de los

---

[23] Nombre dado a Juan Manuel de Rosas (1793–1877) el dictador, por sus partidarios.
[24] Barrio de la ciudad de Buenos Aires.
[25] Nombre de uno de los lugares donde se mataba el ganado para abastecer de carne a la población.

[26] Quintero, el que tiene arrendada una finca. Aguatero, aguador, el que lleva agua a las casas.
[27] Intestinos o menudo de la res.
[28] Uno de los nombres del caracará, ave de rapiña.
[29] Frijoles.

sermones y por rumores y estruendos subitáneos en las casas y calles de la ciudad o dondequiera concurrían gentes. Alarmóse un tanto el gobierno, tan paternal como previsor del Restaurador, creyendo aquellos tumultos de origen revolucionario y atribuyéndolos a los mismos salvajes unitarios, cuyas impiedades, según los predicadores federales, habían traído sobre el país la inundación de la cólera divina; tomó activas providencias, desparramó a sus esbirros por la población, y por último, bien informado, promulgó un decreto tranquilizador de las conciencias y de los estómagos, encabezado por un considerando muy sabio y piadoso para que a todo trance, y arremetiendo por agua y todo, se trajese ganado a los corrales.

En efecto, el décimosexto día de la carestía, víspera del día de Dolores, entró a vado por el paso de Burgos al matadero del Alto una tropa de cincuenta novillos gordos; cosa poca por cierto para una población acostumbrada a consumir diariamente de 250 a 300, y cuya tercera parte al menos gozaría del fuero eclesiástico de alimentarse con carne. ¡Cosa extraña que haya estómagos privilegiados y estómagos sujetos a leyes inviolables y que la Iglesia tenga la llave de los estómagos!

Pero no es extraño, supuesto que el diablo con la carne suele meterse en el cuerpo y que la Iglesia tiene el poder de conjurarlo: el caso es reducir al hombre a una máquina cuyo móvil principal no sea su voluntad sino la de la Iglesia y el gobierno. Quizá llegue el día en que sea prohibido respirar aire libre, pasearse y hasta conversar con un amigo, sin permiso de autoridad competente. Así era, poco más o menos, en los felices tiempos de nuestros beatos abuelos, que por desgracia vino a turbar la revolución de Mayo.

Sea como fuera, a la noticia de la providencia gubernativa, los corrales del Alto se llenaron, a pesar del barro, de carniceros, de *achuradores*[30] y de curiosos, quienes recibieron con grandes vociferaciones y palmoteos los cincuenta novillos destinados al matadero.

— Chica, pero gorda — exclamaban —. ¡Viva la Federación! ¡Viva el Restaurador!

Porque han de saber los lectores que en aquel tiempo la Federación estaba en todas partes, hasta entre las inmundicias del matadero, y no había fiesta sin Restaurador como no hay sermón sin San Agustín.[31] Cuentan que al oír tan desaforados gritos las últimas ratas que agonizaban de hambre en sus cuevas, se reanimaron y echaron a correr desatentadas, conociendo que volvían a aquellos lugares la acostumbrada alegría y la algazara precursora de abundancia.

El primer novillo que se mató fué todo entero de regalo al Restaurador, hombre muy amigo del asado. Una comisión de carniceros marchó a ofrecérselo en nombre de los federales del matadero, manifestándole *in voce* su agradecimiento por la acertada providencia del gobierno, su adhesión ilimitada al Restaurador y su odio entrañable a los salvajes unitarios, enemigos de Dios y de los hombres. El Restaurador contestó a la arenga, *rinforzando* sobre el mismo tema, y concluyó la ceremonia con los correspondientes vivas y vociferaciones de los espectadores y actores. Es de creer que el Restaurador tuviese permiso especial de su Ilustrísima para no abstenerse de carne, porque siendo tan buen observador de las leyes, tan buen católico y tan acérrimo protector de la religión, no hubiera dado mal ejemplo aceptando semejante regalo en día santo.

Siguió la matanza, y en un cuarto de hora cuarenta y nueve novillos se hallaban tendidos en la plaza del matadero, desollados unos, los otros por desollar. El espectáculo que ofrecía entonces era animado y pintoresco, aunque reunía todo lo horriblemente feo, inmundo y deforme de una pequeña clase proletaria peculiar del Río de la Plata. Pero para que el lector pueda percibirlo a un golpe de ojo, preciso es hacer un croquis de la localidad.

El matadero de la Convalecencia o del Alto, sito en las quintas al sur de la ciudad, es una gran playa en forma rectangular, colocada al extremo de dos calles, una de las cuales allí termina y la otra se prolonga hasta el este. Esta playa, con declive al sur, está cortada por un zanjón labrado por la corriente de las aguas

---

[30] Los que quitan las tripas al animal.
[31] El famoso filósofo cristiano San Agustín (354–430) era una de las fuentes obligadas en la preparación de los sermones, de esa época.

pluviales, en cuyos bordes laterales se muestran innumerables cuevas de ratones y cuyo cauce recoge en tiempo de lluvia toda la sangraza seca o reciente del matadero. En la junción del
5 ángulo recto, hacia el oeste, está lo que llaman la casilla, edificio bajo, de tres piezas de media agua con corredor al frente que da a la calle y palenque para atar caballos, a cuya espalda se notan varios corrales de palo a pique de
10 ñandubay[32] con sus fornidas puertas para encerrar el ganado.

Estos corrales son en tiempo de invierno un verdadero lodazal, en el cual los animales apeñuscados se hunden hasta el encuentro, y
15 quedan como pegados y casi sin movimiento. En la casilla se hace la recaudación del impuesto de corrales, se cobran las multas por violación de reglamentos y se sienta el juez del matadero, personaje importante, caudillo de
20 los carniceros y que ejerce la suma del poder en aquella pequeña república, por delegación del Restaurador. Fácil es calcular qué clase de hombre se requiere para el desempeño de semejante cargo. La casilla, por otra parte, es
25 un edificio tan ruin y pequeño que nadie lo notaría en los corrales a no estar asociado su nombre al del terrible juez y no resaltar sobre su blanca cintura los siguientes letreros rojos: «Viva la Federación», «Viva el Restaurador
30 y la heroica doña Encarnación Ezcurra», «Mueran los salvajes unitarios.» Letreros muy significativos, símbolo de la fe política y religiosa de la gente del matadero. Pero algunos lectores no sabrán que la tal heroína es la
35 difunta esposa del Restaurador, patrona muy querida de los carniceros, quienes, ya muerta, la veneraban por sus virtudes cristianas y su federal heroísmo en la revolución contra Balcarce.[33] Es el caso que en un aniversario de
40 aquella memorable hazaña de la mazorca,[34] los carniceros festejaron con un espléndido banquete en la casilla de la heroína, banquete a que concurrió con su hija y otras señoras federales, y que allí, en presencia de un gran

concurso, ofreció a los señores carniceros en un solemne brindis su federal patrocinio, por cuyo motivo ellos la proclamaron entusiasmados patrona del matadero, estampando su nombre en las paredes de la casilla, donde estará hasta que lo borre la mano del tiempo.

La perspectiva del matadero a la distancia era grotesca, llena de animación. Cuarenta y nueve reses estaban tendidas sobre sus cueros, y cerca de doscientas personas hollaban aquel suelo de lodo regado con la sangre de sus arterias. En torno de cada res resaltaba un grupo de figuras humanas de tez y raza distinta. La figura más prominente de cada grupo era el carnicero con el cuchillo en mano, brazo y pecho desnudos, cabello largo y revuelto, camisa y chiripá[35] y rostro embadurnado de sangre. A sus espaldas se rebullían, caracoleando y siguiendo los movimientos, una comparsa de muchachos, de negras y mulatas achuradoras, cuya fealdad trasuntaba las arpías de la fábula, y entremezclados con ellas algunos enormes mastines, olfateaban, gruñían o se daban de tarascones por la presa. Cuarenta y tantas carretas, toldadas con negruzco y pelado cuero, se escalonaban irregularmente a lo largo de la playa, y algunos jinetes con el poncho calado y el lazo prendido al tiento cruzaban por entre ellas al tranco o reclinados sobre el pescuezo de los caballos echaban ojo indolente sobre uno de aquellos animados grupos, al paso que, más arriba, en el aire, un enjambre de gaviotas blanquiazules, que habían vuelto de la emigración al olor de la carne, revoloteaban, cubriendo con su disonante graznido todos los ruidos y voces del matadero y proyectando una sombra clara sobre aquel campo de horrible carnicería. Esto se notaba al principio de la matanza.

Pero a medida que adelantaba, la perspectiva variaba; los grupos se deshacían, venían a formarse tomando diversas actitudes y se desparramaban corriendo como si en medio de ellos cayese alguna bala perdida, o asomase la

---

[32] Árbol, especie de mimosa de América.
[33] Juan Ramón Balcarce (1773–1835), general argentino, enemigo de Rosas.
[34] (De *más horca*) sociedad de terroristas partidarios del tirano Rosas, que se estableció en Buenos Aires y cometió toda clase de atrocidades y crímenes.

[35] En Chile y la Argentina, paño con la punta de atrás levantada entre las piernas y sujeta por delante, usado por los hombres del campo.

quijada de algún encolerizado mastín. Esto era que el carnicero en un grupo descuartizaba a golpe de hacha, colgaba en otros los cuartos en los ganchos de su carreta, despellejaba en éste, sacaba el sebo en aquél; de entre la chusma que ojeaba y aguardaba la presa de achura, salía de cuando en cuando una mugrienta mano a dar un tarazón con el cuchillo al sebo o a los cuartos de la res, lo que originaba gritos y explosión de cólera del carnicero y el continuo hervidero de los grupos, dichos y gritería descompasada de los muchachos.

— Ahí se mete el sebo en las tetas, la tipa — gritaba uno.

— Aquél lo escondió en el alzapón[36] — replicaba la negra.

— Che, negra bruja, salí de aquí antes de que te pegue un tajo — exclamaba el carnicero.

— ¿Qué le hago, ño Juan? ¡No sea malo! Yo no quiero sino la panza y las tripas.

— Son para esa bruja: a la m . . .

— ¡A la bruja! ¡A la bruja! — repitieron los muchachos — ¡Se lleva la riñonada y el tongorí![37] — Y cayeron sobre su cabeza sendos cuajos de sangre y tremendas pelotas de barro.

Hacia otra parte, entretanto, dos africanas llevaban arrastrando las entrañas de un animal; allá una mulata se alejaba con un ovillo de tripas y resbalando de repente sobre un charco de sangre, caía a plomo, cubriendo con su cuerpo la codiciada presa. Acullá se veían acurrucadas en hileras 400 negras destejiendo sobre las faldas el ovillo y arrancando, uno a uno, los sebitos que el avaro cuchillo del carnicero había dejado en la tripa como rezagados, al paso que otras vaciaban panzas y vejigas y las henchían de aire de sus pulmones para depositar en ellas, luego de secas, la achura.

Varios muchachos, gambeteando a pie y a caballo, se daban de vejigazos o se tiraban bolas de carne, desparramando con ellas y su algazara la nube de gaviotas que, columpiándose en el aire, celebraban chillando la matanza. Oíanse a menudo, a pesar del veto del Restaurador y de la santidad del día, palabras inmundas y obscenas, vociferaciones preñadas de todo el cinismo bestial que caracteriza a la chusma de nuestros mataderos, con las cuales no quiero regalar a los lectores.

De repente caía un bofe[38] sangriento sobre la cabeza de alguno, que de allí pasaba a la de otro, hasta que algún deforme mastín lo hacía buena presa, y una cuadrilla de otros, por si estrujo o no estrujo, armaba una tremenda de gruñidos y mordiscones. Alguna tía vieja salió furiosa en persecución de un muchacho que le había embadurnado el rostro con sangre, y acudiendo a sus gritos y puteadas los compañeros del rapaz, la rodeaban y azuzaban como los perros al toro, y llovían sobre ella zoquetes de carne, bolas de estiércol, con groseras carcajadas y gritos frecuentes, hasta que el juez mandaba restablecer el orden y despejar el campo.

Por un lado dos muchachos se adiestraban en el manejo del cuchillo, tirándose horrendos tajos y reveses; por otro, cuatro, ya adolescentes, ventilaban a cuchilladas el derecho a una tripa gorda y un mondongo[39] que habían robado a un carnicero; y no de ellos distante, porción de perros, flacos ya de la forzosa abstinencia, empleaban el mismo medio para saber quién se llevaría un hígado envuelto en barro. Simulacro en pequeño era éste del modo bárbaro con que se ventilan en nuestro país las cuestiones y los derechos individuales y sociales. En fin, la escena que se representaba en el matadero era para vista, no para escrita.

Un animal había quedado en los corrales, de corta y ancha cerviz, de mirar fiero, sobre cuyos órganos genitales no estaban conformes los pareceres, porque tenía apariencias de toro y de novillo. Llególe la hora. Dos enlazadores a caballo penetraron en el corral en cuyo contorno hervía la chusma a pie, a caballo y horqueteada sobre sus nudosos palos. Formaban en la puerta el más grotesco y sobresaliente grupo, varios pialadores[40] y enlazadores de a pie con el brazo desnudo y armado del certero lazo, la cabeza cubierta con un pañuelo punzó y chaleco y chiripá colorado, teniendo a sus espaldas varios jinetes y espectadores de ojo escrutador y anhelante.

---

[36] Portezuela de los antiguos calzones.
[37] Parte ae los intestinos de un animal.
[38] Pulmón.

[39] Tripa de los animales.
[40] De pialar, enlazar. Pialador: el que echa lazos a las patas del animal.

El animal, prendido ya al lazo por las astas, bramaba echando espuma furibundo, y no había demonio que lo hiciera salir del pegajoso barro, donde estaba como clavado y era imposible pialarlo. Gritábanle, lo azuzaban en vano con las mantas y pañuelos los muchachos que estaban prendidos sobre las horquetas del corral, y era de oír la disonante batahola de silbidos, palmadas y voces, tiples y roncas que se desprendían de aquella singular orquesta.

Los dicharachos, las exclamaciones chistosas y obscenas rodaban de boca en boca, y cada cual hacía alarde espontáneamente de su ingenio y de su agudeza, excitado por el espectáculo o picado por el aguijón de alguna lengua locuaz.

— Hi de p . . . en el toro.

— Al diablo los torunos del Azul.

— Malhaya el tropero que nos da gato por liebre.

— Si es novillo.

— ¿No está viendo que es toro viejo?

— Como toro le ha de quedar. ¡Muéstreme los c . . . si le parece, c . . . o!

— Ahí los tiene entre las piernas ¿No los ve, amigo, más grandes que la cabeza de su castaño, o se ha quedado ciego en el camino?

— Su madre sería la ciega, pues que tal hijo ha parido. ¿No ve que todo ese bulto es barro?

— Es emperrado y arisco como un unitario.

Y al oír esta mágica palabra, todos a una voz exclamaron: — ¡Mueran los salvajes unitarios!

— Para el tuerto los h . . .

— Sí, para el tuerto, que es hombre de c . . . para pelear con los unitarios. El matambre[41] a Matasiete, degollador de unitarios. ¡Viva Matasiete!

— A Matasiete el matambre.

— Allá va — gritó una voz ronca, interrumpiendo aquellos desahogos de la cobardía feroz —. ¡Allá va el toro!

— ¡Alerta! ¡Guarda los de la puerta! ¡Allá va furioso como un demonio!

Y en efecto, el animal acosado por los gritos y sobre todo por dos picanas agudas que le espoleaban la cola, sintiendo flojo el lazo, arremetió bufando a la puerta, lanzando a entrambos lados una rojiza y fosfórica mirada. Dióle el tirón el enlazador sentando su caballo, desprendió el lazo del asta, crujió por el aire un áspero zumbido y al mismo tiempo se vió rodar desde lo alto de una horqueta del corral, como si un golpe de hacha lo hubiese dividido a cercén, una cabeza de niño cuyo tronco permaneció inmóvil sobre su caballo de palo, lanzando por cada arteria un largo chorro de sangre.

— ¡Se cortó el lazo! — gritaron unos —. ¡Allá va el toro!

Pero otros, deslumbrados y atónitos, guardaron silencio, porque todo fué como un relámpago.

Desparramóse un tanto el grupo de la puerta. Una parte se agolpó sobre la cabeza y el cadáver palpitante del muchacho degollado por el lazo, manifestando horror en su atónito semblante, y la otra parte, compuesta de jinetes que no vieron la catástrofe, se escurrió en distintas direcciones en pos del toro, vociferando y gritando: ¡Allá va el toro! ¡Atajen! ¡Guarda! ¡Enlaza, Sietepelos! ¡Que te agarra, Botija! ¡Va furioso; no se le pongan delante! ¡Ataja, ataja, Morado! ¡Dale espuela al mancarrón![42] ¡Ya se metió en la calle sola! ¡Que lo ataje el diablo!

El tropel y vocifería era infernal. Unas cuantas negras achuradoras, sentadas en hilera al borde del zanjón, oyendo el tumulto se acogieron y agazaparon entre las panzas y tripas que desenredaban y devanaban con la paciencia de Penélope,[43] lo que sin duda las salvó, porque el animal lanzó al mirarlas un bufido aterrador, dió un brinco sesgado y siguió adelante perseguido por los jinetes. Cuentan que una de ellas se fué de cámaras; otra rezó diez salves en dos minutos, y dos prometieron a San Benito no volver jamás a

---

[41] Carne de una res que está entre las costillas y la piel.

[42] Matalón, caballo malo.

[43] Mujer de Ulises y madre de Telémaco. Alúdese con frecuencia a la fidelidad de esta mujer que rechazó a

sus pretendientes durante la ausencia de su esposo, valiéndose de un ardid según el cual prometía elegir a uno cuando hubiera acabado un lienzo que estaba bordando; pero deshacía por la noche todo el trabajo del día.

aquellos malditos corrales y abandonar el oficio de achuradoras. No se sabe si cumplieron la promesa.

El toro, entretanto, tomó hacia la ciudad por una larga y angosta calle que parte de la punta más aguda del rectángulo anteriormente descripto, calle encerrada por una zanja y un cerco de tunas, que llaman *sola* por no tener más de dos casas laterales, y en cuyo aposado centro había un profundo pantano que tomaba de zanja a zanja. Cierto inglés, de vuelta de su saladero, vadeaba este pantano a la sazón, paso a paso, en un caballo algo arisco, y, sin duda, iba tan absorto en sus cálculos que no oyó el tropel de jinetes ni la gritería sino cuando el toro arremetía el pantano. Azoróse de repente su caballo dando un brinco al sesgo y echó a correr, dejando al pobre hombre hundido media vara en el fango. Este accidente, sin embargo, no detuvo ni frenó la carrera de los perseguidores del toro, antes al contrario, soltando carcajadas sarcásticas: «Se amoló el gringo; levántate gringo» — exclamaron, cruzando el pantano, y amasando con barro bajo las patas de sus caballos su miserable cuerpo. Salió el gringo, como pudo, después a la orilla, más con la apariencia de un demonio tostado por las llamas del infierno que un hombre blanco pelirrubio. Más adelante, al grito de ¡al toro!, cuatro negras achuradoras que se retiraban con su presa, se zambulleron en la zanja llena de agua, único refugio que les quedaba.

El animal, entretanto, después de haber corrido unas 20 cuadras en distintas direcciones azorando con su presencia a todo viviente, se metió por la tranquera de una quinta, donde halló su perdición. Aunque cansado, manifestaba brío y colérico ceño; pero rodeábalo una zanja profunda y un tupido cerco de pitas, y no había escape. Juntáronse luego sus perseguidores que se hallaban desbandados, y resolvieron llevarlo en un señuelo de bueyes para que expiase su atentado en el lugar mismo donde lo había cometido.

Una hora después de su fuga el toro estaba otra vez en el matadero, donde la poca chusma que había quedado no hablaba sino de sus fechorías. La aventura del gringo en el pantano, excitaba principalmente la risa y el sarcasmo. Del niño degollado por el lazo no

quedaba sino un charco de sangre: su cadáver estaba en el cementerio.

Enlazaron muy luego por las astas al animal, que brincaba haciendo hincapié y lanzando roncos bramidos. Echáronle uno, dos, tres piales; pero infructuosos: al cuarto quedó prendido de una pata: su brío y su furia redoblaron; su lengua, estirándose convulsiva, arrojaba espuma, su nariz humo, sus ojos miradas encendidas.

— ¡Desjarreten ese animal! — exclamó una voz imperiosa. Matasiete se tiró al punto del caballo, cortóle el garrón de una cuchillada y gambeteando en torno de él con su enorme daga en mano, se la hundió al cabo hasta el puño en la garganta, mostrándola en seguida humeante y roja a los espectadores. Brotó un torrente de la herida, exhaló algunos bramidos roncos, y cayó el soberbio animal entre los gritos de la chusma que proclamaba a Matasiete vencedor y le adjudicaba en premio el matambre. Matasiete extendió, como orgulloso, por segunda vez el brazo y el cuchillo ensangrentado, y se agachó a desollarlo con otros compañeros.

Faltaba que resolver la duda sobre los órganos genitales del muerto, clasificado provisoriamente de toro por su indomable fiereza; pero estaban todos tan fatigados de la larga tarea, que lo echaron por lo pronto en olvido. Mas de repente una voz ruda exclamó:

— Aquí están los huevos — sacando de la barriga del animal y mostrando a los espectadores dos enormes testículos, signo inequívoco de su dignidad de toro. La risa y la charla fué grande; todos los incidentes desgraciados pudieron fácilmente explicarse. Un toro en el matadero era cosa muy rara, y aun vedada. Aquél, según reglas de buena policía, debía arrojarse a los perros; pero había tanta escasez de carne y tantos hambrientos en la población que el señor Juez tuvo a bien hacer ojo lerdo.

En dos por tres estuvo desollado, descuartizado y colgado en la carreta el maldito toro. Matasiete colocó el matambre bajo el pellón de su recado y se preparaba a partir. La matanza estaba concluída a las doce, y la poca chusma que había presenciado hasta el fin, se retiraba en grupos de a pie y de a caballo, o tirando a la cincha algunas carretas cargadas de carne.

Mas de repente la ronca voz de un carnicero gritó:

— ¡Allí viene un unitario! — y al oír tan significativa palabra toda aquella chusma se detuvo como herida de una impresión subitánea.

— ¿No le ven la patilla en forma de U? No trae divisa en el fraque ni luto en el sombrero.

— Perro unitario.

— Es un cajetilla.[44]

— Monta en silla como los gringos.

— La Mazorca con él.

— ¡La tijera!

— Es preciso sobarlo.

— Trae pistoleras por pintar.[45]

— Todos estos cajetillas unitarios son pintores como el diablo.

— ¿A que no te le animás, Matasiete?

— ¿A que no?

— A que sí.

Matasiete era hombre de pocas palabras y de mucha acción. Tratándose de violencia, de agilidad, de destreza en el hacha, el cuchillo o el caballo, no hablaba y obraba. Lo habían picado: prendió la espuela a su caballo y se lanzó a brida suelta al encuentro del unitario.

Era éste un joven como de 25 años, de gallarda y bien apuesta persona, que mientras salían en borbotones de aquellas desaforadas bocas las anteriores exclamaciones, trotaba hacia Barracas, muy ajeno de temer peligro alguno. Notando, empero, las significativas miradas de aquel grupo de dogos de matadero, echa maquinalmente la diestra sobre las pistoleras de su silla inglesa, cuando una pechada al sesgo del caballo de Matasiete lo arroja de los lomos del suyo tendiéndolo a la distancia boca arriba y sin movimiento alguno.

— ¡Viva Matasiete! — exclamó toda aquella chusma, cayendo en tropel sobre la víctima como los caranchos rapaces sobre la osamenta de un buey devorado por el tigre.

Atolondrado todavía el joven, fué, lanzando una mirada de fuego sobre aquellos hombres feroces, hacia su caballo que permanecía inmóvil no muy distante, a buscar en sus pistolas el desagravio y la venganza. Matasiete, dando un salto, le salió al encuentro y con fornido brazo asiéndolo de la corbata lo tendió en el suelo tirando al mismo tiempo la daga de la cintura y llevándola a su garganta.

Una tremenda carcajada y un nuevo viva estentóreo volvió a vitorearlo.

¡Qué nobleza de alma! ¡Qué bravura en los federales!, ¡siempre en pandillas cayendo como buitres sobre la víctima inerte!

— Degüéllalo, Matasiete; quiso sacar las pistolas. Degüéllalo como al toro.

— Pícaro unitario. Es preciso tusarlo.

— Tiene buen pescuezo para el violín.

— Mejor es la resbalosa.[46]

— Probaremos — dijo Matasiete, y empezó sonriendo a pasar el filo de su daga por la garganta del caído, mientras con la rodilla izquierda le comprimía el pecho y con la siniestra mano le sujetaba por los cabellos.

— No, no lo degüellen — exclamó de lejos la voz imponente del Juez del Matadero que se acercaba a caballo.

— A la casilla con él, a la casilla. Preparen mazorca y las tijeras. ¡Mueran los salvajes unitarios! ¡Viva el Restaurador de las leyes!

— ¡Viva Matasiete!

«¡Mueran!» «¡Vivan!» — repitieron en coro los espectadores, y atándolo codo con codo, entre moquetes y tirones, entre vociferaciones e injurias, arrastraron al infeliz joven al banco del tormento, como los sayones al Cristo.

La sala de la casilla tenía en su centro una grande y fornida mesa de la cual no salían los vasos de bebida y los naipes sino para dar lugar a las ejecuciones y torturas de los sayones federales del matadero. Notábase además en un rincón otra mesa chica con recado de escribir y un cuaderno de apuntes y porción de sillas entre las que resaltaba un sillón de brazos destinado para el juez. Un hombre, soldado en apariencia, sentado en una de ellas, cantaba al son de la guitarra la resbalosa, tonada de inmensa popularidad entre los federales, cuando la chusma llegando en tropel al corredor de la casilla lanzó a empellones al joven unitario hacia el centro de la sala.

— A ti te toca la resbalosa — gritó uno.

— Encomienda tu alma al diablo.

---

[44] En Arg. el elegante porteño; jactancioso.

[45] Pintar: acepción coloquial de «alardear.»

[46] En Arg. cierto baile. Tocar la resbalosa, degollar.

— Está furioso como toro montaraz.

— Ya te amansará el palo.

— Es preciso sobarlo.

— Por ahora verga y tijera.

— Si no, la vela.

— Mejor será la mazorca.

— Silencio y sentarse — exclamó el juez dejándose caer sobre un sillón. Todos obedecieron, mientras el joven, de pie, encarando al juez, exclamó con voz preñada de indignación:

— ¡Infames sayones! ¿Qué intentan hacer de mí!

— ¡Calma! — dijo sonriendo el juez —. No hay que encolerizarse. Ya lo verás.

El joven, en efecto, estaba fuera de sí de cólera. Todo su cuerpo parecía estar en convulsión. Su pálido y amoratado rostro, su voz, su labio trémulo, mostraban el movimiento convulsivo de su corazón, la agitación de sus nervios. Sus ojos de fuego parecían salirse de la órbita, su negro y lacio cabello se levantaba erizado. Su cuello desnudo y la pechera de su camisa dejaban entrever el latido violento de sus arterias y la respiración anhelante de sus pulmones.

— ¿Tiemblas? — le dijo el juez.

— De rabia porque no puedo sofocarte entre mis brazos.

— ¿Tendrías fuerza y valor para eso?

— Tengo de sobra voluntad y coraje para ti, infame.

— A ver las tijeras de tusar mi caballo: túsenlo a la federala.

Dos hombres le asieron, uno de la ligadura del brazo, otro de la cabeza y en un minuto cortáronle la patilla que poblaba toda su barba por bajo, con risa estrepitosa de sus espectadores.

— A ver — dijo el juez —, un vaso de agua para que se refresque.

— Uno de hiel te daría yo a beber, infame.

Un negro petiso[47] púsosele al punto delante con un vaso de agua en la mano. Dióle el joven un puntapié en el brazo y el vaso fué a estrellarse en el techo, salpicando el asombrado rostro de los espectadores.

— Este es incorregible.

— Ya lo domaremos.

— Silencio — dijo el juez —. Ya estás afeitado a la federala, sólo te falta el bigote. Cuidado con olvidarlo. Ahora vamos a cuenta. ¿Por qué no traes divisa?

— Porque no quiero.

— ¿No sabes que lo manda el Restaurador?

— La librea es para vosotros, esclavos, no para los hombres libres.

— A los libres se les hace llevar a la fuerza.

— Sí, la fuerza y la violencia bestial. Esas son vuestras armas, infames. ¡El lobo, el tigre, la pantera, también son fuertes como vosotros! Deberíais andar como ellos, en cuatro patas.

— ¿No temes que el tigre te despedace?

— Lo prefiero a que maniatado me arranquen, como el cuervo, una a una las entrañas.

— ¿Por qué no llevas luto en el sombrero por la heroína?

— Porque lo llevo en el çorazón por la patria que vosotros habéis asesinado, infames.

— ¿No sabes que así lo dispuso el Restaurador?

— Lo dispusisteis vosotros, esclavos, para lisonjear el orgullo de vuestro señor, y tributarle vasallaje infame.

— ¡Insolente! Te has embravecido mucho. Te haré cortar la lengua si chistas. Abajo los calzones a ese mentecato cajetilla y a nalga pelada denle verga, bien atado sobre la mesa.

Apenas articuló esto el juez, cuatro sayones salpicados de sangre, suspendieron al joven y lo tendieron largo a largo sobre la mesa comprimiéndole todos sus miembros.

— Primero degollarme que desnudarme, infame canalla.

Atáronle un pañuelo a la boca y empezaron a tironear sus vestidos. Encogíase el joven, pateaba, hacía rechinar los dientes. Tomaban ora sus miembros la flexibilidad del junco, ora la dureza del fierro y su espina dorsal era el eje de un movimiento parecido al de la serpiente. Gotas de sudor fluían por su rostro, grandes como perlas; echaban fuego sus pupilas, su boca espuma, y las venas de su cuello y frente negreaban en relieve sobre su blanco cutis como si estuvieran repletas de sangre.

---

[47] En Arg. pequeño, bajo, rechoncho; caballo de corta alzada.

— Átenlo primero — exclamó el juez.

— Está rugiendo de rabia — articuló un sayón.

En un momento liaron sus piernas en ángulo a los cuatro pies de la mesa, volcando su cuerpo boca abajo. Era preciso hacer igual operación con las manos, para lo cual soltaron las ataduras que las comprimían en la espalda. Sintiéndolas libres el joven, por un movimiento brusco en el cual pareció agotarse toda su fuerza y vitalidad, se incorporó primero sobre sus brazos, después sobre sus rodillas y se desplomó al momento murmurando:

— Primero degollarme que desnudarme, infame canalla.

Sus fuerzas se habían agotado.

Inmediatamente quedó atado en cruz y empezaron la obra de desnudarlo. Entonces un torrente de sangre brotó borbolloneando de la boca y las narices del joven, y extendiéndose empezó a caer a chorros por entrambos lados de la mesa. Los sayones quedaron inmóviles y los espectadores estupefactos.

— Reventó de rabia el salvaje unitario — dijo uno.

— Tenía un río de sangre en las venas — articuló otro.

— Pobre diablo, queríamos únicamente divertirnos con él y tomó la cosa demasiado a lo serio — exclamó el juez frunciendo el ceño de tigre. Es preciso dar parte; desátenlo y vamos.

Verificaron la orden; echaron llave a la puerta y en un momento se escurrió la chusma en pos del caballo del juez cabizbajo y taciturno.

Los federales habían dado fin a una de sus innumerables proezas.

En aquel tiempo los carniceros degolladores del matadero, eran los apóstoles, que propagaban a verga y puñal la federación rosina, y no es difícil imaginarse qué federación saldría de sus cabezas y cuchillas. Llamaban ellos salvaje unitario, conforme a la jerga inventada por el Restaurador, patrón de la cofradía, a todo el que no era degollador, carnicero, ni salvaje, ni ladrón; a todo hombre decente y de corazón bien puesto, a todo patriota ilustrado amigo de las luces y de la libertad; y por el suceso anterior puede verse a las claras que el foco de la federación estaba en el matadero.

(Edición de Buenos Aires, 1926).

Cuando en 1838 algunos jóvenes que habían estudiado en Buenos Aires regresaron a San Juan con los libros de moda — libros de Lerminier, Leroux, Cousin, Sismondi, Saint-Simon, Jouffroi, Quinet, Guizot —, DOMINGO FAUSTINO SARMIENTO (Argentina; 1811–1888) se dejó penetrar por la nueva corriente de ideas. Pero la originalidad de Sarmiento está en que esa filosofía romántica de la historia vino a fundirse entrañablemente con su intuición de la propia vida como vida histórica. Sentía que su yo y la patria eran una misma criatura, comprometida en una misión histórica dentro del proceso de la civilización. De aquí que sus escritos, siendo siempre actos políticos, tengan un peculiar tono autobiográfico. En su primer autobiografía: *Mi defensa* (1843), forjada en Chile como un arma, Sarmiento se exhibe luchando a brazo partido con la pobreza, atraso, ignorancia, violencia, injusticia y anarquía de su medio. Sus frases se refractan en dos haces: uno que ilumina el impulso de la voluntad creadora; el otro, la inercia de las circunstancias adversas. Pronto el lector advierte que esa polarización tiene un sentido filosófico: alude al conflicto entre espíritu y materia, libertad y necesidad, historia y naturaleza, progreso y tradición. Y, en efecto, cuando Sarmiento pasó del sentimiento de la propia vida personal a la interpretación de la vida pública argentina, las confidencias de *Mi defensa* se convirtieron en una fórmula política: «Civilización y barbarie.» *Civilización y barbarie: Vida de Juan Facundo Quiroga* (1845) no es ni historia, ni biografía, ni novela, ni sociología: es la visión de un país por un joven ansioso de actuar desde dentro como fuerza transformadora. «El mal que aqueja a la República Argentina es la extensión», dice. Las ciudades son islotes de civilización: la pampa las rodea y engulle como un mar de barbarie. De las campañas vienen los gauchos, cuchillo en mano: son meras manifestaciones bravías de la naturaleza, sin iniciativa histórica. Los hombres de la ciudad son los que suscitan fases progresivas en el correr de la civilización. En tal escenario, con tales actores, el drama político desde 1810 ha transcurrido en dos actos: 1) la revolución de Mayo y la independencia significaron el combate de las ideas europeas y liberales que se asentaban en las ciudades contra el absolutismo de una España que ya no creaba valores espirituales pero que regía con su peso tradicional; 2) luego sobreviene la anarquía, porque de las llanuras inmensas del país se sueltan hordas resentidas contra las ciudades cultas. La Argentina, dice Sarmiento, está dominada por figuras tan sombrías como Juan Facundo Quiroga y Juan Manuel de Rosas. Muerto Facundo, hay que derribar a Rosas. Pero eso no bastaría. Después de todo Rosas es sólo una encarnación de la realidad bárbara. Es la realidad misma la que debe transformarse. Y ahora el autor avanza hacia el público y propone un programa político de reconstrucción nacional: la educación pública, la inmigración europea y el progreso técnicoeconómico. Esta dialéctica era tan simple que el mismo Sarmiento la encontró insuficiente y, a lo largo del libro, tuvo que complicarla con paradojas, saltos y salvedades que llegan a contradecir su tesis. Las campañas no eran tan bárbaras; las ciudades no eran tan civilizadas. Además, Sarmiento simpatizaba estéticamente con las costumbres gauchas que desdeñaba en nombre de sus principios políticos. Dentro del esquema dinámico con que Sarmiento dió sentido a su percepción del país — civilización contra barbarie — la sombra terrible de Facundo cobró una pujante realidad artística porque no era un tema retórico, sino una patética presencia en sus entrañas. En este sentido Facundo es una creación fantástica de Sarmiento. Nos impresiona como personaje vivo precisamente porque lo que le da vida es la fantasía del autor. Y sin embargo, su Facundo, todo lo fantástico y exagerado que se quiera, fue verdadero. Investigaciones ulteriores han corregido los detalles del cuadro; aun Sarmiento se rectificó varias veces. Pero lo que él vio en 1845 fue esencial. En *Facundo* reveló Sarmiento su talento literario. Fue todavía más visible en el libro que le siguió, *Viajes* (1845-47), porque ahí el placer de contar pudo más que el móvil político. Son cartas, tan imaginativas que figuran entre la mejor prosa española de su época. A cada paso sorprenden por la agudeza de observación: valen como vastos cuadros de las costumbres y paisajes de Francia, España, África, Italia, los Estados Unidos . . . Más sorprendente aún que las observaciones hechas es el observador que las está haciendo. En ninguno de sus otros libros se abre tan a lo ancho y a lo hondo el alma de Sarmiento, con sus entusiasmos y depresiones, su solemnidad de profeta y su humorismo. Se siente actor del mundo que describe: sus cartas son, pues, fragmentos de una novela virtual. Además llevan implícita una filosofía de la historia. En el camino de la civilización — nos dice Sarmiento — las naciones corren, se cansan, se sientan a la sombra a dormitar o se lanzan con ganas de llegar antes que otras. Son como personas. Y lo que monta de ellas no es lo que han sido en el pasado, sino el impulso que llevan. Sarmiento se decepciona de Europa, demasiado quieta, y propone como modelo de civilización a los Estados Unidos que avanzan a zancadas de gigante y prometen la libertad política y el bienestar económico. De 1850 son sus *Recuerdos de provincia*, que continúan los de *Mi defensa*. Pero han transcurrido ocho años intensísimos. Sus paseos por Europa y los Estados Unidos le han dado una perspectiva favorable para comprender la América española. Es ahora más hombre, más escritor. Tiene conciencia de su misión y se dirige a públicos que han de sobrevivirle. Su estilo es más personal. Y escribe los *Recuerdos* no sólo por la necesidad política de contestar las calumnias de Rosas con un autorretrato que lo muestre superior, sino abandonándose a la dulzura de la evocación. Mira a su alrededor y ve una procesión en marcha: es la marcha de la civilización en tierra argentina. Él anda entremezclado en la multitud. ¡Y qué placer ir reconociendo a su familia en ese desparramo de gentes impulsadas todas por el buen viento espiritual! En su rica, llena y colorida experiencia de un «yo» agitado por las conmociones que vienen del pasado, hay también la conciencia de una misión providencial que cumplir. Vivía no sólo su vida de individuo sino la vida de su pueblo, y de la humanidad, de Dios mismo, puesto que para él la historia era el desarrollo de un plan providencial y él se sentía gestor de la historia. En Chile escribió la *Campaña en el Ejército Grande* (1852), otro de sus buenos libros a pesar de la desordenada mezcla de documentos, anécdotas y desahogos personales, ameno como el diario íntimo de un novelista. *Conflictos y armonías de las razas en América* (1883) es la última de sus obras sociológicas: y la peor, por el alarde científico de tanta página desarticulada. Sus hábitos eran los del periodista, no los del escritor. Ocupado en muchas tareas a la vez, sus palabras eran otro modo de obrar. Golpean como olas. Y si parecen retirarse, disminuídas, es la retirada del mar, que vuelve en seguida con más ímpetu. Llega sin esfuerzo a la plenitud expresiva; y aun en sus descuidos rebosa el genio.

Domingo Faustino Sarmiento

FACUNDO

CIVILIZACIÓN Y BARBARIE

[...] El mal que aqueja a la República Argentina es la extensión; el desierto la rodea por todas partes, se le insinúa en las entrañas; la soledad, el despoblado sin una habitación humana, son por lo general los límites incuestionables entre unas y otras provincias. Allí, la inmensidad por todas partes; inmensa la llanura, inmensos los bosques, inmensos los ríos, el horizonte siempre incierto, siempre confundiéndose con la tierra entre celajes y vapores tenues que no dejan en la lejana perspectiva señalar el punto en que el mundo acaba y principia el cielo. Al Sur y al Norte acéchanla los salvajes, que aguardan las noches de luna para caer, cual enjambre de hienas, sobre los ganados que pacen en los campos y en las indefensas poblaciones. En la solitaria caravana de carretas que atraviesa pesadamente las pampas, y que se detiene a reposar por momentos, la tripulación reunida en torno del escaso fuego vuelve maquinalmente la vista hacia el Sur al más ligero susurro del viento que agita las hierbas secas, para hundir sus miradas en las tinieblas profundas de la noche, en busca de los bultos siniestros de la horda salvaje que puede de un momento a otro sorprenderla desapercibida.

Si el oído no escucha rumor alguno, si la vista no alcanza a calar el velo oscuro que cubre la callada soledad, vuelve sus miradas, para tranquilizarse del todo, a las orejas de algún caballo que está inmediato al fogón, para observar si están inmóviles y negligentemente inclinadas hacia atrás.

Entonces continúa la conversación interrumpida, o lleva a la boca el tasajo[1] de carne medio sollamado de que se alimenta. Si no es la proximidad del salvaje lo que inquieta al hombre del campo, es el temor de un tigre que lo acecha, de una víbora que puede pisar. Esta inseguridad de la vida, que es habitual y permanente en las campañas, imprime, a mi parecer, en el carácter argentino cierta resignación estoica para la muerte violenta, que hace de ella uno de los percances inseparables de la vida, una manera de morir como cualquiera otra; y puede quizá explicar en parte la indiferencia con que dan y reciben la muerte, sin dejar en los que sobreviven impresiones profundas y duraderas.

La parte habitada de este país privilegiado en dones y que encierra todos los climas, puede dividirse en tres fisonomías distintas, que imprimen a la población condiciones diversas, según la manera como tiene que entenderse con la naturaleza que la rodea. Al Norte, confundiéndose con el Chaco,[2] un espeso bosque cubre con su impenetrable ramaje extensiones que llamaríamos inauditas, si en formas colosales hubiese nada inaudito en toda la extensión de la América. Al centro, y en una zona paralela, se disputan largo tiempo el terreno la pampa y la selva; domina en partes el bosque, se degrada en matorrales enfermizos y espinosos, preséntase de nuevo la selva a merced de algún río que la favorece, hasta que al fin, al Sur, triunfa la pampa y ostenta su lisa y velluda frente, infinita, sin límite conocido, sin accidente notable; es la imagen del mar en la tierra; la tierra como en el mapa; la tierra aguardando todavía que se la mande producir las plantas y toda clase de simiente.

Pudiera señalarse como un rasgo notable de la fisonomía de este país, la aglomeración de

---

[1] Carne seca.

[2] Territorio en los límites de Bolivia y Paraguay.

ríos navegables que al Este se dan cita de todos los rumbos del horizonte, para reunirse en el Plata, y presentar dignamente su estupendo tributo al Océano, que lo recibe en sus flancos no sin muestras visibles de turbación y respeto. Pero estos inmensos canales excavados por la solícita mano de la Naturaleza, no introducen cambio alguno en las costumbres nacionales. El hijo de los aventureros españoles que colonizaron el país detesta la navegación, y se considera como aprisionado en los estrechos límites del bote o la lancha. Cuando un gran río le ataja el paso, se desnuda tranquilamente, apresta su caballo y lo endilga nadando a algún islote que se divisa a lo lejos; arriba a él, descansan caballo y caballero, y de islote en islote, se completa al fin la travesía.

De este modo, el favor más grande que la Providencia depara a un pueblo el gaucho argentino lo desdeña, viendo en él más bien un obstáculo opuesto a sus movimientos que el medio más poderoso de facilitarlos. [. . .]

Yo he presenciado una escena campestre digna de los tiempos primitivos del mundo, anteriores a la institución del sacerdocio. Hallábame en la sierra de San Luis,[3] en casa de un estanciero cuyas dos ocupaciones favoritas eran rezar y jugar. Había edificado una capilla en la que los domingos por la tarde rezaba él mismo el rosario, para suplir al sacerdote, y al oficio divino de que por años había carecido. Era aquél un cuadro homérico: el sol llegaba al ocaso; las majadas que volvían al redil hendían el aire con sus confusos balidos; el dueño de casa, hombre de sesenta años, de una fisonomía noble, en que la raza europea pura se ostentaba por la blancura del cutis, los ojos azulados, la frente espaciosa y despejada, hacía coro, a que contestaban una docena de mujeres y algunos mocetones, cuyos caballos, no bien domados aún, estaban amarrados cerca de la puerta de la capilla. Concluido el rosario, hizo un fervoroso ofrecimiento. Jamás he oído voz más llena de unción, fervor más puro, fé más firme, ni oración más bella, más adecuada a las circunstancias que la que recitó. Pedía en ella a Dios lluvias para los campos, fecundidad para los ganados, paz para la República, seguridad para los caminantes . . . Yo soy muy propenso a llorar, y aquella vez lloré hasta sollozar, porque el sentimiento religioso se había despertado en mi alma con exaltación y con una sensación desconocida, porque nunca he visto escena más religiosa; creía estar en los tiempos de Abrahán, en su presencia, en la de Dios y de la naturaleza que lo revela. La voz de aquel hombre candoroso e inocente me hacía vibrar todas las fibras, y me penetraba hasta la médula de los huesos. [. . .]

(Primera parte. Capítulo I. Aspecto físico de la República Argentina, y caracteres, hábitos e ideas que engendra).

[. . .] Existe, pues, un fondo de poesía que nace de los accidentes naturales del país y de las costumbres excepcionales que engendra. La poesía, para despertarse, porque la poesía es, como el sentimiento religioso, una facultad del espíritu humano, necesita el espectáculo de lo bello, del poder terrible, de la inmensidad de la extensión, de lo vago, de lo incomprensible; porque sólo donde acaba lo palpable y vulgar, empiezan las mentiras de la imaginación, el mundo ideal. Ahora, yo pregunto: ¿qué impresiones ha de dejar en el habitante de la República Argentina el simple acto de clavar los ojos en el horizonte, y ver . . ., no ver nada? Porque cuanto más hunde los ojos en aquel horizonte incierto, vaporoso, indefinido, más se aleja, más lo fascina, lo confunde y lo sume en la contemplación y la duda. ¿Dónde termina aquel mundo que quiere en vano penetrar? ¡No lo sabe! ¿Qué hay más allá de lo que ve? La soledad, el peligro, el salvaje, la muerte. He aquí ya la poesía. El hombre que se mueve en estas escenas se siente asaltado de temores e incertidumbres fantásticas, de sueños que lo preocupan despierto.

De aquí resulta que el pueblo argentino es poeta por carácter, por naturaleza. ¿Y cómo ha de dejar de serlo, cuando en medio de una tarde serena y apacible, una nube torva y negra se levanta sin saber de dónde, se extiende

---

[3] En la provincia de San Luis, Argentina central.

sobre el cielo mientras se cruzan dos palabras, y de repente el estampido del trueno anuncia la tormenta que deja frío al viajero, y reteniendo el aliento por temor de atraerse un rayo de dos mil que caen en torno suyo? La oscuridad sucede después a la luz; la muerte está por todas partes; un poder terrible, incontrastable, le ha hecho en un momento reconcentrarse en sí mismo, y sentir su nada en medio de aquella naturaleza irritada: sentir a Dios, por decirlo de una vez en la aterrante magnificencia de sus obras. ¿Qué más colores para la paleta de la fantasía? Masas de tinieblas que anublan el día, masas de luz lívida, temblorosa, que ilumina un instante las tinieblas y muestra la pampa a distancias infinitas, cruzándolas vivamente el rayo, en fin, símbolo del poder. Estas imágenes han sido hechas para quedarse hondamente grabadas. Así, cuando la tormenta para, el gaucho se queda triste, pensativo, serio, y la sucesión de luz y tinieblas se continúa en su imaginación, del mismo modo que, cuando miramos fijamente el sol, nos queda por largo tiempo su disco en la retina. [. . .]

[. . .] Del centro de estas costumbres y gustos generales se levantan especialidades notables, que un día embellecerán y darán un tinte original al drama y al romance nacional. Yo quiero sólo notar aquí algunos que servirán para completar la idea de las costumbres, para trazar en seguida el carácter, causas y efectos de la guerra civil.

El más conspicuo de todos, el más extraordinario, es el «rastreador». Todos los gauchos del interior son rastreadores. En llanuras tan dilatadas en donde las sendas y caminos se cruzan en todas direcciones, y los campos en que pacen o transitan las bestias son abiertos, es preciso saber seguir las huellas de un animal, y distinguirlas de entre mil; conocer si va despacio o ligero, suelto o tirado, cargado o de vacío. Esta es una ciencia casera y popular. Una vez caía yo de un camino de encrucijada al de Buenos Aires, y el peón que me conducía echó, como de costumbre, la vista al suelo. «Aquí va—dijo luego—una mulita mora, muy buena . . ., ésta es la tropa de don N. Zapata . . ., es de muy buena silla . . ., va ensillada . . ., ha pasado ayer» . . . Este hombre venía de la sierra de San Luis, la

tropa volvía de Buenos Aires, y hacía un año que él había visto por última vez la mulita mora cuyo rastro estaba confundido con el de toda una tropa en un sendero de dos pies de ancho. Pues esto, que parece increíble, es con todo, la ciencia vulgar; éste era un peón de arria, y no un rastreador de profesión.

El rastreador es un personaje grave, circunspecto, cuyas aseveraciones hacen fe en los tribunales inferiores. La conciencia del saber que posee, le da cierta dignidad reservada y misteriosa. Todos lo tratan con consideración: el pobre, porque puede hacerle mal, calumniándolo o denunciándolo; el propietario, porque su testimonio puede fallarle. Un robo se ha ejecutado durante la noche; no bien se nota, corren a buscar una pisada del ladrón, y encontrada, se cubre con algo para que el viento no la disipe. Se llama en seguida al rastreador, que ve el rastro, y lo sigue sin mirar sino de tarde en tarde el suelo, como si sus ojos vieran de relieve esta pisada que para otro es imperceptible. Sigue el curso de las calles, atraviesa los huertos, entra en una casa, y señalando un hombre que encuentra, dice fríamente: «¡Éste es!» El delito está probado, y raro es el delincuente que resiste a esta acusación. Para él, más que para el juez, la deposición del rastreador es la evidencia misma; negarla sería ridículo, absurdo. Se somete, pues, a este testigo que considera como el dedo de Dios que lo señala. Yo mismo he conocido a Calíbar, que ha ejercido en una provincia su oficio durante cuarenta años consecutivos. Tiene ahora cerca de ochenta años; encorvado por la edad, conserva, sin embargo un aspecto venerable y lleno de dignidad. Cuando le hablan de su reputación fabulosa, contesta: «Ya no valgo nada; ahí están los niños»; los niños son sus hijos, que han aprendido en la escuela de tan famoso maestro. Se cuenta de él que durante un viaje a Buenos Aires le robaron una vez su montura de gala. Su mujer tapó el rastro con una artesa. Dos meses después Calíbar regresó, vió el rastro ya borrado e imperceptible para otros ojos, y no se habló más del caso. Año y medio después Calíbar marchaba cabizbajo por una calle de los suburbios, entra en una casa, y encuentra su montura ennegrecida ya, y casi inutilizada por el uso. ¡Había encontrado el rastro de su raptor después de dos años! El año 1830, un reo condenado a muerte se había escapado de la cárcel. Calíbar fué encargado de buscarlo. El infeliz, previendo que sería rastreado, había tomado todas las precauciones que la imagen del cadalso le sugirió. ¡Precauciones inútiles! Acaso sólo sirvieron para perderle; porque, comprometido Calíbar en su reputación, el amor propio ofendido le hizo desempeñar con calor una tarea que perdía a un hombre, pero que probaba su maravillosa vista.

El prófugo aprovechaba todas las desigualdades del suelo para no dejar huellas; cuadras enteras había marchado pisando con la punta del pie; trepábase en seguida a las murallas bajas, cruzaba un sitio, y volvía atrás. Calíbar lo seguía sin perder la pista; si le sucedía momentáneamente extraviarse, al hallarla de nuevo exclamaba: «¡Dónde te mi-as-dir!»[4] Al fin llegó a una acequia de agua en los suburbios, cuya corriente había seguido aquél para burlar al rastreador . . . ¡Inútil! Calíbar iba por las orillas, sin inquietud, sin vacilar. Al fin se detiene, examina unas hierbas, y dice: «¡Por aquí ha salido; no hay rastro, pero estas gotas de agua en los pastos lo indican!» Entra en una viña, Calíbar reconoció las tapias que la rodeaban, y dijo: «Adentro está.» La partida de soldados se cansó de buscar, y volvió a dar cuenta de la inutilidad de la pesquisa. «No ha salido,» fué la breve respuesta que sin moverse, sin proceder a nuevo examen, dió el rastreador. No había salido, en efecto, y al día siguiente fué ejecutado. En 1830, algunos presos políticos intentaban una evasión: todo estaba preparado, los auxiliares de afuera prevenidos; en el momento de efectuarla, uno dijo: «¿Y Calíbar?»—¡Cierto!—contestaron los otros anonadados, aterrados,—¡Calíbar!

Sus familias pudieron conseguir de Calíbar que estuviese enfermo cuatro días contados desde la evasión, y así pudo efectuarse sin inconveniente.

¿Qué misterio es este del rastreador? ¿Qué poder microscópico se desenvuelve en el órgano de la vista de estos hombres? ¡Cuán sublime criatura es la que Dios hizo a su imagen y semejanza!

Después del rastreador, viene el «baquiano», personaje eminente y que tiene en sus manos la suerte de los particulares de las provincias. El baquiano es un gaucho grave y reservado, que conoce a palmo veinte mil leguas cuadradas de llanuras, bosques y montañas. Es el topógrafo más completo; es el único mapa que lleva un general para dirigir los movimientos de su campaña. El baquiano va siempre a su lado. Modesto y reservado como una tapia; está en todos los secretos de la campaña; la suerte del ejército, el éxito de una batalla, la conquista de una provincia, todo depende de él.

El baquiano es casi siempre fiel a su deber; pero no siempre el general tiene en él plena confianza. Imaginaos la posición de un jefe condenado a llevar un traidor a su lado, y a pedirle los conocimientos indispensables para triunfar. Un baquiano encuentra una sendita que hace cruz con el camino que lleva: él sabe a qué aguada remota conduce; si encuentra mil, y esto sucede en un espacio de cien leguas, él las conoce todas, sabe de dónde vienen y adónde van. Él sabe el vado oculto que tiene un río, más arriba o más abajo del paso ordinario, y esto en cien ríos o arroyos; él conoce en los ciénagos extensos un sendero por donde pueden ser atravesados sin inconveniente, y esto en cien ciénagos distintos.

En lo más oscuro de la noche, en medio de los bosques o en las llanuras sin límites, perdidos sus compañeros, extraviados, da una vuelta en círculo de ellos, observa los árboles; si no los hay, se desmonta, se inclina a tierra, examina algunos matorrales y se orienta de la altura en que se halla; monta en seguida, y les dice para asegurarlos: «Estamos en deresereas[5] de tal lugar, a tantas leguas de las habitaciones; el camino ha de ir al sur», y se dirige hacia el rumbo que señala, tranquilo, sin prisa de encontrarlo, y sin responder a las objeciones que el temor o la fascinación sugiere a los otros.

Si aun esto no basta, o si se encuentra en la pampa y la oscuridad es impenetrable,

---

[4] «Donde te me has de ir»

[5] En dirección a.

entonces arranca pastos de varios puntos, huele la raíz y la tierra, las masca, y después de repetir este procedimiento varias veces, se cerciora de la proximidad de algún lago, o arroyo salado; o de agua dulce, y sale en su busca para orientarse fijamente. [. . .]

«El Gaucho Malo». Éste es un tipo de ciertas localidades, un «outlaw», un «squatter», un misántropo particular. Es el «Ojo del Halcón», el «Trampero» de Cooper[6] con toda su ciencia del desierto, con toda su aversión a las poblaciones de los blancos; pero sin su moral natural y sin sus conexiones con los salvajes. Llámanle el Gaucho Malo, sin que este epíteto le desfavorezca del todo. La justicia lo persigue desde muchos años; su nombre es temido, pronunciado en voz baja, pero sin odio y casi con respeto. Es un personaje misterioso; mora en la pampa; son su albergue los cardales; vive de perdices y «mulitas»;[7] si alguna vez quiere regalarse con una lengua, enlaza una vaca, la voltea solo, la mata, saca su bocado predilecto, y abandona lo demás a las aves montesinas. De repente se presenta el Gaucho Malo en un pago de donde la partida acaba de salir; conversa pacíficamente con los buenos gauchos, que lo rodean y lo admiran; se provee «de los vicios», y si divisa la partida, monta tranquilamente en su caballo, y lo apunta hacia el desierto, sin prisa, sin aparato, desdeñando volver la cabeza. La partida rara vez lo sigue; mataría inútilmente sus caballos, porque el que monta el Gaucho Malo es un parejero «pangaré»[8] tan célebre como su amo. Si el acaso lo echa alguna vez de improviso entre las garras de la justicia, acomete a lo más espeso de la partida, y a merced de cuatro tajadas que con su cuchillo ha abierto en la cara o en el cuerpo de los soldados, se hace paso por entre ellos, y tendiéndose sobre el lomo del caballo para substraerse a la acción de las balas que lo persiguen, endilga hacia el desierto, hasta que, poniendo espacio conveniente entre él y sus perseguidores, refrena su trotón y marcha tranquilamente. Los poetas de los alrededores agregan esta nueva hazaña a la biografía del héroe del desierto, y su nombradía vuela por toda la vasta campaña. A veces se presenta a la puerta de un baile campestre con una muchacha que ha robado; entra en baile con su pareja, confúndese en las mudanzas del «cielito»,[9] y desaparece sin que nadie lo advierta. Otro día se presenta en la casa de la familia ofendida, hace descender de la grupa a la niña que ha seducido, y desdeñando las maldiciones de los padres que lo siguen, se encamina tranquilo a su morada sin límites. [. . .]

«El cantor.» Aquí tenéis la idealización de aquella vida de revueltas, de civilización, de barbarie y de peligros. El gaucho cantor es el mismo bardo, el vate, el trovador de la Edad Media, que se mueve en la misma escena, entre las luchas de las ciudades y del feudalismo de los campos, entre la vida que se va y la vida que se acerca. El cantor anda de pago en pago «de tapera en galpón»,[10] cantando sus héroes de la pampa perseguidos por la justicia, los llantos de la viuda a quien los indios robaron sus hijos en un malón reciente, la derrota y la muerte del valiente Rauch, la catástrofe de Facundo Quiroga y la suerte que cupo a Santos Pérez. El cantor está haciendo candorosamente el mismo trabajo de crónica, costumbres, historia, biografía, que el bardo de la Edad Media, y sus versos serían recogidos más tarde como los documentos y datos en que habría de apoyarse el historiador futuro, si a su lado no estuviese otra sociedad culta con superior inteligencia de los acontecimientos, que la que el infeliz despliega en sus rapsodias ingenuas. En la República Argentina se ven a un tiempo dos civilizaciones distintas en un mismo suelo: una naciente, que sin conocimiento de lo que tiene sobre su cabeza, está remedando los esfuerzos ingenuos y populares de la Edad Media; otra, que sin cuidarse de lo que tiene a sus pies, intenta realizar los últimos resultados de la

---

[6] James Fenimore Cooper (1789-1851), novelista norteamericano.

[7] Especie de armadillo de la República Argentina y regiones próximas.

[8] Dícese del caballo de color de venado, más claro en el hocico y en las orejas. *Parejero:* en Arg. el caballo adiestrado en la carrera.

[9] Baile popular.

[10] *Tapera,* casa o rancho en ruinas o abandonado; *galpón:* cobertizo.

civilización europea. El siglo XIX y el siglo XII viven juntos: el uno dentro de las ciudades, el otro en las campañas.

El cantor no tiene residencia fija; su morada está donde la noche lo sorprende; su fortuna en sus versos y en su voz. Dondequiera que el «cielito» enrede sus parejas sin tasa, dondequiera que se apure una copa de vino, el cantor tiene su lugar preferente, su parte escogida en el festín. El gaucho argentino no bebe, si la música y los versos no lo excitan, y cada pulpería tiene su guitarra para poner en manos del cantor, a quien el grupo de caballos estacionados en la puerta anuncia a lo lejos dónde se necesita el concurso de su gaya ciencia.[11]

El cantor mezcla entre sus cantos heroicos la relación de sus propias hazañas. Desgraciadamente, el cantor, con ser el bardo argentino, no está libre de tener que habérselas con la justicia. También tiene que dar la cuenta de sendas puñaladas que ha distribuído, una o dos «desgracias» (muertes) que tuvo y algún caballo o alguna muchacha que robó.

En 1840, entre un grupo de gauchos y a orillas del majestuoso Paraná, estaba sentado en el suelo y con las piernas cruzadas un cantor que tenía azorado y divertido a su auditorio con la larga y animada historia de sus trabajos y aventuras. Había ya contado lo del rapto de la querida, con los trabajos que sufrió; lo de la «desgracia» y la disputa que la motivó; estaba refiriendo su encuentro con la partida y las puñaladas que en su defensa dió, cuando el tropel y los gritos de los soldados le avisaron que esta vez estaba cercado. La partida, en efecto, se había cerrado en forma de herradura; la abertura quedaba hacia el Paraná, que corría veinte varas más abajo: tal era la altura de la barranca. El cantor oyó la grita sin turbarse, vióse de improviso sobre el caballo, y echando una mirada escudriñadora sobre el círculo de soldados con las tercerolas[12] preparadas, vuelve el caballo hacia la barranca, le pone el poncho en los ojos y clávale las espuelas. Algunos instantes después se veía

salir de las profundidades del Paraná, el caballo sin freno, a fin de que nadase con más libertad, y el cantor, tomado de la cola, volviendo la cara quietamente, cual si fuera en un bote de ocho remos, hacia la escena que dejaba en la barranca. Algunos balazos de la partida no estorbaron que llegase sano y salvo al primer islote que sus ojos divisaron.

Por lo demás, la poesía original del cantor es pesada, monótona, irregular, cuando se abandona a la inspiración del momento. Más narrativa que sentimental, llena de imágenes tomadas de la vida campestre, del caballo y las escenas del desierto que la hacen metafórica y pomposa. Cuando refiere sus proezas o las de algún afamado malévolo parécese al improvisador napolitano, desarreglado, prosaico de ordinario, elevándose a la altura poética por momentos, para caer de nuevo al recitado insípido y casi sin versificación. Fuera de esto, el cantor posee su repertorio de poesías populares, quintillas, décimas y octavas, diversos géneros de versos octosílabos. Entre éstos hay muchas composiciones de mérito, y que descubren inspiración y sentimiento.

Aun podría añadir a estos tipos originales muchos otros igualmente curiosos, igualmente locales, si tuviesen, como los anteriores, la peculiaridad de revelar las costumbres nacionales, sin lo cual es imposible comprender nuestros personajes políticos, ni el carácter primordial y americano de la sangrienta lucha que despedaza a la República Argentina. Andando esta historia, el lector va a descubrir por sí solo dónde se encuentra el rastreador, el baquiano, el gaucho malo, el cantor. Verá en los caudillos cuyos nombres han traspasado las fronteras argentinas, y aun en aquellos que llenan el mundo con el horror de su nombre, el reflejo vivo de la situación interior del país, sus costumbres, su organización.

(Primera parte. Capítulo II. Originalidad y caracteres argentinos. El rastreador. El baquiano. El gaucho malo. El cantor).

---

[11] Poesía lírica como la entendían los trovadores provenzales del siglo XIII; también «ciencia de la poesía.»

[12] Arma de fuego, más corta que la carabina.

Media entre las ciudades de San Luis y San Juan un dilatado desierto que, por su falta completa de agua, recibe el nombre de «travesía».[13] El aspecto de aquellas soledades es por lo general triste y desamparado, y el viajero que viene de oriente no pasa la última «represa» o aljibe de campo, sin proveer sus «chifles»[14] de suficiente cantidad de agua. En esta travesía tuvo una vez lugar la extraña escena que sigue. Las cuchilladas, tan frecuentes entre nuestros gauchos, habían forzado a uno de ellos a abandonar precipitadamente la ciudad de San Luis y ganar la travesía a pie, con la montura al hombro, a fin de escapar de las persecuciones de la justicia. Debían alcanzarlo dos compañeros tan luego como pudieran robar caballos para los tres.

No eran por entonces sólo el hambre o la sed los peligros que le aguardaban en el desierto aquel, que un tigre «cebado» andaba hacía un año siguiendo los rastros de los viajeros, y pasaban ya de ocho los que habían sido víctimas de su predilección por la carne humana. Suele ocurrir a veces en aquellos países, en que la fiera y el hombre se disputan el dominio de la naturaleza, que éste cae bajo la garra sangrienta de aquélla; entonces el tigre empieza a gustar de preferencia su carne, y se llama «cebado» cuando se ha dado a este nuevo género de caza: la caza de hombres. El juez de la campaña inmediata al teatro de sus devastaciones convoca a los varones hábiles para la correría, y bajo su autoridad y dirección se hace la persecución del tigre «cebado», que rara vez escapa a la sentencia que lo pone fuera de la ley.

Cuando nuestro prófugo había caminado cosa de seis leguas, creyó oír bramar el tigre a lo lejos, y sus fibras se estremecieron. Es el bramido del tigre un gruñido como el del chancho,[15] pero agrio, prolongado, estridente, y sin que haya motivo de temor, causa un sacudimiento involuntario en los nervios, como si la carne se agitara ella sola al anuncio de la muerte.

Algunos minutos después, el bramido se oyó más distinto y más cercano; el tigre venía ya sobre el rastro, y sólo a una larga distancia se divisaba un pequeño algarrobo. Era preciso apretar el paso, correr, en fin, porque los bramidos se sucedían con más frecuencia, y el último era más distinto, más vibrante que el que le precedía.

Al fin, arrojando la montura a un lado del camino, dirigióse el gaucho al árbol que había divisado, y no obstante la debilidad de su tronco, felizmente bastante elevado, pudo trepar a su copa y mantenerse en una continua oscilación, medio oculto entre el ramaje. Desde allí pudo observar la escena que tenía lugar en el camino; el tigre marchaba a paso precipitado, oliendo el suelo, y bramando con más frecuencia a medida que sentía la proximidad de su presa. Pasa adelante del punto en que aquél se había separado del camino, y pierde el rastro; el tigre se enfurece, remolinea, hasta que divisa la montura, que desgarra de un manotón esparciendo en el aire sus prendas. Más irritado aún con este chasco, vuelve a buscar el rastro, encuentra al fin la dirección en que va, y levantando la vista divisa a su presa, haciendo con el peso balancearse el algarrobillo, cual la frágil caña cuando las aves se posan en sus puntas.

Desde entonces ya no bramó el tigre; acercábase a saltos, y en un abrir y cerrar de ojos, sus poderosas manos estaban apoyándose a dos varas del suelo sobre el delgado tronco, al que comunicaban un temblor convulsivo que iba a obrar sobre los nervios del mal seguro gaucho. Intentó la fiera un salto impotente; dió vuelta en torno del árbol midiendo su altura con ojos enrojecidos por la sed de sangre, y al fin, bramando de cólera, se acostó en el suelo, batiendo sin cesar la cola, los ojos fijos en su presa, la boca entreabierta y reseca. Esta escena horrible duraba ya dos horas mortales; la postura violenta del gaucho y la fascinación aterrante que ejercía sobre él la mirada sanguinaria, inmóvil, del tigre, del que por una fuerza invencible de atracción no podía apartar los ojos, habían empezado a debilitar sus fuerzas, y ya se veía próximo el momento en que su cuerpo

---

[13] Arg. región vasta, desierta y sin agua.
[14] En Arg., asta de animal vacuno donde se lleva agua o aguardiente para beber en las largas travesías.

[15] Cerdo.

extenuado iba a caer en su ancha boca, cuando el rumor lejano de galope de caballos le dió esperanza de salvación.

En efecto, sus amigos habían visto el rastro del tigre, y corrían sin esperanza de salvarlo. El desparramo de la montura les reveló el lugar de la escena, y volar a él, desenrollar sus lazos, echarlos sobre el tigre «empacado»[16] y ciego de furor, fué la obra de un segundo. La fiera estirada a los lazos, no pudo escapar a las puñaladas repetidas con que en venganza de su prolongada agonía le traspasó el que iba a ser su víctima. «Entonces supe lo que era tener miedo», decía el general don Juan Facundo Quiroga, contando a un grupo de oficiales este suceso.

También a él le llamaron «Tigre de los Llanos», y no le sentaba mal esta denominación, a fe. La frenología o la anatomía comparadas han demostrado, en efecto, las relaciones que existen entre las formas exteriores y las disposiciones morales, entre la fisonomía del hombre y de algunos animales a quienes se asemeja en su carácter. Facundo, porque así le llamaron largo tiempo los pueblos del interior; el general don Facundo Quiroga, el excelentísimo brigadier general don Facundo Quiroga, todo eso vino después, cuando la sociedad lo recibió en su seno y la victoria lo hubo coronado de laureles; Facundo, pues, era de estatura baja y fornido; sus anchas espaldas sostenían sobre un cuello corto una cabeza bien formada, cubierta de pelo espesísimo, negro y ensortijado. Su cara, poco ovalada, estaba hundida en medio de un bosque de pelo, a que correspondía una barba igualmente espesa, igualmente crespa y negra, que subía hasta los pómulos, bastante pronunciados, para descubrir una voluntad firme y tenaz.

Sus ojos negros, llenos de fuego y sombreados por pobladas cejas, causaban una sensación involuntaria de terror en aquellos en quienes alguna vez llegaban a fijarse, porque Facundo no miraba nunca de frente, y por hábito, por arte, por deseo de hacerse siempre temible, tenía de ordinario la cabeza siempre inclinada, y miraba por entre las cejas, como el Alí-Bajá de Monvoisin.[17] [. . .]

Es inagotable el repertorio de anécdotas de que está llena la memoria de los pueblos con respecto a Quiroga; sus dichos, sus expedientes tienen un sello de originalidad que le daban ciertos visos orientales, cierta tintura de sabiduría salomónica en el concepto de la plebe. ¿Qué diferencia hay, en efecto, entre aquel famoso expediente de mandar partir en dos el niño disputado, a fin de descubrir la verdadera madre, y este otro para encontrar un ladrón? Entre los individuos que formaban una compañía habíase robado un objeto, y todas las diligencias practicadas para descubrir al raptor habían sido infructuosas. Quiroga forma la tropa, hace cortar tantas varitas de igual tamaño cuantos soldados había; hace en seguida que se distribuyan a cada uno, y luego, con voz segura, dice: «Aquél cuya varita amanezca mañana más grande que las demás, ése es el ladrón». Al día siguiente fórmase de nuevo la tropa, y Quiroga procede a la verificación y comparación de las varitas. Un soldado hay, empero, cuya vara aparece más corta que las otras. «¡Miserable!—le grita Facundo con voz aterrante—, tú eres! . . .» Y, en efecto, él era; su turbación lo dejaba conocer demasiado. El expediente es sencillo: el crédulo gaucho, creyendo que efectivamente creciese su varita, le había cortado un pedazo. Pero se necesita cierta superioridad y cierto conocimiento de la naturaleza humana para valerse de estos medios.

Habíanse robado algunas prendas de la montura de un soldado, y todas las pesquisas habían sido inútiles para descubrir al raptor. Facundo hace formar la tropa y que desfile por delante de él, que está con los brazos cruzados, la mirada fija, escudriñadora, terrible. Antes ha dicho: «Yo sé quién es», con una seguridad que nada desmiente. Empiezan a desfilar, desfilan muchos, y Quiroga permanece inmóvil; es la estatua de Júpiter tonante, es la

---

[16] Parado, atascado, como los animales que se empeñan en no caminar. En Arg., *empacar*, irritar o hacer enojar a un animal.

[17] Raimond Auguste Quinsac Monvoisin (1790–1870), pintor francés que emigró a América del Sur. En Chile pintó el «Alí-Bajá» a que hace referencia Sarmiento.

imagen del dios del Juicio Final. De repente se abalanza sobre uno, lo agarra del brazo, le dice con voz breve y seca: «¿Dónde está la montura?» «Allí, señor», contesta, señalando un bosquecillo. «Cuatro tiradores», grita entonces Quiroga. ¿Qué revelación era ésta? La del terror y la del crimen hecha ante un hombre sagaz.

Estaba otra vez un gaucho respondiendo a los cargos que se le hacían por un robo; Facundo le interrumpe diciendo: «Ya este pícaro está mintiendo; a ver . . ., cien azotes». Cuando el reo hubo salido, Quiroga dijo a alguno que se hallaba presente: «Vea, patrón: cuando un gaucho al hablar esté haciendo marcas con el pie, es señal que está mintiendo.» Con los azotes, el gaucho contó la historia como debía de ser; esto es, que se había robado una yunta de bueyes.

Necesitaba otra vez y habia pedido un hombre resuelto, audaz, para confiarle una misión peligrosa. Escribía Quiroga cuando le trajeron el hombre; levanta la cara después de habérselo anunciado varias veces, lo mira y dice, continuando de escribir: «¡Eh!. . . ¡Ése es un miserable; pido un hombre valiente y arrojado!» Averiguóse, en efecto, que era un patán.[18]

De estos hechos hay a centenares en la vida de Facundo, y que al paso que descubren un hombre superior, han servido eficazmente para labrarle una reputación misteriosa entre hombres groseros que llegaban a atribuirle poderes sobrenaturales.

(Segunda parte. Capítulo I. De *Civilización y Barbarie: Vida de Juan Facundo Quiroga*, 1845).

VIAJES

RÍO DE JANEIRO

[. . .] ¿No vendrá, por ventura, la música del sol, como los colores? ¿Por qué brilla en Italia y va disminuyendo en armonías a medida que se avanza hacia el Norte hasta las playas de Inglaterra? Hay en la naturaleza tropical melodías imperceptibles para nuestros oídos, pero que conmueven las fibras de los aborígenes. Oyen ellos susurrar la vegetación al desenvolverse, y en los palmeros donde sólo escuchamos nosotros murmullos del viento, distinguen los africanos cantos melodiosos, ritmos que se asemejan a los suyos. La armonía y la belleza ¿por qué no han de ser cuerpos imponderables también, como el magnetismo y la electricidad, que sólo necesitan un estimulante para producirse? En los climas templados reina sobre toda la creación un claro oscuro débilmente iluminado que revela la proximidad de las zonas frías, en donde el pinabete y el oso son igualmente negros. Sube usted la temperatura algunos grados hasta hacerla tropical, y entonces los mismos insectos son carbunclos o rubíes; las mariposas plumillas de oro flotantes; pintadas las aves, que engalanan penachos y decoraciones fantásticas; verde esmeralda la vegetación, embalsamadas y purpúreas las flores, tangible la luz del cielo, azul cobalto el aire, doradas a fuego las nubes, roja la tierra y las arenas entremezcladas de diamantes y topacios. Paséome atónito por los alrededores de Río Janeiro, y a cada detalle del espectáculo siento que mis facultades de sentir no alcanzan a abarcar tantas maravillas. [. . .]

MADRID

Esta España, que tantos malos ratos me ha dado, téngola, por fin, en el anfiteatro, bajo la

---

[18] Aldeano o rústico; hombre zafio y tosco.

mano; la palpo ahora, le estiro las arrugas, y si por fortuna me toca andarle con los dedos sobre una llaga a fuer de médico aprieto maliciosamente la mano para que le duela . . .

5 [. . .]

Sobre la plaza de toros el pueblo español es grande y sublime; es pueblo soberano, pueblo rey también. Allí se resarce, con emociones más vivas que las del juego, de las privaciones 10 a que su pobreza lo condena, y si esta diversión puede ser acusada de barbarie y de crueldad, es preciso convenir, sin embargo, que no envilece al individuo como la borrachera, que es el innoble placer de todos los pueblos del 15 Norte. [. . .]

Después de todo, los combates de toros no tienen, a mi juicio, sino un accidente profundamente chocante, y es la muerte cierta e innoble de los caballos. El malaventurado animal, 20 traspasado de heridas, arrastrando las tripas por el suelo, debe, mientras le quede un resto de vida y pueda tenerse de pie, hacer frente al toro, pues que así lo exigen las leyes inviolables del combate y la voluntad del público. La 25 víspera de la llegada del duque de Montpensier[19] diez y ocho caballos expiraron en el circo, ocho de entre ellos muertos por un solo toro; y esta circunstancia mereció a aquella corrida los honores de la aprobación 30 popular. En cuanto a los hombres que luchan cuerpo a cuerpo, por decirlo así, con la fiera, tal habilidad muestran en aquella peligrosa lucha, que su desenvoltura y ligereza hacen olvidar que están realmente en peligro. Y 35 luego, ¡hay tanto arte, y tanta gracia en su actitud y en sus movimientos! ¡tanto esmero y tanta sutileza en prestar oportuno auxilio a aquel de entre ellos que se encuentra accidentalmente expuesto! Una escena de las corridas 40 reales me daba una muestra de la cólera de los romanos cuando un gladiador no sabía caer y morir con artística desenvoltura. Un toreador, al salvar su cuerpo del asta del toro, quiso quedar envuelto en la capa, la cual, sea por torpeza, sea por accidente inevitable, se envolvió sobre sus espaldas sin formar los pliegues que la estatuaria habría requerido, y un grito universal de desaprobación cayó sobre él como un rayo, para castigar su falta de destreza. [. . .]

Sólo el nombre de Napoleón ha penetrado más hondamente que el de Montes[20] en las capas populares. Un murmullo general de aprobación le recibe donde quiera que se presente, y la noticia de su arribo a cualquier ciudad de España pone en movimiento a toda la población. En la plaza de toros, teatro de su gloria, los vivas frenéticos del público muestran el placer con que siempre es acogido. Allí Montes es verdaderamente tan artista como Federico Lemaître[21] en su teatro o Dumas[22] en sus novelas. Las larguezas del público le han creado una gran fortuna, y ya está un poco entrado en años. Herido dos veces en diversos combates, tiene ya agotadas todas las temeridades que el arrojo puede ensayar con los toros [. . .] Sin embargo, Montes, arrastrado por el amor del arte, se presenta aún a lidiar. El peligro es el pábulo de la vida, y él se ingenia para renovarlo, variándolo al infinito. Los cuernos aguzados del toro ejercen sobre él una atracción mágica, irresistible, y el público, conocedor de los infinitos percances de la lucha, le tiene predicho que en los cuernos del toro ha de morir.

Cuando Montes se presenta en la arena a capear un toro, la multitud inmensa de espectadores permanece inmóvil y silenciosa, a fin de no perder ninguno de los imperceptibles pases que hace con el bicho, y cuando el animal furioso se lanza sobre él, Montes aparta el cuerpo lo suficiente para que el asta mortal le desgarre el vestido entre el brazo derecho y la tetilla; segunda vez embiste, y entonces el cuerpo pasa entre el pecho y el brazo izquierdo; tercera, y Montes queda volviéndole la espalda y envuelto en los pliegues de su capa,

---

[19] Se refiere a las fiestas reales celebradas en Madrid con ocasión de las bodas, el 10 de octubre de 1846, de Isabel II con su primo Francisco de Asís, y de María Luisa Fernanda de Borbón, hermana de la reina, con el duque de Montpensier, príncipe francés, el menor de los hijos del rey Luis Felipe.

[20] Francisco Montes, llamado «Paquiro» (1794–1851), famoso matador gaditano.
[21] Frédérick Lemaître (1800–1876), actor romántico francés.
[22] Alexandre Dumas padre (1803–1870), novelista francés.

tan garbosamente como podría hacerlo al pararse en la Puerta del Sol.

A estos primeros pases le siguen diez diversos, cual variaciones de un tema único que es la muerte, y cuyas melodías se componen de coraje, actitudes artísticas, destreza y sangre fría. El público español mudo, estático hasta entonces, no por efecto del miedo, que no conoce, sino por la profunda emoción que le inspira el sentimiento del arte, prorrumpe en pos de aquellas brillantes *fiorituras*, en gritos apasionados que conmueven los edificios de la plaza; diez mil sombreros se agitan en el aire; diez mil pañuelos y otros tantos abanicos se cruzan, y las mantillas que no cubren ya los ojos negros brillantes de las españolas, dejan ver al artista célebre que las damas de hoy día, como las de los torneos de la edad media, saben apreciar el valor y medir la profundidad de las heridas. [. . .]

ESTADOS UNIDOS

[. . .] Salgo de los Estados Unidos, mi estimado amigo, en aquel estado de excitación que causa el espectáculo de un drama nuevo, lleno de peripecias, sin plan, sin unidad, erizado de crímenes que alumbran con su luz siniestra actos de heroísmo y abnegación, en medio de los esplendores fabulosos de decoraciones que remedan bosques seculares, praderas floridas, montañas sañudas o habitaciones humanas en cuyo pacífico recinto reinan la virtud y la inocencia. Quiero decirle que salgo triste, pensativo, complacido y abismado; la mitad de mis ilusiones rotas o ajadas, mientras que otras luchan con el raciocinio para decorar de nuevo aquel panorama imaginario en que encerramos siempre las ideas que no hemos visto, como damos una fisonomía y un metal de voz al amigo que solo por cartas conocemos. Los Estados Unidos son una cosa sin modelo anterior, una especie de disparate que choca a la primera vista y frustra la expectación pugnando contra las ideas recibidas, y no obstante, este disparate inconcebible es grande y noble, sublime a veces, regular siempre; y con tales muestras de permanencia y de fuerza orgánica se presenta

que el ridículo se deslizaría sobre su superficie como la impotente bala sobre las duras escamas del caimán. No es aquel cuerpo social un ser deforme, monstruo de las especies conocidas, sino como un animal nuevo 5 producido por la creación politica, extraño como aquellos megaterios cuyos huesos se presentan aún sobre la superficie de la tierra. De manera que para aprender a contemplarlo es preciso antes educar el juicio propio, 10 disimulando sus aparentes faltas orgánicas, a fin de apreciarlo en su propia índole, no sin riesgo de, vencida la primera extrañeza, apasionarse por él, hallarle bello y proclamar un nuevo criterio de las cosas humanas, como 15 lo hizo el romanticismo para hacerse perdonar sus monstruosidades al derrocar al viejo ídolo de la poética romano-francesa.

Educados usted y yo, mi buen amigo, bajo la vara de hierro del más sublime de los tiranos, 20 combatiéndolo sin cesar en nombre del derecho, de la justicia, en nombre de la república, en fin, como realización de las conclusiones a que la conciencia y la inteligencia humana han llegado, usted y yo, como 25 tantos otros, nos hemos envanecido y alentado al divisar en medio de la noche de plomo que pesa sobre la América del Sur la aureola de luz con que se alumbra el Norte. Por fin, nos hemos dicho para endurecernos contra los 30 males presentes: la república existe, fuerte, invencible; la luz se hace; un día llegará para la justicia, la igualdad, el derecho; la luz se irradiará hasta nosotros cuando el Sur refleje al Norte. ¡Y cierto, la república es! Solo que, 35 al contemplarla de cerca, se halla que bajo muchos respectos no corresponde a la idea abstracta que de ella teníamos. Al mismo tiempo que en Norte América han desaparecido las más feas úlceras de la especie 40 humana, se presentan algunas cicatrizadas ya aún entre los pueblos europeos, y que aquí se convierten en cáncer, al paso que se originan dolencias nuevas para las que aún no se busca ni conoce remedio. Así, pues, nuestra re- 45 pública, libertad y fuerza, inteligencia y belleza; aquella república de nuestros sueños para cuando el mal aconsejado tirano cayera, y sobre cuya organización discutíamos candorosamente entre nosotros en el destierro y bajo el 50 duro aguijón de las necesidades del momento;

aquella república, mi querido amigo, es un *desideratum* todavía, posible en la tierra si hay un Dios que para bien dirige los lentos destinos humanos, si la justicia es un sentimiento inherente a nuestra naturaleza, su ley orgánica y el fin de su larga preparación. Si no temiera, pues, que la citación diese lugar a un concepto equivocado, diría al darle cuenta de mis impresiones en los Estados Unidos, lo que Voltaire hace decir a Bruto:

Et je cherche ici Rome, et ne la trouve plus![23]

Como en Roma o en Venecia existió el patriciado, aquí existe la democracia; la República, la cosa pública, vendrá más tarde. Consuélenos, empero, la idea de que estos demócratas son hoy en la tierra los que más en camino van de hallar la incógnita que dará la solución política que buscan a oscuras los pueblos cristianos, tropezando en la monarquía como en Europa, o atajados por el despotismo brutal como en nuestra pobre patria [. . .]

Si Dios me encargara de forar una gran república, nuestra república *a nous*, por ejemplo, no admitiría tan serio encargo sino a condición de que diese estas bases por lo menos: espacio sin límites conocidos para que se huelguen un día en él doscientos millones de habitantes; ancha exposición a los mares; costas acribilladas de golfos y bahías; superficie variada sin que oponga dificultades a los caminos de hierro y canales que habrán de cruzar el estado en todas direcciones; y como no consentiré jamás en suprimir lo de los ferrocarriles, ha de haber tanto carbón de piedra y tanto hierro que el año de gracia cuatro mil setecientos cincuenta y uno se estén aún explotando las minas como el primer día. La extrema abundancia de madera de construcción sería el único obstáculo que soportaría para el fácil descuajo de la tierra; encargándome yo, personalmente, de dar dirección oportuna a los ríos navegables que habrían de atravesar el país en todas direcciones, convertirse en lagos donde la perspectiva lo requiriese, desembocar en todos los mares, ligar entre sí todos los climas, a fin de que las producciones de los polos viniesen en vía recta a los países tropicales y viceversa. Luego para mis miras futuras pediría abundancia por doquier de mármoles, granitos, porfirios y otras piedras de cantería, sin las cuales las naciones no pueden imprimir a la tierra olvidadiza el rastro eterno de sus plantas.

¡País de Cucaña!,[24] diría un francés. ¡La ínsula Barataria!,[25] apuntaría un español. ¡Imbeciles! Son los Estados Unidos, tal cual los ha formado Dios, y jurara que al crear este pedazo de mundo se sabía muy bien él que, allá por el siglo XIX, los desechos de su pobre humanidad pisoteada en otras partes, esclavizada o muriéndose de hambre a fin de que huelguen los pocos vendrían a reunirse aquí, a desenvolverse sin obstáculos, engrandecerse y vengar con su ejemplo a la especie humana de tantos siglos de tutela leonina y de sufrimientos. ¿Por qué no descubrieron los romanos aquella tierra eminentemente adaptada para la industria que ellos no ejercitaron, para la invasión pacífica del colono, y tan pródiga de bienestar para el individuo? ¿Por qué la raza sajona tropezó con este pedazo de mundo que tan bien cuadraba con sus instintos industriales, y por qué a la raza española le cupo en suerte la América del Sur, donde había minas de plata y de oro e indios mansos y abyectos que venían de perlas a su pereza de amo, a su atraso e ineptitud industrial? ¿No hay orden y premeditación en todos estos casos? ¿No hay Providencia? ¡Oh!, amigo, Dios es la más fácil solución de todas estas dificultades.

Olvidé pedir para mi república, y lo hago aquí para que conste, que se me dé por vecinos pueblos de la estirpe española, México por ejemplo, y allá en el horizonte, Cuba, un istmo, etcétera [. . .]

(De *Viajes a Europa, Africa y Estados Unidos,* 1849).

---

[23] «Y yo busco aquí a Roma y no la encuentro.» Voltaire, «La muerte de Cesar,» acto II, escena II.

[24] Cucaña: aquí, en el sentido de las cosas que se consiguen con poco trabajo y a costa ajena.

[25] Barataria: la ínsula Barataria, el lugar del que fue Gobernador Sancho Panza (Capitulos XLIV a LIII de la Segunda parte del *Quijote.*

RECUERDOS DE PROVINCIA

LA HISTORIA DE MI MADRE

Siento una opresión de corazón al estampar los hechos de que voy a ocuparme. La madre es para el hombre la personificación de la Providencia, es la tierra viviente a que adhiere el corazón como las raíces al suelo. [. . .]

No todas las madres se prestan a dejar en un libro esculpida su imagen. La mía, empero, Dios lo sabe, es digna de los honores de la apoteosis, y no hubiera escrito estas páginas si no me diese para ello aliento el deseo de hacer en los últimos años de su trabajada vida esta vindicación contra las injusticias de la suerte. ¡Pobre mi madre! [. . .]

Por fortuna téngola aquí a mi lado y ella me instruye de cosas de otros tiempos ignoradas por mí, olvidadas de todos. ¡A los setenta y seis años de edad mi madre ha atravesado la cordillera de los Andes para despedirse de su hijo antes de descender a la tumba! Esto solo bastaría a dar una idea de la energía moral de su carácter. Cada familia es un poema, ha dicho Lamartine,[26] y el de la mía es triste, luminoso y útil, como aquellos lejanos faroles de papel de las aldeas, que con su apagada luz enseñan, sin embargo, el camino a los que vagan por los campos. Mi madre, en su avanzada edad, conserva apenas rastros de una beldad severa y modesta. Su estatura elevada, sus formas acentuadas y huesosas, apareciendo muy marcados en su fisonomía los juanetes, señal de decisión y de energía: he aquí todo lo que de su exterior merece citarse, si no es su frente llena de desigualdades protuberantes, como es raro en su sexo.

Sabía leer y escribir en su juventud, habiendo perdido por el desuso esta última facultad cuando era anciana. Su inteligencia es poco cultivada, o más bien destituída de todo ornato si bien tan clara que en una clase de gramática que yo hacía a mis hermanas ella, de sólo escuchar, mientras por la noche escarmenaba su vellón de lana, resolvía todas las dificultades que a sus hijas dejaban paradas, dando las definiciones de nombres y verbos, los tiempos, y más tarde los accidentes de la oración, con una sagacidad y exactitud raras.

Aparte de esto, su alma, su conciencia, estaban educadas con una elevación que la más alta ciencia no podría por sí sola producir jamás. Yo he podido estudiar esta rara beldad moral, viéndola obrar en circunstancias tan difíciles, tan reiteradas y diversas, sin desmentirse nunca, sin flaquear ni contemporizar. [. . .]

Alguna vez mis hermanitas solían decir a mi madre: «Recemos el rosario.» Y ella les respondía: «Esta noche no tengo disposición, estoy fatigada.» Otra vez decía ella: «¡Recemos, niñitas, el rosario, que tengo tanta necesidad!» Y convocando la familia entera hacía coro a una plegaria llena de unción, de fervor, verdadera oración dirigida a Dios, emanación de lo más puro de su alma, que se derramaba en acción de gracias por los cortísimos favores que le dispensaba, porque fué siempre parca la munificencia divina con ella. [. . .] No conozco alma más religiosa y, sin embargo, no ví entre las mujeres cristianas otra más desprendida de las prácticas del culto. [. . .]

La posición social de mi madre estaba tristemente marcada por la menguada herencia que había alcanzado hasta ella. Don Cornelio Albarracín, poseedor de la mitad del valle de Zonda y de tropas de carretas y de mulas, dejó después de doce años de cama la pobreza para repartirse entre quince hijos, y algunos solares de terrenos despoblados. En 1801 doña Paula Albarracín, su hija, joven de veintitrés años,

---

[26] Alphonse de Lamartine (1790–1869), poeta, prosista y político francés. La referencia de Sarmiento es a su obra *Confidences* (1849).

emprendía una obra superior, no tanto a las fuerzas cuanto a la concepción de una niña soltera. Había habido en el año anterior una gran escasez de anascotes,[27] género de mucho consumo para el hábito de las diversas órdenes religiosas, y del producto de sus tejidos había reunido mi madre una pequeña suma de dinero. Con ella y dos esclavos de sus tías Irarrazabales echó los cimientos de la casa que debía ocupar en el mundo al formar una nueva familia. Como aquellos escasos materiales eran pocos para obra tan costosa, debajo de una de las higueras que había heredado en su sitio estableció su telar; y desde allí, yendo y viniendo la lanzadera, asistía a los peones y maestros que edificaban la casita, y el sábado, vendida la tela hecha en la semana, pagaba a los artífices con el fruto de su trabajo. [. . .]

Con estos elementos la noble obrera se asoció en matrimonio, a poco de terminada su casa, con don José Clemente Sarmiento, mi padre, joven apuesto, de una familia que también decaía como la suya; y le trajo en dote la cadena de privaciones y miserias en que pasó largos años de su vida. Era mi padre un hombre dotado de mil calidades buenas, que desmejoraban otras que, sin ser malas, obraban en sentido opuesto. Como mi madre, había sido educado en los rudos trabajos de la época; peón en la hacienda paterna de la *Bebida*, arriero en la tropa, lindo de cara y con una irresistible pasión por los placeres de la juventud, carecía de aquella constancia maquinal que funda las fortunas; y tenía, con las nuevas ideas venidas con la revolución, un odio invencible por el trabajo material, ininteligente y rudo en que se había criado. Le oí decir una vez al presbítero Torres, hablando de mí: «¡Oh, no!; mi hijo no tomará jamás en sus manos una azada!» Y la educación que me daba mostraba que era ésta una idea fija nacida de resabios profundos de su espíritu. En el seno de la pobreza, críeme hidalgo, y mis manos no hicieron otra fuerza que la que requerían mis juegos y pasatiempos. Tenía mi padre encogida una mano por un callo que

había adquirido en el trabajo; la revolución de la independencia sobrevino, y su imaginación, fácil de ceder a la excitación del entusiasmo, le hizo malograr en servicios prestados a la patria las pequeñas adquisiciones que iba haciendo. [. . .]

Por aquella mala suerte de mi padre y falta de plan seguido en sus acciones, el sostén de la familia recayó desde los principios del matrimonio sobre los hombros de mi madre, concurriendo mi padre solamente en las épocas de trabajo fructuoso con accidentales auxilios. Y bajo la presión de la necesidad en que nos criamos ví lucir aquella ecuanimidad de espíritu de la pobre mujer, aquella resignación armada de todos los medios industriales que poseía, y aquella confianza en la Providencia que era sólo el último recurso de su alma enérgica contra el desaliento y la desesperación. Sobrevenían inviernos que ya el otoño presagiaba amenazadores por la escasa provisión de miniestras[28] y frutas secas que encerraba la despensa, y aquel piloto de la desmantelada nave se aprestaba con solemne tranquilidad a hacer frente a la borrasca. Llegaba el día de la destitución de todo recurso, y su alma se endurecía por la resignación, por el trabajo asiduo, contra aquella prueba. Tenía parientes ricos, los curas de dos parroquias eran sus hermanos, y estos hermanos ignoraban sus angustias. Habría sido derogar a la santidad de la pobreza combatida por el trabajo, mitigarla por la intervención ajena; habría sido para ella pedir cuartel en estos combates a muerte con su mala estrella. [. . .]

Así se ha practicado en el humilde hogar de la familia de que formé parte la noble virtud de la pobreza. [. . .] Cuando yo respondía que me había criado en una situación vecina de la indigencia, el presidente de la república, en su interés por mí, deploraba estas confesiones desdorosas a los ojos del vulgo. ¡Pobres hombres, los favorecidos de la fortuna, que no conciben que la pobreza a la antigua, la pobreza del patricio romano, puede ser llevada como el manto de los Cincinatos, de los Arístides,[29]

---

[27] Tela antigua de lana.
[28] *Menestras*, legumbres secas.
[29] Cincinato: romano célebre por la sencillez de sus costumbres y su austeridad (siglo V a. de J. C.);

Arístides: general y político ateniense (540-468? a. de J. C.) a quien por su gran integridad llamaron el Justo.

cuando el sentimiento moral ha dado a sus pliegues la dignidad augusta de una desventaja sufrida sin mengua! Que se pregunten las veces que vieron al hijo de tanta pobreza acercarse a sus puertas sin ser debidamente solicitado, en debida forma invitado, y comprenderán entonces los resultados imperecederos de aquella escuela de su madre, en donde la escasez era un acaso y no una deshonra. [. . .] ¡Bienaventurados los pobres que tal madre han tenido!

EL HOGAR PATERNO

La casa de mi madre, la obra de su industria, cuyos adobes y tapias pudieran computarse en varas de lienzo tejidas por sus manos para pagar su construcción, ha recibido en el transcurso de estos últimos años algunas adiciones que la confunden hoy con las demás casas de cierta medianía. Su forma original, empero, es aquella a que se apega la poesía del corazón, la imagen indeleble que se presenta porfiadamente a mi espíritu cuando recuerdo los placeres y pasatiempos infantiles, las horas de recreo después de vuelto de la escuela, los lugares apartados donde he pasado horas enteras y semanas sucesivas en inefable beatitud, haciendo santos de barro para rendirles culto en seguida, o ejércitos de soldados de la misma pasta para engreírme de ejercer tanto poder.

Hacia la parte del sud del sitio de treinta varas de frente por cuarenta de fondo, estaba la habitación única de la casa, dividida en dos departamentos; uno sirviendo de dormitorio a nuestros padres, y el mayor, de sala de recibo con su estrado alto y cojines, resto de las tradiciones del diván árabe que han conservado los pueblos españoles. Dos mesas de algarrobo indestructibles, que vienen pasando de mano en mano desde los tiempos en que no había otra madera en San Juan que los algarrobos de los campos, y algunas sillas de estructura desigual, flanqueaban la sala, adornando las lisas murallas dos grandes cuadros al óleo de Santo Domingo y San Vicente Ferrer, de malísimo pincel, pero devotísimos, y heredados

a causa del hábito domínico. A poca distancia de la puerta de entrada elevaba su copa verdinegra la patriarcal higuera que sombreaba aún en mi infancia aquel telar de mi madre, cuyos golpes y traqueteo de husos, pedales y lanzadera nos despertaba antes de salir el sol para anunciarnos que un nuevo día llegaba, y con él la necesidad de hacer, por el trabajo, frente a sus necesidades. Algunas ramas de la higuera iban a frotarse contra las murallas de la casa, y calentadas allí por la reverberación del sol sus frutos se anticipaban a la estación, ofreciendo para el 23 de noviembre, cumpleaños de mi padre, contribución de sazonadas brevas para aumentar el regocijo de la familia.

Deténgome con placer en estos detalles porque santos e higuera fueron personajes más tarde de un drama de familia en que lucharon porfiadamente las ideas coloniales con las nuevas. [. . .]

Nuestra habitación permaneció tal como la he descrito, hasta el momento en que mis dos hermanas mayores llegaron a la edad núbil; entonces hubo una revolución interior que costó dos años de debates, y a mi madre gruesas lágrimas, al dejarse vencer por un mundo nuevo de ideas, hábitos y gustos que no eran aquellos de la existencia colonial de que ella era el último y más acabado tipo. [. . .]

Estas ideas de regeneración y de mejora personal, aquella impiedad del siglo XVIII ¡quién lo creyera! entraron en casa por las cabezas de mis dos hermanas mayores. No bien se sintieron llegadas a la edad en que la mujer siente que su existencia está vinculada a la sociedad, que tiene objeto y fin esa existencia, empezaron a aspirar las partículas de ideas nuevas, de belleza, de gusto, de confort, que traía hasta ellas la atmósfera que había sacudido y renovado la revolución. [. . .]

La lucha se trabó, pues, en casa entre mi pobre madre que amaba a sus dos santos domínicos como a miembros de la familia, y mis hermanas jóvenes, que no comprendían el santo origen de estas afecciones y querían sacrificar los lares de la casa al bien parecer y a las preocupaciones de la época. Todos los días, a cada hora, con todo pretexto, el debate se renovaba. Alguna mirada de amenaza iba a los santos, como si quisieran decirles «¡han de salir para fuera!», mientras que mi madre, contemplándolos con ternura, exclamaba: «¡Pobres santos! ¡qué mal les hacen, donde a nadie estorban!» Pero en este continuo embate los oídos se habituaban al reproche, la resistencia era más débil cada día; porque vista bien la cosa, como objetos de religión, no era indispensable que estuviesen en la sala, siendo mucho más adecuado lugar de veneración el dormitorio, cerca de la cama, para encomendarse a ellos; como legado de familia, militaban las mismas razones; como adorno, eran de pésimo gusto. Y de una concesión en otra el espíritu de mi madre se fué ablandando poco a poco, y cuando creyeron mis hermanas que la resistencia se prolongaba—no más que por no dar su brazo a torcer—una mañana que el guardián de aquella fortaleza salió a misa o a una diligencia, cuando volvió, sus ojos quedaron espantados al ver las murallas lisas donde había dejado poco antes dos grandes parches negros. Mis santos estaban ya alojados en el dormitorio y, a juzgar por sus caras, no les había hecho impresión ninguna el desaire. Mi madre se hincó llorando en presencia de ellos, para pedirles perdón con sus oraciones, permaneció de mal humor y quejumbrosa todo el día, triste el subsiguiente, más resignada al otro día, hasta que al fin el tiempo y el hábito trajeron el bálsamo que nos hace tolerables las más grandes desgracias.

Esta singular victoria dió nuevos bríos al espíritu de reforma; y, después del estrado y los santos, las miradas cayeron en mala hora sobre aquella higuera viviendo en medio del patio, descolorida y nudosa en fuerza de la sequedad y los años. Mirada por este lado la cuestión, la higuera estaba perdida en el concepto público: pecaba contra todas las reglas del decoro y de la decencia. Pero, para mi madre, era una cuestión económica, a la par que afectaba su corazón profundamente. ¡Ah! ¡si la madurez de mi corazón hubiese podido anticiparse en su ayuda, como el egoísmo me hacía o neutral o inclinarme débilmente en su favor, a causa de las tempranas brevas! Querían separarla de aquella su compañera en el albor de la vida y el ensayo primero de sus fuerzas. La edad madura nos asocia a todos los objetos que nos rodean: el hogar doméstico se anima y vivifica; un árbol que hemos visto nacer, crecer y llegar a la edad provecta es un ser dotado de vida, que ha adquirido derechos a la existencia, que lee en nuestro corazón, que nos acusa de ingratos, y dejaría un remordimiento en la conciencia si lo hubiésemos sacrificado sin motivo legítimo. La sentencia de la vieja higuera fué discutida dos años. Y cuando su defensor, cansado de la eterna lucha, la abandonaba a su suerte, al aprestarse los preparativos de la ejecución, los sentimientos comprimidos en el corazón de mi madre estallaban con nueva fuerza y se negaba obstinadamente a permitir la desaparición de aquel testigo y de aquella compañera de sus trabajos. Un día, empero, cuando las revocaciones del permiso dado habían perdido todo prestigio, se oyó el golpe mate del hacha en el tronco añoso del árbol, y el temblor de las hojas sacudidas por el choque, como los gemidos lastimeros de la víctima. Fué éste un momento tristísimo, una escena de duelo y de arrepentimiento. Los golpes del hacha higuericida sacudieron también el corazón de mi madre, las lágrimas asomaron a sus ojos como la savia del árbol que se derramaba por la herida, y sus llantos respondieron al estremecimiento de las hojas. Cada nuevo golpe traía un nuevo estallido de dolor, y mis hermanas y yo, arrepentidos de haber causado pena tan sentida, nos deshicimos en llanto, única reparación posible del daño comenzado. Se ordenó la suspensión de la obra de destrucción mientras se preparaba la familia para salir a la calle y hacer cesar aquellas dolorosas repercusiones del golpe del hacha en el corazón de mi madre. Dos horas después la higuera yacía por tierra enseñando su copa blanquecina a medida que las hojas, marchitándose, dejaban ver la armazón nudosa de aquella estructura que por tantos años había prestado su parte de protección a la familia.

(De *Recuerdos de provincia*, 1850).

José Mármol (Argentina; 1817-1871) escribió sus primeros versos en la pared del calabozo donde Rosas lo había engrillado en 1839; el énfasis con que él contaba una y otra vez esa circunstancia fue típicamente romántico. Todo lo que escribió fue típicamente romántico: versos, dramas, novelas. Y también la cirunstancia fue siempre la misma: la tiranía de Rosas. Cuando cayó Rosas, el poeta enmudeció. La poesía con que Mármol se presentó al certamen poético de Montevideo, en 1841, llevaba un epígrafe de Byron; y el *Childe Harold's Pilgrimage* de Byron inspira su primera obra importante: los doce *Cantos del peregrino*. Claro, no fue la única influencia. Se reconocen las de Lamartine, Zorrilla, Espronceda. Pero Byron era para Mármol el último gran poeta que había dado Europa: «el canto expiró en Byron», dice en los primeros versos de su poema. Los *Cantos del peregrino* se empezaron a escribir en el viaje que Mármol emprendió a Chile en 1844. El barco salió de Río de Janeiro, bajó hasta Cabo de Hornos y, arrastrado a la zona polar, no pudo llegar al Océano Pacífico y tuvo que regresar sin hacer escalas al punto de partida. En los *Cantos* el poeta se desdobla: cantan él y su personaje Carlos. Son una y la misma persona lírica; pero cada canto del peregrino Carlos está precedido por un prólogo narrativo. Mientras los cantos propiamente dichos mantienen el mismo tono elegíaco, los prólogos suelen cambiar al festivo. Mármol se rebelaba románticamente contra las tradiciones clásicas de los géneros puros. Con todo, el poema tiene «sistema», como dice el mismo Mármol. No ocurre nada en los *Cantos*: el poeta, solo, está en medio del mar, meditando sobre los hombres y sobre la suerte de la patria, evocando los paisajes americanos y contemplando la belleza de las aguas, de la noche y de las nubes. Sin duda Mármol es verboso por la excesiva facilidad de su improvisación, incorrecto en su variadísima versificación, a veces prosaico, a veces declamatorio; pero su indisciplinado lirismo vale porque esa imaginación era extraordinaria. Otra colección de sus versos fué *Armonías* (1851-1854). Aquí están algunos de los que más popularidad dieron a Mármol, por la violencia de su desprecio a Rosas. El estruendo de sus maldiciones poéticas a Rosas ensordeció a los lectores que no oyeron el violín lírico, más íntimo, que también formaba parte de la orquesta. No fue menos importante en la historia de la novela que en la de la poesía: *Amalia* (1851-55) fue un folletín de aventuras truculentas que transcurren en Buenos Aires, en los años abominables de la tiranía de Rosas. Es, pues, novela política; y como Mármol había vivido y sufrido el régimen de Rosas es también novela autobiográfica. Menos fortuna tuvo Mármol con sus dramas de 1842: *El poeta* y *El cruzado*.

José Mármol

CANTOS DEL PEREGRINO

CANTO SEXTO

A la Luna

5 Duerme tranquilo el mar sueño profundo
sin que agite su sien brisa importuna,
y se levanta la redonda luna
como el ojo de Dios mirando al mundo.

Un finísimo rayo de su frente
10 llega trémulo al borde del navío,
y en la espalda del líquido sombrío
se mueve cual bellísima serpiente.

Al astro envuelve cenicienta nube,
y de la lumbre de su frente luego,
15 más el reflejo que la sombra sube
y el linde dora en espiral de fuego.

Sigue trepando en carro de diamantes
al cenit de la bóveda azulada,
y la sierpe se expande, y transformada
20 queda en lago de chispas rutilantes.

¿Qué mágico pincel pintar podría
un solo rayo de su luz hermosa?
¿En qué tinta el color encontraría
de un arrebol entre una nube umbrosa?

25 Si el dulce ruiseñor de *Los Consuelos*[1]
pisara este bajel, él te cantara,
tímida virgen, en los altos cielos
de suspiros y lágrimas avara.

Y a su voz de letal melancolía
murmurara de amor el mar sombrío,
y en torno se agolparan del navío
los peces a la dulce melodía.

¿A quién buscas, viajera de la noche,
sobre este llano de aridez eterna,
do nunca al rayo de tu luz tan tierna
abre una flor su perfumado broche;

do nunca una beldad triste suspira
de su balcón en las heladas rejas,
y al dar al viento sus sentidas quejas
alza sus ojos y tu rostro mira;

do nunca una mujer junto a una losa
hincada llora su perdido fruto,
pagando el triste maternal tributo
bajo tu luz tranquila y misteriosa;

donde no hay sino espacios infinitos,
brisas que corren las llanuras solas,
y el lúgubre quejido de las olas
bajo los rayos de tu luz benditos?

Gracias, ángel que velas los pesares,
casta beldad de adormecidos ojos:
tú calmas dulcemente los enojos
del viajador errante de los mares.

El conmovido mar se magnetiza
tocado apenas por tu blanco rayo,
y al contemplar su lánguido desmayo
pliega sus alas con temor la brisa.

---

[1] Esteban Echeverría.

311

Como genio del mar el bajel vuela,
murmurando las olas mansamente,
y el triste marinero alza la frente
a ver tus rayos en la blanca vela.

¡Bendita, entonces, tu tranquila lumbre,
del sol ardiente pálida memoria!
Ella trae de nuestra misma historia
recuerdos mil en grata muchedumbre.

Uno derrama silencioso llanto,
otro canciones de su patria canta;
pero todos recuerdan, virgen santa,
en el bajel bajo tu dulce encanto.

Ya estás en el cenit; bendita seas.
Ya iluminas la sien del Peregrino;
ya escucharás su amor y su destino
cuando en tu rostro sus miradas veas.

Oye, casta beldad, perla del cielo,
el ¡ay! de un corazón que Dios no quiso
que el molde original en que le hizo
diese otro semejante al triste suelo.

Oye de su dolor las justas quejas
en el albor de su infelice vida,
y toque y cierre su profunda herida
el dulce rayo que de Dios reflejas.

Aquí desde un bajel perdidos llora
amor y patria y juventud temprano,
y al arrullo del viento y del océano
pulsa su lira y la esperanza implora.

Es benigna tu luz, cual la mirada
de tierna madre a desgraciado hijo;
ven, y en su pecho su dolor prolijo
cálmale con tu luz inmaculada.

Su amante madre le robó la muerte;
a su tierra natal, la tiranía;
y del mundo también la hipocresía
robó su amor y su temprana suerte.

Huérfano como el lirio del desierto
lo abrasa el sol y el viento lo deshoja;
ven, blanca luna, ven, y su congoja
hable y suspire con tu rayo incierto.

CANTO UNDÉCIMO

Al Brasil

(FRAGMENTO)

Mujeres de tez morena
y ojos de negra pupila
que con azul aureola
cual negro diamante brilla;
y cuando mira, parece   10
que la mirada suspira,
diciendo que está en el alma
la tentación escondida.
Ondas de negro cabello
abultan su sien altiva,   15
y la espiral de los rizos
por los hombros se desliza.
Ancho y derramado el seno,
late contando que abriga
un manantial de deseos   20
en voluptuosa armonía;
y en él, veladas por nubes
de encajes y muselinas,
dos ondas de un mar de leche,
si no se ven, se adivinan.   25
Gasas como niebla leve
que al solo aliento se agitan,
ciñen su fina cintura
con tanta coquetería,
que de las ocultas formas   30
la redondez se adivina;
y la mirada se escurre
por esas nubes malditas
que nunca el viento se lleva
y que a un suspiro se agitan;   35
mirada que bien comprenden
las hadas, y en su sonrisa
y en un nuevo movimiento,
su curiosidad castigan.
Posadas en sus divanes   40
de plumas y sedería
haciendo burla del aire
con abanicos de la India;
y embriagadas con la esencia
de rosas y clavelinas   45
que en la atmósfera impregnada
ni un débil soplo aniquila.
En palabra y movimiento
perezosas y aburridas,

teniendo miel en el labio
y en las posturas malicia,
como si a mengua tuvieran
emplear la palabrería;
mujeres que a su albedrío
con los ojos magnetizan.
Mujeres así, en el mundo,
al extraño que las mira,
si ellas dicen: «brasilianas»

él las presume odaliscas,
que del Oriente escapadas,
llenas de encanto y de vida
corrieron al nuevo mundo
tras su libertad querida,
dejando entre los serrallos
cadenas y cachemiras,
mas trayendo su belleza,
su amor y su poesía.

(De «*Poesías completas*. Tomo I.» Cantos del
Peregrino, Buenos Aires, 1946).

Cuba. Independientemente del movimiento romántico que, partiendo de
Buenos Aires, se había proyectado a Montevideo y Santiago de Chile, brotaron
románticos en otras partes de América. Pronto la ola cubrió a todos los países
de habla española. Más lírica y poderosa que las voces que se habían oído
en Cuba — Plácido y Milanés — fue la de GERTRUDIS GÓMEZ DE AVELLANEDA
(1814–1873). Educada en la poesía personal pero todavía neoclásica de
Meléndez Valdés y de Quintana, nunca se desató de esos lazos y, ya en su
plenitud, siguió admirando a Gallego y a Lista. Su romanticismo fue, pues,
ecléctico. El velo con que la mujer cubre sus sentimientos más ardientes, y el
otro velo que la grandilocuencia echaba sobre la desnudez del alma, no
alcanzan nunca a velar del todo su sinceridad. Su lirismo no es el chorro
sereno de un surtidor de jardín, sino una fuerza natural en libertad. Amó
con un brío atrevido, tan intenso que no pudo ser feliz. Los amores de la
Avellaneda — revoltosos dentro de su pecho como lo fueron dentro de la
sociedad española de su tiempo, pues tuvo amantes, además de maridos —
solían apaciguarse en pura devoción religiosa. Y hasta estuvo a punto de
convertirse en monja. Escribió poemas de fe. Esta mujer apasionada,
vehemente, con exaltaciones de gozo, depresiones de tristeza y también
remansos de paz, se sintió siempre urgida por una necesidad de expresión
que la hizo meditar atentamente en los procedimientos del arte y llegar así
a una clara concepción estética. A veces, en su reedición de versos líricos (la
primera de 1841; la segunda de 1850; la tercera de 1869–71) retocó; y este
tacto académico deshojó la rosa. Sin embargo, gracias a la conciencia de su
arte todo ese borbotar sentimental de su ser no se hizo sensiblería sino
elegante estilización. La Avellaneda no descompone su figura, aunque se le
desgarre el corazón. Si bien romántica, conserva algo del «buen gusto»
académico, en cuyo ocaso se había educado. Los españoles la consideran una
de su parnaso. Y hacen bien, pues en España vivió, publicó sus poesías y

triunfó. Pero también pertenece a la historia literaria de América, no por el mero hecho de su nacimiento, sino porque ya escribía poemas antes de partir de Cuba y siempre se sintió ligada a Cuba por la nostalgia y el amor. Uno de sus sonetos notables es precisamente ese en que la Avellaneda cuenta el pesar con que abandonó su patria: «Al partir.» Y Cuba — que en sus labios siempre es «mi patria» — está presente en muchas de sus composiciones. Escribió dramas, como *Baltasar* y *Munio Alfonso,* y novelas. Transcurren, en general, en épocas y lugares que ella no había conocido. En cambio su novela *Sab* (1841) se basó en cosas vistas en Cuba. Es el tema de la esclavitud (un mulato esclavo, Sab, enamorado de la hija del amo) y la novela, si bien romántica, sabe describir la realidad cubana.

Gertrudis Gómez de Avellaneda

AL PARTIR

¡Perla del mar! ¡Estrella de Occidente!
¡Hermosa Cuba! Tu brillante cielo
la noche cubre con su opaco velo,
como cubre el dolor mi triste frente.

¡Voy a partir! . . . La chusma diligente,
para arrancarme del nativo suelo,
las velas iza, y pronta a su desvelo
la brisa acude de tu zona ardiente.

¡Adiós, patria feliz, edén querido!
¡Doquier que el hado en su furor me impela,
tu dulce nombre halagará mi oído!

¡Adiós! . . . ¡Ya cruje la turgente vela . . .
en ancla se alza . . . el buque, estremecido,
las olas corta y silencioso vuela !

A ÉL . . .[1]

Era la edad lisonjera
en que es un sueño la vida,
era la aurora hechicera
de mi juventud florida
en su sonrisa primera,

cuando contenta vagaba
por el campo, silenciosa,
y en escuchar me gozaba
la tórtola que entonaba
su querella lastimosa.   5

Melancólico fulgor
blanca luna repartía,
y el aura leve mecía
con soplo murmurador
la tierna flor que se abría.   10

¡Y yo gozaba! El rocío,
nocturno llanto del cielo,
el bosque espeso y umbrío,
la dulce quietud del suelo,
el manso correr del río,   15

y de la luna el albor,
y el aura que murmuraba
acariciando a la flor,
y el pájaro que cantaba . . .
todo me hablaba de amor.   20

Y trémula y palpitante,
en mi delirio extasiada,
miré una visión brillante,
como el aire perfumada,
como las nubes flotante.   25

---

[1] Ignacio de Cepeda, el gran amor de la Avellaneda.

Ante mí resplandecía
como un astro brillador,
y mi loca fantasía
al fantasma seductor
5 tributaba idolatría.

Escuchar pensé su acento
en el canto de las aves;
eran las auras su aliento
10 cargadas de aromas suaves,
y su estancia el firmamento.

¿Qué ser divino era aquél?
¿Era un ángel o era un hombre?
15 ¿Era un dios o era Luzbel?
¿Mi visión no tiene nombre?
¡Ah! nombre tiene . . . ¡Era Él!

El alma guardaba su imagen divina
20 y en ella reinabas, ignoto señor,
que instinto secreto tal vez ilumina
la vida futura que espera el amor.

Al sol que en el cielo de Cuba destella,
25 del trópico ardiente brillante fanal,
tus ojos eclipsan, tu frente descuella
cual se alza en la selva la palma real.

Del genio la aureola radiante, sublime,
ciñendo contemplo tu pálida sien,
30 y al verte mi pecho palpita y se oprime
dudando si formas mi mal o mi bien.

Que tú eres, no hay duda, mi sueño adorado,
el ser que vagando mi mente buscó;
mas ¡ay! que mil veces el hombre arrastrado
35 por fuerza enemiga, su mal anheló.

Así ví a la mariposa
inocente, fascinada,
en torno a la luz amada
revolotear con placer.

40 Insensata se aproxima
y la acaricia insensata,
hasta que la luz ingrata
devora su frágil ser.

Y es fama que allá en los bosques
que adornan mi patria ardiente,
nace y crece una serpiente
de prodigioso poder,

que exhala en torno su aliento
y la ardilla palpitante,
fascinada, delirante,
corre . . . ¡y corre a perecer!

¿Hay una mano de bronce,
fuerza, poder o destino,
que nos impele al camino
que a nuestra tumba trazó? . . .

¿Dónde van, dónde, esas nubes
por el viento compelidas? . . .
¿Dónde esas hojas perdidas
que del árbol arrancó? . . .

Vuelan, vuelan resignadas,
y no saben dónde van,
pero siguen el camino
que les traza el huracán.

Vuelan, vuelan en sus alas
nubes y hojas a la par,
ya a los cielos las levante,
ya las sumerja en el mar.

¡Pobres nubes! ¡pobres hojas
que no saben dónde van! . . .
Pero siguen el camino
que les traza el huracán.

(Se da aquí la versión que aparece en la edición
de 1841, que preferimos a las de 1850 y 1869 por
parecernos más espontánea y natural).

CONTEMPLACIÓN

Tiñe ya el sol extraños horizontes;
el aura vaga en la arboleda umbría;
y piérdese en la sombra de los montes
la tibia luz del moribundo día.

Reina en el campo plácido sosiego,
se alza la niebla del callado río,
y a dar al prado fecundante riego,
cae, convertida en límpido rocío.

Es la hora grata del feliz reposo,
fiel precursora de la noche grave . . .
torna al hogar el labrador gozoso,
el ganado al redil, al nido el ave.

Es la hora melancólica, indecisa,
en que pueblan los sueños los espacios,
y en los aires — con soplos de la brisa —
levantan sus fantásticos palacios.

En Occidente el Héspero[2] aparece:
salpican perlas su zafíreo asiento,
y — en tanto que apacible replandece —
no sé qué halago al contemplarlo siento.

¡Lucero del amor! ¡Rayo argentado!
¡Claridad misteriosa! ¿Qué me quieres?
¿Tal vez un bello espíritu, encargado
de recoger nuestros suspiros, eres? . . .

¿De los recuerdos la dulzura triste
vienes a dar al alma por consuelo,
o la esperanza con su luz te viste
para engañar nuestro incesante anhelo?

¡Oh tarde melancólica! yo te amo
y a tus visiones lánguidas me entrego . . .
Tu leda calma y tu frescor reclamo
para templar del corazón el fuego.

Quiero, apartada del bullicio loco,
respirar tus aromas alagüeños,
a par que en grata soledad evoco
las ilusiones de pasados sueños.

¡Oh! si animase el soplo omnipotente
estos que vagan húmedos vapores,
término dando a mi anhelar ferviente,
con objeto inmortal a mis amores! . . .

¡Y tú, sin nombre en la terrestre vida,
bien ideal, objeto de mis votos,
que prometes al alma enardecida
goces divinos, para el mundo ignotos!

¿Me escuchas? ¿Dónde estás? ¿Por qué no
— libre de la materia que me oprime — [puedo
a ti llegar, y aletargada quedo,
y opresa el alma en sus cadenas gime?

¡Cómo volara hendiendo las esferas   5
si aquí rompiese mis estrechos nudos,
cual esas nubes cándidas, ligeras,
del éter puro en los espacios mudos!

Mas ¿dónde vais? ¿Cuál es vuestro camino,
viajeras del celeste firmamento? . . .   10
¡Ah! ¡lo ignoráis! . . . seguís vuestro destino
y al vario impulso obedecéis del viento.

¿Por qué yo, en tanto, con afán insano
quiero indagar la suerte que me espera?
¿Por qué del porvenir el alto arcano   15
mi mente ansiosa comprender quisiera?

Paternal Providencia puso el velo
que nuestra mente a descorrer no alcanza,
pero que le permite alzar el vuelo
por la inmensa región de la esperanza.   20

El crepúsculo huyó: las rojas huellas
borra la luna en su esmaltado coche,
y un silencioso ejército de estrellas
sale a guardar el trono de la noche.

A ti te amo también, noche sombría;   25
amo tu luna tibia y misteriosa,
más que a la luz con que comienza el día
tiñendo el cielo de amaranto y rosa.

Cuando en tu grave soledad respiro,
cuando en el seno de tu paz profunda   30
tus luminares pálidos admiro,
un religioso afecto el alma inunda.

Que si el poder de Dios, y su hermosura,
revela el sol en su fecunda llama,
de tu solemne calma la dulzura   35
su amor anuncia y su bondad proclama!

---

[2] Venus, la estrella de la tarde.

LA NOCHE DE INSOMNIO Y EL ALBA

(*Fantasía*)

Noche
triste
viste
ya,
aire,
cielo,
suelo,
mar.
Brindándole
al mundo
profundo
solaz,
derraman
los sueños
beleños
de paz:
y se gozan
en letargo,
tras el largo
padecer,
los heridos
corazones,
con visiones
de placer.
Mas siempre velan
mis tristes ojos;
ciñen abrojos
mi mustia sien;
sin que las treguas
del pensamiento
a este tormento
descanso den.
El mudo reposo
fatiga mi mente;
la atmósfera ardiente
me abrasa doquier;
y en torno circulan
con rápido giro
fantasmas que miro
brotar y crecer.
¡Dadme aire! necesito
de espacio inmensurable,
do del insomnio al grito
se alce el silencio y hable!
Lanzadme presto fuera

317

de angostos aposentos . . .
¡Quiero medir la esfera!
¡Quiero aspirar los vientos!
Por fin dejé el tenebroso
recinto de mis paredes . . .   5
Por fin ¡oh espíritu! puedes
por el espacio volar . . .
Mas ¡ay! que la noche oscura,
cual un sarcófago inmenso,
envuelve con manto denso   10
calles, campos, cielo, mar.
   Ni un eco se escucha, ni un ave
respira, turbando la calma;
silencio tan hondo, tan grave,
suspende el aliento del alma.   15
   El mundo de nuevo sumido
parece en la nada medrosa;
parece que el tiempo rendido
plegando sus alas reposa.
Mas ¡qué siento! . . . Balsámico ambiente   20
se derrama de pronto! . . . El capuz
de la noche rasgando, en Oriente
se abre paso triunfante la luz.
   ¡Es el alba! se alejan las sombras,
y con nubes de azul y arrebol   25
se matizan etéreas alfombras,
donde el trono se asienta del sol.
Ya rompe los vapores matutinos
la parda cresta del vecino monte:
ya ensaya el ave sus melifluos trinos: 30
ya se despeja inmenso el horizonte.
   Tras luenga noche de vigilia ardiente
es más bella la luz, más pura el aura . . .
¡Cómo este libre y perfumado ambiente
ensancha el pecho, el corazón restaura!   35
Cual virgen que el beso de amor lisonjero
recibe agitada con dulce rubor
del rey de los astros al rayo primero
Natura palpita bañada de albor.
   Y así cual guerrero que oyó enardecido   40
de bélica trompa la mágica voz,
él lanza impetuoso, de fuego vestido,
al campo del éter su carro veloz.
¡Yo palpito, tu gloria mirando sublime,
noble autor de los vivos y varios colores!   45
   ¡Te saludo si puro matizas las flores!
¡Te saludo si esmaltas fulgente la mar!
   En incendio la esfera zafírea que surcas,
ya convierte tu lumbre radiante y fecunda,
y aun la pena que el alma destroza profunda,   50
se suspende mirando tu marcha triunfal.

¡Ay! de la ardiente zona do tienes almo asiento
tus rayos a mi cuna lanzaste abrasador . . .
Por eso en ígneas alas remonto el pensamiento,
y arde mi pecho en llamas de inextinguible amor!
Mas quiero que tu lumbre mis ansias ilumine,
mis lágrimas reflejen destellos de tu luz,
y sólo cuando yerta la muerte se avecine
la noche tienda triste su fúnebre capuz.
¡Qué horrible me fuera, brillando tu fuego fecundo,
cerrar estos ojos, que nunca se cansan de verte;
en tanto que ardiente brotase la vida en el mundo,
cuajada sintiendo la sangre por hielo de muerte!
¡Horrible me fuera que al dulce murmurio del aura,
unido mi ronco gemido postrero sonase;
que el plácido soplo que al suelo cansado restaura,
el último aliento del pecho doliente apagase!
¡Guarde, guarde la noche callada sus sombras de duelo,
hasta el triste momento del sueño que nunca termina;
y aunque hiera mis ojos, cansados por largo desvelo,
dale ¡oh sol! a mi frente, ya mustia, tu llama divina!
Y encendida mi mente inspirada, con férvido acento
—al compás de la lira sonora—tus dignos loores
lanzará, fatigando las alas del rápido viento,
a do quiera que lleguen triunfantes tus sacros fulgores!

ROMANCE

Contestando a otro de una señorita

(Fragmento)

No soy maga ni sirena,
ni querub ni pitonisa,
como en tus versos galanos
me llamas hoy, bella niña.
Gertrudis tengo por nombre,
cual recibido en la pila;
me dice Tula mi madre,
y mis amigos la imitan.
Prescinde, pues, te lo ruego,
de las Safos y Corinas,
y simplemente me nombra
Gertrudis, Tula o amiga [. . .]
No, no aliento ambición noble,
como engañada imaginas,
de que en páginas de gloria
mi humilde nombre se escriba.

Canto como canta el ave,
como las ramas se agitan,
como las fuentes murmuran,
como las auras suspiran.
Canto porque al cielo plugo
darme el estro que me anima;
como dió brillo a los astros,
como dió al orbe armonías.
Canto porque hay en mi pecho
secretas cuerdas que vibran
a cada afecto del alma,
a cada azar de la vida.
Canto porque hay luz y sombras,
porque hay pesar y alegría,
porque hay temor y esperanza,
porque hay amor y hay perfidia.
Canto porque existo y siento,
porque lo grande me admira,
porque lo bello me encanta,
porque lo malo me irrita.
Canto porque ve mi mente
concordancias infinitas,
y placeres misteriosos,
y verdades escondidas.

Canto porque hay en los seres
sus condiciones precisas:
corre el agua, vuela el ave,
silba el viento, y el sol brilla.

Canto sin saber yo propia
lo que el canto significa,
y si al mundo, que lo escucha,
asombro o lástima inspira.

El ruiseñor no ambiciona
que lo aplaudan cuando trina . . .
Latidos son de su seno
sus nocturnas melodías.

Modera, pues, tu alabanza,
y de mi frente retira
la inmarchitable corona
que tu amor me pronostica.

Premiando nobles esfuerzos,
sienes más heroicas ciña;
que yo al cantar solo cumplo
la condición de mi vida.

LOS REALES SITIOS[3]

Es grato, si el Cáncer[4] la atmósfera enciende,
si pliega sus alas el viento dormido,
gozar los asilos que un muro defiende,
con ricos tapices de Flandes vestido.

Es grata la calma dulcísima y leda
de aquellos salones dorados y umbríos,
do el sol, que penetra por nubes de seda,
se pierde entre jaspes y mármoles fríos.

Es grato el ambiente de aquellas estancias
— que en torno matizan maderas preciosas —
do en vasos de china despiden fragancias
itálicos lirios, bengálicas rosas.

Es grato que al Euro[5] — que huyó
                                silencioso —
imiten las bellas moviendo abanicos;
allí do cual tronos del muelle reposo
se ostentan divanes de púrpura ricos.

Y es grato en la tarde, con lánguido paso,
salir de entre sedas y pórfidos y oro,
a ver cuál oculta, llegando a su ocaso,
el astro supremo su ardiente tesoro.   5

Que allí, para verlo, se tienen vergeles
que nunca marchitan estivos ardores;
con bancos de césped, con frescos doseles,
y bosques y fuentes y exóticas flores.   10

Asilos tan bellos no hubieron las ninfas
que hollaron de Grecia colinas amenas,
ni náyades vieron tan plácidas linfas
cual esas que guardan marmóreas sirenas.   15

Por eso en las noches del férvido estío
es grato a ese elíseo llamar los placeres;
cubriendo de luces su verde sombrío,
llenando su espacio de hermosas mujeres.   20

Y aromas y bailes y amores y risas,
en dulces insomnios disfrutan las bellas,
en tanto que vuelan balsámicas brisas
y en tanto que el cielo se cubre de estrellas.   25

¡Oh espléndidas fiestas! ¡Oh alegres veladas,
que brotan al soplo de regia hermosura!
¡Ni silfos, ni genios, ni próvidas fadas
os dieran encantos de tanta dulzura!   30

No ¡Granja! no envidies al noble palacio
que allá San Lorenzo protege vecino;
pues hoy a las gracias encierra tu espacio,
y son los placeres tu plácido sino.   35

¡Difunde fragancias: y amores y risas
en gratos insomnios disfruten las bellas
en tanto que vuelen balsámicas brisas
y en tanto que el cielo se pueble de estrellas!   40

(De *Obras literarias de la señora doña Gertrudis
Gómez de Avellaneda,* Madrid, 1869–1871).

---

[3] «Esta composición fue escrita bajo la agradable impresión producida por los bailes dados por la Reina (Isabel II), durante el verano de 1849, en su palacio de San Ildefonso (La Granja), y a los que asistió la autora viniendo de visitar el otro real palacio de San Lorenzo del Escorial, al cual alude en alguno de sus versos.» (Nota de la edición de 1869; los dos nombres entre paréntesis son de los editores de esta Antología).

[4] Cuarto signo del Zodíaco que el sol recorre aparentemente en el verano.

[5] Viento que sopla del oriente.

UNA CARTA DE AMOR

[*A Ignacio de Cepeda y Alcalde.*]

[Sin fecha]

Hasta hoy, que vino el correo general, no se me ha traído tu carta, y para que ésta no duerma hasta el miércoles en la estafeta, determino enviarla directamente a tu casa.

Cuando antes de anoche me dijiste que mandase al correo, porque me habías escrito, te olvidaste advertirme que la carta venía a mi nombre y no al adoptado en nuestra correspondencia. Así, aunque ayer mandé no me la trajeron, porque la persona encargada buscó doña Amadora de Almonte y no mi nombre. En fin ya está en mis manos esta querida carta.

¡Una vez por semana! ... Solamente te veré una vez por semana! ... Bien; yo suscribo pues así lo deseas y lo exigen tus actuales ocupaciones. Una vez por semana te veré únicamente; pues señálame, por Dios, ese día tan feliz entre siete para separarle de los otros días de la larga y enojosa semana. Si no determinases ese día, ¿no comprendes tú la agitación que darías a todos los otros? En cada uno de ellos creería ver al amanecer *un día feliz* y después de muchas horas de agitación y expectativa pasaría el día, pasaría la noche, llevándose una esperanza a cada momento renovada y desvanecida, y sólo me dejaría el disgusto del desengaño. Dime, pues, para evitarme tan repetidos tormentos, qué día es ese que debo desear: ¿será el viernes? En ese caso comenzaremos por hoy; si no, será el sábado: ¿qué te parece? elige tú: si hoy, lo conoceré viéndote venir; si mañana, avísamelo, para que no padezca esta noche esperándote. En las restantes semanas ya sabré el día de ella, que tendrá para mí luz y alegría.

Ya lo ves ...; me arrastra mi corazón. No sé usar contigo el lenguaje *moderado* que deseas y empleas; pero en todo lo demás soy dócil a tu voz, como lo es un niño a la de su madre. Ya ves que suscribo a no verte sino semanalmente. Pero, ¿no irás al Liceo?, ¿ni al baile? Para decidirte, ¿no será bastante que yo te asegure que no habrá placer para mí en estas diversiones si tú no asistes?

No debes tener en casa menos *confianza* que en la de Concha, y puedes venir con capa o como mejor te parezca; pero si absolutamente no puedes tener esa confianza en casa, dime dónde quieres que te vea; en casa de Concha o donde tú designes y no me sea imposible, allí me hallarás.

Debes gozarte y estar orgulloso, porque este poder absoluto que ejerces en mi voluntad debe envanecerte. ¿Quién eres? ¿Qué poder es ese? ¿Quién te lo ha dado? Tú no eres un hombre, no, a mis ojos. Eres el Ángel de mi destino, y pienso muchas veces al verte que te ha dado el mismo Dios el poder supremo de dispensarme los bienes y los males que debo gozar y sufrir en este suelo. Te lo juro por ese Dios que adoro, y por tu honor y el mío; te juro que mortal ninguno ha tenido la influencia que tú sobre mi corazón. Tú eres mi amigo, mi hermano, mi confidente, y, como si tan dulces nombres aún no bastasen a mi corazón, él te da el de su Dios sobre la tierra. ¿No está ya en tu mano dispensarme un día de ventura entre siete? Así pudieras también señalarme uno de tormento y desesperación y yo le recibiría, sin que estuviese en mi mano evitarlo. Ese día, querido hermano mío, ese día sería aquel en que dejases de quererme; pero yo lo aceptaría de ti sin quejarme, como aceptamos de Dios los infortunios inevitables con que nos agobia.

No me hagas caso; tuve jaqueca a medianoche y creo que me ha dejado algo de calentura. Mi cabeza no está en su ser natural.

Hay días en que está uno no sé cómo; días en que el corazón se rompería si no se desahogase. Yo tenía necesidad de decirte todo lo que te he dicho; ahora ya estoy más tranquila. ¡No me censures, por Dios!

(De «Cartas», en *Antología*, Buenos Aires, Espasa Calpe, 1945).

———◆———

Sin duda el romanticismo cubano se reparte y llega a Venezuela. De los venezolanos más ilustres en la primera generación destacaremos ante todo a José Antonio Maitín (1814–1874), famoso por su «Canto fúnebre» a la memoria de su mujer. No hay, en esos años, una elegía que aventaje a ésta en sinceridad, dulzura, recato y sencillez, si se exceptúan las de la cubana Luisa Pérez de Zambrana (1835–1922).

José Antonio Maitín

CANTO FÚNEBRE

[a la memoria de su esposa]

(Fragmentos)

IX

¡Cuán sola y olvidada,
cuán triste está la huerta
hace poco por ella cultivada!
Su lánguida corola
tiene la flor apenas entreabierta,
y al ver los tallos secos e inclinados,
esta vegetación ambigua, incierta;
al ver tanto abandono,
las hierbas devorando los sembrados,
sin humedad la tierra, sin abono,
dijérase que siente
esta familia huérfana su suerte;
que lleva un negro luto
sobre su frente pálida prendido;
que espera ya la muerte,
o que llorando está lo que ha perdido.
A vista de este cuadro
tan vivo, de tristura
siento que el corazón se me destroza.
Me lanzo a la ventura
por entre el laberinto
del follaje en desmayo y sin frescura;
maltrato con el pie, de aquel recinto
la inútil hermosura.

Cual máquina ambulante,
sin senda, sin camino conocido,
las manos extendidas, delirante,
buscan mis brazos algo que han perdido.
Estrecho con amor cada sembrado,   5
corro del uno al otro
con paso desigual, precipitado;
me cubro el rostro ardiente con las ramas,
las llevo al pecho, de llorar cansado;
sobre ellas deposito   10
mi beso convulsivo y prolongado,
y al muro, y a las piedras,
a las hojas, al tronco endurecido,
a tanto objeto caro, inanimado,
de mi dolor prestándole el sentido, 15
paréceme escuchar que me responden,
que sale de su seno hondo gemido,
que el aire puebla un alarido ronco,
y en cada tierna flor que encuentro al paso,
en cada arbusto, en cada negro tronco 20
que a la presión nerviosa de mi abrazo
convulso y animado,
con fuerte oscilación tiembla y se agita,
pienso sentir el golpe acelerado
de un corazón amigo que palpita.   25

XIII

Lloroso, pensativo,
5 mis largas horas paso
a la margen sentado de este río.
Aquí todo contrasta
con mi pesar sombrío:
en esta soledad solemne y vasta
10 no hallo un dolor que corresponda al mío.
Las hojas resplandecen
cargadas con las gotas de rocío;
en la vecina altura,
en la lejana cumbre,
15 vestida de matices y verdura,
ostenta el sol magnífica su lumbre,
mientras que yo devoro
en triste soledad mi pesadumbre.
¿Tan poco así te mueve
20 ¡oh pintoresco Choroní![1], mi pena?
Tu soledad amiga,
¿por qué se muestra a mi dolor ajena?
¡Yo, que en tus ilusiones me he mecido,
que el aire de tu selva he respirado,
25 que tu último rincón he preferido
a la mejor ciudad, que te he cantado! ...
Los seres entre sí todos se estrechan
con secretas y ocultas relaciones;
se combinan, se buscan, se desechan
30 entre un mar de atracción y repulsiones;
todo es combate, lucha,
acción y reacción en cada hora.
¡Y yo, materia viva,
pensante, sentidora,
35 que aliento y me confundo
de Dios en las eternas creaciones;
parte de este conjunto
de afinidad, de mutuas atracciones,
en cuyo espacio giro,
40 en cuyo seno moro,
a cuya inmensa mole
por lazos invisibles me incorporo,
no encuentro una señal que me revele
la acción de mis pesares
45 sobre la calma eterna y majestuosa
de esta naturaleza silenciosa,
de estos quietos, pacíficos lugares!

Todo sereno está, todo reposa:
nada un dolor denuncia ni una pena.
Bullente, estrepitoso corre el río
sobre su lecho de brillante arena;
el matizado insecto
con ardiente inquietud se agita y mueve;
el follaje despide su murmullo
al soplo matinal del aire leve;
y las aguas, los montes y los vientos,
y el ave inquieta que saluda el día,
levantan con apática indolencia
su himno sin fin, su eterna melodía.

¡Concierto disonante,
horrible, estrepitosa algarabía,
que suena a mis oídos
como la befa amarga y la ironía
de la implacable y cruel naturaleza,
para quien es lo mismo
el contento, la dicha, la alegría
de un ser que piensa o su mortal tristeza!

XV

Ya piso el cementerio
augusto, majestuoso,
con su solemnidad y su misterio.
Estoy en la morada de la muerte,
donde el pequeño, el grande, el flaco, el fuerte,
sin distinción sucumben
bajo un destino igual, bajo igual suerte.
¡Mirad a lo que quedan reducidas
las míseras pasiones,
el altanero orgullo,
las vanas ilusiones,
de la lisonja el mundanal murmullo,
tanta esperanza y tantas ambiciones!
En este polvo encallan
la astucia, las ficciones y el amaño;
aquí hay sinceridad en los afectos,
llanto puro, verdad y desengaño.
¿Cómo contar el mar de tibias gotas
que sobre estos despojos se ha vertido,
que estas humildes cruces ha mojado,
que en estas inscripciones ha corrido,
que esta hierba naciente ha salpicado,
que el polvo de estas tumbas ha embebido;

---

[1] Pequeño puerto marítimo en la boca del río de su
nombre, que nace en la serranía de la costa.

lágrimas de la madre desolada,
la compasión, la oculta analogía,
la ardiente gratitud celeste y pura,
el afecto, el amor, la simpatía?

¡Ah! Si se recogiese en una hora,
en un instante dado,
esa lluvia de gotas encendidas,
ese raudal de lágrimas vertidas
que estos tristes despojos ha empapado,
pudiérase formar una honda charca,
mar salido del mar de nuestros ojos,
que sepultase en sus ardientes olas
cuanto este sitio funeral abarca,
inscripciones, osario, hierba, abrojos,
túmulo, cruces, tumbas y despojos.

XVI

¡Sombra de la que amé! solo y perdido
quedo en la tierra. Tímido, cansado,
un rumbo seguiré no conocido,
a la merced del vendaval airado,
tal vez por las borrascas combatido,
acaso por los hombres olvidado.
El mundo es todo para mí un desierto.

De mi existencia usada
el proceloso mar surcaré incierto,
cual nave destrozada
que lanza el huracán lejos del puerto.
No sé cuál es la suerte que me aguarda,   5
oscuro el porvenir; mas imitando
tu ejemplo santo y raro,
siguiendo tus virtudes una a una,
inspirado por ti, bajo tu amparo,
contrastaré el rigor de la fortuna.   10
Me haré mejor, pensando
en la existencia pura y bendecida
que junto a mí pasaste, y de esta suerte,
si debí mis contentos a tu vida,
deberé mis virtudes a tu muerte.   15

XVII

Adiós, adiós. Que el viento de la noche,
de frescura y de olores impregnado,
sobre tu blanco túmulo de piedra
deje, al pasar, un beso perfumado;   20
que te aromen las flores que aquí dejo,
que tu cama de tierra halles liviana.
Sombra querida y santa, yo me alejo;
descansa en paz ... Yo volveré mañana.

(En *Antología de poetas hispano-americanos*.
publicada por la Real Academia Española,
Tomo II, Madrid, 1927).

Al pasar de Venezuela a Colombia nos encontramos con un rico grupo de
escritores. En poesía, JOSÉ JOAQUÍN ORTIZ (1814–1892) escribía neoclásicas
odas patrióticas y JULIO ARBOLEDA (1817–1861) compuso un poema épico-
legendario de asunto colonial: *Gonzalo de Oyón*. Se perdió; sólo conservamos
una versión incompleta. Al lado de ellos se levanta un poeta mayor: JOSÉ
EUSEBIO CARO (1817–1853). Su vida fue una llama rápida pero intensa y
brillante. Esa llama se alimentaba de la cultura de su tiempo y de su propio
temperamento, combustible y violento. Aunque no fue filósofo, en su obra
se encienden las ideas encontradas de su tiempo. Cada una de sus poesías
fue un acto moral, cuando no por el tema público, por su voluntad de sinceridad. Como poeta lírico figura en la línea más pura y feliz del romanticismo.
La lira de Caro tenía todas las cuerdas; también la política, la filosófica. Aun
los temas que invitan a ser impersonal en él sonaban personales. Siempre es

él el centro de la emoción; siempre arranca de su propio interior. La invectiva política, la meditación moral, la descripción del paisaje, el propósito didáctico, no lo sacan de su quicio lírico. Y allí, como en sus poesías de tema íntimo — el amor, la familia —, reconocemos el temple fogoso y sincero de un alma que quiere estar sola y expresar lo original. Porque aunque Caro fue un militante en la anárquica política de esos años, oyó siempre, en lo hondo, el rumor de su propia personalidad. Comenzó vistiéndose con metros holgados, sueltos, libres — un poco a la manera de Quintana, de Gallego o de Martínez de la Rosa —, y así se movía cómodamente, como en la silva «El ciprés», en actitud declamatoria, es cierto, pero con ese arte de entregarse al lector que selló todas sus obras. Más adelante — siguiendo más a los ingleses que a los latinos — imitó el exámetro clásico, combinándolo a veces con el endecasílabo. Buscaba, evidentemente, ritmos propios; y en este tercer modo de su versificación castigó cada línea con acentos no usuales, endureciendo acaso la ondulación de las palabras, pero enriqueciendo la lengua poética.

José Eusebio Caro

EN ALTA MAR

¡Céfiro!, ¡rápido lánzate! ¡Rápido empújame y vivo!
Más redondas mis velas pon: del proscrito a los lados,
¡haz que tus silbos susurren dulces y dulces suspiren!
¡Haz que pronto del patrio suelo se aleje mi barco!

5   ¡Mar eterno! ¡Por fin te miro, te oigo, te tengo!
¡Antes de verte hoy, te había ya adivinado!
¡Hoy en torno mío tu cerco por fin desenvuelves!
¡Cerco fatal! ¡Maravilla en que centro siempre yo hago!

   ¡Ah! ¡Que esta gran maravilla conmigo forma armonía!
10   Yo, proscrito, prófugo, infeliz, desterrado,
lejos voy a morir del caro techo paterno,
lejos, ¡ay!, de aquellas prendas que amé, que me amaron!

   ¡Tanto infortunio sólo debe llorarse en tu seno;
quien de su amor arrancado y de Patria y de hogar y de hermanos,
15   solo en el mundo se mira, debe primero que muera,
darte su adiós, y, por última vez, contemplarte, Oceano!

   ¡Yo por la tarde así, y en pie de mi nave en la popa,
alzo los ojos—¡miro!—, sólo tú y el espacio!
¡Miro al sol que, rojo, ya medio hundido en tus aguas,
20   tiende, rozando tus crespas olas, el último rayo!

¡Y un pensamiento de luz entonces llena mi mente:
pienso que tú, tan largo, y tan ancho, y tan hondo, y tan vasto,
eres con toda tu mole, tus playas, tu inmenso horizonte,
sólo una gota de agua, que rueda de Dios en la mano!

Luego, cuando en hosca noche, al son de la lluvia,   5
poco a poco me voy durmiendo, en mi Patria pensando,
sueño correr en el campo do niño corrí tantas veces,
ver a mi madre que llora a su hijo; lanzarme a sus brazos . . .

¡Y oigo junto entonces bramar tu voz incesante!
¡Oigo bramar tu voz, de muerte vago presagio;   10
oigo las lonas que crujen, siento el barco que vuela!
Dejo entonces mis dulces sueños y a morir me preparo.

¡Oh! ¡Morir en el mar! ¡Morir terrible y solemne,
digno del hombre! — ¡Por tumba el abismo, el cielo, palio!
¡Nadie que sepa dónde nuestro cadáver se halla!   15
Que echa encima el mar sus olas — y el tiempo sus años.

ESTAR CONTIGO

¡Oh! ya de orgullo estoy cansado,
ya estoy cansado de razón;
déjame en fin, hable a tu lado
cual habla sólo el corazón!

¡No te hablaré de grandes cosas;
quiero más bien verte y callar,
no contar las horas odiosas,
y reír oyéndote hablar!

Quiero una vez estar contigo,
cual Dios el alma te formó;
tratarte cual a un viejo amigo
que en nuestra infancia nos amó;

volver a mi vida pasada,
olvidar todo lo que sé,
extasiarme en una nada,
y llorar sin saber por qué!

¡Ah! ¡para amar Dios hizo al hombre!
¿Quién un hado no da feliz
por esos instantes sin nombre
de la vida del infeliz,

cuando, con la larga desgracia
de amar doblado su poder,
toda su alma ardiendo vacia
en el alma de una mujer?   20

¡Oh padre Adán! ¡Qué error tan triste
cometió en ti la humanidad,
cuando a la dicha preferiste
de la ciencia la vanidad!

¿Qué es lo que dicha aquí se llama   25
sino no conocer temor,
y con la Eva que se ama,
vivir de ignorancia y de amor?

¡Ay! ¡mas con todo así nos pasa;
con la Patria y la juventud,   30
con nuestro hogar y antigua casa,
con la inocencia y la virtud!

Mientras tenemos despreciamos,
sentimos después de perder;
y entonces aquel bien lloramos   35
que se fué para no volver!

(De *Poesías*, Madrid, 1885).

La segunda generación romántica. Hemos visto cómo en algunos países prendieron los primeros sarmientos del romanticismo, trasplantados de Europa. Ahora veremos a escritores que empezaron a escribir cuando ya había crecido en Hispanoamérica una vid romántica propia. GREGORIO GUTIÉRREZ GONZÁLEZ (Colombia; 1826–1872) prefería el verso sobrio con tono sentimental sinceramente vivido, y por eso, si bien andaba a la zaga de Zorrilla, por momentos se desvió hacia una expresión más íntima que, años después, Bécquer cultivaría con genio. Fue su preferencia «realista», digamos, la que alcanzó más altura poética, asegurándole un puesto de honor en nuestra historia literaria. Nos referimos a su *Memoria sobre el cultivo del maíz en Antioquia* (1866). Aquí Gutiérrez González se retira de la sociedad literaria de su tiempo y va a refugiarse en un bosque primitivo de su tierra para cantar, no sólo su más extenso poema, sino el más extraño y original de su generación. Con un guiño humorístico finge que presentará a la Escuela de Ciencias y Artes una *Memoria científica*. Como quiere ser comprendido por el pueblo dice que sus instrucciones serán precisas, claras y metódicas: «No estarán subrayadas las palabras / poco españolas que en mi escrito empleo / pues como sólo para Antioquia escribo / yo no escribo español sino antioqueño.» Y, en efecto, la lengua poética de la *Memoria* es tan rica en indigenismos y dialectismos que aun los colombianos de Bogotá necesitan recurrir a las notas lingüísticas que dos amigos del poeta agregaron a la edición de sus obras completas. Con todo, la *Memoria* no es poema que viva exclusivamente en una provincia de nuestra América. El tema sí es regional: Gutiérrez González describe cómo treinta peones y un patrono buscan en el bosque un terreno apropiado para el cultivo del maíz; cómo talan los árboles y luego queman el suelo; cómo levantan sus viviendas, siembran, riegan y defienden las semillas de los pájaros; cómo crece el maíz; cómo se recoge y se cocina . . . Pero el arte de mirar y de idealizar cada detalle en una imagen lírica, la emoción ante las costumbres de un pueblo sencillo y el contraste entre la vida al aire libre y la vida en la ciudad eran refinamientos de un poeta muy cultivado. En este cuadro de los trabajos agrestes no reconocemos las *Geórgicas* de Virgilio — como en el de Andrés Bello — sino la observación directa de la naturaleza por un imaginativo.

Gregorio Gutiérrez González

DE LA
MEMORIA SOBRE EL CULTIVO DEL MAÍZ
EN ANTIOQUIA

De los terrenos propios para el cultivo,
y manera de hacerse los barbechos,
que decimos rozas.

Buscando en donde comenzar la roza,[1]
de un bosque primitivo la espesura
treinta peones y un patrón por jefe
van recorriendo en silenciosa turba.

Vestidos todos de calzón de manta[2]
y de camisa de coleta[3] cruda,
aquél a la rodilla, éste a los codos
dejan sus formas de titán desnudas.

El sombrero de caña con el ala
prendida de la copa con la aguja,
deja mirar el bronceado rostro,
que la bondad y la franqueza anuncia.

Atado por detrás con la correa
que el pantalón sujeta a la cintura,
con el recado de sacar candela,
llevan repleto su carriel[4] de nutria.

Envainado y pendiente del costado
va su cuchillo de afilada punta;
y en fin, al hombro, con marcial despejo,
el calabozo[5] que en el sol relumbra.

Al fin eligen un tendón[6] de tierra
que dos quebradas serpeando cruzan,
en el declive de una cuesta amena
poco cargada de maderas duras.

Y dan principio a socolar[7] el monte   5
los peones formados en columna;
a seis varas distante uno de otro
marchan de frente con presteza suma.

Voleando el calabozo a un lado y otro,
que relámpagos forma en la espesura,   10
los débiles arbustos, los helechos
y los bejucos[8] por doquiera truncan.

Los matambas, los chusques, los carrizos,[9]
que formaban un toldo de verdura,
todo deshecho y arrollado cede   15
del calabozo a la encorvada punta.

Con el rostro encendido, jadeantes,
los unos a los otros se estimulan;
ir adelante alegres quieren todos,
romper la fila cada cual procura.   20

Cantando a todo pecho la guavina,[10]
canción sabrosa, dejativa y ruda,
ruda cual las montañas antioqueñas,
donde tiene su imperio y fué su cuna.

---

[1] Limpiar una tierra de maleza para sembrarla después.
[2] Tela ordinaria de algodón.
[3] Tela de cáñamo.
[4] Mochila.
[5] Machete.

[6] Faja de tierra.
[7] Cortar las malezas de un monte.
[8] Plantas tropicales de tallos muy largos y delgados.
[9] Diferentes cañas y gramíneas de Colombia.
[10] Canción popular de Colombia.

No miran en su ardor a la culebra
que entre las hojas se desliza en fuga,
y presurosa en su sesgada marcha,
cinta de azogue, abrillantada ondula;

5   ni de monos observan las manadas
que por las ramas juguetonas cruzan;
ni se paran a ver de aves alegres
las mil bandadas, de pintadas plumas;

    ni ven los saltos de la inquieta ardilla,
10 ni las nubes de insectos que pululan,
ni los verdes lagartos que huyen listos,
ni el enjambre de abejas que susurra.

    Concluye la socola. De malezas
queda la tierra vegetal desnuda.
15 Los árboles elevan sus cañones
hasta perderse en prodigiosa altura,

    semejantes de un templo a los pilares
que sostienen su toldo de verdura;
varales largos de ese palio inmenso,
20 de esa bóveda verde altas columnas.

    El viento en su follaje entretejido,
con voz ahogada y fúnebre susurra,
como un eco lejano de otro tiempo,
como un vago recuerdo de ventura.

25 Los árboles sacuden sus bejucos,
cual destrenzada cabellera rubia,
donde tienen guardados los aromas
con que el ambiente, en su vaivén, perfuman.

    De sus copas galanas se desprende
30 una constante, embalsamada lluvia
de frescas flores, de marchitas hojas,
verdes botones y amarillas frutas.

    Muestra el cachimbo[11] su follaje rojo,
cual canastillo que una ninfa pura
35 en la fiesta del Corpus, lleva ufana
entre la virgen, inocente turba.

    El guayacán[12] con su amarilla copa
luce a lo lejos en la selva oscura,
cual luce entre las nubes una estrella,
cual grano de oro que la jagua oculta.

    El azuceno, el floro-azul, el caunce[13]
y el yarumo, en el monte se dibujan
como piedras preciosas que recaman
el manto azul que con la brisa ondula.

    Y sobre ellos gallarda se levanta,
meciendo sus racimos en la altura,
recta y flexible la altanera palma,
que aire mejor entre las nubes busca.

    Ved otra vez a los robustos peones
que el mismo bosque secular circundan;
divididos están en dos partidas,
y un capitán dirige cada una.

    Su alegre charla, sus sonoras risas,
no se oyen ya, ni su canción se escucha;
de una grave atención cuidado serio
se halla pintado en sus facciones rudas.

    En lugar del ligero calabozo
la hacha afilada con su mano empuñan;
miran atentos el cañón del árbol,
su comba ven, su inclinación calculan.

    Y a dos manos el hacha levantando,
con golpe igual y precisión segura,
y redoblando golpes sobre golpes,
cansan los ecos de la selva augusta.

    Anchas astillas y cortezas leves
rápidamente por el aire cruzan;
a cada golpe el árbol se estremece,
tiemblan sus hojas, y vacila . . . y duda . . .

    Tembloroso un momento cabecea,
cruje en su corte, y en graciosa curva
empieza a descender, y rechinando
sus ramas enlazadas se apañuscan;[14]

---

[11] Bucare, árbol de flores rojas.
[12] Especie de arbusto.

[13] Diversas especies de árboles.
[14] Estrujan, aprietan.

y silbando al caer, cortando el viento,
despedazado por los aires zumba . . .
Sobre el tronco el peón apoya el hacha
y el trueno, al lejos, repetir escucha.

Las tres partidas observad. A un tiempo
para echar una galga[15] se apresuran;
en tres faldas distintas, el redoble
se oye del hacha en variedad confusa.

Una fila de árboles picando
sin hacerles caer, está la turba,
y arriba de ellos, para echarlo encima,
el más copudo por madrino[16] buscan.

Y recostando andamios en su tronco
para cortarlo a regular altura,
sobre las bambas[17] y al andamio trepan
cuatro peones con destreza suma.

Y en rededor del corpulento tronco
sus hachas baten y a compás sepultan,
y repiten hachazos sobre hachazos
sin descansar, aunque en sudor se inundan.

Y vencido por fin, cruje el madrino,
y el otro más allá: todos a una,
las ramas extendidas enlazando
con otras ramas enredadas pugnan;

y abrazando al caer los de adelante,   5
se atropellan, se enredan y se empujan,
y así arrollados en revuelta tromba
en trueno sordo, aterrador retumban . . .

El viento azota el destrozado monte,
leves cortezas por el aire cruzan,   10
tiembla la tierra, y el estruendo ronco
se va a perder en las lejanas grutas.

Todo queda en silencio. Acaba el día,
todo en redor desolación anuncia.
Cual hostia santa que se eleva al cielo,   15
se alza callada la modesta luna.

Troncos tendidos, destrozadas ramas,
y un campo extenso desolado alumbra,
donde se ven como fantasmas negros
los viejos troncos, centinelas mudas.   20

(Capítulo I de *Poesías*, Paris, 1903).

NOTICIA COMPLEMENTARIA

Forzosamente hemos tenido que dejar fuera a muchos escritores significativos. Aquí sólo quisiéramos mencionar a unos pocos que se destacaron en tendencias o en géneros que no entran en nuestra antología.

Hubo quienes se desilusionaron de los resultados de las guerras de la Independencia. Surgió así una literatura crítica, burlona, amarga, como la del reaccionario FELIPE PARDO Y ALIAGA (Perú; 1806–1868). Atacó, en versos satíricos, comedias y cuadros de costumbres, las instituciones republicanas y los principios liberales. También MANUEL ASCENCIO SEGURA (Perú; 1805–1871) escribió sátiras, cuadros de costumbres y comedias, pero su actitud fue más comprensiva y popular. Sus piezas teatrales, a pesar de estar en verso, son notables por su realismo. El teatro de este período cuenta, además, con figuras

---

[15] Derriba simultánea de varios árboles en fila, cortando sólo el primero de ellos.

[16] El árbol que se corta primero.
[17] Protuberancias en el tronco de un árbol.

como las de los mexicanos FERNANDO CALDERÓN (1809–1845) e IGNACIO RODRÍGUEZ GALVÁN (1816–1842).

Ya se vio, en el período anterior, cómo Hidalgo había iniciado un tipo de poesía popular en que hacía hablar a los gauchos. En este período HILARIO ASCASUBI (Argentina; 1807–1875) ahondó en esa vena popular, gauchesca.

La producción novelesca fue abundante. En Argentina, además de la novela política de José Mármol, *Amalia*, a la que ya nos referimos, podríamos mencionar la novela alegórica de JUAN BAUTISTA ALBERDI (1810–1884), *Peregrinación de Luz del Día* y la novela histórica de VICENTE FIDEL LÓPEZ (1815–1903), *La novia del hereje*. En México el cuadro de la novela es muy variado: entre los más interesantes novelistas se destacaron MANUEL PAYNO (1810–1894) y VICENTE RIVA PALACIO (1832–1896). En Cuba, CIRILO VILLAVERDE (1812–1894), autor de *Cecilia Valdés*; en Venezuela, EUGENIO DÍAZ (1804–1865), autor de *Manuela*; en Ecuador, JUAN LEÓN MERA (1832–1894), autor de *Cumandá*; en Colombia, EUSTAQUIO PALACIOS (1830–1898), autor de *El Alférez Real*. Pero el mayor novelista de todos fue el chileno ALBERTO BLEST GANA (1830–1920).

Vivió en Francia, entre 1847 y 1851; leyó entonces a Balzac y se le despertó ahí su vocación de novelista. Escribió unas novelas en las que, a lo Balzac, presentó un ciclo de la vida chilena, desde la Independencia hasta principios del siglo XX, con los movimientos sociales de la clase media, la política matrimonial, las costumbres de Santiago, el poder del dinero, los conflictos entre la «gente de medio pelo» y la oligarquía, los motines políticos ... No fue Balzac su único modelo (cita aun a Stendhal, cuando apenas se le conocía en el mundo hispánico). Fue uno de los primeros realistas de nuestra lengua.

Uno de los libros más importantes y originales de todo este período fue *Una excursión a los indios ranqueles* (1870), de LUCIO VICTORIO MANSILLA (Argentina; 1831–1913). Se decidió, en un acto de coraje, a visitar las tolderías de tierra adentro, sin armas, con una pequeña escolta, para convencer al cacique de la buena fe de los cristianos. Vivió entre los indios, y la crónica de esos días no tiene par en nuestra literatura. Hay allí una intención política: burlarse de las instituciones de nuestra civilización por contraste con las formas de la sociabilidad en las tolderías de los ranqueles.

VII

1860-1880

MARCO HISTÓRICO: *Así como el período anterior puede definirse como anárquico (a pesar de los esfuerzos de los pueblos para darse una Constitución) ahora podríamos definir a éste por los logros de la organización (aunque la anarquía sigue devorando las entrañas de América).*

TENDENCIAS CULTURALES: *Segunda generación romántica. Actitud intelectual, estudiosa, crítica. Primicias parnasianas y naturalistas.*

ESTANISLAO DEL CAMPO	EUGENIO MARÍA DE HOSTOS
JOSÉ HERNÁNDEZ	MANUEL GONZÁLEZ PRADA
MANUEL ACUÑA	JUSTO SIERRA
JUAN MONTALVO	JOSÉ LÓPEZ PORTILLO Y ROJAS
RICARDO PALMA	ENRIQUE JOSÉ VARONA

En la hoguera romántica de 1830 habían encendido sus antorchas los autores que vimos en el capítulo anterior; luego las pasaron a otros más jóvenes; y así, mientras el romanticismo quedaba atrás, en el pasado, antorchas románticas ardían todavía en muchas manos, al comienzo de la segunda mitad del siglo. Los temas de esta segunda generación romántica son los de siempre: tristezas de titanes vencidos, costumbres y hablas populares, leyendas indígenas de pueblos extinguidos, la historia. Acaso, con fuerza de tema nuevo, aparece la emoción del hogar, recuperado después del destierro o de las guerras civiles. El costumbrismo, de origen romántico, acabó por hacerse realista. Al final de este período ya existen grupos de escritores que cultivan las letras por las letras mismas y empiezan a traer a América las primeras noticias de los nuevos movimientos literarios de Europa, como el Parnaso y el Naturalismo.

Los poetas gauchescos. No se trata del *folk-lore literario,* o sea, de las expresiones orales, anónimas, tradicionales del pueblo — pues, por paradójico que parezca, el pueblo no se expresó literariamente con modismos gauchescos — sino de la *poesía gauchesca* que hombres cultos de la ciudad escribieron inspirándose en la vida del gaucho. Después de los intentos de Hidalgo y Ascasubi surgen dos poemas notables: el *Fausto* de Estanislao del Campo y el *Martín Fierro* de José Hernández.

Estanislao del Campo (Argentina, 1834–1880) sabía escribir poesía lírica al modo romántico. Sin embargo, su sitio está entre los poetas gauchescos. A las sátiras que Ascasubi publicaba con el seudónimo de *Aniceto el Gallo* respondió Del Campo con otras imitándole también el seudónimo: *Anastasio el Pollo*. Esto ocurrió desde 1857 en adelante. Pero no hubiera ido del Campo muy lejos de no haber sido por su *Fausto*. La génesis de este poema es conjetural. Lo cierto es que en agosto de 1866 se representó en el Teatro Colón de Buenos Aires la versión italiana de la ópera *Fausto* de Gounod, basada en el drama *Fausto* de Goethe. «Cuatro o cinco noches» después del estreno, del Campo dedicó a un amigo el primer manuscrito de su *Fausto* criollo. del Campo delegó su punto de vista en un narrador que, en habla campesina, refiere el encuentro del paisano Laguna con Anastasio el Pollo. En el curso del diálogo el Pollo cuenta a Laguna, punto por punto, desde que entró hasta que cayó el telón final, lo que vio en el Teatro Colón, esto es, la ópera *Fausto*. La historia de Fausto, Margarita y Mefistófeles aparece recreada por las impresiones de los amigos. Todo el poema es absurdo porque la intención del poeta es humorística. Sin duda es imposible que un paisano compre una entrada en el Teatro Colón y, al oir una ópera en italiano, pueda comprenderla lo bastante para contar su intriga sin advertir, al mismo tiempo, que se trata de una función artística y no de la vida real. Las convenciones que usa del Campo son increíbles y, por lo tanto, no vale la pena inventariar sus inverosimilitudes. La comparación del mundo con un teatro y del hombre con un actor ya estaba en Platón, pasó a los estoicos, la usaron los cristianos, la difundieron los autores del Renacimiento y quedó sistematizada en el barroco auto sacramental de Calderón: *El Gran Teatro del Mundo*. Lo que hace del Campo es invertir la fórmula: en vez de mostrarnos el mundo como un teatro contemplado por un lúcido Dios — que había sido la idea de filósofos paganos y predicadores cristianos — nos mostrará el teatro como un mundo contemplado por un hombre ofuscado. El efecto es cómico. Los críticos han festejado ya el gracioso *quid pro quo* del poema. Del Campo — dicen — observa irónicamente la oscilación entre lo real y lo artístico, lo gauchesco y lo europeo, lo vital y lo artístico; y con guiños de complicidad se comunica con el público culto para divertirse a costa de Pollo y Laguna. Pero es posible que Pollo y Laguna no sean tan crédulos como parece. Laguna, ante el arte de contar del Pollo, hace la vista gorda y responde con su arte de escuchar; y ambos saben que están haciendo eso, arte, y que el cuento es una mentira artística. El *Fausto* fue para del Campo una diversión intelectual, no tanto a costa de los gauchos, sino, usando el *medium* gauchesco, más bien a costa de la ópera. Por su juego de perspectivas irónicas, el *Fausto* es el poema más complejo de toda la literatura gauchesca.

Estanislao del Campo

FAUSTO

I

En un overo rosao,[1]
flete[2] nuevo y parejito,[3]
cáia[4] al Bajo,[5] al trotecito,
y lindamente sentao,
un paisano del Bragao,[6]
de apelativo Laguna,
mozo jinetazo ¡ahijuna![7]
como creo que no hay otro,
capaz de llevar un potro
a sofrenarlo en la luna.

¡Ah criollo! si parecía
pegao en el animal
que aunque era medio bagual[8]
a la rienda obedecía
de suerte que se creería
ser no sólo arrocinao,[9]
sino también del recao
de alguna moza pueblera.[10]
¡Ah Cristo! ¡quien lo tuviera! . . .
¡Lindo el overo rosao!

Como que era escarciador,[11]
vivaracho y coscojero,[12]
le iba sonando al overo
la plata que era un primor;
pues eran plata el fiador,[13]   5
pretal,[14] espuelas, virolas,[15]
y en las cabezadas[16] solas
tráia el hombre un Potosí:[17]
¡qué! . . . ¡si tráia, para mí,
hasta de plata las bolas!   10

En fin, como iba a contar,
Laguna al río llegó,
contra una tosca[18] se apió   15
y empezó a desensillar.
En esto, dentró a orejiar
y a resollar el overo
y jué que vido un sombrero
que del viento se volaba   20
de entre una ropa, que estaba
más allá, contra un apero.[19]

---

[1] Dícese de los animales de color parecido al del melocotón.
[2] Caballo.
[3] Veloz, rápido.
[4] Iba hacia.
[5] Una sección del Buenos Aires antiguo, entre la Casa de Gobierno y el Retiro. Eran terrenos anegadizos, junto al río.
[6] Paisano del Bragao. Campesino del Bragado, lugar situado al oeste de la provincia de Buenos Aires.
[7] Exclamación para subrayar el sentido de buen jinete.
[8] Salvaje.
[9] Tan manso como un rocín.
[10] Cabalgadura de alguna moza de pueblo.

[11] Escarceador, caballo que tasca el freno, bajando y subiendo la cabeza en movimientos vivos (escarceos).
[12] Caballo que hace sonar el freno al tascarlo.
[13] Collera.
[14] Correa del arreo de los caballos, que va delante del pecho.
[15] Adorno de los arreos del caballo.
[16] Correaje que ciñe la cabeza de una caballería.
[17] Vieja ciudad del Alto Perú (hoy Bolivia), famosa por sus minas de plata.
[18] Se apeó junto a una *tosca* (materia calcárea en forma de piedra fofa y porosa).
[19] Conjunto de prendas de la montura de un caballo.

Dió güelta y dijo el paisano;
—¡Vaya, «*Záfiro*»! ¿qué es eso?
y le acarició el pescuezo
con la palma de la mano.
Un relincho soberano
pegó el overo que vía
a un paisano que salía
del agua, en un colorao,[20]
que al mesmo overo rosao
nada le desmerecía.

Cuando el flete relinchó,
media güelta dió Laguna,
y ya pegó el grito:—¡Ahijuna!
¿No es el Pollo?
      —Pollo, no,
ese tiempo se pasó,
(contestó el otro paisano),
ya soy jaca vieja, hermano,
con las púas como anzuelo,
y a quien ya le niega el suelo
hasta el más remoto grano.

Se apió el Pollo y se pegaron
tal abrazo con Laguna,
que sus dos almas en una
acaso se misturaron.[21]
Cuando se desenredaron,
después de haber lagrimiao,
el overito rosao
una oreja se rascaba,
visto que la refregaba
en la clin del colorao.

—Velay, tienda el cojinillo,[22]
don Laguna, siéntesé
y un ratito aguárdemé
mientras maneo[23] el potrillo,
vaya armando un cigarrillo,
si es que el vicio no ha olvidao.

Ahí tiene contra el recao[24]
cuchillo, papel y un naco;[25]
yo siempre pico el tabaco[26]
por no pitarlo aventao.[27]

—Vaya, amigo, le haré gasto . . .
—¿No quiere maniar su overo?
—Déjeló a mi parejero[28]
que es como mata de pasto.[29]
Ya una vez, cuando el abasto,
mi cuñao se desmayó;
a los tres días volvió
del insulto y, crea, amigo,
peligra lo que le digo:[30]
el flete ni se movió.

—¡Bien haiga gaucho embustero!
¿Sabe que no me esperaba
que soltase una guayaba[31]
de ese tamaño, aparcero?[32]
Ya colijo que su overo
está tan bien enseñao,
que si en vez de desmayao
el otro hubiera estao muerto,
el fin del mundo, por cierto,
me lo encuentra allí parao.

—Vean cómo le buscó
la güelta . . . ¡bien haiga el Pollo!
Siempre larga todo el rollo
de su lazo . . .
      —¡Y cómo no!
¿O se ha figurao que yo
ansina no más las trago?
¡Hágasé cargo! . . .
      —¡Ya me hago! . . .
—Prieste el juego.[33]
      —Tómeló.
—Y aura le pregunto yo:
¿Qué anda haciendo en este pago?[34]

---

[20] Caballo bayo.
[21] Confundieron.
[22] *Velay*, contracción de *vedla ahí*, como interjección. Cojinillo, manta de lana que se coloca en la montura del caballo.
[23] Maniatar.
[24] Conjunto de piezas para ensillar el caballo.
[25] Pedazo de tabaco negro en trenza.
[26] Corto el tabaco.
[27] Para no fumarlo desvirtuado por la acción del aire.
[28] Caballo corredor.
[29] Como mata de yerba (que no se inmuta).
[30] Aunque no pueda creerse.
[31] Mentira.
[32] Compañero, compadre.
[33] Preste el fuego (para encender el tabaco).
[34] Aquí, en el sentido de lugar, por este lugar.

—Hace como una semana
que he bajao a la ciudá,
pues tengo necesidá
de ver si cobro una lana:
pero me andan con *mañana*
y no hay plata, y venga luego;
hoy no más cuasi le pego
en las aspas con la argolla[35]
a un gringo,[36] que aunque es de embrolla,[37]
ya le he maliciao el juego.

—Con el cuento de la guerra
andan matreros los cobres.[38]
—Vamos a morir de pobres
los paisanos de esta tierra.
Yo cuasi he ganao la sierra
de puro desesperao . . .
—Yo me encuentro tan cortao
que a veces se me hace cierto
que hasta ando jediendo a muerto.
—Pues yo me hallo hasta *empeñao*.[39]

—¡Vaya un lamentarse! ¡Ahijuna! . . .
Y eso es de vicio, aparcero:
a usté lo ha hecho su ternero
la vaca de la fortuna.
Y no llore, don Laguna,
no me lo castigue Dios:
si no, comparémoslós
mis tientos con su chapiao,[40]
y así en limpio habré quedao
el más pobre de los dos.

—¡Vean si es escarbador
este Pollo! ¡Virgen mía!
si es pura chafalonía . . .[41]
—¡Eso sí, siempre pintor![42]
—Se la gané a un jugador
que vino a echarla de güeno.[43]
Primero le gané el freno
con riendas y cabezadas,
y en otras cuantas jugadas
perdió el hombre hasta lo ajeno.

¿Y sabe lo que decía
cuando se veía en la mala?
El que me ha pelao la chala[44]
debe tener brujería.
A la cuenta se creería   5
que el Diablo y yo . . .
                    —¡Cállesé!
¿Amigo, no sabe usté
que la otra noche lo he visto
al demonio?   10
                    —¡Jesucristo! . . .
—Hace bien, santígüesé.

—¡Pues no me he de santiguar!   15
Con esas cosas no juego;
pero no importa, le ruego
que me dentre a relatar
el cómo llegó a topar
con *el malo.* ¡Virgen santa!   20
Sólo el pensarlo me espanta . . .
—Güeno, le voy a contar
pero antes voy a buscar
con qué mojar la garganta.
                                          25

El Pollo se levantó
y se jué en su colorao,
y en el overo rosao
Laguna al agua dentró.   30
Todo el baño que le dió
jué dentrada por salida
y a la tosca consabida
don Laguna se volvió,
ande a don Pollo lo halló   35
con un frasco de bebida.

—Lárguesé al suelo, cuñao,   40
y vaya haciéndosé cargo,
que puede ser más que largo
el cuento que le he ofertao.[45]

---

[35] Casi le pego en los cuernos con la argolla de mi lazo.

[36] Extranjero, en general; italiano, en particular.

[37] De cuidado.

[38] Con todo eso de la guerra entre Argentina y el Paraguay (1865–69), el dinero anda escaso.

[39] Andar empeñado, haber contraído deudas.

[40] Mis aperos de cuero crudo, comparados con los lujosos con chapa de plata en las cabezadas y el pretal.

[41] Plata de poco valor.

[42] Fanfarrón, jactancioso.

[43] A darse importancia.

[44] El que me ha ganado en el juego.

[45] Ofrecido.

Desmanee el colorao,
desate su maniador,
y en ancas,[46] haga el favor
de acollararlos.[47]
     —Al grito.[48]
¿Es manso el coloradito?
—¡Es como trébol de olor!

—Ya están acollaraditos . . .
—Déle un beso a esa giñebra;[49]
yo le hice sonar, de una hebra,[50]
lo menos diez golgoritos . . .[51]
—Pero ésos son muy poquitos
para un criollo como usté,
capaz de prendérselé
a una pipa de lejía . . .[52]
—Hubo un tiempo en que solía . . .
—Vaya, amigo, lárguesé.

II

—Como a eso de la oración
aura cuatro o cinco noches,
vide una fila de coches
contra el tiatro de Colón.[53]

La gente en el corredor,
como hacienda[54] amontonada,
pujaba desesperada
por llegar al mostrador.[55]

Allí a juerza de sudar
y a punta de hombro y de codo,
hice, amigaso, de modo
que al fin me pude arrimar.

Cuando compré mi dentrada
y di güelta . . . ¡Cristo mío!
estaba pior el gentío
que una mar alborotada.

Era a causa de una vieja
que le había dao el mal . . .[56]
—Y si es chico ese corral,
¿a qué encierran tanta oveja?

—Ahí verá: por fin, cuñao,
a juerza de arrempujon,
salí como mancarrón[57]
que lo sueltan trasijao.[58]

Mis botas nuevas quedaron
lo propio que picadillo,
y el fleco del calzoncillo
hilo a hilo me sacaron.

Y para colmo, cuñao,
de toda esta desventura,
el puñal, de la cintura
me lo habían refalao.[59]

—Algún gringo como luz
para la uña,[60] ha de haber sido,
—¡Y no haberlo yo sentido!
En fin, ya le hice la cruz.[61]

Medio cansao y tristón
por la pérdida, dentré
y una escalera trepé
con ciento y un escalón.

Llegué a un alto, finalmente,
ande va la paisanada,
que era la última camada
en la estiba de la gente:[62]

---

[46] Además.
[47] De unirlos por las colleras.
[48] Al momento, en seguida.
[49] Tome un trago de ginebra.
[50] De un golpe.
[51] Gorgoritos.
[52] Tonel, barrica de lejía.
[53] El Teatro de Colón de Buenos Aires se inauguró el 25 de abril de 1857 y cerró sus puertas el 13 de septiembre de 1888, al ser comprado el edificio por el Banco de la Nación.
[54] Rebaño.
[55] Contaduría, despacho de billetes.
[56] Se había desmayado.
[57] Caballo viejo.
[58] Trasijado, muy flaco.
[59] Robado.
[60] Ligero para robar.
[61] Ya lo dí por perdido.
[62] Un alto llama Anastasio al paraíso del teatro, reservado a los espectadores humildes, y desde allí ve a las gentes de distinta clase social, en capas superpuestas que le recuerdan la disposición de la estiba, es decir la carga que se pone en la bodega de los barcos.

Ni bien me había sentao,
rompió de golpe la banda,
que detrás de la baranda
la habían acomodao.

Y ya tamién se corrió
un lienzo grande, de modo
que a dentrar con flete y todo
me aventa,[63] créameló.

Atrás de aquel cortinao
un dotor apareció,
que asigún oí decir yo,
era un tal Fausto, mentao.

—¿Dotor dice? Coronel
de la otra banda,[64] amigaso;
lo conozco a ese criollaso
porque he servido con él.

—Yo tamién lo conocí
pero el pobre ya murió.
¡Bastantes veces montó
un saino[65] que yo le dí!

Déjeló al que está en el cielo
que es otro Fausto el que digo,
pues bien puede haber, amigo,
dos burros del mesmo pelo.

—No he visto gaucho más quiebra
para retrucar[66] ¡ahijuna!...
—Déjemé hacer, don Laguna
dos gárgaras de giñebra.

Pues como le iba diciendo,
el Dotor apareció
y, en público, se quejó
de que andaba padeciendo.

Dijo que nada podía
con la cencia que estudió,
que él a una rubia quería,
pero que a él la rubia no.

Que, al ñudo, la pastoriaba[67]   5
dende el nacer de la aurora,
pues de noche y a toda hora
siempre tras de ella[68] lloraba.

Que de mañana a ordeñar
salía muy currutaca,[69]   10
que él le maniaba la vaca,
pero pare de contar.

Que cansado de sufrir,
y cansado de llorar,
al fin se iba a envenenar   15
porque eso no era vivir.

El hombre allí renegó,
tiró contra el suelo el gorro
y, por fin, en su socorro
al mesmo Diablo llamó.   20

¡Nunca lo hubiera llamao!
¡Viera, sustaso, por Cristo!
¡Ahí mesmo jediendo a misto,[70]
se apareció el condenao!

Hace bien: persínesé   25
que lo mesmito hice yo.
—¿Y cómo no disparó?
—Yo mesmo no sé por qué.

¡Viera al Diablo! Uñas de gato,
flacón, un sable largote,   30
gorro con pluma, capote
y una barba de chivato.

---

[63] Me echa al suelo.
[64] Laguna corrige a Anastasio, ya que el único Fausto que él conoce es el Coronel Fausto Aguilar, uruguayo, que luchó contra Rosas junto a las fuerzas argentinas. *La otra banda* se refiere a la Banda Oriental; nombre que se daba a la República del Uruguay.
[65] Zaino, caballo de color castaño entero.
[66] Más astuto para replicar.
[67] Que en vano la acechaba para verla.
[68] Por ella.
[69] Peripuesta, aderezada.
[70] Oliendo a azufre.

Medias hasta la berija,[71]
con cada ojo como un charco,
y cada ceja era un arco
para correr la sortija.[72]

5 «Aquí estoy a su mandao,
cuente con un servidor»,
le dijo el Diablo al Dotor,
que estaba medio asonsao.[73]

«Mi Dotor, no se me asuste
10 que yo lo vengo a servir:
pida lo que ha de pedir
y ordénemé lo que guste.»

El Dotor, medio asustao,
le contestó que se juese...
15 —Hizo bien: ¿no le parece?
—Dejuramente, cuñao.[74]

Pero el Diablo comenzó
a alegar gastos de viaje
y a medio darle coraje
20 hasta que lo engatusó.

—¿No era un Dotor muy projundo?
¿Cómo se dejó engañar?
—Mandinga[75] es capaz de dar
diez güeltas a medio mundo.

25 El Diablo volvió a decir:
«Mi Dotor, no se me asuste,
ordénemé lo que guste,
pida lo que ha de pedir.

«Si quiere plata, tendrá:
30 mi bolsa siempre está llena,
y más rico que Anchorena,[76]
con decir 'quiero', será.»

«No es por la plata que lloro»,
don Fausto le contestó,
«otra cosa quiero yo
mil veces mejor que el oro»,

«Yo todo le puedo dar»,
retrucó el Rey del Infierno,
«Diga: ¿quiere ser Gobierno?
pues no tiene más que hablar.»

«No quiero plata ni mando»,
dijo don Fausto, «yo quiero
el corazón todo entero
de quien me tiene penando.»

No bien esto el Diablo oyó,
soltó una risa tan fiera,
que toda la noche entera
en mis orejas sonó.

Dió en el suelo una patada,
una paré se partió,
y el Dotor, fulo,[77] miró
a su prenda idolatrada.

—¡Canejo!... ¿Será verdá?
¿Sabe que se me hace cuento?
—No crea que yo le miento:
lo ha visto media ciudá.

¡Ah, don Laguna! ¡si viera
qué rubia!... Créameló:
creí que estaba viendo yo
alguna virgen de cera.

Vestido azul, medio alzao,
se apareció la muchacha;
pelo de oro, como hilacha
de choclo[78] recién cortao.

---

[71] Verija, ijares del caballo.
[72] Juego en el que los jinetes tratan de hacer pasar su lanza por un aro suspendido de una cinta. En España, carreras de cintas.
[73] Azonzado, atontado.
[74] Seguramente.
[75] Uno de los nombres que se dan al diablo, a quien el autor ha llamado ya el malo, el condenao, etc.
[76] Referencia a una familia argentina conocida por sus riquezas durante todo el siglo XIX. Aquí, en el sentido de millonario.
[77] Atónito, azorado.
[78] Espiga de maíz tierno.

Blanca como una cuajada,[79]
y celeste la pollera[80];
don Laguna, si aquello era
mirar a la Inmaculada.

Era cada ojo un lucero,
sus dientes, perlas del mar,
y un clavel al reventar
era su boca, aparcero.

Ya enderezó como loco
el Dotor cuando la vió,
pero el Diablo lo atajó
diciéndole:—«Poco a poco.»

«Si quiere hagamos un pato:[81]
usté su alma me ha de dar
y en todo lo he de ayudar.
¿Le parece bien el trato?»

Como el Dotor consintió,
el Diablo sacó un papel
y le hizo firmar en él
cuanto la gana le dió.

—¡Dotor, y hacer ese trato!
—¿Qué quiere hacerle, cuñao,
si se topó ese abogao
con la horma de su zapato?

Ha de saber que el Dotor
era dentrao en edá,
ansina es que estaba ya
bichoco[82] para el amor.

Por eso, al dir a entregar
la contrata consabida,
dijo:—«¿Habrá alguna bebida
que me pueda remozar?»

Yo no sé qué brujería,
misto, mágica o polvito
le echó el Diablo y . . . ¡Dios bendito!
¡Quién demonios lo creería!

¿Nunca ha visto usté a un gusano
volverse una mariposa?
Pues allí la mesma cosa
le pasó al Dotor, paisano.

Canas, gorro y casacón   5
de pronto se vaporaron,
y en el Dotor ver dejaron
a un donoso mocetón.

—¿Qué dice? . . . ¡barbaridá! . . .
¡Cristo padre! . . . ¿Será cierto?   10
—Mire: que me caiga muerto
si no es la pura verdá.

El Diablo entonces mandó
a la rubia que se juese,
y que la paré se uniese,   15
y la cortina cayó.

A juerza de tanto hablar
se me ha secao el garguero:
pase el frasco, compañero.
—¡Pues no se lo he de pasar!   20

III

—Vea los pingos . . .[83]   25
        —¡Ah, hijitos!
son dos fletes soberanos.
—¡Como si jueran hermanos
bebiendo la agua juntitos!

—¿Sabe que es linda la mar?[84]   30
—¡La viera de mañanita
cuando a gatas[85] la puntita
del sol comienza a asomar!

Usté ve venir a esa hora,
roncando la marejada,   35
y ve en la espuma encrespada
los colores de la aurora.

---

[79] Requesón.
[80] Falda, saya.
[81] Hagamos un pacto.
[82] Caballo viejo e inútil para la carrera.

[83] Caballo brioso y ligero.
[84] El Río de la Plata que por su anchura le parece
como el mar.
[85] Apenas.

A veces con viento en la anca,
y con la vela al solsito,
se ve cruzar un barquito
como una paloma blanca.

5   Otras, usté ve patente
venir boyando un islote,
y es que trai un camalote[86]
cabestriando[87] la corriente.

Y con un campo quebrao
10   bien se puede comparar
cuando el lomo empieza a hinchar
el río medio alterao.

Las olas chicas, cansadas,
a la playa a gatas vienen,
15   y allí en lamber[88] se entretienen
las arenitas labradas.

Es lindo ver en los ratos
en que la mar ha bajao,
cair volando al desplayao[89]
20   gaviotas, garzas y patos.

Y en las toscas, es divino
mirar las olas quebrarse,
como al fin viene a estrellarse
el hombre con su destino.

25   Y no sé qué da el mirar
cuando barrosa y bramando,
sierras de agua viene alzando
embravecida la mar.

Parece que el Dios del cielo
se amostrase retobao,[90]
al mirar tanto pecao
como se ve en este suelo.

Y es cosa de bendecir,
cuando el Señor la serena,
sobre ancha cama de arena
obligándolá a dormir.

Y es muy lindo ver nadando
a flor de agua algún pescao;
van, como plata, cuñao,
las escamas relumbrando.

—¡Ah, Pollo! Ya comenzó
a meniar taba[91]: ¿y el caso?
—Dice muy bien, amigaso;
seguiré contándoló.

El lienzo otra vez alzaron
y apareció un bodegón,
ande se armó una reunión
en que algunos se mamaron.[92]

Un don Valentín, velay,
se hallaba allí en la ocasión,
capitán muy guapetón
que iba a dir a Paraguay.[93]

Era hermano, el ya nombrao,
de la rubia y conversaba
con otro mozo que andaba
viendo de hacerlo cuñao.

---

[86] Planta acuática de largos tallos y anchas hojas que abunda en las orillas de los ríos Paraná y Uruguay. La particularidad que tienen los camalotes de enredarse unos con otros en masas compactas y moverse sobre las aguas, como islotes flotantes, es lo que de ordinario mencionan los escritores. A veces se encuentran en ellos diversas clases de animales.
[87] Siguiendo.
[88] Lamer.
[89] Nombre que se da a la playa de arena que suele dejar el mar al retirarse.

[90] Enojado, airado.
[91] Hablar incesantemente.
[92] Se emborracharon.
[93] La guerra del Paraguay (1865–1869) que la Argentina sostuvo contra ese país, llevó numerosos contingentes de jóvenes argentinos a los campos de batalla. El Pollo, espectador de esos movimientos bélicos y de la escena de la kermese en *Fausto*, no puede pensar sino que Valentín, vestido de capitán, va a marchar también a la guerra.

Don Silverio[94] o cosa así,
se llamaba este individuo,
que me pareció medio ido
o sonso cuando lo ví.

Don Valentín le pedía
que a la rubia le sirviera
en su ausencia . . .
        —¡Pues, sonsera![95]
¡El otro qué más quería!

—El Capitán, con su vaso,
a los presentes brindó,
y en esto se apareció
de nuevo el Diablo, amigaso.

Dijo que si lo almitían
también echaría un trago,
que era por no ser del pago
que allí no lo conocían.

Dentrando en conversación
dijo el Diablo que era brujo:
pidió un ajenjo, y lo trujo
el mozo del bodegón.

«No tomo bebida sola»,
dijo el Diablo; se subió
a un banco y ví que le echó
agua de una cuarterola.

Como un tiro de jusil
entre la copa sonó,
y a echar llamas comenzó
como si juera un candil.

Todo el mundo reculó,
pero el Diablo sin turbarse
les dijo: «No hay que asustarse»,
y la copa se empinó.

—¡Qué buche! ¡Dios soberano!
—Por no parecer morao[96]
el Capitán jué, cuñao,
y le dió al Diablo la mano.

Satanás le registró   5
los dedos con grande afán
y le dijo: «Capitán,
pronto muere, créaló.»

El Capitán, retobao,
peló la lata,[97] y Lusbel   10
no quiso ser menos que él
y peló un amojosao.[98]

Antes de cruzar su acero,
el Diablo el suelo rayó:
¡Viera el juego[99] que salió! . . .   15
—¡Qué sable para yesquero![1]

—¿Qué dice? ¡Había de oler
el jedor que iba largando
mientras estaba chispiando
el sable de Lucifer!   20

No bien a tocarse van
las hojas, créameló,
la mitá al suelo cayó
del sable del Capitán.

«¡Éste es el Diablo en figura   25
de hombre!» el Capitán gritó,
y, al grito, le presentó
la cruz de la empuñadura.

¡Viera al Diablo retorcerse
como culebra, aparcero!   30
—¡Óiganlé! . . .
        —Mordió el acero
y comenzó a estremecerse.

---

[94] Se refiere a Siebel, el personaje de la ópera, que casi siempre lo canta una mujer vestida de hombre.
[95] Tontería.
[96] Cobarde.
[97] Sacó la espada.

[98] Enmohecido.
[99] Fuego.
[1] Bolsita de cuero en que se lleva la yesca, el pedernal y el eslabón para encender fuego.

Los otros se aprovecharon
y se apretaron el gorro:[2]
sin duda a pedir socorro
o a dar parte dispararon.[3]

5 En esto don Fausto entró
y conforme al Diablo vido,
le dijo: «Qué ha sucedido?»
Pero él se desentendió.

El Dotor volvió a clamar
10 por su rubia, y Lucifer,
valido de su poder,
se la volvió a presentar.

Pues que golpiando en el suelo
en un baile apareció
15 y don Fausto le pidió
que lo acompañase a un cielo.[4]

No hubo forma que bailara:
la rubia se encaprichó;
de balde el Dotor clamó
20 por que no lo desairara.

Cansao ya de redetirse[5]
le contó al Demonio el caso;
pero él le dijo: «Amigaso,
no tiene por qué afligirse.

25 «Si en el baile no ha alcanzao
el poderla arrocinar,[6]
deje, le hemos de buscar
la güelta por otro lao.

«Y mañana, a más tardar,
30 gozará de sus amores,
que otras, mil veces mejores,
las he visto cabrestiar . . .»

«¡Balsa general!»[7] gritó
el bastonero mamao;
pero en esto el cortinao
por segunda vez cayó.

Armemos un cigarrillo
si le parece . . .
—¡Pues no!
—Tome el naco, píqueló,
usté tiene mi cuchillo.

IV

—Ya se me quiere cansar
el flete de mi relato . . .
—Priéndalé guasca otrorato;[8]
recién comienza a sudar.

—No se apure, aguárdesé:
¿cómo anda el frasco? . . .
—Tuavía
hay con que hacer medio día:
ahí lo tiene, priéndale.

—¿Sabe que este giñebrón
no es para beberlo solo?
Si alvierto, traigo un chicholo[9]
o un cacho de salchichón.

—Vaya, no le ande aflojando,
déle trago y dómeló,
que, a ráiz de las carnes yo
me lo estoy acomodando.

—¿Qué tuavía no ha almorzao?
—Ando en ayunas, don Pollo;
porque, ¿a qué contar un bollo
y un cimarrón aguachao?[10]

---

[2] Huyeron, echaron a correr.
[3] *Idem*.
[4] Baile de parejas sueltas que estuvo en auge en el ambiente rural de la Argentina hasta 1850 y que más comúnmente se llamó *cielito*.
[5] Derretirse.
[6] Amansar, domesticar, poner manso como un rocín.
[7] Vals, una de las figuras del cielito.
[8] Siga, no se interrumpa, como si incitara a su interlocutor a castigar al caballo hasta el fin de la carrera.
[9] Tableta de dulce de guayaba envuelta en hoja seca de maíz.
[10] Mate amargo cuando la yerba ha perdido su virtud, y está como aguado.

Tenía hecha la intención
de ir a la fonda de un gringo
después de bañar el pingo . . .
—Pues vámonós del tirón.

—Aunque ando medio delgao,
don Pollo, no le permito
que me merme ni un chiquito
del cuento que ha comenzao.

—Pues entonces allá va.
Otra vez el lienzo alzaron
y hasta mis ojos dudaron
lo que ví . . . ¡barbaridá!

¡Qué quinta! ¡Virgen bendita!
¡Viera, amigaso, el jardín!
Allí se vía el jazmín,
el clavel, la margarita,

el toronjil, la retama,
y hasta estatuas, campañero;
al lao de ésa, era un chiquero
la quinta de don Lezama.[11]

Entre tanta maravilla
que allí había y, medio a un lao,
habían edificao
una preciosa casilla.

Allí la rubia vivía
entre las flores como ella,
allí brillaba esa estrella
que el pobre Dotor seguía.

Y digo *pobre Dotor*,
porque pienso, don Laguna,
que no hay desgracia ninguna
como un desdichado amor.

—Puede ser; pero, amigaso,
yo en las cuartas no me enriedo,[12]
y, en un lance en que no puedo,
hago de mi alma un cedaso.[13]

Por hembras yo no me pierdo.   5
La que me empaca[14] su amor
pasa por el cernidor
y . . . si te ví, no me acuerdo.

Lo demás es calentarse
el mate, al divino ñudo . . .[15]   10
—¡Feliz quien tenga ese escudo
con que poder rejuardarse![16]

Pero usté habla, don Laguna,
como un hombre que ha vivido
sin haber nunca querido   15
con alma y vida a ninguna.

Cuando un verdadero amor
se estrella en un alma ingrata,
más vale el fierro que mata,
que el fuego devorador.   20

Siempre ese amor lo persigue
a donde quiera que va:
es una fatalidá
que a todas partes lo sigue.

Si usté en su rancho se queda,   25
o si sale para un viaje,
es de balde: no hay paraje
ande olvidarla usté pueda.

Cuando duerme todo el mundo,
usté sobre su recao   30
se da güelta, desvelao,
pensando en su amor profundo.

---

[11] Finca del millonario don José Gregorio Lezama, que la convirtió en un hermoso parque. A la muerte de su dueño pasó a poder de la Municipalidad y fue utilizada como paseo público.

[12] Confundirse, trabarse en dificultades. La expresión criolla proviene del hecho de que los bueyes nuevos, al marchar la carreta o en las paradas, se enredan en las sogas o cuartas con que van atados.

[13] (Y así las cosas no dejan huella en ella, como si fuera un cernidor).

[14] Se obstina en no corresponder.

[15] Al divino ñudo: inútilmente, en vano.

[16] Resguardarse.

Y si el viento hace sonar
su pobre techo de paja,
cree usté que es ella que baja
sus lágrimas a secar.

5   Y si en alguna lomada
tiene que dormir al raso,
pensando en ella, amigaso,
lo hallará la madrugada.

Allí acostao sobre abrojos
10   o entre cardos, don Laguna,
verá su cara en la luna,
y en las estrellas, sus ojos.

¿Qué habrá que no le recuerde
al bien de su alma querido,
15   si hasta cree ver su vestido
en la nube que se pierde?

Ansina sufre en la ausiencia
quien sin ser querido quiere:
aura verá cómo muere
20   de su prenda en la presencia.

Si en frente de esa deidad
en alguna parte se halla,
es otra nueva batalla
que el pobre corazón da.

25   Si con la luz de sus ojos
le alumbra la triste frente,
usté, don Laguna, siente
el corazón entre abrojos.

Su sangre comienza a alzarse
30   a la cabeza, en tropel,
y cree que quiere esa cruel
en su amargura gozarse.

Y si la ingrata le niega
esa ligera mirada,
35   queda su alma abandonada
entre el dolor que la aniega.

Y usté, firme en su pasión . . .
y van los tiempos pasando,
un hondo surco dejando
en su infeliz corazón.

—Güeno, amigo, así será,
pero me ha sentao el cuento . . .
—¡Qué quiere! Es un sentimiento . . .
tiene razón, allá va.

Pues, señor, con gran misterio,
traindo[17] en la mano una cinta,
se apareció entre la quinta
el sonso de don Silverio.

Sin duda alguna saltó
las dos zanjas de la güerta,[18]
pues esa noche su puerta
la mesma rubia cerró.

Rastriándolo[19] se vinieron
el Demonio y el Dotor
y tras del árbol mayor
a aguaitarlo[20] se escondieron.

Con las flores de la güerta
y la cinta, un ramo armó
don Silverio, y lo dejó
sobre el umbral de la puerta.

—¡Que no cairle una centella![21]
—¿A quién? ¿Al sonso?
          —¡Pues digo! . . .
¡Venir a osequiarla, amigo,
con las mesmas flores de ella!

—Ni bien acomodó el guacho[22]
ya rumbió . . .[23]
          —¡Miren qué hazaña!
Eso es ser más que lagaña[24]
y hasta da rabia, caracho![25]

---

[17] Trayendo.
[18] Huerta.
[19] Siguiéndole las huellas.
[20] Acecharlo.
[21] ¡Que no lo partiera un rayo!

[22] En la primera acepción de la palabra, animal tierno, joven.
[23] Se marchó.
[24] Miserable, ruín.
[25] Eufemismo de otra expresión vulgar castellana.

—El Diablo entonces salió
con el Dotor y le dijo:
«Esta vez priende de fijo
la vacuna, créaló.»

Y, el capote haciendo a un lao,
desenvainó allí un baulito
y jué y lo puso juntito
al ramo del abombao.[26]

—¡No me hable de ese mulita![27]
¡Qué apunte para una banca![28]
¿A que era mágica blanca
lo que trujo en la cajita?

—Era algo más eficaz
para las hembras, cuñao;
verá si las ha calao
de lo lindo Satanás.

Tras del árbol se escondieron
ni bien cargaron la mina,
y, más que nunca divina,
venir a la rubia vieron.

La pobre, sin alvertir,
en un banco se sentó,
y un par de medias sacó
y las comenzó a surcir.

Cinco minutos por junto,
en las medias trabajó,
por lo que carculo yo
que tendrían sólo un punto.

Dentró a espulgar un rosal
por la hormiga consumido,
y entonces jué cuando vido
caja y ramo en el umbral.

Al ramo no le hizo caso,
y enderezó a la cajita,
y sacó . . . ¡Virgen bendita!
¡Viera qué cosa, amigaso!

¡Qué anillo, qué prendedor!   5
¡Qué rosetas soberanas!
¡Qué collar! ¡Qué carabanas![29]
—¡Vea el Diablo tentador!

—¿No le dije, don Laguna?
La rubia allí se colgó   10
las prendas, y apareció
más platiada que la luna.

En la caja, Lucifer
había puesto un espejo . . .
—¿Sabe que el Diablo, canejo,   15
la conoce a la mujer?

—Cuando la rubia gastaba
tanto mirarse en la luna,
se aparecio, don Laguna,
la vieja que la cuidaba.   20

¡Viera la cara, cuñao,
de la vieja al ver brillar
como reliquias de altar
las prendas del condenao!

«¿Diáonde[30] este lujo sacás?»   25
la vieja, fula, decía,
cuando gritó: «¡Avemaría!»
en la puerta, Satanás.

«¡Sin pecao! ¡Dentre, señor!»
«¿No hay perros?»—«¡Ya los ataron!»   30
Y ya también se colaron
el Demonio y el Dotor.

---

[26] Aturdido, atolondrado.
[27] Apocado, inexperto, flojo. Procede de la condición
de timidez de la mulita (armadillo).
[28] ¡Qué puesta para una jugada! Apuntar: apostar
dinero a una carta o número. Aquí, en el sentido
de ¡vaya un punto!

[29] Zarcillos, pendientes.
[30] ¿De dónde . . . ?

El Diablo allí comenzó
a enamorar a la vieja
y el Dotorcito a la oreja
de la rubia se pegó.

5 —¡Vea el Diablo haciendo gancho![31]
—El caso jué que logró
reducirla y la llevó
a que le amostrase un chancho.[32]

—¿Por supuesto, el Dotorcito
10 se quedó allí mano a mano?
—Dejuro,[33] y ya verá, hermano,
la liendre[34] que era el mocito.

Corcobió[35] la rubiecita
pero al fin se sosegó
15 cuando el Dotor le contó
que él era el de la cajita.

Asigún lo que presumo,
la rubia aflojaba laso,[36]
porque el Dotor, amigaso,
20 se le quería ir al humo.[37]

La rubia lo malició
y por entre las macetas
le hizo unas cuantas gambetas[38]
y la casilla ganó.

25 El Diablo tras de un rosal,
sin la vieja apareció . . .
—¡A la cuenta la largó
jediendo entre algún maizal!

—La rubia, en vez de acostarse,
30 se lo pasó en la ventana
y allí aguardó la mañana
sin pensar en desnudarse.

Ya la luna se escondía
y el lucero se apagaba,
35 y ya también comenzaba
a venir clariando el día.

¿No ha visto usté de un yesquero
loca una chispa salir
como dos varas seguir
y de ahí perderse, aparcero?

Pues de ese modo, cuñao,
caminaban las estrellas
a morir, sin quedar de ellas
ni un triste rastro borrao.

De los campos el aliento
como sahumerio venía,
y alegre ya se ponía
el ganao en movimiento.

En los verdes arbolitos,
gotas de cristal brillaban,
y al suelo se descolgaban
cantando los pajaritos.

Y era, amigaso, un contento
ver los junquillos doblarse
y los claveles cimbrarse
al soplo del manso viento.

Y al tiempo de reventar
el botón de alguna rosa,
venir una mariposa
y comenzarlo a chupar.

Y si se pudiera al cielo
con un pingo comparar,
también podría afirmar
que estaba mudando pelo.[39]

—¡No sea bárbaro, canejo!
¡Qué comparancia tan fiera!
—No hay tal: pues de saino que era
se iba poniendo azulejo.

¿Cuando ha dao un madrugón
no ha visto usté, embelesao,
ponerse blanco-azulao
el más negro ñubarrón?

---

[31] Ayudando, haciendo de tercero.
[32] Cerdo.
[33] Cierto, en verdad.
[34] Astuto, experto, valiente.
[35] Corcovear, dar saltos un animal.
[36] Dar soga, aflojar la cuerda para tirar luego de ella, según hacen los enlazadores de a caballo.

[37] Quería ir hacia ella, acercársele.
[38] Esguince, movimiento de las piernas, de un lado a otra, para esquivar el cuerpo.
[39] Cambiar de color, echar pelo nuevo, como los caballos.

—Dice bien, pero su caso
se ha hecho medio empacador[40]
—Aura viene lo mejor,
pare la oreja, amigaso.

El Diablo dentró a retar
al Dotor y, entre el responso,
le dijo: «¿Sabe que es sonso?
¿Pa qué la dejó escapar?»

«Áhi la tiene en la ventana:
por suerte no tiene reja
y antes que venga la vieja
aproveche la mañana.»

Don Fausto ya atropelló
diciendo: «¡Basta de ardiles!»[41]
La cazó de los cuadriles[42]
y ella . . . ¡también lo abrazó!

—¡Óiganlé a la dura!
    —En esto
bajaron el cortinao.
Alcance el frasco, cuñao.
—A gatas le queda un resto.

V

—Al rato el lienzo subió
y, deshecha y lagrimiando,
contra una máquina hilando
la rubia se apareció.

La pobre dentró a quejarse
tan amargamente allí,
que yo a mis ojos sentí
dos lágrimas asomarse.

—¡Qué vergüenza!
    —Puede ser:
pero, amigaso, confiese
que a usted también lo enternece
el llanto de una mujer.

Cuando a usté un hombre lo ofiende,
ya, sin mirar para atrás,
pela el flamenco y ¡sas! ¡tras!
dos puñaladas le priende.

Y cuando la autoridá   5
la partida le ha soltao,[43]
usté en su overo rosao
bebiendo los vientos va.

Naides de usté se despega
porque se haiga desgraciao,[44]   10
y es muy bien agasajao
en cualquier rancho a que llega.

Si es hombre trabajador,
ande quiera gana el pan:
para eso con usté van   15
bolas, lazo y maniador.

Pasa el tiempo, vuelve al pago
y cuanto más larga ha sido
su ausiencia, usté es recebido
con más gusto y más halago.   20

Engaña usté a una infeliz
y, para mayor vergüenza,
va y le cerdea[45] la trenza
antes de hacerse perdiz.[46]   25

La ata, si le da la gana,
en la cola de su overo,
y le amuestra al mundo entero
la trenza de ña Julana.[47]   30

Si ella tuviese un hermano,
y en su rancho miserable
hubiera colgao un sable
juera otra cosa, paisano.   35

Pero sola y despreciada
en el mundo, ¿qué ha de hacer?
¿A quién la cara volver?
¿Ande llevar la pisada?   40

---

[40] El caso, o sea, el relato no anda, no marcha; es como un caballo que se empaca (empacador), y no quiere marchar.
[41] Ardides.
[42] Ancas, caderas. Aquí, en el sentido de abrazar.
[43] Lo está persiguiendo. Partida, en el sentido de pelotón armado.

[44] Porque se haya desgraciado, por haber matado a alguién.
[45] Cerdear, quitar las cerdas a un caballo. Aquí, cortarle la trenza a una mujer.
[46] Perderse, desaparecer.
[47] Doña Fulana.

Soltar al aire su queja
será su solo consuelo,
y empapar con llanto el pelo
del hijo que usté le deja.

5   Pues ese dolor projundo
a la rubia la secaba
y por eso se quejaba
delante de todo el mundo.

    Aura, confiese, cuñao,
10   que el corazón más calludo
y el gaucho más entrañudo
allí habría lagrimiao.

    —¿Sabe que me ha sacudido
de lo lindo el corazón?
15   Vea, si no, el lagrimón
que al oírlo se me ha salido!

    —¡Óiganlé!
             —Me ha redotao.[48]
—¡No guarde rencor, amigo!
20   —Si es en broma que le digo . . .
Siga su cuento, cuñao.

    —La rubia se arrebozó
con un pañuelo cenisa,[49]
diciendo que se iba a misa
25   y puerta ajuera salió.

    Y crea usté lo que guste
porque es cosa de dudar . . .
¡Quién había de esperar
tan grande desbarajuste!

30   Todo el mundo estaba ajeno
de lo que allí iba a pasar,
cuando el Diablo hizo sonar
como un pito de sereno.

    Una iglesia apareció
35   en menos que canta un gallo.
—¡Vea si dentra a caballo!
—¡Me larga, créameló!

    Creo que estaban alzando
en una misa cantada,
cuando aquella desgraciada
llegó a la puerta llorando.

    Allí la pobre cayó
de rodillas sobre el suelo,
alzó los ojos al cielo
y cuatro credos rezó.

    Nunca he sentido más pena
que al mirar a esa mujer;
amigo, aquello era ver
a la mesma Magdalena.

    De aquella rubia rosada
ni rastro había quedao:
era un clavel marchitao,
una rosa deshojada.

    Su frente que antes brilló
tranquila como la luna,
era un cristal, don Laguna,
que la desgracia enturbió.

    Ya de sus ojos hundidos
las lágrimas se secaban
y entretemblando rezaban
sus labios descoloridos.

    Pero el Diablo la uña afila,
cuando está desocupao,
y allí estaba el condenao
a una vara de la pila.

    La rubia quiso dentrar
pero el Diablo la atajó
y tales cosas le habló
que la obligó a disparar.

    Cuasi le da el acidente
cuando a su casa llegaba;
la suerte que le quedaba
en la vedera[50] de enfrente.

---

[48] Derrotado.
[49] Color ceniza.

[50] Vereda, acera.

Al rato el Diablo dentró
con don Fausto muy del brazo
y una guitarra, amigaso,
ahí mesmo desenvainó.

—¿Qué me dice, amigo Pollo?
—Como lo oye, compañero;
el Diablo es tan guitarrero
como el paisano más criollo.

El sol ya se iba poniendo,
la claridá se ahuyentaba
y la noche se acercaba
su negro poncho tendiendo.

Ya las estrellas brillantes
una por una salían,
y los montes parecían
batallones de gigantes.

Ya las ovejas balaban
en el corral prisioneras,
y ya las aves caseras
sobre el alero ganaban.

El toque de la oración
triste los aires rompía
y entre sombras se movía
el crespo sauce llorón.

Ya sobre el agua estancada
de silenciosa laguna,
al asomarse, la luna
se miraba retratada.

Y haciendo un estraño ruido
en las hojas trompezaban
los pájaros que volaban
a guarecerse en su nido.

Ya del sereno brillando
la hoja de la higuera estaba,
y la lechuza pasaba
de trecho en trecho chillando.

La pobre rubia, sin duda,
en llanto se deshacía,
y, rezando, a Dios pedía
que le emprestase su ayuda.

Yo presumo que el Dotor,   5
hostigao por Satanás,
quería otras hojas más
de la desdichada flor.

A la ventana se arrima
y le dice al condenao: 10
«Déle no más, sin cuidao,
aunque reviente la prima.»[51]

El Diablo a gatas tocó
las clavijas y, al momento,
como un arpa, el istrumento   15
de tan bien templao sonó.

—Tal vez lo traiba templao
por echarla de baquiano . . .[52]
—Todo puede ser, hermano,
pero ¡oyese al condenao!   20

Al principio se florió[53]
con un lindo bordoneo[54]
y en ancas de aquel floreo
una décima cantó.

No bien llegaba al final   25
de su canto, el condenao,
cuando el Capitán, armao,
se apareció en el umbral.

—Pues yo en campaña lo hacía . . .
—Daba la casualidá   30
que llegaba a la ciudá
en comisión, ese día.

—Por supuesto, hubo fandango . . .[55]
—La lata ahí no más peló
y al infierno le aventó   35
de un cintaraso el changango.[56]

---

[51] La prima, una de las cuerdas de la guitarra.
[52] Para dárselas de experto.
[53] Floreó, se lució haciendo floreos con la guitarra.
[54] Preludio en los bordones de la guitarra. Bordón, cuerda gruesa que hace de bajo.

[55] Fiesta con baile. Aquí, en el sentido de reyerta, trifulca.
[56] Guitarra ordinaria.

—¡Lindo el mozo!
　　　　　—¡Pobrecito!
—¿Lo mataron?
　　　　　—Ya verá:
Peló un corbo⁵⁷ el Dotorcito
y el Diablo . . . ¡barbaridá!

desenvainó una espadita
como un viento; lo embasó⁵⁸
y allí no más ya cayó
el pobre . . .
　　　　　—¡Ánima bendita!

—A la trifulca y al ruido
en montón la gente vino . . .
—¿Y el Dotor y el asesino?
—Se habían escabullido.

La rubia también bajó
y viera aflición, paisano,
cuando el cuerpo de su hermano
bañado en sangre miró.

A gatas medio alcanzaron
a darse una despedida,
porque en el cielo, sin vida,
sus dos ojos se clavaron.

Bajaron el cortinao,
de lo que yo me alegré . . .
—Tome el frasco, priéndale.⁵⁹
—Sírvasé no más, cuñao.

VI

—¡Pobre rubia! Vea usté
cuánto ha venido a sufrir:
se le podía decir:
¡Quién te vido y quién te ve!

—Ansí es el mundo, amigaso;
nada dura, don Laguna,
hoy nos ríe la fortuna,
mañana nos da un guascaso.⁶⁰

Las hembras en mi opinión
train un destino más fiero
y si quiere compañero,
le haré una comparación.

Nace una flor en el suelo,
una delicia es cada hoja,
y hasta el rocío la moja
como un bautismo del cielo.

Allí está ufana la flor,
linda, fresca y olorosa;
a ella va la mariposa,
a ella vuela el picaflor.

Hasta el viento pasajero
se prenda al verla tan bella,
y no pasa por sobre ella
sin darle un beso primero.

¡Lástima causa esa flor
al verla tan consentida!
Cree que es tan larga su vida
como fragante su olor.

Nunca vió el rayo que raja
a la renegrida nube,
ni ve el gusano que sube,
ni el fuego del sol que baja.

Ningún temor en el seno
de la pobrecita cabe,
pues que se hamaca, no sabe,
entre el fuego y el veneno.

Sus tiernas hojas despliega
sin la menor desconfianza,
y el gusano ya la alcanza . . .
y el sol de las doce llega . . .

Se va el sol abrasador
pasa a otra planta el gusano,
y la tarde . . . encuentra, hermano,
el cadáver de la flor.

---

⁵⁷ Sacó una espada curva.
⁵⁸ Envasó, lo atravesó con la espada.
⁵⁹ Dése un trago.
⁶⁰ Golpe dado con una lonja de cuero (guasca).

Piense en la rubia, cuñao,
cuando entre flores vivía,
y diga si presumía
destino tan desgraciao.

Usté, que es alcanzador,
afíjesé en su memoria
y diga: ¿Es igual la historia
de la rubia y de la flor?

—Se me hace tan parecida
que ya más no puede ser.
—Y hay más: le falta que ver
a la rubia en la crujida.[61]

—¿Qué me cuenta? ¡Desdichada!
—Por última vez se alzó
el lienzo y apareció
en la cárcel encerrada.

—¿Sabe que yo no colijo
el por qué de la prisión?
—Tanto penar, la razón
se le jué y lo mató al hijo.

Ya la habían sentenciao
a muerte, a la pobrecita,
y en una negra camita
dormía un sueño alterao.

Ya redoblaba el tambor
y el cuadro ajuera formaban,
cuando al calabozo entraban
el Demonio y el Dotor.

—¡Véaló al Diablo si larga
sus presas así no más!
¿A que anduvo Satanás
hasta oir sonar la descarga?

—Esta vez se le chingó
el cuete,[62] y ya lo verá . . .
—Priéndalé al cuento, que ya
no lo vuelvo a atajar yo.

—Al dentrar hicieron ruido,
creo que con los cerrojos;
abrió la rubia los ojos
y allí contra ellos los vido.

La infeliz, ya trastornada   5
a causa de tanta herida,
se encontraba en la crujida
sin darse cuenta de nada.

Al ver venir al Dotor
ya comenzó a disvariar   10
y hasta le quiso cantar
unas décimas de amor.

La pobrecita soñaba
con sus antiguos amores
y créia mirar sus flores   15
en los fierros que miraba.

Ella créia que, como antes,
al dir a regar su güerta,
se encontraría en la puerta
una caja de diamantes.   20

Sin ver que en su situación
la caja[63] que la esperaba,
era la que redoblaba
antes de la ejecución.

Redepente se afijó[64]   25
en la cara de Luzbel:
sin duda al malo vió en él,
pues allí muerta cayó.

Don Fausto al ver tal desgracia
de rodillas cayó al suelo   30
y dentró a pedir al cielo
la recibiese en su gracia.

Allí el hombre arrepentido
de tanto mal que había hecho,
se daba golpes de pecho   35
y lagrimiaba afligido.

---

[61] Calabozo.
[62] Le explotó el cohete, se le malogró el intento.

[63] El redoblante.
[64] De repente.

En dos pedazos se abrió
la paré de la crujida,
y no es cosa de esta vida
lo que allí se apareció.

Y no crea que es historia:
yo ví entre una nubecita,
la alma de la rubiecita
que se subía a la gloria.

San Miguel, en la ocasión,
vino entre nubes bajando
con su escudo y revoliando
un sable tirabuzón.

Pero el Diablo que miró
el sable aquel y el escudo,
lo mesmito que un peludo[65]
bajo la tierra ganó.

Cayó el lienzo finalmente,
y ahí tiene el cuento contao . . .

Prieste el pañuelo, cuñao:
me está sudando la frente.

—Lo que almiro es su firmesa
al ver esas brujerías.
—He andao cuatro o cinco días
atacao de la cabeza.

Ya es güeno dir ensillando . . .
—Tome ese último traguito
y eche el frasco a ese pocito
para que quede boyando.

Cuando los dos acabaron
de ensillar sus parejeros,
como güenos compañeros,
juntos al trote agarraron;
en una fonda se apiaron
y pidieron de cenar;
cuando ya iban a acabar,
don Laguna sacó un rollo
diciendo:—«El gasto del Pollo
de aquí se lo han de cobrar.»

***

Artísticamente, Del Campo fue superior a su modelo Ascasubi. Sin embargo, sería superado después por otro poeta gauchesco: Hernández. Con motivo de la publicación de *Fausto* (1866) se renovó en Buenos Aires la cuestión de si existía una «literatura nacional.» Se hace un balance y, en 1870, hay quienes dicen que no la hay. ¿Acaso *Fausto* era «literatura nacional»? ¿Basta la descripción externa de lengua, ropas, costumbres, folklore para considerar «nacional» una obra literaria? JOSÉ HERNÁNDEZ (Argentina; 1834–1886) vivía en medio de esas discusiones. Era un hombre de pluma, simpatizaba con la causa de los gauchos y desconfiaba del espíritu europeísta de los hombres importantes de la política de entonces. Debió de hartarse de oír lo mismo: que la literatura gauchesca no tenía calidad literaria, que sólo era divertida como en *Fausto* . . . Y probablemente se sintió resentido porque sus propias preferencias no contaban en la tabla de valores de su época. Lo cierto es que decidió incorporarse a la serie gaucha y

---

[65] Armadillo. (Estas notas están tomadas, en parte, de «Poetas gauchescos,» edición de Eleuterio F. Tiscornia, Buenos Aires, 1945).

escribir también un poema: *Martín Fierro* (la «Ida», 1872; la «Vuelta», 1879). Su propósito era serio. En el fondo de sus versos hay una polémica sorda contra un grupo europeísta, indiferente a lo gaucho; o de europeístas que creían que *Fausto* era la medida de lo que el género gauchesco podía dar. Hernández rompe a cantar con mucha conciencia de su misión seria y, sobre todo, con mucha conciencia de que hay quienes no creen en él (o en la literatura criolla de que él era capaz). Reprocha a los poetas gauchescos el haber dejado una tarea a medio hacer. Hernández sabe que él trae algo nuevo, más completo. Y para decirlo remeda, con más talento que todos, la voz auténtica del gaucho. *Martín Fierro* tiene, pues, un doble público: se dirige a los lectores cultos y a los gauchos. Con las mismas palabras ofrece dos mensajes distintos. Ante los cultos, reclama justicia para el gaucho. Ante los gauchos, procura darles lecciones morales que mejoren su condición. Su *Martín Fierro* vino a convertirse en un ejemplo, notable en todas las literaturas, de poeta individual que se suma a una poesía popular, reelabora su material, lo enaltece poéticamente y hace oír, en la voz propia, la voz profunda de toda una comunidad. *Martín Fierro* no es poema épico. Es un poema popular en el que el poeta, con toda deliberación, pone su canto al servicio de una tradición oral. El impulso es individual; la fuente es popular. Hernández no refunde poemas ajenos: lo inventa todo, pero en la postura espiritual del payador. Por eso su *Martín Fierro* parece surgido del pueblo anónimo. Por eso los gauchos lo leyeron como cosa propia. Al poeta culto se le conoce en la hábil construcción del poema: culta es la intención de reforma social, que da argumento a las aventuras y valor de tipo, de símbolo, al protagonista. La manera tradicional es la improvisación. Hernández había observado bien a los payadores. Vivió con ellos y los imitó. Saturado de espíritu gaucho, Hernández simula estar improvisando: «las coplas me van brotando / como agua de manantial.» No era verdad: las enmiendas de los manuscritos y el estudio de las líneas sistemáticas de *Martín Fierro* revelan su arduo trabajo de composición. No escribe en un dialecto gauchesco ya existente, sino en una lengua española normal que él configura interiormente con perspectiva de gaucho. Lengua individual, enérgica, creadora, rica en folklore pero sin fronteras entre lo recogido y lo inventado. Los siete años entre la «Ida» y la «Vuelta» acentúan la intención reformadora del poema. Los móviles de la conducta del gaucho Fierro son diferentes. En la «Ida» Hernández levanta un retablo sociológico y sobre él hace mover la figura anárquica, orgullosa y maltratada del gaucho. El punto de partida, pues, es lógico, constructivo, de quien ha estudiado la realidad social y se propone dar un mensaje político. Alegóricamente, Fierro huye y no tiene más esperanza que la que ofrece la indiada al otro lado de la civilización. En la «Vuelta», Fierro reaparece con una visión europea y progresista del trabajo: «que la tierra no da fruto / si no la riega el sudor.» Ya «concluyó el vandalaje.» Ahora elude la pelea y da explicaciones de por qué antes mató; justificaciones legales que muestran que

Hernández, en el fondo, era un conservador respetuoso de la ley. Y es que, en 1879 (ya no gobierna Sarmiento, Avellaneda es el nuevo presidente), reconoce legítima a la «sociedad» que antes, en la «Ida», condenó. *Martín Fierro* es uno de los poemas más originales que ha dado el romanticismo hispánico. Rasgos de «escuela romántica»: la literatura como expresión de la sociedad; el color local; el nacionalismo; la simpatía por lo popular; el exótico tema de las costumbres indias; el héroe, víctima de la sociedad, exiliado y doliente; la noble amistad con Cruz; los episodios novelescos de violentos contrastes, como la muerte de Vizcacha, la pelea entre el indio y Fierro ante la mujer y la criatura degollada, y los felices y casuales reencuentros de Fierro con sus hijos y con los de Cruz.

José Hernández

MARTÍN FIERRO

PRIMERA PARTE: LA IDA

Martín Fierro[1]

I

1[2]

Aquí me pongo a cantar
al compás de la vigüela,
que el hombre que lo desvela
una pena estrordinaria,
como la ave solitaria
con el cantar se consuela.

2

Pido a los santos del Cielo
que ayuden mi pensamiento;
les pido en este momento
que voy a cantar mi historia
me refresquen la memoria
y aclaren mi entendimiento.

3.

Vengan santos milagrosos,
vengan todos en mi ayuda,
que la lengua se me añuda
y se me turba la vista;
pido a mi Dios que me asista
en una ocasión tan ruda.

---

[1] Este nombre indica que Martín Fierro empieza a cantar, lo que hace sin interrupción hasta el canto X.

[2] La numeración de las estrofas no figura en el original.

4

Yo he visto muchos cantores,
con famas bien otenidas,
y que después de adquiridas
no las quieren sustentar:
parece que sin largar
se cansaron en partidas.[3]

5

Mas ande otro criollo pasa
Martín Fierro ha de pasar;
nada lo hace recular
ni las fantasmas lo espantan;
y dende que todos cantan
yo también quiero cantar.

6

Cantando me he de morir,
cantando me han de enterrar,
y cantando he de llegar
al pie del Eterno Padre:
dende el vientre de mi madre
vine a este mundo a cantar.

7

Que no se trabe mi lengua
ni me falte la palabra:
el cantar mi gloria labra
y poniéndomé a cantar,
cantando me han de encontrar
aunque la tierra se abra.

8

Me siento en el plan de un bajo[4]
a cantar un argumento;
como si soplara el viento
hago tiritar los pastos.
Con oros, copas y bastos[5]
juega allí mi pensamiento.

9

Yo no soy cantor letrao,
mas si me pongo a cantar
no tengo cuándo acabar
y me envejezco cantando:
las coplas me van brotando
como agua de manantial.

10

Con la guitarra en la mano
ni las moscas se me arriman,
naides me pone el pie encima,[6]
y cuando el pecho se entona,
hago gemir a la prima
y llorar a la bordona.

11

Yo soy toro en mi rodeo[7]
y torazo en rodeo ajeno;
siempre me tuve por güeno[8]
y si me quieren probar,
salgan otros a cantar
y veremos quién es menos.

---

[3] Solían preceder a las carreras de dos caballos numerosas *partidas,* para cansar al caballo del competidor.
[4] Parte inferior de un terreno bajo al que sigue una loma.
[5] Alusión al juego de naipes, sin restricción de ninguna clase, con libertad absoluta.

[6] Nadie me aventaja.
[7] Formado por los animales del ganado vacuno que suelen andar juntos o reunirse para descansar.
[8] Me tuve por buen cantor.

12

No me hago al lao de la güeya[9]
aunque vengan degollando,
con los blandos yo soy blando
y soy duro con los duros,
y ninguno en un apuro
me ha visto andar tutubiando.[10]

13

En el peligro, ¡qué Cristos!
el corazón se me enancha,[11]
pues toda la tierra es cancha,[12]
y de esto naides se asombre:
el que se tiene por hombre
donde quiera hace pata ancha.[13]

14

Soy gaucho, y entiendanló
como mi lengua lo esplica:
para mí la tierra es chica
y pudiera ser mayor;
ni la víbora me pica
ni quema mi frente el sol.

15

Nací como nace el peje
en el fondo de la mar;
naides me puede quitar
aquello que Dios me dió:
lo que al mundo truje yo
del mundo lo he de llevar.

16

Mi gloria es vivir tan libre
como el pájaro del cielo;
no hago nido en este suelo
ande hay tanto que sufrir,
y naides me ha de seguir
cuando yo remuento el vuelo.

17

Yo no tengo en el amor
quien me venga con querellas;
como esas aves tan bellas
que saltan de rama en rama,
yo hago en el trébol mi cama,
y me cubren las estrellas.

18

Y sepan cuantos escuchan
de mis penas el relato,
que nunca peleo ni mato
sino por necesidá,
y que a tanta alversidá
sólo me arrojó el mal trato.

19

Y atiendan la relación
que hace un gaucho perseguido,
que padre y marido ha sido
empeñoso y diligente,
y sin embargo la gente
lo tiene por un bandido.

II

20

Ninguno me hable de penas,
porque yo penando vivo,
y naides se muestre altivo
aunque en el estribo esté:[14]
que suele quedarse a pie[15]
el gaucho más alvertido.

---

[9] Huella, camino.
[10] Titubeando.
[11] Ensancha.
[12] Camino largo y bien aplanado, para las carreras de caballos en el campo.
[13] Afirmarse para hacer frente al enemigo. Arrostrar un peligro.
[14] Hallarse en posición buena o superior a la de los demás.
[15] Variante de un *Cielito Federal* de 1827, procedente a su vez de una antigua copla española.

21

Junta esperencia en la vida
hasta pa dar y prestar
quien la tiene que pasar
entre sufrimiento y llanto,
porque nada enseña tanto
como el sufrir y el llorar.

22

Viene el hombre ciego al mundo,
cuartiándolo[16] la esperanza,
y a poco andar ya lo alcanzan
las desgracias a empujones,
¡la pucha, que trae liciones
el tiempo con sus mudanzas!

23

Yo he conocido esta tierra
en que el paisano vivía
y su ranchito tenía
y sus hijos y mujer . . .
era una delicia el ver
cómo pasaba sus días.

24

Entonces . . . cuando el lucero
brillaba en el cielo santo,
y los gallos con su canto
nos decían que el día llegaba,
a la cocina rumbiaba[17]
el gaucho . . . que era un encanto.

25

Y sentao junto al jogón
a esperar que venga el día,
al cimarrón[18] le prendía[19]
hasta ponerse rechoncho,
mientras su china[20] dormía
tapadita con su poncho.

26

Y apenas la madrugada
empezaba a coloriar,
los pájaros a cantar,
y las gallinas a apiarse,[21]
era cosa de largarse
cada cual a trabajar.

27

Éste se ata las espuelas,
se sale el otro cantando,
uno busca un pellón[22] blando,
éste un lazo, otro un rebenque,
y los pingos relinchando
los llaman dende el palenque.

28

El que era pion domador
enderezaba al corral,
ande estaba el animal
bufidos[23] que se las pela . . .[24]
y más malo que su agüela,
se hacía astillas[25] el bagual.[26]

---

[16] Ayudándolo; facilitándole el paso.
[17] De rumbo; se encaminaba, se dirigía.
[18] Mate amargo.
[19] Tomaba, bebía.
[20] Mujer, compañera.
[21] A apearse, bajar de los árboles en cuyas ramas suelen pasar la noche.

[22] Cuero de lana dispuesto sobre la silla de montar para hacerla más blanda.
[23] Se sobreentiende *dando*.
[24] Con todas sus ganas, con toda su alma.
[25] Se despedazaba.
[26] Yeguarizo arisco o no domado aún.

29

Y allí el gaucho inteligente,
en cuanto el potro enriendó,
los cueros[27] le acomodó
y se le sentó en seguida,
que el hombre muestra en la vida
la astucia que Dios le dió.

30

Y en las playas[28] corcoviando
pedazos se hacía el sotreta[29]
mientras él por las paletas
le jugaba las lloronas,[30]
y al ruido de las caronas[31]
salía haciendo gambetas.

31

¡Ah, tiempos! . . . ¡Si era un orgullo
ver jinetear un paisano!
Cuando era gaucho baquiano,
aunque el potro se boliase,[32]
no había uno que no parase[33]
con el cabresto en la mano.

32

Y mientras domaban unos,
otros al campo salían,
y la hacienda recogían,
las manadas repuntaban,[34]
y ansí sin sentir pasaban
entretenidos el día.

33

Y verlos al cair la tarde
en la cocina riunidos,
con el juego bien prendido
y mil cosas que contar,
platicar muy divertidos
hasta después de cenar.

34

Y con el buche bien lleno
era cosa superior
irse en brazos del amor
a dormir como la gente,[35]
pa empezar al día siguiente
las fainas[36] del día anterior.

35

Ricuerdo ¡qué maravilla!
cómo andaba la gauchada
siempre alegre y bien montada
y dispuesta pa el trabajo . . .
pero hoy en el día . . . ¡barajo!
no se la ve de aporriada.

36

El gaucho más infeliz
tenía tropilla de un pelo;[37]
no le faltaba un consuelo[38]
y andaba la gente lista . . .
Tendiendo al campo la vista,
sólo vía hacienda y cielo.

---

[27] El apero.
[28] Terreno llano y exento de árboles o matorrales.
[29] Caballo inservible por gastado o por viejo. Suele usarse en el sentido opuesto, es decir, como en este caso, para realzar su valor.
[30] Le hincaba repetidamente las espuelas.
[31] Cuero o suela que se usa en la silla de montar.
[32] Se bolease, se arrojase de lomo al suelo, después de alzarse sobre los miembros posteriores, con lo que a veces aplasta al jinete.

[33] Que no quedase en pie.
[34] Reunían, juntaban.
[35] Como la gente: cómodamente.
[36] Faenas, tareas.
[37] De un solo color, lo cual constituía un verdadero lujo.
[38] Un amor, un vicio, etc.

37

Cuando llegaban las yerras,[39]
¡cosa que daba calor!
tanto gaucho pialador[40]
y tironiador sin yel.[41]
¡Ah, tiempos . . . pero si en él
se ha visto tanto primor!

38

Aquello no era trabajo,
más bien era una junción,
y después de un güen tirón
en que uno se daba maña,
pa darle un trago de caña
solía llamarlo el patrón.

39

Pues siempre la mamajuana[42]
vivía bajo la carreta.
y aquel que no era chancleta,[43]
en cuanto el goyete vía,
sin miedo se le prendía
como güérfano a la teta.

40

¡Y qué jugadas se armaban
cuando estábamos riunidos!
Siempre íbamos prevenidos,
pues en tales ocasiones
a ayudarles a los piones
caiban muchos comedidos.

41

Eran los días del apuro
y alboroto pa el hembraje,
pa preparar los potajes
y osequiar bien a la gente,
y ansí, pues, muy grandemente,
pasaba siempre el gauchaje.

42

Venía la carne con cuero,
la sabrosa carbonada,
mazamorra bien pisada,
los pasteles y el güen vino . . .
pero ha querido el destino
que todo aquello acabara.

43

Estaba el gaucho en su pago
con toda siguridá,
pero aura . . . ¡barbaridá!,
la cosa anda tan fruncida,[44]
que gasta el pobre la vida
en juir de la autoridá.

44

Pues si usté pisa en su rancho
y si el alcalde lo sabe,
lo caza lo mesmo que ave
aunque su mujer aborte . . .
¡No hay tiempo que no se acabe
ni tiento que no se corte!

45

Y al punto dése por muerto
si el alcalde lo bolea,
pues ahí no más se le apea[45]
con una felpa de palos;
y después dicen que es malo
el gaucho si los pelea.

46

Y el lomo le hinchan a golpes,
y le rompen la cabeza,
y luego con ligereza,
ansí lastimao y todo,
lo amarran codo con codo
y pa el cepo[46] lo enderiezan.[47]

---

[39] Hierra, el acto de marcar el ganado con hierros calentados al rojo. ·
[40] Individuo hábil en enlazer por las patas delanteras al animal en carrera.
[41] Incansable.
[42] Damajuana, botellón generalmente forrado de mimbre.

[43] Aplicábase siempre a la mujer; pero también decíase del hombre que no bebía.
[44] Tan mal, tan apretada.
[45] Le descarga.
[46] Instrumento de tortura que mantenía sujeto al individuo por las piernas y el cuello.
[47] Lo enderezan, lo mandan, lo llevan.

47

Ahí comienzan sus desgracias,
ahí principia el pericón,[48]
porque ya no hay salvación,
y que usté quiera o no quiera,
lo mandan a la frontera[49]
o lo echan a un batallón.

48

Ansí empezaron mis males
lo mesmo que los de tantos;
si gustan . . . en otros cantos
les diré lo que he sufrido:
Después que uno está perdido
no lo salvan ni los santos.

III

49

Tuve en mi pago en un tiempo
hijos, hacienda y mujer,
pero empecé a padecer,
me echaron a la frontera,
¡y qué iba a hallar al volver!
tan sólo hallé la tapera.[50]

50

Sosegao vivía en mi rancho
como el pájaro en su nido;
allí mis hijos queridos
iban creciendo a mi lao . . .
Sólo queda al desgraciao
lamentar el bien perdido.

51

Mi gala en las pulperías
era, en habiendo más gente,
ponerme medio caliente,[51]
pues cuando puntiao[52] me encuentro
me salen coplas de adentro
como agua de la virtiente.

52

Cantando estaba una vez
en una gran diversión,
y aprovechó la ocasión
como quiso el juez de paz . . .[53]
Se presentó, y ahí no más
hizo una arriada en montón. [. . .]

En el resto de este canto (estrofas 53 a 103);
todo el canto IV (estrofas 104 a 133), el V (estrofas
134 a 155) y comienzos del VI (estrofas 156 a 164),
Martín Fierro cuenta sus desventuras y trabajos en el
ejército, hasta que decide desertar.

165

Una noche que riunidos
estaban en la carpeta
empinando una limeta[54]
el jefe y el juez de paz,
yo no quise aguardar más,
y me hice humo en un sotreta.

166

Para mí el campo son flores
dende que libre me veo;
donde me lleva el deseo
allí mis pasos dirijo,
y hasta en las sombras, de fijo
que adonde quiera rumbeo.

---

[48] Baile tradicional argentino y uruguayo. En este caso, sinónimo de *baile* en el sentido de líos, calamidades o desgracias.
[49] Llamábase así a la línea avanzada de fortines que defendían del indio las tierras ocupadas por los cristianos.
[50] Habitación, casa o rancho en ruinas y abandonado.
[51] Y 52. medio caliente; puntiao: alegre, algo bebido.
[53] Se los llevó a todos detenidos.
[54] Bebiendo de un frasco.

167

Entro y salgo del peligro
sin que me espante el estrago,
no aflojo al primer amago
ni jamás fuí gaucho lerdo:
soy pa rumbiar como el cerdo,[55]
y pronto cái a mi pago.

168

Volvía al cabo de tres años
de tanto sufrir al ñudo,[56]
resertor, pobre y desnudo,
a procurar suerte nueva;
y lo mesmo que el peludo[57]
enderecé pa mi cueva.

169

No hallé ni rastro del rancho:
¡sólo estaba la tapera!
¡Por Cristo, si aquello era
pa enlutar el corazón:
yo juré en esa ocasión
ser más malo que una fiera!

170

¡Quién no sentirá lo mesmo
cuando así padece tanto!
Puedo asigurar que el llanto
como una mujer largué:
¡Ay, mi Dios: si me quedé
más triste que Jueves Santo!

171

Sólo se oiban los maullidos
de un gato que se salvó;
el pobre se guareció
cerca, en una vizcachera:
venía como si supiera
que estaba de güelta yo.

172

Al dirme dejé la hacienda
que era todito mi haber;
pronto debíamos volver,
sigún el Juez prometía,
y hasta entonces cuidaría
de los bienes, la mujer.
. . . .[58]

173

Despés me contó'un vecino
que el campo se lo pidieron;
la hacienda se la vendieron
pa pagar arrendamientos,
y qué sé yo cuántos cuentos;
pero todo lo fundieron.

174

Los pobrecitos muchachos,
entre tantas afliciones,
se conchabaron de piones;
¡mas qué iban a trabajar,
si eran como los pichones
sin acabar de emplumar!

175

Por ahí andarán sufriendo
de nuestra suerte el rigor:
me han contao que el mayor
nunca dejaba a su hermano;
puede ser que algún cristiano
los recoja por favor.

176

¡Y la pobre mi mujer
Dios sabe cuánto sufrió!
Me dicen que se voló
con no sé qué gavilán,
sin duda a buscar el pan
que no podía darle yo.

---

[55] Procede del refranero español: «Al yerno y al cochino, una vez el camino.»
[56] inútilmente, en vano
[57] Armadillo suramericano de pequeño tamaño.

[58] Esta línea de puntos, conservada aquí por aparecer en el texto original tan sólo indica una transición en el relato.

177

No es raro que a uno le falte
lo que a algún otro le sobre
si no le quedó ni un cobre[59]
sino de hijos un enjambre.
¿Qué más iba a hacer la pobre
para no morirse de hambre?

178

Tal vez no te vuelva a ver,
prenda de mi corazón
Dios te dé su proteción
ya que no me la dió a mí,
y a mis hijos dende aquí
les echo mi bendición.

179

Como hijitos de la cuna[60]
andarán por ahí sin madre;
ya se quedaron sin padre,
y ansí la suerte los deja
sin naides que los proteja
y sin perro que les ladre.[61]

180

Los pobrecitos tal vez
no tengan ande abrigarse,
ni ramada[62] ande ganarse,[63]
ni rincón ande meterse,
ni camisa que ponerse,
ni poncho con que taparse.

181

Tal vez los verán sufrir
sin tenerles compasión;
puede que alguna ocasión,
aunque los vean tiritando,
los echen de algún jogón
pa que no estén estorbando.

182

Y al verse ansina espantaos[64]
como se espanta a los perros,
irán los hijos de Fierro,
con la cola entre las piernas,
a buscar almas más tiernas
o esconderse en algún cerro.

183

Mas también en este juego
voy a pedir mi bolada,[65]
a naides le debo nada,
ni pido cuartel ni doy
y ninguno dende hoy
ha de llevarme en la armada.[66]

184

Yo he sido manso, primero,
y seré gaucho matrero
en mi triste circustancia,
aunque es mi mal tan projundo;
nací y me he criao en estancia,
pero ya conozco el mundo.

---

[59] Moneda de uno o dos centavos.
[60] Casa de expósitos, inclusa.
[61] Recuerda el refrán: « Ni padre, ni madre, ni perro que le ladre. »
[62] Abrigo consistente en un techo de ramaje sostenido por postes.
[63] Guarecerse.

[64] Espantados; arrojados, echados.
[65] Tomar parte; meterse resueltamente en un asunto.
[66] La *armada* en un lazo es la lazada corrediza que se hace con la argolla. Aquí, en el sentido de arrastrar a uno a hacer lo que se pretende, por engaño o por fácil dominación.

185

Ya le conozco sus mañas,
le conozco sus cucañas;[67]
sé cómo hacen la partida,
la enriedan y la manejan;
deshaceré la madeja
aunque me cueste la vida.

186

Y aguante el que no se anime
a meterse en tanto engorro
o si no aprétese el gorro[68]
y para otra tierra emigre;
pero yo ando como el tigre
que le roban los cachorros.

187

Aunque muchos cren que el gaucho
tiene alma de reyuno,[69]
no se encontrará a ninguno
que no lo dueblen las penas;
mas no debe aflojar uno
mientras hay sangre en las venas.

VII

188

De carta de más me vía[70]
sin saber a dónde dirme,[71]
mas dijeron que era vago
y entraron a perseguirme.

189

Nunca se achican los males,
van poco a poco creciendo,
y ansina me vide pronto
obligao a andar juyendo.

190

No tenía mujer ni rancho,
y a más, era resertor;
no tenía una prenda güena
ni un peso en el tirador.[72]

191

A mis hijos infelices
pensé volverlos a hallar,
y andaba de un lao al otro
sin tener ni qué pitar.

192

Supe una vez por desgracia
que había un baile por allí,
y medio desesperao
a ver la milonga fuí.

193

Riunidos al pericón
tantos amigos hallé,
que alegre de verme entre ellos
esa noche me apedé.[73]

194

Como nunca, en la ocasión
por peliar me dió la tranca,[74]
y la emprendí con un negro
que trujo una negra en ancas.

195

Al ver llegar la morena,
que no hacía caso de naides,
la dije con la mamúa:[75]
« Va ... ca ... yendo gente al baile. »

---

[67] Acciones basadas en la mala fe; arterías.
[68] Apriétese, sujétese el gorro, huya sin perder tiempo.
[69] Alma insensible y despiadada.
[70] Sabía que allí estaba de más.
[71] *Dirme*, por irme, como *dentrar* por entrar, rusticismos comunes a todas las regiones de habla castellana.

[72] Cinto de cuero, ancho y con bolsillos, a veces enriquecido con monedas.
[73] Me embriagué.
[74] Y.
[75] Borrachera.

196

La negra entendió la cosa
y no tardó en contestarme,
mirándomé como a perro:
« Más vaca será su madre. »

197

Y dentró al baile muy tiesa
con más cola que una zorra,
haciendo blanquiar los dientes
lo mesmo que mazamorra.[76]

198

« ¡Negra linda! » . . . dije yo.
« Me gusta . . . pa la carona »;[77]
y me puse a talariar
esta coplita fregona:[78]

199

« A los blancos hizo Dios,
a los mulatos San Pedro,
a los negros hizo el diablo
para tizón del infierno. »

200

Había estao juntando rabia
el moreno dende ajuera;
en lo escuro le brillaban
los ojos como linterna.

201

Lo conocí retobao,[79]
me acerqué y le dije presto:
« Po . . . r . . . rudo[80] que un hombre sea
nunca se enoja por esto. »

202

Corcovió el de los tamangos[81]
y creyéndose muy fijo:[82]
« ¡Más porrudo serás vos,
gaucho rotoso! », me dijo.

203

Y ya se me vino al humo[83]
como a buscarme la hebra,[84]
y un golpe le acomodé
con el porrón de giñebra.[85]

204

Ahí no más pegó el de hollín
más gruñidos que un chanchito,
y pelando[86] el envenao[87]
me atropelló dando gritos.

205

Pegué un grito y abrí cancha[88]
diciéndolés: « Caballeros,
dejen venir ese toro;
solo nací . . ., solo muero. »

---

[76] Comida que se hace con maíz y leche.
[77] Véase nota 31. Formaba parte del lecho del gaucho; de ahí su picaresca alusión.
[78] Zumbona, burlona.
[79] Incomodado, enojado.
[80] En el doble sentido de *por rudo*, torpe, basto, y *porrudo* que tiene porra, pelo greñudo.
[81] Calzado tosco usado por los negros consistente en un trozo de cuero bruto que cubría el pie hasta el tobillo.
[82] Seguro de sí mismo, confiado en su valor.
[83] Se me echó encima al instante.
[84] Hallar el modo de herirlo o matarlo con más facilidad.
[85] Ginebra.
[86] Desenvainando, sacando.
[87] Cuchillo cuyo cabo se reforzaba con tiras frescas de verga, que apretaban mucho al secarse.
[88] Despejé algún espacio.

206

El negro, después del golpe,
se había el poncho refalao[89]
y dijo: « Vas a saber
si es solo o acompañao. »

207

Y mientras se arremangó,
yo me saqué las espuelas,
pues malicié que aquel tío
no era de arriar con las riendas.[90]

208

No hay cosa como el peligro
pa refrescar un mamao;[91]
hasta la vista se aclara
por mucho que haiga chupao.[92]

209

El negro me atropelló
como a quererme comer;[93]
me hizo dos tiros seguidos
y los dos le abarajé.[94]

210

Yo tenía un facón con S,[95]
que era de lima de acero;[96]
le hice un tiro, lo quitó
y vino ciego el moreno.

211

Y en el medio de las aspas[97]
un planazo[98] le asenté,
que lo largué culebriando
lo mesmo que buscapié.[99]

212

Le coloriaron las motas
con la sangre de la herida,
y volvió a venir jurioso
como una tigra parida.

213

Y ya me hizo relumbrar
por los ojos el cuchillo,
alcanzando con la punta
a cortarme en un carrillo.

214

Me hirvió la sangre en las venas
y me le afirmé al moreno,
dándolé de punta y hacha[1]
pa dejar un diablo menos.

215

Por fin en una topada[2]
en el cuchillo lo alcé,
y como un saco de güesos
contra un cerco lo largué.

216

Tiró unas cuantas patadas
y ya cantó pal carnero.[3]
Nunca me puedo olvidar
de la agonía de aquel negro.

217

En esto la negra vino
con los ojos como ají,[4]
y empezó la pobre allí
a bramar como una loba.

---

[89] Se había quitado el poncho, con el que se envolvió el brazo izquierdo para detener así los ataques del contrario.

[90] Era bravo y duro de pelar.

[91] Ebrio, borracho.

[92] Bebido, tomado.

[93] Con ganas, resueltamente.

[94] Atajé, paré, detuve.

[95] Puñal muy largo, con gavilanes en forma de esa letra.

[96] Construído con una lima de ese metal.

[97] En el medio de las aspas, o de las astas o cuernos; en medio de la frente.

[98] golpe descargado con el costado del facón

[99] Retorciéndose con movimientos de culebra. *Buscapiés* es un cohete sin varilla que, encendido, corre por el suelo.

[1] A estocadas y mandobles, o tajos.

[2] Ataque, encuentro.

[3] Murió.

[4] Como el pimiento, colorados.

Yo quise darle una soba
a ver si la hacía callar,
mas pude reflesionar
que era malo en aquel punto,
y por respeto al dijunto
no la quise castigar.

218

Limpié el facón en los pastos,
desaté mi redomón,
monté despacio y salí
al tranco[5] pa el cañadón.[6]

219

Despúes supe que al finao
ni siquiera lo velaron,
y retobao[7] en un cuero,
sin rezarle lo enterraron.

220

Y dicen que dende entonces,
cuando es la noche serena
suele verse una luz mala[8]
como de alma que anda en pena.[9]

221

Yo tengo intención a veces,
para que no pene tanto,
de sacar de allí los güesos
y echarlos al camposanto. [. . .]

*En el canto VIII (estrofas 222 a 241) tiene lugar
un lance con otro gaucho, al que Fierro mata,
decidiéndose su suerte. Del canto IX se suprimen
las estrofas 242 a 251, que contienen las reflexiones
de Fierro sobre su vida pasada.*

251

Ansí me hallaba una noche
contemplando las estrellas,
que le parecen más bellas
cuanto uno es más desgraciao,
y que Dios las haiga criao
para consolarse en ellas.

252

Les tiene el hombre cariño
y siempre con alegría
ve salir las Tres Marías;
que si llueve, cuando escampa,
las estrellas son la guía
que el gaucho tiene en la pampa.

253

Aquí no valen dotores,
sólo vale la esperencia;
aquí verían su inocencia
esos que todo lo saben,
porque esto tiene otra llave
y el gaucho tiene su cencia.

254

Es triste en medio del campo
pasarse noches enteras
contemplando en sus carreras
las estrellas que Dios cría,
sin tener más compañía
que su soledá y las fieras.

255

Me encontraba, como digo,
en aquella soledá,
entre tanta escuridá,
echando al viento mis quejas,
cuando el grito del chajá[10]
me hizo parar las orejas.[11]

---

[5] Lentamente.
[6] Faja de terreno bajo en medio de dos lomas.
[7] Envuelto o metido en el cuerpo no curtido de un animal.
[8] Fuego fatuo.

[9] Alma que sale del purgatorio para pedir que recen por ella a quienes se aparece.
[10] Ave que tiene su nombre del grito que lanza al menor ruido que percibe.
[11] Escuchar atentamente.

256

Como lumbriz me pegué
al suelo para escuchar;[12]
pronto sentí retumbar
las pisadas de los fletes,
y que eran muchos jinetes
conocí sin vacilar.

257

Cuando el hombre está en peligro
no debe tener confianza;
ansí tendido de panza
puse toda mi atención,
y ya escuché sin tardanza
como el ruido de un latón.

258

Se venían tan calladitos
que yo me puse en cuidao;
tal vez me hubieran bombiao[13]
y me venían a buscar;
mas no quise disparar,
que eso es de gaucho morao.[14]

259

Al punto me santigüé
y eché de giñebra un taco;[15]
lo mesmito que el mataco
me arroyé con el porrón;[16]
« Si han de darme pa tabaco,[17]
dije, ésta es güena ocasión. »

260

Me refalé las espuelas,
para no peliar con grillos;
me arremangué el calzoncillo,[18]
y me ajusté bien la faja,
y en una mata de paja
probé el filo del cuchillo.

261

Para tenerlo a la mano
el flete en el pasto até,[19]
la cincha le acomodé,
y, en un trance como aquél,
haciendo espaldas en él
quietito los aguardé.

262

Cuando cerca los sentí,
y que áhi no más se pararon,
los pelos se me erizaron
y aunque nada vían mis ojos,
« No se han de morir de antojo »,[20]
les dije, cuando llegaron.

263

Yo quise hacerles saber
que allí se hallaba un varón;
les conocí la intención
y solamente por eso
es que les gané el tirón,[21]
sin aguardar voz de preso.[22]

---

[12] El gaucho, como el indio, pegaba su oido a tierra, pues en ella repercute a lo lejos el ruido del galope.
[13] Espiado.
[14] Flojo, cobarde.
[15] Trago.
[16] Mataco: armadillo, mamífero que al ser atacado enrolla su cuerpo en forma de bola. Me arroyé: Me enrollé como hace el mataco.
[17] « Dar para tabaco »: castigar, reducir.

[18] El ancho y adornado calzoncillo del gaucho llegaba hasta los tobillos; lo que explica la precaución de arremangárselo para no enredarse o pisarlo.
[19] Para no perder el tiempo en desatarlo, si era necesario huir, pues bastaba con dar un tirón.
[20] No se han de quedar con las ganas.
[21] Pegar, atacar antes que los demás.
[22] Intimación de dejarse prender.

264

« Vos sos un gaucho matrero »,
dijo uno, haciéndosé el güeno.[23]
« Vos matastes un moreno
y otro en una pulpería,
y aquí está la polecía
que viene a ajustar tus cuentas;
te va alzar por las cuarenta[24]
si te resistís hoy día. »

265

« No me vengan, contesté,
con relación de dijuntos;
esos son otros asuntos;
vean si me pueden llevar,
que yo no me he de entregar,
aunque vengan todos juntos. »

266

Pero no aguardaron más
y se apiaron en montón;
como a perro cimarrón
me rodiaron entre tantos;
yo me encomendé a los santos,
y eché mano a mi facón.

267

Y ya vide el fogonazo
de un tiro de garabina,[25]
mas quiso la suerte indina
de aquel maula,[26] que me errase,
y ahí no más lo levantase
lo mesmo que una sardina.[27]

268

A otro que estaba apurao
acomodando una bola,
le hice una dentrada[28] sola
y le hice sentir el fierro,
y ya salió como el perro
cuando le pisan la cola.

269

Era tanta la aflición
y la angurria[29] que tenían,
que tuitos se me venían,
donde yo los esperaba;
uno al otro se estorbaba
y con las ganas no vían.

270

Dos de ellos que traiban sable
más garifos[30] y resueltos,
en las hilachas envueltos
enfrente se me pararon,
y a un tiempo me atropellaron
lo mesmo que perros sueltos.

271

Me fuí reculando en falso
y el poncho adelante eché,
y en cuanto le puso el pie
uno medio chapetón,[31]
de pronto le di un tirón
y de espaldas lo largué.

---

[23] Dándoselas de valiente.
[24] Lance ganador de cierto juego de naipes. El sentido de la expresión aquí empleada es: vas a salir perdiendo.
[25] Carabina.
[26] Cobarde. El gaucho tenía por cobardía el uso de las armas de fuego.

[27] Con la punta del cuchillo.
[28] Entrada, arremetida, ataque.
[29] Ansia, avidez.
[30] Orondos, presumidos.
[31] Poco ducho, inexperto.

272

Al verse sin compañero
el otro se sofrenó;[32]
entonces le dentré yo,
sin dejarlo resollar,
pero ya empezó a aflojar
y a la pun ... ta disparó.

273

Uno que en una tacuara
había atao una tijera,
se vino como si juera
palenque de atar terneros,[33]
pero en dos tiros certeros
salió aullando campo ajuera.

274

Por suerte en aquel momento
venía coloriando el alba
y yo dije: « Si me salva
la Virgen en este apuro,
en adelante le juro
ser más güeno que una malva. »[34]

275

Pegué un brinco y entre todos
sin miedo me entreveré;
hecho ovillo[35] me quedé
y ya me cargó una yunta,
y por el suelo la punta
de mi facón les jugué.[36]

276

El más engolosinao
se me apió[37] con un hachazo;

se lo quité con el brazo;
de no, me mata los piojos;[38]
y antes de que diera un paso
le eché tierra en los dos ojos.

277

Y mientras se sacudía
refregándose la vista,[39]
yo me le fuí como lista[40]
y ahí no más me le afirmé,
diciéndole: « Dios te asista »,
y de un revés lo voltié.

278

Pero en ese punto mesmo
sentí que por las costillas
un sable me hacía cosquillas
y la sangre se me heló;
dende ese momento yo
me salí de mis casillas.

279

Di para atrás unos pasos
hasta que pude hacer pie;
por delante me lo eché
de punta y tajos a un criollo;
metió la pata en un hoyo,
y yo al hoyo[41] lo mandé.

280

Tal vez en el corazón
le tocó un santo bendito
a un gaucho, que pegó el grito
y dijo: « ¡Cruz no consiente
que se cometa el delito
de matar ansí a un valiente!»

---

[32] Se paró o detuvo de repente.
[33] Como si yo fuera incapaz de defenderme, como si fuera un palo.
[34] Alude a las propiedades medicinales de la malva.
[35] Encogido y en guardia.
[36] Desmenuzando con ella la tierra para arrojársela luego a los ojos.

[37] Se me apeó, se me descargó.
[38] Me hiere en la cabeza.
[39] Los ojos.
[40] A fondo completamente.
[41] Doble sentido de la palabra *hoyo;* en el segundo caso, la sepultura.

281

Y áhi no más se me aparió[42]
dentrándole a la partida;
yo les hice otra embestida
pues entre dos era robo;[43]
y el Cruz era como lobo
que defiende su guarida.

282

Uno despachó al infierno
de dos que lo atropellaron;
los demás remoliniaron,
pues íbamos a la fija,[44]
y a poco andar dispararon
lo mesmo que sabandija.

283

Ahí quedaron largo a largo
los que estiraron la jeta;
otro iba como maleta,[45]
y Cruz de atrás les decía:
« Que venga otra polecía
a llevarlos en carreta.»

284

Yo junté las osamentas,
me hinqué y les recé un bendito,[46]
hice una cruz de un palito
y pedí a mi Dios clemente
me perdonara el delito
de haber muerto tanta gente.

285

Dejamos amontonaos
a los pobres que murieron;
no sé si los recogieron,
porque nos fimos a un rancho,
o si tal vez los caranchos
ahi no más se los comieron.

286

Lo agarramos mano a mano
entre los dos al porrón;
en semejante ocasión
un trago a cualquiera encanta;
y Cruz no era remolón
ni pijotiaba[47] garganta.

287

Calentamos los gargueros
y nos largamos muy tiesos,[48]
siguiendo siempre los besos
al pichel,[49] y por más señas,
íbamos como cigüeñas
estirando los pescuezos.[50]

288

« Yo me voy, le dije, amigo,
donde la suerte me lleve,
y si es que alguno se atreve,
a ponerse en mi camino,
yo seguiré mi destino,
que el hombre hace lo que debe.

289

» Soy un gaucho desgraciao,
no tengo donde ampararme,
ni un palo donde rascarme,
ni un árbol que me cobije;
pero ni aun esto me aflige
porque yo sé manejarme.

290

»Antes de cáir al servicio,
tenía familia y hacienda;
cuando volví, ni la prenda[51]
me la habían dejao ya:
Dios sabe en lo que vendrá
a parar esta contienda.»

---

[42] Se me aparejó, se me puso al lado.
[43] Era demasiado fácil.
[44] Sobre seguro.
[45] Tan malherido que iba echado sobre el caballo.
[46] Una oración que empieza con esa palabra.
[47] Mezquinaba.

[48] Muy campantes.
[49] Reiterados tragos del frasco.
[50] Es decir, desviando la cabeza para mirar en todas direcciones por si alguien los perseguía.
[51] La mujer, la compañera.

Cruz[52]

X

291

—Amigazo, pa sufrir
han nacido los varones;
estas son las ocasiones
de mostrarse un hombre juerte,
hasta que venga la muerte
y lo agarre a coscorrones.

292

El andar tan despilchao[53]
ningún mérito me quita;
sin ser un alma bendita
me duelo del mal ajeno:
soy un pastel con relleno
que parece torta frita.[54]

293

Tampoco me faltan males
y desgracias, le prevengo;
también mis desdichas tengo,
aunque esto poco me aflige:
yo sé hacerme el chancho rengo[55]
cuando la cosa lo esige.

294

Y con algunos ardiles[56]
voy viviendo, aunque rotoso;
a veces me hago el sarnoso[57]
y no tengo ni un granito,
pero al chifle[58] voy ganoso
como panzón al maíz frito.[59]

295

A mí no me matan penas
mientras tenga el cuero sano;
venga el sol en el verano
y la escarcha en el invierno.
Si este mundo es un infierno
¿por qué afligirse el cristiano?

296

Hagámoslé cara fiera[60]
a los males, compañero,
porque el zorro más matrero
suele cair como un chorlito,[61]
viene por un corderito
y en la estaca[62] deja el cuero.

297

Hoy tenemos que sufrir
males que no tienen nombre,
pero esto a naides lo asombre
porque ansina es el pastel,
y tiene que dar el hombre
más güeltas que un carretel.

298

Yo nunca me he de entregar
a los brazos de la muerte;
arrastro mi triste suerte
paso a paso y como pueda,
que donde el débil se queda
se suele escapar el juerte.

299

Y ricuerde cada cual
lo que cada cual sufrió,
que lo que es, amigo, yo,
hago ansí la cuenta mía:
ya lo pasado pasó;
mañana será otro día.

---

[52] El gaucho Cruz empieza a cantar, respondiendo a Fierro, y sigue hasta el canto XIII.
[53] Sin pilchas, o con ellas en mal estado.
[54] A pesar de mi humilde aspecto soy hombre que valgo.
[55] Hacerme el cerdo cojo, disimular.
[56] Ardides, mañas.
[57] Me hago el tonto.
[58] Recipiente para agua o aguardiente hecho con un cuerno de buey.
[59] Llámase también *pororó*.
[60] Resistámonos, hagámosles frente.
[61] Pájaro confiado que se deja atrapar fácilmente.
[62] En la trampa, pues el lazo que lo apresaba se hallaba atado a una estaca. Un cordero solía servir de cebo para atraer al zorro.

300

Yo también tuve una pilcha[63]
que me enllenó el corazón,
y si en aquella ocasión
alguien me hubiera buscao,
siguro que me había hallao
más prendido que un botón.

301

En la güeya del querer
no hay animal que se pierda;
las mujeres no son lerdas,
y todo gaucho es dotor
si pa cantarle al amor
tiene que templar las cuerdas.

302

¡Quién es de una alma tan dura
que no quiera una mujer!
Lo alivia en su padecer:
si no sale calavera
es la mejor compañera
que el hombre puede tener.

303

Si es güena, no lo abandona
cuando lo ve desgraciao,
lo asiste con su cuidao,
y con afán cariñoso,
y usté tal vez ni un rebozo[64]
ni una pollera le ha dao.

304

Grandemente lo pasaba
con aquella prenda mía,
viviendo con alegría
como la mosca en la miel.
¡Amigo, qué tiempo aquél!
¡La pucha que la quería!

305

Era la águila que a un árbol
dende las nubes bajó;
era más linda que el alba
cuando va rayando el sol;
era la flor deliciosa
que entre el trebolar creció.

306

Pero, amigo, el Comendante
que mandaba la milicia,
como que no desperdicia[65]
se fué refalando[66] a casa;
yo le conocí en la traza
que el hombre traiba malicia.

307

Él me daba voz de amigo,
pero no le tenía fe;
era el jefe, y ya se ve,
no podía competir yo;
en mi rancho se pegó
lo mesmo que saguaipé.[67]

308

A poco andar, conocí
que ya me había desbancao,[68]
y él siempre muy entonao,
aunque sin darme ni un cobre,
me tenía de lao a lao
como encomienda de pobre.

309

A cada rato, de chasque[69]
me hacía dir a gran distancia;
ya me mandaba a una estancia,
ya al pueblo, ya a la frontera;
pero él en la comendancia
no ponía los pies siquiera.

---

[63] Es decir, la mujer con quien se vive.
[64] Manto que cubría la cabeza y busto.
[65] Sin perder ocasión.
[66] Allegando con disimulo, poco a poco.
[67] Sanguijuela, en guaraní.
[68] Desbancado, suplantado.
[69] Mensajero, en quechua.

310

Es triste a no poder más
el hombre en su padecer,
si no tiene una mujer
que lo ampare y lo consuele:
mas pa que otro se la pele[70]
lo mejor es no tener.

311

No me gusta que otro gallo
le cacaree a mi gallina;
yo andaba ya con la espina,
hasta que en una ocasión
lo pillé junto al jogón
abrazándome a la china.

312

Tenía el viejito una cara
de ternero mal lamido,[71]
y al verle tan atrevido
le dije: « Que le aproveche
que había sido pa el amor
como guacho[72] pa la leche. »

313

Peló[73] la espada y se vino
como a quererme ensartar,
pero yo sin tutubiar
le volví al punto a decir:
« Cuidao, no te vas a pér . . . tigo[74]
poné cuarta pa salir. »[75]

314

Un puntazo me largó,
pero el cuerpo le saqué,
y en cuanto se lo quité,
para no matar a un viejo,
con cuidao, medio de lejos,
un planazo le asenté.[76]

315

Y como nunca al que manda
le falta algún adulón,
uno que en esa ocasión
se encontraba allí presente,
vino apretando los dientes
como perrito mamón.

316

Me hizo un tiro de revuélver[77]
que el hombre creyó siguro;
era confiao y le juro
que cerquita se arrimaba,
pero, siempre en un apuro
se desentumen mis tabas.[78]

317

El me siguió menudiando[79]
mas sin poderme acertar,
y yo, déle culebriar,[80]
hasta que al fin le dentré[81]
y ahí no más lo despaché[82]
sin dejarlo resollar.

---

[70] Se la saque, se la robe.
[71] Cara de barbas revueltas y no peinadas.
[72] Mamón que queda sin madre o al que se la quitan y que, por lo tanto, ansía la leche materna.
[73] Desenvainó, sacó.
[74] Quiere decir: « no te vas a peer, » y para disimular emplea esa otra palabra; quiere decir que le hacía falta ayuda.
[75] Salir del atolladero, de la difícil situación en que está.

[76] Pegué, dí.
[77] Revólver.
[78] Tengo mucha agilidad.
[79] Menudeando, disparando tiros sin escatimar municiones.
[80] Esquivando con los movimientos rápidos y ondulantes de una culebra.
[81] Le entré, me tiré a fondo.
[82] Lo maté, lo mandé al otro mundo.

318

Dentré a campiar⁸³ en seguida
al viejito enamorao.
El pobre se había ganao⁸⁴
en un noque de lejía.⁸⁵
¡Quién sabe cómo estaría
del susto que había llevao!

319

¡Es sonso el cristiano macho
cuando el amor lo domina!
Él la miraba a la indina,
y una cosa tan jedionda
sentí yo, que ni en la fonda
he visto tal jedentina.

320

Y le dije: « Pa su agüela
han de ser esas perdices. »⁸⁶
Yo me tapé las narices,
y me salí esternudando,
y el viejo quedó olfatiando
como chico con lumbrices.

321

Cuando la mula recula,
señal que quiere cociar,
ansí se suele portar
aunque ella lo dismula;
recula como la mula
la mujer, para olvidar.

322

Alcé mi poncho y mis prendas⁸⁷
y me largué a padecer
por culpa de una mujer
que quiso engañar a dos;
al rancho le dije adiós,
para nunca más volver.

323

Las mujeres, dende entonces,
conocí a todas en una.
Ya no he de probar fortuna
con carta tan conocida:
mujer y perra parida,⁸⁸
no se me acerca ninguna [. . .]

*En los cantos XI y XII (estrofas 324 a 366)
continúa el sargento Cruz narrando su historia,
semejante a la de Martín Fierro. Y éste vuelve a
tomar la palabra en el canto XIII (estrofa 367)
como sigue:*

XIII

*Martín Fierro*⁸⁹

367

—Ya veo que somos los dos
astillas del mesmo palo:
yo paso por gaucho malo
y usté anda del mesmo modo;
y yo, pa acabarlo todo,
a los indios me refalo.⁹⁰

368

Pido perdón a mi Dios
que tantos bienes me hizo,
pero dende que es preciso
que viva entre los infieles,
yo seré cruel con los crueles:
ansí mi suerte lo quiso.

369

Dios formó lindas las flores,
delicadas como son;
les dió toda perfeción
y cuanto él era capaz,
pero al hombre le dió más
cuando le dió el corazón.

---

⁸³ Buscar.
⁸⁴ Ganado, metido, escondido.
⁸⁵ Recipiente de cuero en que se traía la lejía, o sea la
  ceniza del arbusto llamado *jume*.
⁸⁶ El mal olor resultante del susto.
⁸⁷ Las prendas de vestir y el apero.
⁸⁸ Por lo traicionera que suele ser en esa ocasión.
⁸⁹ Vuelve a cantar Martín Fierro.
⁹⁰ Me resbalo, me marcho.

370

Le dió claridá a la luz,
juerza en su carrera al viento,
le dió vida y movimiento
dende la águila al gusano;
pero más le dió al cristiano
al darle el entendimiento.

371

Y aunque a las aves les dió,
con otras cosas que inoro,
esos piquitos como oro
y un plumaje como tabla,[91]
le dió al hombre más tesoro
al darle una lengua que habla.

372

Y dende que dió a las fieras
esa juria tan inmensa,
que no hay poder que las venza
ni nada que las asombre,
¿qué menos le daría al hombre
que el valor pa su defensa?

373

Pero tantos bienes juntos
al darle, malicio yo
que en sus adentros pensó
que el hombre los precisaba,
que los bienes igualaban
con las penas que le dió.

374

Y yo empujao por las mías
quiero salir de este infierno;
ya no soy pichón muy tierno
y sé manejar la lanza,
y hasta los indios no alcanza
la facultá del gobierno.

375

Yo sé que allá los caciques
amparan a los cristianos,
y que los tratan de « hermanos »
cuando se van por su gusto.
¿A qué andar pasando sustos?
Alcemos el poncho y vamos.

376

En la cruzada hay peligros,
pero ni aun esto me aterra:
yo ruedo sobre la tierra
arrastrao por mi destino;
y si erramos el camino . . .
no es el primero que lo erra.

377

Si hemos de salvar o no,
de esto naides nos responde;
derecho ande el sol se esconde
tierra adentro hay que tirar;
algún día hemos de llegar . . .
después sabremos adónde.

378

No hemos de perder el rumbo,
los dos somos güena yunta;
el que es gaucho ve ande apunta[92]
aunque inora ande se encuentra;
pa el lao en que el sol se dentra
dueblan los pastos la punta.

379

De hambre no pereceremos,
pues, sigún otros me han dicho,
en los campos se hallan bichos
de los que uno necesita . . .
gamas,[93] matacos, mulitas,[94]
avestruces y quirquinchos.

---

[91] Lleno de colorido como un cuadro.
[92] Ve a donde apunta, a donde se dirige.

[93] La hembra del gamo, o venado.
[94] Otra especie de armadillo o quirquincho.

380

Cuando se anda en el desierto
se come uno hasta las colas;
lo han cruzao mujeres solas
llegando al fin con salú,
y ha de ser gaucho[95] el ñandú
que se escape de mis bolas.

381

Tampoco a la sé le temo,
yo la aguanto muy contento;
busco agua olfatiando el viento
y, dende que no soy manco,
ande hay duraznillo blanco[96]
cavo, y la saco al momento.

382

Allá habrá siguridá
ya que aquí no la tenemos;
menos males pasaremos
y ha de haber grande alegría
el día que nos descolguemos[97]
en alguna toldería.

383

Fabricaremos un toldo,
como lo hacen tantos otros,
con unos cueros de potro,
que sea sala y sea cocina.
¡Tal vez no falte una china
que se apiade de nosotros!

384

Allá no hay que trabajar,
vive uno como un señor;
de cuando en cuando un malón,
y si de él sale con vida,
lo pasa echao panza arriba
mirando dar güelta el sol.

385

Y ya que a juerza de golpes
la suerte nos dejó a flus,[98]
puede que allá veamos luz
y se acaben nuestras penas.
Todas las tierras son güenas;
vámosnós, amigo Cruz.

386

El que maneja las bolas,
el que sabe echar un pial
y sentársele a un bagual
sin miedo de que lo baje,
entre los mesmos salvajes
no puede pasarlo mal.

387

El amor como la guerra
lo hace el criollo con canciones;
a más de eso en los malones
podemos aviarnos de algo;
en fin, amigo, yo salgo
de estas pelegrinaciones.[99]

388

En este punto el cantor
buscó un porrón pa consuelo,
echó un trago como un cielo,
dando fin a su argumento;
y de un golpe el istrumento
lo hizo astillas contra el suelo.

389

« Ruempo —dijo—, la guitarra,
pa no volverme a tentar;
ninguno la ha de tocar,
por siguro ténganló;
pues naides ha de cantar.
cuando este gaucho cantó. »

---

[95] Vivo, hábil.
[96] El duraznillo blanco crece en los lugares donde el agua se halla casi a flor de tierra.
[97] Lleguemos de modo inesperado.

[98] En situación muy difícil, como la del jugador al que no le resta más remedio que el del *flux*, que es el menos fácil.
[99] Peregrinaciones, malandanzas.

390

Y daré fin a mis coplas
con aire de relación;
nunca falta un preguntón
más curioso que mujer,
y tal vez quiera saber
cómo jué la conclusión.

391

Cruz y Fierro de una estancia
una tropilla se arriaron;
por delante se la echaron
como criollos entendidos,
y pronto sin ser sentidos
por la frontera cruzaron.

392

Y cuando la habían pasao,
una madrugada clara
le dijo Cruz que mirara
las últimas poblaciones,
y a Fierro dos lagrimones
le rodaron por la cara.

393

Y siguiendo en fiel del rumbo[1]
se entraron en el desierto.
No sé si los habrán muerto
en alguna correría,
pero espero que algún día
sabré de ellos algo cierto.

394

Y ya con estas noticias
mi relación acabé;
por ser ciertas las conté,
todas las desgracias dichas:
es un telar de desdichas[2]
cada gaucho que usté ve.

395

Pero ponga su esperanza
en el Dios que lo formó;
y aquí me despido yo
que he relatao a mi modo
males que conocen todos,
pero que naides contó.

SEGUNDA PARTE: LA VUELTA

De la Segunda parte del poema damos sólo la historia del hijo segundo de Martín (cantos XIII al XVI); y se suprimen los cantos XVII, XVIII, XIX y XX en los que el muchacho termina su narración, así como la historia del hijo del sargento Cruz. Y pasamos al fin del poema, con los consejos de Martín Fierro a los muchachos.

El hijo segundo de Martín Fierro[3]

XIII

719

Lo que les voy a decir
ninguno lo ponga en duda;
y aunque la cosa es peluda,[4]
haré la resolución;
es ladino el corazón,
pero la lengua no ayuda.

720

El rigor de las desdichas
hemos soportao diez años,
pelegrinando entre estraños,
sin tener dónde vivir,
y obligados a sufrir
una máquina[5] de daños.

---

[1] La dirección señalada.
[2] Un conjunto de desdichas entrelazadas.
[3] Como en los casos anteriores, el título indica que el nombrado empieza a cantar; y prosigue hasta el canto XIX.

[4] Peliaguda, ardua, dificultosa.
[5] Multitud, gran cantidad.

721

El que vive de ese modo
de todos es tributario;
falta el cabeza primario[6]
y los hijos que él sustenta
se dispersan como cuentas
cuando se corta el rosario.

722

Yo anduve ansí como todos,
hasta que al fin de sus días
supo mi suerte una tía
y me recogió a su lado;
allí viví sosegado
y de nada carecía.

723

No tenía cuidado alguno
ni que trabajar tampoco,
y como muchacho loco
lo pasaba de holgazán;
con razón dice el refrán
que lo güeno dura poco.

724

En mí todo su cuidado
y su cariño ponía;
como a un hijo me quería
con cariño verdadero,
y me nombró de heredero
de los bienes que tenía.

725

El juez vino sin tardanza
cuando falleció la vieja.
« De los bienes que te deja,
me dijo, yo he de cuidar:
es un rodeo regular
y dos majadas de ovejas. »

726

Era hombre de mucha labia,
con más leyes que un dotor.
Me dijo: « Vos sos menor,
y por los años que tienes
no podés manejar bienes;
voy a nombrarte un tutor. »

727

Tomó un recuento de todo,
porque entendía su papel,
y después que aquel pastel
lo tuvo bien amasao,
puso al frente un encargao,
y a mí me llevó con él.

728

Muy pronto estuvo mi poncho
lo mesmo que cernidor[7];
el chiripá estaba pior,
y aunque para el frío soy guapo[8]
ya no me quedaba un trapo
ni pa el frío, ni pa el calor.

729

En tan triste desabrigo
tras de un mes, iba otro mes;
guardaba silencio el juez,
la miseria me invadía;
me acordaba de mi tía
al verme en tal desnudez.

730

No sé decir con fijeza
el tiempo que pasé allí;
y después de andar ansí
como moro sin señor,[9]
pasé a poder del tutor
que debía cuidar de mí.

---

[6] Cabeza o jefe de familia; el padre.
[7] Lleno de agujeros, roto.

[8] Valiente, decidido.
[9] Libre de obligaciones.

XIV

731

Me llevó consigo un viejo
que pronto mostró la hilacha.[10]
dejaba ver por la facha
que era medio cimarrón,
muy renegao,[11] muy ladrón,
y le llamaban Vizcacha.

732

Lo que el juez iba buscando
sospecho, y no me equivoco;
pero este punto no toco
ni su secreto aviriguo;
mi tutor era un antiguo
de los que ya quedan pocos.

733

Viejo lleno de camándulas,
con un empaque a lo toro,[12]
andaba siempre en un moro
metido no sé en qué enriedos;
con las patas como loro,
de estribar entre los dedos.[13]

734

Andaba rodiao de perros
que eran todo su placer:
jamás dejó de tener
menos de media docena;
mataba vacas ajenas
para darles de comer.

735

Carniábamos noche a noche
alguna res en el pago,
y dejando allí el rezago
alzaba en ancas el cuero,
que se lo vendía a un pulpero
por yerba,[14] tabaco y trago.

736

¡Ah!, viejo más comerciante
en mi vida lo he encontrao.
Con ese cuero robao
él arreglaba el pastel,
y allí entre el pulpero y él,
se estendía el certificao.[15]

737

La echaba de comedido;
en las trasquilas, lo viera,
se ponía como una fiera
si cortaban[16] una oveja;
pero de alzarse no deja
un vellón o unas tijeras.

738

Una vez me dió una soba
que me hizo pedir socorro,
porque lastimé a un cachorro
en el rancho de unas vascas;
y al irse alzó unas guascas:
para eso era como zorro.[17]

739

« ¡Ahijuna! », dije entre mí,
« Me has dao esta pesadumbre;
ya verás cuanto vislumbre
una ocasión medio güena;
te he de quitar la costumbre
de cerdiar[18] yeguas ajenas. »

---

[10] Dejó entrever la índole.
[11] Echador de reniegos y maldiciones.
[12] Cara de pocos amigos, con ceño torvo.
[13] Era común el uso, como estribo, de una correa terminada en un nudo; su constante empleo ocasionaba la separación de los dedos mayores del pie, entre los cuales pasaba dicha correa.
[14] Yerba mate.

[15] No podía venderse ningún cuero sin exhibir el certificado que acreditara la venta de la res.
[16] Si la herían con la tijera al trasquilarla.
[17] Los zorros son muy afectos a comer *tientos*, tiras delgadas de cuero sin curtir.
[18] Cortar la cerda, la que siempre obtiene buen precio.

740

Porque maté una vizcacha[19]
otra vez me reprendió;
se lo vine a contar yo,
y no bien se lo hube dicho:
« Ni me nuembres[20] ese bicho »,
me dijo, y se me enojó.

741

Al verlo tan irritao
hallé prudente callar.
« Éste me va a castigar »,
dije entre mí, « si se agravia. »
Ya ví que les tenía rabia,
y no las volví a nombrar.

742

Una tarde halló una punta
de yeguas medio bichocas;
después que voltió unas pocas,
las cerdiaba con empeño:
yo vide venir al dueño,
pero me callé la boca.

743

El hombre venía jurioso
y nos cayó como un rayo;
se descolgó del caballo
revoliando el arriador,[21]
y lo cruzó de un lazazo[22]
ahí no más a mi tutor.

744

No atinaba don Vizcacha
a qué lado disparar,
hasta que logró montar,
y, de miedo del chicote,[23]
se lo apretó hasta el cogote,[24]
sin pararse a contestar.

745

Ustedes creerán tal vez
que el viejo se curaría:
no, señores; lo que hacía,
con más cuidao dende entonces,
era maniarlas de día
para cerdiar a la noche.

746

Ese jué el hombre que estuvo
encargao de mi destino;
siempre anduvo en mal camino,
y todo aquel vecindario
decía que era un perdulario,
insufrible de dañino.[25]

747

Cuando el juez me lo nombró,
al dármelo de tutor,
me dijo que era un señor
el que me debía cuidar,
enseñarme a trabajar
y darme la educación.

748

¡Pero qué había de aprender
al lao de ese viejo paco,[26]
que vivía como un chuncaco[27]
en los bañaos, como el tero;
un haragán, un ratero,
y más chillón que un varraco.[28]

749

Tampoco tenía más bienes
ni propiedad conocida
que una carreta podrida,
y las paredes sin techo
de un rancho medio deshecho
que le servía de guarida.

---

[19] Mamífero roedor, propio de la pampa argentina.
[20] Nombres.
[21] Arreador, especie de látigo.
[22] Golpe dado con el lazo, o con el arriador, por ser éste también de cuero.
[23] Látigo, rebenque, arreador.
[24] Se apretó contra el cuello (cogote) del animal para defenderse de los latigazos (chicote) y huir más rápido.
[25] Ladrón.
[26] Farsante, taimado.
[27] Especie de sanguijuela.
[28] Verraco, cerdo padre.

750

Después de las trasnochadas
allí venía a descansar;
yo desiaba aviriguar
lo que tuviera escondido,
pero nunca había podido,
pues no me dejaba entrar.

751

Yo tenía unas jergas viejas,
que habían sido más peludas;
y con mis carnes desnudas,
el viejo, que era una fiera,
me echaba a dormir ajuera
con unas heladas crudas.

752

Cuando mozo jué casao,
aunque yo lo desconfío,
y decía un amigo mío
que, de arrebatao y malo,
mató a su mujer de un palo
porque le dió un mate frío.[29]

753

Y viudo por tal motivo
nunca se volvió a casar;
no era fácil encontrar
ninguna que lo quisiera:
todas temerían llevar
la suerte de la primera.

754

Soñaba siempre con ella,
sin duda por su delito,
y decía el viejo maldito,
el tiempo que estuvo enfermo,
que ella dende el mesmo infierno
lo estaba llamando a gritos.

XV

755

Siempre andaba retobao;[30]
con ninguno solía hablar;
se divertía en escarbar
y hacer marcas con el dedo,
y en cuanto se ponía en pedo
me empezaba a aconsejar.

756

Me parece que lo veo
con su poncho calamaco;[31]
después de echar un güen taco,[32]
ansí principiaba a hablar:
« Jamás llegués a parar
ande veas perros flacos. »

757

« El primer cuidao del hombre
es defender el pellejo;
lleváte de mi consejo,
fijáte bien lo que hablo:
el diablo sabe por diablo,
pero más sabe por viejo. »

758

« Hacéte amigo del juez;
no le des de qué quejarse;
y cuando quiera enojarse
vos te debés encoger,
pues siempre es güeno tener
palenque ande ir a rascarse. »[33]

759

« Nunca le llevés la contra,
porque él manda la gavilla;
allí sentao en su silla,
ningún güey le sale bravo;
a uno le da con el clavo[34]
y a otro con la cantramilla. »[35]

---

[29] El mate que se servía frío constituía una demostración de desprecio.
[30] Malhumorado, áspero de genio.
[31] Poncho pobretón, sin flecos, de mala calidad.
[32] Buen trago.

[33] Esto es, a quien acudir.
[34] El que está fijo en la punta de la picana o aguijada.
[35] Clavo fijo hacia los dos tercios de la picana, para aguijar con él a los dos bueyes intermedios, de los seis que tiraban de la carreta.

760

« El hombre, hasta el más soberbio,
con más espinas que un tala,[36]
aflueja andando en la mala
y es blando como manteca:
hasta la hacienda baguala
cai al jagüel[37] con la seca. »[38]

761

« No andés cambiando de cueva;
hacé las que hace el ratón:
conserváte en el rincón
en que empezó tu esistencia:
vaca que cambia querencia
se atrasa en la parición. »

762

Y menudiando los tragos
aquel viejo, como cerro,[39]
« no olvidés », me decía, « Fierro,
que el hombre no debe crer
en lágrimas de mujer
ni en la renguera del perro. »

763

« No te debés afligir
aunque el mundo se desplome;
lo que más precisa el hombre
tener, según yo discurro,
es la memoria del burro,
que nunca olvida ande come. »

764

« Dejá que caliente el horno
el dueño del amasijo;
lo que es yo, nunca me aflijo
y a todito me hago el sordo:
el cerdo vive tan gordo,
y se come hasta los hijos. »

765

« El zorro que ya es corrido
dende lejos la olfatea;
no se apure quien desea
hacer lo que le aproveche:
la vaca que más rumea[40]
es la que da mejor leche. »

766

« El que gana su comida
güeno es que en silencio coma;
ansina, vos, ni por broma
querrás llamar la atención:
nunca escapa el cimarrón
si dispara por la loma. »[41]

767

« Yo voy donde me conviene
y jamás me descarrío;
lleváte el ejemplo mío,
y llenarás la barriga:
aprendé de las hormigas:
no van a un noque vacío. »

768

« A naides tengás envidia,
es muy triste el envidiar;
cuando veás a otro ganar,
a estorbarlo no te metas:
cada lechón en su teta
es el modo de mamar. »

769

« Ansí se alimentan muchos
mientras los pobres lo pagan;
como el cordero hay quien lo haga
en la puntita, no niego;
pero otros, como el borrego,[42]
toda entera se la tragan. »

---

[36] Árbol espinoso.
[37] Represa rústica en que se conserva el agua de lluvia.
[38] Sequía.
[39] firme y resistente a los efectos de la bebida.

[40] Rumia.
[41] Por ser más visible la huída que si lo hiciera por el bajo.
[42] El cordero come sólo la punta de la hierba, pero el borrego no se detiene hasta la raíz.

770

« Si buscás vivir tranquilo
dedicáte a solteriar,
mas si te querés casar,
con esta alvertencia sea:
que es muy difícil guardar
prenda que otros codicean. »[43]

771

« Es un bicho la mujer
que yo aquí no lo destapo,[44]
siempre quiere al hombre guapo;
mas fijáte en la eleción,
porque tiene el corazón
como barriga de sapo. »[45]

772

Y gangoso con la tranca,[46]
me solía decir: « Potrillo,
recién te apunta el cormillo,
mas te lo dice un toruno:
no dejés que hombre ninguno
te gane el lao del cuchillo. »[47]

773

« Las armas son necesarias,
pero naides sabe cuándo;
ansina, si andás pasiando,[48]
y de noche sobre todo,
debés llevarlo de modo
que al salir, salga cortando. »[49]

774

« Los que no saben guardar
son pobres aunque trabajen;
nunca, por más que se atajen,
se librarán del cimbrón[50]
al que nace barrigón
es al ñudo que lo fajen. »

775

« Donde los vientos me llevan
allí estoy como en mi centro;
cuando una tristeza encuentro
tomo un trago pa alegrarme:
a mí me gusta mojarme
por ajuera y por adentro. »

776

« Vos sos pollo, y te convienen
toditas estas razones;
mis consejos y leciones
no echés nunca en el olvido:
en las riñas[51] he aprendido
a no peliar sin puyones. »[52]

777

Con estos consejos y otros
que yo en mi memoria encierro
y que aquí no desentierro,
educándomé seguía,
hasta que al fin se dormía
mesturao entre los perros.

XVI

778

Cuando el viejo cayó enfermo,
viendo yo que se empioraba
y que esperanza no daba
de mejorarse siquiera,
le truje una culandrera[53]
a ver si lo mejoraba.

---

[43] Codician.
[44] Aquí no lo destapo, o descubro, porque otros lo han dicho ya.
[45] Frío, voluble y veleidoso.
[46] Borrachera.
[47] Se ponga en posición de poder desarmarte; o también, te conozca tu debilidad.
[48] Paseando; rondando a una mujer, y sobre todo, de noche.
[49] Con el filo hacia abajo, pues así puede herirse al enemigo con sólo estirar el brazo.
[50] Golpe.
[51] En las riñas de gallos.
[52] Púas de metal con que se cubrían las espuelas del gallo de riña. El sentido de la estrofa es que se ha de estar siempre preparado y alerta.
[53] Curandera.

779

En cuanto lo vió, me dijo:
« Este no aguanta el sogazo:[54]
muy poco le doy de plazo;
nos va a dar un espectáculo,
porque debajo del brazo
le ha salido un tabernáculo. »[55]

780

Dice el refrán que en la tropa
nunca falta un güey corneta:[56]
uno que estaba en la puerta
le pegó el grito ahí no más:
« Tabernáculo . . . qué bruto;
un tubérculo dirás. »

781

Al verse ansí interrrumpido,
al punto dijo el cantor:
« No me parece ocasión
de meterse los de ajuera;
tabernáculo, señor,
le decía la culandrera. »

782

El de ajuera repitió,
dándole otro chaguarazo:[57]
« Allá va un nuevo bolazo;[58]
copo y se la gano en puerta:[59]
a las mujeres que curan
se les llama curanderas. »

783

No es güeno, dijo el cantor,
muchas manos en un plato,
y diré al que ese barato[60]
ha tomao de entrometido,
que no creía haber venido
a hablar entre literatos.

784

Y para seguir contando
la historia de mi tutor,
le pediré a ese dotor
que en mi inorancia me deje,
pues siempre encuentra el que teje
otro mejor tejedor.

785

Seguía enfermo, como digo,
cada vez más emperrao;
yo estaba ya acobardao
y lo espiaba dende lejos;
era la boca del viejo
la boca de un condenao.

786

Allá pasamos los dos
noches terribles de invierno:
él maldecía al Padre Eterno
como a los santos benditos,
pidiéndole al diablo a gritos
que lo llevara al infierno.

---

[54] Golpe de la soga tensa al romperse; en este caso, el daño causado al organismo por la « rotura » de la salud.
[55] Forúnculo, golondrino.
[56] Entre varias personas reunidas, siempre hay una que no guarda absoluta uniformidad con las demás. El sentido del refrán queda aclarado por el hecho de llamarse buey corneta aquel al que se le ha quebrado una de las astas, por lo que se diferencia de los otros de la tropa o manada.

[57] Golpe, latigazo, pinchazo, todo en sentido figurado.
[58] Equivocación, barbaridad, mentira.
[59] Apuesto lo máximo y lo desbanco, porque gano con la primera carta que sale. Las palabras del texto aluden al juego llamado « monte. »
[60] Llámase así el asunto u operación en que alguien solicita intervenir con el fin de lucirse cuando otro se desempeñó mal.

787

Debe ser grande la culpa
que a tal punto mortifica;
cuando vía una reliquia
se ponía como azogado,[61]
como si a un endemoniado
le echaron agua bendita.

788

Nunca me le puse a tiro,
pues era de mala entraña;
y viendo herejía tamaña,
si alguna cosa le daba,
de lejos se la alcanzaba
en la punta de una caña.

789

Será mejor, decía yo,
que abandonado lo deje,
que blasfeme y que se queje,
y que siga de esta suerte,
hasta que venga la muerte
y cargue con este hereje.

790

Cuando ya no pudo hablar
le até en la mano un cencerro,
y al ver cercano su entierro,
arañando las paredes,
espiró allí entre los perros
y este servidor de ustedes.

XXXI

1143

Y después de estas palabras
que ya la intención revelan,

procurando los presentes
que no se armara pendencia,
se pusieron de por medio
y la cosa quedó quieta.
Martín Fierro y los muchachos,
evitando la contienda,
montaron y paso a paso,
como el que miedo no lleva,
a la costa de un arroyo
llegaron a echar pie a tierra.
Desensillaron los pingos
y se sentaron en rueda,
refiriéndose entre sí
infinitas menudencias
porque tiene muchos cuentos
y muchos hijos la ausiencia.
Allí pasaron la noche
a la luz de las estrellas,
porque ése es un cortinao
que lo halla uno donde quiera,
y el gaucho sabe arreglarse
como ninguno se arregla:
el colchón son las caronas,
el lomillo[62] es cabecera,
el cojinillo es blandura
y con el poncho o la jerga,
para salvar del rocío,
se cubre hasta la cabeza.
Tiene su cuchillo al lado
—pues la precaución es güena—,
freno y rebenque a la mano,
y, tendiendo el pingo cerca,
que pa asigurarlo bien
la argolla del lazo entierra
(aunque el atar con el lazo
da del hombre mala idea),[63]
se duerme ansí muy tranquilo
todita la noche entera;
y si es lejos del camino,
como manda la prudencia,
más siguro que en su rancho
uno ronca a pierna suelta,
pues en el suelo no hay chinches,
y es una cuja camera[64]
que no ocasiona disputas
y que naides se la niega.

---

[61] Tembloroso, asustado.
[62] Los bastos del recado, de la montura.
[63] No es prudente el que ata al caballo con el lazo trenzado, pues así puede éste lastimarse las patas; en tal caso, lo correcto es usar el maneador.
[64] Cama ancha, como de matrimonio.

Además de eso, una noche
la pasa uno como quiera,
y las va pasando todas
haciendo la mesma cuenta;
y luego los pajaritos
al aclarar lo dispiertan,
porque el sueño no lo agarra
a quien sin cenar se acuesta.
Ansí, pues, aquella noche
jué para ellos una fiesta,
pues todo parece alegre
cuando el corazón se alegra.
No pudiendo vivir juntos
por su estado de pobreza,
resolvieron separarse
y que cada cual se juera
a procurarse un refugio
que aliviara su miseria.
Y antes de desparramarse
para empezar vida nueva,
en aquella soledá
Martín Fierro, con prudencia,
a sus hijos y al de Cruz
les habló de esta manera:

XXXII

1144

Un padre que da consejos
más que padre es un amigo;
ansí como tal les digo
que vivan con precaución:
naides sabe en qué rincón
se oculta el que es su enemigo.

1145

Yo nunca tuve otra escuela
que una vida desgraciada:
no estrañen si en la jugada
alguna vez me equivoco,
pues debe saber muy poco
aquel que no aprendió nada.

1146

Hay hombres que de su cencia
tienen la cabeza llena;
hay sabios de todas menas,[65]
mas digo, sin ser muy ducho:
es mejor que aprender mucho
el aprender cosas güenas.

1147

No aprovechan los trabajos
si no han de enseñarnos nada:
el hombre, de una mirada,
todo ha de verlo al momento:
el primer conocimiento
es conocer cuándo enfada.

1148

Su esperanza no la cifren
nunca en corazón alguno;
en el mayor infortunio
pongan su confianza en Dios;
de los hombres, sólo en uno;
con gran precaución en dos.

1149

Las faltas no tienen límites
como tienen los terrenos;
se encuentran en los más güenos,
y es justo que les prevenga:
aquel que defectos tenga,
disimule los ajenos.

1150

Al que es amigo, jamás
lo dejen en la estacada,[66]
pero no le pidan nada
ni lo aguarden todo de él:
siempre el amigo más fiel
es una conducta honrada.

---

[65] De toda laya, de todo calibre.
[66] Dejar a alguien solo cuando se halla frente a un
peligro o situación comprometida.

1151

Ni el miedo ni la codicia
es güeno que a uno le asalten;
ansí, no se sobresalten
por los bienes que perezcan;
al rico nunca le ofrezcan
y al pobre jamás le falten.

1152

Bien lo pasa, hasta entre pampas,
el que respeta a la gente;
el hombre ha de ser prudente
para librarse de enojos:
cauteloso entre los flojos,[67]
moderado entre valientes.

1153

El trabajar es la ley,
porque es preciso alquirir;
no se espongan a sufrir
una triste situación:
sangra mucho el corazón
del que tiene que pedir.

1154

Debe trabajar el hombre
para ganarse su pan;
pues la miseria, en su afán
de perseguir de mil modos,
llama a la puerta de todos
y entra en la del haragán.

1155

A ningún hombre amenacen,
porque naides se acobarda;
poco en conocerlo tarda
quien amenaza imprudente:
que hay un peligro presente
y otro peligro se aguarda.

1156

Para vencer un peligro,
salvar de cualquier abismo,
por esperencia lo afirmo,
más que el sable y que la lanza
suele servir la confianza
que el hombre tiene en sí mismo.

1157

Nace el hombre con la astucia
que ha de servirle de guía;
sin ella sucumbiría,
pero, sigún mi esperencia,
se vuelve en unos prudencia
y en los otros picardía.

1158

Aprovecha la ocasión
el hombre que es diligente;
y, ténganló bien presente
si al compararla no yerro:
la ocasión es como el fierro:
se ha de machacar caliente.

1159

Muchas cosas pierde el hombre
que a veces las vuelve a hallar;
pero les debo enseñar,
y es güeno que lo recuerden:
si la vergüenza se pierde,
jamás se vuelve a encontrar.

1160

Los hermanos sean unidos
porque ésa es la ley primera;
tengan unión verdadera
en cualquier tiempo que sea,
porque, si entre ellos pelean,
los devoran los de ajuera.

---

[67] Cobardes. Y el cobarde es traicionero.

1161

Respeten a los ancianos:
el burlarlos no es hazaña;
si andan entre gente estraña
deben ser muy precavidos,
pues por igual es tenido
quien con malos se acompaña.

1162

La cigüeña, cuando es vieja,
pierde la vista, y procuran
cuidarla en su edá madura
todas sus hijas pequeñas:
apriendan de las cigüeñas
este ejemplo de ternura.

1163

Si les hacen una ofensa,
aunque la echen en olvido,
vivan siempre prevenidos;
pues ciertamente sucede
que hablará muy mal de ustedes
aquel que los ha ofendido.

1164

El que obedeciendo vive
nunca tiene suerte blanda,
mas con su soberbia agranda
el rigor en que padece:
obedezca el que obedece
y será güeno el que manda.

1165

Procuren de no perder
ni el tiempo ni la vergüenza;
como todo hombre que piensa,
procedan siempre con juicio;
y sepan que ningún vicio
acaba donde comienza.

1166

Ave de pico encorvado
le tiene al robo afición;
pero el hombre de razón
no roba jamás un cobre,
pues no es vergüenza ser pobre
y es vergüenza ser ladrón.

1167

El hombre no mate al hombre
ni pelee por fantasía;[68]
tiene en la desgracia mía
un espejo en que mirarse;
saber el hombre guardarse
es la gran sabiduría.

1168

La sangre que se redama
no se olvida hasta la muerte;
la impresión es de tal suerte,
que, a mi pesar, no lo niego,
cai como gotas de fuego
en la alma del que la vierte.

1169

Es siempre, en toda ocasión,
el trago el pior enemigo;
con cariño se los digo,
recuérdenlo con cuidado:
aquel que ofiende embriagado
merece doble castigo.

1170

Si se arma algún revolutis,[69]
siempre han de ser los primeros;
no se muestren altaneros,
aunque la razón les sobre:
en la barba de los pobres
aprienden pa ser barberos.

---

[68] Por capricho; sin motivos fundados.

[69] Contienda, pelea, riña o pendencia.

1171

Si entregan su corazón
a alguna mujer querida,
no le hagan una partida[70]
que la ofienda a la mujer:
siempre los ha de perder
una mujer ofendida.

1172

Procuren, si son cantores,
el cantar con sentimiento,
no tiemplen el estrumento
por sólo el gusto de hablar,
y acostúmbrense a cantar
en cosas de jundamento.

1173

Y les doy estos consejos
que me ha costado alquirirlos,
porque deseo dirigirlos;
pero no alcanza mi cencia
hasta darles la prudencia
que precisan pa seguirlos.

1174

Estas cosas y otras muchas
medité en mis soledades;
sepan que no hay falsedades
ni error en estos consejos:
es de la boca del viejo
de ande salen las verdades.

XXXIII

1175

Despés a los cuatro vientos
los cuatro se dirigieron;
una promesa se hicieron
que todos debían cumplir;
mas no la puedo decir,
pues secreto prometieron.

1176

Les alvierto solamente
y esto a ninguno le asombre,
pues muchas veces el hombre
tiene que hacer de ese modo:
convinieron entre todos
en mudar allí de nombre.

1177

Sin ninguna intención mala
lo hicieron, no tengo duda;
pero es la verdá desnuda,
siempre suele suceder:
aquel que su nombre muda
tiene culpas que esconder.

1178

Y ya dejo el estrumento
con que he divertido a ustedes;
todos conocerlo pueden
que tuve costancia suma:
este es un botón de pluma[71]
que no hay quien lo desenriede.

1179

Con mi deber he cumplido,
y ya he salido del paso;
pero diré, por si acaso,
pa que me entiendan los criollos:
todavía me quedan rollos[72]
por si se ofrece dar lazo.

1180

Y con esto me despido
sin espresar hasta cuándo;
siempre corta por lo blando
el que busca lo siguro;
mas yo corto por lo duro,
y ansí he de seguir cortando.

---

[70] Se sobreentiende *mala*.
[71] El tejido con plumas y que es imposible deshacer.

[72] Vueltas del lazo con que se da soga a la res enlazada.

1181

Vive el águila en su nido,
el tigre vive en su selva,
el zorro en la cueva ajena,
y, en su destino incostante,
sólo el gaucho vive errante
donde la suerte lo lleva.

1182

Es el pobre en su orfandá
de la fortuna el desecho,
porque naides toma a pechos
el defender a su raza:
debe el gaucho tener casa,
escuela, iglesia y derechos.

1183

Y han de concluir algún día
estos enriedos malditos;
la obra no la facilito[73]
porque aumentan el fandango[74]
los que están, como el chimango,
sobre el cuero y dando gritos.[75]

1184

Mas Dios ha de permitir
que esto llegue a mejorar;
pero se ha de recordar,
para hacer bien el trabajo,
que el juego, pa calentar,
debe ir siempre por abajo.

1185

En su ley está el de arriba
si hace lo que le aproveche;
de sus favores sospeche
hasta el mesmo que lo nombra:
siempre es dañosa la sombra
del árbol que tiene leche.

1186

Al pobre, al menor descuido,
lo levantan[76] de un sogazo,
pero yo compriendo el caso
y esta consecuencia saco:
el gaucho es el cuero flaco:[77]
da los tientos para el lazo.

1187

Y en lo que esplica mi lengua
todos deben tener fe;
ansí, pues, entiéndanmé,
con codicias no me mancho:
no se ha de llover el rancho
en donde este libro esté.

1188

Permítanmé descansar,
¡pues he trabajado tanto!
en este punto me planto
y a continuar me resisto:
estos son treinta y tres cantos,
que es la mesma edá de Cristo.

1189

Y guarden estas palabras
que les digo al terminar:
en mi obra he de continuar
hasta dárselas concluída,
si el ingenio o si la vida
no me llegan a faltar.

1190

Y si la vida me falta,
ténganló todos por cierto
que el gaucho, hasta en el desierto,
sentirá en tal ocasión
tristeza en el corazón
al saber que yo estoy muerto.

---

[73] No confío en que se realice.
[74] Lío, desorden, enredo.
[75] El chimango (en Arg. cierta ave de rapiña) no cesa de gritar en tanto devora su presa.
[76] Lo espantan, lo arrojan a latigazos.

[77] Del cuero del animal flaco se confeccionan los lazos. (Estas notas están tomadas, en su mayoría, de la edición de Ramón Villasuso, Buenos Aires, 1956.)

1191

Pues son mis dichas desdichas
las de todos mis hermanos;
ellos guardarán ufanos
en su corazón mi historia:
me tendrán en su memoria
para siempre mis paisanos.

1192

Es la memoria un gran don,
calidá muy meritoria;

y aquellos que en esta historia
sospechen que les doy palo,
sepan que olvidar lo malo
también es tener memoria.

1193

Mas naides se crea ofendido
pues a ninguno incomodo,
y si canto de este modo,
por encontrarlo oportuno,
no es para mal de ninguno
sino para bien de todos.

México. Como en otras partes, encontramos en México, en estos años, poetas chapados de tradición. A veces tradición clásica (como la de Monseñor JOAQUÍN ARCADIO PAGAZA, 1839–1918). A veces la tradición es la romántica española. Romántico a la española, si bien más lírico que sus compañeros de generación, fue MANUEL ACUÑA (1849–1873), autor de un « Nocturno » de inspirado sentimiento amoroso, escrito en la víspera de suicidarse, como despedida de la vida y del amor. Acuña fue poeta de ideas liberales en política y positivistas en filosofía. « Ante un cadáver » es una curiosa muestra de cómo el lirismo romántico se abre paso por los temas del materialismo cientificista, nuevos y provocadores en esos años.

Manuel Acuña

ANTE UN CADÁVER

¡Y bien! Aquí estás ya . . . sobre la plancha
donde el gran horizonte de la ciencia
la extensión de sus límites ensancha.

Aquí donde la rígida experiencia
viene a dictar las leyes superiores
a que está sometida la existencia.

Aquí donde derrama sus fulgores
ese astro a cuya luz desaparece
la distinción de esclavos y señores.

Aquí donde la fábula enmudece
y la voz de los hechos se levanta
y la superstición se desvanece.

Aquí donde la ciencia se adelanta
a leer la solución de ese problema
cuyo sólo enunciado nos espanta.

Ella que tiene la razón por lema,
y que en tus labios escuchar ansía   5
la augusta voz de la verdad suprema.

Aquí estás ya . . . tras de la lucha impía
en que romper al cabo conseguiste
la cárcel que al dolor te retenía.

La luz de tus pupilas ya no existe,   10
tu máquina vital descansa inerte
y a cumplir con su objeto se resiste.

¡Miseria y nada más!, dirán al verte
los que creen que el imperio de la vida
acaba donde empieza el de la muerte.

Y suponiendo tu misión cumplida
5 se acercarán a ti, y en su mirada
te mandarán la eterna despedida.

Pero ¡no!... tu misión no está acabada,
que ni es la nada el punto en que nacemos,
ni el punto en que morimos es la nada.

10 Círculo es la existencia, y mal hacemos
cuando al querer medirla le asignamos
la cuna y el sepulcro por extremos.

La madre es sólo el molde en que tomamos
nuestra forma, la forma pasajera
15 con que la ingrata vida atravesamos.

Pero ni es esa forma la primera
que nuestro ser reviste, ni tampoco
será su última forma cuando muera.

Tú sin aliento ya, dentro de poco
20 volverás a la tierra y a su seno
que es de la vida universal el foco.

Y allí, a la vida en apariencia ajeno,
el poder de la lluvia y el verano
fecundará de gérmenes tu cieno.

25 Y al ascender de la raíz al grano,
irás del vegetal a ser testigo
en el laboratorio soberano.

Tal vez para volver cambiado en trigo
al triste hogar donde la triste esposa
30 sin encontrar un pan sueña contigo.

En tanto que las grietas de tu fosa
verán alzarse de su fondo abierto
la larva convertida en mariposa,

que en los ensayos de su vuelo incierto
35 irá al lecho infeliz de tus amores
a llevarle tus ósculos de muerto.

Y en medio de esos cambios interiores
tu cráneo lleno de una nueva vida,
en vez de pensamientos dará flores,

en cuyo cáliz brillará escondida
la lágrima, tal vez, con que tu amada
acompañó el adiós de tu partida.

La tumba es el final de la jornada,
porque en la tumba es donde queda muerta
la llama en nuestro espíritu encerrada.

Pero en esa mansión a cuya puerta
se extingue nuestro aliento hay otro aliento
que de nuevo a la vida nos despierta.

Allí acaban la fuerza y el talento,
allí acaban los goces y los males,
allí acaban la fe y el sentimiento.

Allí acaban los lazos terrenales,
y mezclados el sabio y el idiota,
se hunden en la región de los iguales.

Pero allí donde el ánimo se agota
y perece la máquina, allí mismo
el ser que muere es otro ser que brota.

El poderoso y fecundante abismo
del antiguo organismo se apodera,
y forma y hace de él otro organismo.

Abandona a la historia justiciera
un nombre, sin cuidarse, indiferente,
de que ese nombre se eternice o muera.

Él recoge la masa únicamente,
y cambiando las formas y el objeto,
se encarga de que viva eternamente.

La tumba sólo guarda un esqueleto;
mas la vida en su bóveda mortuoria
prosigue alimentándose en secreto.

Que al fin de esta existencia transitoria,
a la que tanto nuestro afán se adhiere,
la materia, inmortal como la gloria,
cambia de formas, pero nunca muere.

(De *Obras*, México, 1949).

Los prosistas. Faltan, en nuestro panorama de la poesía, algunos nombres: no es que los hayamos olvidado, sino que sobresalieron como prosistas. Isaacs, Palma, González Prada, Varona y Sierra. Si a ellos agregamos a Montalvo, Hostos y otros que ya se verán, es evidente que estamos frente al mejor grupo de prosistas del siglo XIX.

El primer prosista, en orden de méritos, es JUAN MONTALVO (Ecuador; 1832–1889), uno de los mayores de toda la lengua española. Gran parte de su obra arrancó de su lucha contra los males del Ecuador, que son los males de nuestra América: la anarquía, el caudillismo militar, la voluntad de poder del clero, la ignorancia de las muchedumbres, el despotismo, la corrupción administrativa, la chabacanería, la injusticia, la pobreza . . . Pero la literatura política de Montalvo no tiene la turbulencia que podría esperarse de vida tan combativa. Hacía literatura con la política; y a la literatura la hacía con una lengua artificiosa. Aunque ensayos era lo mejor que le salía, Montalvo vaciló en su carrera literaria: escribió poesías, relatos y dramas. El poeta, el narrador, el dramaturgo son sombras del ensayista. Lo mejor de la literatura de Montalvo son, pues, sus ensayos. *Siete tratados, Las Catilinarias, Geometría moral, El Cosmopolita, El Espectador.* Al asomarse a su propia vida Montalvo solía enfocar su ojo estético en experiencias propicias al adorno romántico; en experiencias de resentimiento, disgusto, indignación, horror, odio; y en experiencias estimuladas por la literatura. Hay en su prosa, por consiguiente, un principio de diferenciación entre las modalidades de lo bonito, lo truculento y lo tradicional. Cuando el solitario Montalvo se ponía a expresar sus íntimas conmociones, solía darnos una prosa poemática que, por orientarse hacia el « poema en prosa », se acercó al « modernismo » de la generación siguiente. Pero esa alma no encontraba paz en el retiro: se sentía permanentemente ofendida por el mundo, y a la menor humillación (y a veces sin humillación alguna) saltaba a la arena a lidiar. Y así como para sus delicadezas encontró fórmulas estéticas, que fueron las del poema en prosa, también para su difamación de hombres y cosas, para los arranques de su humor trágico, pesimista, desilusionado o sarcástico, encontró la fórmula estética del insulto. Tanto en su retraimiento como en su exasperación Montalvo se complacía en recordar escenas gloriosas y en sentirse personaje de fantasía. Sus experiencias se le armaban así con esquemas, temas, modelos, ideales, reminiscencias de ciertas formas de expresión artística que ya habían sido consagradas por la historia. Al contar anécdotas de su propia vida solía enriquecerlas con reminiscencias librescas; o al revés, proyectaba sobre las anécdotas librescas una intención autobiográfica. Sería interminable enumerar las tradiciones literarias que hay en muchas de sus páginas. Las imitó sin disimulo: v. gr., *Capítulos que se le olvidaron a Cervantes.* El pasado rezuma constantemente en su lengua. La prosa de Montalvo es una de las más ricas del siglo XIX español. Acaso la mayor expresión de energía de Montalvo, y la más asombrosa, sea el haberse inventado en un rinconcito de América una lengua propia, lengua amasada con el barro de muchos siglos de literatura y por el amor a la lengua misma. Tenía un extraordinario don de acuñar frases, de desviarse del camino trillado y encontrar una salida portentosa, de evocar una realidad con mínimos toques de prosa imaginativa. Por ese interés en retorcer y complicar la expresión logró, con más frecuencia que sus contemporáneos de lengua española, fragmentos estilísticos de primer orden.

Juan Montalvo

LA BELLEZA DE LA ADOLESCENCIA

5 La adolescencia, en el sexo femenino, ofrece admirables ejemplares de belleza: esa agraciada persona que sin ser mujer hecha y derecha todavía, ha dejado de ser niña, da una idea remota y vaga de lo que fueran los ángeles en
10 situación de estar asomándose al amor y la malicia, si malicia y amor culpable no fueran gajes, muchas veces funestos, de la tierra. Mirad esa joven erguida con el donaire y elegancia que da su paso de princesa, alta la
15 frente, ingenua la mirada, como quien endereza su camino hacia el trono que le han erigido las Gracias[1] en la cumbre de la felicidad. Los catorce años, derramándose en flores y rocío por toda ella, le concilian esa frescura
20 primorosa con la cual ha de sazonar luego el fruto de la vida: la cabellera, dividida en dos madejas rubias, se le cuelga a la espalda y corre por ella hacia abajo cual dos chorros de
25 luz espesada al calor de la sangre: la tez sirve de capa al líquido viviente que circula repartiendo calor a los miembros: en las mejillas hace alto este perpetuo viajero, y arde un instante, aprovechándose del fuego que allí
30 tiene depositada la vergüenza. Los ojos, no enturbiados aún por esas lágrimas que son

testigos de dolores criminales, miran francamente, y en el centro de ellos estamos viendo la prefiguración de la suerte de esa niña, si feliz, si desgraciada. Cuando sonríe, el arco iris, reducido a proporciones pequeñuelas, está acreditando su presencia con las curvas en que se mueven esos labios: cuando se ríe, la música del paraíso, música perdida junto con la inocencia, oímos brotar de pecho humano y salir por una garganta en gorgoritos que nos hartan de armonía los oídos, de alegría el corazón. El pecho no provoca aún con esos blancos panecillos coronados de fuego con que han de producir en nosotros mil delirios: a esa edad, el pecho de la mujer es altar inconcluso, no consagrado por el sacerdote de la malicia, cuyo ídolo permanece dormido entre cortinas nunca abiertas. Pero así, nadando en un océano de inocencia, esa niña es hermosa: la admiramos sin codiciarla, la amamos sin mancillarla con malos pensamientos, pero le estamos envidiando al mortal dichoso que ha de plantar en ese corazón el árbol de la vida, esa que suda lágrimas, gime al viento del mundo y da fruto de dolores perpetuos después de tal cual manzana de felicidad.

(De « De la belleza en el género humano », en *Siete Tratados*, 1882).

---

[1] Divinidades de la mitología greco-romana, generalmente nombradas Eufrosine, Aglaia y Thalía, que presidían la danza y otras manifestaciones artísticas e infundían su virtud a poetas y oradores.

EL GENIO

[. . .] Ese vapor sutil que el sol arranca de la tierra y comunica el don profético a algunos filósofos y santos, ése era el Genio del hombre a quien las virtudes y la inteligencia continuamente aguzada volvían apto para recibirlo.[2] Otros averiguadores sublimes de los secretos de la naturaleza han pensado que el espíritu de Dios difundido en toda ella se pegaba en algunas organizaciones excepcionales y perfectas, y de él provenían el conocimiento de lo futuro y las inexplicables sospechas de cosas que son olvido y nada para la generalidad de los mortales. Esa partícula de espíritu celestial incrustada como vívida estrella en el alma del sabio, del santo, les ilumina los ámbitos del entendimiento, y derramándose hacia afuera, les muestra a lo lejos los embriones de las cosas a las cuales el tiempo dará forma y verdad. El Genio de los individuos extraordinarios es esa estrella pegada en el alma, ese punto de luz divina que, obrando en la eternidad, da luz a lo oscuro, densidad al vacío, contornos a la nada, y como carbunclo maravilloso posee virtudes que llenan de admiración y espanto a los que presencian sus obras, sin ser capaces de verificarlas por su parte. Dicen otros que los astros poseen tal virtud en su seno, que pueden con ella elevar el espíritu humano, y acrisolarlo y volverlo tan ligero y rápido, que volando por las regiones del mundo invisible, ve actualmente lo que los demás no pueden ver, porque aún no tiene forma; oye lo que para los demás no suena, porque aún no tiene ruido; toca lo que los otros no perciben, porque aún no tiene cuerpo. El Genio de ciertos filósofos y héroes, las apariciones de ciertos estáticos y santos son el fantasma amigo que viene a ellos con nombre de virtud o sabiduría, y les da a entender cosas de la eternidad: sabiduría y virtud, esa arte mágica que en realidad no es sino el querer de Dios obrando actualmente en el pecho de los varones privilegiados. El Genio de Plotino[3] era de especie superior a todos; era, dicen, de la familia de los ángeles, tan luminoso y eficaz, que este filósofo estaba siempre debajo del dominio de las potencias celestiales, y derramaba lágrimas al sentarse a la mesa, lleno de vergüenza y dolor de estas tristes necesidades que caracterizan la materia. Isidoro Alejandrino,[4] otro que tal, no podía pasar un bocado sino envuelto en lágrimas de sus ojos. El alma no tiene hambre; horror tiene a la carne; no tiene sed; el vino la mata: ¿cómo sucede que esta sustancia inmaterial, cuyas operaciones se efectúan en los dominios de la sensibilidad y el pensamiento, a impulsos del ser incorpóreo que la tiene a su cargo, no puede permanecer en nosotros sino merced a los sufragios que el mundo palpable da a la materia de que es formado nuestro cuerpo? El alma, destello del espíritu infinito, no experimenta sino esas necesidades nobilísimas que la levantan y sumergen en el océano de la gloria, que es ese amor, amor, amor, ese amor violento de los serafines; sed de felicidad, felicidad pura, grande, apenas imaginada por nosotros; gloria, no la nuestra, esta nombradía ruin que ceba la vanidad y exalta la adulación, sino la gloria del amor divino y la sabiduría mediante las cuales penetramos los secretos de la inmortalidad contenida en el corazón del Todopoderoso. Plotino e Isidoro experimentaban la pesadumbre de la humillación, naturalezas soberbias, sabedoras de su alto origen, que convertían en virtud el peor de los pecados; con esa soberbia alababan a Dios, dando a entender al mundo que todo lo que frisa con él es tan inferior a lo del cielo, que quien de ello tuviere alguna noticia, por fuerza se verá afligido y corrido de este influjo de lo bajo sobre lo sublime, este sojuzgamiento del espíritu por los sentidos. El Genio de Plotino, rebelado de día y de noche contra la tierra, le mantiene en dolor santo, dolor que es vínculo estrecho con la Divinidad. Genio es inteligencia, conciencia, sabiduría; genio es voluntad incontrastable, tesón invencible, poder

---

[2] En el párrafo anterior se ha referido a Demócrito, filósofo griego del siglo V antes de J. C.

[3] Filósofo griego, fundador del sistema neoplatónico (205-262). Su obra es un intento de fusión de todos los sistemas del mundo antiguo.

[4] Filósofo griego de fines del siglo V, que se supone nació en Alejandría. Fue director de la escuela neoplatónica de Atenas, y se distinguió por su afición a las artes adivinatorias y por sus entusiasmos de visionario.

inrestricto; Genio es segunda alma puesta sobre la primera, más liviana, pura y luminosa que la del globo de los mortales. El Genio de Sócrates, que desciende sobre él y le deja durmiendo en el espíritu del universo, puestas en olvido tierra y vida; el de Platón, que rueda por los ámbitos de la inmortalidad, resonando hacia adentro de la mansión divina, sin que llegue a nosotros sino la sombra de ese gran ruido; el de Abrahán, que le hace ver en sueños la suerte de su descendencia difundida por el mundo; estos Genios son la segunda alma con que la Providencia dotó a esos hijos de la tierra, a la cual no estaban unidos sino con las puntas de los pies, levantándose con fuerte voluntad a los espacios infinitos. [. . .]

(De «Del Genio», en *Siete* Tratados, 1882).

NAPOLEÓN Y BOLÍVAR

Estos dos hombres son, sin duda, los más notables de nuestro tiempo en lo que mira a la guerra y a la política, unos en el genio, diferentes en los fines, cuyo paralelo no podemos hacer sino por disparidad. Napoleón salió del seno de la tempestad, se apoderó de ella, y revistiéndose de su fuerza se dió tal sacudida al mundo, que hasta ahora lo tiene estremecido. Dios hecho hombre fué omnipotente; pero como su encargo no era la redención sino la servidumbre, Napoleón fué el dios de los abismos que corrió la tierra deslumbrando con sus siniestros resplandores. Satanás, echado al mar por el Todopoderoso, nadó cuarenta días en medio de las tinieblas en que gemía el universo, y al cabo de ellos ganó el monte Cabet, y en voz terrible se puso a desafiar a los ángeles. Ésta es la figura de Napoleón: va rompiendo por las olas del mundo, y al fin sale, y en una alta cumbre desafía a las potestades del cielo y de la tierra. Emperador, rey de reyes, dueño de pueblos, ¿qué es?, ¿quién es ese ser maravilloso? Si el género humano hubiera mostrado menos cuanto puede acercarse a los entes superiores, por la inteligencia con Platón,[5] por el conocimiento de lo desconocido con Newton,[6] por la inocencia con San Bruno,[7] por la caridad con San Carlos Borromeo,[8] podríamos decir que nacen de tiempo en tiempo hombres imperfectos por exceso, que por sus facultades atropellan al círculo donde giran sus semejantes. En Napoleón hay algo más que en los otros, algo más que en todos: un sentido, una rueda en la máquina del entendimiento, una fibra en el corazón, un espacio en el seno, ¿qué de más hay en esta naturaleza rara y admirable? «Mortal, demonio o ángel», se le mira con uno como terror supersticioso, terror dulcificado por una admiración gratísima, tomada el alma de ese efecto inexplicable que acusa lo extraordinario. Comparece en medio de un trastorno cual nunca se ha visto otro; le echa mano a la revolución, la ahoga a sus pies; se tira sobre el carro de la guerra, y vuela por el mundo, desde los Apeninos[9] hasta las columnas de Hércules,[10] desde las pirámides de Egipto hasta los hielos de Moscovia. Los reyes dan diente con diente, pálidos, medio muertos; los tronos crujen y se desbaratan; las naciones alzan el rostro, miran espantadas al gigante y doblan la rodilla. ¿Quién es? ¿de dónde viene? Artista prodigioso, ha refundido cien coronas en una sola, y se echa a las sienes esta descomunal presea; y no muestra flaquear su cuello, y pisa firme, y alarga el paso, y poniendo él un pie en un reino, el otro en otro reino, pasa sobre el mundo, dejándolos marcados con su planta como a tantos otros esclavos. ¿Qué parangón entre el esclavizador y el libertador? El fuego de la inteligencia ardía en la cabeza de uno y otro, activo, puro, vasto,

---

[5] Célebre filósofo griego, discípulo de Sócrates (429–347 antes de J. C.).
[6] Isaac Newton (1642–1727), famoso matemático, físico y astrónomo inglés, descubridor de las leyes de la gravitación universal.
[7] (1035–1101), fundador de la orden de los cartujos.
[8] (1538–1584), arzobispo de Milán; se hizo admirar por su abnegación durante la peste que azotó a esa ciudad.

[9] Cadena de montañas que se extienden por toda la longitud de Italia.
[10] Nombre dado por los antiguos al término supuesto de los trabajos de Hércules, es decir a los montes Calpe (Europa) y Ábila (África), situados a cada lado del estrecho de Gibraltar.

atizándolo a la continua esa vestal invisible que la Providencia destina a ese hogar sagrado: el corazón y otro de temple antiguo, bueno para el pecho de Pompeyo:[11] en el brazo de cada cual de ellos no hubiera tenido que extrañar la espada del rey de Argos, ese que relampaguea como un Genio sobre las murallas de Erix:[12] uno y otro formados de una masa especial, más sutil, jugosa, preciosa que la del globo de los mortales: ¿en qué se diferencian? En que el uno se dedicó a destruir naciones, el otro a formarlas; el uno a cautivar pueblos, el otro a libertarlos: son los dos polos de la esfera política y moral, conjuntos en el heroísmo. Napoléon es cometa que infesta la bóveda celeste y pasa aterrando al universo: vése humear todavía el horizonte por donde se hundió la divinidad tenebrosa que iba envuelta en su encendida cabellera. Bolívar es astro bienhechor que destruye con su fuego a los tiranos, e infunde vida a los pueblos, muertos en la servidumbre: el yugo es tumba; los esclavos son difuntos puestos al remo del trabajo, sin más sensación que la del miedo, ni más facultad que la obediencia.

Napoleón surge del hervidero espantoso que se estaba tragando a los monarcas, los grandes, las clases opresoras; acaba con los efectos y las causas, lo allana todo para sí, y se declara él mismo opresor de opresores y oprimidos. Bolívar, otro que tal, nace del seno de una revolución cuyo efecto era dar al través con los tiranos y proclamar los derechos del hombre en un vasto continente: vencen entrambos: el uno continúa el régimen antiguo; el otro vuelve realidades sus grandes y justas intenciones. Estos hombres tan semejantes en la organización y el temperamento, difieren en los fines, siendo una misma la ocupación de toda su vida: la guerra. En la muerte vienen también a parecerse: Napoleón encadenado en medio de los mares; Bolívar a orillas del mar, proscrito y solitario. ¿Qué conexiones misteriosas reinan entre este elemento sublime y los varones grandes? Parece que en sus vastas entrañas buscan el sepulcro, a él se acercan, en sus orillas mueren: la tumba de Aquiles se hallaba en la isla de Ponto.[13] Sea de esto lo que fuere, la obra de Napoleón está destruída; la de Bolívar próspera. Si el que hace cosas grandes y buenas es superior al que hace cosas grandes y malas, Bolívar es superior a Napoleón; si el que corona empresas grandes y perpetuas es superior al que corona empresas grandes, también, pero efímeras, Bolívar es superior a Napoleón. Mas como no sean las virtudes y sus fines los que causan maravilla primero que el crimen y sus obras, no seré yo el incauto que venga a llamar ahora hombre más grande al americano que al europeo: una inmensa carcajada me abrumaría, la carcajada de Rabelais que se ríe por boca de Gargantúa,[14] la risa del desdén y la fisga. Sea porque el nombre de Bonaparte lleva consigo cierto misterio que cautiva la imaginación; sea porque el escenario en que representaba ese trágico portentoso era más vasto y esplendente, y su concurso aplaudía con más estrépito; sea, en fin, porque prevaleciese por la inteligencia y las pasiones girasen más a lo grande en ese vasto pecho, la verdad es que Napoleón se muestra a los ojos del mundo con estatura superior y más airoso continente que Bolívar. Los siglos pueden reducir a un nivel a estos dos hijos de la tierra, que en una como demencia acometieron a poner monte sobre monte para escalar el Olimpo. El uno, el más audaz, fué herido por los dioses, y rodó al abismo de los mares; el otro, el más feliz, coronó su obra, y habiéndolos vencido se alió con ellos y fundó la libertad del Nuevo Mundo. En diez siglos Bolívar crecerá lo necesario para ponerse hombro a hombro con el espectro que arrancando de la tierra hiere con la cabeza la bóveda celeste.

¿Cómo sucede que Napoleón sea conocido por cuantos son los pueblos, y su nombre resuene lo mismo en las naciones civilizadas de Europa y América, que en los desiertos de Asia, cuando la fama de Bolívar apenas está llegando sobre el ala débil a las márgenes del viejo mundo? Indignación y pesadumbre

---

[11] Famoso general romano (107–48 antes de J. C.).
[12] Ciudad de la antigua Sicilia. Erix era hijo de Poseidón, muerto por Hércules, a quien había robado un toro.

[13] Ponto Euxino, antiguo nombre del Mar Negro.
[14] Personaje y título de un libro famoso de Rabelais (h. 1483–1553).

causa ver cómo en las naciones más ilustradas y que se precian de saberlo todo, el libertador de la América del Sur no es conocido sino por los hombres que nada ignoran, donde la mayor parte de los europeos oye con extrañeza pronunciar el nombre de Bolívar. Esta injusticia, esta desgracia proviene de que con el poder de España cayó su lengua en Europa, y nadie la lee ni cultiva sino los sabios y los literatos poliglotos. La lengua de Castilla, esa en que Carlos Quinto daba sus órdenes al mundo; la lengua de Castilla, esa que traducían Corneille y Molière[15]; la lengua de Castilla, esa en que Cervantes ha escrito para todos los pueblos de la tierra, es en el día asunto de pura curiosidad para los anticuarios: se la descifra, bien como una medalla romana encontrada entre los escombros de una ciudad en ruina. ¿Cuándo volverá el reinado de la reina de las lenguas? Cuando España vuelva a ser la señora del mundo; cuando de otra oscura Alcalá de Henares salga otro Miguel de Cervantes: cosas difíciles, por no decir del todo inverosímiles. Lamartine,[16] que no sabía el español ni el portugués, no vacila en dar la preferencia al habla de Camoens,[17] llevado más del prestigio del poeta lusitano que de la ley de la justicia. La lengua en que debemos hablar con Dios[18] ¿a cuál sería inferior? Pero no entienden el castellano en Europa, cuando no hay galopín que no lea el francés, ni buhonero que no profese la lengua de los pájaros. Las lenguas de los pueblos suben o bajan con sus armas: si el imperio alemán se consolida y extiende sus raíces allende los mares, la francesa quedará y llorará como la estatua de Níobe.[19] No es maravilla que el nombre de un héroe sudamericano halle tanta resistencia para romper por medio del ruido europeo.

Otra razón por esta oscuridad, y no menor, es que nuestros pueblos en la infancia no han dado todavía de sí los grandes ingenios, los consumados escritores que con su pluma de águila cortada en largo tajo rasguean las proezas de los héroes y ensalzan sus virtudes, elevándolos con su soplo divino hasta las regiones inmortales. Napoleón no sería tan grande, si Chateaubriand[20] no hubiera tomado sobre sí el alzarle hasta el Olimpo con sus injurias altamente poéticas y resonantes; si de Staël[21] no hubiera hecho gemir al mundo con sus quejas, llorando la servidumbre de su patria y su propio destierro; si Manzoni[22] no le hubiera erigido un trono en su oda maravillosa; si Byron no le hubiera hecho andar tras Julio César como gigante ciego que va temblando tras un dios; si Victor Hugo no le hubiera ungido con el aceite encantado que este mágico celestial extrae por ensalmo del haya y del roble, del mirto y del laurel al propio tiempo; si Lamartine no hubiera convertido en rugido de león y en gritos de águila su tierno arrullo de paloma, cuando hablaba de su terrible compatriota; si tantos historiadores, oradores y poetas no hubieran hecho suyo el volver Júpiter tonante a su gran tirano, ese Satanás divino que los obliga a la temerosa adoración con que le honran y engrandecen.

No se descuidan, desde luego, los hispano-americanos de las cosas de su patria, ni sus varones ínclitos han caído en el olvido por falta de memoria. Restrepo y Larrazábal[23] han tomado a pechos el trasmitir a la posteridad las obras de Bolívar y más próceres de la emancipación; y un escritor eminente, benemérito de la lengua hispana, Baralt,[24] imprime las hazañas de esos héroes en cláusulas rotas a la grandiosa manera de Cornelio

---

[15] Los escritores franceses del siglo XVII.
[16] El poeta francés.
[17] Luis de Camoens (1525–1580), célebre poeta portugués del Renacimiento.
[18] Referencia a una frase atribuída al Emperador Carlos V.
[19] En literatura, personifica el dolor materno. Hija de Tántalo y mujer de Anfión, rey de Tebas, cuyos hijos murieron por una venganza de los dioses.
[20] Vizconde François René de, (1768–1848), escritor francés, de gran influencia en la literatura romántica.

[21] Madame de Staël (1766–1817).
[22] Alessandro Manzoni (1785–1873), poeta y novelista italiano, autor de la famosa novela *I promessi sposi*.
[23] José Manuel Restrepo (1782–1863), historiador y político colombiano; Felipe Larrazábal (1817–1873), historiador venezolano.
[24] Rafael María Baralt (1806–1860), escritor y filólogo venezolano.

Tácito,[25] donde la numerosidad y armonía del lenguaje dan fuerza a la expresión de sus nobles pensamientos y los acendrados sentimientos de su ánimo. Restrepo y Larrazábal, autores de nota en los cuales sobresalen el mérito de la diligencia y el amor con que han recogido los recuerdos que deben ser para nosotros un caudal sagrado; Baralt, pintor egregio, maestro de la lengua, ha sido más conciso, y tan sólo a brochazos a bulto nos ha hecho su gran cuadro. Yo quisiera uno que en lugar de decirnos: «El 1º de junio se aproximó Bolívar a Carúpano»,[26] le tomase en lo alto del espacio, *in pride of place*, como hubiera dicho Childe Harold,[27] y nos le mostrase allí contoneándose en su vuelo sublime. Pero la musa de Chateaubriand anda dando su vuelta por el mundo de los dioses, y no hay todavía indicios de que venga a glorificar nuestra pobre morada.

WASHINGTON Y BOLÍVAR

El nombre de Washington no finca tanto en sus proezas militares, cuanto en el éxito mismo de la obra que llevó adelante y consumó con tanta felicidad como buen juicio. El de Bolívar trae consigo el ruido de las armas, y a los resplandores que despide esa figura radiosa vemos caer y huir y desvanecerse los espectros de la tiranía: suenan los clarines, relinchan los caballos, todo es guerrero estruendo en torno al héroe hispanoamericano: Washington se presenta a la memoria y la imaginación como un gran ciudadano antes que como un gran guerrero, como filósofo antes que como general. Washington estuviera muy bien en el senado romano al lado del viejo Papirio Cursor,[28] y en siendo monarca antiguo, fuera Augusto, ese varón sereno y reposado que gusta de sentarse en medio de Horacio y de

Virgilio, en tanto que las naciones todas giran reverentes al rededor de su trono. Entre Washington y Bolívar hay de común la identidad de fines, siendo así que el anhelo de cada uno se cifra en la libertad de un pueblo y el establecimiento de la democracia. En las dificultades sin medida que el uno tuvo que vencer, y la holgura con que el otro vió coronarse su obra, ahí está la diferencia de esos dos varones perilustres, ahí la superioridad del uno sobre el otro. Bolívar, en varias épocas de la guerra, no contó con el menor recurso, ni sabía dónde ir a buscarlo; su amor inapelable hacia la patria; ese punto de honra subido que obraba en su pecho; esa imaginación fecunda, esa voluntad soberana, esa actividad prodigiosa que constituían su carácter, le inspiraban la sabiduría de hacer factible lo imposible, le comunicaban el poder de tornar de la nada el centro del mundo real. Caudillo inspirado por la Providencia, hiere la roca con su varilla de virtudes, y un torrente de agua cristalina brota murmurando afuera; pisa con intención, y la tierra se puebla de numerosos combatientes, esos que la patrona de los pueblos oprimidos envía sin que sepamos de dónde. Los americanos del Norte eran de suyo ricos, civilizados y pudientes aun antes de su emancipación de la madre Inglaterra: en faltando su caudillo, cien Washingtons se hubieran presentado al instante a llenar ese vacío, y no con desventaja. A Washington le rodeaban hombres tan notables como él mismo, por no decir más beneméritos: Jefferson,[29] Madison,[30] varones de alto y profundo consejo; Franklin,[31] genio del cielo y de la tierra, que al tiempo que arranca el cetro a los tiranos, arranca el rayo de las nubes. *Eripui coelo fulmen sceptrumque tyrannis.* Y éstos y todos los demás, cuan grandes eran y cuan numerosos se contaban, eran unos en la causa, rivales en la obediencia, poniendo cada cual su contingente en el raudal inmenso que corrió sobre los ejércitos y las

---

[25] Famoso historiador romano (h. 55–120 después de J. C.).

[26] Ciudad de Venezuela.

[27] Referencia al famoso poema de Lord Byron (1812–1818).

[28] General y dictador romano del siglo IV.

[29] Thomas Jefferson (1743–1826), tercer presidente de los Estados Unidos.

[30] James Madison (1751–1836), cuarto presidente de los Estados Unidos.

[31] Benjamin Franklin (1786–1847), político y publicista, uno de los fundadores de la independencia norteamericana, inventor del pararrayos.

flotas enemigas, y destruyó el poder británico. Bolívar tuvo que domar a sus tenientes, que combatir y vencer a sus propios compatriotas, que luchar contra mil elementos conjurados contra él y la independencia, al paso que batallaba con las huestes españolas y las vencía o era vencido. La obra de Bolívar es más ardua, y por el mismo caso más meritoria. Washington se presenta más respetable y majestuoso a la contemplación del mundo. Bolívar más alto y resplandeciente; Washington fundó una república que ha venido a ser después de poco una de las mayores naciones de la tierra; Bolívar fundó asimismo una gran nación, pero, menos feliz que su hermano primogénito, la vió desmoronarse, y aunque no destruída su obra, por lo menos desfigurada y apocada. Los sucesores de Washington, grandes ciudadanos, filósofos y políticos, jamás pensaron en despedazar el manto sagrado de su madre para echarse cada uno por adorno un girón de púrpura sobre sus cicatrices; los compañeros de Bolívar todos acometieron a degollar a la real Colombia y tomar para sí la mayor presa posible, locos de ambición y tiranía. En tiempo de los dioses, Saturno devoraba a sus hijos; nosotros hemos visto y estamos viendo a ciertos hijos devorar a su madre. Si Páez,[32] a cuya memoria debemos el más profundo respeto, no tuviera su parte en este crimen, ya estaba yo aparejado para hacer una terrible comparación tocante a esos asociados del parricidio que nos destruyeron nuestra grande patria; y como había además que mentar a un gusanillo y rememorar el triste fin del héroe de Ayacucho,[33] del héroe de la guerra y las virtudes, vuelvo a mi asunto ahogando en el pecho esta dolorosa indignación mía. Washington, menos ambicioso, pero menos magnánimo; más modesto, pero menos elevado que Bolívar. Washington, concluída su obra, acepta los casi humildes presentes de sus compatriotas; Bolívar rehusa los millones ofrecidos por la nación peruana; Washington rehusa el tercer período presidencial de los Estados Unidos, y cual un patriarca se retira a vivir tranquilo en el regazo de la vida privada, gozando sin mezcla de odio las consideraciones de sus semejantes, venerado por el pueblo, amado por sus amigos: enemigos, no los tuvo, ¡hombre raro y feliz! Bolívar acepta el mando tentador que por tercera vez, y ésta de fuente impura, viene a molestar su espíritu, y muere repelido, perseguido, escarnecido por una buena parte de sus contemporáneos. El tiempo ha borrado esta leve mancha, y no vemos sino el resplandor que circunda al mayor de los sudamericanos. Washington y Bolívar, augustos personajes, gloria del Nuevo Mundo, honor del género humano, junto con los varones más insignes de todos los pueblos y de todos los tiempos.

(De « Los héroes de la emancipación de la raza hispanoamericana », en *Siete Tratados*, 1882).

RICARDO PALMA (1833–1919) fue la gran figura del rezagado romanticismo peruano. En las divertidas confidencias de *La bohemia de mi tiempo* (1887) Palma ha contado los excesos literarios románticos de los años 1848 a 1860. Desengañado y burlón se alejó, pues, Palma del romanticismo; pero allí había encendido una de sus antorchas, para iluminar románticamente el pasado peruano. La simpatía romántica hacia el pasado se apropió de ciertos géneros literarios. Palma, narrador nato, debió de sentir la atracción de todos ellos: la novela histórica, el cuadro de costumbres, la leyenda, el cuento.

---

[32] José Antonio Páez (1790–1873), político venezolano, presidente de la república. Fue general de las guerras de independencia.

[33] Antonio José de Sucre (1793–1830).

Pero no se entregó a ninguno de ellos, sino que, con un poco tomado de aquí y otro poco de allá, creó un género propio: la « tradición. » Ya en 1852 escribía relatos tradicionales; diez años después iba cobrando su fisonomía definitiva y desde 1872 empiezan a publicarse las largas series de *Tradiciones peruanas*, perfectas. Seis series, de 1872 a 1883, a las que siguieron otras con títulos diferentes: *Ropa vieja* (1889); *Ropa apolillada* (1891); *Cachivaches* y *Tradiciones y artículos históricos* (1899-1900); *Apéndice a mis últimas tradiciones*, en prensa ya en 1911. Con los años Ricardo Palma fué consciente de su originalidad y dio la fórmula de su invención: « Algo, y aun algos, de mentira, y tal cual dosis de verdad, por infinitesimal u homeopática que ella sea, muchísimo de esmero y pulimento en el lenguaje, y cata la receta para escribir Tradiciones ... » El cuadro geográfico-histórico-social-psicológico que nos ofrece en sus *Tradiciones* es amplísimo: desde Tucumán hasta Guayaquil; desde la época de los Incas hasta hechos contemporáneos de los que el mismo Palma es actor; desde el mendigo hasta el virrey; desde el idiota hasta el genio. Pero en el centro del cuadro, y pintada con pincel más fino, está la ingeniosa sociedad virreinal de la Lima del siglo XVIII. Las fuentes son innumerables y a veces irreconocibles. Crónicas éditas e inéditas, historias, vidas de santos, libros de viajes, pasquines, testamentos, relatos de misioneros, registros de conventos, versos, y además de la palabra escrita, la oral en el refrán, el dicho, la copla, la superstición, la leyenda, el cuento popular ...
La estructura de las *Tradiciones* es también compleja. La combinación de documento histórico y acción narrativa es desordenada, cambiante, libre. A veces ni siquiera hay estructura, pues suele ocurrir que se desmoronan los hechos y sofocan el relato. O, en una tradición, hay muchas otras tradiciones menores encajadas unas dentro de otras. El granero de enredos, situaciones y caracteres interesantes es tan copioso que toda una familia de cuentistas podría alimentarse allí. Una frase suele ser el grano de un cuento posible. Aun el espíritu de Palma se desdobla en planos. Simpatizaba herderianamente con las voces históricas del pueblo; pero también se burlaba volterianamente de ellas. Tiene la multiplicidad de perspectivas de un escéptico zumbón, y aun sus protestas de imparcialidad — « yo ni quito ni pongo » — son irónicos pinchazos al absolutismo de la Iglesia y del Estado. Era un liberal, y sólo tomaba en serio los derechos de la conciencia libre y de la soberanía popular y los valores morales de bondad, honradez y justicia. Su tono dominante es la burla traviesa, picaresca. Y todavía tiene la sonrisa en los labios cuando, de pronto, pasa a contarnos el poético milagro de « El alacrán de Fray Gómez » o el dramático sacrificio de « Amor de madre. » Esta última « tradición » — una de las mejores — entusiasmó tanto a Benito Pérez Galdós que le dio ganas de escribir un drama « como *El abuelo* », según dijo en una carta. A despecho de sus descuidos, fue buen narrador. Sabe hacernos esperar hasta el desenlace. No hay una sola virtud de cuentista que Palma no tuviera. Presentaba con gracia sus personajes, sobre todo a las mujeres, elegía conflictos

curiosos y los enredaba y desenredaba . . . Pero no hay una sola « tradición » que sea, realmente, un cuento. Su fruición de anticuario lo lleva a coleccionar hechos, y para darles sitio interrumpe, desvía y altera constantemente el curso del cuento. Los hechos flotan en el aire, sueltos y alocados. Como en Montalvo, la prosa de Palma tiene algo de museo lingüístico en que palabras y giros se aprietan en espacios mínimos. Sólo que, a diferencia de Montalvo, la lengua de Palma es más popular y americana.

Ricardo Palma

AMOR DE MADRE

Crónica de la época del Virrey « Brazo de Plata »

(*A Juana Manuela Gorriti*)

Juzgamos conveniente alterar los nombres de los principales personajes de esta tradición, pecado venial que hemos cometido en *La emplazada* y alguna otra. Poco significan los nombres si se cuida de no falsear la verdad histórica; y bien barruntará el lector que razón, y muy poderosa, habremos tenido para desbautizar prójimos.

I

En agosto de 1690 hizo su entrada en Lima el excelentísimo señor don Melchor Portocarrero Lazo de la Vega, conde de la Monclova, comendador de Zarza en la Orden de Alcántara y vigésimo tercio virrey del Perú por su majestad don Carlos II. Además de su hija doña Josefa, y de su familia y servidumbre, acompañábanlo desde México, de cuyo gobierno fué trasladado a estos reinos, algunos soldados españoles. Distinguíase entre ellos, por su bizarro y marcial aspecto, don Fernando de Vergara, hijodalgo extremeño, capitán de gentileshombres lanzas;[1] y contábase de él que entre las bellezas mexicanas no había dejado la reputación austera de monje benedictino. Pendenciero, jugador y amante de dar guerra a las mujeres, era más que difícil hacerle sentar la cabeza; y el virrey, que le profesaba paternal afecto, se propuso en Lima casarlo de su mano, por ver si resultaba verdad aquello de *estado muda costumbres*.

Evangelina Zamora, amén de su juventud y belleza, tenía prendas que la hacían el partido más codiciable de la ciudad de los Reyes. Su bisabuelo había sido, después de Jerónimo, de Aliaga, del alcalde Ribera, de Martín de Alcántara y de Diego Maldonado el Rico, uno de los conquistadores más favorecidos por Pizarro con repartimientos en el valle del Rimac.[2] El emperador le acordó el uso del *Don*, y algunos años después, los valiosos presentes que enviaba a la corona le alcanzaron la merced de un hábito de Santiago.[3]

---

[1] Uno de los cuerpos en la organización militar de la época.

[2] Río y valle del Perú, donde Pizarro fundó la ciudad de Lima.

[3] Hábito de la orden militar de ese nombre fundada en el reino de León en 1161.

Con un siglo a cuestas, rico y ennoblecido, pensó nuestro conquistador que no tenía ya misión sobre este valle de lágrimas, y en 1604 lió el petate, legando al mayorazgo, en propiedades rústicas y urbanas, un caudal que se estimó entonces en un quinto de millón.

El abuelo y el padre de Evangelina acrecieron la herencia; y la joven se halló huérfana a la edad de veinte años, bajo el amparo de un tutor y envidiada por su riqueza.

Entre la modesta hija del conde de la Monclova y la opulenta limeña se estableció, en breve, la más cordial amistad. Evangelina tuvo así motivo para encontrarse frecuentemente en palacio en sociedad con el capitán de gentileshombres, que a fuer de galante no desperdició coyuntura para hacer su corte a la doncella; la que al fin, sin confesar la inclinación amorosa que el hidalgo extremeño había sabido hacer brotar en su pecho, escuchó con secreta complacencia la propuesta de matrimonio con don Fernando. El intermediario era el virrey nada menos, y una joven bien doctrinada no podía inferir desaire a tan encumbrado padrino.

Durante los cinco primeros años de matrimonio, el capitán Vergara olvidó su antigua vida de disipación. Su esposa y sus hijos constituían toda su felicidad: era, digámoslo así, un marido ejemplar.

Pero un día fatal hizo el diablo que don Fernando acompañase a su mujer a una fiesta de familia, y que en ella hubiera una sala, donde no sólo se jugaba la clásica *malilla* abarrotada,[4] sino que, alrededor de una mesa con tapete verde, se hallaban congregados muchos devotos de los cubículos. La pasión del juego estaba sólo adormecida en el alma del capitán, y no es extraño que a la vista de los dados se despertase con mayor fuerza. Jugó, y con tan aviesa fortuna, que perdió en esa noche veinte mil pesos.

Desde esa hora, el esposo modelo cambió por completo su manera de ser, y volvió a la febricitante existencia del jugador. Mostrándosele la suerte cada día más rebelde, tuvo que mermar la hacienda de su mujer y de sus hijos para hacer frente a las pérdidas, y lanzarse en ese abismo sin fondo que se llama *el desquite*.

Entre sus compañeros de vicio había un joven marqués a quien los dados favorecían con tenacidad, y don Fernando tomó a capricho luchar contra tan loca fortuna. Muchas noches lo llevaba a cenar a la casa de Evangelina y, terminada la cena, los dos amigos se encerraban en una habitación a *descamisarse* palabra que en el tecnicismo de los jugadores tiene una repugnante exactitud.

Decididamente, el jugador y el loco son una misma entidad. Si algo empequeñece, a mi juicio, la figura histórica del emperador Augusto es que, según Suetonio,[5] después de cenar jugaba a pares y nones.[6]

En vano Evangelina se esforzaba para apartar del precipicio al desenfrenado jugador. Lágrimas y ternezas, enojos y reconciliaciones fueron inútiles. La mujer honrada no tiene otras armas que emplear sobre el corazón del hombre amado.

Una noche la infeliz esposa se encontraba ya recogida en su lecho, cuando la despertó don Fernando pidiéndole el anillo nupcial. Era éste un brillante de crecidísimo valor. Evangelina se sobresaltó; pero su marido calló su zozobra, diciéndola que trataba sólo de satisfacer la curiosidad de unos amigos que dudaban del mérito de la preciosa alhaja.

¿Qué había pasado en la habitación donde se encontraban los rivales de tapete? Don Fernando perdía una gran suma, y no teniendo ya prenda que jugar, se acordó del espléndido anillo de su esposa.

La desgracia es inexorable. La valiosa alhaja lucía pocos minutos más tarde en el dedo anular del ganancioso marqués.

Don Fernando se estremeció de vergüenza y remordimiento. Despidióse el marqués, y Vergara lo acompañaba a la sala; pero al llegar a ésta, volvió la cabeza hacia una mampara que comunicaba al dormitorio de Evangelina, y al través de los cristales vióla sollozando de rodillas ante una imagen de María.

Un vértigo horrible se apoderó del espíritu

---

[4] Juego de naipes. La malilla es una de las cartas de más valor. *Abarrotada:* no jugar la malilla y matar con triunfo menor.

[5] General romano del siglo I.

[6] Sortear una cosa teniendo uno en el puño cerrado un número cualquiera de algo.

de don Fernando, y rápido como el tigre, se abalanzó sobre el marqués y le dió tres puñaladas por la espalda.

El desventurado huyó hacia el dormitorio, y cayó exánime delante del lecho de Evangelina.

II

El conde de la Monclova, muy joven a la sazón, mandaba una compañía en la batalla de Arras, dada en 1654. Su denuedo lo arrastró a lo más reñido de la pelea, y fué retirado del campo casi moribundo. Restablecióse al fin, pero con pérdida del brazo derecho, que hubo necesidad de amputarle. Él lo substituyó con otro plateado, y de aquí vino el apodo con que, en México y en Lima lo bautizaron.

El virrey *Brazo de plata*, en cuyo escudo de armas se leía este mote: *Ave Maria gratia plena*, sucedió en el gobierno del Perú al ilustre don Melchor de Navarra y Rocafull. « Con igual prestigio que su antecesor, aunque con menos dotes administrativas —dice Lorente—, de costumbres puras, religioso, conciliador y moderado, el conde de la Monclova, edificaba al pueblo con su ejemplo, y los necesitados le hallaron siempre pronto a dar de limosna sus sueldos y las rentas de su casa. »

En los quince años y cuatro meses que duró el gobierno de *Brazo de plata*, período a que ni hasta entonces ni después llegó ningún virrey, disfrutó el país de completa paz; la administración fué ordenada, y se edificaron en Lima magníficas casas. Verdad que el tesoro público no anduvo muy floreciente; pero por causas extrañas a la política. Las procesiones y fiestas religiosas de entonces recordaban, por su magnificencia y lujo, los tiempos del conde de Lemos. Los portales, con sus ochenta y cinco arcos, cuya fábrica se hizo con gasto de veinticinco mil pesos, el Cabildo y la galería de palacio fueron obra de esa época.

En 1694 nació en Lima un monstruo con dos cabezas y rostros hermosos, dos corazones, cuatro brazos y dos pechos unidos por un cartílago. De la cintura a los pies poco tenía de fenomenal, y el enciclopédico limeño don

Pedro de Peralta[7] escribió con el título de *Desvíos de la naturaleza* un curioso libro, en que, a la vez que hace una descripción anatómica del monstruo, se empeña en probar que estaba dotado de dos almas.

Muerto Carlos el Hechizado en 1700, Felipe V, que lo sucedió, recompensó al conde de la Monclova haciéndolo grande de España. Enfermo, octogenario y cansado del mando, el virrey *Brazo de plata* instaba a la corte para que se le reemplazase. Sin ver logrado este deseo, falleció el conde de la Monclova el 22 de septiembre de 1702, siendo sepultado en la Catedral; y su sucesor, el marqués de Casteldos Ríus, no llegó a Lima sino en julio de 1707.

Doña Josefa, la hija del conde de la Monclova, siguió habitando en palacio después de la muerte del virrey; mas una noche, concertada ya con su confesor, el padre Alonso Mesía, se descolgó por una ventana y tomó asilo en las monjas de Santa Catalina, profesando con el hábito de Santa Rosa, cuyo monasterio se hallaba en fábrica. En mayo de 1710 se trasladó doña Josefa Portocarrero Lazo de la Vega al nuevo convento, del que fué la primera abadesa.

III

Cuatro meses después de su prisión, la Real Audiencia condenaba a muerte a don Fernando de Vergara. Éste desde el primer momento había declarado que mató al marqués con alevosía, en un arranque de desesperación de jugador arruinado. Ante tan franca confesión no quedaba al tribunal más que aplicar la pena.

Evangelina puso en juego todo resorte para libertar a su marido de una muerte infamante; y en tal desconsuelo, llegó el día designado para el suplicio del criminal. Entonces la abnegada y valerosa Evangelina resolvió hacer, por amor al nombre de sus hijos, un sacrificio sin ejemplo.

Vestida de duelo se presentó en el salón de palacio en momentos de hallarse el virrey

---

[7] Pedro de Peralta Barnuevo (1663–1743), polígrafo y poeta peruano, persona de gran erudición.

conde de la Monclova en acuerdo con los oidores, y expuso: que don Fernando había asesinado al marqués, amparado por la ley; que ella era adúltera, y que, sorprendida por el esposo, huyó de sus iras, recibiendo su cómplice justa muerte del ultrajado marido.

La frecuencia de las visitas del marqués a la casa de Evangelina, el anillo de ésta como gaje de amor en la mano del cadáver, las heridas por la espalda, la circunstancia de habérsele hallado al muerto al pie del lecho de la señora, y otros pequeños detalles eran motivos bastantes para que el virrey, dando crédito a la revelación, mandase suspender la sentencia.

El juez de la causa se constituyó en la cárcel para que don Fernando ratificara la declaración de su esposa. Mas apenas terminó el escribano la lectura, cuando Vergara, presa de mil encontrados sentimientos, lanzó una espantosa carcajada.

¡El infeliz se había vuelto loco!

Pocos años después, la muerte cernía sus alas sobre el casto lecho de la noble esposa, y un austero sacerdote prodigaba a la moribunda los consuelos de la religión.

Los cuatro hijos de Evangelina esperaban arrodillados la postrera bendición maternal. Entonces la abnegada víctima, forzada por su confesor, les reveló el tremendo secreto:

—El mundo olvidará—les dijo—el nombre de la mujer que os dió la vida; pero habría sido implacable para con vosotros si vuestro padre hubiese subido los escalones del cadalso. Dios, que lee en el cristal de mi conciencia, sabe que ante la sociedad perdí mi honra porque no os llamasen un día los hijos del ajusticiado.

EL ALACRÁN DE FRAY GÓMEZ

(A Casimiro Prieto Valdés)

Principio principiando;
  principiar quiero,
por ver si principiando
  principiar puedo.

In diebus illis,[8] digo, cuando yo era muchacho, oía con frecuencia a las viejas exclamar, ponderando el mérito y precio de una alhaja:
—¡Esto vale tanto como el alacrán de fray Gómez!

Tengo una chica, remate de lo bueno, flor de la gracia y espumita de la sal, con unos ojos más pícaros y trapisondistas que un par de escribanos:

chica que se parece
al lucero del alba
cuando amanece,

al cual pimpollo he bautizado, en mi paternal chochera, con el mote de *alacrancito de fray Gómez.* Y explicar el dicho de las viejas, y el sentido del piropo con que agasajo a mi Angélica, es lo que me propongo, amigo y camarada Prieto, con esta tradición.

El sastre paga deudas con puntadas, y yo no tengo otra manera de satisfacer la literaria que con usted he contraído que dedicándole estos cuatro palotes.

1

Éste era un lego contemporáneo de don Juan de la Pipirindica, el de la valiente pica, y de San Francisco Solano;[9] el cual lego desempeñaba en Lima, en el convento de los padres seráficos, las funciones de refitolero en la enfermería u hospital de los devotos frailes. El pueblo lo llamaba fray Gómez, y fray Gómez lo llaman las crónicas conventuales, y la tradición lo conoce por fray Gómez. Creo que hasta en el expediente que para su beatificación y canonización existe en Roma no se le da otro nombre.

---

[8] *In diebus illis:* En aquellos días.
[9] Religioso franciscano, que nació en la provincia de Córdoba (España) en 1549 y murió en Lima en 1610.

Fray Gómez hizo en mi tierra milagros a mantas, sin darse cuenta de ellos y como quien no quiere la cosa. Era de suyo milagrero, como aquel que hablaba en prosa sin sospecharlo.

Sucedió que un día iba el lego por el puente, cuando un caballo desbocado arrojó sobre las losas al jinete. El infeliz quedó patitieso, con la cabeza hecha una criba y arrojando sangre por boca y narices.

—¡Se descalabró, se descalabró!—gritaba la gente—. ¡Que vayan a San Lázaro por el santo óleo!

Y todo era bullicio y alharaca.

Fray Gómez acercóse pausadamente al que yacía en la tierra, púsole sobre la boca el cordón de su hábito, echóle tres bendiciones, y sin más médico ni más botica el descalabrado se levantó tan fresco, como si golpe no hubiera recibido.

—¡Milagro, milagro! ¡Viva fray Gómez!— exclamaron los infinitos espectadores.

Y en su entusiasmo intentaron llevar en triunfo al lego. Éste, para substraerse a la popular ovación, echó a correr camino de su convento y se encerró en su celda.

La crónica franciscana cuenta esto último de manera distinta. Dice que fray Gómez, para escapar de sus aplaudidores, se elevó en los aires y voló desde el puente hasta la torre de su convento. Yo ni lo niego ni lo afirmo. Puede que sí y puede que no. Tratándose de maravillas, no gasto tinta en defenderlas ni en refutarlas.

Aquel día estaba fray Gómez en vena de hacer milagros, pues cuando salió de su celda se encaminó a la enfermería, donde encontró a San Francisco Solano acostado sobre una tarima, víctima de una furiosa jaqueca. Pulsólo el lego y le dijo:

—Su paternidad está muy débil, y haría bien en tomar algún alimento.

—Hermano—contestó el santo—, no tengo apetito.

—Haga un esfuerzo, reverendo padre, y pase siquiera un bocado.

Y tanto insistió el refitolero, que el enfermo, por librarse de exigencias que picaban ya en majadería, ideó pedirle lo que hasta para el virrey habría sido imposible conseguir, por no ser la estación propicia para satisfacer el antojo.

—Pues mire, hermanito, sólo comería con gusto un par de pejerreyes.

Fray Gómez metió la mano derecha dentro de la manga izquierda, y sacó un par de pejerreyes tan fresquitos que parecían acabados de salir del mar.

—Aquí los tiene su paternidad, y que en salud se le conviertan. Voy a guisarlos.

Y ello es que con los benditos pejerreyes quedó San Francisco curado como por ensalmo.

Me parece que estos dos milagritos de que incidentalmente me he ocupado no son paja picada. Dejo en mi tintero otros muchos de nuestro lego, porque no me he propuesto relatar su vida y milagros.

Sin embargo, apuntaré, para satisfacer curiosidades exigentes, que sobre la puerta de la primera celda del pequeño claustro, que hasta hoy sirve de enfermería, hay un lienzo pintado al óleo representando estos dos milagros, con la siguiente inscripción:

«El Venerable Fray Gómez.—Nació en Extremadura en 1560. Vistió el hábito en Chuquisaca en 1580. Vino a Lima en 1587.— Enfermero fué cuarenta años, ejercitando todas las virtudes, dotado de favores y dones celestiales. Fué su vida un continuado milagro. Falleció en 2 de mayo de 1631, con fama de santidad. En el año siguiente se colocó el cadáver en la capilla de Aranzazú, y en 13 de octubre de 1810 se pasó debajo del altar mayor, a la bóveda donde son sepultados los padres del convento. Presenció la traslación de los restos el señor doctor don Bartolomé María de las Heras. Se restauró este venerable retrato en 30 de noviembre de 1882, por M. Zamudio. »

2

Estaba una mañana fray Gómez en su celda entregado a la meditación, cuando dieron a la puerta unos discretos golpecitos, y una voz de quejumbroso timbre dijo:

—*Deo gratias* . . . ¡Alabado sea el Señor!

—Por siempre jamás, amén. Entre, hermanito—contestó fray Gómez.

Y penetró en la humildísima celda un individuo algo desarrapado, *vera effigies* del hombre a quien acongojan pobrezas, pero en cuyo rostro se dejaba adivinar la proverbial honradez del castellano viejo.

Todo el mobiliario de la celda se componía de cuatro sillones de vaqueta, una mesa mugrienta, y una tarima sin colchón, sábanas ni abrigo, y con una piedra por cabezal o almohada.

—Tome asiento, hermano, y dígame sin rodeos lo que por acá le trae—dijo fray Gómez.

—Es el caso, padre, que yo soy hombre de bien a carta cabal . . .

—Se le conoce y que persevere deseo, que así merecerá en esta vida terrena la paz de la conciencia, y en la otra la bienaventuranza.

—Y es el caso que soy buhonero, que vivo cargado de familia y que mi comercio no cunde por falta de medios, que no por holgazanería y escasez de industria en mí.

—Me alegro, hermano, que a quien honradamente trabaja Dios le acude.

—Pero es el caso, padre, que hasta ahora Dios se me hace el sordo, y en acorrerme tarda . . .

—No desespere, hermano no desespere.

—Pues es el caso que a muchas puertas he llegado en demanda de habilitación por quinientos duros, y todas las he encontrado con cerrojo y cerrojillo. Y es el caso que anoche, en mis cavilaciones, yo mismo me dije a mí mismo:—¡Ea!, Jerónimo, buen ánimo y vete a pedirle el dinero a fray Gómez, que si él lo quiere, mendicante y pobre como es, medio encontrará para sacarte del apuro. Y es el caso que aquí estoy porque he venido, y a su paternidad le pido y ruego que me preste esa puchuela por seis meses, seguro que no será por mí por quien se diga:

En el mundo hay devotos
de ciertos santos:
la gratitud les dura
lo que el milagro;
que un beneficio
da siempre vida a ingratos
desconocidos.

—¿Cómo ha podido imaginarse, hijo, que en esta triste celda encontraría ese caudal?

—Es el caso, padre, que no acertaría a responderle; pero tengo fe en que no me dejará ir desconsolado.

—La fe lo salvará, hermano. Espere un momento.

Y paseando los ojos por las desnudas y blanqueadas paredes de la celda, vió un alacrán que caminaba tranquilamente sobre el marco de la ventana. Fray Gómez arrancó una página de un libro viejo, dirigióse a la ventana, cogió con delicadeza a la sabandija, la envolvió en el papel, y tornándose hacia el castellano viejo le dijo:

—Tome, buen hombre, y empeñe esta alhajita; no olvide, sí, devolvérmela dentro de seis meses.

El buhonero se deshizo en frases de agradecimiento, se despidió de fray Gómez y más que de prisa se encaminó a la tienda de un usurero.

La joya era espléndida, verdadera alhaja de reina morisca, por decir lo menos. Era un prendedor figurando un alacrán. El cuerpo lo formaba una magnífica esmeralda engarzada sobre oro, y la cabeza un grueso brillante con dos rubíes por ojos.

El usurero, que era hombre conocedor, vió la alhaja con codicia, y ofreció al necesitado adelantarle dos mil duros por ella; pero nuestro español se empeñó en no aceptar otro préstamo que el de quinientos duros por seis meses, y con un interés judaico, se entiende. Extendiéronse y firmáronse los documentos o papeletas de estilo, acariciando el agiotista la esperanza de que a la postre el dueño de la prenda acudiría por más dinero, que con el recargo de intereses lo convertiría en propietario de joya tan valiosa por su mérito intrínseco y artístico.

Y con este capitalito fuéle tan prósperamente en su comercio, que a la terminación del plazo pudo desempeñar la prenda, y, envuelta en el mismo papel en que la recibiera, se la devolvió a fray Gómez.

Éste tomó el alacrán, lo puso sobre el alféizar de la ventana, le echó una bendición y dijo:

—Animalito de Dios, sigue tu camino.

Y el alacrán echó a andar libremente por las paredes de la celda.

Y vieja, pelleja,
aquí dió fin la conseja.

DE CÓMO DESBANQUÉ A UN RIVAL

*(Artículo que hemos escrito entre Campoamor y yo, y que dedico
a mi amigo Lauro Cabral)*

1

Como ya voy teniendo, y es notorio,
« bastante edad para morir mañana »,
según dijo con chispa castellana
Ramón de Campoamor y Campoosorio[10]
que, en lo desmemoriado,
es un segundo yo pintipintado,
quiero dejar escrita cierta historia
de un amor, como mío,
extravagante y digno de memoria
perpetua en bronce, o alabastro frío.
¿La he leído en francés, o la he soñado?
¿Mía es la narración, o lo es de un loco?
¿He traducido el lance, o me ha pasado?
Lectora, en puridad: de todo un poco.

Ella era una muchacha más linda que el arco
iris, y me quería hasta la pared de enfrente. Eso
sí, por mi parte estaba correspondida, y con
usura de un ciento por ciento. ¡Vaya si fué la
niña de mis ojos!

Ha pasado un cuarto de siglo, y el recuerdo
de ella despierta todavía un eco en mi aper-
gaminado organismo.

Veinte años, que en la mujer son la edad en
que la sangre de las venas arde y bulle como
lava de volcán en ignición; morenita sonrosada
como la Magdalena; cutis de raso liso; ojos
negros y misteriosos, como la tentación y el
caos; una boquita más roja y agridulce que la
guinda, y un todo más subversivo que la
libertad de imprenta: tal era mi amor, mi
embeleso, mi delicia, la musa de mis tiempos de
poeta. Me parece que he escrito lo suficiente
para probar que la quise.

Para colmo de dichas, tenía editor respon-
sable,[11] y ése . . . a mil leguas de distancia.

La chica se llamaba . . . se llamaba . . .
¡Vaya una memoria flaca la mía! Después de
haberla querido tanto, salgo ahora con que ni
del santo de su nombre me acuerdo, y lo peor
es, como diría Campoamor:

que no encuentro manera,
por más que la conciencia me remuerde,
de recordar su nombre, que era . . . que era . . .
ya lo diré después, cuando me acuerde.

II

Ella había sido educada en un convento de
monjas —pienso que en el de Santa Clara—,
con lo que está dicho que tenía sus ribetes de
supersticiosa, que creía en visiones, y que se
encomendaba a las benditas ánimas del
Purgatorio.

Para ella, moral y físicamente, era yo, como
amante, el tipo soñado por su fantasía
soñadora. —Eres el feo más simpático que ha
parido madre —solía repetirme—, y yo,
francamente, como que llegué a persuadirme
de que no me lisonjeaba.

¡Pobrecita! ¡Si me amaría, cuando encontraba mis versos superiores a los de Zorrilla y
Espronceda,[12] que eran por entonces los
poetas a la moda! Por supuesto, que no entraban en su reino las poesías de los otros
mozalbetes de mi tierra, hilvanadores de
palabras bonitas con las que traíamos a las
musas al retortero, haciendo mangas y
capirotes de la estética.

---

[10] (1817–1901), poeta español, muy famoso en
aquellos años.

[11] En lenguaje figurado, el que se da o pasa por autor
de lo que otro u otros hacen; en este caso, un
amante rico y ausente.

[12] José Zorrilla (1817–1893), José de Espronceda
(1808–1842), famosos poetas españoles del romanticismo.

Aunque no sea más que por gratitud literaria, he de consignar aquí el nombre del amor
mío.

Esperad que me acuerde . . . se llamaba . . .
diera un millón por recordar ahora
su nombre, que acababa . . . que acababa . . .
no sé bien si era en *ira* o era en *ora*.

III

Sin embargo, mis versos y yo teníamos un
rival en *Michito*, que era un gato color de
azabache, muy pizpireto y remonono. Después
de perfumarlo con esencias, adornábalo su
preciosa dueña con un collarincito de terciopelo con tres cascabeles de oro, y teníalo
siempre sobre sus rodillas. El gatito era un
dije, la verdad sea dicha.

Lo confieso, llegó a inspirarme celos, fué mi
pesadilla. Su ama lo acariciaba y lo mimaba
demasiado, y maldita la gracia que me hacía
eso de un beso al gato y otro a mí.

El demonche del animalito parece que conoció la tirria que me inspiraba; y más de una
vez en que, fastidiándome su roncador *ró ró ró*,
quise apartarlo de las rodillas de ella, me plantó
un arañazo de padre y muy señor mío.

Un día le arrimé un soberbio puntapié.
¡Nunca tal hiciera! Aquel día se nubló el cielo
de mis amores, y en vez de caricias hubo
tormenta deshecha. Llanto, amago de pataleta,
y en vez de llamarme ¡bruto!, me llamó
¡masón!, palabra que, en su boquita de rica-
punto, era el *summum* de la cólera y del insulto.

¡Alma mía! Para desenojarla tuve que obsequiar, no rejalgar, sino bizcochuelos a
Michito, pasarle la mano por el sedoso lomo,
y . . ., ¡Apolo me perdone el pecado gordo!,
escribirle un soneto con estrambote.

Decididamente, *Michito* era un rival difícil
de ser expulsado del corazón de mi amada . . .
de mi amada ¿qué?

Me quisiera morir, ¡oh rabia!, ¡oh mengua!
No hay tormento más grande para un hombre
que el no poder articular un nombre
que se tiene en la punta de la lengua.

IV

Pero hay un dios protector de los amores, y
van ustedes a ver cómo ese dios me ayudó con
pautas torcidas a hacer un renglón derecho: 5
digo, a eliminar a mi rival.

Una noche leía ella, en *El Comercio*, la
sección de *avisos* del día.

—Díme—exclamó de pronto marcándome
un renglón con el punterillo de nácar y rosa, 10
vulgo dedo—, ¿qué significa este aviso?

—Veamos, sultana mía.

Cabalgué mis quevedos y leí:

> ADELAIDA ORILLASQUI
> *Adivina y profesora* 15

—No sabré decirte, palomita de ojos negros,
lo que adivina ni lo que profesa la tal madama;
pero tengo para mí que ha de ser una de tantas
embaucadoras que, a vista y paciencia de la 20
autoridad, sacan el vientre de mal año a
expensas de la ignorancia y tontería humanas.
Esta ha de ser una Celestina forrada en coma-
drona y bruja.

—¡Una bruja! ¡Ay, hijo! . . . Yo quiero 25
conocer una bruja . . . Llévame donde la
bruja . . .

Un pensamiento mefistofélico cruzó rápidamente por mi cerebro. ¿No podría una bruja
ayudarme a destronar al gato? 30

—No tengo inconveniente, ángel mío, para
llevarte el domingo, no precisamente donde
esa Adelaida, que ha de ser bruja *carera* y mis
finanzas andan como las de la patria, sino
donde otra prójima del oficio que, por cuatro 35
o cinco duros, te leerá el porvenir en las rayas
de las manos, y el pasado en el librito de las
cuarenta.

Ella, la muy loquilla, brincando con infantil
alborozo, echó a mi cuello sus torneados 40
brazos, y rozando mi frente con sus labios
coralinos, me dijo:

¡Qué bueno eres . . . con tu . . . !—y pronunció su nombre, que, ¡cosa del diablo!,
hace una hora estoy bregando por recordarlo. 45

¿Echarán nuestros nombres en olvido
lo mismo que los hombres, las mujeres?
Si olvidan, como yo, los demás seres,
este mundo, lectora, está perdido.

V

Y amaneció Dios el domingo, como dicen las viejas.

Y antes de la hora del almuerzo, mi amada prenda y yo enderezamos camino a casa de la bruja.

No estoy de humor para gastar tinta describiendo minuciosamente el domicilio. La *mise en scène* fórjesela el lector.

La María Pipí o barragana del enemigo malo nos jugó la barajita, nos hizo la brujería de las tijeras, la sortija y el cedazo, el ensalmo de la piedra imán y la cebolla albarrana y, en fin, todas las habilidades que ejecuta cualquiera bruja de tres al cuarto.

Luego nos pusimos a examinar el laboratorio o salita de aparatos.

Había sapos y culebras en espíritu de vino, pájaros y sabandijas disecados, frascos con aguas de colores, ampolleta y esqueleto; en fin, todos los cachivaches de la profesión.

La lechuza, el gato y el perro *empajados*[13] no podían faltar: son de reglamento, como el murciélago y la lagartija dentro de una olla.

Ella, fijándose en el michimorrongo, me dijo:

—Mira, mira, ¡qué parecido a *Michito!*

Aquí la esperaba la bruja para dar el concertado golpe de gracia.

El corazón me palpitaba con violencia y parecía quererse escapar del pecho. De la habilidad con que la bruja alcanzara a dominar la imaginación de la joven, dependía la victoria o la derrota de mi rival.

—¡¡¡Cómo, señorita!!!—exclamó la bruja asumiendo una admirable actitud de sibila o pitonisa, y dando a su voz una inflexión severa—. ¿Usted tiene un gato? Si ama usted a este caballero, despréndase de ese animal maldito. ¡Ay!, por un gato me vino la desgracia de toda mi vida. Oiga usted mi historia: yo era joven, y este gato que ve usted empajado era mi compañero y mi idolatría. Casi todo el santo día lo pasaba sobre mis faldas, y la noche sobre mi almohada. Por entonces llegué a apasionarme como loca de un cadete de artillería, arrogante muchacho, que sin descanso me persiguió seis meses para que lo admitiera de visita en mi cuarto. Yo me negaba tenazmente; pero al cabo, que eso nos pasa a todas cuando el galán es militar y porfiado, consentí. Al principio estuvo muy moderado y diciéndome palabras que me hacían en el alma más efecto que el redoble de un tambor. Poquito a poquito se fué entusiasmando y me dió un beso, lanzando a la vez un grito horrible, grito que nunca olvidaré. Mi gato le había saltado encima, clavándole las uñas en el rostro. Desprendí al animal y lo arrojé por el balcón. Cuando comencé a lavar la cara de mi pobre amigo, ví que tenía un ojo reventado. Lo condujeron al hospital, y como quedó lisiado, lo separaron de la milicia. Cada vez que nos encontrábamos en la calle, me hartaba de injurias y maldiciones. El gato murió del golpe, y yo lo hice disecar. ¡El pobrecito me tenía afecto! Si dejó tuerto a mi novio, fué porque estaba celoso de mi cariño por un hombre... ¿No cree usted, señorita, que éste me quería de veras?

Y la condenada vieja acariciaba con la mano al inanimado animal, cuyo esqueleto temblaba sobre su armazón de alambres.

Me acerqué a mi querida y la ví pálida como un cadáver. Se apoyó en mi brazo, temblorosa, sobreexcitada; miróme con infinita ternura, y murmuró dulcemente:—Vámonos.

Saqué media onza de oro y la puse, sonriendo de felicidad, en manos de la bruja.

¡Ella me amaba! En su mirada acababa de leerlo. Ella sacrificaría a mi amor lo único que le quedaba aún por sacrificar—el gato—; ella, cuyo nombre se ha borrado de la memoria de este mortal pérfido y desagradecido.

¡Ah! ¡malvado! ¡malvado!
Pero yo, ¿qué he de hacer si lo he olvidado?
No seré el primer hombre
que se olvidó de una mujer querida...
¡Ah! ¡Yo bien sé que el olvidar su nombre
es la eterna vergüenza de mi vida!
¡Dejad que a gritos al verdugo llame!
¡Que me arranque a puñados el cabello!
¡Soy un infame, sí, soy un infame!
¡Ahórcame, lectora; éste es mi cuello!

---

[13] De empajar, llenar con paja a los animales disecados.

VI

Aquella noche, cuando fuí a casa de mi adorado tormento, me sorprendí de no encontrar al gato sobre sus rodillas.

—¿Qué es de *Michito*? —la pregunté.

Y ella, con una encantadora, indescriptible, celestial sonrisa, me contestó:

—Lo he regalado.

La dí un beso entusiasta, ella me abrazó con pasión y murmuró a mi oído:

—He tenido miedo por tus ojos.

(De *Tradiciones peruanas*, edición publicada bajo los auspicios del gobierno del Perú. Madrid, s/f.)

———◆———

Y ahora, una cumbre: EUGENIO MARÍA DE HOSTOS (Puerto Rico; 1839–1903). Como otros civilizadores que hemos mencionado y mencionaremos, Hostos prefirió la acción al arte. Por cuidar la conducta descuidó la literatura. No podemos concederle en la historia literaria el lugar que merecería en una galería de los grandes maestros de América. Se diferencia de Bello, Sarmiento, Montalvo, Varona, González Prada, Martí — todos ellos constructores de pueblos — en que llegó a renunciar a su vocación literaria y aun a aborrecerla. En *Moral social*, 1888 — su obra más importante — escribió tres capítulos contra la literatura. Decía despreciarla en nombre de la moral y de la lógica. ¿En el fondo de su rencor contra novelas, dramas y aun poesías hay una vanidad herida, un sentimiento de fracaso, una soberbia de apóstata? Hostos tuvo, en su juventud, ambiciones de gloria literaria; sólo que una « crisis de carácter » — para emplear sus propias palabras — vino luego a enriquecer su vida con luchas generosas y a empobrecer su pluma con funciones didácticas. En España — donde vivirá de 1851 a 1869 — escribió breves relatos líricos, baladas en prosa que seguían la moda que imitaba a Hoffmann, Gessner, Ossian, etc. Y, sobre todo, una novela poética, *La peregrinación de Bayoán*, 1863, que por sus méritos de estilo, de imaginación, de sinceridad, hace de veras lamentable que Hostos no persistiera en el género. Es una novela rara. Según uno de sus primeros lectores, el novelista español Nombela, el estilo era de « novedad absoluta » en las letras hispánicas; y, en efecto, esa prosa no era la corriente. Sin duda hay un pensamiento serio en la obra: la libertad de su patria, la unidad de Puerto Rico, Cuba, Santo Domingo y Haití, el deber antepuesto a la felicidad, los reclamos de la justicia y de la verdad ... Pero el mensaje está diluído en un diario íntimo de extraordinario lirismo. Porque *La peregrinación de Bayoán* es eso, un diario íntimo. Desgraciadamente el propósito didáctico, las alegorías, los episodios novelescos estropean la calidad artística de ese diario íntimo, que es el diario de Bayoán. Y Hostos, que aparece como editor de esas páginas, reconstruye la acción novelesca cuando el diario se interrumpe y hasta interviene dentro de la trama novelesca. Pero el valor de *La peregrinación de Bayoán* está en su poética visión del paisaje y de la vida y en las novedades de su prosa. Esa visión era típicamente romántica. Es curioso que Hostos, tan efusivo en *La peregrinación*, tan sentimental en el relato de sus amores, *Inda* (1878), tan blando en sus *Cuentos a mi hijo* (1878), creyera que lo más importante era ser « hombre lógico. » Sacrificó su intimidad, que la tenía rica y compleja, a una actividad lógica que no lo llevó muy lejos. No era filósofo, a pesar de sus pruritos de pensador sistemático. Llegó a construir una prosa abstracta, endurecida con simetrías y oposiciones al modo de los krausistas y los positivistas. Pero no tenía aptitud teórica, y su pensamiento, si bien noble, fué de radio corto. Su primer contacto con la filosofía había sido el conocimiento del krausismo (ya se sabe cuánto influyó el alemán Krause en la generación española de 1868: Sanz del Río, Salmerón, etc.). Pero siguió una de las corrientes que se habían agregado al repertorio de las ideas de los krausistas españoles: el positivismo, con su confianza en la razón y en las ciencias experimentales.

Eugenio María de Hostos

EL PROPÓSITO DE LA NORMAL[1]

Señor Presidente de la República:
Señores:

5 Han sido tantas, durante estos cuatro años de prueba, las perversidades intentadas contra el Director de la Escuela Normal, que acaso se justificaría la mal refrenada indignación que ahora desbocara sobre ellas.

Pero no: no sea de venganzas la hora en que 10 triunfa por su misma virtud una doctrina. Sea de moderación y de gratitud.

Sólo es digno de haber hecho el bien, o de haber contribuído a un bien, aquel que se ha despojado de sí mismo hasta el punto de no 15 tener conciencia de su personalidad sino en la exacta proporción en que ella funcione como representante de un beneficio deseado o realizado.

El que en ese modo impersonal se ha puesto 20 a la obra del bien, de nadie, absolutamente de nadie, ha podido recibir el mal. ¿Qué gusano, qué víbora, qué maledicencia, qué calumnia,

qué Judas,[2] qué Yago[3] han podido llegar hasta él? ¿Es él un gusano? ¿Es él un áspid? ¿Es él una excrecencia revestida de la forma humana?

No, señores: él es lo más alto y lo más triste que hay en la creación. Es la roca desierta que soberanos esfuerzos han solevantado lentísimamente por encima del mar de tribulaciones, y que sufre sin quebrantarse la espuma de la rabia, el embate de la furia, el horror desesperado de las olas mortales que asedian. Es la conciencia, triste como la roca, pero alta como la roca desierta del océano. Y no la conciencia individual, que siempre toma su fuerza en la inconciencia circundante, sino la conciencia humana, que toma su fuerza de sí misma, que de sí misma recibe su poder de resistencia, y, secundando a la naturaleza, sacrifica el individuo a la especie, la personalidad a la colectividad, lo particular a lo general, el bienestar de uno al bienestar de todos, el hombre a la humanidad.

---

[1] Discurso pronunciado en la investidura de los primeros Maestros Normales de la República de Santo Domingo, discípulos de Hostos, en 1884.

[2] El discípulo que traicionó a Jesucristo.
[3] El traidor en el « Otelo » de Shakespeare.

En esa región de la conciencia no hay pasiones como las pasiones vergonzosas que amojaman el cuerpo y el alma de otros hombres: unas y otras pasan por debajo, precipitándose en la sima de su propia nada, sin que logren de la conciencia, que va trepando penosamente su pendiente, ni una mirada, ni una sonrisa, ni un movimiento de desdén. Ascendiendo siempre la una, bajando siempre las otras ¿qué venganza más digna de la una que el seguir siempre ascendiendo, qué castigo mayor para las otras que el seguir siempre bajando?

Una vez, en los Andes soberanos, por no se sabe qué extraordinaria sucesión de esfuerzos, había logrado subir al penúltimo pico de la cúspide misma del desolado ventisquero del Planchón[4] una alpaca de color tan puro como la no medida plancha de hielo que le servía de pedestal. Descendiendo por la vertiginosa pendiente del ventisquero, y hundiéndose en los cóncavos senos de la tierra con todo el fragor de dos truenos repetidos mil veces por los ecos subterráneos, dos torrentes furiosos azotaban la mole en que la alpaca se asilaba. Las oleadas la sacudían, las espumas la salpicaban, los horrísonos truenos la amenazaban, y la tímida alpaca no temía.

Muy por debajo de la cumbre, al pie del ventisquero, una turba de enfermos, que habían ido a buscar la curación de sus dolencias o de sus pasiones en aquella salutífera desolación, se entretenía contemplando la angustiosa lucha entre el débil andícola y los fuertes Andes; y, como siempre que los hombres se entretienen, los unos se mofaban del débil, los otros celebraban con risotadas las irracionales mofas, éstos tiraban piedras que no podían alcanzar al inaccesible animalito, aquéllos trataban de acosarlo con sus vociferaciones, alguno que otro lo compadecía, sólo uno tomaba para sí el ejemplo que él daba, y todos deseaban que llegara el desenlace cualquiera que esperaban.

Mientras tanto, la alpaca solitaria, indiferente a los gritos y las risas de los hombres, impasible ante el estruendo y el peligro, buscaba un punto de apoyo en la saliente de hielo petrificado que coronaba el ventisquero, y, después de caer una y mil veces, logró por fin encaramarse en el único seguro de aquel desierto de hielo desolado. Entonces, conociendo por primera vez el peligro de muerte que había corrido, y oyendo por primera vez las vociferaciones que la habían acosado, dirigió una mirada plácida a los hombres, a los torrentes desenfrenados y al abismo a donde habían tratado de precipitarla, fijó la vista en el espacio inmenso, y, percibiendo sin duda cuán invisible punto son los seres mortales en la extensión inmortal de la naturaleza, trasmitió a sus ojos expresivos la centelleante expresión de gratitud que a todo ser viviente conmueve en el instante de su salvación; y, dirigiendo otra mirada sin encono a las fuerzas naturales y a los hombres que la habían acosado, por invisibles senderos se encaminó tranquilamente a su destino.

En el alma de todo ser racional que ha logrado salvar las dificultades de una hora trascendental, se manifiesta el mismo fenómeno que observé en la alpaca descarriada de los Andes. Por encima de toda pasión odiosa se levanta en el fondo el sentimiento de la gratitud.

Yo la siento profunda, y la proclamo en alta voz ante vosotros.

Todos, en el Gobierno de la nación, en el gobierno del municipio, en el gobierno de la familia, en el gobierno de la opinión, como legisladores, presidente y secretarios de Estado, como representantes de la comunidad municipal, como jefes e inspiradores del hogar, como guías de la opinión cotidiana, todos vosotros, así los presentes como los distantes, así los que sostuvisteis como los que iniciasteis esta obra, así los que desde el primer momento descubristeis la intención redentora que ella conlleva como los que habéis tardado en ver la pureza de sus designios, así los que hayáis podido calumniarla como los que la hayáis combatido por error o por sistema, así los claros enemigos de la obra como los oscuros enemigos del obrero, todos sois dignos de gratitud, porque habéis contribuído a un beneficio que la República estimará tanto más concienzudamente cuanto mayor número de generaciones, redimidas por este esfuerzo

---

[4] El Planchón es un volcán de Chile.

común de redención, vengan a darle cuenta de la causa fundamental de la serie de bienes que en lo porvenir sucederá a la maraña de males que en lo pasado la envolvían.

5 Todos habéis contribuído a esta obra, los unos excitando con vuestra simpatía las pasiones generosas del amigo, los otros estimulando, en el que inútilmente quisisteis considerar como enemigo, las reacciones 10 sublimes que el odio injusto promueve en las almas poseídas de la verdad y de la justicia. Factores del bien como habéis sido todos, acaso deseáis que se le exponga, tal cual es, a los ojos atentos de la República; y ese deseo 15 es el que va este discurso a complacer. [. . .]

Para que la República convaleciera, era absolutamente indispensable establecer un orden racional en los estudios, un método razonado en la enseñanza, la influencia del 20 principio armonizador en el profesorado, y el ideal de un sistema superior a todo otro, en el propósito mismo de la educación común.

Era indispensable formar un ejército de maestros que, en toda la República, militara 25 contra la superstición, contra el cretinismo, contra la barbarie. Era indispensable, para que esos soldados de la verdad pudieran prevalecer en sus combates, que llevaran en la mente una noción tan clara, y en la voluntad una resolu- 30 ción tan firme, que cuanto más combatieran, tanto más los iluminara la nación, tanto más estoica resolución los impulsara.

Ni el amor a la verdad, ni aun el amor a la justicia, bastan para que un sistema de educa- 35 ción obtenga del hombre lo que ha de hacer del hombre, si a la par de esos dos santos amores no desenvuelve la noción del derecho y del deber: la noción del derecho, para hacerle conocer y practicar la libertad; la del deber, 40 para extender prácticamente los principios naturales de la moral desde el ciudadano hasta la patria, desde la patria obtenida hasta la pensada, desde los hermanos en la patria hasta los hermanos en la humanidad.

45 Junto, por tanto, con el amor a la verdad y a la justicia, había de inculcarse en el espíritu de las generaciones educadas un sentimiento poderoso de la libertad, un conocimiento concienzudo y radical de la potencia construc- 50 tora de la virtud, y un tan hondo, positivo e inconmovible conocimiento del deber de amar a la patria, en todo bien, por todo bien y para todo bien, que nunca jamás resultara posible que la patria dejara de ser la madre alma de los hijos nacidos en su regazo santo o de los hijos adoptivos que trajera a su seno el trabajo, la proscripción o el perseguimiento tenaz de un ideal.

Todos y cada uno de estos propósitos parciales estaban subordinados a un propósito total: o, en otros términos, era imposible realizar parcialmente varios o uno de estos propósitos, si se desconocía o se descuidaba el propósito esencial: el de formar hombres en toda la excelsa plenitud de la naturaleza humana.

Y ese fin ¿cómo había de realizarse? Sólo de un modo, el único que ha querido la naturaleza que sea medio universal de formación moral del ser humano: desarrollando la razón; diré mucho mejor diciendo la racionali- dad; es decir, la capacidad de razonar y de relacionar, de idear y de pensar, de juzgar y conocer, que sólo el hombre, entre todos los seres que pueblan el planeta, ha recibido como carácter distintivo, eminente, excepcional y trascendente.

Y para desarrollar la mayor cantidad posible de razón en cada ser racional ¿qué principio había de ser norma, qué medio había de ser conducta, qué fin había de ser objeto de la educación?

¿Habíamos de dejar las cosas como estaban? Habríamos seguido obteniendo, del sistema de educación apetecido, lo que el sistema practi- cado estaba dando a la República: unos cuantos hombres de intelectualidad natural muy poderosa, que, en virtud de sus propios esfuerzos y contra los esfuerzos de su viciosa educación intelectual, se elevaban por sí mismos a una contemplación más pura y más leal de la verdad y el bien que la generación de bípedos dañinos o inofensivos que los rodea- ban.

¿Habíamos de ir a restablecer la cultura artificial que el escolasticismo está todavía empeñado en resucitar? Habríamos seguido debiendo a esa monstruosa educación de la razón humana, los ergotistas vacíos que, en los siglos medios de Europa y en los siglos coloniales de la América latina, vaciaron la razón, dejando como impuro sedimento las cien generaciones de esclavos voluntarios que viven encadenados a la cadena del poder humano o a la cadena del poder divino y que, cuando se encontraron en la sociedad moderna, al encontrarse en un mundo despoblado de sus antiguos dioses y de sus antiguos héroes, no supieron, en Europa, ponerse con los buenos a fabricar la libertad, no supieron en la América latina, ponerse con los mejores a forjar la independencia.

¿Habíamos de buscar, en la dirección que el Renacimiento dió a la cultura moral e intelectual, el modelo que debíamos seguir? No estamos para eso. Estamos para ser hombres propios, dueños de nosotros mismos, y no hombres prestados; hombres útiles en todas las actividades de nuestro ser, y no hombres pendientes siempre de la forma que en la literatura y en las ciencias griegas y romanas tomaron las necesidades, los afectos, las pasiones, los deseos, los juicios y la concepción de la naturaleza. Estamos para pensar, no para expresar; para velar, no para soñar; para conocer, no para cantar; para observar, no para imaginar; para experimentar, no para inducir por condiciones subjetivas la realidad objetiva del mundo.

¿Habíamos, por último, de adoptar una organización docente que nos diera el esqueleto, no el contenido de la ciencia?

¿Qué habríamos hecho de la organización de los estudios, norteamericana, alemana, suiza, francesa, si nos faltaba el elemento generador de la organización? ¿Qué Condorcet[5] ha podido imbuir el principio vital en un facsímil de hombre? ¿Qué Cuvier[6] ha podido poner en movimiento las organizaciones anatómicas que restauraba? ¿Qué Pigmalión[7] ha podido dar el fuego divino de la vida al bello ideal que ha esculpido el estatuario?

Como el soñador deificado de la Grecia, como el paleontólogo que Francia dió a la ciencia, como el filósofo que la Revolución francesa malogró, no la estatua, no los huesos, no la imagen, necesitábamos la vida.

Aun más que la vida. Para que la razón educada nos diera la forma vital que íbamos a pedirle, necesitábamos restituirle la salud.

Razón sana no es la que funciona conforme al modo común de funcionar en la porción de sociedad humana de que formamos parte. Razón sana es la que reproduce con escrupulosa fidelidad las realidades objetivas y nos da o se da una interpretación congruente del mundo físico; la que reproduce con estoica imparcialidad las realidades subjetivas, y que se da o nos da una explicación evidente de las actividades morales del ser que es en las profundidades del esqueleto semoviente que somos todos.

Razón sana no es la que destella rayos desiguales de luz: brillando ahora con fulgores de la fantasía, deslumbrando después con los espejismos de la rememoración, esclareciendo con claridad solar una incertidumbre o una duda, y, complaciéndose después en las sombras o en las medias tintas, camina por la vida como va por los senderos del mundo el caminante imprevisor: tropezando y cayendo y levantándose, para volver a tropezar y a caer y a levantarse. Razón sana es la que funciona estrictamente sujeta a las condiciones naturales de su organismo.

Y entonces es cuando, directora de todas las fuerzas físicas y morales del individuo, normalizadora de todas las relaciones del asociado, creadora del ideal de cada existencia individual, de cada existencia nacional, y del ideal supremo de la humanidad, se dirige a sí misma hacia la verdad, dirige la afectividad hacia lo bello bueno, dirige la voluntad al bien; regula, por medio del derecho y del deber, las relaciones de familia, de comunidad, de patria; forja el ideal completo del hombre en cada hombre; el ideal de patria bendecida por la historia, en cada patriota; el ideal de la armonía universal, en todos los seres realmente racionales; e, iluminando con ellos la calle de la amargura que la naturaleza sorda ha señalado con índice inflexible al ser humano,

---

5 Antoine Caritat, Marqués de Condorcet (1743–1794), filósofo y matemático francés.
6 Georges Cuvier (1769–1832), naturalista francés, creador de la anatomía comparada y de la paleontología.

7 Célebre escultor de la antigüedad. Se enamoró de la estatua de Galatea que acababa de hacer y se casó con ella cuando Venus la animó.

le lleva de siglo en siglo, de continente en continente, de civilización en civilización, al siempre oscuro y siempre radiante Gólgota desde donde se descubre con asombro la
5 eternidad de esfuerzos que ha costado el sencillo propósito de hacer racional al único habitante de la Tierra que está dotado de razón.

Llevar la razón a ese grado de completo
10 desarrollo, y enseñar a dejarse llevar por la razón a ese dominio completo de la vida en todas las formas de la vida, no es fin que la educación puede realizar con ninguno de los principios y medios pedagógicos que emplea la
15 enseñanza empírica o la enseñanza clásica. La una prescinde de la razón. ¿Cómo ha de poder dirigir a la razón? La otra la amputa. ¿Cómo ha de poder completarla? La una nos haría fósiles, y la vida no es un gabinete de historia
20 natural. La otra nos haría literatos, y la vida no está reducida, y las fuerzas creadoras no están concretadas, a la limitación o admiración de las armonías de lo bello. La vida es un combate por el pan, por el puesto, por el
25 principio, y es necesario presentarse en ella con la armadura y la divisa del estoico: *Conscientia propugnans pro virtute.*[8]

La vida es una disonancia, y nos pide que aprendamos, gimiendo, llorando, trabajando,
30 perfeccionándonos, a concertar en una armonía, superior a la pasivamente contemplada o imitada por los clásicos, las notas continuamente discordantes que, en las evoluciones individuales, nacionales y universales del
35 hombre por el espacio y el tiempo, lanza a cada momento la lira de mil cuerdas que, con el nombre de historia, solloza o canta, alaba o increpa, exalta o vitupera, bendice o maldice, endiosa o endiabla los actos de la humanidad
40 en todas las esferas de acción, orgánica, moral e intelectual, que hacen de ella un segundo creador y una creación continua.

Monstruoso el escolasticismo, eunuco el clasicismo, ¿qué enseñanza era necesaria para
45 verificar la revolución saludable en esta sociedad ya cansada de revoluciones asesinas?

La enseñanza verdadera: la que se desentiende de los propósitos históricos, de los métodos parciales, de los procedimientos

artificiales, y, atendiendo exclusivamente al sujeto del conocimiento, que es la razón humana, y al objeto de conocimiento, que es la naturaleza, favorece la cópula de entrambas y descansa en la confianza de que esa cópula feliz dará por fruto la verdad.

Dadme la verdad, y os doy el mundo. Vosotros, sin la verdad, destrozaréis el mundo: y yo, con la verdad, con sólo la verdad, tantas veces reconstruiré el mundo cuantas veces lo hayáis vosotros destrozado. Y no os daré solamente el mundo de las organizaciones materiales: os daré el mundo orgánico, junto con el mundo de las ideas, junto con el mundo de los afectos, junto con el mundo del trabajo, junto con el mundo de la libertad, junto con el mundo del progreso, junto —para disparar el pensamiento entero— con el mundo que la razón fabrica perdurablemente por encima del mundo natural.

¿Y qué sería yo, obrero miserando de la nada, para tener esa virtud del todo? Lo que podríais ser todos vosotros, lo que pueden ser todos los hombres, lo que he querido que sean las generaciones que empiezan a levantarse, lo que, con toda la devoción, con toda la unción de una conciencia que lleva consigo la previsión de un nuevo mundo moral e intelectual, quisiera que fueran todos los seres de razón: un sujeto de conocimiento fecundado por la naturaleza, eterno objeto de conocimiento.

La verdad que de esa fecundación nacería, hasta tal punto es un poder, que ya lo veis, a vuestra vista está: la faz, distinta de la humanidad pasada, con que se nos presenta la humanidad actual, no es obra de otro obrero, ni efecto de otra causa, que de la mayor cantidad de verdad que el hombre de hoy tiene en su mente. Esa mayor cantidad de verdad no se debe a otra operación de alquimia o taumaturgia que a la simple operación de observar la realidad del mundo tal cual es.

¿Y para qué, si no para eso, tenemos nosotros los sentidos? ¿Y para qué, si no para eso, trasmiten ellos sus sensaciones al cerebro? ¿Y para qué, si no para eso, funciona en el cerebro la razón?

Y, sin embargo, hacer eso, que es lo que la

---

[8] La conciencia luchando en favor de la virtud.

naturaleza ha querido que hiciese el hombre en el planeta que le ha dado, ha parecido, a los irreflexivos de todas partes, un atentado contra la naturaleza, y a los irreflexivos de por acá ha parecido un atentado contra Dios.

Pero, Señor, providencia, causa primera, verdad elemental, razón eficiente, conciencia universal, seas lo que fueres, ¿Hasta cuándo ha de ser crimen la inocencia? ¿Hasta cuándo ha de ser un mal la aspiración al bien? ¿Hasta cuándo ha de ser aborto de la naturaleza el que más se esfuerza por ser su fiel hechura? ¿Hasta cuándo ha de ser un ofensor el que sólo quiere ser defensor de la razón?

¿De la razón? De la parcela de razón que tú, sin duda tú, razón centrípeta, has imbuído en el espíritu del hombre, para que, evolucionando independientemente de su foco, se lance en el espacio sin fin de la verdad y, teniendo en tu seno el centro fijo, imite a la vorágine de mundos que se precipitan en el infinito, y que trazando en él sus invisibles órbitas, y poseídos del vértigo que los aleja de su centro, son, como la razón humana, tanto más prueba de que existe el centro a que obedecen, cuanto más en lo hondo del infinito se sumergen.

¿Qué cuerpos en el espacio, qué razón en el mundo de los hombres, qué virtud en el alma de los niños, puede no ser más regular cuando obedezca naturalmente a su centro de atracción?

Así como el centro del mundo planetario está en el sol, y el centro de la razón está en el mundo que contempla, así el centro de toda virtud es la razón. Desarrollar en los niños la razón, nutriéndola de realidad y de verdad, es desenvolver en ellos el principio mismo de la moral y la virtud.

La moral no se funda más que en el reconocimiento del deber por la razón; y la virtud no es más ni menos que el cumplimiento de un deber en cada uno de los conflictos que sobrevienen de continuo entre la razón y los instintos. Lo que tenemos de racionales vence entonces a lo que tenemos de animales, y eso es virtud, porque eso es cumplir con el deber que tenemos de ser siempre racionales, porque eso es la fuerza (virtus), la esencia constituyente, la naturaleza de los seres de razón.

Para lograr ese fin, más alto y mejor que otro cualquiera (por ser, tomando un pleonasmo expresivo de la metafísica alemana, *el fin final* del hombre en el planeta), por lograr ese fin han querido los grandes maestros, [. . .] secundar a la razón en su incesante evolucionar hacia la verdad. Por lograr ese fin se quiso también aplicar aquí el sistema y el procedimiento racional de educación. Formar hombres en toda la extensión de la palabra, en toda la fuerza de la razón, en toda la energía de la virtud, en toda la plenitud de la conciencia, ése podrá haber sido el delito, pero ése ha sido y seguirá siendo el propósito del director de esta obra combatida.

Para que la obra fuese completamente digna de un pueblo, ni un sólo móvil egoísta he puesto en ella.

Si el egoísmo hubiera sido mi guía o mi consejero, hace ya mucho tiempo que hubiera desistido de la empresa: la calumnia habría dado la voz a la viril indignación, y habría acabado.

Pero no al mal egoísmo ni al egoísmo bueno presté oído, y el mismo tranquilo menospreciador de aullidos que antes era, soy ahora; y la misma que fué en la ley, es en el presupuesto de mi vida la recompensa económica de mi trabajo material.

Si hubiera sido egoísta, abiertas generosamente para mí han estado las puertas de una comarca hermana, y me las he cerrado.

Si hubiera sido egoísta, constitución, posibilidad de ser útil, simpatías personales, la misma vocación, me hubieran llamado a la política, y mirad que vivo en la soledad de mis deberes.

Si hubiera sido egoísta, me hubiera abierto a todas las expansiones que dan popularidad al hombre público, y mirad que estoy tan encerrado como siempre en mi reserva.

Si hubiera sido egoísta . . .

Pero ¿cómo me atrevo a alucinaros? ¿Cómo me atrevo a mentiros? ¿Cómo me atrevo a engañaros?

Al modo de la virgen pudorosa que se ruboriza al negar el afecto que suspira en lo profundo, el alma virgen de dolo y de mentira inflama el rostro del que miente una virtud.

Vedme, señores, confeso de mentira ante vosotros. Vedme confeso de haberos engañado. Yo no puedo negaros que os engaño.

Yo no puedo negaros que soy el más egoísta de los reformadores. Yo no puedo negaros que en la obra intentada, en la perseverancia de que ella es testimonio y en el dominio de las circunstancias que la han contrastado, mi más fuerte sostén ha sido el egoísmo.

Mis esfuerzos, mi perseverancia, el dominio de mí mismo que requiere esta reforma, no han sido sólo por vosotros: han sido también por mí, por mi idea, por mi sueño, por mi pesadilla, por el bien que merece más sacrificios de la personalidad y el amor propio.

Al querer formar hombres completos, no lo quería solamente por formarlos, no lo quería tan sólo por dar nuevos agentes a la verdad, nuevos obreros al bien, nuevos soldados al derecho, nuevos patriotas a la patria dominicana: lo quería tambien por dar nuevos auxiliares a mi idea, nuevos corazones a mi ensueño, nuevas esperanzas a mi propósito de formar una patria entera con los fragmentos de patria que tenemos los hijos de estos suelos.

Tiradme la primera piedra aquel de entre vosotros que se sienta incapaz de ese egoísmo. Con ése no se contará para la alta empresa.

Y cuando ya las legiones de reformados en conciencia y en razón, por buscar lógicamente la aplicación de la verdad a un fin de vida necesario para la libertad y la civilización del hombre en estas tierras y para la grandeza de estos pueblos en la Historia, busquen en la actividad de su virtud patriótica la Confederación de las Antillas, que conciencia y razón, deber y verdad, señalan como objetivo final de nuestra vida en las Antillas, la Confederación pasará sobre ese muerto. Y cuando, al meditar en la eficacia del procedimiento intelectual que se habrá empleado para llegar a la Confederación, diga alguno que la Confederación de las Antillas es más una confederación de entendimientos que de pueblos, el que ahora me acuse quedará eliminado de la suma de entendimientos que hayan concurrido al alto fin.

Pero si el soñador no llegara a la realización del sueño, si el obrero no viese la obra terminada, si las apostasías disolviesen el apostolado, ni la vida azarosa, ni la muerte temprana podrán quitar al maestro la esperanza de que en el porvenir germine la semilla que ha sembrado en el presente, porque del alma de sus discípulos ha tratado de hacer un templo para la razón y la verdad, para la libertad y el bien, para la patria dominicana y la antillana.

Y cuando más desesperado cierre los ojos para no ver el mal que sobrevenga, del fondo de su retina resurgirá la escena que más patéticamente le ha probado la excelencia de esta obra.

Estábamos en ella: estábamos trabajando para acabar de entregar a la República esos hombres. Uno de ellos iba a ser examinado, y se había dado la señal. El órgano con su voz imponente hacía resonar ese interludio sublime que, con cuatro notas, penetra en lo hondo de la sensibilidad moral, y la despierta en los rincones de la sensibilidad física, y eriza los nervios en la carne.

La Escuela era en aquel momento lo que en esencia es: y el silencio y el recogimiento atestiguaban que se estaba oficiando en el ara de eterna redención que es la verdad.

De pronto, al pasar por la puerta una mujer del campo se detiene, deja en la acera los útiles de su industria y de su vida, intenta trasponer el umbral, se amedrenta, vacila entre el sentimiento que la atrae y el temor que la repele, levanta sus escuálidos brazos, se persigna, dobla la rodilla, se prosterna, ora, se levanta en silencio, se retira medrosa de sus propios pasos, y así deja consagrado el templo.

Los escolares imprevisores se reían, el órgano seguía gimiendo su sublime melopea, y, por no interrumpirla ni interrumpir la emoción religiosa que me conmovía, no expresé para los escolares la optación que expreso ante vosotros y ante la patria de hoy y de mañana.

¡Ojalá que llegue pronto el día en que la Escuela sea el templo de la verdad, ante el cual se prosterne el traseúnte, como ayer se prosternó la campesina! Y entonces no la rechacéis con vuestras risas, ni la amedrentéis con vuestra mofa; abridle más las puertas, abridle vuestros brazos, porque la pobre escuálida es la personificación de la sociedad de las Antillas, que quiere y no se atreve a entrar en la confesión de la verdad.

(De « Forjando el porvenir americano », en *Obras completas*, Vol. XII, tomo 1, 1939).

Hubo, además de Hostos, otros intelectuales de actitud estudiosa y crítica, como el peruano ALEJANDRO DEÚSTUA (1849–1945) o el boliviano GABRIEL RENÉ MORENO (1836–1909). Pero los tres pensadores más serios de estos años son González Prada, Justo Sierra y Enrique José Varona.

Aunque ya había escrito versos en sus veinte años, MANUEL GONZÁLEZ PRADA (Perú; 1848–1918) surgió a la literatura con su robusta talla de demoledor después de 1880. Hasta su muerte será el escritor más genial de su país, temido y odiado por muchos, rodeado por unos pocos discípulos. Después de su muerte su figura ha venido agigantándose: sus libros siguen haciéndole discípulos. Rompió, violentamente, no sólo con las pequeñas mentiras de nuestra civilización, pero también con las grandes. Nuestra literatura había tenido tremendos polemistas: Sarmiento, Montalvo. Pero la protesta de González Prada fue aún más terrible porque golpeaba no contra personas o partidos, sino contra la totalidad del orden vigente. Era ateo, anárquico, naturalista, partidario del indio y del trabajador. Su sinceridad se construyó un estilo: no hay, en estos años, ni en España ni en América, una prosa tan filosa y tajante como la de González Prada. Su importancia en la literatura hispanoamericana se debe más a la prosa que a los versos; lo que no significa que sus versos fueran malos, sino que su prosa fue el vehículo de lo que a él más le interesaba, que era el pensamiento crítico. Sus versos se distribuyen en nueve volúmenes: *Minúsculas* (1901), *Presbiterianas* (1909), *Exóticas* (1911), escritas entre 1869 y 1900. Los otros volúmenes son póstumos, y recogen poesías de 1866 a 1918: *Baladas peruanas, Grafitos, Baladas, Adoración, Libertarias* y *Trozos de vida.* Así como en la prosa renovaba las ideas, en el verso renovó las formas. Su espíritu de estudioso lo llevaba a experimentar con la estructura rítmica del verso. Antes del Modernismo no encontramos en lengua española tanta variedad como la suya. En *Baladas* se ve su familiaridad con la poesía de todas las lenguas y su aprovechamiento en imitaciones, adaptaciones y traducciones. *Minúsculas* y *Exóticas* fueron los poemarios que lo ponen en el camino del Modernismo. Con exquisitez de virtuoso juega con novedades imaginativas y formales (el rondel, el triolet) e inventa el polirritmo sin rima. La contribución más afortunada fueron sus *Baladas peruanas:* el tema del indio apareció visto de otra manera; ya no fue el indio idealizado por los románticos con propósito decorativo, sino un indio real, con todos sus dolores, comprendido dentro de la historia y el paisaje peruanos.

Manuel González Prada

LA SALUD DE LAS LETRAS

[. . .] La improvisación pertenece a tribuna y diario. A oradores y periodistas se les tolera el atropellamiento en ideas, la escabrosidad en estilo y hasta la indisciplina gramatical. Verdad que en lo improvisado se cristaliza muchas veces lo mejor y más original de nuestro ingenio, algo como la secreción espontánea de la goma en el árbol; pero, acostumbrándonos al trabajo incorrecto y precipitado, nos volvemos incapaces de componer obras destinadas a vivir. Lo que poco cuesta, poco dura. Los libros que admiran y deleitan a la Humanidad, fueron pensados y escritos en largas horas de soledad y recogimiento, costaron a sus autores el hierro de la sangre y el fósforo del cerebro.

Cierto que el mundo avanza y avanza; en la vorágine de las sociedades modernas, nos sentimos empujados a vivir ligeramente, a pasar desflorando las cosas; no obstante, disponemos de ocios para leer una novela de Pérez Galdós[1] o presenciar un drama de García Gutiérrez.[2] Felizmente, no ha sonado la hora de reducir el verso a seguidillas y la prosa a descosidos telegramas. Discernimos todavía que entre un centón de *rimas* seudogermánicas y una poesía de Quintana o Núñez de Arce[3] hay la distancia del médano al bloque de mármol. Sabemos que entre la poesía cortada, intercadente y antifonal, y la prosa de un verdadero escritor no cabe similitud, pues una sucesión de párrafos sin trabazón, desligados, incoherentes, no constituye discurso, así como no forman cadena las series de anillos desabracados y puestos en fila.

No imaginéis, señores, que se desea preconizar la prosa anémica, desmayada y heteróclita, que toma lo ficiticio por natural, el énfasis por magnificencia, la obesidad por robustez; la prosa de inversiones violentas, de exhumaciones arcaicas y de purismos seniles; la prosa de relativos entre relativos, de accidentes que modifican accidentes y de períodos inconmensurables y sin unidad; la prosa inventada por académicos españoles que tienden a resucitar el volapuk[4] de la época terciaria; la prosa imitada por *correspondientes*[5] americanos que en Venezuela y Colombia están momificando la valerosa y progresiva lengua castellana.

Entre la lluvia de frases que se agitan con vertiginoso revoloteo de murciélago y la aglomeración de períodos que se mueven con insoportable lentitud de serpiente amodorrada, existe la prosa natural, la prosa griega, la que brota espontáneamente cuando no seguimos las preocupaciones de escuela ni adoptamos una manera convencional. Sainte-Beuve[6] aconseja que « se haga lo posible para escribir

---

[1] Benito Pérez Galdós (1845–1920), el famoso novelista español.
[2] Antonio García Gutiérrez (1813–1884), poeta y autor dramático español, autor de « El Trovador. »
[3] Referencia a los versos de los poetas españoles Gustavo A. Bécquer (1836–1870), Manuel José Quintana (1772–1857) y Gaspar Núñez de Arce (1833–1903).

[4] Lengua universal inventada en 1879 por Johann Martin Schleyer.
[5] Académicos correspondientes, filiales de la Real Academia Española.
[6] Charles Augustin de Sainte-Beuve (1804–1869), célebre crítico francés.

como se habla», y nadie se expresa con períodos elefantinos o desmesurados. Recapacitándolo con madurez, la buena prosa se reduce a conversación de gentes cultas. En ella no hay afeites, remilgamientos ni altisonancias: todo fluye y se desliza con llaneza, desenfado y soltura. Los arranques enérgicos sirven de modelo en materia de sencillez o naturalidad, tienen el aire de algo que se le ocurre a cualquiera con sólo coger la pluma.

La llamada vestidura majestuosa de la lengua castellana consiste muchas veces en perifollo de lugareña con ínfulas de señorona, en pura fraseología que pugna directamente con el carácter de la época. El público se inclina siempre al escrito que nutre, en vez de sólo hartar, y prefiere la concisión y lucidez de un Condillac[7] a la difusión y oscuridad de un bizantino. Quien escribe hoy y desea vivir mañana, debe pertenecer al día, a la hora, al momento en que maneja la pluma. Si un autor sale de su tiempo, ha de ser para adivinar las cosas futuras, no para desenterrar ideas y palabras muertas.

Arcaísmo implica retroceso: a escritor arcaico, pensamiento retrógrado. Ningún autor con lenguaje avejentado, por más pensamientos juveniles que emplee, logrará nunca el favor del público, porque las ideas del siglo ingeridas en estilo vetusto recuerdan las esencias balsámicas inyectadas en las arterias de un muerto: preservan de la fermentación cadavérica; pero no comunican lozanía, calor ni vida. Las razones que Cervantes y Garcilaso tuvieron para no expresarse como Juan de Mena[8] y Alfonso el Sabio[9] nos asisten hoy para no escribir como los hombres de los siglos XVI y XVII.

Las lenguas no se rejuvenecen con retrogradar a la forma primitiva, como el viejo no se quita las arrugas con envolverse en los pañales del niño ni con regresar al pecho de las nodrizas. Platón decía que «en materia de lenguaje el pueblo era un excelente maestro». Los idiomas se vigorizan y retemplan en la fuente popular, más que en las reglas muertas

de los gramáticos y en las exhumaciones prehistóricas de los eruditos. De las canciones, refranes y dichos del vulgo brotan las palabras originales, las frases gráficas, las construcciones atrevidas. Las multitudes transforman las lenguas, como los infusorios modifican los continentes.

El purismo no pasa de una afectación, y como dice Balmes[10] « la afectación es intolerable, y la peor es la afectación de la naturalidad». En el estilo de los puristas modernos nada se dobla con la suavidad de una articulación, todo rechina y tropieza como gozne desengrasado y oxidado. En el arte se descubre el artificio. Comúnmente se ve a escritores que en una cláusula emplean todo el corte gramatical del siglo XVII, y en otra varían de fraseo y cometen imperdonables galicismos de construcción: recuerdan a los pordioseros jóvenes que se disfrazan de viejos baldados, hasta que de repente arrojan las muletas y caminan con agilidad y desembarazo.

Los puristas pecan también por oscuros; y donde no hay nitidez en la elocución, falta claridad en el concepto. Cuando los pensamientos andan confundidos en el cerebro, como serpientes enroscadas en el interior de un frasco, las palabras chocan con las palabras, como lima contra lima. En el prosador de largo aliento, las ideas desfilan bajo la bóveda del cráneo, como hilera de palomas blancas bajo la cúpula de un templo, y períodos fáciles suceden a períodos naturales, como vibraciones de lámina de bronce sacudida por manos de un coloso.

El escritor ha de hablar como todos hablamos, no como un Apolo que pronuncia oráculos anfibológicos ni como una esfinge que propone enigmas indescifrables. ¿Para qué hacer gala de un vocabulario inusitado y extravagante? ¿Para qué el exagerado lujo en los modismos que imposibilitan o dificultan mucho la traducción? ¿Para qué un lenguaje natural en la vida y un lenguaje artificial en el libro? El terreno del amaneramiento y ampulosidad es ocasionado a peligros: quien vacila

---

[7] Étienne de Condillac (1715–1780), filósofo francés, jefe de la escuela sensualista.
[8] Juan de Mena (1411–1456), poeta español, autor de « El Laberinto de Fortuna », poema alegórico.

[9] Alfonso X rey de Castilla, y de León (1252–1284).
[10] Jaime Balmes (1810–1848), escritor y filósofo español.

como Solís,[11] puede resbalar como el Conde de Toreno[12] y caer como fray Gerundio de Campazas.[13]

Ni en poesía de buena ley caben atildamientos pueriles, retóricas de estudiante, estilo enrevesado ni transposiciones quebradizas; poeta que se enreda en hipérbaton forzado hace pensar en el viajero que rodea en busca de puente, porque no encuentra vado y se intimida con el río. Toda licencia en el verso denuncia impotencia del versificador. [. . .]

(De la Conferencia en el Ateneo de Lima, 1886).

LA EDUCACIÓN DEL INDIO

Para cohonestar la incuria del gobierno y la inhumanidad de los expoliadores, algunos pesimistas a lo Le Bon[14] marcan en la frente del indio un estigma infamatorio: le acusan de refractario a la civilización. Cualquiera se imaginaría que en todas nuestras poblaciones se levantan espléndidas escuelas donde bullen eximios profesores muy bien rentados y que las aulas permanecen vacías porque los niños, obedeciendo las órdenes de sus padres, no acuden a recibir educación. Se imaginaría también que los indígenas no siguen los moralizadores ejemplos de las clases dirigentes o crucifican sin el menor escrúpulo a todos los predicadores de ideas levantadas y generosas. El indio recibió lo que le dieron: fanatismo y aguardiente.

Veamos, ¿qué se entiende por civilización? Sobre la industria y el arte, sobre la erudición y la ciencia, brilla la moral como punto luminoso en el vértice de una gran pirámide. No la moral teológica fundada en una sanción póstuma, sino la moral humana, que no busca sanción ni la buscaría lejos de la tierra. El *summum* de la moralidad, tanto para los individuos como para las sociedades, consiste en haber transformado la lucha de hombre contra hombre en el acuerdo mutuo para la vida. Donde no hay justicia, misericordia ni benevolencia, no hay civilización; donde se proclama ley social la *struggle for life*, reina la barbarie. ¿Qué vale adquirir el saber de un Aristóteles cuando se guarda el corazón de un tigre? ¿Qué importa poseer el don artístico de un Miguel Ángel[15] cuando se lleva el alma de un cerdo? Más que pasar por el mundo derramando la luz del arte o de la ciencia, vale ir destilando la miel de la bondad. Sociedades altamente civilizadas merecerían llamarse aquellas donde practicar el bien ha pasado de obligación a costumbre, donde el acto bondoso se ha convertido en arranque instintivo. Los dominadores del Perú ¿han adquirido ese grado de moralización? ¿Tienen derecho de considerar al indio como un ser incapaz de civilizarse?

La organización política y social del antiguo imperio incaico admira hoy a reformadores y revolucionarios europeos. Verdad, Atahualpa[16] no sabía el padrenuestro ni Calcuchima[17] pensaba en el misterio de la Trinidad; pero el culto del Sol era quizá menos absurdo que la religión católica y el gran sacerdote de Pachacámac[18] no vencía tal vez en ferocidad al padre Valverde.[19] Si el súbdito de Huaina-Cápac[20] admitía la civilización, no encontra-

---

[11] Antonio de Solís (1610–1686), historiador español, autor de «La conquista de Méjico» (1684).

[12] Conde de Toreno (1786–1843), político e historiador español.

[13] Novela del P. Francisco de Isla (1758), sátira de los predicadores ampulosos y de falsa erudición de su época.

[14] Gustave Le Bon (1841–1931), sicólogo y sociólogo francés de la escuela positivista.

[15] Michelangelo Buonarroti (1475–1564), el célebre artista del Renacimiento italiano.

[16] Último de los emperadores incas del Perú, muerto por orden de Pizarro.

[17] Uno de los generales de Atahualpa.

[18] El ser supremo entre los antiguos peruanos; confundíase a veces con Viracocha.

[19] Consejero de Pizarro durante la conquista del Perú. Se hizo famoso por su crueldad con los indios.

[20] Emperador de los incas, muerto poco antes de la conquista del Perú. Fue quien dividió el imperio entre sus hijos Huáscar y Atahualpa.

mos motivo para que el indio de la República la rechace, salvo que toda la raza hubiera sufrido una irremediable decadencia fisiológica. Moralmente hablando, el indígena de la República se muestra inferior al indígena hallado por los conquistadores; mas depresión moral a causa de servidumbre política no equivale a imposibilidad absoluta para civilizarse por constitución orgánica. En todo caso ¿sobre quién gravitaría la culpa?

Los hechos desmienten a los pesimistas. Siempre que el indio se instruye en colegios o se educa por el simple contacto con personas civilizadas, adquiere el mismo grado de moral y cultura que el descendiente del español. A cada momento nos rozamos con amarillos que visten, comen, viven y piensan como los melifluos *caballeros* de Lima. Indios vemos en cámaras, municipios, magistratura, universidades y ateneos, donde se manifiestan ni más venales ni más ignorantes que los de otras razas. Imposible deslindar responsabilidades en el « tótum revolútum » de la política nacional para decir qué mal ocasionaron los mestizos, los mulatos, los indios y los blancos. Hay tal promiscuidad de sangres y colores, representa cada individuo tantas mezclas lícitas o ilícitas, que en presencia de muchísimos peruanos quedaríamos perplejos para determinar la dosis de negro y amarillo que encierran en sus organismos: nadie merece el calificativo de blanco puro, aunque lleve azules los ojos y rubio el bigote. Sólo debemos recordar que el mandatario con mayor amplitud de miras perteneció a la raza aborigen, se llamaba Santa Cruz.[21] Indios fueron cien más, ya valientes hasta el heroísmo como Cahuide, ya fieles hasta el martirio como Olaya.

Tiene razón Novicow[22] al afirmar que « las pretendidas incapacidades de los amarillos y los negros son quimeras de espíritus enfermos ». Efectivamente, no hay acción generosa que no pueda ser realizada por algún negro ni por algún amarillo, como no hay acto infame que no pueda ser cometido por algún blanco. Durante la invasión de China en 1900, los amarillos del Japón dieron lecciones de humanidad a los blancos de Rusia y Alemania. No recordamos si los negros de África las dieron alguna vez a los boers del Transvaal o a los ingleses del Cabo; sabemos, sí, que el anglosajón Kitchener[23] se muestra tan feroz en el Sudán como Behanzin[24] en el Dahomey. Si en vez de comparar una muchedumbre de piel blanca con otras muchedumbres de piel oscura, comparamos a un individuo con otro individuo, veremos que en medio de la civilización blanca abundan cafres y pieles rojas por dentro. Como flores de raza u hombres representativos, nombremos al Rey de Inglaterra y al Emperador de Alemania: ¿Eduardo VII y Guillermo II merecen compararse con el indio Benito Juárez[25] y con el negro Booker Washington?[26] Los que antes de ocupar un trono vivieron en la taberna, el garito y la mancebía, los que desde la cima de un imperio ordenan la matanza sin perdonar a niños, ancianos ni mujeres, llevan lo blanco en la piel mas esconden lo negro en el alma.

¿De sólo la ignorancia depende el abatimiento de la raza indígena? Cierto, la ignorancia nacional parece una fábula cuando se piensa que en muchos pueblos del interior no existe un solo hombre capaz de leer ni de escribir; que durante la guerra del Pacífico[27] los indígenas miraban la lucha de las dos naciones como una contienda civil entre el *general* Chile y el *general* Perú; que no hace mucho los emisarios de Chucuito[28] se dirigieron a Tacna figurándose encontrar ahí al Presidente de la República.

Algunos pedagogos (rivalizando con los vendedores de panaceas) se imaginan que sabiendo un hombre los afluentes del Amazo-

---

[21] Andrés Santa Cruz (1792–1865), general peruano, presidente de Bolivia y de la Confederación peruboliviana (1836).
[22] Nicolai Novicow (1744–1818), escritor y sociólogo ruso.
[23] Lord Herbert Kitchener (1850–1916), general inglés que actuó en Egipto y en el Transvaal.
[27] (1844–1916), último rey del Dahomey, señalado por su crueldad.

[25] (1806–1872), político y patriota mexicano, fundador del México moderno.
[26] (1858–1915), pedagogo norteamericano, de gran importancia en la educación de la raza negra en los Estados Unidos.
[27] (1879–1884) la que tuvo lugar entre Chile, por un lado, y el Perú y Bolivia, por el otro, y en la que estos dos últimos países fueron vencidos.
[28] Provincia del Perú, cuya capital es Juli.

nas y la temperatura media de Berlín, ha recorrido la mitad del camino para resolver todas las cuestiones sociales. Si por un fenómeno sobrehumano los analfabetos nacionales ama-
5 necieran mañana, no sólo sabiendo leer y escribir sino con diplomas universitarios, el problema del indio no habría quedado resuelto: al proletariado de los ignorantes sucedería el de los bachilleres y doctores.
10 Médicos sin enfermos, abogados sin clientela, ingenieros sin obras, escritores sin público, artistas sin parroquianos, profesores sin discípulos, abundan en las naciones más civilizadas formando el innumerable ejército
15 de cerebros con luz y estómagos sin pan. Donde las haciendas de la costa suman cuatro o cinco mil fanegadas,[29] donde los latifundios de la sierra miden treinta y hasta cincuenta leguas, la nación tiene que dividirse en señores
20 y siervos.

Si la educación suele convertir al bruto impulsivo en un ser razonable y magnánimo, la instrucción le enseña y le ilumina el sendero que debe seguir para no extraviarse en las
25 encrucijadas de la vida. Mas divisar una senda no equivale a seguirla hasta el fin: se necesita firmeza en la voluntad y vigor en los pies. Se requiere también poseer un ánimo de altivez y rebeldía, no de sumisión y respeto como el
30 soldado y el monje. La instrucción puede mantener al hombre en la bajeza y la servidumbre: instruídos fueron los eunucos y gramáticos de Bizancio. Ocupar en la tierra el puesto que le corresponde en vez de aceptar el
35 que le designan; pedir y tomar su bocado; reclamar su techo y su pedazo de terruño, es el derecho de todo ser racional.

Nada cambia más pronto ni más radicalmente la psicología del hombre que la propie-
40 dad: al sacudir la esclavitud del vientre, crece en cien palmos. Con sólo adquirir algo, el individuo asciende algunos peldaños en la escala social, porque las clases se reducen a grupos clasificados por el monto de la riqueza.
45 A la inversa del globo aerostático, sube más

el que pesa más. Al que diga: *la escuela*, respóndasele: *la escuela y el pan*.

La cuestión del indio, más que pedagógica, es económica, es social. ¿Cómo resolverla? No hace mucho que un alemán concibió la idea de restaurar el imperio de los Incas: aprendió el quechua, se introdujo en las indiadas del Cuzco, empezó a granjearse partidarios y tal vez habría intentado una sublevación, si la muerte no le hubiera sorprendido al regreso de un viaje por Europa. Pero ¿cabe hoy semejante restauración? Al intentarla, al querer realizarla, no se obtendría más que el empequeñecido remedo de una grandeza pasada.

La condición del indígena puede mejorar de dos maneras: o el corazón de los opresores se conduele al extremo de reconocer el derecho de los oprimidos, o el ánimo de los oprimidos adquiere la virilidad suficiente para escarmentar a los opresores. Si el indio aprovechara en rifles y cápsulas todo el dinero que desperdicia en alcohol y fiestas, si en un rincón de su choza o en el agujero de una peña escondiera un arma, cambiaría de condición, haría respetar su propiedad y su vida. A la violencia respondería con la violencia, escarmentando al patrón que le arrebata las lanas, al soldado que le recluta en nombre del gobierno, al montonero[30] que le roba ganado y bestias de carga.

Al indio no se le predique humildad y resignación sino orgullo y rebeldía. ¿Qué ha ganado con trescientos o cuatrocientos años de conformidad y paciencia? Mientras menos autoridades sufra, de mayores daños se liberta. Hay un hecho revelador: reina mayor bienestar en las comarcas más distantes de las grandes haciendas, se disfruta de más orden y tranquilidad en los pueblos menos frecuentados por las autoridades.

En resumen: el indio se redimirá merced a su esfuerzo propio, no por la humanización de sus opresores.

(De *Nuestros indios*, 1904).

---

[29] Fanega de tierra; de fanega, medida de capacidad para áridos.

[30] Guerrillero; montonera: tropa de jinetes insurrectos.

TRIOLET

Los bienes y las glorias de la vida
o nunca vienen o nos llegan tarde.
Lucen de cerca, pasan de corrida,
los bienes y las glorias de la vida.
¡Triste del hombre que en la edad florida
coger las flores del vivir aguarde!
Los bienes y las glorias de la vida
o nunca vienen o nos llegan tarde.

RONDEL

Aves de paso que en flotante hilera
recorren el azul del firmamento,
exhalan a los aires un lamento
y se disipan en veloz carrera,
son el amor, la gloria y el contento.

¿Qué son las mil y mil generaciones
que brillan y descienden al ocaso,
que nacen y sucumben a millones?
Aves de paso.

Inútil es, oh pechos infelices,
al mundo encadenarse con raíces.
Impulsos misteriosos y pujantes
nos llevan entre sombras, al acaso,
que somos ¡ay! eternos caminantes,
aves de paso.

TRIOLET

Tus ojos de lirio dijeron que sí,
tus labios de rosa dijeron que no.
Al verme a tu lado, muriendo por ti,
tus ojos de lirio dijeron que sí.
Auroras de gozo rayaron en mí;
mas pronto la noche de luto volvió:
tus ojos de lirio dijeron que sí,
tus labios de rosa dijeron que no.

EPISODIO

(Polirritmo sin rima)

Feroces picotazos, estridentes aleteos,
con salvajes graznidos de victoria y muerte.   5

Revolotean blancas plumas
y el verde campo alfombran con tapiz de
                                  [armiño;
en un azul de amor, de paz y gloria,   10
bullen alas negras y picos rojos.

Sucumbe la paloma, triunfa el ave de rapiña;
mas, luminoso, imperturbable, se destaca el
                                  [firmamento,
y sigue en las entrañas de la eterna Madre   15
la gestación perenne de la vida.

VIVIR Y MORIR

Humo y nada el soplo del ser: 20
mueren hombre, pájaro y flor,
corre a mar de olvido el amor,
huye a breve tumba el placer.

¿Dónde están las luces de ayer?   25
Tiene ocaso todo esplendor,
hiel esconde todo licor,
todo expía el mal de nacer.

¿Quién rió sin nunca gemir,   30
siendo el goce un dulce penar?
¡Loco y vano intento el sentir!

¡Vano y loco intento el pensar!
¿Qué es vivir? Soñar sin dormir.   35
¿Qué es morir? Dormir sin soñar.

(De *Poesías selectas,* Paris, s/f.).

JUSTO SIERRA (México; 1848–1912). Fue, sobre todo, un formador de hombres, y hoy su obra escrita importa menos que su magisterio. Obra de historiador, ensayista, educador, orador, político, crítico, cuentista, poeta . . . Entró en las letras atraído por las voces románticas: la rotunda de Victor Hugo, la asordinada de Musset; y, de España, la íntima de Bécquer. Sus poesías se reunieron póstumamente. Sus *Cuentos románticos* fueron coleccionados en 1896. Conocia la literatura europea: los parnasianos franceses, D'Annunzio, Nietzsche. Y avanzó hacia los nuevos poetas hispanoamericanos con un saludo de simpatía y reconocimiento. Su prólogo a las poesías de Gutiérrez Nájera es una fecha en nuestra crítica. Es, asimismo, un lujo de prosa imaginativa, lírica y encantadora. No siempre escribió así. No era un esteta, sino un servidor de programas prácticos y de ideas próximas al «positivismo».

El cuento que va a leerse ofrece, dentro de un marco real, un cuadro fantástico. Es decir, que el cuento comienza y termina con una situación que puede haber ocurrido: un viaje y un enfermo de fiebre amarilla. Pero el narrador, al contemplar una gota de agua, imagina un mito — poético a pesar de su tema pavoroso — sobre el origen de la fiebre amarilla.

Justo Sierra

LA FIEBRE AMARILLA

Registrando un cuaderno pomposamente intitulado *Álbum de Viaje*, y que yacía entre ese polvo simpático que el tiempo aglomera en una caja de papeles largo tiempo olvidados, 5 me encontré lo que verán mis amables lectores.

Veníamos en la diligencia de Veracruz, un joven alemán, Wilhelm S., de cabellos de oro gris, ojos azules, grandes y sin expresión, y yo. 10 No bien habíamos encumbrado el Chiquihuite[1] cuando se desató la tormenta. El carruaje se detuvo para no exponerse a los peligros del descenso por aquellas pendientes convertidas en ríos. Asomé la cabeza por la portezuela, levantando la pesada cortinilla de cuero que el viento azotaba contra el marco; parecía de noche. Sobre nosotros la tempestad con sus mil alas negras golpeaba el espacio; sus gritos eléctricos rodaban por las cuestas hasta el mar, y el rayo, abriendo como espada fulmínea el seno de las nubes, nos mostraba las lívidas entrañas de la borrasca.

Estábamos, literalmente, en el centro de una cascada que despeñándose de las nubes

---

[1] Montaña del Estado de Veracruz.

rebotaba en la cumbre de la montaña y corría por las pendientes con un furor torrencial.

— Estoy sudando a mares — me decía en francés mi compañero de viaje —, y tengo un horno en el vientre.

— Duerma usted — le contesté —, así le pasará todo; y uniendo al consejo el ejemplo, me arrebujé en mi capa y cerré los ojos.

Dos horas después la tempestad había pasado, huyendo hacia el Oeste por entre la verde serranía. Eran las cinco de la tarde y el Sol marchaba por el camino en que se perdían los últimos jirones de las nubes. Penetraba la luz por entre aquella vegetación exuberante, tiñéndolo todo con una maravillosa multiplicidad de tintas que se fundían en un tono cálido de oro y esmeraldas. Por Oriente un tapiz infinito de verdura bajaba plegándose en todas las quiebras y dobleces de la serranía, manchando aquí y allí con el tierno y brillante verdor de los platanares, y ondulando por aquella gradería de titanes, hasta convertirse en azul por la distancia y bañar su ancho fleco de arena en la costa de Veracruz. El camino que habíamos seguido al subir la cuesta, serpeaba por entre árboles, que apenas destacaban sus copas entre la tupida cortina de las lianas, pasaba sobre altísimo puente, bajaba en curvas abiertas a una pequeña población de madera e iba, por entre espesos y bullentes matorrales, a confundirse con el fragmento de vía férrea que, del pie de la montaña, lleva al Puerto.

En el fondo del cuadro, allí donde se adivinaba el mar, se levantaban soberbios grupos de nubes, sobre cuyo gris azuloso se destacaban negros e inmóviles los *stratus* que parecían una bandada de pájaros marinos abriendo al viento, que tardaba en soplar, sus larguísimas alas.

Dormía el alemán como una persona muy fatigada y de su pecho jadeante salían sollozos opacos; parecía presa de intenso malestar; una sospecha cruzó por mi mente: ¡Si tendrá . . .!

Las ramas de un árbol cercano se introducían por una ventanilla de la diligencia que esperaba inmóvil que los torrentes disminu-

yeran un poco su ímpetu. Sobre una hoja amarillenta temblaba una gota de agua, lágrima postrera de la tormenta; yo preocupado por el funesto temor que me infundía el estado de mi compañero, me puse a mirar atentamente aquella perla de cristal líquido. He aquí lo que ví:

Era la gota de agua el Golfo de México, bordado por la curva inmensa de sus calientes costas y entrecerrado al Oriente por esos dos muelles bajos y cuajados de flores y de palmas, la Florida y Yucatán, entre los que parece emprender el vuelo la larguísima banda de aves acuáticas de las Antillas, guiada por la garza real, la espléndida Cuba, la esclava servida por esclavos.

En medio del Golfo, rodeada por amarilla corona que doraba al mar en torno, como un enorme girasol que se abriera a flor de agua, se levantaba un islote de impuro color de oro, en donde depositaban las corrientes sus algas semejantes a las bandillas con que envolvían a sus momias los egipcios. Sobre aquel peñón, el Sol brilla con un tono cobrizo, la Luna pasa fugaz, velada por lívidos vapores y en los días de tempestad las procelarias describen un amplísimo círculo en torno suyo lanzando graznidos pavorosos. Una voz infinitamente triste, como la voz del mar, sonaba en aquella isla perdida. Oye, me dijo:

El mismo año que los hijos del Sol llegaron a las islas vivía en Cuba una mujer de trece años a quien llamaban Starei (estrella). Era muy bella; negros eran sus ojos y embriagadoramente dulces como los de las aztecas; su cutis terso y dorado como el de las que se bañan en el Meschacebé,[2] celestial su voz como la del *shkok*[3] que canta sus serenatas en los zapotales[4] de Mayapán[5] y sus dos piececitos combados y finos como los de las princesas antillanas que pasan su vida mecidas en hamacas que parecen tejidas por las hadas. Cuando Starei apareció una mañana en la playa sentada sobre la concha de carey rubio de una tortuga marina, parecía una perla viva y todos la adoraron como una hija de Dios, de Dimivancaracol.[6] Mas el profeta de la tribu

---

[2] El Misisipí.
[3] Ave de canto melodioso.

[4] Terreno en el que abundan los zapotes, árbol y fruta de las Antillas, México y la América Central.
[5] Región de Veracruz.

oró toda la noche junto al fuego sagrado en que ardían las hojas inebriantes del tabaco y oyó la voz divina que resonaba dentro del corazón del gran fetiche de piedra que le decía: « No la matéis, guardadla y amparadla; es la hija del Golfo y el Golfo fué su cuna; haga Dios que vuelva a ella ».

Starei cumplió trece años y los ancianos y los jóvenes, los profetas y los guerreros, los caciques y los esclavos, abandonaban pueblos, templos y hogares para correr en pos de ella por las orillas del mar. Todos estaban locos de amor, pero si alguno se acercaba a ella el Golfo rugía sordamente y el pájaro de las tempestades cruzaba el espacio.

Starei cantaba como el zenzontli[7] mexicano y su canto acariciaba como el terral que besa las palmeras en las tardes calientes, y reía de todo abriendo su boca roja como las alas del ipiri[8] y su seno levantaba y dejaba caer en dobles pliegues provocadores la finísima tela de algodón blanco que lo cubría. Los hombres, al escucharla, lloraban de rodillas, y las mujeres lloraban también viendo sus casas de palma vacías y las cunas de junco inmóviles y heladas hacía mucho tiempo.

Una noche de tempestad, la divina Starei regresó al pueblo, después de una de sus correrías por la orilla del mar en que pasaba horas enteras contemplando las olas como si esperase algo; los que la seguían decidieron hacer alto y enterrar a sus muertos: a los ancianos que habían muerto de cansancio en pos de la hija del Golfo, a los jóvenes que se habían arrancado el corazón a sus pies, a las madres que habían muerto de dolor, a las esposas que habían sucumbido desesperadas.

Era una noche de tempestad; reinaba con furia jamás vista Hurakán,[9] el dios de las Antillas. Los sacerdotes hablaban de un nuevo diluvio y de la calabaza alegórica en donde estaban los océanos y los monstruos del agua y que se había roto un día e inundado la tierra, y se encaramaron azorados a la cima de sus cúes y se refugiaban en la sombra de sus dioses de piedra, que temblaban sobre sus bases. Los habitantes de la isla, transidos de pavor, olvidaron a Starei. Toda la noche pasó en oración y en sacrificios; mas al despuntar la aurora corrieron delirantes a donde el canto de la virgen los llamaba.

Starei estaba en la playa sentada sobre un tronco de palma de los millares que el viento había arrancado y regado por la arena; sobre sus rodillas descansaba la cabeza de un hombre blanco que parecía un cadáver. La hermosura de aquel rostro era dulce y varonil a la vez, y la barba apenas naciente indicaba la corta edad del joven que Starei devoraba con los ojos arrasados en lágrimas.

— Quien lo salve — exclamaba — será mi compañero, será el esposo de toda mi vida.

— Está muerto — dijo con voz profunda un viejo sacerdote.

— Está vivo — gritó un hombre abriéndose paso entre la multitud.

Los indios se apartaron sobresaltados; jamás habían visto tan extraño personaje entre ellos. Era alto y fuerte; sus cabellos del color del vellón del maíz, se levantaban rígidos sobre su frente ancha y broncínea y dividiéndose en dos porciones, caían espesos y lacios en derredor de su cuello atlético; sus cejas eran dos delgadas líneas rojas que se juntaban en el arranque de su nariz aguileña; su boca del color violáceo del palo de Campeche[10] levantaba hacia arriba los extremos de su arco sensual e irónico. El óvalo de su rostro, no deformado ni por el vello más sutil, no llamaba tanto la atención como sus ojos del color de dos monedas de oro finísimo, engastadas en sendos círculos negros. Estaba desnudo y espléndidamente tatuado con dibujos rojos; de la argolla de oro que rodeaba su cintura pendía una tela bordada maravillosamente de plumas de *huitzili*, el colibrí de Anáhuac.

Aquel hombre, que algunos creían venido de Haití, se acercó al que en apariencia era un cadáver, sin hacer caso de la mirada profunda y preñada de cólera de Starei. Puso una mano

---

[6] Dios mayor de la mitología regional.
[7] O zezontle, nombre americano del pájaro burlón; es el sinsonte de Cuba
[8] Nombre indígena del flamenco, en Cuba.
[9] Viento de fuerza extraordinaria. En la mitología mayaquiché, Huracán o Juracán es el « Corazón del cielo », uno de los dioses principales.
[10] Parte leñosa de un árbol, derivado de la bahía de tal nombre, en México, donde lo conocieron los europeos; muy usado como materia colorante.

en aquella frente glacial y al llevar la otra al corazón del blanco, la retiró con un movimiento brusco como si hubiese tocado una brasa; desgarró rápidamente la camisa tosca de lino, empapado aún, que cubría el pecho del joven y se apoderó de un objeto que llevaba pendiente del cuello; Starei se lo arrebató. ¿Era un talismán? Cuando aquel hombre singular ya no tuvo bajo su mano aquello que le era, sin duda, un obstáculo, la colocó sobre el corazón sin latidos del náufrago y dijo a la niña: « Bésale la boca »; y apenas había sido obedecido aquel mandato cuando el presunto muerto se incorporó y tomando el pedazo de madera que Starei conservaba en la mano, se arrodilló pegando a él sus labios y bañándole con sus lágrimas. Era una cruz.

— Adiós, Starei — dijo el de los ojos de oro —; allí está entre los cocoteros la cabaña de Zekom (quiere decir *fiebre* este nombre); allí está nuestro lecho nupcial; te aguardo, porque lo has prometido.

Y se alejó y se perdió entre las palmas.

La hija del Golfo no pudo reprimir un grito de rabia al escuchar las palabras del hijo del Calor; se acercó al cristiano, rodeóle el cuello con los brazos y le cubrió de besos la boca y los ojos. « No, no, dejadme por favor, ¡oh! adoradora de Luzbel », clamaba el joven pugnando por desasirse de la hermosa. Starei lo tomó de la mano, lo condujo a su cabaña y le dijo con expresiva pantomima: « Aquí viviremos los dos.»

Entonces su compañero respondió en el idioma de los de Haití que en Cuba era perfectamente comprendido:

— No puedo ser tu esposo; seré tu hermano.

— ¿Por qué no? ¿Quién eres?

— Soy de muy lejos, de mucho más allá del mar, vengo de Castilla. Otros muchos y yo llegamos hace algunos meses a Haití y sabiendo que esta región de tu isla no había sido visitada por cristianos, quisimos descubrirla y naufragamos en la espantosa tormenta de anoche y ya iba yo a perecer al arribar a la playa, cuando me asió tu mano entre las olas y me salvaste.

— ¿Y por qué no quieres ser mi esposo?

— Porque soy sacerdote y mi Dios, que es el único Dios, ordena a sus sacerdotes que no se casen; nos ordena predicar el amor y vengo a

predicarlo aquí, pero no el amor del mundo — añadió suspirando el español.

— Eso no puede ser, eso no es cierto — repuso con ímpetu la isleña —; quédate conmigo en la cabaña y seremos los reyes de la isla y nuestros hijos serán los dueños de todo.

— Seré tu hermano — respondió el misionero.

Y la india enamorada se alejó llorando. En la mitad de su camino se encontró a Zekom, que fijaba sobre ella su terrible mirada amarilla.

— ¿Vienes a mi cabaña, Starei? — la preguntó.

— Jamás — contestó ella, altanera y bravía.

— Seremos los reyes de todas las islas y de los mares y nuestros hijos serán dioses sobre la Tierra, porque hijos de dioses somos; a ti te engendró el Golfo en una concha perlera; a mí el Trópico ardiente en un arrecife de oro y coral.

Starei detuvo el paso; estaba en la cima de una roca desde donde se dominaba la costa:

— Mira — prosiguió Zekom —, así será nuestro reino.

Y ante los ojos fascinados de la hija del Golfo, se presentó un panorama sorprendente. En medio de una llanura de esmeraldas levantaba un *cu* o teocali su altísima pirámide de oro, que reflejaba su luz en torno hasta el lejano horizonte. En derredor de aquella llanura fulgurante estaban prosternados innumerables pueblos con el miedo retratado en la frente. Genios revestidos de maravillosos ropajes disparaban sobre aquellas naciones infinitas flechas de llama, cuyo contacto daba la muerte. Y en la cima del cu, como sobre un pedestal espléndido, estaba ella de pie, más bella que el Sol de primavera. La hija del Golfo permaneció largo rato extática y muda.

— Anda, Starei — murmuró Zekom en su oído —, mañana te espero en mi cabaña.

Starei se fué pensando, soñando. Al despuntar el nuevo día vió al español oculto en el bosque, arrodillado y con los ojos fijos en el cielo; al verlo sintió la india renacer toda su pasión; arrojóse sobre él de nuevo y, aprisionándolo entre sus brazos, repetía:

— Ámame, ámame, hombre de la tierra fría. Adoraré a tu Dios, que no puede maldecirnos porque cumplimos con su ley, porque es ley de la vida. Ven a mi cabaña nupcial, seré tu esclava, oraremos juntos y seré humilde y cobarde como tú; pero ámame como yo te amo.

— Seré tu hermano — respondió pálido de emoción el misionero.

— Maldito seas — dijo Starei y huyó.

El sacerdote hizo un movimiento para seguirla, pero se contuvo lanzando al cielo una mirada sublime de resignación y de dolor.

Toda la noche, tornó a rugir el Golfo de una manera espantosa. Al rayar el día, Zekom y Starei salieron de la cabaña nupcial, pero al recibir la niña el primer rayo de Sol en sus lánguidos ojos, perdieron su negrura luminosa como la de la noche y se tornaron amarillos, del color de oro que tenían los ojos de su amante. Éste arrojó una piedra al mar y en el acto apareció en el Occidente una piragua negra, que se acercó a la orilla impulsada por el Hurakán que inflaba sus velas color de sangre.

— Ven a ser reina — dijo Zekom a la hija del Golfo; y entraron en la lancha que instantáneamente ganó el horizonte.

Entonces el misionero apareció en la playa gritando:

— Ven, Starei, hermana mía, ven, yo te amo.

La silueta del bajel, como un ala negra, se perdió en la línea imperceptible en que el mar se une al cielo. Starei se había desposado con el Diablo.

Y la voz que resonaba triste y melancólica en la roca, continuó: Éste es el centro del imperio de Starei, desde aquí irradia su eterna venganza contra los blancos. Murió el misionero, poco tiempo después, de una enfermedad extraña y su helado cadáver se puso horriblemente amarillo como si sobre él se reflejaran los ojos de oro impuros de Zekom. Desde entonces, todos los años Starei llora, sin consuelo, y sus lágrimas evaporadas por el calor del trópico se evaporan y envenenan la atmósfera del Golfo, y ¡ay de los hijos de las tierras frías!

La gota de agua rodó al suelo; la diligencia se puso en camino y yo volví la vista a mi amigo. Estaba inconocible; una lividez amarillenta había invadido su piel y sus ojos parecían saltar de sus órbitas. « Me muero, me muero, madre mía », decía el pobre muchacho. Yo no sabía qué hacer; lo estrechaba en mis brazos procurando debilitar sus sufrimientos dándole ánimo. Llegamos a Córdoba. El pobre febricitante decía: « Miradla, la amarilla . . . »

— ¿Quién — le pregunté —; es Starei?

— Sí, ella es — me contestó.

Preciso me fué abandonarlo. Al llegar a México leí este párrafo en un periódico de Veracruz: « El joven alemán Wilhelm S., de la casa Watermayer y Cía., que salió de esta ciudad en apariencia, ha muerto en Córdoba de la fiebre amarilla. R. I. P. »

En México la narración realista, de un realismo salpimentado al gusto español, no al crudo de los franceses, tuvo buenos expositores: RAFAEL DELGADO, EMILIO RABASA y JOSÉ LÓPEZ PORTILLO Y ROJAS (1850–1923). Este último, autor de poesía, drama, ensayo y novela sobresalió en sus relatos breves, recientemente reunidos: *Cuentos completos*, 1952. López Portillo y Rojas terminó por apartarse del romanticismo sin entrar por eso en el naturalismo. Observó con agudeza situaciones sociales y tipos humanos muy diversos. Hemos elegido « La horma de su zapato » — de ambiente rural — por la veracidad de la descripción y el diálogo.

José López Portillo y Rojas

LA HORMA DE SU ZAPATO

I

El pueblecito de Zaulán, pintorescamente reclinado en la orilla del Zula rumoroso, es, « entre semana », un lugarejo muy miserable, quieto y silencioso. Las casucas que lo forman, comienzan apenas a alinearse en calles y a agruparse en manzanas; y esto en tal desorden y con tan poco amor a la simetría, que las primeras, en vez de tirar a la recta, se han resuelto por la sinuosa o quebrada, y las segundas, en lugar de manifestar amor a la forma rectangular, cuadrada, o cuadrilonga, se han pronunciado por la caprichosa y extravagante, conglomerándose en unas como islas aisladas y de corta extensión, o en unos como continentes de dimensiones colosales, con istmos, penínsulas, golfos y cuantos « accidentes » se quiera en sus contornos, con excepción, se entiende, de vahidos, convulsiones y ataques de nervios.

Ibamos diciendo que los días de trabajo parecía la aldehuela casi muerta; y así es la verdad, pues en el inmenso terreno conocido con el nombre de mercado, no se ven por entonces más que unos cuantos puestos de hortaliza oreada o de fruta vieja, exhibidas sobre esteras y a la sombra de rústicos parasoles formados por palos altos y redondos y por ruedas, también de esteras, fijadas en la punta de las varas. Los vendedores se duermen viéndose tan desocupados o se entretienen en espantar, con mano tarda, las moscas importunas que se paran sobre sus mercancías, maculándolas impíamente; los parroquianos se presentan uno por uno, con intervalos de horas, haciendo compras con fracción de centavo al menudeo, o de centavo completo al por mayor; y solamente los perros famélicos, como antes los ciudadanos en las ágoras o en los foros,[1] parecen darse cita en aquel sitio para tratar los importantes asuntos que atañen a sus mandíbulas y a sus estómagos. El caso es que esos ruidosos cuadrúpedos trotan por aquel campo oliéndolo y hurgándolo todo, en busca de restos y piltrafas olvidados por los míseros comerciantes entre las piedras y el polvo de la terraguera; y que no bien hallado zancarrón, tripa o nervio duro, arman entre sí espantosas tremolinas, con pelo hirsuto, dientes desenvainados y garganta hinchada, gruñona y ladradora.

Algunas veces se juntan en bandas, semejantes a taifas[2] de moros, y se acometen en grupos de un modo feroz y estrepitoso; por lo que los dueños de los puestos se ven obligados, de tiempo en tiempo, para salvar su negocio de la invasión de los beligerantes, a batirlos con buenas peladillas de arroyo, que el piso por dondequiera brinda y ofrece a sus ágiles manos.

Pero los días de fiesta, y particularmente los domingos, cambia de todo a todo el aspecto de la plaza de Zaulán. Este día osténtase el mercado lleno de puestos, henchido de gente y sorprendente de animación. Los serranos acuden de las cañadas de los cerros próximos, con perfumados cargamentos de fruta hermosa, dulce y fresca, cortada en aquellas ensenadas; los labradores traen abundantes

---

[1] *Agora*, plaza pública en las antiguas ciudades griegas; *foro*, plaza en las ciudades romanas.

[2] Bandería, parcialidad; reunión de personas de mala vida.

semillas y verduras; los barqueros, pescados recién caídos en la red o en el anzuelo, algunos palpitantes todavía, y que ha poco bogaban en el próximo río de aguas turbias, o bien en el lago azul donde se arroja el Zula rayando la clara superficie con la faja rojizoamarillenta de su corriente; los comerciantes sus mantas baratas, sus percales chillones, sus pañuelos de hierbas, sus anillos de carolina y sus prendedores de oro « doublé » y piedras falsas. Los indios y rancheros de las cercanías, de varias leguas en contorno, se dan cita para reunirse en Zaulán, donde pueden oír misa y hacer compras y provisiones para el resto de la semana. Es una verdadera feria, semejante a las que en la Edad Media se celebraban a la sombra de las iglesias, y que recibieron por eso el nombre de « kermesses ».[3] En tales días como ésos, el desierto habitual del mercado se trueca en una verdadera Babilonia de gente apiñada, voces clamorosas y ruidos de todo género; y los rústicos y las rústicas endomingados se dan gusto por aquellos laberintos devorando fruta y dulces, bebiendo agua fresca y comprándose zapatos bastos, sombreros con grampas, y telas rumbosas para sus vestidos.

II

Uno de esos domingos precisamente, y acaso aquel en que la concurrencia de los lugareños comarcanos había sido más numerosa y compacta, fué cuando Patricio Ramos tuvo la mala idea de ponerse una mona[4] de las más descomunales de su vida, y eso que eran incontables, y de padre y señor mío, las que había pescado ya en su no larga existencia. Patricio era un mozo de cuando más veinticinco años; «bien dado», como suelen decir los rancheros; esto es, alto, fornido, rebosando salud y satisfacción por todos sus poros. Como guapo, podía rivalizar con los mejores, pues, aunque moreno, tenía facciones correctas, ojos vivarachos, nariz fina y dentadura blanca y apretada. La escasez de su barba, que no pasaba de un ruin y lacio bigotillo, le daba una apariencia todavía más juvenil que la que reclamaban sus años, pues era un adolescente por su aspecto y parecía estar en los límites indecisos de la infancia y de la juventud.

Pero aquel eterno mancebo que inspiraba interés por los rasgos de su exterior, era mozo pervertido, vicioso y corrupto, que desde su más temprana edad había dado quince y raya a los más atrevidos, desvergonzados y libertinos de Zaulán y de las rancherías inmediatas. El amor que tenía al vino, más que inclinación, más que costumbre, parecía delirio febril, tema de loco, frenesí desencadenado, pues en apurando la primera copa, tenía que apurar la segunda, la tercera, la centésima, como hidrópico que no se sacia de beber agua, o peregrino que, al pegar los labios a la fuente, parece que no ha de separarlos de ella hasta dejar agotado el manantial. Ojalá hubiese sido el estado comatoso la consecuencia de aquel desenfrenado; todo se hubiera reducido, en tal caso, a un pesado y prolongado letargo y a una « cruda »[5] de primer orden, sin quebranto de los intereses ajenos, ni peligro de la vida o integridad de los cuerpos de las otras personas. Pero nada de eso; por más que empinase el codo, siempre se tenía firme sobre las piernas, sin perder la fuerza del brazo ni el uso de la suelta lengua y de la fácil palabra: que no parecía sino que aquel organismo de roble había sido hecho para resistir las más recias acometidas de la intemperancia. Pero, como no era posible que su tubo digestivo se convirtiese en cuba alcohólica impunemente, ni hubiera sido natural que los litros de alcohol que ingurgitaba, dejasen de exhalar hacia arriba sus emanaciones, era de ver cómo aquellas asombrosas cantidades de espíritus que iba almacenando le subían en derechura al cerebro, todos, en tropel, sin faltar uno solo, y sin que uno solo de ellos tampoco le bajase a las piernas para debilitárselas, o se le refugiase en los ojos para adormecérselos, o en la lengua para paralizársela. De esto se lamentaba todo el mundo, porque Patricio Ramos, en aquellas condiciones, era una calamidad en toda regla, un azote para cuantos se hallaban a su alcance.

Un león cuya cueva ha sido invadida, un

---

[3] Del holandés *kerk*, iglesia, y *mis*, misa.
[4] Emborracharse.

[5] En México, estado de amodorramiento que ocurre después de una borrachera.

toro salido del toril con una moña en la frente, un lobo hambriento en medio de las ovejas, no son más feroces, ni más agresivos, ni más espantables que lo era aquel mancebo en esas circunstancias. Naipes, mujeres, machetazos y tiros, todo lo necesitaba Patricio para « pasearse » y a todo apelaba por turno; pero de un modo tan excesivo y desenfrenado, que ponía espanto y horror hasta en los corazones más animosos.

Ya se sabía en Zaulán, que cuando Patricio se embriagaba, tenían que realizarse grandes y ruidosos escándalos, y que era preciso obrar con prudencia y andarse con pies de plomo en aquellos conflictos; pues por quítame allá esas pajas, por una mirada insistente, por una tos casual, o por cualquier otro hecho insignificante, pero que pareciese desdeñoso o provocativo, se podía armar la de Dios es Cristo con aquel loco, que no sabía de bromas ni de fanfarronadas estériles. Todo el pueblo conocía las hazañas de Patricio, contaban que « debía » ya dos muertes, y se hablaba de numerosas heridas y contusiones inferidas por él a valentazos titulados que habían pretendido ponérsele al frente, aunque con éxito tan infeliz, como el de quien hubiese querido detener un torrente con la palma de la mano. Mas ¿por qué no había caído en manos de la justicia? Nadie lo sabía a punto fijo. Era probable que por el mismo miedo que a todos les infundía, pues no había quien quisiera echar sobre sí la responsabilidad de una delación o de una declaración verídica ante juez competente. Si Patricio resultaba absuelto ante los tribunales — como suele suceder con tanta frecuencia en tratándose de los más feroces malhechores —, o bien no era condenado a muerte y llegaba a salir de la cárcel, ya tendrían sus delatores o los testigos que hubiesen depuesto en su contra, motivo de alarma e inquietud para el resto de su vida, pues nunca dejaría el rencoroso joven de perseguirlos con su odio. Así era, pues, como aquel desalmado parecía gozar el privilegio exclusivo del desorden, del insulto y de la violencia en Zaulán y en sus cercanías.

El domingo de que hablamos, había amanecido el tal desvelado y nervioso por haberse pasado en un rancho, donde hubo fandango, toda la noche; y para soportar la trasnochada, había empinado el codo de lo lindo, por más de doce horas consecutivas. Bien entrada la mañana, y cuando el Sol estaba ya alto, fastidiado de la música serrana y del baile de los rancheros, montó su caballito « moro »[6] y se dirigió al pueblo en busca de teatro más vasto y de más amplios horizontes para sus proezas. A la entrada de Zaulán se detuvo en el tendajo de D. Crisanto Gómez, llamado el « Pavo », por tener en el frontis pintado un volátil de ese género, haciendo la rueda, con la cola de pintadas plumas bien elevada y extendida en forma de abanico.

Luego que D. Crisanto le vió venir, se puso lívido y habló por lo bajo a su mujer, que aún no era vieja, para que se marchase de la tienda. No bien se había puesto en cobro la amedrentada matrona, entró por la puerta del frente, sin apearse del caballo y como un torbellino, el desaforado jinete.

—¡A la *güena* de Dios, don Crisanto! — gritó Patricio al hacer irrupción en el estrecho local —. ¿Qué es de su *güena* vida?

— Aquí, pasándola, lo *mesmo* que siempre.

— Sólo que *jaciendo* muchos pesos con su comercio.

— *Ansí* lo quisiera Dios; pero no es *ansina*, Apenas me sostengo yo y mi familia.

— A ver, don Crisanto, tenga la fineza de servirme un cacho de vino.

— ¿Tequila?

— Sí, del más mejor que tenga; mas que sea del viudo de la viuda del fabricante.

El tendero tomó una botella de a litro, de vidrio verde, que estaba tapada con un pedazo de olote,[7] y puso sobre el mostrador la medida ordinaria de cristal para servir el aguardiente.

— Y yo ¿*pa* qué *quero* esa miseria, don Crisanto? Ese dedal sírvaselo a su señora madre; a mí deme como a los hombres — gritó el jinete.

— No te exaltes, Patricio — repuso don Crisanto, poniéndose todavía más pálido —. ¿Qué tanto *queres* que te dé? Aquí estoy *pa* servirte.

---

[6] Caballo negro con una mancha blanca en la frente; también, caballo tordo.

[7] En México, raspa de las panojas de maíz.

— *Pos* écheme de una vez medio cuartillo, no sea tan pedido de por Dios.

El tendero cogió el vaso destinado al agua y lo llenó de aguardiente, no sin hacer ruido de campanitas al golpear con mano trémula vidrio contra vidrio.

Patricio se inclinó, cogió el vaso y lo apuró de un sorbo.

— Este vino no es más que una pura tarugada — dijo golpeando el mostrador con la vasija vacía —. De buena gana le diera yo una agarrada a esos fabricantes. Ya ni con una botija se puede uno emborrachar; es la viva agua.

Acabando de decir esto, salió a la calle gritando:

— ¡Aquí está Patricio Ramos, desgraciados!

Don Crisanto, aunque no había recibido la paga, se alegró de verle desaparecer, creyendo que iba a dejarle libre; pero bien pronto salió de su error, pues Ramos tomó su tienda como centro de operaciones para ir y volver, beber dentro, hacer escándalo afuera, y gritar y llamar la atención de vecinos y transeúntes con vociferaciones, insultos y obscenidades.

Por lo pronto, el muchacho ebrio anduvo « calando » el caballo en medio del arroyo. Le hirió los ijares con las agudas espuelas, le aflojó la rienda, inclinó el cuerpo hacia adelante, y se entregó por unos momentos a una carrera vertiginosa. Tan luego como el animal hubo entrado en plena violencia, de pronto, bruscamente, tiró de la brida hacia atrás, echando el busto sobre las ancas de la bestia, y ésta, al sentirse enfrenada, se sentó sobre los cuartos traseros levantando los delanteros para detenerse, y llegó hasta rozar el polvo con las ancas; pero había sido tan grande la velocidad adquirida, que aun así, no pudo pararse de pronto, y en aquella posición resistente, hecho un ovillo, avanzó todavía corta distancia, dejando en el suelo dos rayas anchas trazadas con las pezuñas posteriores.

Luego volvió Patricio hacia atrás a toda brida, y al llegar en dirección de la tienda, sentó otra vez el caballo y lo « quebró », haciéndolo dar vuelta hacia un lado. La bestia, detenida de pronto, encogida y resbalando sobre los cuartos traseros, giró rápidamente sobre una pezuña, y como tenía las delanteras en el aire y levantó otra de atrás para obedecer a la mano que lo gobernaba, no conservó más punto de apoyo que aquella pata, y sobre ella, como sobre un pivote mecánico hizo el movimiento rotatorio. Entretanto, el jinete se mantenía tan firme sobre los lomos de la bestia, como si estuviese cogido a ellos con tornillos o cinchos de hierro. El polvo de la calle sin pavimento se levantaba en blancas nubes con aquellos escarceos, y Patricio, medio velado por la atmósfera caliginosa, aparecía a los ojos de los circunstantes, que en grupos y a distancia miraban la escena, como hombre misterioso, sobrehumano y diabólico.

Y tanto más aumentaba el pavor supersticioso de la gente, cuanto que Ramos, echándose atrás el ancho sombrero de palma que iba sostenido por el tirante barboquejo, no cesaba de gritar:

— ¡Aquí está Patricio Ramos, *pa* servirles! ¡Aquí y *onde quera*! ¡Soy más hombre que cualquiera, collones! Aquí tienen a su padre; yo soy su padre, ¡*jijos* de la *desgraciá*!

Y otras cosas peores y que no son para dichas.

Al « quebrar » el penco, metióse de nuevo y como exhalación por la tienda del « Pavo », y allí, en el espacio reducido que quedaba entre el mostrador y los muros exteriores, le obligó a cejar, sin levantar las patas delanteras, haciéndole caminar hacia atrás por todas partes, y a quebrar con estrépito los cántaros y las ollas de barro que amontonadas se veían por los rincones. El « moro » era un potro criollo, de corta alzada y un poco trasijado,[8] pero tan vivo, nervioso y rápido como un fino resorte de acero. Patricio se miraba en él, como suele decirse, porque no había otro caballo que le llenara tanto el gusto como ése; y hasta parecía que se entendían a maravilla bestia y jinete. Cuando alguna vez era montado el « moro » por algún otro ranchero, se mostraba tan mañoso y testarudo, que ponía en peligro la vida del valiente y le dejaba desganado para volver a

---

[8] Que está muy flaco.

cabalgarlo. Unas veces se «armaba», clavándose con las cuatro patas inmóviles donde le daba la gana, sin avanzar ni retroceder aunque le destrozasen el hocico tirándole hacia delante por la brida, o le azotasen las ancas duramente por detrás; no hacía más en tales casos que balancear el cuerpo con dirección a la retaguardia, y estremecerse de pies a cabeza con temblor de pena y rabia al sentir el azote. Otras veces metía la cabeza entre los cuartos delanteros y se daba a hacer corcovos tan altos, ondulados y bruscos, que no había jinete que los resistiera. O bien, asustándose de su propia sombra, saltaba de improviso hacia algún lado, desarzonando al jinete o lanzándolo al suelo en un santiamén.

Patricio, por su parte, cuando montaba otro caballo, se sentía incompleto, fuera de su centro e incapaz de hacer las suertes «galanas» y extravagancias a que era tan dado.

Pero en juntándose él y el «moro», iba todo a pedir de boca. El caballo no se «armaba» nunca, ni daba corcovos, ni se asustaba, como si tuviese conciencia de la carga que llevaba a cuestas; y Patricio, a su vez, se sentía listo y ligero, capaz de todo, teniendo a su disposición aquel organismo fuerte, raudo y exquisito, que sabía secundar tan perfectamente sus caprichos y locuras.

Íbamos diciendo que el jinete hizo al «moro» cejar por toda la tienda. No contento con eso, y terminando aquel escarceo, le llevó junto al viejo, mugriento y vacilante mostrador, e hincándole las espuelas, le obligó a alzar en alto las patas delanteras, y a posarlas sobre aquel armazón de madera, que se dió a temblar como si tuviera miedo.

— Aquí tiene otro *güen* marchante, don Crisanto — dijo con oronía, refiriéndose a la bestia —. A ver si me le va dando un trago de vino.

— Patricio, me tumbas el mostrador — exclamó el tendero con angustia.

— ¡Y a mí qué diantres me importa! ¡Que se lo lleven los diablos! ¡Ponga vino *pa* mí y *pa* mi caballo.

Don Crisanto sirvió dos vasos de tequila y los puso sobre la tabla.

— ¿Y cómo *quere* que lo beba el «moro» *ansina*? ¿*Pos* qué, le ve trompa de elefante *pa*

metela en el vaso? ¡No me haga tantas y le pegue una *cintariada*!

— ¿*Pos* cómo *queres*?

— *Pos* sírvale media botija en un lebrillo *pa* que meta el hocico. Mi penco vale más que *usté*.

Así lo hizo el tendero. Sacó de debajo del mostrador un barreño rojo, vidriado y de buen fondo, y casi lo llenó de aguardiente. Patricio, sin desmontar, quitó el freno al «moro», dejándolo pendiente de las cabezadas, y la bestia, después de dar algunos resoplidos, metió los belfos en el traste y bebió el líquido corrosivo, como si fuese agua de la fuente. Se conocía que estaba hecho a aquellos tragos.

— *Agora* — dijo Patricio —, póngale el bocado y la barbada.

El tendero procuró obedecer, pero estaba tan emocionado, que no pudo introducir el bocado en el hocico del intratable animal, e hizo tantas tentativas inútiles, que el «moro» comenzó a dar trazas de enfurecerse. Patricio, con un tirón brusco, suplió la torpeza, logrando poner en su lugar el bocado, e inclinándose desde la montura, colocó la barbada como era debido. Por desgracia se le había metido en la cabeza que don Crisanto había querido reírse de él, y tratado de asustar al «moro» para que corriera sin freno y le matara. Y como había apurado un nuevo vaso de aguardiente, estaba ya en el colmo de la exaltación y de la locura. Así que, terminada la faena y puesto el caballo en su posición natural, encarándose con don Crisanto, le apostrofó diciéndole:

— *Ora* lo verá, *vuejo* desgraciado. ¡Yo le enseñaré a burlarse de los hombres!

— Por el amor de Dios ¿qué te he *jecho*? — suplicó don Crisanto.

— Esto me ha *jecho* . . . ¡esto! ¡esto!

Y, acompañando la acción a la palabra, descargó fuertes golpes de plano sobre la cabeza del pobre tendero, que procuraba guarecerse detrás del mostrador.

El acero sonaba con ruido metálico sobre el cráneo del infeliz, quien apenas acertaba a defenderse con los brazos. Al ruido de los golpes y de las interjecciones, salió la esposa de la trastienda, y al ver a su marido tan maltrecho se dió a gritar a voz en cuello:

— ¡Auxilio! ¡Auxilio!

Y llorando y clamando con estrépito, metió pronto un escándalo enorme.

— Cállese, vieja, no sea tan argüendera[9] — vociferaba Patricio.

5 Pero la buena mujer esforzaba más la voz, a medida que más le intimaba silencio; e interponiéndose como fiera entre don Crisanto y su agresor, recibió, por acaso, algunos cintarazos que no le iban dirigidos. Esto le
10 hizo elevar más y más el diapasón de los gritos en demanda de socorro.

— ¡Nos matan! ¡Nos matan! ¡Vecinos! — gemía en altísimas voces.

A Patricio le embrolló la cabeza aquel
15 guirigay y le causó fastidio la escena; así que, regalando al matrimonio con algunos enérgicos apóstrofes, hincó las espuelas en la panza del « moro » y salió disparado de la tienda. Al verse en la calle envainó la espada
20 y sacó la pistola. Seguramente la ruidosa aventura que dejaba a la espalda le había exaltado los nervios; el caso es que por esto o por cualquier otro motivo, buscando algún desahogo a su ira, hizo un disparo al aire y
25 gritó varias veces:

— ¡Aquí está Patricio Ramos, *jijos* de la tiznada!

Entretanto, el « moro », enloquecido también por los humos alcohólicos, bailaba,
30 sacudía la cabeza, bufaba, y, abierta la nariz, parecía aspirar viento de riña y de desorden.

III

35 Así llegaron caballo y caballero hasta el mercado, en los momentos en que eran mayores la animación y el gentío en aquel sitio. Como rayo cayó. Patricio en medio de la
40 muchedumbre, gritando, injuriando y atropellando a todo el mundo. Luego se introdujo el desorden, cundió el pánico por todas partes y comenzó la desbandada.

— ¡Es Patricio borracho! — gritaban cien
45 voces.

Y hombres, mujeres y chicuelos corrían a más y mejor para ponerse en cobro, con grandes chillidos de niños y de hembras. Únicamente los comerciantes permanecieron

firmes en sus puestos para cuidar sus cosas, y aunque descoloridos y llenos de susto, como verdaderos mártires.

Ramos hizo irrupción como una tromba por las callejas estrechas del mercado, derribando mesas, techumbres de estera y cuanto al paso se encontraba.

— ¡No *juigan*, que no como gente! — clamaba provocativo.

Y procuraba calmar a las vocingleras expendedoras de legumbres y de frutas, diciéndoles:

— No tengan cuidado, *mialmas*, que traigo las riendas en la mano. Nada les pasa.

Y metía el caballo por todas partes, como un relámpago, conduciéndolo con mano tan diestra y firme, que a pesar de lo angosto de los caminos y de los mil obstáculos que los embarazaban, pasaba por dondequiera sin hollar las verduras ni reventar las sandías ni los melones. El «moro», a pesar de la excitación y de la rapidez de sus movimientos, sabía poner las pequeñas y redondas pezuñas en los intersticios que había por aquellos lugares, con tal premura y precisión, que parecía maravilloso.

En esto concluyó la misa y comenzó a salir la gente de la iglesia; circunstancia que llamó la atención de Patricio, e hizo cambiar el rumbo de sus ideas.

A rienda suelta se dirigió a la puerta del atrio para ver el desfile, con las mismas vociferaciones y amenazas que lo acompañaban por dondequiera.

Impaciente y anheloso aquel día más que ningún otro, de atropellarlo todo y de causar el mayor escándalo posible, espoleó al « moro » hacia el espacioso cementerio y le hizo subir a brincos la gradería que conduce a la explanada interior.

Al verlo aparecer, atropellando a los fieles y gritando palabrotas, corrió despavorida la gente, procurando ponerse a cubierto de la agresión, como suelen las aves de corral dispersarse espantadas en todas direcciones cacareando y agitando las alas cuando el gavilán, cerrando las espirales que traza en el espacio, se deja caer de improviso en medio del galinlero.

---

[9] Discutidora.

Desgraciadamente asomó en aquella coyuntura por la puerta del templo la bonita y salerosa profesora del pueblo, Serafina Palomo, doncellita de poco más de veinte años de edad, rozagante y de ojos encantadores. Venía acompañada de su abuela, doña Simona, viejecilla flaca y encorvada, que llevaba a cuestas, con visible trabajo, la pesada carga de sus años.

Patricio, antes de ahora, había visto algunas veces a Serafina y quedado boquiabierto ante su lindo palmito; pero como en aquellas ocasiones no había absorbido los litros de alcohol que ahora paseaba en el cuerpo, la había contemplado con admiración y respeto, como a ser superior y en el cual no le era dado poner los ojos. Ahora, que estaba animado por tantos espíritus malignos, no entendía de consideraciones ni de miedo; lo único que le dominaba era el impulso irresistible de dar rienda suelta a sus deseos y de satisfacer sus pasiones.

— ¡Aquí viene la *meistrita*! — clamó alegre —. ¡Cómo me cuadra su *güena* persona, por chula y por *destruída*![10]

Y se dirigió a ella haciendo saltar al «moro» y sentándolo de súbito.

Serafina y doña Simona, sobrecogidas de susto, gritaron y buscaron auxilio o refugio en derredor con la mirada; no encontrando a la mano ni hallando otra cosa mejor que hacer, volvieron atrás precipitadamente y se metieron de nuevo en la iglesia. Patricio vaciló un momento; pero al fin, soltando la rienda al caballo, entró en pos de ellas por el postigo del templo. El sacristán, que era un indio descalzo y de calzón blanco, pretendió estorbarle el paso y cerrar el postigo; pero Ramos le atropelló bruscamente y le puso en fuga precipitada. Las pezuñas del «moro» retumbaron sonoramente en el entablado de madera y fueron repercutidas por las viejas bóvedas donde nunca habían hallado eco tan brutales tropelías.

Al estrépito salió el cura, que acababa de decir la misa, todavía con el alba puesta.

— Es la casa de Dios — dijo a Patricio —. ¡No la profane usted, desgraciado!

— ¡Señor cura — contestó Ramos —, usted me dispense mucho, pero de esta *jecha* me llevo a la *meistrita* aunque se suba al altar mayor!

Y yendo tras ella, le cerró el paso de la sacristía.

— ¡*Meistrita*! — siguió diciendo —, si *usté quere* que me salga de la iglesia, me salgo; pero se ha de venir conmigo.

La preceptora no contestó, ni sabía lo que hacía; todo su empeño era escapar del peligro huyendo por alguna puerta, hendedura o agujero, o metiéndose debajo de cualquier mueble.

La abuela intervino:

— ¡Borracho! — dijo — ¿Qué no ve dónde estamos?

— Cállese la boca — repuso Patricio desenvainando la espada —, si no *quere* que le pegue una *güena cintariada*.

— ¡Maldito! — prosiguió la anciana —. ¿No respeta el templo?

— Maldita *usté* — vociferó Patricio levantando la diestra para escarmentar a doña Simona.

El cura se interpuso y, acercándose a Ramos, cogió al «moro» por la brida haciéndole encabritarse. Ramos, furioso, descargó el cintarazo que destinaba a doña Simona sobre la mano del párroco, obligándolo a soltar la brida.

— A mí ninguno me ningunea, *siñor* cura — gritó —, aunque se ponga casulla.

Entretanto, era indescriptible la agitación que reinaba en la iglesia. Los fieles que todavía no habían salido y los que habían retrocedido para presenciar el escándalo, asistían indignados a la escena inaudita. Algunos corrieron al Ayuntamiento en busca de auxilio. Otros, al ver menospreciados los objetos de su adoración o de su respeto, gritaban:

— ¡Fuera! ¡Fuera!

Patricio, de pronto, se vió rodeado por un grupo resuelto; pero no se arredró.

— Me parecen pocos — clamó con fiereza —; soy hombre y tengo *pa* todos. A puros azotes voy a correrlos.

Fué una batida repugnante, nunca vista.

---

[10] *Meistrita*, maestrita; *destruída*, instruída.

Serafina, huyendo con su abuela y el párroco; los campesinos procurando rodear, desarzonar y derribar al jinete y éste corriendo tras los fugitivos, vociferando como energúmeno y derribando y golpeando opositores a diestra y siniestra.

La brutalidad y el dolor acabaron por introducir el pánico entre los rústicos, que, jadeantes y contusos, comenzaron a dispersarse.

— Ya lo ve, *meistrita* — gritó Patricio —. Todos esos no me sirven *pa* nada. Véngase conmigo y se acaba el escándalo.

Serafina, fuera de sí, pensó que tal vez sería mejor obedecer, para que no continuase la violación del templo.

— Está bien, señor — repuso trémula y con acento sumiso y lacrimoso.

— *Ansina* me cuadra, *meistrita*, véngase *pa* la silla — repuso Ramos.

Y echándose a las ancas del « moro », dejó libre la montadura.

IV

En aquellos momentos entró por la puerta de la Iglesia don Roque Guerrero, hombre de pelo en pecho, presidente municipal, y, por tanto, suprema autoridad de Zaulán. Venía acompañado de cuatro hombres, pertenecientes a la ronda, los cuales portaban enormes fusiles del tiempo de la independencia. Y juntamente con ellos penetró en el templo un buen golpe de gente.

Al enterarse don Roque de lo que pasaba, detúvose unos instantes para deliberar, y dijo rápidamente a sus subordinados:

— Si no me obedece, hacen ustedes puntería, y le pegan en la chapa del alma.

Pero antes de que llegara el « auxilio » hasta el sitio donde continuaba el escándalo, se presentó en escena otro personaje.

Era un anciano trémulo, débil, de paso vacilante. Vestía chaqueta y calzoneras de cuero, llevaba la cabeza envuelta en un pañuelo y cogía el ancho sombrero de palma, que se había quitado, con la mano siniestra. A merced del desorden y colándose entre la muchedumbre, logró acercarse al jinete; y esforzando la voz cuanto pudo, gritó:

— ¿Qué es eso? Patricio, ¿qué es eso?

Ramos, al verle llegar, levantó la espada e iba a descargarla sobre él, cuando lo reconoció.

— ¡Mi señor padre! — murmuró con espanto.

— ¡Pie a tierra, malcriado! — ordenó el anciano con imperio —. ¡Pie a tierra!

— Sí, señor padre; lo que *usté* ordene — repuso Patricio, calmándose como por encanto y con tono y semblante de niño obediente —. Lo que *usté* guste, señor padre; lo que *usté* guste.

— ¡*Pos* abajo al momento!

Obedeció Patricio.

— ¡A ver, acá la espada! — intimó el viejo.

— Aquí la tiene su *mercé*.

Y Patricio puso el arma en las manos marchitas de su padre.

— ¡A ver, las riendas del *cuaco*!

— Aquí están, señor padre.

— A ver, tú — dijo el viejo dirigiéndose a uno de los presentes —; agarra esas riendas mientras lo ajusticio. Aquí la *jizo* y aquí la debe pagar.

Y empuñando la espada, la descargó sobre el mocetón. Y le derribó el sombrero y le golpeó el cráneo y le cruzó el rostro sin miramiento ni consideración, con la parte plana del arma.

Entonces presenciaron los circunstantes una escena extraordinaria. Patricio, que por nada se contenía, que no temía nada y que nada respetaba, ni a los ministros del altar, ni a la casa misma de Dios, cayó de rodillas humildemente para recibir aquel aguacero de golpes.

— Su *mercé* manda — decía — y puede hacerme lo que *quera*.

Y le besó los pies repetidas veces. Y continuó en aquella actitud reverente hasta que hubo terminado el vapuleo.

Cuando el viejo hubo saciado su cólera, cogió a su hijo por la mano y lo entregó al presidente municipal, diciéndole:

— Yo ya cumplí con mi deber; *agora* falta que la autoridad lo castigue.

Pero don Roque repuso:

— La autoridad de usted es mejor que la mía. Lléveselo usted y acabe de corregirlo en su casa. Por mi parte quedo satisfecho.

A nadie le pareció mal la alcaldada.

— Es buen hijo — pensaban las gentes.

— Señor, perdónale, sabe honrar a su padre — oraba el cura interiormente.

— Después de todo, no es tan malo como parece — reflexionaba, enternecida, Serafina — . . . ni tiene nada de feo.

Don Roque y sus hombres se apartaron con gravedad; lo mismo hizo el gentío.

Y el viejo, trémulo y encorvado, salió del templo llevando por la mano a su terrible hijo sumiso y con los ojos clavados en el suelo.   5

———————◆———————

Como pensador, ENRIQUE JOSÉ VARONA (1849–1933) se sintió cómodo en la dirección del positivismo francés y del empirismo inglés. Aunque encuadrado en las ideas dominantes en el siglo XIX, el hecho de que Varona fuera escéptico ante los bienes logrados por el hombre y al mismo tiempo enderezara enérgicamente su propia conducta hacia valores morales superiores dan un tono personal a su filosofía. En el fondo, confiaba que el hombre, cuando se dejaba arrebatar por la ilusión de su libertad, podía mejorar el mundo. Ilusión de libertad porque Varona era determinista, agnóstico, inclinado a las ciencias; sin embargo el hombre se le aparecía como una criatura que, dentro de la evolución natural, es capaz de redimirse. Varona fue el primer cubano que convirtió la filosofía en ejercicio riguroso. No obstante, más que en sus trabajos sistemáticos — los tres volúmenes de sus *Conferencias filosóficas*, por ejemplo —, acertó en la reflexión fragmentaria. El aforismo es el mejor vehículo para un relativista. Y los de *Con el eslabón* ofrecen páginas de gran penetración y belleza. Sus ensayos breves, recogidos en *Desde mi Belvedere* y *Violetas y ortigas* (ambos de 1917). deben figurar entre los mejores de nuestra literatura. Podrían extraerse de allí teorías enteras (por ejemplo, su relativista teoría estética), pero la gracia está en la desenvoltura con que visita rápidamente los asuntos. Su poesía fue juvenil. Había apreciado a parnasianos y simbolistas; pero se refirió con sorna a los « modernistas » — y también a los « futuristas » y « cubistas » que les siguieron — porque, en su opinión, « andan queriendo decir lo que no acaban de decir. »

Enrique José Varona

CON EL ESLABÓN

La historia se reduce a remotos, vagos y tenues indicios de algo que pudo haber sido.

*

Debemos ir siempre adelante; pero volviendo con frecuencia la cabeza hacia atrás. Ésta es la noción que tengo del progreso humano.

(1874)

*

Lo malo es que muchos se han quedado con el cuello irremisiblemente torcido.

(1917)

*

Los cojos han decretado la necesidad universal de las muletas.

*

Pensaba yo de joven que, para conocer la vida, bastaba con leer nuestro propio corazón. Después he advertido que de este libro hacemos varias ediciones; y cada una con adiciones, supresiones y enmiendas.

*

Cuando pienso en las profundas disquisiciones de los metafísicos, desde Platón, el águila, hasta Bergson,[1] el lince, resuena dentro de mí, con insistencia, este impertinente vocablo: palabrería. Pero en seguida rectifico, y añado tranquilo: palabrería sublime.

*

¡Qué bello espectáculo el del mundo, para visto con ojos de veinte años! Tus ojos, Julieta. Los tuyos, Romeo.

*

« Lo que es la belleza, no lo sé », decía Alberto Durero,[2] mientras la hacía brotar perfecta con el pincel o el buril.

Como que el toque no está en definir, sino en sentir y realizar.

*

« No bebemos agua dos veces en el mismo río », nos dice la añeja experiencia humana. Pero ¿soy acaso el mismo, yo que la tomé ayer y vuelvo a tomarla hoy? ¿Yo que ayer la encontré dulce y hoy la encuentro salobre?

*

No conviene abrumar el arte bajo el manto de plomo de la tradición.

*

¿De qué se hace un tirano? De la vileza de muchos y de la cobardía de todos.

*

Las disputas de los grandes pensadores me marean tanto a veces, que estoy a punto de creer que toda la lógica podría reducirse a este solo precepto: Defina usted sus términos. O de otro modo: Díganos qué es lo que quiere decir.

*

¡Cuántas opiniones contrarias y qué de argumentos formidables para apoyarlas!
— Luego la crítica es inútil.
— Es inútil; pero seguimos haciendo crítica.

*

El lenguaje, para ser puro, ha de tener la primera cualidad del cristal: la transparencia.

*

---

[1] Henri Louis Bergson (1859–1941), filósofo francés, propugnador del método intuitivo.

[2] Alberto Durero (1471–1528), famoso pintor alemán.

Un corro abigarrado de rapaces que van a jugar a los soldados. « ¿Quién es el general? », salta uno. « Yo, yo, yo »; gritan todos a la vez.

(1917)

*

La critica tiene también sus edades. La de juventud ardorosa, en que sólo atiende a combatir, como si su único fin fuera probar sus fuerzas y sus armas. La de madurez reposada, en que investiga, depura y analiza, porque su verdadero fin es comprender.

*

Aquellos que están en contra mía son unos bribones redomados, unos lobos rabiosos; estos que me favorecen, unos benditos, unos corderos sin hiel.

No tanto, no tanto. Ni ángeles ni demonios: hombres unos y otros. Lo que cambia y lo que los cambia es el lugar donde se alza el mirador en que te asomas.

*

¡Pobre amor! de algo sirves. Lo radicalmente infecundo es el odio, que destruye y no sustituye.

*

Nunca me parecen más risueñas la florecillas del bosque, que cuando dejamos atrás su verde lindero; nunca más misteriosas y dulces las estrellas distantes, que cuando se van apagando una a una en la niebla sin contornos del alba.

*

En lo mortal, la revelación suprema de la fuerza consiste en la manera con que se arrostra la muerte.

*

Habla a los demás como te hablas a ti mismo
— Difícil a veces, a veces imprudente.
— Pues calla esas veces.

*

Aspiramos a la eternidad; no queremos cambiar; y el cambio es lo único eterno.

(1918)

*

Cuando oigo a los personajes de Shakespeare, todo lo que hablo me parece balbuceo.

*

Figuran en política dos clases de hombres: los unos la consideran como deber; los otros la toman como profesión.

— Ya: los que hurgan entre las espinas para sacar la almendra; y los que se la comen. 5

*

Conviene variar, para volver con gusto a lo mismo. Con gusto y con fruto.

*

— Escéptico, ¿dónde pones el cimiento de tu edificio? ¿qué colocas en su cima?
— No levanto ningún edificio. 10
— ¿Y te atreves a criticar?
— Sí, a los que abren sus zanjas en las nubes y alzan sus cúpulas en el éter.

*

— No hay regla sin excepción.
— Eso es una verdad a medias. 15
— ¿Cual es la verdad entera?
— No hay regla.

*

¿Igual? ¿Pretendes ser igual a otro? De ayer a hoy, de hoy a mañana ¿eres igual a ti mismo? 20

(1919)

*

El que dijo a un descontentadizo, ante la Helena de Zeuxis[3]: « Mírala con mis ojos, y te parecerá divina », ése, formuló la regla única, inapelable y definitiva de toda crítica.

*

¡La verdad! No existe la verdad. Existen mi 25 verdad, tu verdad, su verdad. Y debemos temblar, con temblor de muerte, al reconocerlo.

*

No se mueve la hoja sin la voluntad divina. ¿Y la lengüecilla de la víbora?

*

De todos los locos mansos que andan tonteando por el mundo, los optimistas me parecen los más rematados y los más inofensivos. 30

*

---

[3] Pintor griego (464–398 a. de J. C.).

Nuestra vida. Un borrador que se enmienda, y se enmienda y no se acaba de poner en limpio.

*

Malebranche[4] daba un puntapié a su perro, y decía, encogiéndose de hombros: « Eso no siente.»
Filósofo empedernido, alma de cántaro: el que no sentía eras tú.

(1920)

*

Todas las pruebas de la inmortalidad del alma se reducen a esta sola: No me quiero morir.

*

La sociedad: compañía universal de engaño mutuo.

*

El secreto de la vida feliz consiste en mirar con ojos de amor lo bello y con ojos de lástima lo feo.

*

La razón, para muchos moralistas, es la sumisión de la inteligencia y la conducta a la pauta general. Todo el que se rebela carece de razón . . . si no triunfa.

(1921)

*

Ocurre un suceso. Lo presencian treinta personas, y cada una lo refiere de distinto modo. Es que cada una lo ha visto a su modo.

*

¿Qué buscas en mi libro? ¿Lo que yo pienso? No; lo que tú piensas o te han hecho pensar.

*

Hay un arte por hacer: la crítica de los críticos.

*

¿Qué es lo bello de la naturaleza? Lo bello que el hombre pone en la naturaleza. Mírala con otros ojos, y la verás otra.

*

— Nuestros pedagogos andan tras una quimera: enseñar lo que no se sabe.
— ¿Cómo? ¿No se saben las matemáticas, la física, la química, la . . .?
— Lo que no se sabe es la ciencia de la vida.

*

Hay libros-hombres. En ellos exprime el zumo de su vida el autor; ejemplo, los ensayos de Montaigne.[5] Hay libros-mariposas. En ellos deja su libación un espíritu; ejemplo, las poesías de Keats. Hay libros-asnos. En ellos pontifica un pedante. No se necesitan ejemplos.

*

Me siento español, exclama un criollo de la última hornada. Pues lo que importa no es sentirse español, ni inglés, ni patagón, ni lucumí; lo que importa es ser hombre.

*

Más fácil es predecir cuántos círculos formará un guijarro lanzado al agua, que imaginar las resonancias producidas en un espíritu por la idea que en él se arroja.

*

Walt Whitman se alboroza por la llegada del *hombre*. Nietzsche trompetea el advenimiento del *superhombre*. Y ya nos contentaríamos con tener mediohombres.

(1922)

*

La retórica no es arte, sino artificio.

*

Los creyentes colocan sus fantasmas luminosos en una región recóndita que llaman la fe. Sus raíces se afianzan en el corazón, no en la inteligencia. Dulces quimeras, pero quimeras. Indiscutibles, como irreales.

*

No basta saber decir, se necesita tener algo que decir.

*

De los escarmentados nacen los avisados. Falso. El escarmiento es estéril.

*

¡Ecuanimidad! ¿Cómo puede mantenerse en equilibrio el alma, veleta rechinante montada sobre el eje de la pasión, y azotada por todos los vientos del espíritu?

*

¡Qué malos actores somos! La muerte es una pieza que ensayamos todas las noches y no aprendemos nunca.

*

---

[4] Nicolas de Malebranche (1638–1715), religioso y filósofo francés.

[5] Michel de Montaigne (1533–1592), ensayista y moralista francés.

Porque soy ciego, si mi vecino Juan es ciego, ¿no puedo llamar ciego a Juan?

*

Es pasmoso, en las grandes orquestas, el número de instrumentos que sólo sirven para hacer ruido.

*

Nuestra edad positivista se empeña en conocer hasta lo más trivial de los grandes ingenios. Así ciega con torpeza una de las fuentes más cristalinas de la ilusión estética. Clamemos en coro: fuera la biografía.

(1923)

*

La palabra es como el perfume sellado en una redoma. Las hay que se desvanecen al contacto del aire. Las hay que perduran siglos.

*

Lo más cómico, o lo más trágico, de la vida es que cuanto más vive uno, menos sabe uno. De mozo era yo un sábelotodo, y ahora soy un nosabenada.

*

— ¿A la veleta de tu creencia entregas lo cierto?

— ¿Qué he de hacerle si así es? ¿La tuya no voltea? No eres humano.

*

El asceta quiere llegar a la perfección por medio de la mutilación. Pero la Afrodita de Milo[6] sería más bella con sus brazos y la Niké de Samotracia[7] con su cabeza.

*

Como el hombre es una fiera inteligente, es la peor de las fieras.

(1924)

*

¿Por qué es bella tal cosa? se preguntaba un crítico. Respondo con el sombrero en la mano: Nada *es* bello. Tal perspectiva, tal hazaña, tal invención, tal melodía *me parecen* bellas.

*

¡Oh la palabra, la palabra! ¡Su perenne espejeo, su instabilidad de hoja trémula, su fluidez de azogue! Cuando más firmemente la quieres asir, con más facilidad se te escapa.

(1925)

NOTICIA COMPLEMENTARIA

Entre los poetas que no han podido entrar en nuestra antología debemos mencionar por lo menos al desconforme ALMAFUERTE (Argentina; 1854–1917), al sentimental RAFAEL POMBO (Colombia; 1833–1912), al matizado ANTONIO PÉREZ BONALDE (Venezuela; 1846–1892) y al elegíaco JUAN CLEMENTE ZENEA (Cuba; 1832–1871).

Los novelistas no caben en este libro, pero en una historia de la literatura no podríamos dejar de señalar la importancia de JORGE ISAACS (Colombia; 1837–1895), autor de *María*, la mejor novela idílica de su tiempo; MANUEL DE JESÚS GALVÁN (Santo Domingo; 1834–1910), autor de *Enriquillo*, la mejor novela histórica; IGNACIO MANUEL ALTAMIRANO (México; 1834–1893), EDUARDO ACEVEDO DÍAZ (Uruguay; 1851–1921) y EUGENIO CAMBACERES (Argentina; 1843–1888), que muestran toda la gama de estilos novelísticos, desde el romanticismo del primero hasta el naturalismo del último.

---

[6] Afrodita de Milo, más conocida como la Venus de Milo.

[7] Niké de Samotracia, más conocida como la Victoria de Samotracia.

GLOSARIO

de términos de métrica y retórica que
se usan con mayor frecuencia[1]

ACENTO: la mayor intensidad con que se pronuncia determinada sílaba de una palabra o en un verso. Es ley general del verso castellano que lleve un *acento* en la penúltima sílaba. Según esto, las últimas palabras de los versos se alteran al contar las sílabas cuando no son graves; las esdrújulas son consideradas como si tuvieran una sílaba menos, y en las agudas, la última sílaba equivale a dos.

ACONSONANTADOS: se dice de los versos que tienen iguales sonidos — vocales y consonantes — a partir de la última vocal acentuada, o tónica.

AFÉRESIS: licencia usada a veces en poesía, que consiste en suprimir una o más letras al principio de un vocablo.

ALEJANDRINO: el verso de catorce sílabas, dividido generalmente en dos hemistiquios de siete. El *alejandrino* francés consta de doce sílabas.

ALITERACIÓN: repetición en una cláusula de la misma letra, o grupos de sonidos.

ANFÍBRACO: pie de la poesía clásica formado por una sílaba larga entre dos breves.

ANAPESTO: pie de la poesía clásica formado por dos sílabas breves y una larga.

ANISOSÍLABOS: versos desiguales entre sí.

ANTÍTESIS: figura que consiste en contraponer una frase o una palabra a otra de contraria significación.

ARTE MAYOR: los versos de más de ocho sílabas.

ARTE MENOR: los versos de ocho o menos sílabas.

ASONANCIA: rima entre dos palabras cuyas *vocales* son iguales a contar desde la última acentuada. Se la llama también *rima imperfecta*.

AUTO: acto, composición dramática en que por lo general intervienen personajes bíblicos o alegóricos. *Auto sacramental:* el escrito en loor de la Eucaristía. *Auto de Navidad:* el de asunto relacionado con dicha fiesta religiosa.

---

[1] Algunas de las definiciones usadas en este glosario han sido tomadas del libro de Tomás Navarro, *Métrica española*; de *Vox*; del *Diccionario de* *Literatura española* publicado por la «Revista de Occidente», de Madrid; y del *Diccionario de la Real Academia de la Lengua.*

BUCÓLICA (poesía): la que canta las bellezas de la naturaleza y los encantos de la vida campestre.

CADENCIA: distribución y combinación de los acentos, pausas y melodía.

CANCIÓN: composición poética derivada de la «canzone» italiana, y generalmente de tema amoroso. En su aspecto popular, la *canción* está relacionada con la música, es de métrica diversa y de tono sencillo y natural.

CANTIDAD: duración de los sonidos o de las sílabas y relaciones de tiempo entre ellas, de importancia para la rítmica del verso.

CANTO: cada una de las partes en que se divide un poema, especialmente los del género épico.

CESURA: pequeña pausa que se hace en un lugar determinado del verso.

COLOQUIO: género de composición literaria en forma de diálogo. Puede ser en prosa o en verso.

CONSONANCIA: igualdad de los últimos sonidos, tanto vocales como consonantes, en dos palabras, a partir de la última vocal acentuada. Llamada *rima perfecta* en poesía.

COPLA: breve composición lírica, especialmente la que sirve de letra en las canciones populares. Por extensión, cualquier clase de estrofa.

CUARTETA: estrofa de cuatro versos octosílabos de rima *abab*. Cualquier otra combinación de cuatro versos de arte menor.

CUARTETO: estrofa de cuatro versos endecasílabos de rima *abba*. Combinación métrica de versos de arte mayor.

DÁCTILO: pie de la poesía clásica formado por una sílaba larga y dos breves.

DÉCIMA: conjunto de diez octosílabos dispuestos en el orden de dos redondillas y dos versos de enlace, *abba; ac; cddc*. (Navarro) Llámase también «espinela».

DIÉRESIS: licencia poética que consiste en separar en dos sílabas las dos vocales de un diptongo.

DODECASÍLABO: el verso de doce sílabas, compuesto de 6 más 6. Cuando la cesura va después de la séptima sílaba, se suele llamar «de seguidilla», y fue muy empleado por los poetas modernistas.

ÉGLOGA: poema bucólico lírico, de forma dialogada.

ELEGÍA: en su origen, composición fúnebre. Es con frecuencia una lamentación por cualquier motivo que produce tristeza en el ánimo del poeta.

ENCABALGAMIENTO: se dice que hay *encabalgamiento* cuando la unidad rítmica del verso no coincide con una unidad de significación y, por lo tanto, el final de un verso, para completar su sentido, tiene que enlazarse con el verso siguiente.

ENDECASÍLABO: el verso de once sílabas.

ENEASÍLABO: el verso de nueve sílabas.

EPIGRAMA: composición poética que expresa un pensamiento por lo general festivo o satírico.

EPÍTETO: palabra o frase que se une al nombre para especificarlo o caracterizarlo.

ESTRIBILLO: cláusula en verso que se repite después de cada estrofa en algunos poemas líricos.

ESTROFA: grupo de versos sujetos a un orden metódico. (Navarro) Cualquiera de las partes o grupos de versos de que constan algunos poemas, aunque no estén ajustadas a exacta simetría.

FÁBULA: poema alegórico que contiene una enseñanza moral, y en el que intervienen cosas o animales.

GLOSA: composición poética con una estrofa inicial, de la que se repiten uno o más versos al final de cada una de las siguientes.

HEMISTIQUIO: la mitad de un verso, separada de la otra mitad por una cesura. Puede designar también cada una de dos partes desiguales de un mismo verso.

HEPTASÍLABO: el verso de siete sílabas.

HERNANDINA: estrofa usada por José Hernández en su poema «Martín Fierro», y que consiste en una décima a la que se le suprimen los cuatro primeros versos.

HEXADECASÍLABO: el verso de diez y seis sílabas.

HEXÁMETRO: verso de la medida clásica, que consta de seis pies.

HEXASÍLABO: el verso de seis sílabas.

HIATO: efecto de la pronunciación separada de dos vocales que van juntas. Si las vocales forman un diptongo, su pronunciación separada se llama *diéresis*.

HIPÉRBATON: figura que consiste en alterar el orden que las palabras deben tener en el discurso con arreglo a las leyes de la sintaxis llamada regular.

HIPÉRBOLE: exageración de las cualidades de un ser, realzándolas o rebajándolas.

IMAGEN: representación de una cosa determinada con detalles fieles y evocativos. No es necesario que sea metafórica o visual; puede tener carácter sensual, y también dar lugar a interpretaciones simbólicas.

ISOSÍLABOS: versos de igual número de sílabas.

LETRILLA: poema de origen popular, cada una de cuyas estrofas termina con uno o más versos que forman el *estribillo*.

LIRA: combinación métrica o estrofa de cinco versos, endecasílabos el segundo y quinto, y heptasílabos los otros tres, de rima consonante *ababb*. Puede formarse también con seis versos de diferente medida.

MADRIGAL: poema breve, de tono delicado, generalmente amoroso.

MEDIDA: número y clase de sílabas que ha de tener un verso.

METÁFORA (o traslación): trasposición del significado primero de un nombre; traslación del sentido recto de las voces en otro figurado, en virtud de una comparación tácita.

MÉTRICA: ciencia y arte que trata de los versos.

METRO: la medida aplicada a cierto número de palabras para formar un verso. También se llama así al verso con relación a la medida que le corresponde según su clase.

MONORRIMO: el uso de varios versos de un solo consonante o asonante.

OCTAVA (de *Oña*): combinación inventada por este poeta chileno, compuesta de ocho endecasílabos aconsonantados que riman *abbaabcc*. Octava *italiana:* aquella en que el primero y quinto versos son libres, y los demás riman: segundo y tercero, sexto y séptimo, y cuarto y octavo. Octava *real:* la formada por ocho endecasílabos con rima consonante de *abababcc*. Llamada también *octava rima*.

OCTAVILLA: la combinación de arte menor formada como la octava italiana, pero con los versos cuarto y octavo agudos.

ODA: composición del género lírico, generalmente dividida en estrofas o partes iguales. Suele ser un canto de entusiasmo ante un suceso grandioso o notable.

ONOMATOPEYA: imitación del sonido de una cosa en el vocablo que se forma para significarla. (Academia)

OVILLEJO: suma de diez versos en que figuran tres pareados, cada uno formado por un octosílabo y un quebrado a manera de eco, a los cuales sigue una redondilla que continúa la rima del último pareado y termina reuniendo los tres breves quebrados en el verso final. (Navarro)

PARADOJA: figura consistente en el empleo de expresiones o frases que envuelven contradicción.

PARÁFRASIS: interpretación o libre traducción de un texto literario.

PAREADO: combinación de dos versos unidos y aconsonantados.

PENTASÍLABO: el verso de cinco sílabas.

PERÍFRASIS (o circunlocución): figura retórica consistente en expresar una idea por medio de un rodeo de palabras.

PIE: antiguamente se designaba con este nombre a las unidades métricas de formación elemental. Es la duración comprendida entre dos tiempos marcados sucesivos, separados por intervalos isócronos.

PIE QUEBRADO: combinación de versos octosílabos con versos de cuatro sílabas. También, otras combinaciones de versos cortos y largos.

POEMA ÉPICO: narración en verso de un suceso de importancia, hecha en tono elocuente y entusiasta y, por lo general, asociado a la historia de un pueblo o nación.

POEMA HEROICO: aquel en que, como en el anterior, se narran o cantan hazañas gloriosas o hechos memorables, pero de importancia menos general.

POLIMETRÍA: variedad de metros en una misma composición poética.

PROSOPOPEYA: atribución de cualidades o actos de persona a otros seres.

QUINTILLA: combinación de cinco versos octosílabos aconsonantados; no han de ir tres consonates seguidos, ni terminar con un pareado.

REDONDILLA: estrofa de cuatro octosílabos de rima consonante *abba*.

RETRUÉCANO: inversión de los términos de una cláusula en otra subsiguiente para que el sentido de esta última contraste con el de la anterior. (Academia)

RIMA: semejanza o igualdad entre los sonidos finales de verso, a contar desde la última vocal acentuada. Composición poética breve, de género lírico.

ROMANCE: combinación métrica formada por una serie indefinida de versos octosílabos, asonantados en los pares y sin rima en los impares. *Heroico:* el formado por versos endecasílabos.

ROMANCILLO: el compuesto por versos de menos de ocho sílabas.

RONDEL: breve composición amorosa, generalmente en redondillas octosílabas, en que se repiten armoniosamente conceptos y rimas. (Navarro) Algunos poetas usan endecasílabos de diversos tipos.

SEGUIDILLA: composición poética que puede constar de cuatro o de siete versos, y en que se combinan heptasílabos y pentasílabos. Es de carácter popular.

SERVENTESIO: estrofa formada por cuatro versos endecasílabos de rima alterna. Era un género de composición de la lírica provenzal, de asunto moral, político o satírico.

SEXTINA: estrofa de seis versos endecasílabos. *Sextina modernista:* combinación de seis versos de cualquier medida, con rima consonante de *aabccb*.

SILVA: composición formada por endecasílabos solos o combinados con heptasílabos, sin sujeción a orden alguno de rimas ni estrofas. (Navarro). Poema en silvas.

SÍMIL: figura que consiste en comparar expresamente una cosa con otra, para dar idea viva y eficaz de una de ellas. (Academia)

SINALEFA: pronunciación en una sola sílaba de la última vocal de una palabra y la primera de la palabra siguiente.

SONETO: composición poética de catorce versos distribuidos en dos cuartetos y dos tercetos, generalmente endecasílabos. Modernamente se escriben sonetos con otras clases de versos.

SONETILLO: combinación de arte menor en forma de soneto.

TERCIA RIMA: los tercetos.

TERCERILLA: el terceto que emplea el verso octosílabo en vez endecasílabo. *Tercerilla modernista:* estrofa compuesta de tres versos de una misma rima consonante.

TERCETO: tres versos endecasílabos, que riman el primero con el tercero. Cuando son varios, el segundo verso de cada uno de los grupos consuena con el primero y tercero del siguiente, y se termina con un cuarteto. Llamado también *tercia rima*.

TETRASÍLABO: verso de cuatro sílabas.

TRIOLET: nombre provenzal de una composición poética usada por Manuel González Prada, que no es otra que el antiguo *zéjel*, según Navarro.

TRISÍLABO: el verso de tres sílabas.

TROPO: empleo de las palabras en sentido distinto al que propiamente les corresponde, pero que tiene con éste alguna conexión, correspondencia o semejanza. (Academia)

TROQUEO: pie de la poesía clásica compuesto de una sílaba larga y otra breve.

VERSIFICACIÓN: arte de versificar, de hacer versos. Por razón de su medida, los versos son *métricos* si se ajustan a un determinado número de sílabas y *amétricos* si no se sujetan a tal igualdad. (Navarro)

VERSO: período rítmico constante cuya unidad representan los acentos. Palabra o conjunto de palabras sujetas a medida y cadencia, según ciertas reglas. *Verso blanco*, o *verso libre*, o *suelto:* el verso sin rima.

VERSOLIBRISMO: expresión pura de la conciencia poética, sin trabas de medidas, consonantes ni acentos. (Navarro)

VILLANCICO: composición poética popular con estribillo, y especialmente de asunto religioso.

YAMBO: pie de la poesía clásica que consta de una sílaba breve y una larga.

ZÉJEL: estrofa antigua española compuesta de un estribillo inicial, un terceto monorrimo que constituía la mudanza, cuyo consonante cambiaba en cada estrofa, y de un verso final llamado *vuelta*. (Navarro)

ÍNDICE ALFABÉTICO

El número romano indica el tomo.

A él ..., Gómez de Avellaneda, I, 314
A ella, Díaz Mirón, II, 37
A Emilia, José María Heredia, I, 270
A ese lugar donde me llaman, Novás Calvo, II, 395
A Florinda en invierno, Andrés Eloy Blanco, II, 220
A la piña, Zequeira y Arango, I, 224
¡A la plata!, Carrasquilla, II, 17
A la poesía, Pellicer, II, 336
A Leonor, Nervo, II, 135
A mi ciudad nativa, Luis Carlos López, II, 225
A mi esposa, José María Heredia, I, 272
A Roosevelt, Darío, II, 102
A un salto, Domínguez Camargo, I, 144
A unos ojos hermosos, Juan Bautista de Aguirre, I, 195
Abril, Xavier, II, 361, 458
Abuelo, El, Guillén, II, 351
Acevedo Díaz, Eduardo, I, 444; II, 465
Acevedo Hernández, Antonio, II, 466
Acosta, Agustín, II, 216
Acosta, Padre José de, I, 66
Acuña, Manuel, I, 392
Adán, Martín, II, 361, 458
Aeternum vale, Jaimes Freyre, II, 121
Afectos espirituales, La Madre Castillo, I, 188
Agricultura de la Zona Tórrida, La, Bello, I, 251
Aguilera Malta, Demetrio, II, 417, 458, 463, 466
Aguirre, Juan Bautista de, I, 195
Aguirre, Nataniel, II, 462
Agustini, Delmira, II, 211, 237
Aire aforístico, Fernández Moreno, II, 245
Ajedrez, Borges, II, 379
Al partir, Gómez de Avellaneda, I, 314
Alaba los ojos negros de Julia, Darío, II, 99
Alacrán de Fray Gómez, El, Palma, I, 406
Alas, Las, Agustini, II, 238
Alberdi, Juan Bautista, I, 331
Alegría, Ciro, II, 458, 464
Alegría, Fernando, II, 458
«Almafuerte» (Pedro B. Palacios), I, 444
Almas pálidas, Herrera y Reissig, II, 129
Alsina, José Arturo, II, 467
Altamirano, Ignacio Manuel, I, 444; II, 464
Altazor, Huidobro, II, 258

Alturas de Macchu Picchu, Neruda, II, 367
Álvarez de Toledo, Hernando, I, 98
Alvarez Lleras, Antonio, II, 466
«Amarilis», I, 187
América del Pacífico, La, Arciniegas, II, 452
América española y su originalidad, La, Henríquez Ureña, II, 311
Amor de ciudad grande, Martí, II, 41
Amor de madre, Palma, I, 403
Amorim, Enrique, II, 423, 465
Amorosa anticipación, Borges, II, 378
Anderson Imbert, Enrique, II, 458
Apócrifo del apócrifo, Francisco Romero, II, 315
Arango, Gonzalo, II, 458
Araucana, La, Ercilla, I, 98
Arauco domado, El, Oña, I, 138
Arbeláez, Fernando, II, 458
Árbol, «Claudia Lars», II, 437
Arboleda, Julio, I, 324
Arciniegas, Germán, II, 452
Arenas, Braulio, II, 458
Arévalo Martínez, Rafael, II, 215, 265, 464
Argentina, La, Díaz de Guzmán, I, 96
Arguedas, Alcides, II, 177, 462
Arguedas, José María, II, 458, 464
Ariel, Rodó, II, 184
Arlt, Roberto, II, 458, 462
Arraiz, Antonio, II, 458, 464
Arreaza Calatrava, José Tadeo, II, 220
Arreola, Juan José, II, 458
Arriví, Francisco, II, 467
Arrufat, Antón, II, 466
Arte poética, Huidobro, II, 258
Arte popular y educación superior, Santa Cruz y Espejo, I, 197
Arte y libertad creadora, Picón-Salas, II, 445
Arteche, Miguel, II, 458
Arvelo Larriva, Alfredo, II, 220
Ascasubi, Hilario, I, 331
Asturias, Miguel Ángel, II, 390, 464
Autonomía cultural de América, Bello, I, 259
Autumnal, Darío, II, 86
Azuela, Mariano, II, 208, 290, 464
Azul ..., Darío, II, 86

Balboa, Silvestre de, I, 98
Balbuena, Bernardo de, I, 126
Ballagas, Emilio, II, 349
Banchs, Enrique, II, 210
Baralt, Luis A., II, 466
Barba Jacob, Porfirio, II, 211, 226
Barcarola, Neruda, II, 366
Barco Centenera, Martín del, I, 98
Barquero, Efrain, II, 458
Barreda, Octavio G., II, 335
Barrenechea, Julio, II, 458
Barrera, Claudio, II, 457
Barrios, Eduardo, II, 284, 463
Bastidas, Padre Antonio, I, 143
Bazil, Osvaldo, II, 216
Bedregal, Yolanda, II, 458
Belaval, Emilio S., II, 467
Beleño, Joaquín, II, 458
Bella alma de Don Damián, La, Bosch, II, 408
Belleza de la adolescencia, La, Montalvo, I, 395
Bello, Andrés, I, 248
Benavente, Fray Toribio de, I, 21, 45
Benedetti, Mario, II, 458, 467
Beneke, Walter, II, 466
Bernal, Emilia, II, 217
Bernárdez, Francisco Luis, II, 458
Blanca soledad, La, Lugones, II, 115
Blanco, Andrés Eloy, II, 211, 220
Blanco, Tomás, II, 455
Blanco Fombona, Rufino, II, 166, 465
Blest Gana, Alberto, I, 331, 463
Bocanegra, Matías de, I, 193
Bolívar, Lloréns Torres, II, 142
Bombal, María Luisa, II, 463
Bonifaz Nuño, Rubén, II, 457
Borges, Jorge Luis, II, 376
Borges y yo, Borges, II, 382
Bosch, Juan, II, 407
Botelho Gosálvez, Raúl, II, 458
Boti, Regino E., II, 216
Bramón, Francisco, I, 193
Brannon, Carmen; véase «Claudia Lars»
Brull, Mariano, II, 249, 250
Brunet, Marta, II, 458, 463
Búcate plata, Guillén, II, 350
Buenaventura, Enrique, II, 466

Caballero Calderón, Eduardo, II, 458, 463
Cabral, Manuel del, II, 354
Cabrera, Sarandy, II, 458
Cabrera Infante, Guillermo, II, 458
Cáceres, Esther de, II, 458
Café prieto, Lloréns Torres, II, 142
Calderón, Fernando, I, 331
Calor, El, Vasconcelos, II, 205

Calsamiglia, Eduardo, II, 466
Cambaceres, Eugenio, I, 444; II, 462
Camellos, Los, Guillermo Valencia, II, 124
Camino de imperfección, Blanco Fombona, II, 167
Campo, Estanislao del, I, 333
Campos Cervera, Herib, II, 371
Canción de ausencia, I, 10
Canción de la vida profunda, Barba Jacob, II, 226
Canción de otoño en primavera, Darío, II, 105
Canción del camino, La, Santos Chocano, II, 130
Canto de los pájaros, de Totoquihautzin, I, 8
Canto de Netzahualcoyotl, I, 9
Canto fúnebre, Maitín, I, 322
Cantos de vida y esperanza, Darío, II, 100
Cantos del peregrino, José Mármol, I, 311
Cañada de la muerte, La, Vasconcelos, II, 206
Carballido, Emilio, II, 466
Cardenal, Ernesto, II, 457
Cardona, Jenaro, II, 295
Cardona, Rafael, II, 210, 215
Carías Reyes, Marcos, II, 464
Caricia perdida, La, Storni, II, 247
«Carmen Lyra», II, 296
Carnero, El, Rodríguez Freile, I, 116
Caro, José Eusebio, I, 324
Carpentier, Alejo, II, 399, 463
Carranza, Eduardo, II, 358, 458
Carrasquilla, Tomás, II, 16, 462
Carrera Andrade, Jorge, II, 359
Carrió de la Vandera, Alonso, I, 198
Carrión, Benjamín, II, 455
Carta a Jorge Luis Borges, Macedonio Fernández, II, 155
Carta de amor, Una, Gómez de Avellaneda, I, 321
Carta de relación, Cortés, I, 29
Caravajal, Fray Gaspar de, I, 56
Carvajal, María Isabel: véase «Carmen Lyra»
Casa abandonada, La, Prado, II, 282
Casaccia, Gabriel, II, 458, 464
Casal, Julián del, II, 69
Casal, Julio J., II, 249
Caso, Antonio, II, 314
Castellano en América, El, Bello, I, 260
Castellanos, Jesús, II, 208, 463
Castellanos, Juan de, I, 58
Castillo, Eduardo, II, 221
Castillo y Guevara, Sor Francisca Josefa del, I, 187
Cautiva, La, Echeverría, I, 274
Cautiverio feliz, Núñez de Pineda y Bascuñán, I, 122
Cena, La, Alfonso Reyes, II, 326
Cerruto, Oscar, II, 462
Cervantes de Salazar, Francisco, I, 114
Céspedes, Ángel María, II, 221
Céspedes, Augusto, II, 458, 462
Cestero, Tulio Manuel, II, 208, 465

Cetina, Gutierre de, I, 63
Christiada, La, Hojeda, I, 133
Cieza de León, Pedro, I, 52
Cita, La, Andrés Eloy Blanco, II, 221
Cita, La, González Martínez, II, 141
«Clarinda», I, 187
Clasicismo y Romanticismo, Echeverría, I, 279
Colón, Cristóbal, I, 12
Color de sueño, Herrera y Reissig, II, 129
Coll, Pedro Emilio, II, 146
Comentarios reales de los Incas, Garcilaso de la Vega, I, 77
Como hermanas, Barrios, II, 285
Con el eslabón, Varona, I, 441
Concolorcorvo, I, 199
Congrains Martin, Enrique, II, 458
Contemplación, Gómez de Avellaneda, I, 315
Contreras, Raúl, II, 215
Copa con alas, Martí, II, 41
Coronel Urtecho, José, II, 348
Cortázar, Julio, II, 430, 462
Cortés, Hernán, I, 28
Creacionismo, El, Huidobro, II, 263
Crepuscular, Julián del Casal, II, 72
Cromo, Luis Carlos López, II, 225
Crónica del Perú, La, Cieza de León, I, 52
Cruz, Sor Juana Inés de la, I, 161
Cuadra, José de la, II, 417
Cuadra, Pablo Antonio, II, 348, 457, 467
Cueto y Mena, Juan de, I, 193
Charry Lara, Fernando, II, 458
Chioino, José, II, 467
Chirveches, Armando, II, 462
Chocron, Isaac, II, 467
Chumacero, Alí, II, 457

Dama i, La, Eguren, II, 132
Danza de bayadera, Gómez Carrillo, II, 144
Danza negra, Palés Matos, II, 353
Darío, Rubén, II, 83
Dávalos y Figueroa, Diego, I, 193
Dávila Andrade, César, II, 458
De blanco, Gutiérrez Nájera, II, 62
De cómo desbanqué a un rival, Palma, I, 409
De «el poeta Walt Whitman», Martí, II, 53
De «idilio», Díaz Mirón, II, 37
De invierno, Darío, II, 87
De la lengua y su día, Iduarte, II, 455
De Sola, Otto, II, 357
Décimas, del Valle Caviedes, I, 146
Delectación morosa, Lugones, II, 112
Delgado, Rafael, I, 431; II, 464
Desconocida, La, Latorre, II, 300
Descubrimiento del Río Grande de las Amazonas, Carvajal, I, 56

Desolación absurda, Herrera y Reissig, II, 127
Despertar, El, Herrerra y Reissig, II, 129
Desvelada, La, Mistral, II, 236
Deústua, Alejandro, I, 420
Día de difuntos, José Asunción Silva, II, 77
Día de felicidad sin causa, Ibarbourou, II, 242
Diario de viaje, Cristóbal Colón, I, 12
Díaz, Eugenio, I, 331; II, 462
Díaz Casanueva, Humberto, II, 458
Díaz de Guzmán, Ruy, I, 95
Díaz del Castillo, Bernal, I, 34
Díaz Mirón, Salvador, II, 36
Díaz Rodríguez, Manuel, II, 146, 465
Díaz Sánchez, Ramón, II, 458, 465
Díaz Valcárcel, Emilio, II, 458
Díaz Villamil, Antonio, II, 466
Dibujos sobre un puerto, José Gorostiza, II, 338
Diego, Eliseo, II, 457
Dictado por el agua, Carrera Andrade, II, 360
Díez-Canseco, José, II, 464
Dime, amor, Fernández Moreno, II, 245
Divagación lunar, Lugones, II, 114
Divina Providencia, La, Navarete, I, 226
Dominguez, Franklin, II, 467
Domínguez Camargo, Hernando, I, 144
Domínici, Julio César, II, 146
Donoso, José, II, 458, 463
Dos patrias, Martí, II, 44
Dos sonetos, Pellicer, II, 336
Dragún, Osvaldo, II, 465
Droguett, Carlos, II, 458

Echeverría, Esteban, I, 272
Edición de la tarde, Carrera Andrade, II, 359
Educación del indio, La, González Prada, I, 423
Edwards Bello, Joaquín, II, 463
Égalité, José Asunción Silva, II, 80
Égloga de verano, Díaz Rodríguez, II, 147
Eguren, José M., II, 131
¡Eheu!, Darío, II, 108
Eichelbaum, Samuel, II, 330
Ejemplo, Díaz Mirón, II, 37
Elegía de septiembre, Barba Jacob, II, 227
Elegías de varones ilustres de Indias, Castellanos, I, 59
Elena, Julián del Casal, II, 71
En alta mar, Caro, I, 325
En el campo, Julián del Casal, II, 73
En el otoño lluvioso, Molinari, II, 376
En el Teocalli de Cholula, José María Heredia, I, 266
En la policía, Payró, II, 2
En tiempos de cristal, Jorge Rojas, II, 358
En una tempestad, José María Heredia, I, 267
Epitafio a la rosa, Brull, II, 250

Epodo, Gorostiza, ii, 339
Era un aire suave, Darío, ii, 95
Ercilla y Zúñiga, Alonso de, i, 97
Escena neoyorquina, Martí, ii, 45
Espejo, Manuel del Cabral, ii, 356
Espínola, Francisco, ii, 465
Espinosa Medrano, Juan de, i, 193
Estar contigo, Caro, i, 326
Estilo de la Revolución, *El*, Mañach, ii, 449
Estío, Ibarbourou, ii, 242
Estorino, Abelardo, ii, 466
Estudio, Pellicer, ii, 336
Evia, Jacinto de, i, 143

Fábulas, García Goyena, i, 228
Facundo, Sarmiento, i, 294
Fallas, Carlos L., ii, 458, 463
Fantasía del viaje, Alfonso Reyes, ii, 322
Fantasma, *El*, Díaz Mirón, ii, 38
Fantasma, *Un*, González Martínez, ii, 140
Fardo, *El*, Darío, ii, 87
Fariña, Eloy, ii, 210
Fausto, del Campo, i, 334
Fernández, Macedonio, ii, 155
Fernández de Lizardi, José Joaquín, i, 236
Fernández de Oviedo, Gonzalo, i, 21
Fernández de Piedrahita, Lucas, i, 193
Fernández Guardia, Ricardo, ii, 295
Fernández Moreno, Baldomero, ii, 210
Fernández Moreno, César, ii, 458
Fernández Retamar, Roberto, ii, 457
Fernández Spencer, Arturo, ii, 457
Ferretis, Jorge, ii, 291
Fiallo, Fabio, ii, 216
Fiebre amarilla, *La*, Sierra, i, 427
Fisonomía de las cosas, *La*, Prado, ii, 282
Flor del aire, *La*, Mistral, ii, 233
Flores amorosas, Evia, i, 143
Florit, Eugenio, ii, 458
Fombona Pachano, Jacinto, ii, 357
Fotografía, *La*, Amorim, ii, 423
Franco Oppenheimer, Felix, ii, 457
Francovich, Guillermo, ii, 466
Fuentes, Carlos, ii, 458, 464
Futuro, Barba Jacob, ii, 228

Galich, Manuel, ii, 466
Galván, Manuel de Jesús, i, 444; ii, 465
Gálvez, Manuel, ii, 462
Gallardo, Salvador, ii, 334
Gallegos, Rómulo, ii, 274, 465
Gallina degollada, *La*, Horacio Quiroga, ii, 158
Gamboa, Federico, ii, 464
García Calderón, Ventura, ii, 278

García Goyena, Rafael, i, 228
García Márquez, Gabriel, ii, 412, 463
García Monge, Joaquín, ii, 295
Garcilaso de la Vega, el Inca, i, 75
Garmendia, Salvador, ii, 458
Garnier, José Fabio, ii, 466
Garro, Elena, ii, 466
Gaucho Martín Fierro, *El*, Hernández, i, 355
Gaviotas, Alfonso Reyes, ii, 322
Genio, *El*, Montalvo, i, 396
Germinal, Lloréns Torres, ii, 143
Ghiano, Juan Carlos, ii, 465
Gil-Gilbert, Enrique, ii, 463
Girondo, Oliverio, ii, 249
Girri, Alberto, ii, 458
Godoy, Juan, ii, 463
Gómez Carrillo, Enrique, ii, 143
Gómez de Avellaneda, Gertrudis, i, 313
González de Eslava, Hernán, i, 114
González Lanuza, Eduardo, ii, 458
González Martínez, Enrique, ii, 138
González Prada, Manuel, i, 420
González Rojo, Enrique, ii, 335
González Zeledón, Manuel, ii, 295
Gorostiza, Celestino, ii, 466
Gorostiza, José, ii, 335, 337
Gramcko, Ida, ii, 457
«Grande humor», *El*, Sanín Cano, ii, 23
Grandes reyes, *Los*, i, 8
Grandeza mexicana, *La*, Balbuena, i, 127
Gratia plena, Nervo, ii, 136
Greiff, León de, ii, 249
«guacones» (danza), i, 69
Guamán Poma de Ayala, Felipe, i, 75
Guasinton, de la Cuadra, ii, 417
Guerra gaucha, *La*, ii, 112
Guevara, Miguel de, i, 193
Guillén, Nicolás, ii, 349, 350
Guillén Zelaya, Alfonso, ii, 215
Güiraldes, Ricardo, ii, 249, 287, 462
Guirao, Ramón, ii, 349
Gurí y otras novelas, ii, 4
Gutiérrez, Joaquín, ii, 463
Gutiérrez de Santaclara, Pedro, i, 21
Gutiérrez González, Gregorio, i, 327
Gutiérrez Nájera, Manuel, ii, 59
Guzmán, Martín Luis, ii, 291, 464
Guzmán, Nicomedes, ii, 463

Habla la madre castellana, Baldomero Fernández
    Moreno, ii, 244
Halmar, Augusto D', ii, 463
Hallazgo, Mistral, ii, 232
He dejado descansar . . ., Westphalen, ii, 361
Heces, Vallejo, ii, 253

Henríquez Ureña, Pedro, II, 311
Heraldos negros, Los, Vallejo, II, 252
Heredia, José María, I, 264
Heredia, José Ramón, II, 357
Hernández, José, I, 353
Hernández, Juan José, II, 458
Hernández Catá, Alfonso, II, 268
Herrera, Ernesto, II, 330, 467
Herrera y Reissig, Julio, II, 126
Hidalgo, Alberto, II, 249
Hidalgo, Bartolomé, I, 262
Hijo, El, Quiroga, II, 164
Himno de Manco Capac, I, 9
Historia de Ixquic, I, 5
Historia de las Indias, Las Casas, I, 15
Historia de mi muerte, Lugones, II, 116
Historia de un peso falso, Gutiérrez Nájera, II, 64
Historia general y natural de las Indias, Fernández de Oviedo, I, 22
Historia natural y moral de las Indias, P. José de Acosta, I, 67
Historia verdadera de la conquista de la Nueva España, Díaz del Castillo, I, 35
Historias de caníbales, García Calderón, II, 278
Hojeda, Diego de, I, 132
Hombre muerto, El, Quiroga, II, 161
Hombre muy viejo, Un, García Márquez, II, 413
Hombre pequeñito . . ., Storni, II, 247
Horma de su zapato, La, López Portillo y Rojas, I, 432
Hostos, Eugenio María de, I, 412
Huésped en trance, Manuel del Cabral, II, 355
Huidobro, Vicente, II, 249, 257

Iba yo por un camino . . ., Guillén, II, 351
Ibañez, Sara de, II, 458
Ibarbourou, Juana de, II, 211, 240
Icaza, Jorge, II, 417, 458, 463, 466
Ichaso, Francisco, II, 448
Iduarte, Andrés, II, 455
Infancia de la muerte, Huidobro, II, 262
Infortunios de Alonso Ramírez, Los, Siguenza y Góngora, I, 149
Invitación al hogar, Baldomero Fernández Moreno, II, 245
Isaacs, Jorge, I, 444; II, 462

Jacob o idea de la poesía, Alfonso Reyes, II, 324
Jaimes Freyre, Ricardo, II, 120
Jerez, Francisco de, I, 21
Jiménez de Quesada, Gonzalo, I, 21
Judith y Holofernes, Guillermo Valencia, II, 125
Julio, Herrera y Reissig, II, 128
Jurado, Ramon H., II, 458

Korn, Alejandro, II, 22, 314

Labrador Ruiz, Enrique, II, 458, 463
Lafourcade, Enrique, II, 458
Laguerre, Enrique, II, 458, 465
Larreta, Enrique, II, 208, 462
Lars, Claudia, II, 346
Las Casas, Fray Bartolomé de, I, 14
Latorre, Mariano, II, 300, 463
Lazarillo de ciegos caminantes, Concolorcorvo, I, 199
Leñero, Vicente, II, 458
Leve Pedro, El, Anderson Imbert, II, 460
Leyenda de la Tatuana, Asturias, II, 391
Lezama Lima, José M., II, 458, 463
Lillo, Baldomero, II, 7
Lima, Santa Rosa de, I, 187
Lima por dentro y fuera, Terralla y Landa, I, 231
Lindo, Hugo, II, 458
Liras, Sor Juana Inés de la Cruz, I, 168
Liscano, Juan, II, 457
List Arzubide, Germán, II, 334
Lizaso, Félix, II, 448
Lo criollo en la literatura, Uslar Pietri, II, 437
Lo fatal, Darío, II, 107
Lo fugaz, II, 122
Lo inefable, Agustini, II, 237
López, Luis Carlos, II, 211, 225
López, Vicente Fidel, I, 331
López Albújar, Enrique, II, 172
López Portillo y Rojas, José, I, 431; II, 464
López Velarde, Ramón, II, 211
López y Fuentes, Gregorio, II, 291, 464
Loveira, Carlos, II, 463
Loynaz, Dulce María, II, 457
Lugones, Leopoldo, II, 111
Lustral, Jaimes Freyre, II, 122
Lynch, Benito, II, 462

Llamado, El, Palés Matos, II, 353
Llamosas, Lorenzo de las, I, 193
Lloréns Torres, Luis, II, 142

Magaña, Sergio, II, 466
Magdaleno, Mauricio, II, 291
Maggi, Carlos, II, 467
Magnolia, La, Santos Chocano, II, 130
Maitín, José Antonio, I, 322
Mallea, Eduardo, II, 425, 462
Mancisidor, José, II, 291
Mansilla, Lucio Victorio, I, 331
Mañach, Jorge, II, 448
Maples Arce, Manuel, II, 334

Marcha triunfal, Darío, ii, 104
Marchena, Julián, ii, 215
Marechal, Leopoldo, ii, 462
Margarita, La, Mistral, ii, 231
Marín Cañas, José, ii, 463
Marinello, Juan, ii, 448
Marino, Huidobro, ii, 258
Mariposas, Gutiérrez Nájera, ii, 60
Mármol, José, i, 310; ii, 462
Mármol, Luis Enrique, ii, 220
Marqués, René, ii, 458, 467
Marrero Aristy, Manuel, ii, 465
Martí, José, ii, 39
Martín, Carlos, ii, 358
Martín Fierro: véase *Gaucho Martín Fierro, El*
Martínez, José de Jesús, ii, 467
Martínez Estrada, Ezequiel, ii, 211, 317
Martínez Moreno, Carlos, ii, 458
Martínez Villena, Rubén, ii, 217
Masferrer, Alberto, ii, 22
Matadero, El, Echeverria, i, 282
Matos Paoli, Francisco, ii, 457
Matto de Turner, Clorinda, ii, 81, 464
Maya, Rafael, ii, 458
Meciendo, Mistral, ii, 232
Medinaceli, Carlos, ii, 462
Mejía Sánchez, Ernesto, ii, 457
Mejor limosna, La, Turcios, ii, 181
Melancolía, Darío, ii, 106
Memoria sobre el cultivo del maíz en Antioquia, Gutiérrez González, i, 328
Mendigo, Un, Manuel Rojas, ii, 307
Mera, Juan León, i, 331; ii, 463
Mexía de Fernangil, Diego, i, 193
Mi amigo el silencio, González Martínez, ii, 140
Mi prima Águeda, López Velarde, ii, 212
Mi raza, Martí, ii, 57
Mientras baja la nieve, Mistral, ii, 230
Mier, Fray Servando Teresa de, i, 218
Miramontes y Zuázola, Juan de, i, 98
Miró, José, ii, 462
Miró, Ricardo, ii, 210, 215
Mis amores, Agustini, ii, 239
Mis enlutadas, Gutiérrez Nájera, ii, 63
Mistral, Gabriela, ii, 211, 228
Moleiro, Rodolfo, ii, 220
Molinari, Ricardo, ii, 374
Mon dice cosas, Manuel del Cabral, ii, 355
Monforte Toledo, Mario, ii, 464
Montalvo, Juan, i, 394
Monterroso, Augusto, ii, 458
Montes de Oca, Monterroso, ii, 457
Moock, Armando, ii, 330, 466
Moreno, Gabriel René, i, 420
Moreno Jiménez, Domingo, ii, 249
Moreno Jimeno, Manuel, ii, 458

Moscoso Vega, Luis A., ii, 466
Motivos de Proteo, Rodó, ii, 193
Motolinía, i, 45
Muerte de la emperatriz de la China, La, Darío, ii, 90
Muerte de los muñecos de palo, La, i, 4
Muerte en el aire, Fombona Pachano, ii, 357
Muertos, Los, Eguren, ii, 133
Mujica Láinez, Manuel, ii, 458, 462
Muñeca negra, La, Martí, ii, 54
Muñoz, Rafael F., ii, 291
Murena, H. A., ii, 458, 462

Nacimiento de Venus, Torres Bodet, ii, 385
Nalé Roxlo, Conrado, ii, 330, 458, 465
Napoleón y Bolívar, Montalvo, i, 397
Naufragios, Núñez Cabeza de Vaca, i, 48
Navarrete, Fray Manuel de, i, 226
Neruda, Pablo, ii, 363
Nervo, Amado, ii, 134
Neurosis, Julián del Casal, ii, 73
Niágara, José María Heredia, i, 268
Niña de la lámpara azul, La, Eguren, ii, 133
Niño de ayer, «Claudia Lars», ii, 347
Niño y el farol, El, Ribera Chevremont, ii, 218
Niño y la luna, El, Brull, ii, 251
Nocturno, Darío, ii, 107
Nocturno, José Asunción Silva, ii, 75
Nocturno eterno, Villaurrutia, ii, 340
Noche, La, Florit, ii, 459
Noche de insomnio y el alba, La, Gómez de Avellaneda, i, 317
Nostalgias, Julián del Casal, ii, 71
Novás Calvo, Lino, ii, 394
Novela para nervios sólidos, Una, Macedonio Fernández, ii, 156
Noventa días, Hernández Catá, ii, 269
Novia del viento, La, González Martínez, ii, 141
Novo, Salvador, ii, 335
Nuestro ideal: la creación de la cultura americana, Bello, i, 258
Núñez Cabeza de Vaca, Alvar, i, 47
Núñez de Pineda y Bascuñán, Francisco, i, 121

Oda a la sangre, Molinari, ii, 374
Oda a unas flores amarillas, Neruda, ii, 370
Oda al diccionario, Neruda, ii, 368
Olmedo, José Joaquín, de, i, 241
Onetti, Juan Carlos, ii, 458, 465
Oña, Pedro de, i, 137
Oquendo de Amat, Carlos, ii, 361
Oración por todos, La, Bello, i, 255
Oribe, Emilio, ii, 211
Orrego Luco, Luis, ii, 81, 463

Ortiz, Adalberto, ii, 417, 458, 463
Ortiz, José Joaquín, i, 324
Ortiz de Montellano, Bernardo, ii, 335
Osorio, Luis Enrique, ii, 466
Osorio Lizarazo, José A., ii, 458, 463
Otero Silva, Miguel, ii, 458, 465
Otra, La, Mistral, ii, 235
Ovalle, Alonso de, i, 193
Oviedo y Baños, José de, i, 193
Owen, Gilberto, ii, 335

Padrón, Julián, ii, 467
Pagaza, Monseñor Arcadio, i, 392
Paisaje tropical, José Asunción Silva, ii, 77
Palacios, Eustaquio, i, 331; ii, 462
Palafox y Mendoza, Obispo Juan de, i, 193
Palés Matos, Luis, ii, 349, 352
Palma, Clemente, ii, 464
Palma, Ricardo, i, 401
Pancho Villa en la cruz, Guzmán, ii, 291
Para entonces, Gutiérrez Nájera, ii, 60
Pardo García, Germán, ii, 457
Pardo y Aliaga, Felipe, i, 330
Pareja Díez-Canseco, Alfredo, ii, 417, 463
Parra, Nicanor, ii, 458
Parra, Teresa de la, ii, 465
Parra del Riego, Juan, ii, 249
Paseos de la experiencia, Los, Fernández de Lizardi, i, 237
Pasos, Joaquín, ii, 348
Patio, Un, Borges, ii, 377
Payno, Manuel, i, 331; ii, 464
Payró, Roberto J., ii, 2, 462
Paz, Octavio, ii, 341
Paz Castillo, Fernando, ii, 220
Pellicer, Carlos, ii, 335
Peña Barrenechea, Enrique, ii, 361
Peñaranda, Claudio, ii, 210
Pequeña letanía en voz baja, Campos Cervera, ii, 373
Pequeña oda a Tío Coyote, Coronel Urtecho, ii, 349
Pequeño responso a un héroe de la República, Vallejo, ii, 256
Peralta, Alejandro, ii, 361
Peralta Barnuevo, Pedro de, i, 234
Peregrín, cazador de figuras, Eguren, ii, 133
Pérez Bonalde, Antonio, i, 444
Pescadores, Los, Prado, ii, 283
Peso ancestral, Storni, ii, 247
Piano viejo, El, Gallegos, ii, 275
Picón-Febres, Gonzalo, ii, 81, 465
Picón-Salas, Mariano, ii, 444
Pichardo Moya, Felipe, ii, 216
Piñera, Virgilio, ii, 458
Pita, Santiago de, i, 234

Pla, Josefina, ii, 467
Pocaterra, José Rafael, ii, 465
Poema del otoño, Darío, ii, 108
Poema 20, Neruda, ii, 364
Poesía, La, Octavio Paz, ii, 342
Poesía nahuatl, i, 8
Poesía quechua, i, 9
Poeta, B. Fernández Moreno, ii, 245
Pombo, Rafael, i, 444
Popol Vuh, i, 4
Portal, Magda, ii, 361
Poveda, José Manuel, ii, 210, 216, 217
Pozo, El, Lillo, ii, 7
Prado, Pedro, ii, 281, 463
Preludio, Gorostiza, ii, 339
Prieto, Jenaro, ii, 463
Primero sueño, Sor Juana Inés de la Cruz, i, 169
Prólogo a la historia de México, Vasconcelos, ii, 203
Propósito de la normal, El, Hostos, i, 413
Prosas profanas, Darío, ii, 93
Psalle et sile, González Martínez, ii, 140
Pueblos, Los, Martínez Estrada, ii, 318
Puñado de tierra, Un, Campos Cervera, ii, 371

Quién me compra una naranja, José Gorostiza, ii, 338
Quintanilla, Luis, ii, 334
Quiroga, Horacio, ii, 157

Rabasa, Emilio, i, 431; ii, 464
Ramírez, Arturo, ii, 358
Ramos, José Antonio, ii, 330, 466
Rasch Isla, Miguel, ii, 221
Reales sitios, Los, Gómez de Avellaneda, i, 320
Rebelde, Ibarbourou, ii, 241
Rebelión de Enriquillo, La, Las Casas, i, 15
Recoleta, La, Borges, ii, 378
Recuerdos de provincia, Sarmiento, i, 306
Redondillas, Sor Juana Inés de la Cruz, i, 164
Rengifo, César, ii, 467
Respuesta ... a Sor Filotea ..., Sor Juana Inés de la Cruz, i, 174
Retorno maléfico, El, López Velarde, ii, 212
Revueltas, José, ii, 458, 464
Reyes, Alfonso, ii, 211, 320
Reyes, Neftalí Ricardo: *véase* Pablo Neruda
Reyles, Carlos, ii, 81, 465
Ribera Chevremont, Evaristo, ii, 210, 218
Ribeyro, Juan Ramón, ii, 458
Riva Palacio, Vicente, i, 331; ii, 464
Rivera, José Eustasio, ii, 210, 221, 222, 462
Roa Bastos, Augusto, ii, 371, 458, 464
Robles, Fernando, ii, 291
Robleto, Hernán, ii, 464, 467

Rodó, José Enrique, ii, 182, 314
Rodríguez, Luis Felipe, ii, 463
Rodríguez Alcalá, Hugo, ii, 458
Rodríguez Freile, Juan, i, 116
Rodríguez Galván, Ignacio, i, 331
Rodríguez Ruiz, Napoleón, ii, 464
Rojas, Gonzalo, ii, 458
Rojas, Jorge, ii, 358
Rojas, Manuel, ii, 306, 463
Rojas González, Francisco, ii, 291
Rojas Guardia, Pablo, ii, 357
Romance, Gómez de Avellaneda, i, 319
Romance, Sor Juana Inés de la Cruz, i, 163
Romances amorosos, Valle Caviedes, i, 146
Romero, Elvio, ii, 371, 458
Romero, Francisco, ii, 314
Romero, José Rubén, ii, 291, 464
Romero García, Manuel Vicente, ii, 81, 465
Romualdo, Alejandro, ii, 458
Rosa tú, melancólica . . ., Guillén, ii, 315
Rosas de Oquendo, Mateo, i, 114
Rosenkof, Mauricio, ii, 467
Rugeles, Manuel F., ii, 357
Ruinas circulares, Las, Borges, ii, 380
Ruiz de Alarcón, Juan, i, 125
Rulfo, Juan, ii, 458, 464
Ruth, Mistral, ii, 230

Saavedra Guzmán, Antonio de, i, 113
Sabat Ercasty, Carlos, ii, 211
Sábato, Ernesto, ii, 458, 462
Sahagún, Fray Bernardino de, i, 21, 45
Salarrué (Salvador Salazar Arrué), ii, 458
Salazar Bondy, Sebastián, ii, 467
Salmo pluvial, Lugones, ii, 116
Salud de las letras, La, González Prada, i, 421
Samper, Darío, ii, 358
Sánchez, Florencio, ii, 208, 467
Sánchez, Luis Alberto, ii, 455
Sanín Cano, Baldomero, ii, 22
Santa Cruz y Espejo, Francisco Eugenio de, i, 196
Santiván, Fernando, ii, 463
Santos Chocano, José, ii, 130
Sarmiento, Domingo Faustino, i, 291
Sarmiento de Gamboa, Pedro, i, 52
Saudade, Alfonso Reyes, ii, 323
Saviñón, Altagracia, ii, 216
Se ha perdido una niña, José de la Cuadra, ii, 417
Sed, La, Nervo, ii, 137
Segura, Manuel Ascencio, i, 330
Selva, Salomón de la, ii, 215
Sensamayá, Guillén, ii, 350
Señal funesta, La, Alfonso Reyes, ii, 323
Serenata de Schubert, La, Gutiérrez Nájera, ii, 61
Serpa, Enrique, ii, 463

Siempre, Jaimes Freyre, ii, 122
Sierra, Justo, i, 427
Sieveking, Alejandro, ii, 466
Siglo de Oro, El, Balbuena, i, 130
Sigüenza y Góngora, Carlos de, i, 148
Silva, Clara, ii, 458
Silva, José Asunción, ii, 74
Silva, Medardo Ángel, ii, 210
Sinán, Rogelio, ii, 458, 464
Sobre conciencia moral, Vaz Ferreira, ii, 201
Sobre metodología de la metafísica: Véase *Apócrifo del apócrifo*
Sobre mi hombro, Martí, ii, 41
Sol de los humildes, Poveda, ii, 217
Sol del trópico, Mistral, ii, 234
Solari Swayne, Enrique, ii, 467
Sologuren, Javier, ii, 458
Solórzano, Carlos, ii, 466
Solterón, El, Lugones, ii, 112
Sonatina, Darío, ii, 97
Soneto, Terrazas, i, 63
Soneto, Valle Caviedes, i, 145
Sonetos, Sor Juana Inés de la Cruz, i, 167
Sonetos de la muerte, Los, Mistral, ii, 231
Storni, Alfonsina, ii, 211, 246
Suárez de Peralta, Juan, i, 71
Suave patria, La, López Velarde, ii, 213
Submar, Jorge Rojas, ii, 359
Sucre, Guillermo, ii, 457
Sueño despierto, Martí, ii, 41

Tabaré, Zorrilla de San Martín, ii, 31
Tablada, José Juan, ii, 208
Tallet, José Z., ii, 211, 216
Tarda, La, Eguren, ii, 132
Tejeda, Luis de, i, 193
Tentativa del hombre infinito, Neruda, ii, 365
Terralla y Landa, Esteban de, i, 231
Terrazas, Francisco de, i, 63
Terremoto de Charleston, Martí, ii, 46
Tiempo, Ibarbourou, ii, 243
Tierra de promisión, Rivera, ii, 222
Tirano amor, Saavedra Guzmán, i, 113
Tísica, La, Viana, ii, 5
Todos los fuegos, Julio Cortázar, ii, 430
Todos Santos, Día de Muertos, Octavio Paz, ii, 343
Tonada de la sierva enemiga, La, Alfonso Reyes, ii, 321
Torres, Las, Eguren, ii, 132
Torres, Carlos Arturo, ii, 22
Torres Bodet, Jaime, ii, 335, 384
Tratado del descubrimiento de las Indias, Suárez de Peralta, i, 71
Trejo, Pedro, i, 114
Trenzador, Güiraldes, ii, 288

Tres cosas del Romero, Las, González Martínez, II, 139

Triana, José, II, 466

Tríptico personal, Mallea, II, 426

Trompiezo, El, López Albújar, II, 172

Tuércele el cuello al cisne, González Martínez, II, 139

Turcios, Friolán, II, 180

Urbaneja Achelpohl, Luis Manuel, II, 146

Usigli, Rodolfo, II, 466

Uslar Pietri, Arturo, II, 436, 465

Uvieta, «Carmen Lyra», II, 296

Valencia, Gerardo, II, 358

Valencia, Guillermo, II, 123

Valle Caviedes, Juan del, I, 145

Vallejo, César, II, 249, 251

Vargas Llosa, Mario, II, 458, 464

Vargas Osorio, Tomás, II, 358

Varona, Enrique José, I, 440

Vasconcelos, José, II, 203, 314

Vaz Ferreira, Carlos, II, 201

Vega, Inca Garcilaso de la: *véase* Garcilaso de la Vega, el Inca

Vejeces, José Asunción Silva, II, 76

Vela, Arqueles, II, 334

Velarde, Héctor, II, 455

Velasco, Jerónima de, I, 187

Venganza aymará, Arguedas, II, 177

Verdehalago, Brull, II, 250

Verlaine, Darío, II, 98

Versos al oído de Leila, Ricardo Miró, II, 216

Versos sencillos, Martí, II, 42

Viaje a la semilla, Carpentier, II, 400

Viajes, Mier, I, 219

Viajes, Sarmiento, I, 302

Viana, Javier de, II, 4

Victoria de Junín: canto a Bolívar, La, Olmedo, I, 242

Vida (de la madre Castillo), I, 190

Viejas del océano, Las, Neruda, II, 370

Viejo estribillo, Nervo, II, 135

Vilariño Idea, II, 458

Villancios, Sor Juana Inés de la Cruz, I, 172

Villarroel, Obispo Gaspar de, I, 193

Villaurrutia, Xavier, II, 335, 340, 466

Villaverde, Cirilo, I, 331; II, 463

Viñas, David, II, 458

Viola Acherontia, Lugones, II, 117

Viscarra Fabre, Guillermo, II, 458

Vitier, Cintio, II, 457

Voy a dormir, Storni, II, 248

Voz, Una, Storni, II, 248

Walsh, María Elena, II, 458

Walt Whitman, Darío, II, 87

Washington y Bolívar, Montalvo, I, 400

Westphalen, Emilio Adolfo, II, 361

Wolff, Egon, II, 466

Xammar, Luis Fabio, II, 361

Y tú, esperando . . ., Nervo, II, 137

Yáñez, Augustín, II, 458, 464

Yerovi, Leonidas, II, 467

Yo no tengo soledad, Mistral, II, 232

Yo soy aquel . . ., Darío, II, 100

Zalamea, Jorge, II, 455

Zalamea Borda, Eduardo, II, 458, 462

Zárate, Agustín de, I, 21, 52

Zavaleta, Carlos E., II, 458

Zenea, Juan Clemente, I, 444

Zeno Gandía, Manuel, II, 464

Zequeira y Arango, Manuel de, I, 224

Zorrilla de San Martín, Juan, II, 29

Zumeta, César, II, 22